长沙县年鉴 2023

长沙县地方志编纂室 编

方志出版社
Publishing House of Local Records

图书在版编目（CIP）数据

长沙县年鉴. 2023 / 长沙县年鉴（2023）编. —北京：方志出版社，2023.11
ISBN 978-7-5144-5902-9

Ⅰ. ①长… Ⅱ. ①长… Ⅲ. ①长沙县－2023－年鉴
Ⅳ. ①Z526.44

中国国家版本馆 CIP 数据核字(2023)第 234680 号

责任编辑：齐笑
责任校对：张玉霞
责任印制：梅中英
出 版 者：方志出版社
地　　址：北京市朝阳区潘家园东里 9 号（国家方志馆 4 层）
邮　　编：100021
网　　址：http://www.zgfzcb.cn
发　　行：方志出版社图书营销中心（010-67110500）
印　　刷：湖南宏图印务有限公司
开　　本：889 毫米×1194 毫米　1/16
印　　张：20
字　　数：787 千字
版　　次：2023 年 11 月第 1 版
印　　次：2023 年 11 月第 1 次印刷
定　　价：200.00 元

长沙县行政区划图

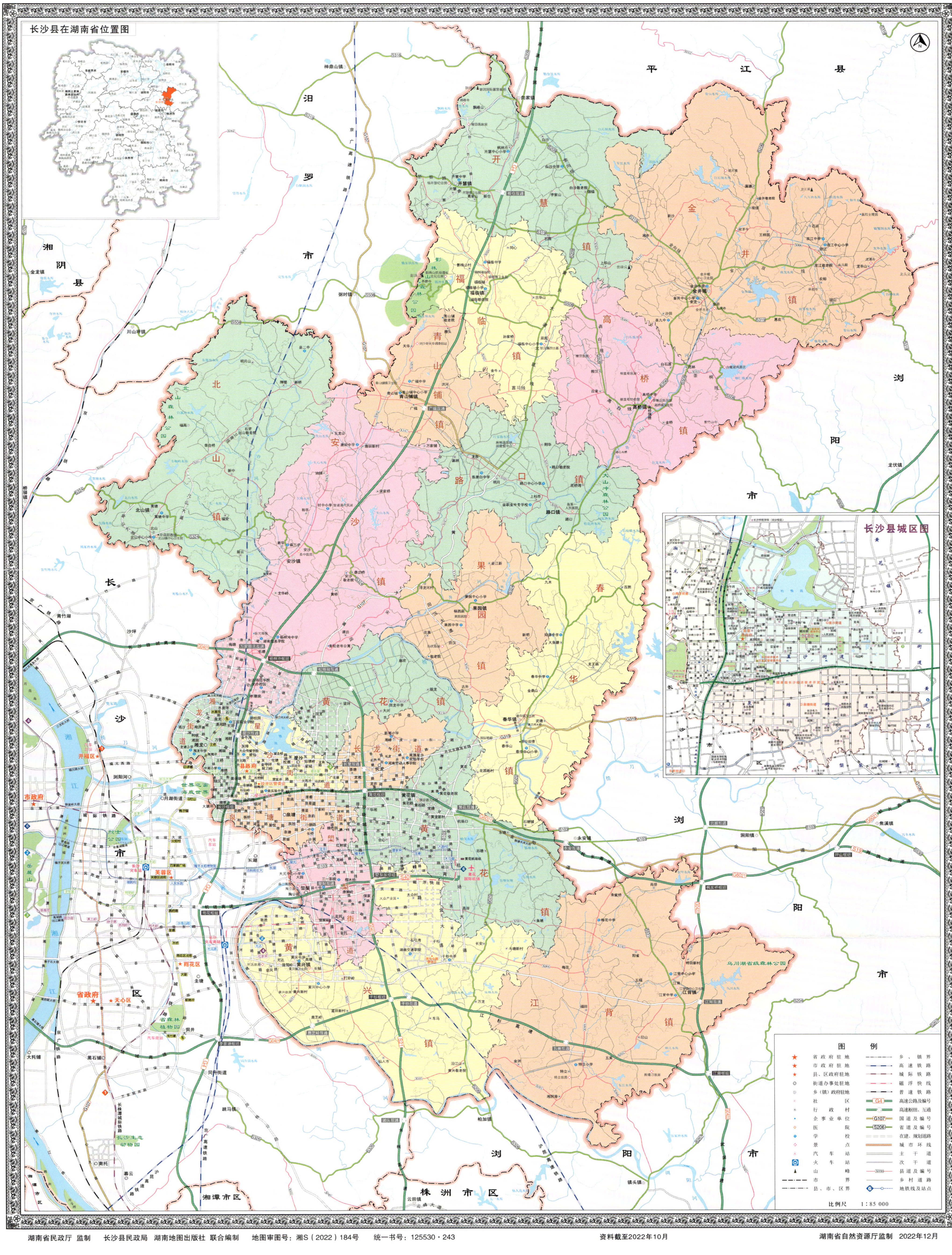

湖南省民政厅 监制 长沙县民政局 湖南地图出版社 联合编制 地图审图号：湘S（2022）184号 统一书号：125530·243 资料截至2022年10月 湖南省自然资源厅监制 2022年12月

《长沙县年鉴（2023）》编纂委员会

主　任　付旭明

副主任　陈永高　彭　韬　周　虔　王国良

　　　　卢　铠

编　委　罗德兴　周　芳　彭朝溪　杨志仁

　　　　文清良　张登武　马国军

《长沙县年鉴》编辑部

主　编　马国军

副主编　廖再攀　王　雁

编　辑　周进银　梁　漾　李珊珊

　　　　刘晓柏　万　好　李　妮

《长沙县年鉴（2023）》组稿人员

丁金虎	万星辉	王　昊	王　莉	王　倩	王　浩
王　敏	王　璋	王　磊	王　坚	王一斌	王飞跃
王利娟	王知放	王知敏	王晓东	王博禹	王筑波
毛　宇	文　婷	方　奕	邓金玲	付　曦	代灵珠
冯子妮	吕嘉轩	朱颖绮	任　凭	华　婷	刘　莉
刘　娟	刘　婕	刘　鹏	刘　慧	刘金华	刘建辉
刘哲曙	刘晋芳	刘智华	刘湘平	刘煜钰	刘福辉
汤　佳	许　文	孙瑜琳	李　炀	李　林	李　莎
李　遂	李　璐	李云峰	李钒澂	李悠然	李慧芳
杨　欢	杨　杨	杨　伶	杨　奕	杨　艳	杨　涛
杨　瑒	杨惠伊	杨誉婷	肖　敏	肖姣艳	吴　岚
吴　峰	吴　琼	何　峰	佘　浪	余　珺	余　群
余向阳	沈子瞻	沈建波	宋　玉	宋思思	宋浩然
张　阳	张　娜	张　颖	张　毅	张子妮	张少助
张贺明	张校银	陈　宇	陈　卓	陈　迪	陈　夏
陈　娟	陈　琪	陈　惠	陈　瑁	陈卫星	陈文虎
陈荔媛	欧亚琦	欧阳梦圆	欧阳婷	欧阳滔	易李卓玛
易爱玲	罗　兰	罗天一	罗茂里	罗恩华	罗慧涓
周　卓	周　静	周　瑶	周吉扬	周杜鹃	周幸彩
周诗芃	周燕飞	郑　杰	郑　漾	郑文钦	单　婵
单生清	赵国辉	胡　偲	胡亚婷	饶　锦	施江波
姜清林	姚尧平	姚依辰	贺灿东	袁　吟	袁熙军
夏姝姝	徐　婷	徐　赛	高芝芳	高晓恬	唐　姣
唐　圆	唐川川	黄　玉	黄　弢	黄　洲	黄　宪
黄　峰	黄大乐	黄丽玲	黄媛圆	黄楚云	黄睿智
曹　斌	龚殊畅	盛国勋	章　耘	谌巍伟	彭　柱
彭　涛	彭　晶	彭　湘	彭铃涵	蒋越扬	傅向东
童丽莉	童佳玉	曾慧芳	蔡永胜	廖　杰	廖　洁
廖国君	谭　铮	谭云霍	熊艾迪	黎　璇	薛　冰
魏志华	瞿龙轩				

编辑说明

一、《长沙县年鉴》是由中共长沙县委、长沙县人民政府主办，长沙县地方志编纂室承编的年度资料性文献。1999年编纂首部年鉴，2013年起每年出版1卷，本卷为第15卷。

二、《长沙县年鉴（2023）》以马克思列宁主义、毛泽东思想、邓小平理论、“三个代表”重要思想、科学发展观、习近平新时代中国特色社会主义思想为指导，坚持辩证唯物主义和历史唯物主义的立场、观点和方法，全面系统地记述长沙县（含长沙经济技术开发区）自然、政治、经济、文化、社会和生态文明建设等方面情况。记述时限为2022年1月1日至12月31日。

三、本卷年鉴采用分类编辑法，设类目、分目、条目3个层次，条目为记述基本单元。卷首专题图片设“长沙经济技术开发区建区30年”“长沙县美丽乡村建设”2个板块。

四、本卷年鉴在上卷的基础上对框架结构进行了适当调整：“黄兴会展经济区”分目调整至“乡镇街道”类目下，“人物·荣誉”类目更名为“人物”。

五、本卷年鉴所载资料均由全县各部门各单位撰写和审核，《长沙县年鉴》编辑部整理后再反馈给原单位审核，最后由编辑部定稿；部分资料由《长沙县年鉴》编辑部根据各单位提供的资料进行整理和综合。主要数据采自《长沙县国民经济和社会发展统计年鉴（2022）》，统计部门未提供的采用各部门提供的数据。

六、本卷年鉴收录组织机构及负责人名录均由各单位提供。组织机构名称第一次出现用全称，再次出现使用规范简称；负责人名录以2022年1月1日至12月31日在职者为准。

七、本卷年鉴文字按《出版物汉字使用管理规定》等国家标准使用，标点符号按《标点符号用法》（GB/T 15834−2011）等国家标准使用，数字按《出版物上数字用法》（GB/T 15835−2011）等国家标准使用，计量单位按《量和单位》（GB3100−3102−86）等国家标准使用。

2022 · 长沙县荣誉

1月

1月6日　长沙县被国家中医药管理局评为“全国基层中医药工作先进单位”

1月27日　长沙经济技术开发区综合实力在商务部2021年国家级经济技术开发区综合发展水平考核评价中排名第14位

3月

3月　长沙县入选由工业和信息化部、民政部、国家卫生健康委员会公布的2021年智慧健康养老应用试点示范名单，被评为2022年全国智慧健康养老示范基地

6月

6月　长沙县在竞争力智库、北京中新城市规划设计研究院等机构联合发布的《中国县域旅游竞争力报告2022》中入选2022年全国县域旅游综合实力百强县

7月

7月20日　长沙县在赛迪顾问县域经济研究中心发布的2022赛迪百强县榜单中排名2022中国百强县第十位

7月　长沙县被中国互联网新闻中心授予“中国最具文旅投资价值县”称号

8月

8月10日　长沙县在壹城智库发布的《2022中国县域发展潜力报告》中排名2022全国县域发展潜力百强县第一位

8月30日　长沙县被国家知识产权局评为“国家知识产权强县建设示范县”

11月

11月18日　长沙县在2022年中国中小城市高质量发展指数研究成果中排名2022年度全国综合实力百强县市第五位，2022年度全国绿色发展百强县市第五位，2022年度全国投资潜力百强县市第三位，2022年度全国科技创新百强县市第六位，2022年度全国新型城镇化质量百强县市第四位

11月19日　长沙县在小康杂志社发布的“2022年度县市未来投资热点百佳样本”中排名第四位

11月25日　长沙县在中国县域工业经济发展论坛会上发布的2022年“中国工业百强县”“中国创新百强县”“中国工业百强区”名单中，入选2022中国工业百强县（市）第七位、2022年中国创新百强县（市）第九位

11月　长沙县在竞争力智库、北京中新城市规划设计研究院等机构联合发布的《中国县域旅游竞争力报告2022》中入选“2022中国县域旅游综合竞争力百强县市”，排名第73位

12月

12月13日　长沙县被农业农村部信息中心评为2022年全国县域农业农村信息化发展先进县

12月16日　长沙县在中郡研究所发布的《第二十二届县域经济与县域发展监测评价报告》中排名县域经济基本竞争力百强县第五位，入选县域现代化和高质量发展A+优等级县市，排名县域经济和社会综合发展百强县第五位、中部县域经济百强县第一位

12月21日　长沙县在新华社《瞭望东方周刊》、瞭望智库共同主办的2022年中国幸福城市论坛上入选“2022年中国最具幸福感城市”（县级）

12月25日　长沙县在浙江大学社会治理研究院发布的2022“中国社会治理百强县（市、区）”榜单中排名第十位

2022·长沙县数字

面积	1756平方千米
年末户籍人口	83.68万人
常住人口	142.75万人
地区生产总值	2114.42亿元
第一产业增加值	94.64亿元
第二产业增加值	1139.77亿元
第三产业增加值	880.01亿元
农林牧渔业总产值	159.7亿元
粮食播种面积	75906.67公顷
农业机械化水平	85.1%
新型农村合作经济组织	1988家
规模以上工业增加值	比2021年增长6.9%
建筑业总产值	577.7亿元
房屋建筑施工面积	1833.8万平方米
房屋建筑竣工面积	645.8万平方米
固定资产投资	比2021年增长9.1%
房地产开发投资	317.1亿元
商品房销售面积	253.4万平方米
社会消费品零售总额	663.6亿元
进出口总额	1295.4亿元
引进省外境内资金	208.1亿元
旅游总收入	200.6亿元
AAA级以上（含）旅游景区	13个
公路通车里程	5992.9千米

公路客运量	3090.3万人
旅客周转量	10815万人千米
公路货运量	2718万吨
货物周转量	158222万吨千米
邮电通信业务总量	18.5亿元
财政总收入	374.4亿元
公共财政预算支出	195.6亿元
金融机构人民币存款	1857.8亿元
居民储蓄	967.1亿元
高新技术总产值	1994.6亿元
高新技术增加值	494.8亿元
国家高新技术企业	1037家
专利授权量	7420件
发明专利授权量	1011件
文化设施面积	158.9万平方米
体育设施面积	337万平方米
卫生机构	610个
建成区绿化覆盖面积	3579.8公顷
城镇化率	74.68%
城乡居民人均可支配收入	53232元
城乡居民人均生活消费支出	33774元
企业职工基本养老保险人数	66.4万人
城镇职工基本医疗保险人数	34.7万人
失业保险参保人数	21.1万人
养老机构	28个

长沙经济技术开发区 建区30年

▲ 1992年10月8日，长沙星沙开发区奠基典礼举行　　（长沙经开区志办　供图）

▲ 1993年，第一家外资企业德国麦克潘特（湖南）工具有限公司落户星沙开发区，1995年2月23日开业

（长沙经开区志办　供图）

▲ 1996年1月，湖南纽曼数码科技有限公司落户长沙经开区

（2015年10月20日摄，长沙经开区志办　供图）

▲ 1995年3月，湖南湘江关西涂料有限公司落户长沙经开区

（2017年4月10日摄，长沙经开区志办 供图）

▲ 1994年，建设中的星沙鸟瞰图 （长沙经开区志办 供图）

1996年8月，北汽福田汽车股份有限公司长沙汽车厂落户长沙经开区

（2010年10月20日摄，长沙经开区志办 供图）

1999年8月，山河智能装备股份有限公司落户长沙经开区

（2017年7月24日摄，长沙经开区志办 供图）

2000年12月28日，国家级长沙经济技术开发区成立大会举行

（长沙经开区志办 供图）

▲ 三一重工股份有限公司　（2004年10月10日摄，长沙经开区志办　供图）

▲ 湖南中粮可口可乐饮料有限公司　（2004年10月10日摄，长沙经开区志办　供图）

▲ 2004年7月，湖南维胜科技有限公司落户长沙经开区
（2014年12月19日摄，长沙经开区志办　供图）

▲乐金飞利浦曙光电子有限公司　（2005年3月28日摄，长沙经开区志办　供图）

◀2005年5月10日，博世汽车部件（长沙）有限公司星沙基地奠基仪式
（长沙经开区志办　供图）

◀2005年12月8日，湖南万容包装有限公司星沙工业园竣工投产
（长沙经开区志办　供图）

▲ 恒天九五重工有限公司落户长沙经开区　（2007年2月摄，长沙经开区志办 供图）

◀ 2007年2月，长城信息产业股份有限公司落户长沙经开区
（长沙经开区志办 供图）

2007年6月，中国铁建重工集团股份有限公司落户长沙经开区 ▶
（长沙经开区志办 供图）

2007年7月26日，长丰集团15万台汽油发动机项目奠基仪式
（长沙经开区志办 供图）

2009年7月21日，长沙经济技术开发区管委会大楼鸟瞰图
（长沙经开区志办 供图）

2009年11月26日，广汽菲亚特乘用车项目奠基
（长沙经开区志办 供图）

▲2011年1月，中联工起泉塘工业园落户长沙经开区 （长沙经开区志办 供图）

◀和祥科技园
（2012年9月20日摄，
长沙经开区志办 供图）

2012年7月11日，湖南大众汽车有限公司奠基典礼▶
（长沙经开区志办 供图）

2012年10月，广汽三菱汽车有限公司落户长沙经开区
（长沙经开区志办　供图）

2013年1月9日，湖南泰兴达纸制品包装有限公司竣工投产
（长沙经开区志办　供图）

2013年5月，上汽大众汽车有限公司长沙分公司落户长沙经开区
（长沙经开区志办　供图）

湖南波隆投资集团股份有限公司
（2015年7月16日摄，
长沙经开区志办　供图）

2015年7月，广汽菲亚特克莱斯勒汽车有限公司落户长沙经开区　　（长沙经开区志办　供图）

2015年9月，五新隧道智能装备股份有限公司落户长沙经开区
（2019年5月24日摄，长沙经开区志办　供图）

新长海数码中心
（2016年11月22日摄，
长沙经开区志办 供图）

上汽大众汽车有限公司长沙分公司车间
（2016年3月12日，蒋 炼摄）

2017年12月19日，广汽三菱汽车有限公司插电式混合动力车型祺智下线并上市
（蒋 炼摄）

2016年3月29日，国内首台全电脑三臂凿岩台车在中国铁建重工集团有限公司下线。该装备填补了中国工程机械行业在隧道工程施工装备领域的空白

（蒋 炼摄）

2018年10月16日，广汽三菱研发中心和零部件产业园项目开工活动举行

（戴 滨摄）

2018年11月29日，长沙经开区承办2018国际区块链大会

（长沙经开区志办 供图）

▲ 湖南亚林食品有限公司　　（2019年4月25日摄，长沙经开区志办　供图）

◀ 2019年9月28日，三一智联重卡项目开工暨道依茨发动机项目签约开工动员活动在三一智联重卡产业园举行

（长沙经开区志办　供图）

◀ 位于长沙经开区漓湘西路19号的明城国际大酒店，2007年2月8日开业，2008年9月16日被国家旅游局评为五星级大酒店

（张建伟 2020年2月20日　摄）

远大空调城
（2020年2月18日摄，
长沙经开区志办 供图）

三一集团18号工厂升级为世界级“灯塔工厂”
（2020年5月14日，蒋 炼摄）

2020年8月2日，蓝思科技黄花基地建设工地
（长沙经开区志办 供图）

国科微电子股份有限公司产业园（2020年8月4日摄，长沙经开区志办 供图）

三一智联重卡车间（2021年1月23日摄，长沙经开区志办 供图）

2021年12月1日，山河智能"Ⅰ"系列5G+智能钻机下线（长沙经开区志办 供图）

2021年12月10日，广汽三菱合资新能源SUV车型阿图柯下线仪式在长沙经开区举行

（蒋 炼 摄）

2022年1月7日，山河智能地下工程装备全球发布会举行，山河智能自主研发的“世界之最”“世界首创”产品发布

（长沙经开区志办 供图）

2022年1月10日，湖南道依茨新一代D09发动机首台下线仪式举行

（长沙经开区志办 供图）

长沙县 美丽乡村建设

▲ 北山镇新中村卷石湾美丽宜居村庄　（2022年1月摄，北山镇政府 供图）

▲ 黄花镇银龙村黄狮渡美丽宜居村庄　（2022年2月24日摄，星沙时报社 供图）

提质改造后的江背集镇（省道103线段）

（2022年7月1日摄，星沙时报社 供图）

北山镇新云村美丽宜居村庄

（2022年10月摄，北山镇政府 供图）

江背镇五福村印子屋组美丽宜居村庄

（2022年10月摄，江背镇政府 供图）

春华镇九木村美丽宜居村庄示范点

（2022年10月摄，春华镇政府 供图）

春华镇武塘村合兴组美丽宜居村庄

（2022年11月10日摄，春华镇政府 供图）

高桥镇“新农人”空间站

（2022年11月2日摄，高桥镇政府 供图）

安沙镇唐田新村白沙塘美丽宜居村庄
（2022年11月14日摄，星沙时报社 供图）

高桥镇培元湖
（2022年11月15日摄，星沙时报社 供图）

开慧镇锡福村叶家美丽宜居村庄
（2022年11月29日摄，星沙时报社 供图）

青山铺镇青山铺社区樟树岭美丽宜居村庄
（2022年11月29日摄，星沙时报社 供图）

◀ 长龙街道茶塘村烟竹塘美丽宜居村庄
（2022年12月摄，星沙时报社 供图）

▲ 春华镇龙王庙村红门美丽宜居村庄
（2022年12月2日摄，星沙时报社 供图）

▲ 路口镇路口社区廖家洲美丽宜居村庄
（2022年12月2日摄，星沙时报社 供图）

长龙街道茶塘村烟竹塘美丽宜居村庄 ▶
（2022年12月2日摄，星沙时报社 供图）

金井镇湘丰村湘丰美丽宜居村庄

（2022年12月6日摄，星沙时报社 供图）

黄兴会展经济区车马村老贯冲美丽宜居村庄

（2022年12月7日，星沙时报社 供图）

黄兴镇沿江山村湖元美丽宜居村庄

（2022年12月7日摄，星沙时报社 供图）

◀江背镇印山村马头美丽宜居村庄
（2022年12月7日摄，
星沙时报社 供图）

▲ 高桥镇金桥村紫竹山美丽宜居村庄 （2022年12月12日摄，星沙时报社 供图）

▲ 果园镇花果村美丽宜居村庄
（2022年12月13日摄，星沙时报社 供图）

▲ 北山镇福高村庙塘湾美丽宜居村庄
（2022年12月18日摄，北山镇政府 供图）

目 录

特 载

在长沙县自贸临空区自贸会展区2023年工作务虚会暨县委经济工作会议上的讲话（摘要）……2
政府工作报告（摘要）……6

专 文

长沙经济技术开发区建设发展综述（1992—2022年）……15
长沙县宜居宜业和美乡村建设综述……20
长沙县2022年营商环境创新实践综述……22

大事记

1月……24
2月……24
3月……25
4月……25
5月……25
6月……26
7月……26
8月……26
9月……27
10月……27
11月……27
12月……28

长沙县概览

自然环境

区域位置……30
地质地貌……30
气候……30
水文……30
自然资源……30
土壤植被……30

建置区划

建置沿革……31
行政区划……31

历史文化

传统文化……31
遗址遗迹……32
方言……32

人口和民族宗教

人口……33
民族宗教……33

经济社会发展

概况……33
农业……33
工业和建筑业……33
固定资产投资……33
国内贸易……33
对外贸易和旅游……33
交通和邮电……34
财政和金融业……34
科学技术和教育……34
文化、体育和卫生……34
环境、节能和安全生产……34
人民生活和社会保障……34

精神文明建设

概况……35
全国（县级）文明城市创建……35
新时代文明实践阵地建设……35
学雷锋志愿服务活动常态化……35
群众性精神文明建设……35
未成年人思想道德建设……35

中国共产党长沙县委员会

综 述

概况……37
《关于做好2022年乡村振兴标杆区建设重点工作的实施意见》……37

《长沙县建设共同富裕先行区行动方案》…………… 38
《长沙县长沙经开区奋力实施强省会战略加快推进人才高质量发展的实施意见》 ……………………… 38
《关于贯彻落实强省会战略的实施方案（2022—2026年）》 ……………………………………………… 38

重要会议

县委常委会会议………………………………………… 39
长沙县、自贸临空区、自贸会展区 2022 年工作务虚会暨县委经济工作会议 ……………………… 39
大力实施“强省会”战略暨“四个年”行动动员部署会议 …………………………………………… 39
长沙县长沙经开区学习贯彻党的二十大精神宣讲报告会 ……………………………………………… 39
中共长沙县委十四届三次全体会议…………………… 39

体制改革

概况………………………………………………………… 39
经济体制改革……………………………………………… 40
社会体制改革……………………………………………… 40
农业农村改革……………………………………………… 40
生态文明体制改革………………………………………… 41
民主与法治改革…………………………………………… 41
文化体制改革……………………………………………… 41
行政体制改革……………………………………………… 41
司法体制改革……………………………………………… 41
党的建设制度改革………………………………………… 41
纪律检查体制改革………………………………………… 41
镇（街道）微改革………………………………………… 41

组织工作

概况………………………………………………………… 42
党组织及党员队伍情况…………………………………… 42
基层党建…………………………………………………… 42
干部管理…………………………………………………… 42
人才工作…………………………………………………… 42
老干部工作………………………………………………… 43

宣传工作

概况………………………………………………………… 43
意识形态工作……………………………………………… 43
新闻舆论宣传……………………………………………… 43
文旅融合发展……………………………………………… 43
文明创建…………………………………………………… 43
陈树湘革命精神研讨会…………………………………… 44
星沙精神发布……………………………………………… 44

统一战线

概况………………………………………………………… 44
党外代表人士队伍建设…………………………………… 44
民营经济统战工作………………………………………… 44
海外统战工作……………………………………………… 44
长沙县统一战线代表人士履职能力提升培训班……… 44

县直机关党建

概况………………………………………………………… 45
党建政治引领……………………………………………… 45
党建基层基础……………………………………………… 45
党建服务中心大局………………………………………… 45

机构编制

概况………………………………………………………… 45
机构编制资源统筹………………………………………… 46
镇（街道）机制体制改革………………………………… 46
机构编制法治管理………………………………………… 46

人事人才

概况………………………………………………………… 46
“人才新政”工作………………………………………… 46
人才档案管理服务………………………………………… 46
人事招聘考试……………………………………………… 46
干部培训…………………………………………………… 46
事业单位人员管理………………………………………… 46
专业技术人才管理………………………………………… 47

对台事务

服务台企台胞……………………………………………… 47
对台宣传…………………………………………………… 47
对台交流…………………………………………………… 47

党校教育

教育培训…………………………………………………… 47
教学科研…………………………………………………… 48
教育管理…………………………………………………… 48
党校建设…………………………………………………… 48
中共长沙县委党校和湖南先进制造业学院资源整合利用模式改革 …………………………………… 48

长沙县人民代表大会

综　述

概况………………………………………………………… 50

人大常委会建设…………………………………………… 50
重要会议
概况………………………………………………………… 51
长沙县第十八届人民代表大会第二次会议……………… 51
长沙县第十八届人大常委会第三次会议………………… 51
长沙县第十八届人大常委会第四次会议………………… 51
长沙县第十八届人大常委会第五次会议………………… 51
长沙县第十八届人大常委会第六次会议………………… 51
长沙县第十八届人大常委会第七次会议………………… 51
长沙县第十八届人大常委会第八次会议………………… 51
长沙县第十八届人大常委会第九次会议………………… 51
长沙县第十八届人大常委会第十次会议………………… 51
长沙县第十八届人大常委会第十一次会议……………… 51
依法监督
财经监督…………………………………………………… 52
法律监督…………………………………………………… 52
民生监督…………………………………………………… 52
依法履职
代表服务管理……………………………………………… 52
群众工作监管……………………………………………… 52
议案建议督办……………………………………………… 52

长沙县人民政府

综　述
概况………………………………………………………… 54
经济建设…………………………………………………… 54
“四个年”行动……………………………………………… 54
民生事业…………………………………………………… 55
共同富裕先行区建设……………………………………… 55
重要会议
概况………………………………………………………… 55
县政府全体会议…………………………………………… 55
县政府常务会议…………………………………………… 55
县长办公会议……………………………………………… 59
县长专题会议……………………………………………… 61
招商引资
概况………………………………………………………… 62
湖南省 2022 年“迎老乡　回故乡　创三湘”项目签约
………………………………………………………… 62
“强省会”湖南自贸区长沙县区块在行动活动……… 62
“长沙跨境电商招商推介”系列活动…………………… 62
比亚迪新能源乘用车及零部件生产基地项目………… 62
行政审批服务
概况………………………………………………………… 62
“放管服”改革……………………………………………… 63
审批效率提速……………………………………………… 63
“一件事一次办”改革……………………………………… 63
大厅管理…………………………………………………… 63
效能监督…………………………………………………… 63
政务公开…………………………………………………… 63
“12345”政务热线 ………………………………………… 63
综合窗改革………………………………………………… 63
制造业企业“一件事一次办” …………………………… 64
政务服务大厅改造………………………………………… 64
信访工作
概况………………………………………………………… 64
信访问题整治……………………………………………… 64
信访积案攻坚……………………………………………… 64
智慧城市建设
概况………………………………………………………… 64
智慧城市基础建设………………………………………… 65
信息化项目………………………………………………… 65
数字应用…………………………………………………… 65
数据安全体系构建………………………………………… 65

中国人民政治协商会议长沙县委员会

综　述
政协委员构成……………………………………………… 67
政协服务中心工作………………………………………… 67
政协系统学习交流………………………………………… 67
履职实践活动……………………………………………… 67
政协宣传…………………………………………………… 67
重要会议
政协全体会议……………………………………………… 67
政协常委会会议…………………………………………… 67
政治协商
概况………………………………………………………… 68
联组协商…………………………………………………… 68

提案办理协商…… 68
对口协商…… 68
基层民主协商…… 68
民主监督
委员谈民生…… 68
社情民意信息工作…… 68
参政议政
提案工作…… 69
调研视察…… 69
参政议政发言…… 69
委员微建议…… 69

中共长沙县纪律检查委员会 长沙县监察委员会

重要会议
中国共产党长沙县第十四届纪律检查委员会第二次全体会议 …… 72
中共长沙县纪委常委会…… 72
长沙县纪委监委庆祝建党 101 周年暨“七一”表彰大会 …… 72
党风政风监督
政治监督…… 72
作风建设…… 72
监督检查和审查调查
审查调查…… 72
案件审理…… 72
信访举报…… 72
党风廉政宣传教育…… 72
巡察工作
概况…… 73
十四届县委第二轮巡察…… 73
十四届县委第三轮巡察…… 73
十四届县委安全生产“点穴式”巡察…… 73
十二届省委第三轮巡视提级巡视 …… 73

群众团体

长沙县总工会
概况…… 75
职工职业技能培训…… 75
职业技能竞赛…… 75
维护职工权益…… 75
基层工会组织建设…… 75
困难职工帮扶…… 76
和谐劳动关系建设…… 76
关爱劳模…… 76
“数字工会”建设…… 76
职工文体活动…… 76
中国共产主义青年团长沙县委员会
概况…… 76
青年创新创业…… 77
青年志愿服务…… 77
基层团组织改革…… 78
长沙县妇女联合会
概况…… 78
妇联主题活动…… 78
家庭建设…… 78
妇女儿童维权服务…… 78
基层妇联组织建设…… 78
长沙县科学技术协会
概况 …… 78
《长沙县全民科学素质行动规划纲要实施方案（2021—2025 年）》编制 …… 79
2022 年度长沙市“科普大篷车”下基层巡展活动 …… 79
长沙县科学技术协会第六次代表大会…… 79
长沙县归侨侨眷联合会
概况…… 81
参政议政…… 81
构建工作载体…… 81
长沙县工商业联合会（商会）
概况…… 81
基层商会组织建设…… 81
营商环境优化…… 82
长沙县工商联（商会）第十四届二次执委会议召开 …… 82
营商“红色驿站” …… 82
长沙县文学艺术界联合会
概况…… 82
“松雅潇湘”书画收藏精品名品联展…… 82

文艺创作…… 82
文艺下基层…… 82
长沙县残疾人联合会
概况…… 82
残疾人证办理…… 83
保障残疾人基本民生…… 83
残疾人就业创业扶持…… 83
残疾人康复服务…… 83
扶残助残…… 83
长沙县红十字会
概况…… 83
救护培训…… 83
“三献”工作…… 83
红十字志愿服务…… 83

法 治

政法委与综治
概况…… 85
维护社会稳定…… 85
平安建设…… 85
社会治理…… 85
执法监督…… 85
扫黑除恶专项斗争…… 85
法学服务…… 85
法治政府建设
概况…… 86
行政合法性审查…… 86
规范性文件管理…… 86
行政执法指导与监督…… 86
行政复议与应诉…… 86
公 安
概况…… 86
数据警务…… 86
“社区、学区、园区”警务建设…… 86
治安防控…… 87
执法规范化…… 87
交通管理…… 87
严打整治专项行动…… 87
“7·11”强迫、组织未成年人卖淫专案 …… 87
“2022-71”毒品目标案件 …… 87
“7·15”诈骗案件 …… 87
检 察
概况…… 88
刑事检察…… 88
职务犯罪经济犯罪检察…… 88
刑事执行检察…… 88
民事行政检察…… 88
公益诉讼检察…… 88
控告申诉及案件管理…… 89
未成年人检察…… 89
法 院
概况 …… 89
刑事审判…… 89
民事审判…… 89
执行工作…… 89
服务经济发展…… 90
诉讼服务…… 90
法治营商环境优化…… 90
司法监督…… 90
司法行政
概况…… 90
依法治县…… 90
社区矫正…… 90
普法宣传…… 90
矛盾纠纷调解…… 91
律师队伍管理…… 91
公共法律服务…… 91
公证服务…… 91
劳动仲裁
概况…… 91
“一站式”维权服务平台…… 91
创新调处新模式…… 91

军 事

长沙县人民武装部
概况…… 93
兵役征集后续工作…… 93
2022 年度兵役登记 …… 93
“学弟学妹送学长、战斗英雄送新兵”主题仪式 …… 93

新兵欢送仪式……93
武警长沙中队
概况……93
实战训练……94
执勤战备……94
后装保障……94
依法治军……94
人民防空
概况……94
人民防空行政审批……94
人民防空工程建设与管理……94
人民防空组织指挥……94
长沙市“5·12”防灾减灾日人防宣传活动在长沙县举行……95
“第22个全民国防教育日”主题宣传教育活动……95

经济管理

宏观经济管理
概况……97
政府投资管理……97
粮食和物资储备管理……97
能源电力管理……97
招标采购管理……98
国有资产管理
概况……98
项目投资管理……98
国企改革……98
国有资产监督管理……98
国有企业安全生产监管……98
土地资源管理
概况……99
耕地保护……99
民生服务……99
用地保障……99
不动产登记……99
批后监管……99
宜居城市建设……99
信息化建设……100
财　政
概况……100
财源建设……100
财政管理……100
债务化解……100
民生保障……100
税　务
概况……101
纳税服务……101
税源专业化改革……101
审 计
概况……101
预算执行审计……102
领导干部经济责任审计……102
政府投资审计……102
社区（村）、学校、医院财政财务收支审计……102
统 计
概况……102
统计服务……102
统计调查……102
统计基层基础建设……102
统计监督……103
价格收费管理
概况……103
价格改革……103
价格服务……103
价格监测……103
市场监督管理
概况……103
服务发展……103
综合监管……104
安全保障……104
知识产权管理
概况……104
知识产权运用……104
知识产权服务……104
知识产权资助……104
商标行政保护……105
专利行政保护……105
版权保护……105
知识产权协同保护……105
知识产权宣传……105

海 关
概况……105
助力装备制造业发展……105
支持开放平台建设……106
促进特色产业和贸易发展……106
促进湖南自贸试验区长沙片区建设……106
营商环境优化……106
保障国门安全……106
受理湖南省首票进口 RCEP 协议享惠报关单通关业务……106
签发二手工程机械设备出口优惠原产地证书……106
行政执法
概况……106
执法办案……107
道路交通领域“首违免罚”案件……107
星沙某书店违反出版物进出口管理制度案……107

农 业

综 述
概况……109
脱贫攻坚成果巩固……109
乡村振兴……109
生态移民……109
农村人居环境整治……109
种植业
概况……109
茶产业发展……110
蔬菜产业……110
水果产业……110
中药材产业……110
植保工作……110
养殖业
概况……110
动物卫生监督与防疫……110
畜禽退养和粪污资源化利用工作……111
农业机械化
概况……111
农机培训……111
农机事业项目实施……111
农产品加工
概况……111
农产品质量安全监管……112
林 业
概况……112
野生动植物资源保护……112
林长制……112
国土绿化示范试点项目建设……112
林业有害生物防治……112
优化生态公益林、天然商品林……112
造林绿化……112
古树名木保护……113
野生动植物保护……113
自然保护地管理……113
水 利
概况……113
河（湖）长制……113
水利项目建设……113
移民开发……113
湖南信息学院、湖南水利水电职业技术学院被评为全国首批节水型高校典型案例……114

工业 · 建筑业

综 述
概况……116
产业发展……116
信息化建设……116
企业服务……116
《长沙县“十四五”数字经济发展规划》出台……116
中小企业发展专项资金及振兴长沙县工业实体经济政策奖励……117
工业绿色低碳发展……117
招商引资……117
长沙经开区入选“2022 生物医药产业园区百强榜”……117
博世汽车部件（长沙）有限公司、三一重工长沙 18 号工厂入选“灯塔工厂”……117
长沙立诚机械智能制造生产基地投产……117
工程机械产业
概况……118

三一重工股份有限公司等 3 家企业入选“2022 全球工程机械 50 强”……118
汽车及零部件产业
概况……118
上汽大众奥迪新车型项目落户长沙经开区……118
博世长沙工厂 7.5 秒产 1 台 ABS 电机……118
广汽三菱新研发中心启用……118
湖南汽车制造配套产业园（长沙）入驻长沙自贸临空区……118
电子信息产业
概况……118
蓝思科技股份有限公司入选“国家企业技术中心”……119
湖南国科微电子股份有限公司入选 2022“中国品牌 500 强”……119
电力工业
概况……119
电力保供……119
电网建设……119
电力营商环境优化……119
建筑业
概况……119
质量与安全监督……119
绿色建筑与建筑节能……120
建筑工程设计管理……120
造价咨询技术服务……120

经济园区建设

长沙经济技术开发区
概况……122
重大项目集中开工活动……123
中国（湖南）自由贸易试验区国际人才港政策兑现……123
星沙水厂 9 万吨 / 天改扩建项目供水开机……123
湖南省工程机械二手设备出口行业联盟成立……123
长沙经开区新政务服务大厅揭牌……123
长沙经开区建区 30 周年大会……123
中国（湖南）自由贸易试验区长沙片区临空区
概况……123
产业发展……123
改革创新……123
平台建设……123
营商环境……124
规划建设……124
“强省会”战略重大项目集中开工活动……124
“‘强省会’湖南自贸区长沙县区块在行动”主题活动……124
中国民用无人机产业第一城……124
中国（湖南）自由贸易试验区主题空间站揭牌……124
松雅湖生态新城发展中心
概况……125
项目建设……125
招商引资……125
景区建设……125
科普宣教……125

商贸服务业

商贸流通
概况……127
与桑植县合作共建“飞地经济”产业园……127
《长沙县落实区域全面经济伙伴关系协定三年行动计划（2022-2024 年）》发布……127
县级 RCEP 企业服务中心成立……127
自贸区长沙县区块建设推进大会……127
会议会展
概况……127
大国工匠论坛……127
2022 湖南（国际）通用航空产业博览会……127
第二十三届中国中部（湖南）农业博览会……127
第七届中国国际食品餐饮博览会……127
商贸消费
概况……128
“松雅湖商圈”消费节……128
长沙市最美夜购示范系列评选……128
现代服务业
概况……128
现代服务业发展政策……128
商务楼宇认定……128
供销合作
概况……128
电商助农直播大赛……129

"党支部 + 村供销社"壮大村集体经济……129
大化肥淡储……129
烟草专卖
概况……129
专卖监管……130
卷烟营销……130
履行社会责任……130
邮 政
概况……130
邮政业务发展……130
邮政服务乡村振兴……130
农村电商……130
通 信
中国电信股份有限公司长沙县分公司……131
中国移动通信集团湖南有限公司长沙市长沙县分公司……131
中国联合网络通信有限公司长沙县分公司……131

金融业

综 述
概况……133
金融服务……133
金融超市平台……133
企业上市服务……133
产业发展基金设立……133
银 行
中国银行长沙市星沙支行……133
中国工商银行股份有限公司长沙星沙支行……133
中国农业银行股份有限公司长沙县支行……134
中国建设银行星沙支行……134
长沙银行股份有限公司星城支行……135
中国邮政储蓄银行股份有限公司长沙县支行……135
保 险
中国人寿保险股份有限公司长沙支公司……135
中国人民财产保险股份有限公司长沙县支公司……135

旅 游

综 述
概况……137
长沙县入选"中国县域旅游综合竞争力百强县（市）"……137
杨开慧纪念馆、缪伯英故居入选全国妇女爱国主义教育基地……137
三一智联重卡产业园被评为"国家级工业旅游示范基地"……137
金井镇、果园镇入选"湖南省乡村旅游重点镇（村）"……137
天华山旅游景区入选国家 AAAA 级旅游景区……137
旅游资源
概况……137
北山森林公园……138
影珠山森林公园……138
大山冲森林公园……138
徐特立故居……138
黄兴故居纪念馆……138
李维汉故居……138
杨开慧纪念馆……138
田汉文化园入选"2021 年湖南省文明风景旅游区"……139
柳直荀故居……139
杨立三故居……139
陈树湘故居……139
许光达故居……139
刘少奇天华调查旧址……139
缪伯英故居……139
旅游推介
2022 年长沙市春夏文旅产品发布启动式……140
第八届长沙（国际）茶文化旅游节……140
2022 长沙文化旅游推介发布会……140

交 通

综 述
概况……142
安全监管……142
交通建设
概况……142
"四好农村公路"创建示范县……142
干线公路建设……142
干线公路养护……142

农村公路养护……143
交通建设质量监督检测……143
交通信息化建设……143
交通运输
概况……143
公交线路优化……143
公交站场建设……143
货运物流……143
交通管理
概况……144
交通运输行业行政审批……144
驾培市场管理……144
维修市场服务……144
物流园区整治……144
共享单车管理……144
“大交通”改革……144
“路长制”工作……144
公路治超……144
航　空
概况……144
“行李门到门服务”……145
“中转服务”再升级……145
打造“友好机场”……145

生态环境

环境质量
概况……147
空气质量……147
水环境质量……147
声环境质量……147
土壤环境质量……147
生态建设
概况……147
生态文明创建……147
农村环境整治……148
环保宣教……148
长沙县入选国家“绿水青山就是金山银山”实践创新基地……148
污染防治
概况……148
蓝天保卫战……148
碧水攻坚战……149
净土保卫战……149
环境监管
环保督察……149
环保行政审批与政务服务……149
环境监测……149
危险废物规范化管理……149

城乡建设与管理

城乡规划
概况……152
村庄规划编制……152
重点片区规划……152
规划审查……152
城乡建设
污水处理……152
国有土地上房屋征收……152
危房改造……152
特色小城镇和特色小村庄建设……152
自建房整治……152
人居环境……152
房地产管理
概况……152
房地产业与房地产开发……153
住房公积金管理……153
物业管理……153
重点工程建设
概况……153
开元互通人行天桥……153
盼盼路东延线通车……153
长沙县第三医院建成……153
物流大道二期……154
长沙海关驻黄花机场海关机构基础设施（二期）……154
江杉高速公路……154
南阳—荆门—长沙1000千伏特高压交流输变电工程……154
城市管理
概况……154

园林绿化管理……154
市政设施管理……155
市容环卫管理……155
渣土运输管理……155
数字化城管……155
广告亮化管理……155
城镇管理考评……155

供 气

概况……155
城镇燃气管理……155
燃气安全生产教育培训……156
燃气安全整治……156
长沙星沙新奥燃气有限公司……156

供 水

概况……156
重点项目建设……156
农村自来水……156
“全国城市节约用水宣传周”活动……156

科学技术

科技企业创新

概况……158
创新平台建设……158
科技创新奖励补助……158
科技金融服务……158

科技管理

概况……158
创新高地工作推进会议……158
长沙县科技计划项目……158
长沙县第十五批农业科技特派员派驻……158
6 个省级技术攻关项目建设……158
农村专业技术协会院士专家乡村行活动在长沙县……158

科技成果转化及应用

概况……159
山河智能地下工程装备全球发布会……159
竖井掘进机“梦想号”下线……159

气 象

气象服务……159
气象现代化建设……159
防雷安全监管……159

教 育

综 述

概况……161
学校建设……161
教育评价及课堂教学改革……161
校外培训治理和课后服务开展……161
教育督导……161
招生考试……162
智慧教育……162
校园安全……162
教育基金使用……162
民办教育……162
教育科研课题建设……163
研训一体模式建设……163
教育民生服务……163
学校食品安全……163

学前教育

概况……163
公办幼儿园学位增长……163
学前教育普及优质均衡发展……163
长沙县六艺天骄幼儿园被评为全国生态文明教育特色学校……163

基础教育

概况……163
特殊教育……164
合作办学、集团化办学……164
劳动教育……164
心理健康教育……164
团队工作……164

职业教育

概况……164
长沙县职业中专学校……165
长沙经贸职业中专学校……165

社区家庭教育

概况……165
社区教育……165
家庭教育……165

师资建设

人才引进……165

师德师风……165
教师招聘……165
名师工作室……166
干部人事交流……166
支教工作……166
职称评审……166
教师培训……166
高等教育
概况……166
湖南警察学院获2021年度在长高校毕业生留长工作先进单位一等奖……166
湖南大众传媒职业技术学院挂牌民盟湖南省委会统战理论研究基地……167
湖南艺术职业学院被评为“湖南省高校大学生创新创业孵化示范基地”……167
长沙师范学院入选“2022年度全国品牌影响力本科高校”……168
湖南司法警官职业学院被评为“2022年度湖南省最受高中生关注高职院校”……168
湖南现代物流职业技术学院入选湖南省“楚怡”高水平高职学校建设单位A档……168
湖南安全技术职业学院入选省级“双高校”建设单位……169
湖南水利水电职业技术学院被评为“2022年度全国品牌影响力高职院校”……169

文化

公共文化
概况……172
公益培训……173
公益电影……173
应急广播管理……173
文化志愿服务活动……173
“雅韵星沙 周末有戏”暨公共文化服务进景区活动……173
主题展览……173
群众文化
概况……173
优秀文艺节目评选活动……173
“4·23”世界读书日全民阅读系列活动……173
“松雅书院”系列读书活动……173
书香校园建设……173
艺术创作与展示
概况……174
文艺创作……174
文化遗产保护
概况……174
文物保护规划……174
可移动文物保护……174
革命文物保护利用……174
文物安全隐患巡查……174
非物质文化遗产保护……175
文旅市场管理
概况……176
文旅市场安全监管……176
文旅市场综合治理……176
文旅市场政务服务……176
新闻出版
概况……177
媒体融合……177
新闻宣传……177
广播电视电影
新闻宣传……177
《一线调查》专栏……177
“松雅湖观潮”微信公众号……177
“在星沙”App上线……177
广电网络发展……177
媒体经营……178
党史工作
概况……178
党史编研……178
党史宣传教育……178
党史阵地建设……178
地方志工作
概况……178
地方志宣传……179
长沙县年鉴（2021）入选“精品年鉴”……179
档案工作
概况……179
国家级数字档案馆前期建设项目启动……179
档案工作指导……179

服务农村基层社会治理……179

卫生健康·体育

医疗机构
概况……181
县级公立医院综合改革……182
国家基本药物制度执行……182
基本药物制度实施……182
清廉医院建设……182
长沙县肿瘤防治中心癌症防治行动……182
《长沙县推动公立医院高质量发展实施方案》出台……183
公共卫生
基本公共卫生服务……183
家庭医生签约……183
高血压医防融合管理……183
爱国卫生运动……183
妇幼保健
概况……183
院区建设……184
医疗合作……184
妇幼保健科普宣传……184
学科建设……184
新技术新项目……184
医政医管
分级诊疗、医联体……184
服务基层……184
医疗质量控制中心……184
医疗纠纷……185
中医药管理
概况……185
中医药服务网络……185
中医药人才队伍培养……185
中医药传承创新……185
中医药治未病……185
中医药文化传播……185
长沙县被评为“全国基层中医药工作先进单位”……185
长沙县中医药事质控中心成立……185
综合监督
概况……186
民生监管……186
行政许可……186
双随机监督抽查……186
新冠肺炎疫情防控……186
疾病预防控制
概况……186
传染病疫情防控……186
性病艾滋病、结核病防治……186
免疫规划……186
慢性病防治……187
地方病防治……187
学校卫生……187
职业卫生……187
健康促进
概况……187
健康科普宣传……187
健康教育培训……187
体 育
概况……188
体育阵地建设……188
群众体育……188
体育培训……188
第二届“健康湖南”全民运动会……188
“悦动星沙”2022 年长沙县羽毛球团体赛……188
2022 年长沙县男子气排球比赛……188

应急管理

防灾减灾
防汛抗旱……190
森林防火……190
地质灾害防治……190
长沙县 2022 年城市安全运行暨防汛综合应急演练……190
安全生产
概况……191
消防安全……191
安全生产 10 条措施……191
卫生应急
概况……191

应急预案完善……191
突发公共卫生事件……192
现场救护培训……192
消　防
概况……192
重点领域整治……192
鹏盛消防救援站驻队执勤……192
委托执法试点……192
消防宣传……192

社会生活

居民生活
概况……194
城镇居民生活……194
农村居民生活……194
生育健康服务
概况……197
老龄健康智慧医养服务……197
计划生育家庭服务……197
计划生育技术服务……197
劳动关系
概况……197
劳动纠纷“一站式”调处中心……197
电子劳动合同网签推广工作……197
农民工工资保障工作……197
就业创业
概况……198
巩固拓展就业脱贫攻坚成果……198
线上、线下招聘……198
政校企对接座谈会……198
“中国创翼”创业创新大赛……199
智慧“星就业”公共就业服务平台上线……199
长沙县社区就业服务超市挂牌……199
稳就业补贴扩面发放……199
省级充分就业社区（村）创建……199
人力资源服务行业监管……199
基层人社公共服务平台建设……200
社会保障
概况……200
养老保险……200
城乡居民养老保险待遇……200
养老保险待遇领取资格认证……200
被征地农民社保……201
工伤保险……201
工伤预防……201
失业保险……201
失业保险稳岗返还……201
医疗保障
概况……201
医疗保障水平……201
DRG 支付方式改革……202
基金监管……202
经办服务……202
退役军人事务
概况……202
优抚褒扬……202
移交安置……202
服务保障体系建设……203
民政事务
概况……203
社会救助……203
养老服务……203
基层政权建设……203
婚姻家庭……203
慈善事业和社会工作……204
福彩销售……204
区划地名管理……204
社会组织服务……204
殡葬管理……204
生活无着人员救助……204
民族宗教事务
概况……204
创建全国民族团结进步示范县……205
宗教活动场所星级建设……205

人　物

先进个人
蔡君球……207
黄利霞……207

龙斌……207
龙耀瑾……207
唐强……207
彭克让……207

乡镇街道

星沙街道
概况……211
项目建设……211
营商环境……211
民生事业……211
城市管理……211
安全生产……211
综合治理……211
“彩虹”星东巷……212
湘龙街道
概况……212
社会保障……212
综合治理……212
环境整治……213
泉塘街道
概况……213
经济发展……213
项目建设……213
民生事业……213
城市管理……213
综合治理……213
安全生产……213
榔梨街道
概况……213
项目建设……214
产业转型……214
营商环境……214
城市建设……214
城市管理……214
安全生产……214
社会治理……214
社会事业……214
长龙街道
概况……214
项目建设……214
服务园区……214
安全监管……215
星沙驿站长龙站对外开放试运营……215
黄兴镇
概况……215
项目建设……215
城乡发展……215
民生保障……215
安全稳定……216
黄兴会展经济区
概况……216
产业发展……216
乡村振兴……216
民生保障……216
社会治理……216
物流行业高质量发展主题沙龙活动……216
江背镇
概况……217
经济建设……217
城乡建设……217
民生事业……217
社会建设……218
黄花镇
概况……218
产业发展……218
征地拆迁……218
环境治理……218
乡村振兴……218
社会治理……218
春华镇
概况……218
科技兴农……219
项目建设……219
社会事业……219
综合治理……219
文旅融合……220
果园镇
概况……220
项目建设……220
社会事业……220
文化事业……220
民生保障……220

路口镇
概况……221
重点项目建设……221
社会民生事业……221
乡村振兴……221
基层治理……222
高桥镇
概况……222
民生事业……222
产业发展……222
文旅融合……222
项目建设……222
综合治理……222
政务服务……223
金井镇
概况……223
乡村建设……223
文化事业……223
政务服务……223
产业发展……223
长沙县第三届红薯文化旅游节……223
开慧镇
概况……223
文旅融合……224
乡村振兴……224
民生事业……224
福临镇
概况……224
项目建设……225
社会事业……225
文化事业……225
民生保障……225
青山铺镇
概况……225
社会事业……226
安全监管……226
环境整治……226
基层治理……226
文旅建设……226
乡村振兴……226
青山铺镇举办“红韵青山 求是天华 庆七一”活动……226
安沙镇
概况……226
营商环境……227
城乡建设……227
人居环境……227
文明建设……227
乡村振兴……227
安全生产……227
社会治理……227
社会保障……227
特色产业……227
北山镇
概况……228
招商引资……228
项目建设……228
基础设施建设……228
乡村振兴……228
民生保障……228
社会治理……228
第二届湖南（长沙）北山山歌旅游文化月系列活动……229

附 录

统计资料……235
文件目录……256
组织机构及负责人……262

索 引

主题索引……279
表格索引……292

特　载

编辑　周进银

在长沙县自贸临空区自贸会展区2023年工作务虚会暨县委经济工作会议上的讲话（摘要）

中共长沙县委书记　付旭明

（2023年1月5日）

一、回顾过去的一年，我们始终万众一心加油干、越是艰险越向前，合力交出了一份极不平凡的精彩答卷

总结2022年的关键词，我认为就是“难”，我们面对历史上最艰难的年份之一，扛过了极不容易、极不平凡的一年。一年来，面对经济下行、疫情防控、安全生产等诸多困难和挑战，我们攻坚克难，迎难而上，知难而进，交出了一份不负组织重托、不负人民期望的圆满答卷。

一要在充分肯定成绩中进一步提振信心。信心比黄金重要，预期比黄金更重要。去年一年的工作，值得充分肯定。一是从县区整体角度来看，这是综合实力上台阶的一年。长沙县在全国百强县中，跻身投资潜力第3位、新型城镇化质量第4位、县域经济基本竞争力第5位、绿色发展第5位、科技创新第6位、工业百强县第7位。长沙经开区综合实力、营商环境便利度分别位居全国经开区第14位、第7位。自贸会展区举办建博会等重大展会活动27场，长沙县、长沙经开区、黄花综保区获评全省打造内陆地区改革开放高地先进单位。二是从镇街部门角度来看，这是创先争优结硕果的一年。各级各部门聚焦“三个赛道”，充分发扬“两旦”（通宵达旦、枕戈待旦）精神，敬业奉献，勇争一流，取得了较好的成效。目前，已有8项工作获得省政府2022年综合大督查通报表扬或真抓实干督查激励，还有一些工作获得了国家或省级的荣誉。三是从人民群众角度来看，这是改善民生增福祉的一年。一年来，我们率先启动共同富裕先行区建设，将每年新增财力的80%以上投入民生领域，圆满完成省、市重点民生项目，城乡居民可支配收入预计增长5.5%，73个社区（村）集体经济年收入达到50万元，连续16年获评中国最具幸福感城市（县级）。

二要在全面总结经验中进一步把握规律。对于做好新时代经济工作，习近平总书记提出了“五个坚持”的大原则、大道理，我们要全面落实，长期坚持。从我县来看，也有几点经验值得认真总结：一是必须把贯彻落实上级决策部署作为坚强保证。要真学真用习近平新时代中国特色社会主义思想，把坚定捍卫“两个确立”、坚决做到“两个维护”落实到经济社会发展的各领域、各环节，不折不扣推动党中央和省委、市委决策部署在星沙率先落地见效。二是必须把全力办好发展经济这个最大实事作为核心支撑。要全面落实“三高四新”战略定位和使命任务，大力实施“强省会”战略，紧紧围绕率先打造“三个高地”、全面建设中国式现代化先行区战略目标，深入推进“四个年”行动，着力推动县区经济高质量发展。三是必须把全面深化改革开放作为关键一招。要坚持“无改革不星沙、无开放不星沙”，充分发挥主阵地、主力军、主引擎的作用，在“为国家试制度”上大胆闯，在“为地方谋发展”上求实效，争当改革开放的先锋。四是必须把增强民生福祉作为根本目的。要坚持把实现人民对美好生活的向往作为一切工作的出发点和落脚点，加快推进共同富裕先行区建设，不断提高群众的安全感、获得感、幸福感。五是必须把安全稳定作为根基前提。要准确把握发展和安全的关系，保持“时时放心不下”的责任感，全力以赴防风险、保安全、护稳定，以高水平安全护航高质量发展。

三要在全面分析形势中进一步抢抓机遇。当前，世界之变、时代之变、历史之变正以前所未有的方式展开，我们既面临宝贵的发展机遇，也面临严峻的困难挑战。一方面，宝贵的发展机遇必须牢牢抓住。从全球看，新一轮科技革命和产业变革加速推进，全球产业链供应链面临调整重构。从全国看，党的二十大极大振奋了全国各族人民的精气神，我国长期向好的基本面没有变，叠加国家政策持续发力，今年经济运行有望总体回升。从全省看，我省经济持续恢复发展态势延续，区位、科教、人力、产业、市场等方面优势明显，经济加快发展支撑良好、潜力巨大。从全市看，传统产业出现触底反弹迹象，新兴产业有望快速增长，自贸片区等改革工作和平台建设全面推进，为高质量发展释放了动力活力。从县区看，通过全面开展“四个年”行动，一批大项目、好项目加快落地，产业转型升级进一步加快，发展后劲进一步增强，发展环境进一步优化，经济趋稳回升的态势得到进一步巩固。另一方面，严峻的困难挑战必须主动应对。世界处在新的动荡变革期，世界经济可能面临滞胀局面，外部环境不稳定、不确定、难预料成为常态，我国经济恢复基础尚不牢固，需求收缩、供给冲击、预期转弱三重压力仍然较大。具体到长沙县，主要表现在：产业转型升级任务艰巨，产业链供应链的韧性和安全水平还不高，一些核心技术制约瓶颈没有得到有效破解；部分服务业受冲击较大，居民和企业的预期减弱，民间投资意愿不强；部分同志作风不实、工作不拼、落实不力的问题还未得到有效转变，房地产、安全生产、政府债务、金融、疫情防控等领域风险不容忽视。面对机遇与挑战，2023 年我们的关键词就是“拼”，大家要增强“三争”意识，强化“拼”的作风，以实干实绩拼出新成果、拼出新胜利、拼出新天地。

二、立足崭新的起点，我们必须集中精力拼经济，一心一意谋发展，奋力开创率先打造“三个高地”、全面建设中国式现代化先行区新局面

2023 年是贯彻落实党的二十大精神开局之年，做好经济工作，意义重大。总体要求是：以习近平新时代中国特色社会主义思想为指导，全面贯彻党的二十大精神和中央、省委、市委经济工作会议精神，深入落实习近平总书记对湖南重要讲话重要指示批示精神，坚持稳字当头、稳中求进，完整、准确、全面贯彻新发展理念，服务和融入新发展格局，着力推动高质量发展，全面落实“三高四新”战略定位和使命任务，奋力实施“强省会”战略，深入推进“四个年”行动，更好统筹疫情防控和经济社会发展，更好统筹发展和安全，全面深化改革开放，大力提振市场信心，把实施扩大内需战略同深化供给侧结构性改革有机结合起来，突出做好稳增长、稳就业、稳物价工作，有效防范化解重大风险，持续保障和改善民生，推动经济运行率先实现整体好转，实现质的有效提升和量的合理增长，牢记嘱托，创新实干，勇攀高峰，确保率先打造“三个高地”、全面建设中国式现代化先行区开好局起好步。

今年经济发展的主要预期目标是：地区生产总值增长 7% 以上；规模以上工业增加值增长 8% 以上；社会消费品零售总额增长 7% 以上；固定资产投资增长 7.5% 以上；地方一般公共预算收入增长 8% 以上；进出口总额增长 15% 以上；居民消费价格指数上涨 3% 左右；城镇调查失业率控制在 5.5% 以内；居民收入增长与经济增长基本同步。关于指示设定的考虑因素，刚才县长作了全面的分析，我这里不再重复。

做好今年经济工作，必须要认真贯彻中央经济工作会议提出的“六个统筹”、省委经济工作会议提出的“六个坚持”、市委经济工作会议提出的“六个注重”，准确把握六大关系。一要准确把握夯实稳的发展基础和彰显进的担当作为的关系。“稳”是“进”的重要基础，“进”是“稳”的持久动力，要坚持稳字当头，稳中求进，着力稳就业、稳金融、稳外贸、稳外资、稳投资、稳预期，夯实进的基础，全力“率先、争先、领先”。二要准确把握聚焦质的有效提升和推动量的合理增长的关系。质的提升为量的增长提供持续动力，量的增长为质的提升提供重要基础。要坚持以质取胜，以量增能，在提高质量效益的基础上保持合理的增长速度，以量变的积累实现质变。三要准确把握升级传统优势产业和培育战略新兴产业的关系。传统优势产业是基础，战略新兴产业是方向。要把升级传统优势产业和培育战略新兴产业统筹起来，既做大存量，又做优增量，不断推动产业稳步迭代升级。四要准确把握放大自身优势和利用外部资源的关系。自身的优势可以更好地吸引外部资源，外部资源可以更好地放大自身优势。要充分发挥“五区”叠加优势，面向全球争战略、争政策、争项目、争人才，不断提升星沙在全球全国版图的地位和分量。五要准确把握实现高质量发展和确保高水平安全的关系。安全是发展的前提，发展是安全的保障。要统筹发展与安全，有效防范和化解各类风险挑战，既善于运用发展成果保障发展安全，又善于构建安全环境促进发展。六要准确把握抓好当前工作和谋划长远发展的关系。“当前”是前提和基础，“长远”是远景和蓝图。既要多谋长远之事，多干打基础、利长远、增后劲的事，也要立足当前，把该抓的事情抓好，一步一个脚印向着宏伟蓝图迈进。

做好今年经济工作，必须坚定不移推进“四个年”行动。一要聚焦“要素”深入推进“项目建设提速年”行动。要集中一切精力、财力、人力大抓项目、抓大项目，抓难点、补弱点、通堵点，着力提高土地、资金、人才、政策等要素保障能力，推动重大项目尽快投产达效。二要聚焦“精准”深入推进“招商引资提效年”行动。要精准谋划，立足自身优势，拿出最好资源，根据产业链招商，按照产业链的布局，继续强链、补链、延链，让更多的好项目进入国家省市的“笼子”，吸引更多的社会资本加大投入。三要聚焦“活力”深入推进“营商环境提升年”行动。要不断提升政务服务效能，不断改善社会预期，不断提振发展信心，加快打造营商环境 4.0 版，持续擦亮“在星沙，都最好”品牌，真正以营商环境优化促发展活力提升，让干部敢为、地方敢闯、企业敢干、群众敢首创。四要聚焦“创文”深入推进“城乡品质提档年”行动。要以“创文”为抓手，不断提升城乡品质，确保长沙县 2023 年成功创建全国文明城市，确保顺利通过国家卫生城市复审。

具体来说，要重点抓好以下 10 个方面工作：

一要聚焦项目建设，着力扩内需。要增强消费对经济发展的基础性作用和投资对优化供给结构的关键作用，着力抓项目、扩内需。要全力以赴上项目、扩投资。始终秉持“项目为王、项目为先、项目为大”的理念，在项目增量、增速、投资结构、投资布局、投资模式等方面谋深谋细，深入研究“9+6”等宏观政策，在中央预算内投资、政府投资、专项债等方面下足功夫，争取更多的项目进入上级“盘子”、拿到更多“票子”。要对照“四个 100”清单，强化定期调度，确保一季度新建项目开工率达 60% 以上、二季度 80% 以上、三季度达到 100%，四季度提速建设下一年度项目。要在抓要素保障上提速增效，切实做到行政审批再优化、用地保障再加强、拆迁腾地再提速，推动投融资改革，从项目“招”“建”到“产”形成闭环管理，全力破解项目建设的难题。要全力以赴促消费激活力。要顺应消费升级趋势，提升传统消费，培育新型消费，扩大服务消费，适当增加公共消费，着力满足个性化、多样化、高品质消费需求。要持续提升传统消费，要围绕吃、穿、住、行等方面，坚持一节一主题，持续开展促消费节会活动；要支持刚性和改善性住房需求；做大汽车后市场，推动汽车消费由购买管理向使用管理转变；要大力促进免税业健康有序发展，更好地满足中高端消费品消费需求。要积极发展服务消费，着力扩大文化和旅游消费，打造精品线路，加强宣传推介，让“来星沙，奔赴你的星辰大海”响彻世界；要有序发展养老育幼、医疗健康、教育、体育、家政服务等消费。要加快培育新型消费，支持社交电商、网络直播等多样化经营模式，支持线上、线下商品消费融合发展。

二要坚持招育并重，聚力兴产业。要紧紧围绕“两基地两标杆”定位，突出率先建成5000亿元国家级园区，全力建设制造强县、制造强区。要全力以赴抓招引。要突出精准招商、全民招商，聚焦产业链、总部经济、科技招商，全面提升招商的效率、效果、效益，千方百计引进一批“三类500强”企业、头部企业、产业链关键项目，力争引进100个重点产业招商项目。要全力以赴抓培育。深入推进“挖潜、补缺、培优、倍增”三年行动计划，按照“个转企、小升规、规冲巨、巨改股、股上市”序列，分类分层推动市场主体培育、发展、壮大，培育更多的“单独小隐”企业。要全力以赴抓产业体系升级。以“五好园区”为载体，大力实施“腾笼换鸟”、智改数转等“六大工程”，聚焦工程机械、汽车及零部件等传统产业，“3T”等战略性新兴产业，元宇宙、量子信息、类脑智能等未来产业，大力发展数字经济，加快构建现代产业体系。要聚焦装备制造前端、高端和尖端，扎实推进亩均效益改革，全力打造全球高端装备制造业基地。要加快发展数字经济，强化数字基础设施建设，积极争取“国家先进计算产业创新中心——长沙分中心”落地，高标准建设湖南“5G+工业互联网”先导区、数字产业集聚区。要加快提升现代服务业发展水平，持续深化长沙县国家级“两业融合”试点建设，加快建设先进制造业与现代服务业融合发展的国际交流平台；要全力实施“会展+”产业融合计划，着力培育千亿元会展产业和“会展湘军”品牌，打造国家会展名城和内陆地区高端现代服务业中心；要大力发展楼宇经济，着力培育一批垂直集聚的新兴服务业高端楼宇，加快构建区域集中、产业集聚、企业集群、功能集成的楼宇经济发展格局。

三要打造科创高地，奋力增动能。充分发挥教育、科技、人才的战略性、支撑性作用，加快建设科技强县，全力争创国家级创新型县。要提升科创平台能级。加快打造以松雅湖国际科学城为创新核心区的“1+3”区域创新共同体，着力引进建设一批国家级和省级重点实验室、技术创新中心等重大研发平台，力促大科学装置落户，尽快形成一批标志性、可视化建设成果，加快构建“西有岳麓山、东有松雅湖”的科技创新格局。要加快关键核心技术攻关。统筹推进“十大技术攻关”项目，编制关键核心技术和进口替代清单，优化“揭榜挂帅”制度，加强基础研究，确保全年发明专利拥有量达到31.4件/万人。要强化企业科创主体地位，分类分级建立健全企业培育库，推动“科技—产业—金融”良性循环，提高科技成果转化和产业化水平，力争年末高新技术企业达到1160家以上，科技型中小企业1100家以上，科技型中小企业入库1100家以上，省级以上专精特新“小巨人”企业130家以上。要大力引育科创人才。全力落实“1+1+N”人才政策，2023年，县区要新引进培育产业领军人才20名、紧缺急需和骨干人才200名、优秀青年人才2000名、优秀工程师和技能工匠人才2000名。

四要突出改革开放，发力强活力。坚持改革不停顿、开放不止步，持续擦亮“无改革不星沙、无开放不星沙”品牌。要深化重点领域改革。有序推进自贸区“113+X”［“113”即《中国（湖南）自贸试验区长沙片区实施方案》在湖南省实施方案121项改革事项框架内新提出113条体现“长沙元素”的创新举措；“X”即经开片区、临空片区、会展片区探索自主创新试点事项］项制度试点，深化国资国企、园区体制机制、投融资体制、要素市场化等重点改革，不断激发发展活力。要全力推进对外开放。聚焦通用航空、航空物流、临空制造、生物医药等临空偏好型产业精准招商，加快保税维修、研发和再制造等“保税+”新业态发展，推动组建无人机产业孵化中心，申报民用无人驾驶航空试验区，加快打造“中国民用无人机第一城”。要加快发展跨境电商、加工贸易、服务贸易、海外仓等新业态，承办好第三届中非经贸博览会、长沙国际工程机械展等国际性展会。

五要抓好城乡统筹，全力提品质。坚持以人为核心的新型城镇化，促进城乡协调、可持续发展。要坚决打赢文明城市创建攻坚战。要坚持“四精五有”标准，深入实施“文明示范单元创建十大工程”“社会文明程度提升十大活动”“重点领域全面提质十大行动”，持续推进“六个城市”建设，全力争创全国文明城市，切实抓好国家卫生城市复审。要深入推进宜居宜业和美乡村建设。要积极支持有条件乡镇创成国家卫生乡镇，集中连片打造宜居宜业和美乡村5个片区，建设20个和美乡村点。

六要促进共同富裕，尽力惠民生。按照乡村振兴“123456”发展思路，全面推进乡村振兴，持续增强民生福祉。要筑牢粮食安全根基。全面落实粮食安全党政同责，实施新一轮粮食产能提升行动、种业振兴行动，加快粮食生产“四高”示范区。要加快乡村产业发展。大力发展“院士农业”和“都市农业”，在“一花一茶一民宿”、水稻、辣椒、生猪等方面充分发挥院士智囊作用，以产业链思维推进农业产业“接二连三”“一三融合”，做大做强农业优势产业和乡村特色产业。要强化任务落实。要围绕“七大行动”、七大工作要点、10项改革举措、53项指标以及49项任务，强化执行、加快见效，不断提高农村居民增收能力，推动集体经济收入过50万元的乡村扩面提质。

七要加强生态建设，协力促转型。要牢固树立“两山”理念，深化“两山”实践基地创建，着力提升生态环境质量。要深入推进环境污染防治。持续深入打好污染防治攻坚战、蓝天保卫战、碧水保卫战、净土保卫战，坚持山水林田湖草沙一体化保护和系统治理，扎实推进中央、省生态环境保护督察问题整改。要加快发展方式绿色转型。协同推进降碳、减污、扩绿、增长，加快推动产业结构、能源结构、交通运输结构调整优化。实施全面节约战略，推进“无废”城市建设，倡导绿色消费理念，全面提高各类资源节约集约利用水平，推进形成绿色低碳的生产生活方式。要积极稳妥推进碳达峰碳中和。加快“双碳”试点示范建设，全面启动实施产业低碳化、生活绿色化和生态碳汇能力有效化三大行动，逐步建立GEP核算机制，在全省率先开展县域生态产品价值核算，加快实现“零碳县”创建目标。

八要优化营商环境，强力提效能。要积极践行“亲民厚商崇实尚新”的星沙精神，聚焦企业“安不安全、赚不赚钱、方不方便、省不省心”，加快打造营商环境4.0版。要打造一流的国际化营商环境。要全面落实好外资企业国民待遇，保障外资企业依法平等参与政府采购、招投标、标准制定，加大知识产权和外商投资合法权益的保护力度。要发挥好自贸片区法庭的作用，为外商提供公正、高效、便捷的司法服务。要对照国际相关规则、规制、管理、标准，深化相关领域改革，为外商来县从事贸易投资洽谈提供最大程度的便利。要打造一流的法治化环境。要以创建“湖南省法治政府建设示范县”为抓手，一体推进法治政府、法治园区、法治社会建设。要加强行政执法监督，加大行政执法“双随机、一公开”监管力度。要打造诚信政府，加强项目投资、政府采购、招标投标、社会管理等重点领域政务诚信建设。要创新实施信用监管和包容审慎监管，着力打造公平竞争、健康有序的市场环境，让企业家在长沙县放心投资、省心办事、安心发展。要打造一流的市场化环境。要以超级C端为载体，继续深化“放管服”改革，降低制度性交易成本和企业生产成本，让企业和群众享受更多的“指尖上的便利”，进一步激发各类市场主体的活力。力争年末全县市场主体总量达到19.3万户，企业数达到5.7万户。

九要狠抓安全发展，竭力守底线。要始终保持“时时放心不下”的责任感、紧迫感，坚持底线思维，把隐患消灭在萌芽状态，确保社会大局和谐稳定。要全面筑牢疫情防线。突出“保健康、防重症”，切实守护群众健康安全。要从严抓实安全生产。持续紧盯“29+1”个重点行业领域开展安全隐患全面排查和彻底整改，深入开展“四进四查五到位”强基保安行动，统筹抓好消防安全、高层建筑、建筑施工、城镇燃气、交通运输、烟花爆竹、仓储物流等重点领域，深入开展隐患排查、风险管控和专项整治，坚决防范和遏制各类重特大事故发生。要着力防范化解风险。建立健全金融领域工作机制，积极稳妥化解房地产、金融、地方政府债务等领域风险，统筹抓好粮食、能源等方面风险排查处置，严厉打击“黄赌毒”、电信网络诈骗、侵害妇女儿童权益等违法犯罪行为，扎实做好保交楼、保民生、保稳定各项工作，牢牢守住不发生系统性风险的底线。

十要突出凝心铸魂，致力树形象。要以深入开展主题教育为契机，坚持不懈用习近平新时代中国特色社会主义思想凝心铸魂，致力打造忠诚、干净、担当的干部队伍。要推进省委巡视反馈问题整改。聚焦“规范”切实抓好“巡视巡察整改年”行动，推动以巡促改、以巡促建、以巡促治，努力以高质量巡视整改推动我县高质量发展。要加强政府自身建设。政府各级各部门要坚持用党的创新理论武装头脑，不断提高政治判断力、政治领悟力、政治执行力。要依法接受县人大及其常委会的监督，自觉接受人民政协的民主监督，主动接受社会和舆论监督。要增强市场意识、速度意识、数据意识、风险意识，提升决策效率，强化执行能力，提高落实效率。要凝聚团结奋斗力量。支持县人大、政府、政协依法依章程履职尽责，密切同各民主党派、工商联和无党派人士合作共事，寻求最大公约数，画出最美同心圆，推动形成一条心干事业、一盘棋抓工作、一股劲促发展的生动局面。

三、切实加强党的领导，我们务必全面从严抓作风，全面从实强担当，确保各项任务落到实处

加强党对经济工作的集中统一领导，是做好经济工作的根本保证，要切实把加强党对经济工作的全面领导落到实处。

一要持续深入抓学习。要提高站位抓学习。深刻领悟“五个牢牢把握”重要要求，完整、准确、全面领会党的二十大精神，进一步在全面学习、全面把握、全面落实上下功夫，坚决扛起做好经济工作、维护经济安全的重大政治责任，把捍卫“两个确立”、做到“两个维护”落实到经济工作的各方面、各领域。要紧盯形势抓学习。各级党员干部要找准自己的“位”与“责”，深刻把握党中央对国内外经济形势的科学判断、今年经济工作的政策取向和重点任务，及时学习、深入领会、精准把握国务院及各部委出台的最新经济政策，切实把政策红利转化为发展红利。要对照任务抓学习。深入领会中央和省委、市委、县委经济工作会议部署安排，明确目标任务，确定主攻方向，制定具体方案，拿出落实举措，做到件件有着落、事事有回音，确保圆满完成各项目标任务。

二要坚持不懈提能力。要提高守正创新的本领。要深刻领会习近平经济思想，做到常学常新、常悟常新、常用常新，不断适应经济发展新形势新变化，以党委政府有信心带动市场主体强信心，不断增强“三争”意识，切实提高驾驭新时代经济建设的能力。要提高攻坚克难的本领。要自觉丰富专业知识、提升专业能力、培育专业精神，争做经济发展的行家里手。力戒形式主义、官僚主义，大力践行“一线工作法”，敢啃“硬骨头”，敢拔“硬钉子”，敢打“攻坚战”，脚踏实地，埋头苦干，以奋发有为的精神状态努力创造经得起历史和实践检验的业绩。要提高统筹协调的本领。要树牢全局观念，胸怀“国之大者”，既立足一地一域，又着眼全局全县，以一地一域精彩为全局全县添彩。要坚持“十个指头弹钢琴”，着力抓重点、破难点、添亮点，切实做到前瞻性思考、全局性谋划、关键性突破、整体性推进。

三要锲而不舍优作风。持续深入开展“强省会 勇担当”作风建设年“三大行动”，鼓足县区党员干部干事创业的精气神。要持续整治“顽风痼疾”。持续对思想不够解放、作风不够务实、能力不够突出三个方面的突出问题和“十类人”进行全面整治，突出“实在、实干、实绩”，向作风建设六个方面的问题敢于“亮剑”，深入整治干部队伍“慵、懒、散、拖、浮、乱”问题。要挂起工作推进“作战图”。以目标倒逼责任、以时限倒逼进度，做到工作任务具体化、项目化、清单化，明确时间表、路线图、责任人，确保事事有人抓、人人有责任。要树好用人导向“风向标”。要完善干部考核评价体系，坚持严管和厚爱相结合，注重在经济发展一线和急难险重任务中培养、考察和使用干部，树立奖优罚劣鲜明导向，让实干者实惠、吃苦者吃香、有为者有位。要用好绩效考核“指挥棒”。要科学完善考核指标体系，充分调动各方积极性创造性主动性，以绩效促能力提升，以考核促争先进位。

政府工作报告（摘要）

——长沙县第十八届人民代表大会第三次会议

长沙县人民政府县长 陈永高

2023 年 2 月 2 日

一、2022 年工作回顾

2022 年，是极不平凡、极为难忘的一年。面对疫情冲击和经济下行等多重压力，我们始终坚持以习近平新时代中国特色社会主义思想为指导，认真学习贯彻党的二十大精神，在县委的坚强领导下，全面落实“疫情要防住、经济要稳住、发展要安全”的重要要求，忠实践行“三高四新”[1]战略定位和使命任务，强力推进“三大支撑八项重点”[2]，大力实施“强省会”战略，全面贯彻“1345”发展思路[3]，坚定不移打造“四区”[4]，深入开展“四个年”[5]行动，尽最大努力交出了殊为不易、令人满意的答卷。全年地区生产总值同比（下同）增长 4.5%，规模以上工业增加值增长 6.9%，固定资产投资增长 9.1%，社会消费品零售总额增长 3.1%，地方一般公共预算收入增长 8.18%。

——综合实力更强。荣登全国发展潜力百强县榜首，位居全国百强县投资潜力第三、新型城镇化质量第四、县域经济基本竞争力第五、绿色发展第五、科技创新第六、工业百强第七，跻身服务业全国 10 强。县区高质量发展、粮食安全、六大强农等 11 项工作获得省政府真抓实干督查激励。

——发展后劲更足。长沙县、长沙经开区、黄花综保区获评全省打造内陆地区改革开放高地先进单位。长沙经开区成为首批国家级知识产权强国建设示范园区。长沙县获评全省唯一国家知识产权强县建设示范县。全县荣获中国质量奖提名奖 2 个。获评全国县域农业农村信息化发展先进县。国际会展中心获批国家级服务业标准化试点。黄花镇入列中国百强镇，系“三湘第一镇”。果园镇获评全国新型城镇化标准化试点镇。金井镇获评国家农业产业强镇示范镇、省级农业特色小镇。春华镇获评全国“一村一品”示范镇。安沙镇商会、㮾梨街道商会分别获评全国、全省“四好”商会[6]。博世长沙和三一 18 号工厂成为全省仅有的世界级“灯塔工厂”。国科微电子获批国家级企业技术中心。源品生物细胞资源保藏库项目获科技部批准。

——城乡生态更美。荣膺“国家生态文明建设示范区”“两山”实践创新基地，成为全省唯一“双冠王”。获评全国自然资源节约集约示范县。星沙驿站长龙站获评全国最美站点。“核算县域 GEP”[7]和“杨梅冲社区共建生态文明”入选全省绿色低碳典型案例。“耕作层银行”入选省耕地保护典型案例。松雅湖入选湖南美丽河湖建设优秀案例。星沙街道获评全省生活垃圾分类示范街道。北山镇顺利通过省卫生镇创建验收。金井河高桥段获评省级美丽河流。

——社会治理更优。位列中国社会治理百强县前十。行政执法改革成为全国示范。纪委监委获评全国纪检监察系统先进集体。“数字工会普惠平台”获评全国“县（区）级十佳”平台。荣获全国县域共青团基层组织改革优秀试点县。湘龙街道消防中心荣获全国119消防先进集体。金洲村成为全国民主法治示范村。人武部被表彰为省国防动员先进单位。夺得省信访工作示范县三连冠，在省民调考核中连续两年排名全市第一。卫健局被授予省“人民满意的公务员集体”称号。获评全省网络综合治理工作成绩突出单位。获得全国文明城市创建省检测评第二名。高桥镇、开慧镇获评省级文明镇。路口镇获评省林长制工作先进单位。《“志”在开慧》荣获全省党员教育观摩特别奖。

——幸福指数更高。连续16年获评中国最具幸福感城市。获评全国基层中医药工作先进单位、首批老龄系统先进集体和省医养结合示范县。再次夺得“‘四好’农村路[8]全国示范县”称号。首次跻身全国县域旅游综合实力百强县。文旅局获评全国“三下乡”活动优秀团队。福临镇获评全国服务农民、服务基层文化建设先进集体。果园镇获评全国智慧健康养老试点示范镇。金茂路社区荣获全国示范性老年友好型社区。杨开慧纪念馆、缪伯英故居双双入选全国妇女爱国主义教育基地。在湖南省县级人民政府、县级党政主要领导干部履行教育职责两项评价中均获优秀。荣获城乡客运一体化省级示范县。三一智联重卡创成全国工业旅游示范基地。金井镇、果园镇入选“湖南省乡村旅游重点镇”名录。开慧镇获评中国楹联文化镇。金井镇成为非遗村镇省级示范点。天华山创成国家AAAA级旅游景区，珠塘湖、金茶非遗文化旅游景区创成国家AAA级旅游景区。成功创建星悦社区、蓝田新村等省级充分就业社区（村）27个。

（一）过去一年，经济大盘稳健运行。工业稳中向好。制造业增加值占GDP比重达44.7%。世界级工程机械产业集群加速形成，4家企业位列“全球工程机械50强”。湖南汽车制造配套产业园落户，星朝汽车华湘工业园生产基地实现当月签约、当月开工、当月整车下线，世界500强大陆集团中央电子工厂建成投产，新能源汽车占比和汽车产能明显提升。推进“5G+工业互联网”标杆建设，县区智能制造试点企业达282家。新增过会企业1家，申报上市材料企业2家。服务业稳中提质。全年实现服务业增加值880亿元，规上其他营利性服务业增速达31.9%，黄兴镇智慧央厨等现代服务业集聚区建设卓有成效。金融业贡献税收12.57亿元，增长11.34%。成功举办“宜居星沙”暨第二届房交会，“我想有个家、最好在星沙”广为传播。首届“松雅湖商圈”消费节人气火爆。会展产业孵化平台投入运营。有力保障建博会、农博会等重大展会31场和首届“大国工匠论坛”等重大会议32场。农业稳中加固。农林牧渔业总产值159.7亿元，增长4.1%。茶产业综合产值48亿元。创成院士工作基地16个。出台促进粮食生产十条措施，新增粮食生产奖补资金超亿元，完成播种面积75906.67公顷，粮食总产量504500000千克。建设高标准农田2326.67公顷，“四高”[9]试验示范区双季稻亩产1275.8千克，在全国高标准农田建设工作推进会上作典型发言。粮食生产、高标准农田建设经验获农业农村部专刊推介。

（二）过去一年，“四个年”行动实效明显。项目建设提速。推行“项目管家”和“五个一”工作机制[10]，一体推进项目的争资立项、建设提速、阳光征拆。向上争取专项基金项目个数及资金占比居全市前列。全年拆迁“清零”项目88个，腾地519.73公顷。列入市重大项目268个，总投资2908.5亿元，完成年度投资715亿元，投资完成率达136.8%。湖南防灾应急技术创新与转化中心等项目建成投产。江杉高速建成通车。荆门至长沙1000千伏特高压交流工程投产通电。长赣高铁湖南段启动建设。长沙机场改扩建工程周边水系恢复治理全面开工。招商引资提效。全年引进项目101个，总引资744.8亿元，其中，亿航智能、安博航空物流等投资10亿元以上项目10个、中国中车长沙科技园等三类500强[11]项目10个。开展“迎老乡、回故乡、创三湘”活动，举办“强省会自贸长沙县区块在行动”等招商活动22场。出台招商引资监管实施细则，服务保障36个项目落地达效。营商环境提升。全力打造“在星沙，都最好”营商环境4.0版，深化“410”模式[12]商事制度改革，县政务服务大厅改造升级，人大评议助力行政审批提速。市场主体和企业数量分别增长16.55%和18.49%，新增规上企业212家。“一网通办”平台实现三级覆盖，依申请6类事项网办率100%，5类投资项目审批提速20%。新增6条“免申即享”惠企政策，兑现奖补资金1.9亿元，惠及市场主体4.2万家。办理增值税留抵退税、减税降费和缓缴税费超60亿元。城乡品质提档。大力推进“创文巩卫”，实施“六制一公开”[13]，推进“百街千巷”环境综合整治，主次干道“增花添彩”0.18平方千米，61条街巷焕颜升级。建成人行天桥3座。整治城区易涝点15个。地铁6号线正式运营。梨江大道西延线等基础设施建设全线启动。松雅湖生态新城建设全面铺开，金安大道西延线竣工验收，金安大道东延线、捞刀河北路建设有序推进，产城融合项目拆迁顺利。160个美丽宜居村庄全面建成、蝶变一新。“四蓝”体系[14]全覆盖，农村生活垃圾减量率达65%，国控省控断面水质、饮用水源水质达标率100%，全年空气质量优良天数322天。

（三）过去一年，高质量发展动能增强。创新能力全面提升。规工企业研发投入73.85亿元，增长16.12%。高新技术企业数量1037家，增长31%。三一科学城、松雅湖国际科学城加快建设。全面落实“1+1+N”人才政策，人才公寓建设稳步推进，松雅湖海创中心投入运营。新培育国家级专精特新[15]“小巨人”企业15家。5家省级工程技术研究中心获批组建。全球最大的竖井掘进机等一大批首台（套）产品面世。改革成果更多呈现。纵深推进“放管服”改革，自贸区“113+X”项制度试点有序实施，5项制度创新成果为全国首创。经开区亩均效益改革和“腾笼换鸟”稳步推进，小微园区试点进展顺利，率先全国开展“融资租赁+工程机械设备出口”实践。星城控股集团、水业控股集团、星沙文化传媒集团顺利组建。国企改革三年行动圆满完成。率先全省实施“金融顾问”制度，举办银企对接会78场，为452家企业授信411亿元。“同飞工程”注册企业54家。与桑植县共建全省首个飞地经济产业园。对外开放蹄疾步稳。新开国际货运航线5条，与200多个国家（地区）建立贸易关系，预计完成进出口总额1238.3亿元、增长25.6%，对非贸易额超60亿元。设立全国首个RCEP[16]县级企业服务中心。县人民法院自贸片区法庭正式挂牌。湖南首家跨境电商新零售综合体友阿跨境荟试运营。临空区获得全省首张中药材进口注册批件。启动打造“中国民用无人机第一城”。黄花国际贸易港总体规划完成编制，征地拆迁全面启动。

（四）过去一年，民生福祉持续改善。齐心抗疫难以忘怀。高效运转防控指挥体系，有力遏制多轮疫情反复冲击，200余名医护人员坚守机场，800余人昼夜值守16个高速出口，逾万名干部冲锋一线，赢得了黄花机场、“两大市场”、33家物流园区重点保卫战的重大胜利，以全县的精准防控为全市“不封城”做出了巨大贡献，体现了责任担当。积极应对疫情新形势，做好药品、物资保供等工作，提前改造县一医院、县三医院，率先启用“健康驿站”，构建“城区15分钟、农村地区30分钟120急救圈”，229个家庭医生团队上门服务，坚决做好“保健康、防重症”工作，切实守护好人民健康。民生实事圆满完成。放心肉智能监管平台入驻主体4316户，建成镇街食品安全快检室19个。新增社区养老服务中心（站）8家。新增设既有多层住宅电梯100台。改造城镇老旧小区38个。建成停车场37个、停车位20549个。新改建农村公路214.4千米，提质改造农村旅游路、资源路、产业路65.08千米，建设农村公路安防设施9.15千米。县公共卫生救治中心开工开建。城市防洪圈堤防达标建设10.9千米。除险加固病险水库9座。“五好”教育[17]彰显成效。投入34.4亿元兴办教育，新改扩建阳高小学、湘龙二小等学校21所，义务教育阶段和学前教育公办学位分别新增8880个和4590个。长郡、雅礼、师大附中等11家优质教育品牌全面入驻。引进（选调）名优校长、骨干教师148名。高考成绩取得历史性突破。1100余名学生向开慧中学等农村学校“回流”。北师大长沙附属学校空港城校区顺利民转公，民办义务教育学位占比压减至7.1%。卫健事业再上台阶。县人民医院主体完工，经开医院竣工投入使用。全县新增床位710张。县妇幼保健院成为全省首家县域三级妇幼保健机构。社会大局安全稳定。成功打赢党的二十大安保维稳攻坚战，扫黑除恶专项斗争常态化推进，刑事和电诈发案率分别下降16.7%和25.8%，禁毒工作创历史最好成绩。抓实“29+1”重点领域隐患整治，执行“七条断然措施”“约法三章”，生产安全事故起数、死亡人数分别下降14.7%、2.5%，亡人交通事故起数、死亡人数分别下降27.52%、27.68%。大力开展自建房清理整治，工作经验在全市推介。农业生产、森林防灭火实现大旱之年无大灾的良好效果。

（五）过去一年，共同富裕强劲起步。产业增效。聚力“五高支撑、五个典范”[18]，全速推进49项重点工作和10项重大改革，53项指标中有50项实现年度目标，共同富裕先行区建设经验获省委肯定推介。紫竹山等45个文旅融合项目全面竣工。新改建室外运动场17处。举办“健康湖南”全民运动会12个项目海选等赛事。率先全省完成文物“一张图”工作。高标准完成杨开慧烈士生平业绩改陈布展。基础增强。全面推进“七张网”建设[19]。农村自来水新增2.69万入户人口，供水保证率达95%。新改建10千伏线路122千米、低压线路168千米。完成X146、宋水公路（水波坳段）提质改造和上扬公路、S324（北山段）路面改善工程。完成燃气发展规划编制。建成5G站点1005个。保障增力。创新出台“稳就业十六条”，释放红利超5亿元，1.7万家企业、26万群体受益。城镇新增就业1.88万人，调查失业率控制在5.5%以内。实施全民参保计划，县内定点医疗机构实现医保跨省异地就医直接结算。“星沙安薪”解决“忧薪”事，有效维护了劳动者合法权益。农民增收。居民人均可支配收入增长5.9%。145个涉农社区（村）集体经济年收入均超32万元，其中，101个社区（村）超50万元。巩固拓展脱贫攻坚成果同乡村振兴有效衔接，脱贫人口年度增收15.3%。纵览40余载改革开放史、30年创业史，凝练出“亲民厚商、崇实尚新”的星沙精神，引领全县人民迈上共同富裕的“星沙大道”。

肯定成绩的同时，我们也清醒地看到，全县经济社会发展还存在一些困难和问题，主要表现在：经济增长压力依然不小，招大引强不够，上市企业不多，投资增速不快，整体仍处于新旧动能转换、产业转型升级的关键期；高效统筹发展和安全压力较大，一般安全事故难以有效杜绝，污染防治、政府债务、防灾减灾、房地产等领域存在薄弱环节；服务效能、营商环境等对标先进地区存在差距，就业、教育、医疗、托幼、养老等还有不足。对此，我们将认真分析、深入研究，采取有效措施，切实加以解决。

二、2023 年形势与目标

2023 年是贯彻落实党的二十大精神的开局之年。开局关系全局，起步决定全程。我们必须坚定信心和决心，拼出多彩精彩。一是经济长期向好的大势不可逆转。世界面临百年未有之大变局，但我国经济长期向好的基本面没有变，新一轮科技革命和产业变革正在重构全球创新版图、重塑全球经济结构，经济数字化、智能化、绿色化转型加速推进，作为制造强县、产业大县，长沙县必将迎来发展新机遇。二是中国经济回稳向好的态势逐步呈现。我国经济韧性强、潜力大、活力足，资源要素可支撑经济中高速增长，有大国经济内部可循环的基本条件，随着高效统筹疫情防控和经济社会发展工作扎实推进，稳经济各项政策举措落实显效，“继续实施积极的财政政策和稳健的货币政策”等五大政策陆续推出，经济态势稳中向好。三是发展利好的积极优势不断扩大。“三高四新”战略定位和使命任务赋予星沙新机遇，“强省会”战略赋予星沙新担当，省市对我县寄予殷切厚望，鞭策我们必须奋力奔跑。“三区三线”[20]规划成果获批拓展了新空间，土地、资金、人才等发展要素保障更加有力，叠加区位、交通、产业、平台等比较优势，县域经济发展前景光明。四是广大干群奋勇争先的气势昂扬向前。县委“率先打造‘三个高地’、全面建设中国式现代化先行区”战略目标催人奋进，全县县区一体、政通人和、风清气正，干群意气风发、同心同德、奋勇作为，汇聚起磅礴的动能势能，做好了全力拼经济、大发展的充分准备。

2023 年政府工作的总体要求是：以习近平新时代中国特色社会主义思想为指导，全面贯彻党的二十大精神和中央、省委、市委、县委经济工作会议精神，深入落实习近平总书记对湖南重要讲话重要指示批示精神，坚持稳字当头、稳中求进，完整、准确、全面贯彻新发展理念，服务和融入新发展格局，着力推动高质量发展，全面落实“三高四新”战略定位和使命任务，奋力实施“强省会”战略，深入推进“四个年”行动，更好统筹疫情防控和经济社会发展，更好统筹发展和安全，全面深化改革开放，大力提振市场信心，把实施扩大内需战略同深化供给侧结构性改革有机结合起来，突出做好稳增长、稳就业、稳物价工作，有效防范化解重大风险，持续保障和改善民生，推动经济运行率先实现整体好转，实现质的有效提升和量的合理增长，牢记嘱托，创新实干，勇攀高峰，为率先打造“三个高地”、全面建设中国式现代化先行区开好局起好步。

2023 年全县经济社会发展的主要预期目标是：地区生产总值增长 7% 以上；规模以上工业增加值增长 8% 以上；固定资产投资增长 7.5% 以上，力争增长 8%；社会消费品零售总额增长 7% 以上；地方一般公共预算收入增长 8% 以上；进出口总额增长 15% 以上；研发经费投入增长 13% 以上；城镇调查失业率控制在 5.5% 以内；居民人均可支配收入与经济增长保持同步；粮食总产量稳定在 5 亿千克；减排完成省定指标。

三、2023 年工作任务

2023 年，我们将紧紧围绕“率先打造‘三个高地’、全面建设中国式现代化先行区”战略目标，聚精会神拼经济，一心一意谋发展，扎扎实实惠民生，紧扣全年“三稳”[21]，聚焦省“发展六仗”[22]，落实市“十大行动”[23]，全面建设“十个强县”[24]，打造“七个星沙”[25]，交好“十张答卷”[26]，重点做好以下七个方面的工作：

（一）在兴产业、稳经济上拼出新天地。坚持以经济建设为中心，把拼经济作为政府工作的重中之重。大力推进产业建设，实现既有产业的升级和新兴产业的培育。布局六大千亿级产业。支持经开区在全省率先建成 5000 亿国家级园区，着力建设“两基地、两标杆”[27]，创建“五好”园区[28]。坚持制造业当家，实施“规上工业倍增”工程，形成千亿级先进装备制造业；推动上汽大众新能源车及中高端燃油新车型导入、星朝汽车及广汽三菱新能源车提升产能、北汽福田超级卡车工厂等项目达产满产，形成千亿级汽车产业；建设集成电路细分领域“芯”高地，实施专精特新“单独小隐”[29]工程，培育国家级专精特新“小巨人”企业 5 家以上、省级 10 家以上，形成千亿级信息技术产业；依托机场客货运资源、航线渠道，聚焦临空制造、航空服务、航空物流等重点产业，形成千亿级临空制造产业；加快打造医疗器械产业园，发挥县人民医院辐射带动作用，形成千亿级生物技术和生命健康产业；壮大会展业，打造 10 个以上国际性品牌会议（展览），培育工美大厦、方略国际金融中心等特色楼宇，形成千亿级高端现代服务业。做优都市农业。以“四高”农业为引领，确保农林牧渔业总产值增长 4% 以上，建设农业强县。打造春华—路口—青山铺“四高”试验示范区，提质改造 1333.33 公顷高标准农田，基本完成国家级“星农智谷”田园综合体试点任务。扛牢粮食安全政治责任，以“长牙齿”硬措施保护耕地，粮食播种面积保持 75333.33 公顷以上。支持安沙花卉产业园易址发展，支持春华打造种业小镇，支持开慧、福临打造小水果品牌，支持青山铺打造北部葡萄产业走廊。壮大一批新型经营主体，实现所有村集体经济年收入过 36 万元，70% 以上村集体经济收入突破 50 万元。启动北部农产品精深加工园建设。构建“一网多用、一站多能、双向流通、综合服务”供销体系，充分释放“星沙味道”品牌张力。进军新兴未来产业。高标准打造湖南“5G+ 工业互联网”先导区、数字产业集聚区，支持区块链产业园升级，加速区块链企业赋能实体经济。大力发展“3T”产业[30]，积极布局云计算、大数据、人工智能、量子计算等未来产业。

（二）在促项目、抓招商上拼出新气象。一切围绕项目转、一切围绕项目看、一切围绕项目干，以项目建设之“进”支撑经济发展之“稳”。突出建项目。按照5个100[31]的要求，坚定新建项目“一季度开工率60%以上、二季度开工率80%以上、三季度开工率100%”的目标，实施投资过5000万元重大项目300个以上、过5亿元重大项目115个以上。新建比亚迪新能源汽车零部件产业园、黄兴海吉星国际农产品物流园（二期）、湖南物流总部智慧园区、井贝跨境电商产业园、金云智造中心等重大产业项目110个以上。续建黄花机场综合交通枢纽集疏运配套工程、星朝汽车华湘工业园生产基地、国际会议中心综合体等重大项目。实现蓝思科技黄花生产基地等重大项目竣工投产。完成县级国土空间总体规划，实施征拆项目221个，腾地1333.33公顷以上。突出引项目。强化“第一菜单”意识，探索科技招商、产业招商、基金招商新模式。放眼全球，吸引更多头部企业、“高精尖”项目落户，聚焦湘商回归和返乡创业，积极开展以商招商。力争全年引进产业项目100个以上，其中，“三类500强”项目10个以上、投资过10亿元项目10个以上、过50亿元项目2个以上、过100亿元项目1个以上。突出管项目。动态管理、全程服务招商引资项目，提高招商项目落地率和达效率。加快亩均效益改革，用好项目绩效评估制度。健全重大项目突出问题协调解决机制，实行“一图三清单”[32]挂图作战模式，推动项目尽快形成实物量。

（三）在重科创、增动能上拼出新活力。扎实开展科技强县建设，将创新优势转化为竞争优势，争创国家创新型县。壮大科创平台。打造以松雅湖国际科学城为核心，经开区、临空区、会展区为主体的“1+3”硬核创新平台。培育高能级新型研发机构1家以上，建成一批国际领先的企业创新孵化器、众创空间。加快建设长沙干细胞与再生医学工业技术研究院。支持三一科学城建设。打造松雅新城科技生态园、海创中心等科创平台，力争“松雅湖工业先进计算中心”落户，构建“西有岳麓山、东有松雅湖”科创新格局。攻关核心技术。优化“揭榜挂帅”制度，指导企业积极争取省市十大技术攻关等重大科研项目，确保万人发明专利拥有量达35件以上。强化企业科创主体地位，突出高端、前端、尖端，重点攻克发动机、变速箱、传感器等关键零部件技术，持续攻关固态存储、超高清视频芯片等“卡脖子”领域，涌现更多首台、首套、首批。力争高新技术企业突破1200家、科技型中小企业入库1100家以上。优化科创生态。用好高新技术企业所得税减免等惠企政策，进一步鼓励企业加大研发投入。选派一批县级以上科技特派员。引育产业领军人才20名以上、紧缺急需和骨干人才200名以上、优秀青年人才2000名以上、优秀工程师和技能工匠人才2000名以上。

（四）在深改革、扩开放上拼出新优势。擦亮“无改革不星沙，无开放不星沙”金字招牌，致力建设贸易强县。扩大自贸改革优势。有序推进自贸区“113+X”项制度试点，形成制度创新成果5项以上。加快国企市场化改革，推动星城控股集团、水业控股集团、临空集团等架构整合、业务融合。推进长株潭要素市场化配置综合改革试点，探索构建长株潭一体化信用体系，建设高标准市场体系，不断激发市场活力。彰显临空产业特色。参与编制临空（长株）产业片区发展规划。落地“区港一体化”、跨境电商新零售等首创性、实用性重点课题。紧盯“五个中心”[33]建设，加快冷链物流、跨境电商基地建设，发展保税维修、研发、再制造等“保税+”新业态。大力发展航空制造、航空维修等产业，成立无人机产业孵化中心。推动声迅安防高科技产业园、国际空港城综合体等产业项目建设。力争新引进产业项目50个以上，总投资500亿元以上。落地一批知名航空物流项目，争创国家级空港型物流枢纽。大力建设黄花国际贸易港，推动智慧物流一期等重大项目取得实质性进展。力促临空经济示范区进出口总额达到1000亿元、航空货运吞吐量达到45万吨。做强会展国际品牌。推进服务会展业发展新机制在全省复制推广，推动会展活动管理机制标准化建设，建立会展知识产权侵权投诉及联合执法机制，创新会展物流“一站式”服务。着力建设国际商务区、礼宾路商务轴、科技产业园，推动会展国际化、专业化发展。精心办好第二届博鳌经安论坛、第三届中非经贸博览会、国际工程机械展等品牌展会，实现展览面积1.2平方千米以上，着力打造国际会议会展湖南新中心。

（五）在强统筹、美城乡上拼出新图景。按照“六个城市”[34]要求，对标“四精五有”[35]，积极争取创建全国文明城市，确保新周期内通过国家卫生城市复审。打造精美城市。系统实施“文明示范单元创建十大工程”“社会文明程度提升十大活动”“重点领域全面提质‘十大行动’”。推进“百街千巷”巩固提升工程，综合整治龙喜路等支路街巷62条，改造城镇老旧小区12个，实现城区物业服务全覆盖。做实城区路长制。推进封刀岭地下交通枢纽、星沙文化公园停车场等智慧停车项目建设，新增停车位1.5万个。建设城市驿站5座、街角花园4个，做好垃圾处置设备更新、绿化提质，让15分钟生活圈[36]标定文明城市新高度。完善基础设施。全力保障长沙机场改扩建工程、长赣高铁项目顺利推进，实现万家丽路快速化改造北延线通车，新建望仙东路（二期）、远大路、东四路南延线，完成开元东路拓改。加快松雅湖生态新城水渡河片区产城融合项目、松雅湖东片区路网建设，建成安沙大道（二期），开建万明路（一期）、万花园路（一期）。加快槊梨花园新城及水乡古镇市政设施建设。建设G107调规公路东延至S206、田汉大道东延线等道路，启动X037提质改造。实施民办公助[37]小农水工程113个。持续开展电力“630攻坚”行动，全力推进500千伏输变电及其配套工程等电网建设。改迁东十路忠武燃气管道。建设5G基站700个以上。建设和美乡村。按照乡村振兴“123456”[38]要求，大力实施“三改五整七禁”[39]行动，全面推进城乡环境卫生公共服务改革，推动农村人居环境从“整治”向“常治”转变。支持春华、江背等创成国家级乡村振兴示范镇。支持高桥、路口、北山、福临等创成国家卫生镇。打造宜居宜业和美乡村示范片8个以上、水美湘村2个以上、和美乡村示范点30个以上。

（六）在惠民生、奔共富上拼出新高度。时刻把人民群众冷暖安危挂在心头，扎实办好县“10大民生实事项目”，奋力建设幸福星沙，在打造共同富裕先行区上取得新成效。稳定扩大就业。全力支持高校毕业生、农民工等重点群体就业创业，帮扶残疾人、“零就业”家庭成员等困难人员实现就业。城镇新增就业1.8万人以上、创业主体1万个以上，带动就业3.5万余人。强化社会保障。扩大社会保险覆盖面，完善养老、医疗、失业、工伤、生育等保险制度。积极发展红十字、慈善、社会福利、志愿服务等公益事业。建成县生活无着人员救助站。启动县殡仪馆建设。建成0～3岁托育综合服务中心，提质改造10个儿童之家。建设青年发展型县域。积极创建全国民族团结进步示范县。支持国防现代化建设，再创全国双拥模范县。推进“五好”教育。坚持“五育并举”，持续推动“双减”[40]工作落实，加大教育综合改革力度，全面建设人民满意的现代化教育强县。建设泉塘四小、龙峰小学、松树中学等7所学校，新增义务教育学位1.28万个，积极稳妥调减民办义务教育阶段学位数量。引进麓山国际、长郡双语等优质品牌，实现南雅远航学校、雅礼洋湖会展中学等开学招生。大力引进和培育名师、名校长。打造健康星沙。因时因势优化疫情防控措施，着力防重症、强能力、控风险、促发展。实现县人民医院开诊运营，建成县公共卫生救治中心，扩建果园等“家门口”卫生院，建设中医药强县。推动干杉养老院如期竣工。开展爱国卫生运动，打造全生命周期健康服务体系。繁荣文旅事业。积极发展文旅产业，筹建县文体中心，打造文体强县。促进农文旅深度融合，建设浏阳河文化旅游产业带、X024红色旅游示范带、捞刀河风光带。提质改造松雅湖湿地公园，完善影珠山、天华山、紫竹山、大山冲等景区基础设施。办好县旅发大会，唱响“七星聚力”文旅品牌，让更多游客选择来星沙奔赴星辰大海。筑牢安全根基。加快湘龙派出所、黄兴派出所和镇街专职消防队建设。推进水塘垸（二期）、敢胜垸（湘府路大桥至回龙山段）等堤防达标工程建设，提高浏阳河、捞刀河流域防洪能力，完成13座病险水库除险加固。

（七）在优生态、助双碳上拼出新精彩。深入打好污染防治攻坚战，全面做好中央、省环保督察迎检工作，巩固“国家生态文明建设示范区”和“两山”实践创新基地创建成果。打好蓝天保卫战。坚持“五气共治”[41]，开展“除臭剿劣”大会战，在消除重污染天气、防治臭氧天气、治理柴油车污染上攻坚，建成空气质量标准化街镇站点16个，力争空气优良率达到90%。打好碧水攻坚战。统筹“五水共治”[42]，深化河湖长制，打造美丽幸福河湖。建成毛塘铺污水处理厂，新建开慧葛家山等污水处理厂，确保浏阳河、捞刀河断面和饮用水源地水质达标率100%。打好降碳持久战。完善碳达峰、碳中和政策体系，健全GEP核算机制，启动实施“产业低碳化、生活绿色化、生态碳汇能力有效化”三大行动，建成光伏项目6个以上、充电站10个以上，推进“双碳”试点示范建设。发展绿色金融，力争率先全省开展环境权益抵质押融资试点。

四、2023年工作举措

为圆满完成全年各项工作任务，我们将强化六大工作举措：

（一）致力促进扩大消费。将恢复和扩大消费摆在优先位置，紧盯住房、汽车等大宗消费，鼓励新能源汽车、绿色家电等刚需消费，活跃二手车市场，力促餐饮、文旅、娱乐等消费复苏。举办商圈、四季、节日等主题消费活动，创立星沙消费品牌，办好“宜居星沙”品牌推介会。鼓励和支持中南汽车世界、海吉星、水渡河等专业市场扩建升级，持续实施县域商业建设行动。提升农村电子商务水平，促进工业品下乡、农产品进城、电商快递协同进村。

（二）致力扩大多元投资。积极争取上级资金，力争专项债项目25个以上，争取更多项目进国家“盘子”。深化投融资体制改革，建立多层次融资服务体系。完善基金管理办法等配套政策，设立并启用县产业投资基金，激活社会资本。锚定主导产业和未来产业，尽快形成基金集聚群。实施企业上市“金芙蓉计划”，实现新增上市企业2家以上、报辅企业2家以上、新三板创新层企业2家以上，培育一批具备上市潜力的专精特新“小巨人”企业。

（三）致力优化营商环境。以“营商环境4.0版”70条“硬举措”提升7方面“软环境”，让星沙成为企业家和创业者的“首选之地”。继续深化“放管服”改革，扩大“一件事一次办”覆盖范围。推广使用“湘易办”“在星沙”掌上综合服务App。坚持“两个毫不动摇”，鼓励支持民营经济和民营企业发展壮大，依法保护民营企业产权和企业家权益，全力提升合同执行率，着力培育一批“星沙系”企业家。深化“三带三抓两促进”[43]暖企行动，推进“个转企、小升规、规冲巨、巨改股、股上市”，力争市场主体总量达21.5万户、企业数达7.8万户。

（四）致力维护安全稳定。认真落实国务院安委会“十五条”硬措施，持续开展“四进四查五到位”强基保安行动[44]，精准消除自建房、消防、燃气、道路交通等重点领域隐患，实现安全生产事故起数、死亡人数持续下降。确保“两个责任”[45]机制落地生效，创成省级食品安全示范县。持续推进“清朗”专项行动。加强金融等领域风险预警，严厉打击非法集资、网络借贷、电信网络诈骗、跨境赌博等违法犯罪行为。深化“五制一网”，推进社会治安防控体系建设，常态化开展扫黑除恶专项斗争，打好新时代禁毒人民战争，当好平安星沙的忠实守护者。

（五）致力强化工作作风。发扬“两旦”精神[46]，强化“三争”意识[47]，深化纠治“四风”，坚持“率先、争先、领先”，突出“实在、实干、实绩”，保持真抓实干激励获得数排名全省前列。以“落实了、落实好”为工作标准，有效解决政府系统“庸懒散拖浮乱”等问题。做好省委巡视、市委巡察反馈问题整改。锲而不舍落实中央八项规定精神，坚持不敢腐、不能腐、不想腐一体推进，守牢廉洁自律的从政底线，助力建设清廉星沙。

（六）致力政府自身建设。坚持党的全面领导，坚定捍卫“两个确立”，坚决践行“两个维护”，确保“中央有要求、省市有安排、星沙见实效”。健全依法行政制度体系，深化综合行政执法体制改革，实施“八五”普法规划，建设田汉文化园宪法学习宣教基地，创成省法治政府建设示范县。主动接受县人大及其常委会依法监督、政协民主监督，自觉接受纪检监察、司法、社会和舆论监督，强化审计监督、统计监督，用心用情办好人大代表议案建议和政协提案。做好第五次全国经济普查。增强市场、速度、数据、风险意识，守牢安全生产、信访维稳、生态环保、政府债务底线，建设高效、法治、服务、廉洁政府。坚持过紧日子，把有限的“真金白银”投入到民生事业上来，交出“最具幸福感城市”新答卷。

名词解释：

[1]“三高四新”：即打造国家重要先进制造业、具有核心竞争力的科技创新、内陆地区改革开放的高地；在推动高质量发展上闯出新路子，在构建新发展格局中展现新作为，在推动中部地区崛起和长江经济带发展中彰显新担当，奋力谱写新时代坚持和发展中国特色社会主义的湖南新篇章。

[2]“三大支撑八项重点”：“三大支撑”，即电力、算力、动力；“八项重点”，即市场主体倍增工程、产业发展“万千百”工程、新增规模以上工业企业行动、企业上市“金芙蓉”跃升行动，以及优化营商环境、“五好”园区建设、“四个十大”、湘商回归。

[3]“1345”发展思路：“1”即是要持续吹响“三十而立再出发，二次创业攀新高”这一战略号角，始终聚焦“率先建设共同富裕先行区”这一战略愿景，紧紧围绕率先打造“三个高地”、全面建设中国式现代化先行区这一战略目标；“3”即是要坚决落实“牢记嘱托，创新实干，勇攀高峰”三大战略要求，始终坚持“不断拓展新空间、发展新产业、争创新优势”三条战略路径；“4”即是要坚定不移推进市委赋予的打造四区[4]战略任务，坚持不懈强力推进“四个年”行动战略抓手；“5”即是要筑牢“产业高质量发展、城乡高品质建设、开放高层次推进、社会高效能治理、民生高水平保障”五大战略支撑。

[4]“四区”：即“三高四新”引领区、融城发展创新区、乡村振兴标杆区、文旅融合示范区。

[5]“四个年”：即项目建设提速年、招商引资提效年、营商环境提升年、城乡品质提档年。

[6]“四好”商会：即政治引领好、队伍建设好、服务发展好、自律规范好的商会。

[7]GEP：即生态系统生产总值，指一定区域在一定时期内生态系统的产品与服务价值总和，是生态系统为人类福祉提供的产品和服务的经济价值总量。

[8]“四好”农村路：即建设好、管理好、养护好、运营好的农村公路。

[9]“四高”：即高标准、高技术、高产量、高品质。

[10]“五个一”工作机制：即一周一通报、一月一调度、一季一讲评、半年一考核、一年一观摩。

[11]三类500强：即世界财富500强、中国企业500强和民营企业500强。

[12]“410”模式：即一窗办、一网办、一次办、一日办、零费用。

[13]“六制一公开”：即扣分扣款销号制、排名制、通报制、约谈制、淘汰制、黑名单制，维护公司信息公开。

[14]“四蓝”体系：即蓝桶、蓝车、蓝屋、蓝岛体系。

[15]专精特新：即中小企业具备专业化、精细化、特色化、新颖化的特征。

[16]RCEP：区域全面经济伙伴关系，即由东盟十国发起，邀请中国、日本、韩国、澳大利亚、新西兰共同参与（“10+5”），通过削减关税及非关税壁垒，建立15国统一市场的自由贸易协定。

[17]“五好”教育：即好学校、好校长、好班主任、好教师、好学生。

[18]“五高支撑、五个典范”：即坚持产业高质量发展，打造实体支撑、质效并举的共富典范；坚持开放高层次推进，打造包容并蓄、内连外接的共富典范；坚持城乡高品质建设，打造区域协调、内外兼修的共富典范；坚持民生高水平保障，打造富裕富足、各得其所的共富典范；坚持社会高效能治理，打造共治共享、和善和美的共富典范。

[19]“七张网”建设：即路、水、电、气、讯、广电、物流等基础设施建设。

[20]“三区三线”：即农业空间、生态空间、城镇空间三种类型空间，以及分别对应划定的永久基本农田保护红线、生态保护红线、城镇开发边界三条控制线。

[21]“三稳”：即稳增长、稳就业、稳物价。

[22]“发展六仗”：即经济增长主动仗、科技创新攻坚仗、优化发展环境持久仗、防范化解风险阻击仗、安全生产翻身仗、重点民生保障仗。

[23]“十大行动”：即有效投资扩容行动、招商引资突破行动、消费需求挖潜行动、产业链创新链供应链融合行动、“三力”支撑强化行动、对外开放拓展行动、交通物流畅达行动、营商环境领跑行动、市场主体培育行动、财税收入提效行动。

[24]“十个强县”：即教育强县、科技强县、人才强县、文体强县、制造强县、质量强县、开放强县、贸易强县、农业强县、中医药强县。

[25]“七个星沙”：即数字星沙、法治星沙、健康星沙、美丽星沙、平安星沙、幸福星沙、清廉星沙。

[26]“十张答卷”：即项目建设、招商引资、改革开放、科技创新、共同富裕、营商环境、生态环保、城乡品质、风险防范、争先创优。

[27]“两基地、两标杆”：即全球高端装备制造业基地、具有核心竞争力的科技创新基地、园区改革开放标杆、一流营商环境标杆。

[28]“五好”园区：即规划定位好、创新平台好、产业项目好、体制机制好、发展形象好的园区。

[29]“单独小隐”：即单项冠军、“独角兽”、“小巨人”、隐形冠军。

[30]“3T”产业：即IT（新一代信息技术）、BT（生物技术及生命健康）、MT（新材料）。

[31]5个100：即招引100、续建100、新建100、竣工100、达产100。

[32]“一图三清单”：即重点项目推进公示图、重点项目谋划清单、重点项目问题清单、重点项目责任清单。

[33]“五个中心”：即具有全球影响力和竞争力的加工制造中心、研发设计中心、物流分拨中心、检测维修中心、销售服务中心。

[34]“六个城市”：即宜居、创新、绿色、人文、智慧、韧性城市。

[35]“四精五有”：即精准规划、精美建设、精致管理、精明增长，有颜值、有气质、有内涵、有格调、有品位。

[36]“15分钟生活圈”：即以家为中心的15分钟步行可达范围内，有较完善的养老、医疗、教育、商业、交通、文体等基本公共服务设施。

[37]民办公助：即实行以政府财政奖励、补助为引导、先建后补，群众或社会组织为主体进行投资、投劳，兴办各种社会公益事业。

[38]“123456”：“1”即实现“建设共同富裕先行区”这一愿景；“2”即完成“打造乡村振兴标杆区、文旅融合样板区”两大任务，守住“确保粮食安全和防止规模性返贫”两条底线；“3”即抓好“乡村发展、乡村建设、乡村治理”三项重点；“4”即突出“紧盯种子与耕地、瞄准科技和改革、扎实推进宜居宜业和美乡村建设和农村人居环境整治、注重‘富口袋’和‘富脑袋’”四个关键；“5”即把握“农业高质高效、农民富裕富足、农村宜居宜业、治理创新创优、保障有力有效”五个要求；“6”即“规模化经营、社会化服务、机械化生产、融合化发展、智能化管理、绿色化发展”农业现代化“六化”，“规划编制好、环境改善好、人才培育好、基层治理好、设施配套好、共同富裕促进好”农村现代化“六好”。

[39]“三改五整七禁”：即改思想、改面貌、改陋习；整庭院、整沟渠、整田园、整圈舍、整厕所；禁止私埋乱葬、禁止乱搭乱建、禁止乱堆乱弃、禁止乱烧私排、禁止乱开乱伐、禁止大操大办、禁止乱圈乱砌。

[40]“双减”：即减轻义务教育阶段学生日常作业的负担和校外培训的负担。

[41]“五气共治”：即尾气、油气、废气、土气、烟气。

[42]“五水共治”：即防洪水、排涝水、保供水、抓节水、治污水。

[43]“三带三抓两促进”：即带着责任和感情、带着目标和任务、带着政策和措施，抓调研、抓指导、抓服务，促进项目加快建设、促进企业生产。

[44]“四进四查五到位”强基保安行动：即进农村、进社区、进企业、进单位；安全生产大排查、消防安全大排查、疫情防控大排查、社会稳定大排查；政策宣讲到位、隐患排查到位、矛盾化解到位、风险管控到位、依法处置到位。

[45]“两个责任”：即食品安全属地管理和企业主体责任。

[46]“两旦”精神：即枕戈待旦、通宵达旦的精神。

[47]“三争”意识：即争分夺秒、争先进位、争资立项的意识。

专　文

编辑　周进银

长沙经济技术开发区建设发展综述（1992—2022年）

长沙经济技术开发区（以下简称“长沙经开区”）前身为1992年10月8日奠基建设的长沙星沙开发区。1994年3月29日，湖南省人民政府批准长沙星沙开发区更名为长沙经济技术开发区。2000年，长沙经开区升格为国家级经济技术开发区。2020年9月，长沙经开区以47.17平方千米成为湖南自贸试验区核心区（实施面积占全省自贸区的40%、长沙片区60%）。2022年，长沙经开区企业总收入3454.6亿元，规模工业总产值1828.3亿元，规模工业增加值398.2亿元，财税收入172.5亿元，规模工业研发经费65.9亿元，固定资产投资413.1亿元，外贸进出口总额581亿元，实际利用外资1.42亿美元；有商事主体2万余家，规模以上工业企业298家，高新技术企业624家，世界500强投资企业40余家，人才总量20万人。8月24日，长沙经开区被国家知识产权局评为国家级知识产权强国建设示范园区；12月22日，长沙经开区入选国家级专利导航服务基地名单。30年来，长沙经开区建设发展主要经历以下阶段：

一、1992—1994年：从春天出发

1992年4月13日，中共长沙县委常委（扩大）会议作出决策，决定在区位优势明显、交通便捷的望新乡（今星沙主城区）东北部建立星沙开发区，以开发促进开放，以开发开放带动县城建设，实现全县经济腾飞。4月22日，中共长沙县委、长沙县人民政府向全县发出《关于建设星沙综合开发区的通知》。6月3日，中共长沙县委、县政府向市委、市政府和省委、省政府呈报《关于建立星沙科技工贸开发区的请示》，拟在望新乡大塘村、杉星村、板桥村区域内建立星沙科技工贸开发区，定名星沙开发区。7月17日，长沙市人民政府批准建立长沙星沙开发区。10月8日，中共长沙县委、县人民政府在星沙举行长沙星沙开发区奠基典礼。

1992年，园区初次规划由湖南大学土木建筑设计院按照“起点高、立意新、功能全、整体美”的要求，根据“以开发带动县治搬迁”的指导思想，坚持“整体规划，分期开发，滚动发展，形成特色”的开发方针编制。最初的星沙开发区规划范围南起梨江路，北至松雅河，东至星沙大道、东环线、东四路，西至107国道、319国道开福区界，总面积20平方千米，近期开发用地14平方千米，前期实施4平方千米，人口规划8万～10万人。12月26日，湖南省经济体制改革委员会下发《关于建立长沙星沙开发区的批复》；加强领导，引进资金、技术、人才和项目，科学地制定发展规划，明确主导产业，注重投资效益，适度开发面积。按照社会主义市场经济要求，在开发区建立新型管理体制和运行机制，有计划、有步骤地建设开发区。

1993年，湖南省委、省政府决定将星沙开发区列为省级重点开发区。同年，“湖南省星沙特别招商区”成立，与星沙开发区实行两块牌子一套人马、统一运作方式。

1994年3月，湖南省人民政府批准长沙星沙开发区更名为长沙经济技术开发区，明确为全省重中之重，要求集中力量、重点支持办好开发区。是年5月，经县委批准成立开发区党委会。

二、1995—1997年：世界500强入驻

1995年6月20日，韩国LG电子株式会社一行到长沙经开区考察。1996年，韩国LG电子株式会社与曙光集团在长沙经开区合资兴建LG曙光电子有限公司。1997年9月2日在“湘交会”上，长沙经开区与韩国LG和湖南电子集团彩色显示管项目合资签订购地合同，总投资9787万美元，占地73.33公顷。年末，项目建设启动。在LG的示范效应下，韩国HEG投资2.8亿美元在长沙经开区设厂，为LG提供配套上游产品，与LG配套的10家韩国企业相继入驻投资。LG先后3次追加投资，从最初2000万余美元增加到2亿余美元，成为中国竞争力强劲的显示器件制造企业，同时成为“韩资工业园”。通过LG的全球营销网络及采购网络，“湖南制造”迅速走向海外。

汽车产业方面。1995年7月2日，台湾光阳集团及其配套厂家30余人到长沙经开区考察。同月，湖南大众汽车有限公司（后更名为“湖南申湘汽车集团”）在星沙奠基。2013年，上海大众长沙分公司在长沙经开区登记成立（后更名为“上汽大众长沙分公司”）。

1995年2月23日，德国麦克潘特（湖南）工具有限公司开业，是长沙经开区引进的第一家外资企业。该项目从洽谈、兴建到竣工投产用时7个月，向外国客商展现“经开速度”。

1997年，企业纷纷落户长沙经开区。6月，光南摩托车有限公司试产，5个月后开业投产。同年，长沙娃哈哈公司落户长沙经开区。湖南中粮可口可乐饮料有限公司、长沙百事可乐饮料有限公司等一批食品饮料公司相继入驻，长沙经开区生产的饮料覆盖中南地区，饮料食品成为园区主导产业之一。

“种子企业”落户后，长沙经开区开始提升园区软硬件环境。为保障企业稳定与经营、园区快速发展，长沙经开区进行科学规划与统筹，从单一社仓水厂供水，发展为星沙水厂全面负责主城区供水，榔梨街道、黄花镇应急保供的供水系统。

1995 年 6 月，长沙经开区聘请省电力勘测设计院编制《长沙经开区电网规划》。根据规划，在园区内设置 1 座 220 千伏变电所、4 座 110 千伏变电所。将园区划分为各功能区，按用电性质、占地面积、配变装机容量、分块估算供电负荷等科学安排，与长沙市电网发展规划相适应。

1996 年 1 月 11 日，由园区建设者们承建的长沙县维汉中学奠基，占地面积 20 余公顷。学生公寓可容纳寄宿生 2600 余人，食堂、商店、快餐店、洗衣房等校内生活设施设备齐全。园区属地星沙镇原“杉星小学”更名为“星沙镇中心小学”，扩大办学规模。加强教育资源。1 月 30 日，长沙县县治迁移典礼在星沙新城举行，长沙县自 1933 年市、县分设以来 60 余年“有县无城”的历史宣告结束。12 月，长沙县妇幼保健所从长沙市八一路搬迁至长沙经开区板仓北路 19 号，后发展为长沙县妇幼保健院。是年，三一重工股份有限公司（以下简称“三一重工”）落户长沙经开区，开始混凝土泵送产品的生产与制造，由材料行业进入国家支柱性产业，将三一重工定址星沙。同年，长沙经开区实现工业产值零的突破。

三、1998—2000 年：升格国家级开发区

1998 年 5 月，长沙经开区（县城）总体规划编制方案出台。与原规划单一的经济开发性质相比，规划编制突出“综合”功能。7 月，出台《关于鼓励国内外投资者入区投资兴业若干政策的规定》，除对所有入区企业单位实施“一条龙服务”“一站式审批”的办事程序之外，还对新办的高新技术企业自投产年度起免征所得税 2 年。是年，日本隆志株式会社投资项目协议在长沙经开区签约；湖南广华实业有限公司举行奠基仪式；中国第一台拥有自主知识产权的 37 米长臂架混凝土输送泵车在长沙经开区诞生。这台由三一重工研制的泵车，在青海工作 11 年，行驶总里程 80 万余千米。

1999 年 1 月 10 日，长沙纸箱厂整体迁至星沙开工。在 1998 年年底试营业的星沙纸业市场，步入快速发展期。星沙纸业市场投资 2.8 亿元，有 1000 余间门面，配备 1 万余平方米的纸业交易大厅和 3 万平方米的仓储基地，吸引 30 余家企业进入市场。11 月 24 日，举行全国纸张订货交易会，纸张订货交易成交额 125 亿元。

1999 年 11 月 23 日，长沙娃哈哈食品有限公司在星沙注册成立，注册资本 6500 万元，主要经营业务为娃哈哈纯净水的生产及产品自销。2007 年，长沙娃哈哈恒枫食品有限公司注册成立，扩充成为桂花路 5 号和漓湘路 15 号的 2 个厂区。

2000 年前后，长沙经开区初步形成以三一重工为主体的工程机械制造、以 LG 曙光为主体的电子信息、以湘江关西为主体的新材料、以长沙娃哈哈食品有限公司为主体的食品材料产业格局。

2000 年 2 月 13 日，国务院办公厅《国务院关于湖南长沙经开区的复函》同意长沙经开区升格为国家级开发区。12 月 28 日，国家级长沙经济技术开发区成立大会召开，标志着长沙经开区开启快速增长、规模发展的新历程，被誉为区县发展史上的里程碑事件。

四、2001—2003 年：力量之都雏形初现

2001 年 11 月 18 日，三一重工与世界 500 强企业美国迪尔公司签订合作协议，拉开国际化战略经营的序幕。次年，三一重工首台产品出口国外，实现海外销售收入首次突破 100 亿元，占总销售额的 19.4%。

2001 年，成立 2 年时间的山河智能装备股份有限公司（以下简称“山河智能”）产值 5500 万元，利税 1000 万余元。入围中国工程机械企业 100 强，与三一重工均被誉为长沙工程机械“四小龙”企业。至此，园区“中国工程机械之都”雏形初现。

2002 年 4 月 1 日，长沙长丰汽车制造有限公司第一台 V6—3000 猎豹汽车下线。是年，光南摩托车有限公司、湖南金沙利彩色印刷有限公司、湖南乐金飞利浦曙光电子有限公司（以下简称“LG 飞利浦曙光”）、三一重工、长沙力元新材料股份有限公司、山河智能、长丰集团有限责任公司（以下简称“长丰集团”）等 100 余家企业汇聚长沙经开区，其中，固定资产投资 1000 万余元的有 37 家，总投资 1000 万余美元的外商项目有 10 家。10 月 19 日，长沙经开区召开建区 10 周年总结大会。11 月 8 日，长沙经开区招商服务中心奠基典礼举行。三一重工成为国内、国际的知名企业，生产的混凝土泵和泵车成为国内同行业垂直射程高、市场占有率大的知名产品；力元新材料是大规模连续带状泡沫镍生产基地。

2003 年，长沙经开区产值比 2002 年增长 76.62%。规划用地面积 60 平方千米，其中，长沙经开区工业用地 30 平方千米，是年启动长沙县县城总体规划修编（长沙市星沙分区规划），经过多次征求意见和修改完善。长沙经开区扩容提质分长期和近期规划：长期期限为 2004—2020 年，近期期限为 2004—2008 年；扩容提质思路：在现有基础上，围绕加快建设以先进制造业、汽车工业、电子信息产业为主，新材料、生物工程和食品工业为辅，物流中心配套的现代工业园和全省的新型产业基地，扩大容量，提高经济、生态效益。

五、2004—2006年：汽车新板块强力崛起

2004年，长沙经开区建成面积7.02平方千米，每平方千米基础设施投入5亿元，每平方千米工业产值30亿元，税收1.6亿元。10月，中国湖南·星沙（首届）招商节、2004年中国湖南投资贸易洽谈会（以下简称“湘洽会”）和中国星沙企业文化论坛暨车博会在长沙举行。长沙经开区在招商节中签订项目11个，总投资16.09亿元；在“湘洽会”上签订项目7个，其中，外资项目3个、内资项目4个，合同总投资28.5亿元，引进合同外资7692.5万美元，其中，德国博世签约项目第一期投资规划7500万欧元。11月，长沙经开区成为通过国土资源部审批验收的经济技术开发区，使用地“瓶颈”得到实质性突破。

2006年5月18日，德国罗伯特·博世有限公司和博世（中国）投资有限公司共同投资1.725亿美元设立的外商独资企业——博世汽车部件（长沙）有限公司建成投产，是博世集团在中国中部设立的第一家工厂，也是首个落户长沙经开区的世界500强汽车零部件企业。

外资企业来园区发展，更多的是源于园区不断出台众多支持企业创新、降低经营成本、人才新政、支持产业链协同发展等惠企政策，也为企业快速发展提供极佳的产业发展环境。在长沙经开区发展历程中，企业家的作用不言而喻。2005年，三一重工股份有限公司董事长梁稳根、山河智能董事长何清华等企业家开始走入人们的视野，而三一重工、山河智能、长丰集团等企业也跻身中国企业500强名单。

2006年，长沙经开区管委会出台《关于加快工业经济发展的奖励办法》，全面实施“科技兴工、产业兴区”发展战略。其中，为鼓励企业做大做强，设立工业发展“台阶奖”；为促进企业技术创新，推动科技进步，设立“科技奖”；为实施品牌兴区战略，设立“品牌奖”等。

优化环境方面，长沙经开区取得新突破。2006年，湖南省优化经济发展环境长沙经开区测评区成立。在国家级经济技术开发区投资环境综合评价排名中，长沙经开区居中西部第一位。年内签约长沙镁镁科技有限公电池二期、长沙汽油发动机、湖南泰格林纸集团有限责任公司、山河智能航空制造等8个项目，签约内资项目资金74.65亿元。5月4日，“中国经济技术开发区20周年”邮票湖南首发式暨长沙经开区个性化邮票首发式在星沙举行，记载园区创业12年成果的《热土潇湘》纪念册同步发行。

六、2007—2009年：疾速驰入发展快车道

2007年是长沙经开区建区15周年。15年来，长沙经开区从零起步，历经艰辛，在曲折中求得大发展、实现大跨越。是年，长沙经开区投资环境综合评价指数在2000年后新批中西部16个开发区中位列第二位，在全国54个国家级经开区中排名第22位，被中国国际跨国公司研究会评为全国“最具投资价值开发区”之一。

2007年5月25日，由长沙市政府主办、长沙经开区承办、长沙市政府驻深办协办的“2007国家级长沙经开区（深圳）投资说明会”在深圳举行。活动现场，签约合作意向或协议7个，签约总金额22.58亿元，发展商务代理10名，签约专业招商公司2家。9月23日，中国电子信息产业集团长城信息公司长沙经开区科技园二期项目启动建设，项目总投资3亿元。该项目是中国电子立足国家“中部崛起”的发展战略，实现中央企业与区域经济共赢发展的具体体现，标志着长城信息迈出跨越式发展第一步。

2009年，广州汽车集团股份有限公司与长沙经开区园区企业长丰集团举行股份转让签字仪式。长丰集团将持有的长丰汽车29%的股份转让给广汽集团，广汽集团成为长丰汽车第一大股东，长丰汽车更名为“广汽长丰集团股份有限公司”。11月26日，广汽菲亚特生产基地在长沙经开区奠基。

工程机械产业方面。2008年8月28日，长沙经开区管委会与中铁轨道集团就隧道施工重型装备项目签约，其厂房面积8.3万平方米。2009年9月25日，首台盾构机下线。由此，中国铁建重工集团股份有限公司（以下简称“铁建重工”）在长沙经开区开启高质量快速发展之路。是年，中联重科工程起重机械分公司自主研发的高性能超大吨位1000吨履带式起重机和350吨全地面起重机产品，实现质的飞跃；三一集团工业设计中心制定1套从初期创意设计至产品批量生产的完整设计流程，致力于打造高品质产品；国家发改委、科技部、财政部、海关总署和国家税务总局联合发布公告，山河智能技术中心被认定为第16批享受优惠政策的国家级企业（集团）技术中心。

为更好地服务企业，长沙经开区推出“宁静日”制度后，该制度在全省推广。除法律法规规定的安全生产、治安等紧急突发事件外，各部门不得在每月1—20日之间进入园区进行检查。“宁静日”之外，各部门依法依规对园区内企业进行必要的检查，必须经过园区同意并由管委会安排专人协助联系，不得干扰企业正常经营运作。

2008年，长沙经开区国税局和地税局相继成立，园区企业税收的扶植和监管力度进一步加大，通过抓促产，培植税源，对有发展前途的行业和企业给予重点支持，税收收入快速增长，全年税收26.8亿元。为满足园区外籍人士子女多元化、国际化教育的需求，2009年5月31日，长沙经开区玮希国际学校奠基，该项目投资7000万元。

根据开发建设发展需要，2008年1月，长沙经开区管委会委托中国城市规划设计院编制星沙新城300平方千米概念规划；委托长沙市勘察设计院编制东四路以东、长株高速公路以西38.6平方千米的控制性规划，为园区高质量发展奠定基础。

为适应长沙经开区的发展，进一步激发长沙县县域

内工业园区发展活力，实现长沙经开区和工业园资源共享、优势互补、共同发展，经区、县衔接协调，2009年8月，《关于星沙、榔梨及黄花产业基地委托长沙经开区管理的方案》，明确星沙、榔梨、黄花3个产业基地委托长沙经开区管理。

七、2010—2012年：长沙工业看星沙

经过20年高速发展，2011年，长沙经开区跻身全国“千亿园区”行列。作为全省龙头园区建设的长沙经开区能够实现超常规的发展，一个显著的特点就是把支柱产业的引进和培育作为园区建设的重点。工程机械产业作为重中之重，全区工程机械产业产值占全省的60%，三一重工股份有限公司、山河智能等3家工程机械上市公司的市值超过全国上市工程机械公司市值的66%，园区内汽车制造产业，相继引进多家整车企业和相关零部件企业，整车年产量100万余台。两大支柱产业的产值、税收、从业人员均占园区80%以上。

园区全力培育自主创新优势，区科技创新年投入2000万余元，重点支持工程机械、汽车及零部件、新材料等高新技术领域的新产品开发、技术创新和产业化项目。

汽车产业方面。2010年4月19日，在明城国际大酒店举行长沙经开区园区企业福田汽车长沙20万辆新基地建设项目战略合作框架协议签约仪式。该项目投资32亿元，重点支持福田汽车长沙基地转变增长方式、调整产品结构和发展新能源汽车，项目建设次年开工。2011年5月5日，长沙卡斯马汽车系统有限公司在长沙经开区举行签约暨开工仪式；6月7日，广州电装有限公司长沙分公司汽车空调项目举行开工奠基仪式；8月8日，长沙经开区园区企业马瑞利汽车零部件（长沙）有限公司奠基。2012年7月16日，住友橡胶（湖南）有限公司投产仪式在星沙产业基地举行；10月12日，博世汽车新技术中心及新工厂启用。

工程机械产业。2010年12月21日，恒天九五重工有限公司挂牌暨恒天九五产业园奠基。2011年7月28日，山河智能在星沙产业基地举行山河工业城奠基典礼暨山河智能装备集团成立大会。2012年12月5日，山河智能最大的生产制造基地——山河工业城搬迁试生产仪式在星沙产业基地举行。2011年10月19日，全球工程机械产业大会暨50强峰会在北京召开，发榜2011年度全球工程机械50强企业，长沙经开区园区企业三一集团、山河智能分别以49.93亿美元和4.28亿美元销售额位列第九位和第46位。

2012年1月，三一集团宣布：三一联合中信基金出资3.6亿欧元，收购拥有世界混凝土机械第一品牌“大象”的德国普茨迈斯特公司100%股权。

2012年，长沙经开区盘活资产，信息产业再提速。LG长沙工厂曾经是韩国在华最大的投资项目，以它为首的电子信息产业曾经是长沙经开区的支柱产业。由于市场萎缩，2007年，LG长沙工厂破产。长沙经开区破解LG长沙工厂破产后留下的诸多矛盾，投资、盘活土地资产，引进蓝思科技股份有限公司（以下简称“蓝思科技”），为园区引进1家电子信息产业“巨无霸”。随着蓝思科技的落户，与之相关的许多配套企业均有意落户长沙经开区，长沙经开区全力建设1条从上游原材料、玻璃基板到下游终端产品的完整平板显示器件产业链。

在服务方面，长沙经开区抓好基础设施完善和投资环境优化。据不完全统计，建区以来累计投入土地平整、道路、水、电等基础设施100亿余元。实现公开承诺、全程代办、优化流程、信用担保等高效行政服务项目。2011年，长沙经开区成为全省优化经济发展环境示范区和测评点。20年的发展历程中，长沙经开区坚持工业立区、产业兴区，秉承“简洁务实、无我有为、创新高效”的园区精神，着力打造“中国力量之都”，经过多年发展，园区成为长沙乃至湖南工业经济的重要驱动力和核心增长极，赢得“湖南工业看长沙、长沙工业看星沙”之美誉。

八、2013—2015年：“多点支撑”成热词

从2013年起，长沙经开区产业结构不断优化，多点支撑趋势明显。广汽三菱汽车有限公司（以下简称“广汽三菱”）、博世汽车部件（长沙）有限公司新工厂、蓝思科技等新投产项目相继释放产能，促进汽车制造、电子信息产业发展，分别增长130%、110%。

上汽大众长沙工厂项目在2015年5月24日建成投产，项目总投资121亿元，规划年产能30万辆。厂区占地面积167万平方米，总建筑面积48万平方米。拥有冲压、车身、油漆、总装4大整车制造车间，同时拥有技术中心、培训中心、零部件配送中心等配套设施。上汽大众长沙工厂项目全面实施精益制造和精益管理，引进大众集团先进的生产加工工艺，实现生产加工的高度自动化，成为德国大众在中国的标准化工厂。

2015年，蓝思科技在深交所创业板挂牌上市，蓝思科技董事长周群飞在《2015胡润女富豪榜》中以财富500亿元登上中国女首富宝座。

2014年12月27日，中国铁建重工集团研制国产首台大直径全断面硬岩隧道掘进机，打破国外长期垄断，填补中国大直径全断面硬岩隧道掘进机研制的空白。是年，园区外向型经济迎来重大发展机遇，星沙海关、长沙市出入境检验检疫局先后开关、开检。星沙海关推行的“区域通关一体化”作业模式，让企业可以选择在星沙海关报关、霞凝港作货物放行，让企业真正做到“在家门口搞定通关”。星沙海关开关后，全面深化通关业务改革，在长沙地区推行通关作业无纸化、区域通关一体化、关检合作“三个一”、报关单远程申报和“属地申报、口岸验放”“属地申报、属地验放”等通关模式。星沙海关发挥属地管理职能优势，贯彻落实海关总署、长沙海关关于稳定外贸增长的若干措施，为园区进出口企业提供全天候通关服务，促进外贸稳定增长。

2015 年，长沙经开区全年实现规模工业产值 1800 亿余元，工业固定投资 120 亿元，工商税收 100 亿余元。2013 年，印发《长沙经开区招才引智三年行动计划》，3 年安排财政专项资金 2 亿元，围绕工程机械、汽车制造及零部件、电子信息、新材料、节能环保和生物医药 6 个园区主导产业和战略性新兴产业，引进和培养 100 名高层次创新创业人才、1 万名技能型人才。

九、2016—2018 年：两大产业晋级千亿产业集群

2017 年 10 月 18 日，中共十九大在北京开幕。长沙经开区企业广汽三菱汽车有限公司设置 3 个会场、400 余人集中收看开幕会盛况，并将党建工作写入公司章程。

2018 年 6 月 11—12 日，中央政治局常委、国务院总理李克强到长沙经开区考察博世长沙、三一集团。在考察三一集团长沙智能制造车间时，鼓励企业以更多有核心竞争力的产品满足用户定制需求，走向世界高端制造前列。在考察博世长沙智能制造车间时，李克强详细了解企业生产线智能化升级的情况，希望企业加大对中国市场的投资。

广汽三菱欧蓝德、上汽大众斯柯达柯迪亚克等车型相继投产或达产，长沙经开区整车产能 100 万余辆，2017 年汽车及零部件制造产业产值 1011.6 亿元。博世汽车工业 4.0 示范基地如期建成，成为全省首家德国工业 4.0 标杆企业。与传统生产线相比，该生产线生产效率提高 30%，质量损失减少 30%，换型时间减少 30%，将工人从机械式的重复劳动中解放出来。2018 年 10 月 16 日，广汽三菱研发中心项目开工。该研发中心引进国际化专业人才、配备国际先进研发设备、设立世界顶级新能源试验中心，为广汽三菱整车提供车型本地化研发支持。2018 年 10 月 11 日，与德国大陆集团签约并达成汽车零部件相关项目。

2018 年，长沙经开区工程机械产业晋级千亿产业集群。同年，三一重工股份有限公司、铁建重工、山河智能跻身全球工程机械制造商 50 强。

智能制造全面推进。2017 年 12 月 4—6 日，第二届中国（长沙）智能制造峰会在长沙国际会展中心举行。长沙经开区专设“打造智能制造示范园区专题论坛”，发布《长沙经开区智能制造中长期发展规划（2018—2025）》，与中国信息通信研究院、树根互联技术有限公司、苏州联讯图创软件有限责任公司现场签约，构建智能制造、智慧园区、工业互联网“三位一体”协同推进机制。设立智能制造基金，实行市场化运作，优先支持具备高新技术和高速发展特征的智能制造企业，引导资金、土地、人才向智能制造集聚。

营商环境进一步优化。2018 年 10 月 24 日，长沙市“千人帮千企百日大行动”誓师动员大会召开，决定用 100 天时间，长沙 1000 名干部深入 1000 家重点企业，推动政策入企惠企。长沙经开区实行领导联点精准帮扶企业，聚焦解决企业提出的深层次问题，15 名领导干部带领 14 个职能部门、28 个小分队 140 名帮扶队员进行数轮企业走访。

长沙经开区推进行政审批改革，实施工业项目报建审批免费代办服务，企业满意率 100%；在争取市县级权限下放（委托授予）的基础上，成立“建设工程质量安全监督管理站”；发布“权力清单”“责任清单”“流程清单”，规范权力运行；全面推行“一口受理”“透明办理”“网上办理”，企业办事可“足不出园区”。

2018 年，长沙经开区位列国家级经济技术开发区综合发展水平考核评价第 20 位。

十、2019—2022 年：“两区”叠加时代

2020 年 9 月 17 日，习近平总书记考察调研位于长沙经开区的山河智能。习近平总书记到山河智能生产车间，察看装备制造流程，了解技术研发、生产制造情况，对企业的创新精神表示赞赏。9 月 21 日，国务院印发《中国（北京）、（湖南）、（安徽）自由贸易试验区总体方案》和《中国（浙江）自由贸易试验区扩展区域方案》。长沙经开区 47.17 平方千米成为核心区块。12 月 11 日，湖南自贸试验区企业落户长沙经开区。年末，湖南省首列“自贸专列”亮相地铁 3 号线。

推动“两主一特”迭代升级，初步形成工程机械及先进轨道交通装备、汽车及零部件、以新一代半导体及集成电路为特色的电子信息、生物技术及生命健康、以区块链为核心的数字产业五大产业生态。

建设全球高端装备制造业基地。2019 年，三一集团跻身全球工程机械前三强，成为全国机械重工行业首个突破 1000 亿元的企业。总投资 220 亿元的三一智联重卡及道依茨发动机项目，实现 7 天签约、42 天开工、90 天腾地 333.33 公顷，2020 年实现开工、建成、投产。在 2020 年 12 月 29 日全市项目观摩活动中，三一重工国六大跨度举高喷射消防车下线。

2021 年，湖南省提出十大技术攻关项目、十大产业项目，均指向关键核心技术。长沙经开区有三一智联重卡、山河工业城三期、上汽大众电动汽车 3 个项目列入全省“十大产业项目”；三一智联重卡、山河工业城三期、蓝思科技视窗触控玻璃面板 3 个项目列入长沙市“十大产业项目”。园区铁建重工大型掘进机关键零部件、三一重工股份有限公司高端液压元器件、顶立科技第三代半导体、天河国云区块链底层技术、山河智能工程机械数字样机及孪生技术入选五大科技攻关项目。

2020 年，成为“5G＋工业互联网”先导区，开展基于 5G 的工厂内外网络改造，打造一批典型示范应用场景。

以“5G+ 人工智能 + 区块链”新三位一体驱动智能化改造。获得 5 个国家级工业互联网试点示范项目，占湖南省上榜项目的 62.5%。2021 年 9 月 9 日，长沙经开区创造性探索智能制造项目“揭榜挂帅”机制，发布面向数字孪生、区块链、5G 全连接工厂等领域 9 个项目，打造 27 个国内领先的标杆示范场景。

湖南自贸试验区长沙片区长沙经开区区块坚持以制度创新为核心，大胆试、大胆闯、自主改，关注企业诉求，为园区二次创业赋能。聚焦“高端化、国际化、平台化、便利化”，加速推进“一城两港三中心”重大功能性平台建设。湖南自贸试验区长沙片区长沙经开区区块先行先试、探索工程机械二手设备出口新模式，入选《中国自由贸易试验区发展报告（2021）》、解决“四大难题”打造制造业数字化转型新方案、知识产权“前置保护”新模式、“一码集成”涉企检查新模式。围绕湖南自贸试验区改革任务和“打造全球高端装备制造业基地”的改革定位，总结提炼“6+10”项案例经验，8 项入选长沙片区 1 周年改革创新成果。2021 年 6 月 1 日，长沙经开区英萃园公租房交付使用，第一批住户入住，一期可容纳 8000 人入住，整个项目容纳 2 万名产业员工入住。

2021 年，长沙经开区以党史学习教育统揽工作全局，学党史、悟思想、办实事、开新局，对接国际国内 2 个市场、2 种资源，加快“极简审批”，畅通产业链、资金链、人才链、科技链，推进市场化、法治化、国际化营商环境改革，形成国内一流营商环境体系，在 2021 年国家级经开区营商环境排名中位列全国第七位。

2022 年 8 月 10 日，赛迪顾问发布 2022 年园区高质量发展百强榜单，长沙经济技术开发区排名第 30 位。同日，三一集团、蓝思科技、铁建重工上榜中国上市公司百强。11 月 21 日，三一重工、铁建重工、山河智能分别位列第 4 位、第 30 位、第 34 位。至 2022 年年底，长沙经开区有规模以上工业企业 293 家（其中，国家级制造业单项冠军 5 家，国家级专精特新“小巨人”22 家）。2023 年 1 月，长沙经开区位列 2022 年国家级经开区中部前十强（第九位）。

（长沙县年鉴编辑部）

长沙县宜居宜业和美乡村建设综述

近年来，长沙县以提升农民生活品质为核心，坚持农村人居环境提升，以生态美、村庄美、产业美、生活美、风尚美“五美”为标准，着力推进宜居宜业和美乡村建设，全力打造乡村振兴可复制、可推广、可操作的示范样板。截至 2022 年年底，长沙县累计投资 5.41 亿元，建成省级乡村振兴示范村 78 个、省级美丽乡村 6 个、美丽宜居村庄 318 个。该县着力以“五个坚持”推进宜居宜业和美乡村建设。

坚持规划引领，提升和美乡村建设品位。和美乡村建设与国土空间规划和“多规合一”实用性村庄规划有机结合，与“七张网”基础设施建设相统筹，做到以“规划图”引领和美乡村“建设图”，确保规划设计的指导性和约束性。在建设初期，采取航拍方式对拟建设点位进行定位，并逐一现场踏勘，选好、选准、选精建设点位。围绕打造升级版和示范样板目标，因地制宜，制定切实可行的建设规划和设计方案。

坚持生态宜居，改善和美乡村人居环境。农村人居环境整治的过程就是提升居民生活品质的过程，始终坚持把环境整治摆在村庄建设的突出位置，以点带面，全域推进村庄美化、水体净化、地面洁化、庭院序化，打造农村人居环境整治升级版。首创农村生活垃圾治理“四蓝”（蓝桶、蓝屋、蓝车、蓝岛）体系，全县农村生活垃圾村收集、镇中转、县市处理体系和农村垃圾分类减量村均实现全覆盖。出台《长沙县农村人居环境常态化管理工作评比方案》，实行农村人居环境常态化管理月排名、季通报、年考核机制，发现问题及时交办，确保问题动态“清零”。

坚持群众主体，激发和美乡村建设活力。建设和美乡村，群众是主力军，全民参与是关键。按照“自愿、自主、自治”原则，各建设村通过屋场会、户主会议、县内交流、外出参观等多种形式，发动农民广泛参与，让农民群众真正成为美丽乡村的建设主体、需求主体、提高主体和保护主体。筹资筹劳 5000 万元，群众自主腾地 23.6 公顷，自发拆除“空心房”、破旧土砖房、杂屋等 150 余套，村民捐赠苗木、砂石、水泥等折算资金 1000 万余元，家家参与、户户受益，全民参与氛围良好。

坚持资源整合，形成和美乡村建设动能。和美乡村建设涉及千家万户，所需人力、物力、财力较多。构建“部门联动、项目聚合、集中投入、各记其功”众投共建模式，把和美乡村建设和农村节能、农村生活污水治理、农村文体设施建设、农村公路提质、农业产业发展等项目建设有机结合，增强和美乡村建设的活力和后劲。整合涉农资金项目 1.9 亿元，统筹投入和美乡村建设，打造示范精品亮点。在建设过程中，按照“资金到项目、管理到项目、验收到项目”的要求，抓实抓细项目建设，避免项目铺排盲目性、随意性和重复性。

坚持多元共治，塑造和美乡村精神风貌。坚持“美丽”

接力，实现和美乡村可持续发展。深化推进“微网格 + 党员联户”，以“五个到户”为抓手，强化党员联户，建立民情台账和问题清单，让党的力量直达基层末梢。以建设和美乡村示范点为契机，实施清廉村居建设，规范小微权利运行、推动监督向基层延伸，夯实基层治理基础。

2022 年 12 月 14 日，长沙县举行“党建聚合力书记领航行动暨清廉星沙建设和美丽宜居村庄建设观摩拉练活动”，观摩团到 15 个镇（街道）现场观摩宜居宜业和美乡村建设成果。

北山镇实施区域融合、产业融合、文化融合、项目融合，重点打造新云村北山田园片区和福高村常家寨片区和美乡村建设。庙塘湾、枧桥湾、福高村等和美乡村示范点依托北山省级森林公园，将生态绿色、田园风光串联成珠，突出“福”“梅”文化，打造山水一体、人文一体的美丽宜居村庄。示范点项目整合北山森林公园常家寨景区，周边黄金贡柚、猕猴桃种植基地资源，以环境吸引游客，以产业留住游客，促进当地民宿、餐饮休闲旅游协调发展，打造宜居宜业宜游的美丽乡村。北山镇人大代表李伟胜为庙塘湾和美乡村建设点出资出力，配合建设庙塘湾组级议事厅、梅文化馆，成为庙塘湾的一处特色亮点。在李文胜、李伟胜兄弟的影响下，福高村村民纷纷为美丽乡村景点捐赠宣传牌、麻石板，投工投劳开展庭院整治等。其间，各示范点村民筹工近 1200 工时、筹集材料约 5 万元，节约资金近 25 万元。

安沙镇唐田新村白沙塘美丽宜居村庄高标准打造土地庙、乐和亭、竹影亭、白沙游园、义学塘、24 节气彩绘墙“六景”，建设庭院低围墙、矮景墙、绿篱墙、美丽菜园 20 余处，村庄面貌焕新颜，人居环境大幅度提升。青山铺镇青山铺社区樟树岭美丽宜居村庄建设中始终紧扣葡萄产业融合发展主线，围绕葡萄种植基地、浔龙河美丽河湖、樟树岭组田园村落、农户闲置房屋建设，实施“葡萄 + 红酒红 + 生态绿 + 田园秀 + 百姓富”的产业融合发展模式，助力乡村振兴。黄花镇银龙村黄狮美丽宜居村庄经村上规划建设后，成为具有特色的现代化农村美景。开慧镇锡福村叶家美丽宜居村庄以“印遇龙院士科技小院”为基础，与多个农业科技企业及科研院所合作，搭配“蒲公英”人才驿站，打造创新人才培养的“孵化器”，走出“科技兴农”“产业兴农”的“金”路子，成为“人才集中型、科技产业型”的特色新农村发展之路。

金井镇湘丰村湘丰美丽宜居村庄（湘丰茶旅融合区）总面积 6.5 平方千米，覆盖代家屋、赖家桥、枫树脚、楼阁里、世家源、许家屋 6 个村民小组，涉及 221 户 781 人。该村按照国家 AAAA 级旅游景区的标准进行规划建设，以国家级农业龙头企业湘丰集团和老虎繁育基地三珍虎园及周边两大板块为核心，形成一环四片新格局，即开辟 1 条 5 千米长的旅游环线，规划博览茶园、古韵茶街、虎趣茶谷、农乐茶村 4 个片区。长龙街道茶塘村烟竹塘美丽宜居村庄组织相关村民组召开屋场会议，以社会治理为主题，在美丽宜居点打造和谐安定组规民约展示区、安定组党小组及组级议事阵地，营造团结茶塘、和谐安定党建文化氛围，以“党群同心、安定相随，村组同行、安定相伴，户户同向、安定相依”三大板块展示村组党建工作引领社会治理新风尚。

路口镇路口社区廖家洲美丽宜居村庄坚持党建引领，践行“绿水青山就是金山银山”生态文明理念，以“一村一品”蔬菜产业为依托，以共建、共治、共享、共管为原则，建设生态美、科技新、产业兴、人气旺、乡风淳的美丽宜居村庄。高桥镇金桥村紫竹山美丽宜居村庄，围绕“农科 +”打造农业科研中心、孵化展示中心、数字推广中心、会议交流中心“四个中心”，配套建设农科成果转化中心、后备箱工程、网红直播平台、“新农人”空间站等节点亮点，创建院士农业、“四高”农业示范区，推动乡村旅游、休闲农业、文化体验、居家养老、电商直播等新产业新业态同步发展。福临镇影珠山村福清美丽宜居村庄通过农文旅深度融合，鼓励群众依托“候鸟经济”“旅游经济”高速发展的大环境，准备一桌好饭菜、一份好特产、一个好庭院、一间好客房，通过稻鱼共生小微产业、农土特产小本生意、乡味土菜小型餐馆的“三小模式”促进共同富裕，以美丽宜居村庄建设助推乡村振兴。

春华镇龙王庙村红门美丽宜居村庄，以万亩粮食示范片为依托，高效利用土地资源，引进一批农业龙头企业，湖南省植物保护研究所、隆平农业发展股份有限公司、湖南桃花源种业有限责任公司、湖南文谱检测技术研究有限公司等单位的试验基地相继落户红门，由中国工程院院士柏连阳领衔的院士农业工作室入驻红门，稻香春华米升博物馆龙王庙乡村美学空间落成开馆，龙王庙村集体经济发展工作站建成运营。黄兴镇沿江山村湖元美丽宜居村庄实施“党建阵地”“美丽庭院”“生态菜园”“文化宣传阵地”“水环境治理”等项目，与排楼塘、囚田、廖家大屋组连片打造美丽宜居村庄示范片，建成“党建阵地 + 美丽庭院 + 沿河风光 + 乡村公园”的美丽家园。

江背镇开展“全覆盖式”宣传，开好动员会议、屋场会、村民代表大会，通过短信、微信、给群众一封信等“三信”等形式，形成党组织发动、党组织书记引领、党员先锋带头、村民群众积极配合的氛围，宜居宜业和美乡村建设提速提质。在江背镇五福村印子屋组，中国空间技术研究院卫星型号总设计师、返回式卫星总设计师唐伯昶（江背镇五福村人）赞成该村筹建航天科普基地。“特立人才”品牌不断壮大，中共二十大代表、中联重科股份有限公司党委委员、总工程师、研究院院长付玲成为该镇工程机械专业领军人才，“十佳”社会贤达章端祥、乡村振兴人才郭为波、长沙市 C 类高层次人才王仲麟等均为江背发展献计出力。“一渡两河三上岸，四洲五里六筒车”，通过农旅深度融合，金洲村的浏阳河风光带成为长沙市民近郊游打卡胜地。2022年，金洲村被评为“全国民主法治示范村”，将基层法治建设与浏阳河文化旅游产业带建设深度融合共建，建成法治大道、宪法广场、法治人物雕塑群、皋陶书院等项目，形成独具特色的乡村法治文化景观。在五福村、印山村全面推行村落景区一体化运营模式，集中建设金洲法治研学屋场、印山环天玺湖带、五福金银坝等片区，与露营基地、稻田艺术、油菜花海、民宿集群等本土“网红文旅要素”融合，扩大“休闲农业＋乡村旅游”农旅融合品牌效应。印山村马头美丽宜居村庄围绕“一湖三路五景（天玺湖、天玺寺、狮王殿、乾坤塔、熊瑾玎故居）”的思路与印山台、彩莲冲、狮子山3个美丽宜居村庄串点成线、集聚连片，打造党建引领、廉政文化、小微水体示范片区、集镇立面改造等配套设施建设。以宜居宜业和美乡村建设为契机，引导居民通过民宿、餐饮、零售等途径致富增收。2022年，该镇有6个社区（村）通过发展美丽经济带动集体经济增收超20万元，带动群众增收4000万余元。

黄兴镇车马村老贯冲美丽宜居村庄着力打造10个特色基地，即党员教育基地、清廉教育基地、农耕体验基地、农牧研学基地、生态养殖基地、文创直播基地、果蔬种植基地、特色民宿基地、休闲垂钓基地、苗木种植基地。果园镇花果村花果美丽宜居村庄引进世界500强企业，重点环绕张公塘片区花果、新桥、青溪3个组，打造星空露营基地、音乐餐吧、文化运营长廊、架空观光栈道、儿童戏水平台、特色民宿、花果书院等，以招商引资推动美丽乡村建设，以合作运营助推共同富裕落实见效。

（郑文钦　周进银）

长沙县2022年营商环境创新实践综述

2022年，长沙县坚持对标最优、系统推进、创新示范原则，出台《长沙县营商环境4.0版本实施方案》《长沙县“营商环境提升年”行动方案》，探索推进政务服务、要素保障、智慧监管、法治保障、创新宜居、亲清政商6个领域、50个重点任务、132项改革举措。建设省市第一、国内领先、国际一流营商环境水平，着力打造实现审批更快、成本更低、服务更优、效率更高、获得感更强的长沙县营商环境4.0版。

政务服务领域　建立县、镇（街道）、社区（村）三级联动帮代办服务体系。将22个部门297项重点民生领域事项下放基层办理；在前期150项权限基础上，将18项县级经济社会管理权限赋予园区，实现商事登记、税务登记等事项“园区事园区办”；打造智慧App“在星沙”，接入政务和公共服务事项811项。

要素保障领域　推行用电报装极简“一日业扩”，用水报装时限压缩至4个工作日，用气报装实现“零资料”“零跑腿”“零审批”“零费用”服务；实施“金融顾问”制度，走访对接企业1000家，搭建“金融超市”平台，初步授信意向411.02亿元；开展用工引才行动，线下“社区就业服务超市”与线上智慧“星就业”平台结合。

法治保障领域　提升“24×30”全天候执法圈（即县域内任何时段、任何地方群众投诉举报，执法人员均能在30分钟内赶到现场进行处置），践行“一线工作法”，受理投诉举报6万余件，办结率100%；构建“互联网＋诉前调解”多元解纷格局，案件调解3500余件；推进柔性执法，办理“首违免罚”案件100余起；建成覆盖前置审查、商标注册等全链条知识产权保护体系，全年处理知识产权纠纷诉前调解案件58件。

创新宜居领域　发布县区“1+1+N”人才政策体系，制定19个配套设施办法，构建“政务服务＋创业服务＋生活服务”全环节服务链；续建和新改扩建学校21所，新增义务教育阶段学位8880个、学前教育公办学位4590个；长沙县人民医院全面封顶，长沙经开医院投入使用，10家综合性养老服务中心转型升级，“15分钟养老生活圈”形成。

亲清政商领域　全县办理增值税留抵退税、减税降费和缓缴税费60亿余元，安排5亿元奖补资金支持先进制造业、现代服务业、临空产业发展；通过“营商环境直通车”“企业家座谈会”等活动收集企业问题建议706个，办结686个，办结率96.89%。开展“送政策、解难题、优服务”“三带三抓两促进”（领导干部带着感情和责任，带着目标和任务，带着政策和举措，深入企业抓调研、抓指导、抓服务，采取“点对点、面对面”方式开展走访帮扶，促进项目加快进度，促进企业加速生产）等纾困增效行动，收集企业问题建议1700余个，问题办结率95.5%。

2022年，县区市场主体总量突破19万户，企业6.8万户，市场主体及企业分别增长16.55%和18.49%，新增“四上”企业（规模以上工业企业、资质等级建筑业企业、限额以上批零住餐企业、国家重点服务业企业）200家，净增规模以上企业42家，培育市级以上“专精特新”企业215家，实现市场主体量质“双升”。

（冯　怡）

大事记

编辑　周进银

1月

5日　工信部中国电子信息产业发展研究院赛迪顾问县域经济研究中心发布“赛迪顾问服务业百强县（2021）”榜单，长沙县排名第十位。

6日　国家中医药管理局公布长沙县为“全国基层中医药工作先进单位”。

8日　长沙县举行2021年度“党建聚合力书记领航行动”创新项目“擂台比武”大会。

9日　长沙经济技术开发区党工委、长沙县委召开党史学习教育总结大会。长沙经济技术开发区党工委书记、长沙县委书记、县区党史学习教育领导小组组长付旭明出席会议并讲话，市委党史学习教育第一巡回指导组组长陈再坤，巡回指导组成员茆伟到会指导。

10日　湖南道依茨新一代D09发动机下线仪式在长沙经济技术开发区三一产业园举行。

15—16日　长沙县、自贸临空区、自贸会展区2022年工作务虚会暨县委经济工作会议召开，贯彻落实中央经济工作会议精神，省、市、县党代会精神和省委、市委经济工作会议精神，总结2021年经济工作，分析当前经济形势，安排部署2022年经济工作。

16日　长沙经济技术开发区湖南亘晟门窗幕墙有限公司通过“5G+人工智能+区块链”赋能数字化工厂试点示范项目验收。

18日　湖南省工业和信息化厅公布2021年度湖南省绿色制造体系示范单位名单，长沙经济技术开发区入选绿色园区。

是日　2021年第四季度“长沙好人·身边雷锋”名单公布，长沙县见义勇为类好人陈文强、刘虎踞入选。

19日　赛迪顾问发布2021科技创新省（市、区）总榜，长沙县居2021年科技创新百强第六位。

20日　在湖南省人民政府公布的2021年度真抓实干成效明显地区予以表扬激励的名单及激励措施中，长沙县优化营商环境、固定资产投资等7项工作获表扬激励。

24日　湖南自贸试验区商业秘密保护示范站授牌仪式举行，湖南省市场监管局为中国（湖南）自由贸易试验区知识产权服务中心授牌。

26日　长沙市人民政府办公厅对2021年创新实干推进高质量发展成效明显地区（单位）予以表扬激励通报，长沙经开区被评为打造国家先进制造业高地、打造科技创新高地、打造内陆开放高地成效明显地区（单位）。

27日　长沙经济技术开发区在商务部公布的2021年国家级经济技术开发区综合发展水平考核评价结果中排名第14位。

30日　湖南亘盛门窗幕墙有限公司、远大洁净空气科技有限公司入选2021年度30家“湖湘精品”中小企业品牌能力提升标杆企业。

2月

6日　湖南省2022年“迎老乡、回故乡、创三湘”活动启动仪式暨新春恳谈会在长沙县举行。

7日　长沙县、长沙经济技术开发区、自贸会展区、自贸临空区举行2022年一季度重大项目集中开工活动。市委常委、市纪委书记、市监委主任胡卫兵宣布45个重大项目集中开工。

8日　国家卫健委网站发布《全国爱卫会关于2021年度国家卫生城镇复审结果的通报》，长沙县经复审被确认为“国家卫生乡镇（县城）”。

10日　长沙县举行高层次人才2022年新春茶话会暨博士签约活动，中国人民大学、复旦大学、中南大学、同济大学等高校30名博士签约，入职长沙县机关事业单位。

12日　中国人民政治协商会议湖南省长沙县第十届委员会第二次会议开幕。县政协党组书记、主席王国良代表十届县政协常委会作政协常委会工作报告。大会应到政协委员240人，实到234人。

13日　长沙县第十八届人民代表大会第二次会议开幕会暨第一次全体会议举行。县委副书记、县长陈永高代表县第十八届人民政府向大会作工作报告。大会应到人大代表303人，因事因病请假9人，实到294人。

15日　长沙县被生态环境部命名为2021年国家生态文明建设示范区。

16日　中共湖南省委办公厅、湖南省人民政府办公厅印发《中共长沙经济技术开发区工作委员会长沙经济技术开发区管理委员会职能配置、内设机构和人员编制规定》，明确长沙经开区党工委、管委会分别为省委、省政府派出机构，副厅级，委托长沙市委、市人民政府管理，实行合署办公，一套机构。

17日　湖南省农业农村厅发布中共湖南省委农村工作领导小组关于表彰2021年省级美丽乡村示范村和特色精品乡村的通报。长沙县黄兴会展经济区东马村、斗塘新村、春华镇金鼎山社区、武塘村、安沙镇新华村入选省级美丽乡村示范村，金井镇金龙村、江背镇金洲村入选省级特色精品乡村。

18日　国家卫生健康委办公厅和国家中医药局办公室联合发布《关于通报表扬2021年“优质服务基层行”活动中表现突出、服务优质机构的通知》，长沙县北山镇中心卫生院受到通报表扬。

19日　县区领导干部学习贯彻中共十九届六中全会精神专题读书班在县委党校开班，长沙经济技术开发区党工委书记、长沙县委书记付旭明作辅导报告。

21日　工信部中国电子信息产业发展研究院赛迪顾问县域经济研究中心发布“赛迪顾问服务业百强县（2021年）”榜单，长沙县排名第十位。

26日　展示中国法官时代风貌的法治题材电视剧《底线》在长沙县

人民法院举行开机仪式。

28日　长沙机场改扩建工程T3航站楼项目开工。该项目工程投资79.4亿元，初设批复建筑面积50万平方米，机坪规划机位75个，年旅客吞吐量4000万人次。

3月

1日　长沙县召开松雅湖生态新城建设誓师大会。

2日　中国（湖南）自贸试验区国际化复合型人才培养基地揭牌仪式在长沙经开区区块长沙科技新城企业服务中心举行。

4日　长沙经济技术开发区党工委、长沙县委理论学习中心组举行集体（扩大）学习暨“星沙大讲堂”第一期讲座。

5—7日　第14届2022中部（长沙）建材新产品招商暨全屋定制博览会在长沙国际会展中心举行，展会以“招商加盟·定制梦想”为主题，展览面积10万余平方米，参展品牌3100余个，参展观众15万余人次。

30日　世界经济论坛公布2022年度第一批13家“灯塔工厂”名单，长沙经济技术开发区企业博世汽车部件（长沙）有限公司入选，成为湖南省第一家获“灯塔工厂”称号的智能制造工厂。

是月　工业和信息化部、民政部、国家卫生健康委员会公布2021年智慧健康养老应用试点示范名单，长沙县被评为2022年全国智慧健康养老示范基地；长沙县果园镇被评为“全国智慧健康养老示范乡镇”。

4月

6日　中国科学院《互联网周刊》、eNet研究院、德本咨询联合发布中国智能制造50强，三一集团、蓝思科技、山河智能3家企业入选。

是日　长沙县三叉河被评为2021年“湖南省美丽河湖”，长沙县㮾梨街道党工委书记、乡级总河长、浏阳河㮾梨街道段乡级河长张登武被评为2021年“湖南省优秀河长湖长”。

13日　长沙市院士农业项目暨粮食生产“四高”综合示范区启动仪式在长沙县举行。中国工程院院士、湖南省农业科学院党委书记柏连阳，中国工程院院士、湖南省农业科学院院长单杨等出席活动。

是日　长沙县上榜中国GDP十强县。2021年长沙县GDP2003.2亿元，排名全国第八位。

19日　长沙市实施“强省会”战略重大项目集中开工活动在湖南自贸区长沙县区块举行。县区参加此次集中开工活动的重大项目30个，总投资290亿元，年度计划投资51亿元。

20日　“强省会 湖南自贸区长沙县区块在行动”活动在自贸临空区举行。活动现场发布长沙县落实RCEP三年行动计划，举行区港联动口岸作业区“湖南省对接RCEP及非洲国家货邮集散分拨中心”授牌仪式，集中签约重点产业项目38个，总投资266.7亿元。

25日　长沙县、长沙经济技术开发区举行“五四”青年节主题活动暨青年座谈会。

26日　在全省优化营商环境工作推进大会上，长沙县在全省县市营商环境评价中排名第一位。

28日　“中国梦 劳动美 建功强省会 喜迎二十大”——长沙县、长沙经济技术开发区庆“五一”暨劳动模范表彰大会在长沙县市民会议中心召开，表彰34名长沙县第八次劳动模范和先进工作者、10名长沙经济技术开发区第三届劳动模范和20名“五一”劳动奖章获得者、10名长沙县第二届“十行状元 百优工匠”暨首届“乡村工匠”技能竞赛状元以及81名“百优工匠”名单。

是日　主题为“热力松雅湖 快乐消费GO”的首届“松雅湖商圈”消费节开幕。消费节为市民提供“吃喝玩乐购”服务，为消费者提供“千万补贴、亿元让利”。

5月

10日　中国（湖南）自由贸易试验区国际人才港政策兑现、长沙县长沙经济技术开发区人才政策发布活动举行。长沙经济技术开发区现场向23家机构、企业及30名各类人才兑现国际人才港政策奖补资金1.017亿元。

是日　工业和信息化部办公厅公布2021年国家新型工业化产业示范基地发展质量评价结果，“装备制造（工程机械）·长沙经济技术开发区”被评为五星示范基地。

12日　长沙县人民法院自贸片区人民法庭挂牌。

15日　星沙水厂9万立方米/日改扩建项目竣工通水。

18日　杨开慧纪念馆、缪伯英故居被全国妇联命名为“全国妇女爱国主义教育基地”。

19日　“中国旅游日”长沙县分会场暨2022年第八届长沙（国际）茶文化旅游节在金井镇湘丰茶业庄园举行。

22日　共建地球生命共同体“5·22”国际生物多样性日湖南省主会场宣传活动在松雅湖国家湿地公园举行，现场发布长沙县生态系统生产总值（GEP）核算成果。经核算，长沙县2021年GEP总值1691.44亿元，单位面积GEP0.96亿元/平方千米，人均GEP12.08万元。

23日　湖南省工信厅公布《湖南省“数字新基建”100个标志性项目名单（2022年）》，长沙县、长沙经济技术开发区企业山河智能“智慧矿山管控系统的研究与开发项目”、铁建重工“基于人工智能的智慧园区建设项目”等16个项目入选。

24日　湖南省生态环境厅公布《湖南省2021年度美丽河湖建设优秀案例名单》，松雅湖入选全省19个“美丽河湖建设优秀案例”。

25日　以“创新引领 智造未来”为主题的长沙经开区产业链供需集市系列活动——“2022院士专家长沙行”高端装备高质量发展研讨会在山河智能举办。中国机械工程学会荣誉理事长、中国工程院院士、国家制造强国建设战略咨询委员会智能制造专家委员会主任李培根出席活动并作主题报告，工程机械行业企业负责人、研发人员200余人参加活动。

27日　位于长沙县湘龙街道工美大厦的长沙县外贸新经济综合体暨RCEP企业服务中心揭牌。

31日　长沙县质量强县工作推进会暨首届县长质量奖颁奖仪式举行。会议听取长沙县质量强县工作报告，宣读《长沙县政府办公室关于首届长沙县县长质量奖的通报》，湖南金井茶业集团有限公司、长沙星沙机床有限公司、长沙鸿发印务实业有限公司、长沙路口物资供销有限公司、湖南天勤环境管理有限公司、长沙世通纸塑箸业有限公司、长沙林派家具制造有限公司7家企业被授予首届长沙县县长质量奖。

6月

1日　“中国楹联文化镇”授牌仪式在开慧镇举行。

10日　长沙县在全国县域旅游研究课题组、北京华夏佰强旅游咨询中心联合发布《全国县域旅游研究报告2022》中入选2022年全国县域旅游综合实力百强县。

17日　“千名干部联千企 汇聚智慧促发展”博士沙龙——先进制造业专场活动在山河智能举行。

23日　长沙县举办“宜居星沙”品牌推介会，现场推介22宗优质土地，吸引全国50余家知名房地产开发企业和10余家中央、省、市新闻媒体机构关注。

24日　长沙县人民政府与长沙市长郡中学举行合作办学签约仪式，由长郡教育集团统一调派学校领导、统一管理标准、统一教学计划、统一教学评价、统一教学资源，共建长郡自贸临空高级中学。

是日　院士专家科技志愿服务基层行走进长沙县“科技小院”活动举行，中国科协、中国农技协调研组以及印遇龙、刘少军、吴义强等中国工程院院士到长沙县科技小院，了解科技助力农业产业发展情况。

是日　长沙县2022年“6·26”国际禁毒日“花样年华不毒行，全民禁毒在行动”主题活动启动仪式举行，现场向长沙县禁毒委成员单位、镇（街道）、企业、学校、禁毒协会等12支禁毒宣传先锋队授旗。

28日　长沙县首届社会贤达推选结果发布大会举行。会议发布长沙县首届155名社会贤达名单，其中，包括10名“十佳”社会贤达和40名优秀社会贤达。

29日　“智慧星沙 云惠万家”——长沙县智慧抵押合作协议签约仪式暨“星云·房抵快贷”发布会在长沙县举行。

是月　长沙县在竞争力智库、北京中新城市规划设计研究院等机构联合发布的《中国县域旅游竞争力报告2022》中入选2022年全国县域旅游综合实力百强县。

7月

1日　长沙县“星锋”党员志愿服务队成立大会暨在职党员进社区红色服务月启动仪式举行。付旭明宣布长沙县“星锋”党员志愿服务队成立，并为“星锋”志愿服务分队代表授旗。

16日　长沙县在中国互联网新闻中心峰会上被评为中国最具文旅投资价值县。

20日　赛迪发布“2022年全国百强县（市、旗）”榜单，长沙县排名第十位。

21日　第九届海归论坛——海归人才潇湘行活动在长沙经开区启动。85名海归博士人才和海归人才创业项目团队，20余家园区重点企业，10余个创业孵化基地负责人参加启动仪式。

27日　湖南首条直飞非洲货运航线（长沙——亚的斯亚贝巴）开通。该货运航线由湖南空港供应链管理有限责任公司运营、埃塞俄比亚航空公司执飞，每周2班，年载运货量1.7万吨。

28日　长沙县13家企业被评为2022年湖南省“小巨人”企业。在全国各县（不含县级市，含市辖县或代管县）中，长沙县国家级专精特新“小巨人”企业数量名列全国第三位、中部地区第一位。

是月　在第五届数字中国建设峰会期间，中国工业互联网研究院发布2021年全国县域工业互联网发展Top20榜单，长沙县位列第八位。

8月

3日　湖南省工程机械二手设备出口行业联盟成立大会在长沙经济技术开发区举行，现场发布湖南省工程机械二手设备出口行业检测认证标准以及全球售后服务中心名单。150余家联盟会员单位以线上、线下方式参会。

5日　湖南省环境科学学会产业园区绿色发展专业委员会成立大会在长沙经开区举行。

6日　2022年“创客潇湘”医疗器械中小企业创新创业大赛决赛在长沙经济技术开发区举行，创客组、企业组的湖南元景智造科技有限公司、长沙慧维智能医疗科技有限公司等20支参赛企业队伍对“恒温扩增检测仪Surepoc”“基于端智能的消化内镜人工智能辅助诊断系统”等产品现场路演。

10日　位于果园镇田汉艺术小镇宋水线与杜鹃路交会处的长沙市雅礼实验田汉学校揭牌。该校为现代化公立九年一贯制学校，规划开办54个班，其中，小学36个班、中学18个班，招生规模2000余人。

是日　长沙县在壹城智库课题组发布的《2022中国县域发展潜力报告》中排名全国县域发展潜力百强县第一位。

15日　《乡村振兴蓝皮书：湖南乡村振兴报告（2022）》暨湖南乡村振兴2021年“十大”优秀案例发布会在长沙举行，现场发布湖南乡村振兴2021年“十大”优秀案例并授牌。

开慧镇入选湖南“十大”优秀案例典型乡镇；开慧镇开慧村党总支第一书记朱有志入选湖南“十大”优秀案例典型乡贤。

17日　长沙县在赛迪顾问发布《2022年中国县域经济百强》中排名全国县域经济百强县第十位。

22日　“我想有个家 最好在星沙”——长沙县“宜居星沙”品牌推介活动暨第二届房产交易会开幕式举行。

25日　长郡自贸临空高级中学和长沙县自贸临空实验学校揭牌活动举行。

29日　长沙经济技术开发区被国家知识产权局评为首批国家级知识产权强国建设示范园区。

30日　长沙县被国家知识产权局评为“国家知识产权强县建设示范县”。

9月

2日　“打造中国民用无人机第一城”中国（湖南）自由贸易试验区长沙片区临空区专题招商推介暨项目签约仪式举行。

是日　大国工匠论坛在长沙国际会议中心举办。

3日　长沙县被中国共产主义青年团中央委员会评为全国县域共青团改革县级优秀试点地区。

6日　“月圆中秋·情暖星沙”——长沙经开区、长沙县2022年国际人才中秋联谊活动在星沙举办。

是日　工业和信息化部发布国家新型工业化产业示范基地工业互联网平台赋能数字化转型提升试点项目名单，“长沙经开区‘1+N’平台赋能基地企业数字化转型”项目上榜。

是日　中国企业联合会、中国企业家协会发布“2022中国企业500强”榜单，三一集团上榜。

是日　《2021乡镇综合竞争力报告》发布，黄花镇分别位居2021中国乡镇综合竞争力百强榜单第80位、2021中国中部地区乡镇综合竞争力百强第二位。

是日　长沙县“社区就业服务超市”开业。

7日　长沙县召开庆祝第38个教师节暨全县教育大会，通报2022年度全县教育工作开展情况以及“十佳魅力教师”“十佳师德标兵”“十佳班主任”“最美乡村教师”“优秀乡村校长”“优秀教师”“优秀教育工作者”名单，为“十佳魅力教师”“十佳师德标兵”“十佳班主任”授牌。

8日　湘龙街道湘贸社区被评为全省第十批民族团结进步示范区示范单位。

是日　长沙县纪委监委被评为全国纪检监察系统先进集体。

9日　长沙县执法局执法调度指挥中心被评为湖南省巾帼文明岗称号。

13日　长沙经开区新政务服务大厅试运行。该服务大厅面积2300平方米，承载“一站式”政务服务中心、自贸服务专区、相对集中行政审批办公区、园区对外接待展示区“四大”功能。

10月

8日　长沙县科学技术协会第六次代表大会召开。

10日　长沙经济技术开发区召开纪念建区30周年暨重点项目推进大会，会上发布建区30周年主题宣传片《澎湃当歌》以及园区“三个一批”（签约一批、开工一批、竣工一批）重点项目推进情况。

12日　自贸临空区支持企业获全省首张中药材进口注册批件。

14日　徐特立故居、李维汉故居、田汉文化园被评为第四批湖南省党史教育基地。

17日　“柏连阳院士创新团队科研基地”在长沙县果园镇揭牌，中国工程院院士、省农科院党委书记柏连阳，湖南省农业科学院副院长邓华凤等参加。

19日　星沙街道金茂路社区被评为2022年全国示范性老年友好型社区。

28日　第23届中国中部（湖南）农业博览会在长沙国际会展中心举行。

11月

1日　长沙经开医院开业。该院为中国（湖南）自由贸易试验区长沙片区三级综合医院，其医疗服务能力为近期日急诊量200人次以上、日门诊量2000人次以上、每日手术100台。

2日　三一智联重卡产业园入选国家工业旅游示范基地。

是日　湖南省工业和信息化厅发布湖南省省级企业技术中心、湖南省制造业质量标杆企业等名单，长沙经开区28家企业入选。其中，蓝思科技、湖南维胜科技有限公司等26家企业被认定为湖南省省级企业技术中心；长沙开元仪器有限公司入选湖南省制造业质量标杆名单，湖南亘晟门窗幕墙有限公司入选湖南省制造业品牌培育试点企业名单。

18日　中国中小城市发展指数研究课题组、国信中小城市指数研究院联合发布2022年中国中小城市高质量发展指数研究成果，长沙县排名2022年度全国综合实力百强县市第五位、全国绿色发展百强县市第五位、全国投资潜力百强县市第三位、全国科技创新百强县市第六位、全国新型城镇化质量百强县市名单第四位。

19日　《小康》杂志社发布“2022年度县市未来投资热点百佳样本”，长沙县排名第四位。

是日　中国生态文明论坛南昌年会召开，长沙县被生态环境部授予“绿水青山就是金山银山”实践创新基地。

25日　中国信息通信研究院在中国县域工业经济发展论坛上发布《中国县域工业经济发展报告（2022）》，长沙县排名2022年中国工业百强县（市）第七位。

是日　工信部直属单位中国信息通信研究院公布《中国信通院图解2022中国工业百强县（市）全景》，长沙县排名2022年中国创新百强县（市）第九位。

28日　江杉高速公路项目建成通车。该项目主线全长20.861千米，采用双向4车道高速公路标准，设计速度100千米/小时，项目概算23.37亿元。

29日　由铁建重工和中铁十五局共同打造的竖井掘进机“梦想号”在长沙县下线，整机高10米，开挖直径23.02米。

30日　长沙县在竞争力智库、北京中新城市规划设计研究院等机构联合发布的《中国县域旅游竞争力报告2022》中入选“2022中国县域旅游综合竞争力百强县市”，排名第73位。

是日　赛迪顾问发布《赛迪投资竞争力百强县（2022）》榜单中，长沙县排名全国第八位。

12月

1日　湖南省工业和信息化厅公布第五批43个5G典型应用场景。山河智能装备股份有限公司牵头、湖南山河科技股份有限公司联合参与的“5G+通用航空飞行智慧监管与服务”，湖南天宇汽车制造有限公司的“5G智慧型负压急救车”，三一汽车制造有限公司的“三一泵送新城5G智慧工厂”3个项目入选。

7日　赛迪顾问县域经济研究中心发布《2022中部县域经济百强研究》中，长沙县位列2022赛迪中部百强县第一位。

8日　长沙县领导干部学习贯彻党的二十大精神集中轮训第一期研讨班开班，长沙经济技术开发区党工委书记、长沙县委书记付旭明作专题辅导。

9日　湖南省省会各界人士礼敬宪法暨2022年全省宪法宣传周主场活动在长沙县田汉文化园举行。

13日　长沙县被农业农村部信息中心被评为2022年全国县域农业农村信息化发展先进县。

是日　学习贯彻党的二十大精神长沙市委宣讲团报告会在长沙县举行。

14日　长沙县组织开展“党建聚合力书记领航行动”暨清廉星沙、宜居宜业和美乡村建设拉练活动。

15日　长沙县、长沙经济技术开发区举行超级C端“在星沙”App发布活动暨“强省会　勇担当”作风建设年和“营商环境提升年”工作推进会议。

是日　大陆集团5G数字化超级工厂长沙启用。湖南省委常委、常务副省长李殿勋出席仪式，考察大陆集团长沙工厂，了解长沙工厂生产、物流等智能化设计和创新情况。

16日　中郡研究所发布《第二十二届县域经济与县域发展监测评价报告》，长沙县县域经济基本竞争力排名第五位。

21日　由《瞭望东方周刊》、瞭望智库共同主办的“2022中国最具幸福感城市”调查推选活动结果在杭州发布，长沙县入选2022年中国最具幸福感城市（县）。

23日　2022全国工业App和信息消费大赛颁奖典礼暨“新生产　新消费　新经济”产业峰会在湖南株洲举办。长沙经开区树根格致科技（湖南）有限公司“基于工业区块链的智慧碳排放管理平台（iCEP）”、山河智能“混合动力挖掘机控制系统”获得工业App数字节能与环保专项成果转化奖。

是日　长沙县总工会“数字工会普惠平台”被评为全国“互联网+”工会普惠服务“县(区)级十佳”平台。

25日　浙江大学社会治理研究院发布“2022中国社会治理百强县(市、区)”榜单，长沙县排名第十位。

是月　长沙县长龙站被评为2022年“最美工会户外劳动者服务站点”。

是月　安沙镇商会被评为全国“四好”商会。

长沙县概览

编辑　周进银

自然环境

【区域位置】 长沙县位于湖南省东部偏北，湘江下游东岸，湖南省会长沙市近郊。东邻浏阳市，南接长沙市雨花区，西毗长沙市芙蓉区、开福区、望城区，北靠岳阳市。地处北纬28°02′04″～28°39′51″，东经112°58′23″～113°30′09″。2022年，全县总面积1756平方千米。

（周进银）

【地质地貌】 长沙县位于上扬子地层分区和湘中地层分区的交汇地带，新华西东西向和南北向一级二级构造分区从域内通过，共同组成辖区主要构造体系格架。域内断裂带发育，走向多以北东向为主，控制辖区内大的隆起和坳陷，使之呈现北北东向斜列，少部分见北西向和东西向断裂。褶皱构造主要有黄花向斜、雷神庙背斜和九木背斜3类。出露地层有冷家溪群、板溪群、泥盆系、石炭系、二叠系、侏罗系下统、白垩系及第四系，其中，出露最广的有冷家溪群、板溪群及泥盆系、白垩系、第四系地层，岩性主要为浅变质碎屑岩夹板岩或互层。白垩系广泛分布于南部，岩性为一套紫红色碎屑岩；第四系冲积物分布在县域南部捞刀河、浏阳河流域，岩性上部为粉质亚黏土，下部为砂砾层、砾石层。地形以丘陵平原为主，分平原、丘陵、山地3个地貌类型。有大小山峦200余座。北部明月大山海拔659米，为全县最高峰。（王斯杰）

【气候】 长沙县地处东亚季风区，属中亚热带向北亚热带过渡的大陆性季风湿润气候，四季分明，寒冷期短，炎热期长。全县年平均气温（1981—2010年）17.6℃，最冷月（1月）平均气温5.0℃，最热月（7月）平均气温29.4℃。历年极端最高气温41.1℃（2003年8月2日），极端最低气温-11.7℃（1991年12月29日）。年平均无霜期260天，年平均日照1510.9小时，占可照时数的34%，年平均风速2.0米/秒，多为西北风，最大风速19.7米/秒（1997年6月7日），域内雨水充足，年均降水量1472.9毫米，年平均蒸发量1194.9毫米，平均相对湿度81%，年雷暴日数36.4天，年雾日22.9天。2022年，全县平均气温23.4℃，最高气温40.3℃，最低气温-3.3℃。年降水量1379.6毫米，全年日照时数1632.9小时，无霜期日数266天。

（毛　宇）

【水文】 长沙县地处湘江东岸，域内河流众多，属于长江流域，洞庭湖水系。主要河流（流域面积10平方千米以上的河流和部分在此范围以下的重要河道）54条（其中，市管河流2条、县管河流9条、乡管河流43条）。流域面积200平方千米以上河流4条，流域面积50～200平方千米的河流9条，流域面积10～50平方千米的河流37条，总长约610千米。域内主要河流有浏阳河、捞刀河及其支流和汨罗江二级支流双江口河。有水库127座，其中，中型水库5座（乌川水库、桐仁桥水库、金井水库、红旗水库、白石洞水库），总库容8130万立方米，小（1）型水库25座，小（2）型水库97座。全县多年平均水资源量14.03亿立方米，其中，地下水资源量3.058亿立方米，地下水径流模数17.4万立方米/（平方千米·年）。过境水资源量丰富，其中，浏阳河全流域多年平均地表水资源量39.41亿立方米，捞刀河全流域多年平均水资源量19.6亿立方米。（廖国君）

【自然资源】 2022年，长沙县土地总面积175556.38公顷，其中，耕地34676.46公顷，园地2994.19公顷，林地82279.66公顷，草地599.58公顷，湿地272.28公顷，城镇村及工矿用地31214.35公顷，交通运输用地7060.16公顷，水域及水利设施用地14269.18公顷，其他土地2190.52公顷（采自长沙县第三次国土调查公报数据，以2019年12月31日为统一时点）。矿产资源丰富，经探查已发现钨、锡、镍、铍、铌、钽、钴、钼、铜、铅锌、金、硅、煤、高岭土、石灰石、萤石、花岗岩、独居石砂等20余个矿种。已发现矿产地113处，其中，大型矿床1处、中型4处、小型62处、矿（化）46处。已被开采利用的主要与建筑材料有关的砖瓦用页岩、硅石、石英砂、建筑石料等非金属矿种，占全部矿产地80%，其余大多数矿种因产地规模小尚未开发利用。域内矿产资源总体特征以花岗岩、高岭土、砖瓦用页岩等非金属矿产为主，金属矿产地多小型、矿化点。县境西北部北山—青山铺—福临镇一带广泛发育花岗岩，是全县花岗岩矿的重要产出地；鼎功、福临一带高岭土资源较丰富；中部春华山、黄花、黄兴、干杉至江背的广大地区为砂、页岩发育区，域内主要砖瓦用页岩矿开采区；东南部江背镇河田一带产石灰岩；北部与平江县交界的中低山区，分布有钨、金及多金属矿；路口镇麻林桥有地下热水资源。野生动物有兽类10种，鸟类48种，蛇类10余种。药用植物120余种，木本植物80余种；"罗代黑猪""北山梅"为国家地理标志保护产品，以金井绿茶为核心的"长沙绿茶"系国家地理标志证明商标。

（王斯杰　周进银）

【土壤植被】 长沙县耕地土壤分4个土类，9个亚类，30个土属、58个土种，以红壤、水稻土为主，其他还有紫色土、潮土等。山地土壤以花岗岩、板页岩、紫色砂页岩、第四纪红壤及中、酸性紫色土为主，分红壤和紫色土2个土类，4个亚类、17个土属，24个土种。板页岩发育的红壤因其理化性状较好，土壤深厚较肥沃，保水性能强。花岗岩风化物发育成的土壤，质地较粗、土壤透水、透气性好、含钾丰富。第四纪红色黏土土壤质地黏性，显酸性、透水性弱、表土轻松、腐殖质含量低，土壤较贫瘠。紫色岩风化物发育成的土壤土层薄，质地黏重，湿胀干缩性大，抗蚀性弱，土壤贫瘠；沙页岩多为硅质，耐剥蚀且难风化，岩性坚硬，风化产物较少，营养元素贫乏。长沙县属亚热带常绿阔叶林区，有天然和人工栽培树种 81 科、216 属、459 种。其中，以蔷薇科数量最多，计 40 种。按树干形态分为乔木树种 195 种、灌木树种 238 种、木质藤木 26 种；按叶片是否脱落性质分，常绿树种 191 种，落叶树种 268 种。列入国家一级保护植物有水杉，列入国家二级保护植物有银杏、樟树、核桃、鹅掌楸、楠木，列入国家三级保护植物有檫木，列入省级保护植物有山拐枣、湖南石槠、南方红豆杉等。

（王知敏）

建置区划

【建置沿革】 秦始皇二十六年（前 221），析黔中郡南部部分地区置长沙郡，湘县为郡治。西汉高祖五年（前 202），改湘县为临湘县。新朝始建国二年（10），临湘县为抚睦县。东汉建武元年（25），废抚睦县，复置临湘县。东汉末年，析临湘县东部之地置浏阳县，此为浏阳置县之始。隋开皇九年（589），改长沙郡为潭州，改临湘县为长沙县，隋大业三年（607），浏阳县、醴陵县并入长沙县。唐武德四年（621），析长沙县东部部分地区复置醴陵县。景龙二年（708），析长沙县东部部分地区复置浏阳县。五代后汉乾祐三年（950），析长沙县东南部部分地区设龙喜县。北宋乾德元年（963），裁龙喜县入长沙县，置常丰县。开宝六年（973），裁常丰县入长沙县；太平兴国二年（977），析长沙县西北部部分地区入宁乡县；元符元年（1098），析长沙县东南部分地区置善化县。1912 年 4 月，裁善化县入长沙县，并入长沙府。1933 年 8 月，析长沙县城区及东屯渡等城郊之地，置长沙市，长沙县隶属长沙市，县治设长沙市。1939 年 12 月，长沙市并入长沙县。1942 年 2 月，复置长沙市。1950 年 4 月，长沙县隶属长沙专区（1952 年 9 月改名湘潭专区）。1959 年，改隶长沙市，至 2022 年无变化。

（周进银）

【行政区划】 清初，沿袭明代区划，长沙县辖 15 里 3 厢。道光二十四年（1844），并为 10 都、4 坊、1 厢。坊厢下设甲，都、坊以地名、地物命名。1914 年，废都甲，设乡镇，全县辖万寿、尊阳等 11 镇。1930 年，全县设 10 个区。乡镇下设都，全县有 71 都。都下设团，全县设 658 团。1933 年，设长沙市，市、县分治，长沙县下辖区、乡、镇未变。1939 年，长沙市并入长沙县，辖 38 个乡、6 个镇。1942 年恢复长沙市。1949 年 8 月，长沙县全境解放，分为 6 个行政管理区，原乡、保、甲未变。1950 年 3 月，废除保甲制度，全县划为 15 个区、181 个乡、1 个镇。1951 年，划出县境内湘江以西全部、以东部分地区设望城县。1952 年，全县行政区划调整为 16 个区、1 个区级镇、247 个乡、3 个乡级镇。1956 年，全县辖 45 个乡及榔梨镇。1958 年，全县 45 个乡并为 15 个人民公社及榔梨镇。1959 年，望城县和长沙市郊区并入长沙县。1977 年，划出望城县后，全县辖 41 个公社及榔梨镇。1996 年 7 月，捞刀河镇划入开福区，全县辖 13 镇 7 乡。2015 年 1 月，暮云街道、南托街道划入长沙市天心区，跳马镇划入长沙市雨花区。2019 年 10 月，黄兴镇实施管理体制改革，委托黄兴会展经济区管理干杉片区 7 个社区（村）党的建设和经济社会发展工作。2022 年 8 月 8 日，星沙街道新设龙角社区、屯塘社区，湘龙街道成立利槟社区、万景社区，泉塘街道新设银河社区、楠竹园社区，榔梨街道新设康狮岭社区、红树坡社区。至 2022 年年底，全县辖 5 个街道和 13 个镇，有 111 个社区和 114 个村。

（周进银）

历史文化

【传统文化】 2022 年，长沙县入选非物质文化遗产名录 25 个。其中，“长沙陶公庙庙会”“长沙绿茶制作技艺”“长沙县山歌”“腊八豆制作技艺”“玉和醋传统酿醋技艺”5 个为省级非物质文化遗产，“长沙快板”“长沙县双江滚灯车”“长沙县双江锣鼓亭子”“北山布龙”“春华皮影”“青山竹编”“赛龙舟”“大筒演奏”“江背镇糯米黄酒制作技艺”9 个为市级非物质文化遗产，“麻林桥豆腐制作技艺”“龙舟制作技艺”“小花片制作技艺”等 11 个为县级非物质文化遗产；有市级传承人 11 位，县级传承人 9 位，非物质文化遗产传习所 5 个。

长沙县是湘绣生产的传统基地，有“绣乡”之称。清代嘉庆年间，域内便有很多妇女从事刺绣。清嘉庆十五年（1810）《长沙县志》卷十四“风俗”记载：“省会之区，妇女工刺绣者多，事纺绩者少，大家巨族，以钿饰相侈尚；乡间妇女，钗荆裙布，勤纺绩，主中馈。”魏氏（1842—1914），嫁夫袁理安，人称袁魏氏，长沙县袁家坪人（今开福区青竹湖），被公认为湘绣艺术的鼻祖。袁魏氏先后在袁家坪及沙坪一带授徒 100 余人，以后又及于长沙西乡的渔湾市、渫湾镇、三汊矶一带，出现不少刺绣高手，这些地方由此成为湘绣生产的中心地带。清光绪二十五年（1899），名绣工胡莲仙之子吴汉臣在长沙开设湖南首家销售绣品的绣庄——吴彩霞绣坊。次年，袁魏氏之子袁瑾荪在长沙八角亭开设锦云绣馆。清末民初，长沙绣庄增至 26 家，绣工逾 1 万人，年产绣品 2 万余件。之后湘绣几度兴衰，中华人民共和国成立后得以恢复发展。1950 年，经中共湖南省委批准，长沙县湘绣厂接办长沙锦华丽绣庄，后为地方国营红星湘绣厂，继为湖南省湘绣厂（省湘绣研究所）、长沙市湘绣总厂、长沙县湘绣厂、望城县湘绣厂。1972—1992 年是长沙湘绣业的鼎盛时期，长沙县湘绣销售额1000 万余元；1992 年以后湘绣业逐步衰落。1995 年，长沙县湘绣厂宣告破产。此后，湘绣产业改制和全面调整，民营湘绣企业随之产生。2006年，湘绣入选首批国家非物质文化遗产保护名录，位于长沙县湘龙街道的湖南湘绣城是全国知名的刺绣生产基地。

陶公庙，旧称“临湘山”。称“庙”为“山”，是道家独有的文化。1947 年版庙志称《临湘山志》而不作陶公庙志。因庙中主祀为晋代大司马长沙郡公陶侃的后人陶淡和陶烜叔侄，因此民间俗称“陶公庙”。《晋书》《临湘山志》《长沙县志》载，陶公庙建于南朝梁天监四年（505），有 1500 余年历史，系当地士民景仰陶淡和陶烜的清名盛德而兴建。陶淡和陶烜是叔侄，两人弃家修道，结庐修炼于榔梨临湘山，传说羽化成仙，成为体恤民生、有求必应的肉身菩萨，陶公庙因此而闻名。陶公庙始为茅庵一椽，后经历朝修葺扩建，形成占地面积 5300 余平方米，建筑面积 2000平方米的庙宇。陶公庙会曾是湖南规模大、影响远的庙会之一。每逢两位陶公菩萨生日——农历正月十三和八月十七，当地都要举行盛大庙会庆祝陶公菩萨寿诞，香客以“朝肉香”（将小香炉用线吊于手肘皮下）的形式对陶公菩萨顶礼膜拜。每逢庙会，陶公庙内古戏楼上好戏连台，连唱10天，促进地方戏曲、曲艺繁荣。白天 10台戏，由庙会开支，晚上 9 台戏由当地行会开销。湘剧名伶吴绍芝、欧元霞、刘春泉、廖升翥、李少臣、张梅生均到庙会演出。庙会由此成为百艺汇集之所。民间舞龙、舞狮、高跷、采莲船、罗汉舞、竹马灯、地花鼓、故事会等竞相上场。人们因为庙会结庐成市，首先形成“三仙街”，之后渐成榔梨镇（今榔梨街道）。因此，榔梨镇与陶公庙的关系为“因庙成集，因集成市”。民谣“榔梨街上不作田，两个生期吃一年”，说明庙会期间生意红火、商业繁荣。从 1997 年起，长沙县人民政府将陶公“生期庙会”定为“陶公庙文化庙会”。2011 年，陶公庙会入选第二批省级非物质文化遗产名录，是长沙县首个省级非物质文化遗产。

县内节日均与汉族传统节日一致，传统大节有春节、端午节、中秋节。几千年来，熬腊八粥、插梅迎春、送灶王爷、吃团圆饭、出天行、闹元宵等春节习俗在民间代代相传。其他节俗有元宵节、中和节、上巳节、清明节、七巧节、中元节、重阳节等。县内手艺人所从事的行业统称“九佬十八匠”。旧时有“三缸”“九佬”“十八匠”之说。“三缸”指染缸、酱缸、酒缸；“九佬”指剃头佬、修脚佬、阉猪佬、补锅佬、錾磨佬、渡船佬、杀猪佬、打鱼佬、打铳佬；“十八匠”指金匠、银匠、铜匠、铁匠、锡匠、木匠、瓦匠、窑匠、石匠、漆匠、弹匠、篾匠、染匠、画匠、雕匠、砌匠、箍匠、皮匠。“十八匠”依序编成歌诀：“金银铜铁锡，木瓦窑石漆，弹篾染画雕，砌箍皮。”

（文　婷　周进银）

【遗址遗迹】 长沙县古迹较多，域内有距今 4600 余年的新石器时期遗址鹿芝岭遗址，有商周时期的凤凰庙遗址，有宋元时期的城址南阳城遗址；有始建于南朝梁代的陶公庙，有建于清代的河图观。2022 年，长沙县有不可移动文物点 255 处。其中，古遗址 41 处，古墓葬 74 处，古建筑42 处，近现代重要史迹及代表性建筑 87 处，石窟寺及石刻 11 处。全国重点文物保护单位 2 个（黄兴故居、徐特立故居），杨开慧故居、缪伯英故居、李维汉故居、柳直荀故居、许光达故居、田汉故居等省级文物保护单位 14 个，市级文物保护单位 27 个，县级文物保护单位 14 个。（文　婷）

【方言】 长沙县属湘方言区长益片，与省会长沙市方言大体一致，均有新派、老派之分。由于地形狭长，南北相距远，东西相距近，相邻市县方言差别较大，以“黄花话”为代表，“金井话”“福临话”“江背话”“北山话”并存的长沙县方言逐渐形成。全县大部分乡村方言虽与长沙市的“长沙话”基本相近，但各地有极少数字音仍有差异，“金井话”“福临话”与“长沙话”的读音差异较大。相对长沙市而言，长沙县方言在时间（新老差异）和空间（地域差异）上略显复杂。

声母。长沙县方言有 20 个声母。主要有 5 个特点：其一，轻声母占绝对优势。其二，新派黄花话不分尖、团音，而老派黄花话的尖、团音仍分辨十分清楚。其三，保留普通话中的边音 [l]，而鼻音 [n] 则分化为舌面鼻音 [n] 和边音 [l]。其四，唇齿擦音 [f] 与舌根擦音 [x] 部分混读。其五，新派黄花话把舌尖后音全念作舌尖前音；而老派黄花话保留普通话中大部分舌尖后音，少数舌尖后音读成舌尖前音。

韵母。长沙县方言有 40 个韵母。长沙县方言韵母无新老读音差异，只有文白差异和地域差异。主要特点是：韵母四呼齐全，开口呼韵母最多，撮口呼韵母比普通话有较大增加；部分以 [-n] 收尾韵母已弱化为鼻化韵；韵母 [əŋ] 全部消失，均入韵母 [ən]；与长沙市方言相比较，主要增加韵母 [uŋ] 和 [yŋ]。

声调。长沙县方言有 6 个声调（不包括轻声）：阴平、阳平、上声、阴去、阳去、入声。平声、去声均分阴阳，上声、入声不分阴阳。入声不带塞音韵尾，读音可延长。与声母、韵母相比较，长沙县方言中差异最小的是声调。除“金井话”和“福临话”中的入声和上声与长沙话略有区别外，其余各地方言基本一致。

（周进银）

人口和民族宗教

【人口】 2022年年末，长沙县户籍户数28.94万户，户籍人口83.68万人，比2021年增加3272人。全年出生6546人，人口出生率7.8‰；死亡6032人，人口死亡率7.2‰；人口自然增长率0.6‰，出生人口性别比1.12。年末，常住人口142.75万人，其中，城镇人口106.61万人，城镇化率74.68%。

（黄　婷　刘　鹏）

【民族宗教】 2022年，长沙县人口以汉族为主，另有少数民族族别39个，少数民族户籍人口12642人。有长沙县佛教协会、道教协会、基督教三自爱国运动委员会3个宗教团体。有宗教(民间信仰)场所123处。其中，合法登记开放的宗教活动场所（国家宗教事务局赋码）41处（佛教16处、道教8处、基督教17处），民间信仰场所82处，有认定备案的教职人员149人。（吕嘉轩）

经济社会发展

【概况】 2022年，长沙县地区生产总值2114.42亿元，比2021年增长4.5%。其中，第一产业增加值94.64亿元，比2021年增长3.5%；第二产业增加值1139.77亿元，比2021年增长5.5%；第三产业增加值880.01亿元，比2021年增长3.3%。第一、第二、第三产业分别拉动GDP增长0.17、2.85、1.44个百分点，三次产业对GDP增长的贡献率分别为3.9%、63.8%、32.3%。全县三次产业结构调整为4.5∶53.9∶41.6。城镇新增就业18915人，各类城镇下岗失业人员实现就业再就业15333人，帮助就业困难人员再就业2647人。年末，城镇登记失业率1.25%。

（黄　婷　刘　鹏）

【农业】 2022年，长沙县农林牧渔业总产值159.7亿元，比2021年增长4.1%。其中，农业总产值118.8亿元，比2021年增长4.1%；林业总产值4.6亿元，比2021年增长6.1%；畜牧业总产值24.1亿元，比2021年增长2.4%；渔业总产值3.6亿元，比2021年增长3.0%。农林牧渔服务业增加值5.7亿元，比2021年增长9.8%。全年粮食产量49.0万吨，比2021年下降3.2%；水果产量8.5万吨，比2021年增长5.8%；肉类总产量5.5万吨，比2021年增长3.8%；茶叶产量4.2万吨，比2021年增长5.8%。水产品产量1.488万吨，产值5.006亿元。全年新建高标准农田2916.67公顷，高标准农田累计3.12万公顷，农业机械化水平85.1%。全年新增10家市级以上农业龙头企业，全县各类新型农村合作经济组织1988家。

（黄　婷　刘　鹏）

【工业和建筑业】 2022年，长沙县规模以上工业增加值比2021年增长0.9%，其中长沙经开区规模工业增加值比2021年增长7.1%。全年工程机械、汽车及零部件、电子信息三大支柱行业规模工业总产值比2021年增长12.4%。其中，汽车及零部件产业产值比2021年增长36.7%；电子信息产业产值比2021年下降11.9%；工程机械产业产值比2021年下降6.2%。全年规模以上工业企业营业收入比2021年增长8.8%，营业成本比2021年增长10.9%，利润总额比2021年下降5.0%。全县有资质以上建筑业企业185家，建筑业总产值577.7亿元，比2021年增长4.8%。竣工产值243.1亿元，比2021年下降13.5%。房屋建筑施工面积1833.8万平方米，房屋建筑竣工面积645.8万平方米。（黄　婷　刘　鹏）

【固定资产投资】 2022年，长沙县固定资产投资比2021年增长9.1%。其中，第一产业完成投资占全社会固定资产投资的比重0.9%；第二产业完成投资占全社会固定资产投资的36.2%；第三产业完成投资占全社会固定资产投资的比重62.9%。全年1亿元以上投资项目341个，完成投资占固定资产投资总额的78.9%。全年房地产开发投资317.1亿元，比2021年增长8.8%。商品房销售面积213.1万平方米，比2021年下降29.1%；商品房销售额213.1亿元，比2021年下降24.2%。

（黄　婷　刘　鹏）

【国内贸易】 2022年，长沙县社会消费品零售总额663.6亿元，比2021年增长3.1%。全年限额以上单位商品零售额比2021年增长9.2%。其中，粮油、食品类比2021年增长18.3%，饮料类比2021年下降11.3%，烟酒类比2021年下降12.0%，服装、鞋帽、针纺织品类比2021年下降4.8%，化妆品类比2021年增长86.1%，日用品类比2021年增长6.8%，体育、娱乐用品类比2021年增长10.5%，书报杂志类比2021年增长2.9%，家用电器和音像器材类比2021年增长81.9%，中西药品类比2021年增长25.0%，文化办公用品类比2021年下降46.8%，通信器材类比2021年下降10.1%，石油及制品类比2021年增长49.6%，建筑及装潢材料类比2021年增长25.2%，汽车类增长5.7%，其他未列明商品类比2021年增长45.4%。（黄　婷　刘　鹏）

【对外贸易和旅游】 2022年，长沙县进出口总额1295.4亿元，比2021年增长31.4%，占全省的18.4%，占全市的39.1%。其中，进口总额341

亿美元，比2021年增长24.8%；出口总额954.4亿美元，比2021年增长33.9%。全年外商直接投资2.2亿美元，比2021年增长10.5%；引进省外境内资金208.1亿元，比2021年增长23.6%。全年旅游总收入200.6亿元，比2021年增长1.5%。接待游客1904.9万人次，比2021年下降9.3%。星级酒店2家，其中，五星级1家；新增AAA级旅游景区、AAAA级旅游景区各1处，年末，AAAA级旅游景区4处、AAA级旅游景区9处。（黄 婷 刘 鹏）

【交通和邮电】 2022年，长沙县公路通车里程5992.9千米。全年公路客运量3090.3万人，旅客周转量10815万人千米；公路货运量2718万吨，货物周转量158222万吨千米；行政村客运（公交）班线通达率100%。全年邮电通信业务总量18.5亿元，比2021年增长6.7%。年末，全县移动电话用户181.9万户，比2021年增长5.4%；互联网络用户61.2万户，比2021年增长11.2%。（黄 婷 刘 鹏）

【财政和金融业】 2022年，长沙县财政总收入374.4亿元，比2021年下降18.2%。一般公共预算收入214.5亿元，比2021年下降5.0%。地方一般公共预算收入131.8亿元，比2021年下降0.6%。公共财政预算支出195.6亿元，比2021年下降10.0%。其中，教育支出38.9亿元，比2021年增长23.8%；医疗卫生支出12.6亿元，比2021年增长22.1%，社会保障和就业支出12.6亿元，比2021年增长3.2%。年末，金融机构人民币存款1857.8亿元，比2021年增长13.3%；居民储蓄967.1亿元，比2021年增长19.5%；各项贷款余额2116.7亿元，比2021年增长12.6%。金融机构网点281个，职工总人数7499人。（黄 婷 刘 鹏）

【科学技术和教育】 2022年，长沙县高新技术总产值1994.6亿元，比2021年增长6.6%；高新技术增加值494.8亿元，比2021年增长4.7%。全年认定国家高新技术企业408家，年末总数1037家。全县专利授权量7420件。其中，发明专利授权量1011件，比2021年增长21.7%。各类全日制学校213所（不含幼儿园），其中，职业中专10所、普通高中15所、乡镇农校1所、初级中学44所、小学142所、特殊教育学校1所。幼儿园371所，其中，公办幼儿园161所。全县在校中小学生97955人，在园幼儿58000人。其中，普通高中23436人，职业高中25207人，初中37428人，小学111744人，特殊教育学校140人。初中入学率、小学学龄人口入学率、巩固率均为100%，初中巩固率99.8%。免除143117人次学生杂费，义务教育阶段学生杂费免除率100%。对各级各类贫困学生资助金额1674.6万元。（黄 婷 刘 鹏）

【文化、体育和卫生】 2022年，长沙县文化设施面积158.9万平方米，比2021年增长0.7%。全县有文化站19个、文化馆1个、公共图书馆1个、电影院18个、档案馆1个。全年送戏下乡65场、放映电影3438场。推进广播电视户户通等文化惠民工程，广播综合人口覆盖率和电视综合人口覆盖率均为100%。城区有线电视用户3.1万户，城区有线电视入户率90.0%。体育设施面积337万平方米，比2021年增长3.4%。拥有各类体育场地4150个，其中，标准体育馆5座，标准运动场100个，标准游泳池20个，各种训练综合用房255个。开展大型群众体育活动31次，全民健身运动参加人数70万人次。各类卫生机构610个，其中，医院和卫生院48个，卫生防疫和防治机构1个，妇幼卫生保健机构1个，社区服务中心（站）12个。卫生人员10315人，其中，执业医师、执业助理医师4411人，注册护士5711人，卫生防疫和防治机构卫生技术人员99人，妇幼卫生机构卫生技术人员680人。各类卫生机构拥有病床数7448张，每千人拥有病床数5张，每千人拥有卫生技术人员数7人。（黄 婷 刘 鹏）

【环境、节能和安全生产】 2022年，长沙县城镇生活垃圾无害化处理率100%、污水处理率99.1%。全年环境空气质量二级以上天数322天。全县建成区绿化覆盖面积3579.8公顷。全年发生各类生产经营性事故（不含火灾事故，含生产经营性交通事故）31起；亿元GDP安全事故死亡率0.0189人；道路交通事故万车死亡率1.47人；其他领域安全生产死亡事故26起。（黄 婷 刘 鹏）

【人民生活和社会保障】 2022年，长沙县城乡居民人均可支配收入53232元，比2021年增长5.9%。其中，工资性收入36295元，经营净收入6807元，财产净收入7126元，转移净收入3004元。城乡居民人均生活消费支出33774元，比2021年增长4.8%，食品烟酒支出占比26.7%。其中，城镇居民人均生活消费支出37238元，比2021年增长4.0%，食品烟酒支出占比27.7%；农村居民人均生活消费支出28792元，比2021年增长5.6%，食品烟酒支出占比27.7%。城乡居民文教娱占比21.8%，比2021年增长0.4%。年末，参加全县劳动保障部门企业职工基本养老保险人数66.4万人，参加城镇职工基本医疗保险人数34.7万人，参加失业保险参保人数21.1万人。各类养老机构28个，社会福利收养性单位床位数5632张，收养751人。年内全县救助困难群体18.8万人次，累计发放低保12.9万人次。其中，城镇低保对象3866户、5902人次；农村低保对象64555户、123200人次。（黄 婷 刘 鹏）

精神文明建设

【概况】 2022年，长沙县精神文明建设指导委员会办公室召开全体会议3次，开展市民素质提升等10项重点行动、16项专项整治、“一月一主题”文明素质提升工程及文明示范路建设，推评创新案例24个，投放文明创建景观小品（微景观）600余块，制作“文明星沙365”系列短视频32期，文明创建工作获省检第二名。建成217个社区（村）新时代文明实践站，宣讲500余场次。参与志愿劝导服务2万余人次， 全县注册志愿者20.37万余人。

（刘 婕 王 倩）

【全国（县级）文明城市创建】 2022年，长沙县开展市民素质提升等10项重点行动、16项专项整治、“一月一主题”文明素质提升工程及文明示范路建设，构建文明城市创建“三榜三制”工作体系，挖掘推评基层一线优秀创新案例24个。建立县级领导联社区、分管副县长包行业、县直单位包路段的工作机制，推行创建工作问题清单、专项督查、高效交办、通报督办、整改成效排名等系列举措，提质文明城市创建。开设《一线调查》专栏，推出舆论督查报道及整改回访122期，微信公众号、户外电子显示屏及电视开机画面曝光不文明行为陋习400余起。在主次干道、公园、广场等人流密集区域投放文明创建景观小品（微景观）600余块，制作“文明星沙365”系列短视频32期，《“我带头 我示范”文明承诺书》H5阅读转发量32万余人次。全县文明创建工作经验做法被《湖南精神文明建设工作简报》5次推介，获省检第二名。 （刘 婕 王 倩）

【新时代文明实践阵地建设】 2022年，长沙县按照有场所、有队伍、有活动、有项目、有机制的标准分类分级推进新时代文明实践阵地建设，推出一批具有示范效应的星级实践站，在山河智能股份有限公司建成文明实践基地1个，全面建成217个社区（村）新时代文明实践站，实现新时代文明实践阵地城乡全覆盖。依托新时代文明实践阵地宣传中共二十大精神，设立新时代文明实践中心学习班、打造“19+N”支各具特色的宣讲小分队，推出“文艺队伍讲”“屋场课堂讲”“先进典型讲”“网络媒体讲”等特色宣讲形式，各级实践所站开展各类型、分众化宣讲500余场次，惠及20万余人次。

（刘 婕 王 倩）

【学雷锋志愿服务活动常态化】 2022年，长沙县常态开展志愿服务活动，在每月的“排队礼让日”发动全县各级各类文明单位、镇（街道）开展志愿劝导服务活动，参与者2万余人次。举办“佳节尚文明 志愿关爱行”长沙县文明过节暖新春活动、“四季同行 雷锋家乡学雷锋”长沙市道德模范巡讲（志愿者专场）暨2022年长沙县学雷锋志愿服务月活动启动仪式。疫情防控期间，发布疫情防控志愿服务倡议书及志愿者招募令，组织动员4.7万名志愿者参与志愿服务，招募1250名志愿者作为核酸采样储备志愿者，举办专业培训9场。实施志愿服务“积分银行”管理及星级志愿者激励项目，全县注册志愿者20.37万余人，年度活跃度65.08%，总服务时长133.06万小时。

（刘 婕 王 倩）

【群众性精神文明建设】 2022年，长沙县加强文明单位动态管理，选树示范典型，共树文明新风、共享发展成果，全年获评全国文明村镇7个、全国文明单位2个，省级文明村镇9个、省级文明标兵单位2个、省级文明单位6个、省级文明家庭3户、省级文明校园2所。选树推介先进典型，构建多层次道德示范群体，年内推评“中国网事·感动2022”2人、“湖南好人”7人、“感动湖南”3人、“长沙好人”11人。倡导崇德向善价值导向，开展长沙县第四届道德模范评选活动，评选出“星沙好人”30人（组）。

（刘 婕 王 倩）

【未成年人思想道德建设】 2022年，长沙县结合庆祝中华人民共和国成立73周年、共青团成立100周年等重要教育契机，开展“争做新时代好队员”“请党放心·强国有我”“我向国旗敬个礼”“童心向党”“党的故事我来讲”等主题活动4000余场。开展“新时代好少年”评树活动，学习宣传优秀典型，全县获评“新时代湖南好少年”4名、“新时代长沙好少年”5名。加强对乡村学校少年宫、“乡村复兴少年宫”建设及活动的指导，工作经验被中央文明办《未成年人思想道德建设工作简报》推介。

（刘 婕 王 倩）

中国共产党长沙县委员会

编辑　周进银

综 述

【概况】2022年，长沙县排名全国发展潜力百强县第一位、全国投资潜力百强县第三位、全国新型城镇化质量百强县（市）第四位、全国县域经济基本竞争力百强县第五位、全国绿色发展百强县（市）第五位、全国科技创新百强县（市）第六位、工业经济百强县（市）第七位，获评“中国最具幸福感城市（县级）”。

是年，长沙县出台招商引资监管实施细则，举办招商活动22场，全年引进项目101个，总引资744.8亿元，其中，10亿元以上项目10个。项目建设提速，全年铺排项目905个，其中，新开工项目110个，268个市级重大项目年度投资715亿元。强化资金保障，争取国家专项基金项目6个，申报资金25.65亿元。营商环境提升，积极推进打造营商环境4.0版，深化“410”模式商事制度改革，出台“抗疫纾困促发展23条政策”，在全省率先实施“金融顾问”制度，兑现奖补资金1.9亿元，办理留抵退税、减税降费和缓缴税费60亿余元。城乡品质提档，获评全国文明城市创建省检测评第二名，松雅湖生态新城建设全面铺开，地铁6号线运营。农村自来水新增2.69万入户人口，供水保证率95%。

是年，长沙县4家企业位列“全球工程机械50强”，汽车产业转型升级，博世长沙、三一长沙18号工厂入选全球“灯塔工厂”。创新能力提升，实施科技创新“六大计划”，松雅湖国际科学城和三一科学城加快建设，全县高新技术企业有1037家，比2021年增长31%。推进对外开放，自贸区“113+X”项制度试点有序实施，5项制度创新成果为全国首创，推进打造“中国民用无人机第一城”，全年对非贸易额超60亿元，长沙县、长沙经开区、黄花综保区获评全省打造内陆地区改革开放高地先进单位。统筹“城乡一体化”，全县城镇开发边界新增46.53平方千米，推进“百街千巷”环境综合整治，61条街巷提质。坚持“农业农村优先发展”，投资2.3亿元，建成宜居宜业和美乡村160个，全年粮食总产量50.45万吨，建设高标准农田2326.67公顷，“院士农业”“都市农业”取得新突破。实施文旅融合“三年行动计划”，全年接待游客1904.9万人次，实现旅游综合收入200.67亿元。

是年，长沙县完成民生实事项目24项43个指标，承担的14项29个省、市重点民生实事项目全部完成。推进“五好”教育工程，教育投入达34.4亿元。推进健康星沙建设，在全省率先实施重大疾病补充医疗保险，长沙经开医院竣工投入使用，全县新增床位710个，被评为2022年度湖南省医养结合示范县。出台“稳就业十六条”，释放红利超5亿元，城镇新增就业1.88万人，调查失业率控制在5.5%以内。145个涉农社区（村）集体经济年收入均超32万元，其中，101个社区（村）超50万元。巩固拓展脱贫攻坚成果同乡村振兴有效衔接，脱贫人口年度增收15.3%，共同富裕先行区建设经验获省委内刊推介。

坚持绿色发展，推进“除臭剿劣”大会战，深化“洞庭清波”专项行动，国控、省控断面水质、饮用水源水质达标率均为100%，全年空气质量优良天数322天，“四蓝”体系实现全覆盖，“县域夏季攻势推动机制体制探索与创新”入选全省十佳典型案例。统筹推进“双碳”工作，在全省率先发布县域GEP核算数据，构建碳达峰碳中和工作“1+1+N+4”政策体系，推动9个“双碳”领域重点建设项目落地。是年，长沙县被评为“国家生态文明建设示范区”“两山”实践创新基地和全国自然资源节约集约示范县。

统筹发展和安全，建设平安星沙。开展“29+1”重点领域隐患整治，生产安全事故起数、死亡人数分别下降14.7%、2.5%，亡人交通事故起数、死亡人数分别下降27.52%、27.68%。开展自建房安全整治，工作经验在全市推介。完善信访问题排查调处机制，163件重复访件、5件五年以上信访积案全部得到化解，长沙县被评为省信访工作示范县。推进夏季治安打击整治专项行动，刑事和电诈发案率分别下降16.7%和25.8%，综治民调排名全市第一位。（彭　涛）

【《关于做好2022年乡村振兴标杆区建设重点工作的实施意见》】2022年2月22日，中共长沙县委、长沙县人民政府印发《关于做好2022年乡村振兴标杆区建设重点工作的实施意见》（以下简称《意见》）。《意见》提出2022年乡村振兴标杆区建设主要目标是：落实建设共同富裕示范区有关要求，推进产业持续发展，力争农林牧渔业总产值160亿元以上，出台《2022年长沙县促进粮食生产十条措施》，实现粮食播种面积7.33万公顷，总产量50万吨以上，农业“六化”水平持续提升；农村人居环境全面向好，农村“六好”态势持续走强；农民人均可支配收入年度增长8%以上，村级集体经济收入全部达到32万元，50万元收入以上的占比30%以上，力争城乡收入倍差比稳定在1.4。《意见》分5个部分：稳定粮食和重要农产品供给、加快都市型农业现代化、推进乡村品质整体提档、促进农村农民共同富裕、加强党对“三农”工作的全面领导，提出18条主要措施：稳定粮食面积和产量、落实“长牙齿”的耕地保护措施、保障“菜篮子”产品供给、强化农产品质量安全、加强现代农业“六化”支撑、深入实施六大强农行动、持续推进农村人居环境改善、全域推进美丽宜居村庄建设、协调推进城乡公共设施一体化、统筹推进城乡公共服务均等化、坚决守住不发生规模性返贫底线、拓宽农民增收渠道、大力发展新型村级集体经济、奋力建设共同富裕示范区、加强乡村振兴组织保障、加快乡村治理现代化、深入推进乡风文明建设、强化工作落实机制。

（周进银）

【《长沙县建设共同富裕先行区行动方案》】 2022年3月20日，中共长沙县委、长沙县人民政府印发《长沙县建设共同富裕先行区行动方案》（以下简称《方案》），旨在为实现共同富裕提供县域典范。主要内容分目标要求、行动任务、保障措施3个部分。《方案》提出：到2025年，城乡居民人均可支配收入达到6.8万元，中等收入群体比重提升10个百分点以上，以中等收入群体为主体的橄榄型社会结构基本形成，勤劳致富氛围更加浓厚；到2030年，全县持续推动高质量发展，共同富裕制度体系较为成熟，建设共同富裕先行区取得全局性重大进展；到2035年，全县高质量发展取得决定性成就，建设共同富裕先行区取得决定性胜利。人均地区生产总值和城乡居民收入争取达到高等发达经济体水平，城乡区域协调发展程度更高，收入和财富分配格局更加优化，治理体系和治理能力现代化水平成为县域标杆，物质文明、政治文明、精神文明、社会文明、生态文明全面提升，共同富裕的制度体系更加完善。行动任务是：深入实施经济高质量发展行动，全面夯实共同富裕的物质基础；深入实施强农惠农富农行动，全面推进乡村振兴标杆区建设；深入实施公共服务优质共享行动，不断增强人民群众的获得感、幸福感；深入实施收入调节机制创新行动，努力构建合理有序的橄榄型分配结构；深入实施文化铸魂行动，精心建设具有高辨识度的精神文明高地；深入实施生态文明建设行动，坚定打造“两山”实践星沙样本；深入实施新时代“党建聚合力”行动，持续推进基层治理现代化七大任务。提出30项指标任务，并明确牵头单位和责任单位。保障措施是：建立健全工作推进机制、督促落实机制、评价创优机制。

（周进银）

【《长沙县长沙经开区奋力实施强省会战略加快推进人才高质量发展的实施意见》】 2022年5月9日，中共长沙县委、长沙经济技术开发区管理委员会、长沙县人民政府印发《长沙县长沙经开区奋力实施强省会战略加快推进人才高质量发展的实施意见》（以下简称《意见》），旨在深入贯彻习近平总书记关于新时代人才工作的新理念新战略新举措，全面落实中央和省委、市委人才工作会议精神，紧扣强省会战略，在长沙市争创国家吸引集聚人才平台中走在前列，为率先打造“三个高地”、建设现代化示范区，率先打造5000亿园区提供人才支撑和智力保证。《意见》分6个部分：坚持人才引领，奋力打造中西部人才集聚高地；聚焦高质量发展，奋力打造产才融合示范高地；加快创新驱动，奋力打造松雅湖国际科创高地；强化科技兴农，奋力打造乡村振兴人才高地；深化改革赋能，奋力打造人才活力迸发高地；坚持县区一体化，奋力打造最优生态服务高地。《意见》明确21条举措：产业领军人才“引领计划”、紧缺急需和骨干人才“倍增计划”、优秀青年人才“储备计划”、优秀工程师和技能工匠人才“铸造计划”、社会事业人才“群英计划”、加速产业集群发展、加大创新型企业引进培育力度、加快产才融合发展、推动科创平台提能造峰、加强人力资源服务平台建设、加强创新创业金融服务、加速科研成果本地转化、加快农业高端人才聚集、加速培育乡村振兴人才、加强合作平台基地建设、深化人才管理机制改革、健全人才评价机制、注重人才使用激励、加强党管人才、创优人才服务保障体系、浓厚人才工作氛围。（周进银）

【《关于贯彻落实强省会战略的实施方案（2022—2026年）》】 2022年5月26日，中共长沙县委、长沙经济技术开发区管理委员会、长沙县人民政府印发《关于贯彻落实强省会战略的实施方案（2022—2026年）》（以下简称《方案》），分目标要求、实施专项行动、强化平台支撑、落实保障措施4个部分，附有6个清单：长沙县长沙经开区贯彻落实《省委省政府关于实施强省会战略支持长沙市高质量发展的若干意见》责任清单、长沙县长沙经开区贯彻落实《长沙市强省会战略2022年重点事项清单》责任清单、长沙县长沙经开区推进实施强省会战略2022—2026年重点任务责任清单、长沙县长沙经开区推进实施强省会战略指标体系考核目标和责任清单、长沙县长沙经开区推进实施强省会战略重大项目清单、长沙县长沙经开区推进实施强省会战略重点攻坚课题研究清单。《方案》明确目标要求：打造“三高四新”引领区、融城发展创新区、文旅融合示范区、乡村振兴标杆区，建设宜居宜业宜游的幸福城市，全面融入长株潭都市圈区域协同发展，坚定不移强园区兴产业、强功能拓空间、强平台促开放、强品质优治理、强人才重创新、强辐射促带动，努力把长沙县长沙经开区建设成为强省会战略的核心支撑点和重要增长极。到2026年，“率先打造‘三个高地’、建设现代化示范区”目标基本实现，高质量发展主要指标居全国百强县（市）前列。具体实现5个提升：综合竞争力显著提升、产业支撑力显著提升、科技创新力显著提升、城市开放度显著提升、居民幸福感显著提升。实施专项行动包括：制造强县专项行动、创新引领专项行动、数字赋能专项行动、开放融通专项行动、交通枢纽专项行动、能源保障专项行动、绿色低碳专项行动、精美城市专项行动、文旅融城专项行动、教育强县专项行动、医卫健康强县专项行动、金融保障专项行动、乡村振兴专项行动、人才强县专项行动、共同富裕专项行动、基层治理专项行动，强化平台支撑包括高质量建设长沙经济技术开发区、高标准建设中国（湖南）自由贸易试验区长沙县区块、高水平建设长沙临空产业开发区、高能级打造国际会展区、高品质打造松雅湖生态新城。（周进银）

重要会议

【县委常委会会议】 2022年，长沙县召开50次县委常委会会议（含扩大会议）。县委常委会会议以习近平新时代中国特色社会主义思想为指引，坚定维护以习近平同志为核心的党中央权威和集中统一领导，坚持将学习贯彻习近平总书记最新重要讲话和重要批示指示精神作为第一议题，深入学习贯彻落实中共二十大精神、中共二十届一中全会精神及党中央决策部署和省委、市委工作要求，认真学习党中央、国务院和省、市重要会议、重要文件精神，着重研究强省会战略、“四个年”、巡视巡察、党的建设、党管武装、意识形态、乡村振兴、粮食安全、清廉星沙、安全生产、自建房整治、文明创建、防汛抗旱、疫情防控、社会治理、共同富裕、扫黑除恶、生态环保、信访维稳和涉及“三重一大”事项等相关工作，听取相关单位党组（党委）书记向县委常委会述职。（黄　洲）

【长沙县、自贸临空区、自贸会展区2022年工作务虚会暨县委经济工作会议】 2022年1月15—16日，长沙县、自贸临空区、自贸会展区2022年工作务虚会暨县委经济工作会议召开，深入贯彻落实中央经济工作会议精神，全面落实省市县党代会精神和省委、市委经济工作会议精神，总结2021年经济工作，分析当前经济形势，安排部署2022年经济工作。县委书记付旭明主持会议并讲话，县长陈永高对2022年经济工作作出具体部署。会议分两个阶段进行。在务虚会阶段，长沙县委、县人大常委会、县政府、县政协、自贸临空区、自贸会展区班子成员，长沙县、自贸临空区、自贸会展区主要经济部门负责人，全县各镇（街道）主要负责人结合中央和省委、市委经济工作会议精神和省市县党代会精神，结合各自工作实际，围绕“2022年工作形势怎么看、具体怎么干”这一主题总结经验、分析形势、提出对策。在县委经济工作会议阶段，全面总结2021年经济工作，分析当前经济形势，安排部署2022年经济工作。会议对当前疫情防控、安全稳定等重点工作进行再部署、再强调。（黄　洲）

【大力实施“强省会”战略暨“四个年”行动动员部署会议】 2022年2月11日，长沙县、长沙经开区召开大力实施“强省会”战略暨“四个年”行动动员部署会议，付旭明出席会议并讲话，强调要积极贯彻落实市委“聚焦‘三高四新’战略定位和使命任务大力实施‘强省会’战略推动长沙高质量发展工作会议”精神，以“开局即决战、起步即冲刺”的奋进姿态，坚持以经济建设为中心，大力推进实施强省会战略，强力实施“四个年”行动，奋力开创县区高质量发展新局面。长沙经开区党工委副书记、管委会主任张庆红就2022年长沙经开区工作进行安排部署。县长陈永高就长沙县2022年工作进行安排部署。（张　娜）

【长沙县长沙经开区学习贯彻党的二十大精神宣讲报告会】 2022年11月12日，长沙县、长沙经开区举行学习贯彻中共二十大精神宣讲报告会。付旭明从全面举起了“新时代新征程”的伟大旗帜、全面总结了“十年伟大变革”的非凡成就、全面确立了“新思想新飞跃”的历史地位、全面明晰了“党的使命任务”的战略定位、全面构建了“中国式现代化”的行动纲领、全面作出了“新的伟大工程”的重大部署、全面吹响了“新的伟大奋斗”的嘹亮号角七个方面作宣讲报告，县长陈永高主持报告会。县领导彭正球、卢铠、刘广、邱友梅、张小春出席会议。（张　娜）

【中共长沙县委十四届三次全体会议】 2022年12月25日，中共长沙县委十四届三次全体会议召开。全会以习近平新时代中国特色社会主义思想为指导，全面贯彻中共二十大精神，认真落实省委十二届三次全会、市委十四届四次全会精神，听取县委常委会工作报告，以及《中共长沙县委常委会2022年度落实全面从严治党主体责任情况的报告》，审议通过《中共长沙县委关于深入学习宣传贯彻党的二十大精神　为率先打造三个高地全面建设中国式现代化先行区而团结奋斗的决定》《中国共产党长沙县第十四届委员会第三次全体会议决议》，递补县委委员。全会由县委常委会主持，付旭明受县委常委会委托向全会作工作报告并讲话，陈永高就《决定（讨论稿）》向全会作起草说明。县委常委郭瑞、彭韬、杨溢、陶建军、刘重、朱智勇、王悉润、卢铠出席。（张　娜）

体制改革

【概况】 2022年，长沙县将全面深化改革工作列入重要议程，县委、县政府主要领导抓改革，定期召开县委常委会会议、县委全面深化改革委员会、县政府常务会议，传达学习、贯彻落实中央、省、市改革委员会议精神。全年组织召开2次县委全面深化改革委员会会议，定期召开改革专项小组牵头单位工作调度会和主任办公会，多次组织召开专题工作推进会对小组改革事项进行调度和推进，印发《中共长沙县委全面深化改革委员会2022年工作要点》及任务分解表、《中共长沙县委党校和湖南先进制造业学院资源整合利用模式改革方案》等5个重要改革文件。推出46项改革事项，其中，重点攻坚改革事项10项、统筹实施改革事项24项、镇（街道）微改革事项12项。是年，长沙县入选国家级田园综合体建设试点、全国县域共青团组织改革试点、全国智慧健康养老试点示范基地、全国示范性老年友好型社区、生态环境部全国第六批“绿水青山就是金山银山”实践创新基地命名名单、湖南省医养结合示范县，果园镇国家新型城镇化标准化试点项目通过评估。

全县改革创新亮点。4月，果园镇智慧医养改革经验在国家发改委主办的《中国经济导报》宣传推介。7月，“长沙县持续深化改革创新，为“强省会”战略赋能增效”获人民网宣传推介。8月，长沙县入选2022年度湖南省医养结合示范县，金井镇“点叶成金，筑梦共富先行区”改革发展模式被《中国改革报》报道。开慧镇“以人才振兴推动乡村振兴”入选湖南乡村振兴2021年“十大”典型乡镇优秀案例。9月，长沙县入选国家级县域共青团基层组织改革优秀试点县。10月，开展2022年中国改革年度案例征集推荐工作，“长沙县打造严格规范公正文明的行政执法改革样板”入选“2022年全国第二批法治政府建设示范项目”。长沙县4篇改革经验在《长沙改革交流》上刊发。基层镇街“三化”模式的改革探索经验在《中国机构编制》杂志上刊发。长沙县系统化精简财政供养人员经验、深化“放管服”改革以及自贸临空区“同飞工程”改革经验分别在省委改革办《改革简报》2022年第42期、第50期、第66期刊发，并向中央改革办推介。全县改革工作获长沙县委书记付旭明5次肯定性批示。深化“放管服”改革经验获长沙市委副书记、市长郑建新肯定性批示。医防融合健康管理经验在省委改革办《改革调研专报》上刊发，并获省人民政府党组成员、副省长秦国文肯定性批示。

围绕重点改革事项，组织开展实地督察、书面督察和全面督察，编印改革督察通报4期，《改革专报》3期，采取听取汇报、座谈交流、实地察看等方式，实地督察调研县教育局“五好”教育工程改革、县发改局深入实施“强省会”战略体制机制和探索共同富裕先行区建设、自贸临空区加快制度创新，督促整改落实。

（何　峰）

【经济体制改革】 2022年，长沙县实施“强省会”战略体制机制改革，制定绩效考核方案，统筹推进16个专项行动和5个支撑平台建设。推进自贸试验区长沙县区块制度创新，探索融资租赁赋能高端装备制造业发展集成业务模式，与桑植县共建飞地经济产业园，湘琼合作落户企业湘免项目保税仓开仓。加快先进制造业学院体制机制改革顶层设计，编制出数字经济发展“十四五”规划。探索共同富裕先行区建设，制定行动方案，实施七大行动，督促53项指标、49项具体任务和10项重点改革举措实施。打造营商环境4.0版本，在全省率先实施“金融顾问”制度，推进“一件事一次办”升级版和“长沙县超级C端”、惠企政策“免申即享”改革。

（何　峰）

【社会体制改革】 2022年，长沙县实施“五好”（好学校、好校长、好班主任、好老师、好学生）教育工程，深化教育评价改革，深化义务教育“双减”，在全省率先出台“三评价、三考核”教育评价机制，推行城区学校试点开展课后延时服务。县内164所公办学校开展课后服务，课后服务开展学校覆盖率100%。推出一批省内外有影响力的好学校、好校长、好班主任、好老师、好学生，被省教育厅评为“师德师风建设年”工作成效明显单位。推进义务教育结构优化和布局调整，完成民办义务教育学校在校生规模占比调控目标。北师大空港城校区“民转公”工作完成（学校更名为长沙县自贸临空实验学校）。各县级医院和长沙市中医医院全部开通跨省门诊直接结算，长沙县被评为全国智慧健康养老试点示范基地。加强城市安全发展基础设施建设，完成燃气老化更新，组建应急管理综合行政执法队伍。全面完成自建房安全整治，建立县级房屋数字化综合管理服务平台。依托“食品追溯平台”，实现食品生产企业从原料到成品的全程追溯。加强医药卫生体制改革，出台《长沙县推动公立医院高质量发展实施方案》，深化县域内紧密型县域医共体建设。所有县级医院和长沙市中医医院（长沙市第八医院）均开通跨省门诊直接结算。推进长沙县托育综合服务中心项目建设，完善养老服务体系，新增9家城区居家养老服务中心和10家农村居家养老服务中心，金茂路社区创建为全国示范性老年友好型社区。推进社会救助制度综合改革，出台《长沙县城市特殊困难群体帮扶工作方案》《长沙县改革完善社会救助制度的实施办法》。推进智慧城市建设，“PK政务云”“平安星沙”和“智慧城市指挥运营中心项目”建成。

（何　峰）

【农业农村改革】 2022年，长沙县推动城乡环境卫生公共服务一体化改革，健全“户分类投放、村分类收集、镇分类中转、县市分类处理”机制。印发《长沙县粮食生产专项资金管理使用办法（试行）》《长沙县院士农业发展三年行动方案（2022—2024年）》，推进农业供给侧结构性改革。健全制止“非粮化”政策体系，全县抛荒耕地实现“清零”，完善高标准农田建设长效机制，落实上级高标项目县级配套资金400万元，印发《长沙县农田基础设施建后管护办法》。完善农村宅基地和农房建设管理制度，排查新建住宅安全，出台《关于加强农村村民住宅建设管理的通知》。

出台《长沙县深化供销合作社综合领导改革小组关于推进“党支部+村级供销合作社”发展壮大村集体经济的实施方案（试行）》，推进生产、供销、信用“三位一体”综合合作试点。（何　峰）

【生态文明体制改革】 2022年，长沙县探索建立健全碳达峰碳中和政策体系，制定《长沙县碳达峰示范县建设方案》。制定《长沙县、长沙经开区蓝天保卫战作战指挥部工作手册》，调整全县污水处理费征收标准，达到省、市政策要求。对56个环评审批事项实施“双公示”，在项目环评审批过程中严格按照生态保护红线、环境质量底线、资源利用上线和生态环境准入清单分区管控要求审核，办理7件生态环境损害赔偿案件，完成生态环境损害赔偿示范基地设计方案会商。（何　峰）

【民主与法治改革】 2022年，长沙县出台《长沙县工商联“三联系”制度》，建立县委、人大、政府、政协领导与统战代表人士联谊交友机制，探索建立“营商红色驿站”，新建政协委员工作室20个。加强新时代年轻一代民营经济代表人士队伍建设，制定《长沙县营商“体验官”行动实施方案》，确定9名非公经济代表人士出任营商体验官，开展“企业家接待日”活动。（何　峰）

【文化体制改革】 2022年，长沙县深化融媒体改革，组建星沙传媒集团，建立专门的运营和推广团队介入超级C端建设项目，上线长沙县官方“一站式”“互联网+”城市综合服务平台“在星沙”App。打造15个五星级实践站，全县217个社区（村）新时代文明实践站实现全覆盖。印发《文物保护利用改革实施办法》，113处文物点测绘完成，李维汉故居本体修缮及周边环境整治和杨开慧烈士生平业绩基本陈列改陈布展完成。（何　峰）

【行政体制改革】 2022年，长沙县县域共青团组织改革试点工作入选国家级县域共青团基层组织改革优秀试点县，在全国县域共青团基层组织改革动员部署会上作经验分享。深化综合行政执法改革，完善《长沙县进一步深化综合行政执法改革方案》，建立健全日常监管职责分工、上下关系对接、协调联动机制以及行政执法、行政审批信息对接等机制。制定《长沙县机构编制优化提升行动方案》，镇（街道）机构编制调整及人员划转完成。（何　峰）

【司法体制改革】 2022年，长沙县深化司法体制综合配套改革，制定《关于建立“林长+检察长”协作机制的实施意见》《长沙县公安局2022年度执法规范化绩效评估考核办法》等文件，出台法治社会、法治政府建设实施方案，制定《长沙县法治建设“十四五”规划（2021—2025年）》《长沙县贯彻落实〈湖南省法治社会建设实施方案（2021—2025年）〉重点工作任务清单》《长沙县法治政府建设实施方案（2022—2025年）》。成立长沙县矛盾纠纷多元化解领导小组办公室，拓展“人民法院调解平台”，促进基层矛盾纠纷就地化解。各镇（街道）均建立信访联席会议机制。完善领导干部定期接访、下访、阅办来信、包案化解4个方面的具体措施，出台《关于进一步做好领导干部接访、下访阅办包案化解信访事项工作的通知》《长沙县初信初访常态办理暂行办法》，规范初信初访业务的全流程办理，推动重复访治理工作。推进案件审理类型化、审判团队专业化、法官队伍职业化改革，落实《关于进一步加强审判管理的规定》，出台《关于诉讼文书与排期开庭的规定（实行）》。探索行政公益诉讼简易程序，完成环长安保圈实体检查站建设。健全“五制一网”社会治理体制改革，探索建立全县统一的网格化管理平台。（何　峰）

【党的建设制度改革】 2022年，长沙县加快推进人才高地建设，构建“1+1+N”的县区人才政策体系，引进中国人民大学、复旦大学等高校30名博士，建立领导干部联系服务专家人才制度。深化拓展“党建聚合力”工程，推进全县217个“书记领航行动”创新项目在更大范围实施。推进“党建+五零社区（村）”星级评定，出台《长沙县“强省会 勇担当”作风建设年“三大行动”实施方案》，竞争性选拔副科级领导岗位干部。完善党管武装制度，完成国防动员体制改革。（何　峰）

【纪律检查体制改革】 2022年，长沙县完善纪检监察机关双重领导体制，印发《长沙县纪检监察机关（机构）谈话函询工作办法（试行）》。探索形成“一县三区”监督协同机制，向自贸临空区派出监察工委。深化拓展“室组地”协作配合机制，将县内纪检监察机构划分为4个片区进行管理，实行“四位一体”工作机制：即“人员一体调度”“活动一体开展”“工作一体推进”和“绩效一体考评”。运用视频接访系统，构建大信访格局，坚持以党内监督为主导，促进各类监督有机贯通、相互协调。开发推广“我要说廉”小程序，及时收集群众“急难愁盼”问题并反馈各单位。（何　峰）

【镇（街道）微改革】 2022年，长沙县各镇（街道）党政主要领导担负改革主体责任，推进各项改革。星沙街道打造“红色业委会”与“外卖小哥”红色之家，构建“多元共治”小区治理模式。湘龙街道成立商事调解中心，建立街道、社区、调解室三级调解网络。泉塘街道以小区党群“服务驿站”为载体推行“便民订单”服务。

长龙街道针对园区企业和产业工人的难点痛点堵点，打造金牌“店小二”。㮾梨街道以10项措施探索实施全面优化营商环境。江背镇探索建设“一体化”信访接待大厅。黄花镇整合各类视频资源禀赋予相应的AI算法。春华镇探索红色先锋引领乡村振兴新路径。果园镇探索建设“文教合作”“数字果园”。金井镇引导30余名“两代表一委员”、科技人才、本土乡贤和流动党员回乡投资兴业。开慧镇实施“六慧”人才计划。北山镇探索耕地抛荒治理模式。（何　峰）

组织工作

【概况】 2022年，中共长沙县委组织部1项工作获中国关心下一代工作委员会主任顾秀莲肯定性批示，2项工作获中组部《组工信息》推介，1项机构编制优化提升改革探索经验获中央编办《中国机构编制》推介，申报中央扶持集体经济项目村5个、中组部红色美丽村庄试点村1个。接待上级调研指导35批次，承办市级以上现场观摩2场，获市级以上荣誉6项。（杨　涛）

【党组织及党员队伍情况】 2022年，长沙县有基层党组织2389个，其中，党委59个（镇党委13个、机关党委18个、“两新”组织党委、综合党委16个、国企党委5个、学校党委3个、医院党委3个、流动党员党委1个），党总支304个，党支部2026个。其中，行政村党总支114个，下辖党支部501个；社区党总支103个，下辖党支部370个（小区党支部146个），社区党支部8个（新增8个社区暂未成立党组织）。另有党工委11个（街道党工委5个，会展经济区党工委1个，县直单位党工委5个），党组48个。全县党员49147人，其中，男性党员32529人，女性党员16618人；全县党员中有农村党员20297人。全年发展党员388人。（李　林）

【基层党建】 2022年，长沙县各级党组织开展“党建聚合力”创新项目217个，推出党建工作经验400余条，推动解决问题500余起。推进整建提质专项行动。重点整治巡察、信访、涉毒涉电诈等情况，确定2个整建提质重点镇（街道）和13个重点社区（村），选派第一书记、安排工作经费，重点镇村的重点问题都得到阶段性整治。开展社区（村）“五零”建设，评定“党建＋五零”五星级社区（村）175个。强化驻村干部履职尽责。制定《乡村振兴驻村帮扶工作队任务清单》，推动驻村干部解决群众实际困难和诉求973个，协调矛盾纠纷467个。突出村（居）代表联系服务群众。走访收集群众意见建议1.3万余件，调解纠纷1000余起。建强村级党组织带头人队伍，开办特色培训班3期，头雁擂台大比武2期，优化后备干部队伍，1名村党组织书记考核招聘进入事业编制。推进小区治理“三个全覆盖”，小区物业服务、党支部、业委会（含筹备组）覆盖率均为100%。开展“两新”党组织组建攻坚行动，全县新组建215个“两新”党支部，10人以上非公企业党组织覆盖率76.28%，社会组织党组织覆盖率89.5%。继续推进“党建引领、助力千企”行动，助推民营企业协调解决经营发展中问题70余个。在“星沙先锋”微信公众号开设“深入学习贯彻党的二十大精神”“乡村振兴‘星’篇章”“党务微课堂”等30余个专栏，全年发布推送560条，阅读总量近200万人次；开展“长沙县第二届党建微视频大赛”，并在“星沙先锋”视频号上推出18部获奖作品，浏览量近70万人次。发起“点亮微心愿、服务微民生”活动，县级发布并点亮3个批次303个微心愿，示范带动全县各级党组织开展100余场次，帮助实现微心愿1200余个。（廖　杰）

【干部管理】 2022年，中共长沙县委组织部选优配强领导班子和干部队伍，全年调整干部15批次、710人次，其中，提拔重用154人次、公务员（参公）编制晋升职级269人次。完成首批事业编制职员等级晋升480人次，拓展事业单位管理人员职业发展空间。面向全县开展竞争性选拔副科级领导干部21人，提升干部选任工作的公信度和满意率。出台《退出领导岗位干部管理办法》，引导退出领导岗位干部积极发挥作用。配合开展十二届省委第三轮巡视长沙县工作，以及省委巡视选人用人专项检查工作。（彭　柱　施江波）

【人才工作】 2022年，《长沙县长沙经开区奋力实施强省会战略　加快推进人才高质量发展的实施意见》《长沙县长沙经开区奋力实施强省会战略加快推进人才高质量发展的若干政策》和23个配套实施办法（细则）出台，县区“1+1+N”人才政策体系形成。开发长沙县星光人才综合服务平台和“星光人才”微信小程序，分镇（街道）、分行业开展20场人才政策专场宣讲和培训。开展“春风行动”“点亮万家灯火”“千企万岗云聘会”“高校毕业生就业服务周”等专项招聘活动，全年协助企业引进各类人才2.2万余人。加强对26名引进博士的培养管理，出台《博士培养管理十条举措》，成立先进制造业、乡村振兴、重大项目建设和现代服务业4个博士服务团，组建“博士俱乐部”，打造博士“智库”品牌。引进15名教育、卫生健康人才。出台《长沙县院士农业发展三年行动方案》，10位农业院士建成16个合作平台和工作基地，印遇龙院士被推选为长沙县科学技术协会第六届委员会主席。选派101名科技特派员到基层开展科技服务，组建由刘仲华、邹学校、印遇龙、柏连阳等院士领衔的科技特派员专家服务团，建立金井镇、高桥镇2个科技特派员示范工作站。壮大乡村产业人才队伍，25人被评为市现代农业产业领军人才，认定新型职业农民121人、乡村工匠47人，举办第二届“乡村工匠”技能竞赛活动。建设1400平方米的高层次人才服务发展中心，打造集成式人才综合服务平台。启动松雅湖人才公寓和毓秀·梨江人才主题公园建设，支持镇（街道）建设人才服务驿站和设立人才服务窗口，提档升级人才服务硬件设施。开展“联系人才服务企业促进发展”活动，实地走访联系慰问专家人才300余人次。推行“星光人才服务卡”，办理人才子女入学、购房、配偶随调等各类服务60余人次。搭建人才交流合作平台，举办“长沙县委长沙经开区党工委人才工作会议暨自贸区国际人才港政策兑现、县区人才政策发布活动”“迎老乡、回故乡、创三湘活动”“高层次人才2022年新春茶话会暨博士签约活动”“大学生暑期实习暨高校学子星沙行活动”“国际人才中秋联谊”等系列活动，定期召开人才交流会、恳谈会等。

（杨　玚）

【老干部工作】 2022年，长沙县建立78个离退休干部党支部，创建4个市级示范离退休干部党支部和1个省级示范离退休干部党支部。邀请老干部代表参加县党代会、人大政协“两会”等重大会议，组织老干部代表观摩三一智能重卡、蓝思科技黄花园区生产情况。全年走访慰问462人次。落实荣誉退休制度，县级层面举办2次干部荣誉退休仪式。举办“一支部一故事”讲演比赛，星沙街道金茂路社区老党员刘行在全市决赛中获一等奖，长沙县离退休干部工委获“优秀组织单位”。开展“喜迎二十大·银龄展风采”主题系列活动；组织“五老”开展“个十百千”宣讲行动，组建12支“理响星沙”巡讲小分队，宣讲136场次，有关做法被《中国老年报》头版报道。开展“大学带小学，家乡学子情”主题活动，全县107个社区（村）办班214个，入班学生6398人，该活动入选全省“五十佳老党员老干部志愿服务项目”。

（刘福辉）

宣传工作

【概况】 2022年，中共长沙县委宣传部围绕学习、宣传、贯彻中共二十大主线，推出理响星沙品牌，掀起学习宣传贯彻中共二十大精神热潮，推动理论武装入脑入心。推进媒体融合，组建星沙文化传媒集团，推出“新闻+政务商务服务”的惠企便民服务移动综合平台——“在星沙”App，打通宣传群众、凝聚群众、服务群众“最后一厘米”。优化意识形态工作责任制考核指标、巡察督查等制度，确保意识形态绝对安全。加强网络综合治理，开展“清朗”大专项、网络乱象整治、属地“黄赌”网站清查处置、电信诈骗、扫黑除恶、网络普法等工作。践行网上群众工作路线，受理办理网民留言10万余条，回复率100%，满意率98.5%以上。推动文明城市创建提质增效，全县文明创建工作经验做法被《湖南精神文明建设工作简报》4次推介。（龚妹畅）

【意识形态工作】 2022年，长沙县印发《党的二十大前后意识形态领域主要风险分析研判及工作提示》《关于开展全县社会宣传自查自纠工作的通知》，抓实意识形态阵地风险隐患排查整治。开展“清朗”“电信诈骗”“剑网”以及直播音视频行业整治等专项行动。推进“扫黄打非”，湖南现代物流职业技术学院被评为省“扫黄打非”进基层示范点。配合做好省委第二巡视组意识形态专项检查。开展中央和省委巡视、市委巡察意识形态专项检查反馈问题的整改落实。优化意识形态工作责任制考核指标、巡察督查等制度，提高意识形态工作科学化、规范化、制度化水平。

（龚妹畅）

【新闻舆论宣传】 2022年，长沙县在市级以上媒体刊发报道1.2万余篇次。其中，在中央级媒体报道500余篇次。承办中央电视台财经频道“寻百强　看中国”大型融媒活动启动仪式，《寻百强　看中国——探访“全球灯塔工厂”看红色热土上的“长沙力量”》点击量1000万余次。围绕疫情防控策划推出9期“星声”评论员文章，总系列栏目全网阅读量超100万人次，其中，《以爱之名，志愿抗“疫”》全网阅读量20万余人次。开展“跟着经典去旅行”等融媒策划，全年获各类新闻奖、广播电视奖、播音主持等奖项48件。（龚妹畅）

【文旅融合发展】 2022年，长沙县建成15个标准化社区（村）综合文化服务中心，“悦艺益课堂”线上、线下培训学员13.7万余人次。打造3个文旅融合示范点，天华山景区晋级国家AAAA级旅游景区。举办陈树湘革命精神研讨会，图书《铁血师长陈树湘》《沃园农场生态童话（3册）》以及歌曲《好日子就在身边》3部作品获长沙市“五个一工程”奖。《外卖哥》获第八届潇湘好歌征集活动优秀作品奖，《忠诚的誓言》等3部作品被评为湖南省“艺心向党　云游湖南”主题活动优秀作品。发布旅游宣传口号“来星沙，奔赴你的星辰大海”，全年旅游综合收入205亿元，比2021年增长7.89%，在全国县域旅游综合实力百强县中排名第33位。

（龚妹畅）

【文明创建】 2022年，长沙县建成1个县级实践中心、19个镇（街道）实践所，217个村社区实践站，在山河智能建成1个实践基地。实施志愿服务“积分银行”管理及星级志愿者激励项目，全县注册志愿者20.37万余人，服务时长133.06万小时。打造“邻里帮”爱心商盟、“幸福邻里中心”“金牌嫂子”等特色品牌。开展“星沙好邻居，我‘药’守护您”文明实践行动，获中央电视台新闻点赞推介。开展市民素质提升等10项重点行动、16项专项整治、“一月一主题”文明素质提升工程及文明示范路建设，构建文明城市创建“三榜三制”工作体系，挖掘推评基层一线优秀创新案例24个。开展“五大创建”，加强文明单位动态管理，累计获评全国文明村镇7个，省级文明村镇10个，文明村镇整体占比70%；16家单位入选湖南省文明创建先进；推评“中国网事·感动2022”2人、“感动湖南”3人、“湖南好人”7人、“新时代湖南好少年”4人。（龚姝畅）

【陈树湘革命精神研讨会】 2022年7月30日，长沙县召开陈树湘革命精神研讨会。省、市相关部门以及专家学者、各界代表应邀参会，重温壮怀激烈的历史片段，探寻以陈树湘为代表的红军革命精神的深刻内涵，继承和弘扬“断肠明志”绝对忠诚和“为苏维埃流尽最后一滴血”的伟大精神。与会领导、专家、嘉宾从不同层面、不同角度对陈树湘烈士的革命精神进行深入研讨和解读。（龚姝畅）

【星沙精神发布】 2022年10月10日，长沙县对外发布星沙精神“亲民厚商、崇实尚新”。通过网络公开征集“星沙精神”口号、开展“30年，30人共话你心中的星沙精神”采访，征集作品近200条。通过邀请老领导、专家和相关代表召开研讨会等方式，精选提炼出贯穿星沙30年发展历程的星沙精神“亲民厚商，崇实尚新”，内涵丰富，简洁明了。星沙精神既彰显出长沙县的优秀传统，又有面向未来发展、落实“三高四新”战略定位和使命任务的要求；既体现地域民风特色，又注入新的时代内涵。

（龚姝畅）

统一战线

【概况】 2022年，长沙县委统战部召开贯彻落实中央、省委、市委统战工作有关会议精神推进会，开展“百年统战 礼宣二十大”主题活动。举办统战代表人士履职能力提升班、民族宗教政策法规培训班、非公有制经济人士外出访学活动，举办“凝心聚力大讲堂”5期。建成村级、楼宇示范性同心工作站2处。实施长沙县“万企兴万村”行动计划，组织39家商（协）会结对长沙县39个村，20家企业结对桑植县20个经济薄弱村。引导统战团体开展扶危济困、疫情防控等公益活动，捐赠物资价值400万余元。开展党建聚合力·书记领航行动，推进“强省会 勇担当”作风建设三年行动。（王 昊）

【党外代表人士队伍建设】 2022年，长沙县委统战部重点推进党外代表人士队伍“六百工程”建设，初步完成1500名代表人士信息库建设。深化党员领导干部与统战代表人士联谊交友工作，建立30名县“四大家”班子成员与85名统战代表人士联谊交友机制。落实参政议政和民主监督工作，拓展党外代表人士履职渠道，在20个县直部门建立特约人员聘请机制。支持县统战团体开展自身建设，县知联会组织开展“聚力红色行，知联向未来”红色教育活动；县新阶联指导新的社会阶层代表人士参与孵化蚂蚁森林众创空间，开展企业家交流学习活动、招商引资活动，创建实践创新基地。（王 昊）

【民营经济统战工作】 2022年，长沙县委统战部出台《关于支持民营企业践行强省会战略加快高质量发展的实施方案（2022—2026年）》。开展“营商环境提升年”行动，组织“企业家接待日”活动3次，举办“企业家沙龙”3期，在镇（街道）商会建立“营商红色驿站”，推送“政策、法律、培训、信息”4项集成服务，被评为全国工商联2022年度“创新中国”综合性商会工作最佳案例，与司法行政机关沟通联系机制入选全国工商联、司法部典型事例。筹办“迎老乡、回故乡、创三湘”活动，推进异地商会建设，参与广州星沙商会、长沙县中非经贸商会成立筹备工作。实施清廉行业创建行动，推动基层商会改革和发展，建成安沙商会党建联盟、榔梨商会产业联盟、湘龙商会商协会联盟、黄兴会展经济区商会“小红象驿站”4家特色商会品牌，安沙商会被评为“全国四好商会”。（王 昊）

【海外统战工作】 2022年，长沙县委统战部发挥星沙海创中心运营平台作用，设立海外联络站6家，28家科创类企业入驻，服务海归就业创业近1000人次。推进全国区域性海创中心建设筹备工作。推进海创分中心（基地）建设，以星沙海创中心为总部，各区、各街道均逐步设立分中心布局，形成“1+4+N”海创业态（1个星沙海创中心为母平台，松雅湖海创中心、自贸临空区海创中心、自贸会展区海创中心、长沙经开区国际人才港海创中心4个不同权属与模式的子平台，“N”是分布在长沙县、长沙经开区楼宇及园区的海创基地）。承办湖南省“欧美同学会大讲堂”等活动，为归国留学人员搭建履职平台。建设新侨创新创业基地5个，实施“暖侨行动”，在重要节日慰问海外同胞。（王 昊）

【长沙县统一战线代表人士履职能力提升培训班】 2022年9月6日，长沙县统一战线代表人士履职能力提升培训班暨暑期谈心谈话活动在苏州大学举行。培训由县委统战部组织，通过理论教学、现场教学和分组研讨等方式提升学员的政治素质和能力水平，加强统战干部和代表人士队伍建设，提升全县统一战线代表人士履职能力。长沙县委副书记、县委统战部部长、县委党校校长郭瑞出席。全县各镇（街道）党（工）委副书记、统战委员，县委、县人大常委会、县政府、县政协领导班子成员联谊交友统战代表人士，县委统战部、县工商联、县侨联等单位有关干部及统一战线有关领域代表人士参加。（王　昊）

县直机关党建

【概况】 2022年，中共长沙县直属机关工作委员会（以下简称“县直机关工委”）下辖59个县直机关单位党组织。其中，机关党委单位15个，机关党总支单位17个，党支部单位27个。在职党支部185个，离退休党支部40个，管理党员4600余人。成立长沙县直属机关党员教育服务中心，主要负责检查、督促、考核机关工委所属基层党组织贯彻执行党的民主集中制和党内组织法规落实情况。落实全面从严治党要求，深化拓展“党建聚合力”工程，推进“清廉机关”创建。全年新发展党员30人，转正预备党员99人，收缴党费129万余元。颁发“光荣在党50年”纪念章43枚，多形式慰问375人次，圆梦微心愿203个。县直各单位成立“星锋”志愿服务分队，党员参与疫情防控、危房排查、文明城市创建等志愿活动1万余人次。发布周工作提示49期，举办“机关党员大课堂”等培训10期，开展党内组织法规落实回头看和党务工作专项清查。（唐川川）

【党建政治引领】 2022年，县直机关工委以推进“清廉机关”创建、“三表率一模范”机关建设为抓手，开展“强省会、勇担当、走在前、当表率”活动，完成县纪委监委主要领导调研清廉机关建设工作，举办“清风沐万家”主题活动，打造首批10个清廉机关建设示范单位；实施“党建聚合力书记领航行动”，分别举办2022年长沙县“党建聚合力书记领航行动”基层党组织和机关单位创新项目展演比赛，35个创新项目负责人上台展演，16个项目进入县级擂台比武决赛；开展党建工作实地督导，列出问题清单并督促各单位按期整改到位，同步督导清廉机关建设推进情况；开展党务工作专项清查，摸排出各单位党务工作有关问题163条，逐一整改到位；开展党内法规制度回头看工作，组织政治理论普测、专测和大比武，促进党内组织法规制度落实，参与者2000余人；加强党员教育管理培训，组建党建指导员、党建联络员、党建督查员队伍，全面落实基层党组织集体学习“第一议题”制度。

（唐川川）

【党建基层基础】 2022年，县直机关工委完成36名新发展党员、99名预备党员转正的审批工作；规范党费收缴和使用，清查近4年党费收缴情况，收取党费129.1万余元，补缴党费6万余元，返还离退休党支部2021年党费8.6万余元；举办2022年度县直机关基层党组织书记履职能力提升培训班、新任党建专干业务培训、“机关党员大课堂”、党建宣传业务培训等10期，线上、线下培训8万余人次；配合县委组织部举行长沙县“星锋”党员志愿服务总队成立大会暨在职党员进社区红色服务月启动仪式，组建59个“星锋”志愿服务分队；举行“建功强省会喜迎二十大”主题宣讲活动；落实“三会一课”、组织生活会、民主评议党员、主题党日等工作，强化基层基础。

（唐川川）

【党建服务中心大局】 2022年，县直机关工委围绕实施“强省会”战略，全面落实“四个年”行动，开展“双建书记谈”、优秀主题党日案例征集等活动，在省、市发布工作信息98篇；制定《关于组织开展学习宣传贯彻党的二十大精神系列活动的方案》，在县直机关各单位组织开展学习宣传贯彻党的二十大精神“十个一”系列活动；规范党建经费使用和党建活动开展，会同县委组织部、县财政局出台《长沙县县直机关基层组织党建活动经费管理办法》；配合县委组织部制定《长沙县关心关爱关怀干部若干措施》，举办暑期爱心托管班；注重党内关怀，走访慰问生活困难党员、老党员及优秀基层党员341人、慰问抗疫一线干部职工30人，慰问2022年新录取困难大学生4人，动员党员干部认领“微心愿”203个；调度党员参与疫情防控近1万人次，组织党员干部下沉社区（村）开展房屋安全隐患排查1100余人次；组织县直机关党员干部职工无偿献血，521人献血18.7万毫升。（唐川川）

机构编制

【概况】 2022年，长沙县委编办优化部分县直部门机构设置，对县委办、组织部等17个县直部门的机构及职能进行优化提升，精简事业单位16个、内设机构26个，收回编制51人。优化镇街机制体制，调剂38名乡镇行政、事业编制至街道。理顺林业、金融、农业示范区、松雅湖管理体制等改革事项，组建县林业事务中心、长沙县松雅湖生态新城发展中心（长沙县松雅湖湿地公园事务中心），将长沙县现代服务业发展中心更名为长沙县金融事务中心，新设县现代服务业事务中心；加强动植物疫病防控体系建设，设立长沙县植保植检站。继续推进综合执法改革，将游离在执法局外且面向民生领域的行政处罚权集中交由县行政执法局行使，设立拆违、控违行政执法队，在长沙县行政执法局直属行政执法队内设机构城市管理行政执法队（自然资源行政执法队）加挂牌子，负责全县拆违控违执法工作，理顺县行政执法局与县应急局、县市场监管局的体制机制。撤销县区拆违控违领导小组及县区安全生产巡查工作组，职能回归部门，提升行政效能。开展征地拆迁指挥部运行情况评估调研，对长沙县征地拆迁工作存在的问题及原因进行深度分析，形成调研报告《长沙县征地拆迁工作调研与思考》获县委主要领导批示。
（周　卓）

【机构编制资源统筹】　2022年，长沙县委编办制定《长沙县编制周转池管理办法（试行）》，建立行政、事业编制周转池，使用19名行政周转编制保障经济发展、民生领域用人需求，使用30名事业周转编制用于引进高层次博士人才，引进教育、卫生类人才50余人。将县优化营商环境协调事务中心、县应急事务中心、县执法局应急管理综合行政执法队、县房屋安全管理事务中心4个事业单位升格为副科级单位，增核国安、疾控、高层次人才服务发展中心等机构领导职数7人，增核中小学教职工编制949人，实现中小学教职工编制全面达标。（周　卓）

【镇（街道）机制体制改革】　2022年，长沙县实施镇（街道）机构编制优化提升改革，在机构限额内，定制化设置乡镇（街道）机构。围绕建设共同富裕先行区目标，统一设置经济发展办公室（共同富裕办公室）。经济较发达的镇（街道）分设社会治安和应急管理机构；街道重点加强综合治理、应急管理、物业管理等机构设置；农业型乡镇围绕加快打造乡村振兴标杆区、文旅融合样板区，重点加强乡村振兴、文化旅游等机构设置；城镇化水平较高的乡镇重点加强城市管理、城镇建设等机构建设。测算乡镇（街道）编制理论需求量，调剂38名乡镇行政、事业编制到编制紧张的街道，基层镇（街道）“三化”模式（机构设置定制化、人员编制统筹化、服务群众便民化“三化”模式）的改革探索经验被《中国机构编制》《湖南机构编制》刊发。（周　卓）

【机构编制法治管理】　2022年，长沙县委编办加强机构编制法规宣传，将机构编制法规纳入县委理论学习中心组、党校主体班次，邀请市委编办领导在“长沙县砥砺初心集训班”授课。开展机构编制违规、违纪、违法问题清理整治工作，制定清理整顿实施方案，与组织、纪委、人社、财政等部门组成工作专班，实地督查县卫健局、安沙镇等14个单位。严格机构编制日常监督检查，加强与纪委监委、组织、巡察等部门协同联动，将机构编制工作纳入县委巡察内容，对县农业农村局、住建局等45个单位开展机构编制监督检查，督促被巡察单位对机构编制问题进行整改。
（周　卓）

人事人才

【概况】　2022年，长沙县实施人才优先战略，引进高层次人才623人，其中，2022年新增 102人，占全市新增总量的20%。公开招聘人才。累计发布事业单位招聘（选调）简章9个，招聘（选调）机关事业单位、教育、公安、卫健等各类人才1585人。加强技能人才和专业技术人才队伍建设，全年新增专技人才3100余人。政策留住人才。新增高校毕业生租房和生活补贴373人、留学归国人员租房和生活补贴25人、职业技能晋级补贴157人，发放补贴资金1200万余元。完成事业单位和机关工勤人员2020年度应休未休年休假报酬审批，涉及单位75家1573人，发放补贴600万元。1月印发《关于核定公立医院薪酬总量和负责人年薪的通知》，并于12月底启动该县公立医院薪酬制度改革。（吴　琼）

【“人才新政”工作】　2022年，长沙县认定高层次人才102人，为14585人次发放高校毕业生租房和生活补贴约1197.74万元，为916人次发放留学归国高校毕业生租房和生活补贴约108.03万元，为1602人次发放青年人才租房和生活补贴约125.86万元，为202位技能人才发放职业技能晋级补贴约52万元。审核通过“现代农业产业领军人才”20人，审核通过新型职业农民基本养老保险缴费补贴55人。（吴　琼）

【人才档案管理服务】　2022年，长沙县档案转入3248本（流动人员2962本，事业编人员286本），转出档案747本（其中，调出党员档案72份），开具调档函3341余次，新增流动人员档案电子化2962册，档案借、查阅1041人次，零星入档材料34329份，职称认定15人。
（吴　琼）

【人事招聘考试】　2022年，长沙县坚持“人才强县”战略导向，审核并发布各类招考简章12个，累计组考9次，报名人数5.75万余人，招聘（选调）到位机关事业单位工作人员1585人（事业单位127人、教育系统871人、卫健系统379人，公安系统辅警208人），招聘（选调）人员到位88.90%。（吴　琼）

【干部培训】　2022年7月13—15日，长沙县第一期事业单位新进人员岗前培训班在长沙县委党校汉硕特色分校举行，培训时间3天，培训对象为2021年招聘的64名机关事业单位工作人员，根据培训对象设置不同的课程内容，既有专题辅导报告，也有模拟教学等。（吴　琼）

【事业单位人员管理】　2022年1月22日，召开长沙县人事工作领导小组2022年第1次会议，研究2022年长沙县机关事业单位招聘（选调）计划、2022年县教育卫健系统招聘（选调）计划，审议《长沙县机关事业单位一般工作人员流动调配实施细则》《长沙县机关事业单位借调人员管理办法》等事项，规范机关事业单位一般工作人员的流动调配和借调程序，推动干部有序有力交流。8月5日，县人事工作领导小组2022年第2次会议研究流动调配、人事招聘等相关人事工作，长沙县引进第一批教育、卫健人才和《长沙县民办义务教育学

2022 年 7 月 22 日，长沙县人社局 2022 年专业技术职称工作会议召开

（长沙县人社局 供图）

校转为公办学校后教职工配备工作方案》等事项，充实长沙县机关事业单位干部队伍。（吴 琼）

【专业技术人才管理】 2022 年，《长沙县事业单位管理岗位职员等级晋升实施办法（试行）》出台，事业单位管理岗位职员等级晋升 480 人。加大镇（街道）一线关心关爱力度，明确镇（街道）事业单位管理人员晋升八级职员条件设置为管理九级岗位聘用 6 年及以上。组织开展 2022 年度中小学教师系列中、高级职称评审专场，在评审条件设置上破除“唯论文”，以教学实绩作为重要指标，478 名中小学教师获一级专业技术职称。突破事业单位岗位限制，178 名基层卫生、教育人才取得基层专属职称，兑现相应待遇。（吴 琼）

对台事务

【服务台企台胞】 2022 年，长沙县有台资企业 21 家，涉及汽车零部件制造、高科技电池、模具生产、食品加工、教育以及农业等行业。常住台胞 146 人，台属 134 人，涉台婚姻 79 对。落实中央、省、市惠台政策措施，为 146 名在县常住台胞办理居住证；为 5 名台胞子女办理入学、转学等手续。解决台企生产经营过程中的实际问题 16 个。协调处理各类纠纷 20 件，接待台胞台属来信来访 46 人次，办结涉台信访 20 件，其中，国台办交办 2 件，省、市台办交办 8 件。慰问台胞台属 56 人，台资企业 8 个，发放慰问金 8 万元。（余 浪）

【对台宣传】 2022 年，长沙县利用《两岸关系》《台湾工作通讯》等平台和形式开展涉台宣传教育，向省、市台办官网投稿，全年报送稿件 112 篇，采用稿件 98 篇，在 9 个区（县、市）中排名第一位，被中央台办评为“两刊”对台宣传工作先进单位。依托涉台教育基地，通过举办涉台讲座、报告会、图片展览、打造台湾文化长廊、印发宣传手册、宣传折页等形式宣传中央对台方针政策，开展涉台宣传教育进机关、进校园、进社区活动，全年开展涉台教育流动巡展 14 场次，播放《过台湾》纪录片 71 场，发放宣传折页 4 万余份，受众近 7 万人。（余 浪）

【对台交流】 2022 年 4 月 27 日，湖南省级对台交流基地影珠山抗战遗址公园举办“铭记历史 展望未来——两岸黄埔后裔共议长沙会战”交流会，台北设分会场同步举行，活动反响热烈，新湖南等多家媒体报道。10 月 8 日，省级对台交流基地黄兴故居纪念馆与湖南省当代油画院在长沙梅溪书院美术馆共同举办“先驱之光——辛亥革命杰出历史人物油画肖像展”。43 位湖南老中青三代知名油画家为 42 位辛亥革命先驱创作油画肖像。11 月 13 日，市级对台交流基地黄兴海峡两岸青年农创基地举办“海峡两岸纪念辛亥革命线上、线下交流活动”，同步在台湾设分会场。省政协副主席张大方、民革湖南省委副主委、省人民检察院副检察长印仕柏出席并致辞。台湾青年联合会会长何溢诚、中华文化孙子兵法研究学会会长杨学仁等在台湾会场出席活动。开展对台经贸交流，台湾湖南商会海峡两岸经贸文化艺术中心项目、湘台乡村振兴农创园项目、台湾新合捷兴业有限公司蝴蝶兰种植项目、星沙生态公园夜经济街区项目负责人到长沙县考察并洽谈。全年新增台资企业 5 家，引进台资项目 2 个，协议引资 1.3 亿元。（余 浪）

党校教育

【教育培训】 2022 年，中共长沙县委党校举办学习贯彻中共二十大精神研讨班、十九届六中全会科级干部轮训班、西藏山南市百名代表委员进湖南交流交往交融活动培训班等各类培训班次 19 期，其中，主体班 14 期，部门班 3 期，异地班 2 期，培训近 3000 人次。构建中共长沙县委党校（中心）、19 个镇（街道）基层党校（负责基层党员的兜底培训）、N 个片区分校（主抓特色培训）的基地模式，入选 2021 年中组部党员教育工作典型案例，从严从实抓党员教育管理态势形成。6 月在人民网、共产党员网以《树民族“三交”特色培训

品牌》为题发表，向外展示长沙县在创建全国民族团结进步示范县中的创新举措。坚持“无改革不星沙”，推动中共长沙县委党校和湖南先进制造业学院资源整合利用模式改革取得成果，为向外推介湖南先进制造业产业发展先进经验奠定基础。（许 文）

【教学科研】 2022 年，中共长沙县委党校党的理论教育和党性教育课程占比 72%。发挥党校理论宣讲的主阵地作用，组织专职教师开发《高举伟大旗帜 落实行动纲领 凝聚奋进伟力——深入贯彻学习中共二十大精神》《星沙之路》等 20 堂精品课程，选派 10 名优秀教师参加县委宣讲团，先后到机关、企业、社区、乡镇、学校开展基层宣讲 94 场次，受众 8000 余人次。教师郭双喜课件《把关键核心技术牢牢掌握在自己手中——山河智能自主创新之路及其启示》在全市党校（行政学院）系统学习贯彻习近平新时代中国特色社会主义思想案例教学竞赛中获一等奖。出台《中共长沙县委党校智库建设实施办法（试行）》《中共长沙县委党校智库成果资助奖励办法（试行）》，完善竞争激励机制。是年，县委党校在全省党校系统理论研讨会中获一等奖 1 个、二等奖 1 个、三等奖 1 个，在市委党校组织的“强省会”战略主题征文活动中获一等奖 1 个、二等奖 2 个、三等奖 2 个。完成省党校系统社科课题立项 3 项、结项 1 项；省社科院系统课题立项 1 项，市中特基地立项 1 项，在省级以上刊物发表理论文章 2 篇。（许 文）

【教育管理】 2022 年，中共长沙县委党校推行精准服务测评体系，优化培训服务与管理。培训班学员测评优秀率平均 92.38%，班主任带班优秀率平均 97.44%，教辅人员带班优秀率平均 98.71%，其中，班主任带班优秀率 100% 的培训班 5 个，长沙县 2022 年“砥砺初心”集训班各项测评优秀率均为 100%。（许 文）

【党校建设】 2022 年，中共长沙县委党校改扩建项目投资 4.038 亿元，于 3 月 1 日开工。建设启动后，由县委相关领导牵头成立建设领导小组，协调解决高压电塔迁改、资金筹措等具体建设难题。在县区各部门的支持与配合下，办理项目建设的各项相关手续，年内所有新建、改扩建部分主体项目封顶。协调推进校外东七路、党校路和梨江毓秀公园项目等其他配套建设，其中，东七路基本通车。（许 文）

【中共长沙县委党校和湖南先进制造业学院资源整合利用模式改革】 2022 年，中共长沙县委党校按照“党校主管、企业主营”的原则，采取“党校 + 公司”的运营模式。起草的《长沙县委党校和湖南先进制造业学院资源整合利用模式改革方案》经 2022 年第 2 次县委深改委会议审议通过。实施课程体系建设 730 工程，开发 30 堂精品课程。从 6 个方向分别培养挖掘选聘 30 名兼职教师，组建 1 支以党政领导干部、专家学者、企业家、榜样先锋、县内党员干部（博士）、市县党校教师为主体的师资库，打造六大特色课堂，构建一套完整科学的培训课程体系。按照湖南先进制造业学院课程体系要求，组织骨干教师多次到长沙经开区、山河智能、远大集团调研，开发核心课程《星沙之路》。利用新一代信息技术，建设湖南先进制造业主题展馆，融合新技术，建设“泛在智能”的沉浸式学习中心。（许 文）

长沙县人民代表大会

编辑　周进银

综　述

【概况】　2022年，长沙县人大常委会向县委请示、报告重大事项20件次，提请县委研究人大工作5项，召开10次常委会会议和15次主任会议。召开人大工作会议，出台《关于加强新时代人大工作的实施方案》。批准县本级决算及计划、预算调整方案，对长沙县“八五”普法等重大事项作出决议决定。行使人事任免权，落实宪法宣誓和任前法律考试制度，增强拟任人员法治意识和人大意识，全年依法任免国家机关工作人员68人次。听取审议长沙县国土空间规划情况，视察调研城市管理暨“城乡品质提档年”、征地拆迁暨“项目建设提速年”工作情况。聚焦殡葬改革，调查研究并形成调研报告，为县委决策提供参考。支持和推动松雅湖生态新城、黄花国际贸易港建设。抓实疫情防控、安全生产、文明创建、自建房安全整治等重点工作。

是年，长沙县人大常委会加强预算全口径审查和全过程监管，深化预算联网监督，审议财经议题10项，提出具体意见18条，督促政府完善预算编制，强化执行刚性。听取审议“同级审”及审计查出问题整改情况报告并进行满意度测评，对35个重大政府投资项目的实施情况开展督查，对42个单位的财政资金使用情况开展绩效评价。听取审议全县国有资产管理和自然资源资产管理情况报告，依法守护国资家底；关注县区防控化债工作，监督和支持政府严控债务增量、化解债务存量、用好专项债券，助力打好防范化解重大风险攻坚战。在全县首次听取审议县监察委专项工作报告，保障法定职责不缺位。听取审议县公安局禁毒及反电诈工作报告，专题调研法院、检察、行政执法等工作，开展“法治护航强省会”、“司法公正长沙行”、国家宪法日等系列活动，推动监督成果转化为人民群众的司法安全感和获得感。全年审查规范性文件15份，提出审查意见40条，相关审查案例被全国人大常委会法工委编入2022年地方备案审查典型案例；组织对4份规范性文件的执行情况开展群众满意度调查和财政资金使用绩效评查。开展《长沙市湘江流域水污染防治条例》执法检查，配合上级人大及其常委会开展6部法律法规的立法调研和5部法律法规实施情况监督，为科学民主立法、发挥“法律巡视”利剑作用贡献基层智慧。落实《信访工作条例》，县、乡两级人大全年受理群众来信来访947件次，回应群众诉求，助力维护社会稳定。聚焦解决老百姓“急难愁盼”问题，组织代表对县水利局、县行政审批服务局的全面工作和县教育局义务教育“双减”工作开展评议，促进一批群众反映强烈的问题得到解决。聚焦率先建设共同富裕先行区战略愿景，组织代表围绕粮食安全、稳岗就业、医疗保障、饮水安全、商贸消费等民生工作开展视察调研，开展“三湘环保世纪行”“三湘农民健康行”“农产品质量安全行”“民族团结进步行”等活动。加强与代表的联系，建立健全常委会主任会议成员分片联系代表团，各专门委员会、工作机构联系市代表等工作机制，扩大代表对常委会工作的参与，全年邀请133名人大代表列席县人大常委会会议、参加县人大常委会组织的视察调研等监督活动，代表的知情知政渠道更加畅通。加强人大代表工作能力建设，坚持和完善初任培训、专题培训、履职培训工作机制，在浙江大学举办两期代表履职培训班。制定实施《长沙县人大代表专业小组活动办法》，组建9个专业代表小组，代表履职活动的组织形式更加丰富。组织246名代表向选民述职并接受民意测评，代表服务选民意识增强。健全吸纳民意、汇集民智工作机制，制定实施《长沙县人大常委会关于打造“三五”履职平台，深化代表联系群众效果的实施方案》《长沙县人大代表联系群众工作站工作制度（试行）》，建立131个代表联系群众工作站。依托“三五”履职平台，县内1000余名各级人大代表累计走访群众15194人次，发放调查问卷24411份，收集评议意见11550条。坚持群众提、代表定、政府办、人大评，在全县13个镇票决产生39个民生实事项目，资金投入8100万元，让老百姓成为民生实事的建议者、监督者和受益者。坚持内容高质量与办理高质量相结合，加大议案建议督办力度和成果转化，制定实施《长沙县人大常委会主任会议重点督办的代表建议、批评和意见处理办法》，对12条议案建议重点督办并进行满意度测评；建立代表建议与公益诉讼检察建议双向衔接转化机制，回应人民群众公益保护期盼；听取审议代表议案建议办理情况报告，通报表扬12条内容高质量建议、12条办理高质量建议。　（张子妮）

【人大常委会建设】　2022年，长沙县人大常委会加强自身建设，把握人大常委会基本定位，建设“‘三五’履职　情系人民”党建聚合力书记领航行动品牌。执行“三会一课”、民主生活会、组织生活会等制度，每月组织开展主题党日活动，开展党组理论学习中心组学习16次。聘请28名社会各界代表人士，组建经济、预算审查监督专家库和规范性文件备案审查专家库，加强人民代表大会制度理论研究、实践探索和成果转化。守好人大宣传主阵地，传播人大声音，讲好人大故事。加强对镇（街道）人大的工作联系、业务指导和法律监督，定期召开镇（街道）人大工作联席会议，提升人大工作合力。落实党风廉政建设“两个责任”，贯彻中央八项规定精神，配合省委巡视、市委巡查，支持派驻纪检监察组工作，自觉接受监督。完善议事规则，健全管理制度，培育机关文化，践行“亲民厚商、崇实尚新”星沙精神。　（张子妮）

重要会议

【概况】 2022年，长沙县人大常委会召开长沙县第十八届人民代表大会第二次会议，以及人大常委会会议9次、主任会议15次。（张子妮）

【长沙县第十八届人民代表大会第二次会议】 2022年2月12—14日，长沙县第十八届人民代表大会第二次会议召开。全县303名代表参加会议。大会审议批准长沙县人民政府工作报告、长沙县人大常委会工作报告、长沙县人民法院工作报告、长沙县人民检察院工作报告，书面审查长沙县2021年国民经济和社会发展计划执行情况及2022年国民经济和社会发展计划（草案）的报告、长沙县2021年财政预算执行情况及2022年财政预算（草案）的报告、长沙县建设共同富裕示范区行动方案（草案）、2021年生态环境状况和生态环境保护目标完成情况报告；通过长沙县第十八届人民代表大会有关专门委员会主任委员名单。（张子妮）

【长沙县第十八届人大常委会第三次会议】 2022年1月11日，长沙县第十八届人大常委会第三次会议召开。会议听取2020年度审计指出问题整改情况及被审计单位整改情况的报告并进行满意度测评；听取和审议关于长沙县第十八届人民代表大会第二次会议筹备工作情况的汇报，做出召开县十八届人大二次会议的决定；长沙县人大常委会代表资格审查委员会关于补选县十八届人大代表的资格审查报告。（张子妮）

【长沙县第十八届人大常委会第四次会议】 2022年1月25日，长沙县第十八届人大常委会第四次会议召开。会议听取和初审有关长沙县2021年国民经济和社会发展计划执行情况及2022年计划（初步方案）的报告，关于长沙县2021年财政预算执行情况及2022年财政预算（初步方案）的报告，长沙县人大常委会在十八届人大二次会议上的工作报告（草稿）及2022年工作要点（草稿）；书面审议2021年预算绩效管理工作报告，个别同志代表资格终止情况的报告；审议通过长沙县第十八届人大第二次会议主席台成员及秘书长建议名单、列席人员名单、应邀上主席台就坐的非主席团成员名单。（张子妮）

【长沙县第十八届人大常委会第五次会议】 2022年3月24日，长沙县第十八届人大常委会第五次会议召开。会议听取和审议关于确定2022年长沙县人大工作评议对象及专项工作评议议题的议案，长沙县人民政府、长沙县人民法院人事任免有关事项。（张子妮）

【长沙县第十八届人大常委会第六次会议】 2022年5月25日，长沙县第十八届人大常委会第六次会议召开。会议听取和审议长沙县人民政府、长沙县监察委员会、长沙县人民法院、长沙县人民检察院有关人事任免议案，长沙县医疗保障工作情况报告，关于提请接受唐懿等辞去县十八届人民代表大会代表职务的议案，长沙县“八五”普法规划并作出决议，2021年度长沙县国土空间规划有关情况报告并进行满意度测评。（张子妮）

【长沙县第十八届人大常委会第七次会议】 2022年7月29日，长沙县第十八届人大常委会第七次会议召开。会议听取和审议关于协同开展政法队伍教育整顿工作情况的报告，关于长沙县2022年1—6月国民经济和社会发展计划及政府投资项目计划执行情况的报告，关于长沙县2022年1—6月财政预算执行情况的报告，2021年度长沙县国有资产管理情况综合报告和国有自然资源资产管理情况专项报告。（张子妮）

【长沙县第十八届人大常委会第八次会议】 2022年9月29日，长沙县第十八届人大常委会第八次会议召开。会议书面审议长沙县人大常委会代表资格审查委员会关于长沙县第十八届人大代表资格终止的审查报告、审议黄波、卢铓等辞去长沙县人民政府副县长职务的请求；听取和审议长沙县人大常委会、长沙县人民政府有关人事任免议案，长沙县2021年度财政收支决算（草案）的报告；审查和批准2021年度财政决算（草案），2021年度长沙县本级预算执行和其他财政收支的审计工作报告，长沙县公安局反电信诈骗与禁毒工作情况的报告。（张子妮）

【长沙县第十八届人大常委会第九次会议】 2022年10月28日，长沙县第十八届人大常委会第九次会议召开。会议听取和审议长沙县人大代表专业小组活动办法（草案），关于补选个别长沙市第十六届人民代表大会代表的议案、补选个别长沙市第十六届人民代表大会代表。（张子妮）

【长沙县第十八届人大常委会第十次会议】 2022年12月2日，长沙县第十八届人大常委会第十次会议召开。会议听取和审议2022年1—10月国民经济和社会发展计划、政府投资项目计划执行情况和调整方案（草案）的报告，2022年1—10月预算执行情况及财政收支预算调整方案（草案）的报告，长沙县人民政府有关人事任命议案和代表辞职有关事项。（张子妮）

【长沙县第十八届人大常委会第十一次会议】 2022年12月23日，长沙县第十八届人大常委会第十一次会议召开。会议听取和审议关于长沙县第十八届人民代表大会第三次会议筹备工作情况汇报，做出召开长沙县十八届人大三次会议的决定；长沙县人大常委会关于补选长沙县十八届人大代表的决定（草案），长沙县人大常委会代表资格审查委员会关于长沙县十八届人大代表资格终止的报告。

（张子妮）

依法监督

【财经监督】 2022 年，长沙县人大常委会围绕“疫情要防住、经济要稳住、发展要安全”的要求，坚持正确监督、有效监督、依法监督。加强预算全口径审查和全过程监管，深化预算联网监督，全年审议财经议题 10 项，提出具体意见 18 条，督促政府完善预算编制，强化执行刚性。听取审议“同级审”及审计查出问题整改情况报告并开展满意度测评，对 35 个重大政府投资项目实施情况开展督查，对 42 个单位财政资金使用情况开展绩效评价。听取审议全县国有资产管理和自然资源资产管理情况报告，依法守护国资家底；关注县区防控化债工作，监督和支持政府严控债务增量、化解债务存量、用好专项债券。（张子妮）

【法律监督】 2022 年，长沙县人大常委会听取审议长沙县监察委专项工作报告。对接现代化治理法治需求和人民群众法治期盼，听取审议长沙县公安局禁毒及反电信诈骗工作报告，专题调研“法检”两院、行政执法等工作，开展“法治护航强省会”“司法公正长沙行”、国家宪法日、走进警营等系列活动。探索建立规范性文件备案审查“四审三馈两查一议”（四“审”指法制委员会初审、咨询专家协审、专门委员会联审、法制委员会会审，三“馈”指初审意见反馈、审查意见反馈、整改意见反馈，两“查”指群众满意度调查、财政资金使用绩效评查，一“议”指长沙县人大常委会每年对该项工作进行一次专题审议）工作机制，全年审查规范性文件 15 份，提出审查意见 40 条，相关审查案例被全国人大常委会法工委编入 2022 年地方备案审查典型案例；组织对 4 份规范性文件执行情况开展群众满意度调查和财政资金使用绩效评查。开展《长沙市湘江流域水污染防治条例》执法检查，配合上级人大及其常委会开展 6 部法律法规立法调研和 5 部法律法规实施情况监督。落实《信访工作条例》，县、乡两级人大全年受理群众来信来访 947 件次。

（张子妮）

【民生监督】 2022 年，长沙县人大常委会组织代表对长沙县水利局、长沙县行政审批服务局的全面工作和长沙县教育局义务教育“双减”工作开展评议，通过评议动员、走访调查、集中评议、整改测评，促进一批群众反映强烈的问题得到解决。建设共同富裕先行区，组织代表围绕粮食安全、稳岗就业、医疗保障、饮水安全、商贸消费等民生工作开展视察调研，开展“三湘环保世纪行”“三湘农民健康行”“农产品质量安全行”“民族团结进步行”等活动。

（张子妮）

依法履职

【代表服务管理】 2022 年，长沙县人大常委会加强与代表的联系，建立健全常委会主任会议成员分片联系代表团，各专门委员会、工作机构联系市代表等工作机制，扩大代表对常委会工作的参与，全年邀请 133 名人大代表列席常委会会议、参加常委会组织的视察调研等监督活动。加强代表工作能力建设，坚持完善初任培训、专题培训、履职培训工作机制，在浙江大学举办 2 期代表履职培训班。制定实施《长沙县人大代表专业小组活动办法》，组建 9 个专业代表小组。组织 246 名代表向选民述职并接受民意测评。（张子妮）

【群众工作监管】 2022 年，长沙县人大常委会健全吸纳民意、汇集民智工作机制，制定实施《长沙县人大常委会关于打造“三五”履职平台，深化代表联系群众效果的实施方案》《长沙县人大代表联系群众工作站工作制度（试行）》，建立 131 个代表联系群众工作站。全县五级人大代表结合县委中心工作和人大具体业务，开展“一月一主题”进站活动，扩大人民群众政治参与。在工作评议中，依托“三五”履职平台，县内 1000 余名各级人大代表走访群众 15194 人次，发放调查问卷 24411 份，收集评议意见 11550 条。（张子妮）

【议案建议督办】 2022 年，长沙县人大常委会坚持群众提、代表定、政府办、人大评，在全县 13 个镇票决产生 39 个民生实事项目，资金投入 8100 万元。坚持内容高质量与办理高质量相结合，加大议案建议督办力度和成果转化，制定实施《长沙县人大常委会主任会议重点督办的代表建议、批评和意见处理办法》，对 12 条议案建议重点督办并开展满意度测评；建立代表建议与公益诉讼检察建议双向衔接转化机制；听取审议代表议案建议办理情况报告，对 12 条内容高质量建议、12 条办理高质量建议通报表扬。（张子妮）

长沙县人民政府

编辑　刘晓柏

综 述

【概况】 2022 年，长沙县位居全国发展潜力百强县第一位、全国百强县投资潜力第三位、新型城镇化质量第四位、县域经济基本竞争力第五位、绿色发展第五位、科技创新第六位、工业百强第七位，跻身服务业全国十强。县区高质量发展、粮食安全、六大强农等 11 项工作获得省政府真抓实干督查激励，被评为中国最具幸福感城市（县级）。全年地区生产总值比 2021 年增长 4.5%，规模以上工业增加值比 2021 年增长 6.9%，固定资产投资比 2021 年增长 9.1%，社会消费品零售总额比 2021 年增长 3.1%，地方一般公共预算收入比 2021 年增长 8.18%。规模工业企业研发投入 73.85 亿元，比 2021 年增长 16.12%。高新技术企业数量 1037 家，比 2021 年增长 31%。建设三一科学城、松雅湖国际科学城。推进人才公寓建设，松雅湖海创中心投入运营。新培育国家级专精特新“小巨人”企业 15 家。组建 5 家省级工程技术研究中心。竖井掘进机等一批产品上市。推进“放管服”改革，实施自贸区“113+X”项制度试点。组建星城控股集团、水业控股集团、星沙文化传媒集团。举办银企对接会 78 场，授信 411 亿元。“同飞工程”注册企业 54 家。与桑植县共建飞地经济产业园。新开国际货运航线 5 条，外贸进出口总额 1295.35 亿元，比 2021 年增长 31.38%，对非贸易额 60 亿余元。设立 RCEP 县级企业服务中心。挂牌长沙县人民法院自贸片区法庭。跨境电商新零售综合体友阿跨境荟试运营。自贸临空区获得全省首张中药材进口注册批件。建设“中国民用无人机第一城”。编制黄花国际贸易港总体规划，启动征地拆迁。长沙县、长沙经开区、黄花综保区被评为内陆地区改革开放高地先进单位，长沙经开区被评为国家级知识产权强国建设示范园区；长沙县被评为国家知识产权强县建设示范县、全国县域农业农村信息化发展先进县，获得中国质量奖提名奖 2 个。国际会展中心获批国家级服务业标准化试点。博世长沙和三一 18 号工厂成为世界级“灯塔工厂”。国科微电子获批国家级企业技术中心。源品生物细胞资源保藏库项目通过科技部批准。（谌巍伟）

【经济建设】 2022 年，长沙县制造业增加值占 GDP44.7%。世界级工程机械产业集群形成，4 家企业位列“全球工程机械 50 强”。湖南汽车制造配套产业园入驻，星朝汽车华湘工业园生产基地实现当月签约、当月开工、当月整车下线，世界 500 强大陆集团中央电子工厂建成投产，新能源汽车占比和汽车产能提升。推进“5G+ 工业互联网”标杆建设，县区智能制造试点企业 282 家。新增过会企业 1 家，申报上市材料企业 2 家。全年服务业增加值 880 亿元，规模以上其他营利性服务业比 2021 年增长 31.9%。金融业贡献税收 12.57 亿元，比 2021 年增长 11.34%。举办“宜居星沙”暨第二届房交会、首届“松雅湖商圈”消费节。会展产业孵化平台投入运营，保障建博会、农博会等重大展会 31 场和首届“大国工匠论坛”等重大会议 32 场。农林牧渔业总产值 159.7 亿元，比 2021 年增长 4.1%。茶产业综合产值 48 亿元。创成院士工作基地 16 个。出台促进粮食生产十条措施，新增粮食生产奖补资金 1 亿余元，播种面积 75720 公顷，粮食总产量 50.45 万千克。建设高标准农田 2326.67 公顷，“四高”试验示范区双季稻亩产 1275.8 千克，长沙县在全国高标准农田建设工作推进会上作典型发言。粮食生产、高标准农田建设经验获农业农村部专刊推介。

（谌巍伟）

【“四个年”行动】 2022 年，长沙县拆迁“清零”项目 88 个，腾地 519.73 公顷。列入市重大项目 268 个、总投资 2908.5 亿元，年度投资 715 亿元，投资率 136.8%。湖南防灾应急技术创新与转化中心等项目建成投产。江杉高速建成通车。荆门至长沙 1000 千伏特高压交流工程投产通电。长赣高铁湖南段建设启动。长沙机场改扩建工程周边水系恢复治理项目开工。全年引进项目 101 个，总引资 744.8 亿元，其中，亿航智能、安博航空物流等投资 10 亿元以上项目 10 个、中国中车长沙科技园等“三类 500 强”项目 10 个。开展“迎老乡、回故乡、创三湘”活动，举办“强省会自贸长沙县区块在行动”等招商活动 22 场。建设“在星沙，都最好”营商环境 4.0 版，市场主体和企业数量比 2021 年分别增长 16.55% 和 18.49%，新增规模以上企业 212 家。“一网通办”平台实现三级覆盖，依申请 6 类事项网办率 100%，5 类投资项目审批提速 20%。新增 6 条“免申即享”惠企政策，兑现奖补资金 1.9 亿元，惠及市场主体 4.2 万家。办理增值税留抵退税、减税降费和缓缴税费 60 亿余元。主次干道增加绿化面积 18 万平方米，61 条街巷提质升级，建成人行天桥 3 座。整治城区易涝点 15 个。地铁 6 号线运营。启动梨江大道西延线等基础设施建设。开展松雅湖生态新城建设，推进金安大道西延线、金安大道东延线、捞刀河北路建设，开展产城融合项目拆迁工作。建成美丽宜居村庄 160 个。“四蓝”体系全覆盖，农村生活垃圾减量率 65%，国控省控断面水质、饮用水源水质达标率 100%，全年空气质量优良天数 322 天。长沙县入选“两山”实践创新基地号，被评为全国自然资源节约集约示范县。星沙驿站长龙站被评为全国最美站点。“核算县域 GEP”和“杨梅冲社区共建生态文明”入选全省绿色低碳典型案例。“耕作层银行”入选省耕地保护典型案例。松雅湖入选湖南美丽河湖建设优秀案例。星沙街道被评为全省生活垃圾分

类示范街道。北山镇通过省卫生镇创建验收。金井河高桥段被评为省级美丽河流。（谌巍伟）

【民生事业】 2022年，长沙县改造县一医院、县三医院，启用“健康驿站”，构建城区15分钟、农村地区30分钟120急救圈。放心肉智能监管平台入驻主体4316户，建成镇（街道）食品安全快检室19个。新增社区养老服务中心（站）8家。新增既有多层住宅电梯100台。改造城镇老旧小区38个。建成停车场37个，停车位20549个。新改建农村公路214.4千米，提质改造农村旅游路、资源路、产业路65.08千米，建设农村公路安防设施9.15千米。县公共卫生救治中心开建。城市防洪圈堤防达标建设10.9千米。除险加固病险水库9座。教育投入34.4亿元，新改扩建学校21所，义务教育阶段和学前教育公办学位比2021年分别新增8880个和4590个。11家优质教育品牌入驻。引进（选调）名优校长、骨干教师148人。1100余名学生向开慧中学等农村学校“回流”。北师大长沙附属学校空港城校区民办转公办，民办义务教育学位比2021年下降7.1%。县人民医院建成，长沙经开医院投入使用。全县新增床位710张。推进扫黑除恶专项斗争，刑事和电信诈骗发案率比2021年分别下降16.7%和25.8%。长沙县被评为全国基层中医药工作先进单位、老龄系统先进集体和省医养结合示范县，获评“四好农村路全国示范县”“城乡客运一体化省级示范县”。三一智联重卡创成全国工业旅游示范基地。天华山创成国家AAAA级旅游景区，珠塘湖、金茶非遗文化旅游景区创成国家AAA级旅游景区。（谌巍伟）

【共同富裕先行区建设】 2022年，长沙县推进49项重点工作和10项重大改革，共同富裕先行区建设经验获省委肯定推介。开展紫竹山等45个文旅融合项目。新改建室外运动场17处。举办“健康湖南”全民运动会12个项目海选等赛事。开展文物“一张图”工作。开展杨开慧烈士生平业绩改陈布展。农村自来水新增2.69万入户人口，供水保证率95%。新改建10千伏线路122千米、低压线路168千米。提质改造县道146线、宋水公路（水波坳段）和上扬公路、省道324线（北山段）路面工程。建成5G站点1005个。出台“稳就业十六条”，释放红利5亿余元，1.7万家企业、26万人群体受益。城镇新增就业1.88万人，调查失业率在5.5%以内。实施全民参保计划，县内定点医疗机构实现医保跨省异地就医直接结算。居民人均可支配收入比2021年增长5.9%。145个涉农社区（村）集体经济年均收入32万余元，其中，101个社区（村）年均收入50万余元。拓展脱贫攻坚成果同乡村振兴衔接，脱贫人口比2021年增收15.3%。（谌巍伟）

重要会议

【概况】 2022年，长沙县人民政府召开政府全体会议2次、政府常务会议21次（208个议题）、县政府党组会议14次（46个议题）、县长办公会23次（89个议题）、县长专题会42次（43个议题），对需要由县人民政府决策和实施的全县重大问题进行研究，作出相应决议。

（谌巍伟）

【县政府全体会议】 2022年1月20日至2月16日，长沙县人民政府召开政府全体会议2次。

1月20日，召开第十八届人民政府第二次全体（扩大）会议。会议举行县人民政府任命的国家工作人员宪法宣誓仪式，34名新任命国家工作人员集体向宪法宣誓。

2月16日，召开第十八届人民政府第三次全体（扩大）会议，落实县党代会、县人代会精神，对2022年《政府工作报告》及政府投资项目进行责任分解交办。（谌巍伟）

【县政府常务会议】 2022年1月12日至12月12日，长沙县人民政府召开常务会议21次（208个议题）。

1月12日，召开长沙县第十八届人民政府第5次常务会议，传达学习市党代会、县人代会、重大项目观摩活动、疫情防控工作会议精神，统计相关法律法规及中共中央办公厅、国务院办公厅《防范和惩治统计造假、弄虚作假督察工作规定》和《关于更加有效发挥统计监督职能作用的意见》相关文件精神；研究审议《贯彻落实〈2022年长沙市政府工作报告〉重点任务责任清单（送审稿）》；听取关于长赣铁路（长沙县段）建设协调领导小组组建方案的情况汇报；听取关于加强新一轮县域警务工作的情况汇报；研究审议《长沙县推进碳达峰、碳中和工作方案（送审稿）》和《长沙县碳达峰、碳中和工作实施意见（送审稿）》；研究审议2022年《政府工作报告（送审稿）》；听取关于交通问题顽瘴痼疾集中整治行动工作的情况汇报；研究审议《长沙县政府投资项目工程变更增补管理办法（送审稿）》；听取关于长沙县小额国有投资项目政府采购相关事项的情况汇报。

1月20日，召开长沙县第十八届人民政府第6次常务会议，研究审议《长沙县建设共同富裕示范区行动方案（2021—2025年）（送审稿）》；研究审议《长沙县涉粮专项巡察相关问题整改方案（送审稿）》；听取关于长沙县2021年国民经济和社会发展计划及政府投资项目计划执行情况与2022年国民经济和社会发展计划及政府投资项目计划（初步方案）的情况汇报；研究审议《长沙县2021年征地拆迁“百日会战”攻坚工作激励表扬方案（送审稿）》；研究审议《长沙县人民政府重大行政决策程序规定

（送审稿）》《长沙县人民政府重大行政决策事项目录（送审稿）》；听取关于开元西路两厢控规 X09—A04 地块建筑控高调整的情况汇报；听取关于长沙县第三次国土调查工作的情况汇报；听取关于长沙县 2021 年财政预算执行情况及 2022 年财政预算初步方案的情况汇报；听取关于长沙县 2021 年国企投资项目计划执行情况和 2022 年国企投资项目计划的情况汇报。

2 月 8 日，召开长沙县第十八届人民政府第 7 次常务会议，传达学习湖南省安委办《关于加强春节冬奥期间安全防范工作的通知》、湖南省应急厅办公室《内部情况通报（2022 年第 2 期）》《内部情况通报（2022 年第 3 期）》《内部情况通报（2022 年第 4 期）》；研究审议《关于做好 2022 年乡村振兴标杆区建设重点工作的实施意见（送审稿）》；研究审议《长沙县 2022 年促进粮食生产十条措施（送审稿）》；研究审议《长沙县“项目建设提速年”行动方案（送审稿）》；研究审议《长沙县“营商环境提升年”行动方案（送审稿）》；研究审议《长沙县“招商引资提效年”行动方案（送审稿）》；研究审议《长沙县“城乡品质提档年”行动方案（送审稿）》。

2 月 24 日，召开长沙县第十八届人民政府第 8 次常务会议，传达学习湖南省人民政府办公厅关于印发《湖南省贯彻落实〈中华人民共和国长江保护法〉实施方案》的通知；研究审议《长沙县扫黑除恶斗争领导小组主要职责及工作机制（送审稿）》《长沙县信息网络、自然资源、交通运输、工程建设领域整治实施方案（送审稿）》；听取关于职工住房补贴工作中自建私房范围界定相关工作的情况汇报；研究审议《2022 年度长沙县河湖长制暨“五水共治”工作实施方案（送审稿）》；听取关于长沙机场改扩建工程（黄兴会展区）93 户村民申请自愿搬迁的情况汇报；听取关于长沙县 2018—2021 年度生活垃圾清运服务外包项目第三年度清运增补费用的情况汇报；听取关于通途公司 BT 合同项目债务承托用地调整事宜的情况汇报；研究审议《长沙县消防救援事业发展“十四五”规划（送审稿）》；研究审议《长沙县镇街消防委托执法试点工作实施方案（送审稿）》；研究审议《长沙县生态环境保护工作月考核实施办法（送审稿）》；研究审议《长沙县安全生产工作排名通报办法（试行）（送审稿）》；研究审议《长沙县“12345”政务服务便民热线考评通报办法（试行）（送审稿）》；研究审议《长沙县食品安全工作月度排名办法（送审稿）》；研究审议《长沙县城市管理工作月排名制通报办法（送审稿）》；研究审议《长沙县文明城市常态创建工作绩效考核办法）（送审稿）》；研究审议《长沙县信访工作考评排名办法（送审稿）》。

3 月 17 日，召开长沙县第十八届人民政府第 9 次常务会议，传达学习湖南省政府通报第 4 期；研究审议《长沙县 2022 年重大项目投资计划（送审稿）》《长沙县 2022 年县领导联点重大项目建设安排表（送审稿）》；研究审议《县委宣传部、县司法局关于开展法治宣传教育的第八个五年规划（2021—2025 年）（送审稿）》；研究审议《长沙县全面推行耕地保护田长制实施方案（送审稿）》；听取关于黄花镇津之源项目控规指标修改的情况汇报；研究审议《落实吴桂英书记调研精神目标任务责任分解表（送审稿）》；研究审议《长沙县安全生产和消防工作考核办法（送审稿）》；听取关于完善全县防汛抗旱工作机制相关工作的情况汇报；听取关于县区安全生产巡查工作的情况汇报；听取关于成立水总水电泉塘基地棚改工作指挥部的情况汇报；听取关于劳动东路（机场大道—黄金大道段以南）等项目部分住户申请自愿搬迁工作的情况汇报；听取关于政府专项债券管理相关工作的情况汇报；研究审议《关于实施鼓励支持企业家人才促进产业发展奖励的工作方案（送审稿）》。

4 月 7 日，召开长沙县第十八届人民政府第 10 次常务会议，听取关于长沙县有效应对疫情进一步帮助市场主体纾困解难若干措施的情况汇报；研究审议《长沙县促进中医药传承创新发展实施方案（送审稿）》；听取关于长沙县社保基金监管相关工作的情况汇报；听取关于㮾梨街道童年记项目控规修改的情况汇报。

4 月 25 日，召开长沙县第十八届人民政府第 11 次常务会议，研究审议《长沙县规范民办义务教育发展工作方案（送审稿）》；听取关于县道 024 线青山铺至开慧联络线公路工程部分居民申请自愿搬迁的情况汇报；听取关于黄花镇水印山城项目控规修改的情况汇报；研究审议《长沙县长沙经开区贯彻落实强省会战略实施方案（2022—2026 年）（送审稿）》《长沙县长沙经开区关于成立贯彻落实强省会战略领导小组及其专项工作组的通知（送审稿）》。

5 月 5 日，召开长沙县第十八届人民政府第 12 次常务会议，传达学习中共湖南省委办公厅、湖南省政府办公厅印发《贯彻〈关于进一步强化安全生产责任落实坚决防范遏制重特大事故的若干措施〉任务分工》的通知；听取关于 4 月份八项排名制指标考评的情况汇报；研究审议《长沙县、长沙经开区 2022 年“除臭剿劣”大会战工作方案（送审稿）》；研究审议《长沙县贯彻〈关于进一步强化安全生产责任落实坚决防范遏制重特大事故的若干措施〉任务分工清单（送审稿）》；研究审议《长沙县、长沙经开区奋力实施“强省会”战略加快推进人才高质量发展的实施意见（送审稿）》《长沙县、长沙经开区奋力实施“强省会”战略加快推进人才高质量发展的若干政策（试行）（送审稿）》《长沙县重点产业人才引进培育实施办法（试行）（送审稿）》《星光•星沙人才服务卡管理办法（试行）（送审稿）》；听取关于长沙县禁毒工作的情况汇报；听取关于打击治理电信网络诈骗犯罪和跨境突出犯罪工作的情况汇报；听取关于长沙县反恐怖工作的情况汇报；听取关于进一步深化综合行政执法改革的情况汇报；研究审议《长沙县关于加快建设国家重要先进制造业中心的实施方案（送审稿）》；研究审议《长沙县深化“放管服”改革提高项目审批效率实施方案（送审稿）》；研究审议《长沙县“四好农村路”中长期发展规划（送审稿）》；听取关于两条县开国际定期货运航线遗留问题处理的情况汇报；研究审议《关于建立健全城市特殊困难群体帮扶长效机制的工作方案（送审稿）》；研究审议《长沙县基本养老服务补贴实施办法（送审稿）》。

6月8日，召开长沙县第十八届人民政府第13次常务会议，传达学习市推动长江经济带发展办关于印发《长沙市贯彻落实〈中华人民共和国长江保护法〉实施方案》的通知、《中共湖南省委办公厅湖南省人民政府办公厅印发〈关于加强新时代统计工作的意见〉的通知》、省政府性债务管理办关于印发《2022年湖南省政府性债务管理工作要点》的通知；听取关于5月份八项排名制指标考评工作的情况汇报；研究审议《2021年巩固拓展脱贫攻坚成果同乡村振兴有效衔接考核评估反馈问题整改方案（送审稿）》《2022年长沙县对口帮扶桑植县乡村振兴工作实施方案（送审稿）》《2022年长沙县对口帮扶龙山县水田坝镇实施方案(送审稿)》《长沙县发展壮大新型农村集体经济行动方案（2022—2025年）（送审稿）》《长沙县三级书记抓乡村振兴责任清单（送审稿）》《关于进一步加快推进长沙县乡村振兴示范村建设工作的指导意见(送审稿)》；研究审议《2022年长沙县大气、水、土壤和噪声污染防治行动计划（送审稿）》；研究审议《长沙县防范化解重大生态环境风险隐患“利剑”行动实施方案（送审稿）》；研究审议《关于明确长沙县农民集体所有土地征地补偿安置有关问题的通知（送审稿）》；听取关于长沙县财源建设工程工作的情况汇报；研究审议《长沙县国有资产事务中心权责清单（送审稿）》；研究审议《长沙县国有土地上房屋征收奖励和补助办法(送审稿)》；研究审议《赋予中国（湖南）自由贸易试验区长沙片区临空管委会县级经济社会管理权限事项目录(送审稿)》；研究审议《长沙县关于深化应急管理综合行政执法改革的实施方案（送审稿）》；研究审议《关于成立长沙县未成年人保护工作领导小组的通知（送审稿）》；听取关于设立长沙县榔梨花园新城及水乡古镇片区产业扶持资金事项的情况汇报；听取关于2022年耕地恢复工作的情况汇报。

6月29日，召开长沙县第十八届人民政府第14次常务会议，传达学习《湖南省人民政府办公厅关于印发〈进一步规范政府性投资项目决策和立项防范政府债务风险的管理办法〉的通知》《中共长沙市委办公厅 长沙市人民政府办公厅关于印发〈深化全市应急管理综合行政执法改革的实施方案〉的通知》；传达学习习近平总书记关于统计工作的重要论述及统计有关制度要求，研究统计工作，审议《长沙县贯彻落实国家统计督察反馈意见整改方案（送审稿）》；研究村民建房工作，审议《关于明确农村村民住宅建设管理责任的规定（送审稿）》；研究巩固拓展脱贫攻坚成果同乡村振兴有效衔接工作，审议《飞地经济合作协议（送审稿）》；研究营商环境工作，审议《长沙县深化“证照分离”改革工作实施方案（送审稿）》；研究审议《长沙县政府投资信息化建设项目管理办法（送审稿）》；研究审议《长沙县“十四五”数字经济发展规划（送审稿）》；听取关于江背镇梅花社区、朱家桥社区实施货币安置事项的情况汇报；研究生态环保工作及省委巡察反馈问题整改工作，听取关于黄花国际机场尾流区及噪声影响范围环保搬迁（黄花镇第一批）工作的情况汇报；听取关于新成立社区工作的情况汇报；研究审议《长沙县乡镇污水处理特许经营项目实施方案（送审稿）》；听取关于成立长沙县国有文化资产监督管理委员会的情况汇报；听取关于长沙县3岁以下婴幼儿托育工作的情况汇报。

7月21日，召开长沙县第十八届人民政府第15次常务会议，研究审议《长沙县2022年深化“放管服”改革重点任务分工方案（送审稿）》；研究审议《长沙县院士农业发展三年行动方案（送审稿）》《长沙国际稻作村暨长沙“四高”综合改革示范区建设规划（送审稿）》；研究审议《关于加强文物保护利用改革的实施方案（送审稿）》；研究审议《长沙县重大决策社会稳定风险评估实施办法（送审稿）》；研究审议《长沙县临时建设规划管理制度（送审稿）》；听取关于自贸临空区顺科置业项目控制指标修改的情况汇报；听取关于榔梨街道城市更新项目相关工作的情况汇报；研究审议《长沙县计划生育协会改革方案（送审稿）》；听取关于2022年政府性投资、国企投资待立项项目（总投资5000万元以下）的情况汇报；传达学习国务院办公厅内部情况通报第308期。

8月4日，召开长沙县第十八届人民政府第16次常务会议，传达学习《中共中央办公厅国务院办公厅印发〈关于建立健全领导干部自然资源资产离任审计评价指标体系的意见〉的通知》；听取7月份八项排名制指标考评情况汇报；研究审议《关于推进县域经济高质量发展实施方案（2022—2025年）（送审稿）》；听取关于长沙县食品安全工作的情况汇报；听取关于长沙经开区英萃园装修及家具家电采购安装工程、国道107线青山铺—南粉墙终点与黄兴大道平交口交通隐患整治项目等待立项项目的情况汇报；研究审议《关于促进长沙县房地产市场平稳健康发展的若干措施（送审稿）》；听取关于青松老年公寓项目二期用地规划条件指标修改的情况汇报；研究审议《长沙县规范公务员工资津贴补贴实施办法（送审稿）》《长沙县事业单位规范工资津贴补贴实施办法（送审稿）》《长沙县机关事业单位规范编外人员绩效奖实施办法（送审稿）》，听取关于2021年镇（街）分成及转移支付安排的情况汇报。

8月18日，召开长沙县第十八届人民政府第17次常务会议，传达学习统计违纪违法案例情况通报；传达学习省委县域经济工作电视电话会议精神；听取关于《关于服务和融入新发展格局的实施意见》任务责任分解的情况汇报；研究审议“奋力强省会、喜迎二十大”主题活动“稳经济”“保安全”“提品质”3个专项行动方案；听取关于长沙县社保基金监管工作的情况汇报；研究审议《长沙县改革完善社会救助制度的实施办法（送审稿）》；听取关于长沙县落实耕地保护责任确保粮食安全工作的情况汇报；研究审议《长沙县政府投资项目实行专业机构管理办法（试行）（送审稿）》；听取关于春华康养农旅小镇一期项目6户（原5户）农村集体经济组织统一安置人员纳入货币安置的情况汇报；听取关于江杉高速项目、长沙县机场周边集疏运道路项目、劳动东路项目房屋以自愿搬迁方式纳入拆迁安置的情况汇报；研究审议《湘西花垣十八洞产业园合作协议（送审稿）》。

8月25日，召开长沙县第十八届人民政府第18次常务会议，传达学习《中共湖南省委办公厅湖南省人民政府办公厅关于转发〈省发展改革委关于上半年经济形势分析及下阶段工作建议〉的通知》《中共长沙市委长沙市人民政府印发〈关于全面推行田长制严格耕地保护的实施方案〉的通知》和市委书记吴桂英到县调研汽车产业指示精神；传达学习省长毛伟明在市州长视频会议上讲话精神及市委书记吴桂英相关批示指示精神，研究贯彻落实意见；研究审议《长沙县行政许可事项清单（送审稿）》；研究审议《长沙县生态环境保护委员会工作规则（送审稿）》；研究审议《长沙县全民健身实施计划（2022—2025年）（送审稿）》；研究审议《长沙县第二批惠企政策“免申即享”工作方案（送审稿）》；听取关于2022年度长沙县新建渣土消纳场选址和初审意见的情况汇报；听取关于2022年临空集团投资计划外待立项项目（投资5000万元以下）的情况汇报；研究审议《关于加快现代服务业高质量发展的若干政策（送审稿）》《长沙县文化产业高质量发展行动计划（2022—2026年）（送审稿）》《长沙县文化产业和文化事业发展专项资金奖励扶持办法（送审稿）》《关于推进外经外贸创新发展的若干政策措施（送审稿）》《长沙县鼓励和扶持企业上市（挂牌）实施办法（送审稿）》《关于鼓励金融业创新支持产业发展的奖励办法（送审稿）》《关于优化营商环境促进市场主体高质量发展三年行动计划（2022—2024年）（送审稿）》。

9月8日，召开长沙县第十八届人民政府第19次常务会议，传达学习市安全生产委员会办公室关于印发《长沙市学习宣传贯彻新修订的〈湖南省安全生产条例〉实施方案》的通知；听取8月份八项排名制指标考评情况汇报；研究国家卫生城市工作；听取关于长沙县深化医药卫生体制改革工作的情况汇报；听取关于长沙县垃圾分类工作的情况汇报；研究审议《长沙县招商引资项目监管实施办法（送审稿）》；研究审议《长沙县贯彻落实〈湖南省人民政府办公厅关于全面加强农村道路交通安全工作的意见〉的责任清单（送审稿）》；研究审议《长沙县金融产业高质量发展三年行动方案（送审稿）》；研究审议《长沙县水利工程管理办法（送审稿）》；研究审议《长沙县金井镇白石洞水库集中式饮用水水源保护区划分技术报告（送审稿）》；听取关于2022年政府投资计划外增补及部分计划内待立项项目的情况汇报；听取关于2022年县管国企投资项目计划调整的情况汇报；研究审议《禁火令（送审稿）》。

9月22日，召开长沙县第十八届人民政府第20次常务会议，集中学法《中华人民共和国行政处罚法》；传达学习习近平总书记关于安全生产工作重要批示精神和全省、全市安全防范电视电话会议精神及相关文件精神（含《湖南省安委办关于长沙县壹米滴答物流园仓库“9·6”较大爆燃事件警示通报》《长沙市安全生产委员会关于2022年对长沙县安全生产专项巡查情况的通报》），研究贯彻落实意见；听取关于长沙县法治政府建设的情况汇报，研究审议《长沙县法治政府建设示范创建工作方案（送审稿）》；研究审议《长沙县落实国家扎实稳住经济一揽子政策措施和省“1+8政策”责任分工方案（送审稿）》和《长沙县承接落实〈稳经济一揽子政策的接续政策措施〉部门责任分工方案（送审稿）》；听取关于全县中小学开展劳动教育工作的情况汇报，研究审议《关于全面加强新时代中小学劳动教育的实施方案（送审稿）》；听取关于长沙县医保基金监管相关工作的情况汇报；听取关于县道024线青山铺至开慧联络线公路工程部分居民申请自愿搬迁的情况汇报。

10月13日，召开长沙县第十八届人民政府第21次常务会议，集中学法（依法行政）；传达学习《国务院安委会办公室关于印发〈“十四五”全国道路交通安全规划〉的通知》和全省交通问题顽瘴痼疾集中整治行动视频会议精神，研究安全生产工作；听取省委巡视反馈问题整改工作落实情况汇报；听取9月份八项排名制指标考评情况汇报；听取关于2021年度预算执行和其他财政收支审计发现问题整改工作的情况汇报；研究审议《长沙县城区道路“路长制”实施方案（送审稿）》；听取关于东十一路道路照明节能改造试点项目工作的情况汇报；研究审议《长沙县电动车销售服务安全管理办法（试行）（送审稿）》；研究审议《长沙县2022年农村危房改造工作实施方案（送审稿）》；听取关于环保搬迁暨黄花贸易港及其配套项目、北山镇医（危）废项目、梅花工贸新区征拆项目等3个项目村民申请纳入自愿搬迁工作的情况汇报；研究审议《长沙县白石洞等四座水库水资源特许经营项目实施方案（送审稿）》；研究审议《长沙县城乡供水水价管理办法(送审稿)》。

10月27日，召开长沙县第十八届人民政府第22次常务会议，传达学习中共二十大会议精神；集中学法（《中华人民共和国城乡规划法》）；传达学习毛伟明在全省安全生产电视电话会议暨省安委会第四次全体成员（扩大）会议上的讲话精神；传达学习全国国土空间规划纲要（2021—2035年）相关文件，听取关于长沙县“三区三线”划定工作情况汇报；听取关于长沙县贯彻落实食品安全“两个责任”机制的情况汇报，研究审议《长沙县贯彻落实食品安全“两个责任”机制实施方案（送审稿）》；研究审议《长沙县建设共同富裕先行区先进集体和先进个人评选表彰方案（送审稿）》；传达学习《中共湖南省委办公厅转发省纪委监委〈关于工程建设项目招投标领域腐败治理的调研报告〉的通知》，听取关于长沙县工程建设项目招投标领域工作情况汇报；听取关于三季度经济运行情况汇报，安排部署“奋战四季度、决胜全年度”工作；研究审议《长沙县强化“三力”支撑实施方案（2022—2025年）》和八项重点工作提升方案；研究审议《黄花机场噪声及尾气流扰民信访问题整改方案（送审稿）》；研究审议《长沙县公共交通发展工作实施方案（送审稿）》；听取关于全县未成年人思想道德建设的情况汇报。

11月10日，召开长沙县第十八届人民政府第23次常务会议，集中学法（《中华人民共和国预算法》《湖南省预算审查监督条例》及地方财政秩序专项行动相关文件）；传达学习毛伟明赴长沙经开区宣讲中共二十大精神和在市州、县市区政府和园区主要负责人视频会议上的讲话精神，研究落实意见；传达学习省应急厅厅长李大剑在长沙市安全生产约谈暨源头性系统性风险情况反馈会上的讲话；传达学习《中共湖南省委办公厅湖南省人民政府办公厅关于进一步做好当前疫情防控工作的通知》《中共长沙市委办公厅长沙市人民政府办公厅关于进一步做好当前疫情防控工作的通知》，研究落实意见；听取10月份八项排名制指标考评情况汇报；研究审议《长沙县营商环境4.0版实施方案（送审稿）》；听取关于长沙县建设国家知识产权强县示范县创建情况汇报，研究审议《长沙县建设国家知识产权强县示范县工作方案（2022—2025年）（送审稿）》；研究审议《长沙县城乡堤防达标建设五年行动实施方案（送审稿）》；听取关于长沙机场改扩建工程黄花镇第二批自愿搬迁工作的情况汇报；听取关于青松老年公寓项目二期用地规划条件指标修改（仅容积率）的情况汇报；听取关于2022年星沙产业基地建成区电力优化扩容及管线迁改工程等22个待立项项目的情况汇报；研究审议《2022年长沙县“三冬”工作实施方案（含高标准农田建设）（送审稿）》。

11月30日，召开长沙县第十八届人民政府第24次常务会议，研究审议《国务院稳住经济大盘督导和服务组对我省请求协调解决重大事项反馈意见中涉及长沙县事项的责任分工（送审稿）》；听取关于六艺天骄星城幼儿园消防整改等11个待立项项目的情况汇报；研究审议《应对极端气候对全县经济社会发展影响工作方案（送审稿）》；研究审议《长沙县2022年国民经济和社会发展计划、政府投资项目计划执行情况及调整方案（草案）》；研究审议《2022年1-10月财政收支运行情况及财政收支预算调整方案（草案）》；研究审议《长沙县推进新建商品房“交房即交证”改革实施细则（送审稿）》；研究审议《长沙县支持“个转企”若干措施（送审稿）》；研究审议《长沙县畜禽养殖污染防治规划（2022—2026年）（送审稿）》。

12月12日，召开长沙县第十八届人民政府第25次常务会议，听取2022年人大代表议案、建议和政协提案办理的情况汇报；听取11月份八项排名制指标考评情况汇报；研究审议《长沙县低温雨雪冰冻灾害天气应对工作方案（送审稿）》；研究审议《长沙县2023年春节“访民情、暖民心”活动方案（送审稿）》；听取关于县委党校改扩建项目等2个项目变更、增补的情况汇报；听取关于星沙产业基地污水处理厂项目受影响居民李明德等11户56人申请自愿搬迁的情况汇报；听取关于全县集中打击整治危害药品安全违法犯罪工作的情况汇报，研究审议《关于成立长沙县集中打击整治危害药品安全违法犯罪工作领导小组的通知（送审稿）》。

（谌巍伟）

【县长办公会议】 2022年1月17日至10月31日，县政府召开县长办公会议23次（89个议题）。

1月17日，召开县长办公会议第1次会议，研究全县粮食生产工作；研究2022年学校建设项目工作。

2月28日，召开县长办公会议第2次会议，研究推进全县防汛保安工作；调度2016—2020年过会招商引资项目落地情况。

3月8日，召开县长办公会议第3次会议，调度长沙师范学院相关工作；听取培育壮大建筑业发展的情况汇报；听取交通顽瘴痼疾整治工作的情况汇报；审议市委涉粮巡查反馈问题整改情况报告暨听取粮食安全工作汇报。

3月22日，召开县长办公会议第4次会议，评估上水堂国际公寓项目可研报告；分析一季度经济形势；调度长沙县（经开区）安全生产工作；调度种业振兴和省农科院基地建设工作；研究全县国土绿化试点项目工作；研究省道206线—国道319线—县道011线安全文明示范路相关工作。

4月7日，召开县长办公会议第5次会议，听取关于深化县应急管理综合行政执法改革相关工作的汇报；听取全县防汛抗旱工作运行机制专题汇报；听取全县生态环境保护工作汇报；研究审议《长沙县关于深化新时代教育督导体制机制改革方案（送审稿）》。

4月15日，召开县长办公会议第6次会议，研究全县17个专项整治三年行动工作；研究“星农智谷”国家级田园综合体建设工作；研究2022年省、市、县重点民生实事工作；研究乡镇污水处理特许经营权相关工作；研究《长沙县主城区居民住宅小区二次供水设施户表改造及管道直饮水建设实施方案（送审稿）》。

4月19日，召开县长办公会议第7次会议，调度省委巡视和市委巡察问题整改工作；调度槼梨花园新城及水乡古镇片区开发（一期）项目投资建设相关工作。

4月24日，召开县长办公会议第8次会议，研究长沙县星城控股集团有限公司组建相关事项；调度长沙县“松雅湖商圈”消费节相关工作。

5月11日，召开县长办公会议第9次会议，调度蓝天保卫战“点长制”工作；研究“2021年全国法治政府建设示范创建评估单项项目集中评议环节”迎检工作。

5月17日，召开县长办公会议第10次会议，调度真抓实干督查激励及绩效考核“两条赛道”工作；研究星城发展集团参与政府购买服务项目工作；审议《长沙县2021年度财政支出绩效重点评价项目计划（送审稿）》；审议《长沙县贯彻落实第二轮中央生态环境保护督察排水问题的整改方案（送审稿）》；研究被征地农民一次性补缴养老保险相关工作。

5月28日，召开县长办公会议第11次会议，研究全县教育相关工作；调度田汉文化园相关工作；研究“四个年”相关工作。

6月16日，召开县长办公会议第12次会议，研究全县征地拆迁“百日会战”攻坚工作；研究全县征地拆迁和拆违控违工作；研究全县重点项目建设工作；研究全县耕地保护、自然资源例行督察反馈问题整改和月清“三地两矿”工作。

6月21日，召开县长办公会议第13次会议，研究长沙县自建房安全整治“百日攻坚”专项行动相关工作；研究长沙县安全生产“百日攻坚”整治行动暨建筑领域安全生产相关工作；研究国家统计督察反馈意见整改相关工作。

7月1日，召开县长办公会议第14次会议，研究全县上半年绩效考核及“双过半”工作；研究全县安全生产“百日攻坚”整治行动暨危爆物品、消防安全工作；研究全县2022年早籼稻收购工作；研究全县文旅融合规划项目建设工作；研究全县自建房安全整治“百日攻坚”专项行动相关工作。

7月5日，召开县长办公会议第15次会议，研究全县市场主体培育发展工作；审定长沙县2022年巩固拓展脱贫攻坚成果和乡村振兴入库项目；研究全县村民自建房审批和安全管理工作；研究全县打击治理电信网络诈骗犯罪工作；研究教育相关工作。

7月19日，召开县长办公会议第16次会议，研究长沙县干部联企业“送政策、解难题、优服务”行动问题整改工作；研究全县自建房安全整治“百日攻坚”专项行动工作；研究非法混凝土搅拌场整治工作；研究防范房地产风险项目“强制停贷”工作。

7月26日，召开县长办公会议第17次会议，县政协十届二次会议第17号提案办理协商；研究全县房地产稳定工作；研究调度2022年全县征地拆迁“百日会战”攻坚行动；研究青松老年公寓项目二期违建处置及验收办证工作。

8月10日，召开县长办公会议第18次会议，研究调度“双赛道”工作；研究项目建设情况暨专项债项目建设推进工作；研究违法建设和违法违规审批专项清查整治工作；研究长沙县第二届房交会筹备工作。

8月24日，召开县长办公会议第19次会议，研究中共二十大全县安保维稳工作；研究全县防旱抗旱工作；研究全县“两违”清查（拆违控违）工作；研究2022年秋季开学工作。

8月31日，召开县长办公会议第20次会议，研究长沙县道路交通安全管理工作暨省交办责任清单任务落实工作；研究长沙县生态文明建设和生态环境保护工作；研究长沙县“双减”工作；研究长沙县深化“放管服”改革持续优化营商环境工作。

9月20日，召开县长办公会议第21次会议，研究长沙县质量强县工作；研究长沙县医保基金支付大规模核酸检测费用清算及后期费用结算工作；研究落实国务院稳住经济大盘督导和服务工作组对湖南省反馈意见工作；研究审计整改工作；研究长沙县2022年退役士兵安置工作；研究2022年省脱贫群众持续增收工作；研究全县自建房安全整治工作；研究自然资源例行督察反馈问题整改、月清“三地”、耕地恢复工作。

10月11日，召开县长办公会议第22次会议，研究湖南先进制造业学院市场化运营改革工作；研究第三次全国土壤普查工作；研究农村困难群众救助补助资金审计问题专题整改工作；研究长沙县数字政府建设相关工作；传达学习省、市自建房安全专项整治和“保交楼、稳民生”等工作会议精神，研究全县自建房安全专项整治和“保交楼、稳民生”工作。

10月31日，召开县长办公会议第23次会议，调度“城乡品质提档年”行动暨研究“百街千巷”环境综合整治提升、老旧小区提质改造工作；调度“招商引资提效年”行动暨研究招商引资及招商项目巡视巡察整改工作。（谌巍伟）

【县长专题会议】 2022年2月16日至12月6日，长沙县人民政府召开县长专题会议42次（43个议题）。

2月16日，听取中国电子系统技术有限公司关于长沙县智慧城市项目、数字经济发展和数字城市建设相关情况，县大数据中心关于与中国电子系统技术有限公司合作情况的汇报。

2月23日，听取县文旅局关于近期全县文旅融合工作开展情况，县发改局关于文旅产业专项债申报有关情况，以及相关镇关于文旅产业规划及专项债申报情况的汇报。

3月7日，听取星城发展集团工作情况的汇报。

3月14日，听取高桥镇关于长沙县紫竹山美丽乡村示范区建设和高桥镇文旅产业项目规划的情况汇报。

3月15日，听取黄花国际贸易港指挥部关于项目前期相关工作情况和比亚迪项目指挥部关于比亚迪能源汽车零部件产业园项目工作推进情况的汇报。

3月16日，听取县重点建设项目事务中心关于长赣铁路（长沙县段）相关工作情况和自贸临空区关于集疏运道路建设工作情况的汇报。

3月23日，听取青山铺镇关于经济社会发展相关工作的情况汇报。

3月24日，听取北山镇关于北山产业基地工作推进、交通基础设施建设和林长制工作情况的汇报。

4月13日，听取县自然资源局关于月清“三地两矿”工作的情况汇报。

5月12日，听取县自然资源局关于月清“三地两矿”工作的情况汇报。

5月16日，听取县行政审批服务局关于“放管服”改革暨优化营商环境“走流程、解难题、优服务”工作的情况汇报。

6月7日，听取县城管局关于全县燃气安全排查整治工作的情况汇报；听取县交通局、县交警大队等单位关于公交行业安全情况的汇报。

6月15日，听取县安委办关于全县安全生产“百日攻坚”行动和消防安全工作开展情况、县教育局关于防范学生溺水工作开展情况的汇报。

7月5日，听取湖南机场建设指挥部、县机场指挥部、临空集团关于长沙县机场改扩建工程相关工作的情况汇报。

7月6日，听取县水业集团关于全县“两水”工作的情况汇报。

7月8日，听取推进共同富裕先行区建设高桥镇工作的情况汇报。

7月10日，听取县教育局关于北师大长沙附校空港城学校“民转公”工作进展的情况汇报。

7月12日，听取县商务局关于全县招商引资工作相关情况的汇报。

7月13日，听取安沙镇关于安全生产、文明创建的情况汇报。

7月18日，听取县教育局、县水利局、县行政审批服务局关于人大评议相关工作整改情况，县政府经研室关于工程项目流程审批梳理情况的汇报。

7月26日，部署农村村民住宅建设安全、风貌管控和建房管理等工作。

7月28日，听取县城管局关于全县“百街千巷”环境综合整治工作的情况汇报。

8月2日，传达学习7月27日省政府副省长王一鸥以及省政府副秘书长、省整治办主任鹿山在全省道路交通事故多发县市区专题分析会上的讲话精神，听取县整治办关于全县1—7月道路交通安全情况，星沙街道、㮾梨街道、江背镇、县交通局、县住建局、县执法局关于镇（街道）道路安全工作开展情况的汇报。

8月4日，听取同济城市规划设计研究院关于黄花国际贸易港可研报告和产业规划编制阶段成果情况，黄花国际贸易港开发建设指挥部关于近期工作情况，临空集团关于上水堂国际公寓和机场集疏运道路项目工作推进情况的汇报；听取湖南机场建设指挥部关于长沙机场改扩建工程情况、县机场指挥部关于长沙机场改扩建工程拆迁腾地工作情况和临空集团关于长沙机场改扩建工程占用耕地耕作层剥离利用有关情况的汇报。

8月17日，部署全县防旱抗旱工作；听取县自建房安全整治“百日攻坚”专项行动指挥部办公室关于自建房安全整治“百日攻坚”专项行动推进情况的汇报；听取县自然资源局关于全县国土资源管理和月清“三地两矿”工作的情况汇报。

8月23日，听取县应急局关于安全生产和应急管理工作情况的汇报。

8月25日，听取黄兴镇关于近期经济社会发展情况的汇报。

8月26日，听取县交通局关于长沙县公交行业助企纾困工作的情况汇报。

8月30日，听取上海同济城市规划设计研究院有限公司未来产城实验室关于黄花国际贸易港产业规划编制阶段成果汇报。

9月21日，学习《长沙市安全生产委员会办公室关于进一步加强安全监管执法的通知》《长沙市安全生产委员会办公室关于2022年1—8月全市安全监管执法评价排名的情况通报》等文件通报精神。

10月8日，部署安排全县第四季度工作，听取县发改局、县统计局、县农业农村局关于当前经济运行相关情况的汇报。

10月19日，听取县发改局关于全县项目推进情况，县财政局关于全县专项债支付工作的情况，县文旅局关于全县文旅产业项目建设情况，县征地服务中心关于全县2022年“百日会战”攻坚行动项目完成情况和经开区财政金融局关于经开区专项债支付工作情况的汇报。

10月20日，调研杨开慧纪念馆，督导开慧镇安全生产、疫情防控、森林防火等工作。

10月31日，听取县财政局关于全县化解债务工作情况、县审计局关于省审计厅对长沙县债务专项审计的情况汇报。

11月4日，听取县城管局关于全县渣土管理工作情况、县执法局关于全县违规倾倒渣土执法情况以及县公安局关于全县渣土违法行为打击处理情况的汇报。

11月9日，听取黄花国际贸易港指挥部筹备组关于近期工作推进情况和上海同济城市规划设计研究院有限公司未来产城实验室关于黄花国际贸易港产业规划编制阶段成果的汇报。

12月5日，听取县发改局关于全县项目建设推进工作情况、2023年全县项目计划情况和2023年全县专项债项目申报情况，县住建局、县教育局、县水利局、县农业农村局、县交通局、县文旅局、县城管局、县重点建设项目事务中心、松雅湖生态新城发展中心、星城控股集团、临空集团、水业集团等单位关于项目推进情况及2023年项目铺排的情况汇报。

12月6日，听取自贸临空区近期工作情况汇报。（谌巍伟）

招商引资

【概况】 2022年，长沙县、长沙经开区、自贸临空区、自贸会展区引进项目101个，总投资744.8亿元。101个项目中，引进亿航智能华中区域总部及研发生产基地项目、安博航空物流华中总部运营基地项目等投资10亿元以上项目10个，引进上汽大众奥迪新车型项目等投资50亿元以上项目2个，引进投资100亿元以上的比亚迪新能源乘用车生产基地项目1个，新引进长沙比亚迪汽车零部件有限公司等三类“500强”企业8个，引进中交四公局二公司总部项目、比亚迪新能源汽车零部件产业园项目、安博航空物流华中总部运营基地项目、比亚迪新能源乘用车及零部件生产基地项目4个“湘商回归”项目。全县实际利用外资21930.87万美元，比2021年增长11%；全县实际到位内资208.09亿元。制定《长沙县“招商引资提效年”行动方案》和《2022年长沙县“招商引资提效年”考核办法》，设立“两主一特”（工程机械、汽车及零部件两个千亿元产业和电子信息特色产业）及新兴产业、总部及数字经济、医药物流、文旅文创和现代服务业、科技企业及科创平台5支招商小分队，高质量推进“招商引资提效年”工作。制定《长沙县招商引资项目监管实施办法》，优化机构设置和议事流程，给园区和镇（街道）招商权限“松绑”解压。召开县级领导专题项目调度会13次，国土专题对接会2次，调度项目70余个。香他她、南方钽铌等21个项目入驻，入驻项目比2021年增长50%。（周　瑶）

【湖南省2022年“迎老乡　回故乡　创三湘”项目签约】 2022年2月6日，湖南省“迎老乡　回故乡　创三湘”活动启动仪式暨新春恳谈会在长沙县举行，活动现场举行项目签约仪式，8个项目现场签约，总投资近200亿元，涵盖新材料研发与制造、高端商务、新能源、医药研发等多种业态。（周　瑶）

【“强省会”湖南自贸区长沙县区块在行动活动】 2022年4月20日，“强省会”湖南自贸区长沙县区块在行动活动在自贸临空区举行，活动签约重点产业项目38个，涉及对非及RCEP战略合作、跨境贸易、信息技术、生物技术等多个领域，总投资266.7亿元。（周　瑶）

【“长沙跨境电商招商推介”系列活动】 2022年7月22日，2022湖南（长沙）跨境电商交易会“湘聚出海”跨境电商产业发展论坛在湖南国际会展中心举办。活动邀请全国9大城市跨境电商行业协会、产业带负责人进行跨境电商不同城市特点的电梯演讲，并与长沙县就跨境电商产业带合作联合签约。是日，长沙县跨境电商生态建设恳谈会举行，近50家省外跨境电商优质卖家、海外电商平台、服务商、行业机构及20余家县内外贸企业、楼宇企业代表应邀参会。（周　瑶）

【比亚迪新能源乘用车及零部件生产基地项目】 2022年，长沙县引进比亚迪新能源乘用车及零部件生产基地项目总投资102亿元，拟建设年产15万辆新能源乘用车生产基地项目，主要包括新能源乘用车及配套零部件等核心产品的制造，打造新能源乘用车战略基地。（周　瑶）

行政审批服务

【概况】 2022年，长沙县行政审批服务局全面推进行政审批制度改革，提升行政审批效率。政务大厅提质改造基本完成，涉及项目审批36个事项进驻率从28%提高至94%，政务服务高频事项前60项全程网办率由57%提高至80%，建设项目审批时限在省规定基础上整体压缩20%，热线工单办理增速由61%下降至28%，解决率由74%提高至82%。湖南省深化改革委员会《改革简报》第50期推介《长沙县：深化“放管服”改革全链条促进先进制造业高质量发展》改革经验，市长郑建新作出肯定批示。省政府放管服改革通报2次表扬长沙县放权赋能和推进自贸区建设，省政务管理服务局专刊《湖南省政务管理服务工作》第3期、第7期、第15期先后3次在全省推介长沙县基层政务服务体系便利化、标准化经验做法和全面深化商事制度改革、打造营商环境新高地的改革成效，并2次将长沙县政务服务体系便利化工作和制造业一件事一次办工作典型案例向国务院办公室推荐。市民热线服务中心“镇街吹哨，部门报到”和“四个治理”（构建“良治”工作框架、建立“精治”办单机制、建成“共治”联动平台、形成“长治”社会良效）创新模式。

（张　颖）

【“放管服”改革】 2022年，长沙县行政审批服务局制定《长沙县2022年深化“放管服”改革重点任务分工方案》，明确聚焦行政审批、聚焦投资审批、聚焦政务服务、聚焦事中事后监管4个方面24项重点工作任务。开展放权赋权。在赋权园区150项的基础上，根据自贸区临空区块实际，下放园区县级权限18项，助推“园区事园区办”。推行清单管理。清理全县各部门单位行政许可事项和公共服务事项，编制出《长沙县权责清单（2022年版）》6422项、《长沙县行政许可事项清单》232项，公布《长沙县进驻政务服务大厅事项清单（2022年版）》1672项。

（张　颖）

【审批效率提速】 2022年，长沙县行政审批服务局制定《长沙县深化“放管服”改革提高项目审批效率实施方案》，实现5类投资项目审批时限压减20%。设立项目集中审批区，发展和改革局、自然资源局、住房和城乡建设局等8个部门审批人员进驻办公，涉及项目审批36个事项进驻率从22%上升至94%。对重大项目审批实行挂图作战，全程跟踪服务，全年为105个项目提供545次工程报建帮代服务。推进“综合窗”建设。按照“前台综合受理、后台分类审批、综合窗口出件”要求，设置三类“综合窗”，对工程报建、市场准营、社会事务涉及24个部门700余个事项实行“受审分离”“受办分离”，实现“一窗受理、综合服务”。提升网上办理质效。依申请六类事项网办率100%，政务服务高频事项前60项网办率从56%提升到80%，三级以上办理深度比例90%。全年“一网通办”办件28.7万件，办结率98%，“办件承诺压缩率”从54%提升到83.7%，“事项覆盖率”从75%提升到87%，在市对县考核中居10区县前列。（张　颖）

【“一件事一次办”改革】 2022年，长沙县行政审批服务局开展“走解优”活动。县政府主要领导及19个部门单位近100名领导干部深入窗口“走解优”，查找解决难点、堵点问题54个，长沙县“走流程、解难题、优服务”经验做法获省政府门户网站专题推荐。其中，县人社局推出“退休一件事”，有效提高受件效率。不动产抵押中心不动产抵押注销登记业务推行“不见面”抵押、“无纸化”登记。在全面落实省政府发布的246项“一件事一次办”套餐事项的基础上，通过集成服务，加快新发布的29个主题事项的实施。对制造业相关事项进行梳理整合和流程再造，推出“制造业企业水电气报装、外线审批”和“厂房验收、不动产登记、政策兑现”2个“一件事一次办”事项，原需在9个部门窗口跑动次数由13次减至1次，压减86%，办结只需9个工作日，压减50%。打造超级C端“在星沙”App。由大数据中心牵头，全县25个部门单位相关事项入驻App，掌上办事项由103项增至811项。设“即申秒批”专区，包含就业登记、参保登记等6个事项，推行主题一件事特色服务，对生育收养、户籍办理、离职退休等11个主题340个事项按主题分类，实现相关事项“一次办”。（张　颖）

【大厅管理】 2022年，长沙县行政审批服务局完善“预约服务”“延时服务”等17项服务规范，升级24小时自助服务区，推行帮代办、免费办，全年各窗口提前、延时服务近955人次，提供帮代服务31万余次，免费打（复）印10万次。（张　颖）

【效能监督】 2022年，长沙县行政审批服务局在市网上中介超市发布采购公告346个，重新评价18件，失信行为处理1件。健全政务服务“好差评”和电子监察“红黄牌”管理机制，全年政务大厅受理办件99万件，好评率99.9%，“红黄牌”系统板件及时率保持100%。（张　颖）

【政务公开】 2022年，长沙县行政审批服务局组织各镇（街道）、县直相关单位完成2021年度政府信息公开年度报告。优化依申请公开服务体系，保障申请人对政府信息的知情权，全年受理政府信息依申请293件，在县政府门户网站发布信息30441条，其中，“政府信息公开目录”信息13709条，“部门信息公开目录”信息8459条。（张　颖）

【“12345”政务热线】 2022年，长沙县制定《长沙县“12345”政务服务便民热线工作考评通报办法（试行）》。提出“四个治理”模式，建立镇村联动，部门协同的“共治”格局，推动政务热线从“受理数量”向“办理质量”转变。全年办结工单9.2万件，按时办结率100%，群众满意率99.27%，平均诉求解决率82%，总体考核在长沙市各区、县（市）中排名前列。（张　颖）

【综合窗改革】 2022年9月，长沙县行政审批服务局统一服务形象、服务标准，在县级大厅对“工程报建”“市场准营”“社会事务”领域开启“受审分离”综合窗改革。改革涉及发展和改革局、住房和城乡建设局等24个大厅进驻部门700余个事项。对综合窗前台人员从服务礼仪、职业素养、管理技能、业务知识、团队建设、营商环境政策、综窗国家标准等多维度培训考核，打造一支业务强、服务优、形象佳的“全科型”服务团队。推进综合窗改革，实现分类综合窗率先建成、跨部门综合窗联合服务、报建综合窗服务集成。（胡　欢　陈硕慧）

【制造业企业“一件事一次办”】 2022年，长沙县行政审批服务局推出制造业企业全生命周期“一件事一次办”服务模式，围绕制造业企业从开办到注销重要阶段，按照不同应用场景、业务情形，将多个相关联的“单项事”合理归集，科学设计办理流程，梳理形成政务服务“一件事一次办”事项清单，为企业提供主题式、套餐式服务。制造业全生命周期一件事一次办6个套餐事项的其中之一是“厂房验收和不动产登记‘一件事’”。制定《长沙县制造业厂房验收、不动产登记和政策兑现“一件事一次办”改革实施方案》，将原来企业需要办理的“建设工程规划竣工验收合格证”“建设工程消防验收或备案”“人防工程竣工验收备案”“建设工程城建档案验收”“雷电防护装置竣工验收”“不动产登记中心工业企业房地产首次登记”“中小企业发展专项资金补贴兑现”7个事项进行梳理整合和流程再造，制造业企业厂房新改扩建、竣工验收及政策兑现专题“一件事一次办”。优化整合共通材料后，企业仅需在综合窗一次性提交申报材料，不需办事人再重复提交，实现“一窗口”综合受理、承诺联办，资料由部门间自行流转，极大缩短企业办事人往返跑腿及各事项办理间隔时间，实现厂房验收“一件事一次办”。改革后，制造业厂房验收相关事项办理的申请材料份数减少13份，整体优化21%；办理时限减少9个工作日，整体优化50%；跑动次数减少6次，整体优化86%，方便办事群众。

（刘晓宇 陈宇轩）

【政务服务大厅改造】 2022年，长沙县投资2000万余元，于8月31日启动升级改造政务服务大厅。改变原大厅“回”字形设计，增设自动扶梯，人员动线更加流畅，分设一楼“亲民”厅，办理社保、医保等公民个人事项，二楼“厚商”厅，专门办理法人类事项，由项目审批、企业开办等4个专区组成，企业群众办事更明了，升级政务公开区、网上导办区、特殊群体代办区等，集智慧办事、信息公开、公益服务等功能于一体，优化办事体验。大厅改造期间，政务服务中心迁至过渡场地东六路与棠坡路交会处长沙县文体中心一楼临时办公。

（陈宇轩）

信访工作

【概况】 2022年，长沙县创建成为湖南省信访工作示范县。县委书记付旭明就重复访治理、重点个案、不稳定因素、领域性问题专题调度会议28次，专题批示53次；县长陈永高专题铺排部署23次，专题批示25次。县信访联席会议召集人定期召开信访联席会议，坐镇一线、靠前指挥成为工作常态化。全县构建起横向协作、纵向联动、部门牵头、镇街为主的“大信访”工作格局。

（黄大乐）

【信访问题整治】 2022年，长沙县信访局接劝返并推动化解群众信访或诉求2334件次；针对重复访治理工作短板，深入分析研判、建立工作闭环，探索实行“六防四即三优三重三同步”（“六防”：防一般问题转信访问题、防初信初访转重复访、防新增初信初访转重复访、防重复访转重复访、防专项工作欠账和重复访回流、防底线突破，“四即”：即受理、即转交、即联系、即化解，“三优”：网信优先、时间优先、活跃优先，“三重”：重实体化解和事心双解、重办案质量、重全面“回头看”，“三同步”：化解、掌控、稳控）举措，推动化解重复访147件，化解初信初访件750件；落实县级领导“AB组”坐班接访和镇街“开门接访”工作，县级领导接待来访群众52批294人次，协调处理信访问题41件次；组织召开信访联席会议112次，推动解决重点问题84件；通过信访困难救助解决疑难信访问题58件次；坚持和发展新时代“枫桥经验”，全年调解化解各类信访问题1129年，攻坚拔寨积案和重点信访问题103件。同步聚焦信访“五率”指标提升，长沙县信访部门及时受理率、按期答复率、责任单位参评满意率、专项工作总审核化解率等10项指标均达目标要求。

（黄大乐）

【信访积案攻坚】 2022年，长沙县信访联席会议全面部署和谋划信访积案攻坚行动，通过采取领导干部联案包案、责任主体单位调处、信访联席会协调、信访听证、信访困难救助等方式，实现信访积案动态“清零”。全年推动5年以上信访积案5件，市321件重点重复信访件涉及全县10件。推动化解国家信访局交办长沙县第一批（128件）、第二批（35件）重点件，其中，纳入专项工作的回流件（11件）全部办结化解，综合化解率100%，审核倒流率0。纳入积案“百日攻坚”案件85件化解77件，程序办结8件。县信访联席会议统筹调度12个重点领域工作组，分类分项解决各类问题1600余件。

（黄大乐）

智慧城市建设

【概况】 2022年，长沙县大数据中心加强信息基础、项目管理、数字应用、安全保障等工作，探索出数字政府和智慧城市建设改革的长沙县模式。“长沙县PK政务云”“长沙县视频超融合平台”被纳入“长沙市新型智慧城市建设区县（市）试点示范项目”，长沙县视频超融合平台项目入选湖南省工业和信息化厅的“2022年数字湖南十大应用场景建设典型案例”，数据资源融合平台项目获中国信息协会“2022数字政府创新成果与实践案例”，网络安全工作获长沙市护网2022网络攻防演习“优秀防守单位”，政府网站工作获长沙市政府网站管理优秀单位。

（罗卉 张阳）

【智慧城市基础建设】 2022年，长沙县大数据中心启动升级优化电子政务骨干网，电子政务外网打捆项目招标完成。建成“长沙县PK政务云”，实现机房整合，改革整合全县各部门机房和业务系统，承载100余台服务器，提供计算、存储、网络、安全等基础服务，使政务信息资源“强度整合、高度共享、深度应用”。建设全县数据资源融合平台并试运行，实现数据资源融合，归集数据4000万余条，开发数据共享实时接口50余个，支撑各单位数据汇聚和应用，平台延伸至部门、镇（街道）、社区（村），促进大数据应用向基层延伸，建设视频超融合平台并试运行，汇聚教育、公安、应急等单位3万余路视频资源，部署30余种算法，实现全县城市管理、公共安全等重点领域视频资源统一汇聚共享、统一分析支撑、统一运行监管，提升城市治理水平。以县自然资源局时空信息云平台底图为基础，整合各类数据，为城市社会治理提供数据底座支撑。

（罗　卉　张　阳）

【信息化项目】 2022年，长沙县大数据中心牵头修订《长沙县政府投资信息化项目管理办法》，并以县政府办名义印发，牵头制定《长沙县数字政府建设实施方案（2022—2025年）》。通过跨部门、跨业务、多用户单位场景的共性基础平台集约建设，实现全县机房、网络、数据、视频、大屏、网站、地图、移动端应用服务、身份认证体系等的共建共享共用和统筹融合。开发信息化项目全生命周期管理平台，推动项目电子档案管理，实现项目申报、方案评审、实施、验收、后评价等全要素全流程线上闭环管理，构建整体协同、规范高效、动态管理的项目全生命周期管理运行机制。审查政府投资信息化项目技术方案39个，总投资1.92亿元，审查核减金额2000万元，核减比例10%。强化政府资金统筹整合，探索改革智慧城市市场化投资建设运营模式，由财政、教育、卫健、大数据等部门具体牵头，引导银行为智慧城市建设融资。（罗　卉　张　阳）

【数字应用】 2022年，长沙县大数据中心建成“一站式”“互联网+”城市综合服务平台，将县内已建政务和公共服务统一接入平台。依托其新建移动应用服务，实现融媒体资讯，以及公安、卫健、民政等近600项政务服务事项和交通、教育、医疗等200余项公共服务“一屏尽享”。基于市“互联网+政务服务”一体化平台，全县依申请类政务服务事项全部入驻，上线政务事项1800余项，年办件约30万件。近600项政务服务事项实现“在星沙”掌上办理，推出就业登记等5个即申秒批事项，完成出生、身后等主题一件事线上流程设计。建立无纸化会议和办公系统，满足各单位内部公文流转、日常审批、会议管理等需求，推动30余个党政部门应用，降低行政办公成本。推动县政府门户网站集约化和升级改造，61个部门和镇（街道）进驻，年浏览量1596万次，日浏览量4万次，全年发布政务信息33845条。建设政务新媒体一体化平台，提升政务新媒体智能化监管服务水平，全县36个政务新媒体规范运行。建设县本级视频会议系统，搭建6个主会场、20个分会场、50个移动软终端，满足县级各类行政会议、业务培训、紧急调度会议需求，视频会议300余次，参会者3万余人次。

（罗　卉　张　阳）

【数据安全体系构建】 2022年，长沙县大数据中心制定长沙县政务云机房管理等5项制度，对县内8500余台终端及400余台服务器提供安全防护保障，各类业务系统安全稳定运行。由专业安全运维团队负责政务云机房、政务网络、政务云、视频会议、网络安全等各类场景与事件的运维处置，全年巡检政务云机房178次，处理基础设施故障24次，处理其他各类事件1000余个。全面应用PK架构国产服务器，PK云平台另建网络安全组600余个，实施网络隔离。使用国产操作系统、虚拟化软件、数据库、中间件、信息安全等基础软件，建设安全可信、自主可控的政务云平台。（罗　卉　张　阳）

2022年12月16日，长沙县智慧城市指挥中心　（长沙县县大数据中心 供图）

中国人民政治协商会议
长沙县委员会

编辑 周进银

综 述

【政协委员构成】 2022年，长沙县政协第十届委员会有委员245人，设14个界别组，委员界别分布为：中共界委员一组11人，中共界委员二组20人，医疗卫生界委员组12人，无党派人士委员组11人，文化艺术和新闻出版界委员组9人，台侨和工青妇界委员组11人，农业界委员一组18人，农业界委员二组20人，民宗和社会福利界委员组24人，科技科协界委员组18人，经济界委员一组29人，经济界委员二组31人，教育界委员组21人，工商联界委员组10人。委员的学历构成分别为：研究生42人，大学本科125人（含1人在读），大专55人（含1人在读），高中7人，职高1人，职业中专9人，初中6人。委员年龄构成分别为：小于35岁48人、36～45岁112人、46～54岁75人、55～60岁10人。（李 炀）

【政协服务中心工作】 2022年，长沙县政协协助县委、县政府出台2022年度协商和监督工作计划，县政协2022年度工作要点由县委转发。将“共同富裕先行区建设”作为调研课题，学习借鉴浙江省及慈溪市共同富裕推进经验，调研报告部分内容被县委、县政府吸纳进长沙县共同富裕先行区建设工作方案。围绕“打造文旅融合样板区”开展专题调研，从产业融合、管理运行体制机制、行业市场主体发展等方面提出政协建议。围绕提升城市公园品质开展调研，形成《对部分公园重新命名以提升城市品位的建议》，为长沙县部分公园（公共绿地）更名提供参考。围绕长沙县茶叶生产历史和茶文化开展广泛调研，编撰文史书籍《长沙县茶文化》。县政协领导班子成员带领政协机关干部参与“四进四查五到位强基保安”行动（“四进”：进农村、进社区、进企业、进单位；“四查”：安全生产大排查、消防安全大排查、疫情防控大排查、社会稳定大排查；“五到位”：政策宣讲到位、隐患排查到位、矛盾化解到位、风险管控到位、依法处置到位）、“千人帮千企”暖企行动、疫情防控、文明创建等，督导联点果园镇、江背镇安全生产、项目建设、信访维稳等工作。号召委员参与疫情防控、文明创建、春耕生产等重点工作，开展“四个一”活动（实现一个执政本质，体现一个根本要求，明确一个重要途径，要完善一个执政方式）。开展社会贤达推选及管理工作，推选出155名社会贤达，召开长沙县首届社会贤达推选结果发布大会。（李 炀）

【政协系统学习交流】 2022年，长沙县政协依托县政协党组会议、主席会议、委员小组会议以及政协云、微信工作群、委员工作室等方式和平台，学习习近平总书记关于加强和改进人民政协工作的重要思想以及《关于加强社会主义协商民主建设的意见》《中国共产党政治协商工作条例》《加强和改进新时代市县政协工作的意见》等重要文件精神，向委员印发《政协重要文献资料》。组织各类集体学习30余次，举办浙江大学县政协委员履职能力提升培训班2期，政协业务知识专题培训2次。组织委员参加政协云书院主题读书群，在政协机关设置“共享微书吧”，推进“书香政协”建设。用学习引导委员“入好政协门、做好政协人”。接待上级政协及其他地方政协到县调研、考察、交流30余批次。（李 炀）

【履职实践活动】 2022年，长沙县政协把委员工作室打造成践行全过程人民民主的亮丽名片，新建10个镇（街道）政协委员工作室和10个界别（个人）委员工作室，提质升级10个镇（街道）政协委员工作室，制定《关于进一步加强和改进政协委员工作室建设和运行工作的实施意见》。泉塘街道政协委员工作室和路口镇政协委员工作室被评为“湖南省示范性政协委员工作室”和“长沙市政协优秀委员工作室”。在9月21日“委员活动日”期间，各委员小组以“喜迎二十大，委员在行动”为主题，依托委员工作室开展特色履职活动。各委员工作室开展基层民主协商、实践调研、社会公益和扶贫帮困活动等60余场次。（李 炀）

【政协宣传】 2022年，长沙县政协加强意识形态阵地的建设和管理，被《人民政协报》、省政协融媒体报道20余次；改进和提高《长沙县政协》办刊质量，加强政协网站、微信公众号建设；用好委员微信工作群，发挥信息共享、交流互动、助力履职的积极作用；编印《履职回眸》文集和《同心印记》画册。（李 炀）

重要会议

【政协全体会议】 2022年2月11—13日，政协长沙县第十届委员会第二次会议召开。会议期间，委员们集中学习中共二十大精神。长沙县委副书记、县人民政府陈永高受长沙经开区党工委书记、中共长沙县委书记付旭明委托在闭幕会上讲话，县委、县政府主要领导出席委员联组讨论，与委员们共商大计。会议听取审议政协长沙县第十届委员会常务委员会工作报告；协商讨论县政府工作报告、县人民法院、县人民检察院工作报告以及其他报告。大会通过《政协长沙县第十届委员会第二次会议关于县政协十届常务委员会工作报告的决议》《政协长沙县第十届委员会第二次会议政治决议》，听取政协长沙县第十届委员会第二次会议提案审查情况的报告。（李 炀）

【政协常委会会议】 2022年2月13

日，长沙县政协十届四次常委（扩大）会议召开。会议听取十届二次会议分组讨论情况汇报。书面审议《政协长沙县第十届委员会提案委员会关于县政协十届二次会议提案审查情况的报告（草案）》；讨论通过常委会工作报告决议（草案）、大会政治决议（草案）以及其他有关工作。县政协主席王国良，副主席毛葵、张小春、李建军、王文凯、陈洁参加会议。

3月18日，长沙县政协十届五次常委（扩大）会议召开。会议通报县政协2022年协商与监督工作计划、县政协2022年度工作目标任务责任分解情况；审议通过各专委会兼职副主任、兼职委员建议名单，县政协常委会重点课题调研方案。县政协主席王国良，副主席毛葵、张小春、李建军、王文凯、陈洁参加会议。

7月29日，长沙县政协十届六次常委（扩大）会议召开。会议听取长沙县人民政府上半年工作情况通报、政协长沙县委员会上半年工作情况通报；审议通过县委提名的有关人事任命。县政协主席王国良，县委常委、县人民政府副县长彭正球，副主席毛葵、张小春、李建军、王文凯、陈洁参加会议。

9月28日，长沙县政协十届七次常委（扩大）会议召开。会议听取县委办、县政府办关于县政协十届二次会议提案办理工作情况通报；集中学习《中共中央关于加强社会主义协商民主建设的意见》；部署安排县政协十届三次会议提案征集工作。县政协主席王国良，副主席毛葵、张小春、李建军、王文凯、陈洁参加会议。

（李　炀）

政治协商

【概况】 2022年，长沙县政协坚持以全体会议为龙头，以专题常委会议协商为重点，以提案办理协商、对口协商、微协商为常态的协商议政格局，打造广泛多层制度化的协商平台。组织开展大会联组协商、5次对口协商、7次重点提案办理协商以及多次基层民主协商。（李　炀）

【联组协商】 2022年，长沙县政协7名委员在政协长沙县委员会十届二次会议上分别围绕“保障粮食大安全、构建教育良好生态、稳定县级公立医院专业技术人才队伍、实施管道直饮水工程、智慧医养、成立异地长沙县商会、职业教育”等方面协商建言，县委主要领导对每个发言均作出详细批示，相关建议被采纳并落实到具体工作中。（李　炀）

【提案办理协商】 2022年，长沙县政协十届二次会议征集提案137件，立案77件，确立重点提案7件，坚持县委、县政府主要领导领衔督办重点提案高层协商机制，各责任专委会与重点提案的办理联系县领导、提案主办单位汇报等，推进提案办理落实，围绕《关于加强人才“引”“留”“培”工作的提案》《关于在机场尾流区建设智慧物流园的提案》《关于成立异地长沙县商会服务县域经济发展的提案》《关于发挥业委会积极作用，破解城市治理难题的提案》等重点提案召开办理协商会并取得成效；坚持与县委办、长沙经开区办、县政府办保持沟通协调，掌握提案办理动态，推动提案办理开展。（李　炀）

【对口协商】 2022年，长沙县政协发挥专委会基础性作用，加强与党委、政府部门的对口协商。先后组织委员围绕“乡镇污水处理”“‘专精特新’企业培育”“营商环境优化”“充分就业强县工作”等主题开展对口协商，提出合理化建议，促进相关部门工作推进。（李　炀）

【基层民主协商】 2022年，长沙县政协发挥各政协委员工作室阵地作用，创新打造“政协委员工作室+社会贤达工作站”和“政协委员+社会贤达”共建共商的工作机制。其中，泉塘街道委员工作室围绕“泉塘第二小学及湘珺未来学校放学时段拥堵”组织委员和社会贤达开展实地调研和微协商会议，助力“堵心路”变成“畅行路”；路口镇委员工作室创新建立“四步三到位，有事好商量”工作法，组织开展“助推解决自来水难入户”微协商活动，被省政协《湘声报》等媒体报道；农业界委员工作室邀请学生代表开展“节约粮食促安全‘少年委员’有话说”模拟协商。

（李　炀）

民主监督

【委员谈民生】 2022年，长沙县政协围绕坚持民主监督与新闻舆论监督相结合的模式，在县融媒体平台开设“委员谈民生”专栏，围绕教育“双减”、推广农业社会化服务新模式、推进管道直饮水等涉及人民群众切身利益的关键问题，制作5期专题报道，得到较好的社会反响。开展政协委员走进县纪委监委机关、县检察机关活动，推进政协民主监督与纪委监委专责监督、检察机关法律监督贯通融合。

（李　炀）

【社情民意信息工作】 2022年，长沙县政协将反映社情民意信息工作作为政协委员聚焦中心工作履行参政议政职能，聚焦群众身边问题反映民主意愿的重要方式，委员报送社情民意信息114条，全年编发《社情民意专报》18期。其中，《运用大数据分析精准帮扶城市困难群体的建议》等3条信息被全国政协采用，《遏制利用寄递渠道犯罪高发势头，守护“小包裹”里的“大安全”》等4条信息被省政协采用，《基层应急救援短板亟待补齐》等12条信息被市政协采用；《关于建立县区域自贸试验区联动发展工作机制的建议》等10条信息得到县领导的批示肯定。是年，长沙县政协获得长沙市反映社情民意信息工作二等奖。（李　炀）

参政议政

【提案工作】 2022年，长沙县政协政协委员、县政协各参加单位和专门委员会，针对全县发展大局和人民群众普遍关心的热点问题开展调研、协商和建言。全年提交提案137件，纳入提案范围90件，经审查并案确定立案77件，对未予立案的，转社情民意信息或作为委员建议、意见，转有关部门参考。全县32个主办单位压实责任，深化提案办理协商，7月底全部办理回复。从办理回复情况看，所提问题已经解决或者基本解决的30件，占39%；所提问题正在解决或列入规划逐步解决的42件，占55%；所提问题因条件限制或其他原因不能解决的5件，占6%。从征求提案者意见情况看，提案者表示满意和基本满意的75件，占97%。

（李　炀）

【调研视察】 2022年，长沙县政协围绕发挥业委会作用、乡村振兴标杆区建设、职业教育、委员工作室和社会贤达工作站建设等开展县政协主席会议成员视察，向县委、县政府报送专题视察报告3篇，为促进城市基层治理、农业产业发展、深化产教融合等方面提供政协智慧。围绕打造国际科创高地、江背镇制造业企业发展、科技赋能乡村产业振兴、保障粮食安全、加强0～3岁托育服务体系建设、城市基层治理等开展调研。

（李　炀）

【参政议政发言】 2022年，长沙县政协委员在县政协十届二次会议期间围绕县委重大决策部署、“一府两院”工作报告等开展协商议政，5名政协委员分别围绕“坚持高质量发展，全力建设共同富裕示范区”“强化乡建美学，助力美丽乡村建设”“增强基层卫生室综合服务能力，让老百姓‘小病不出村’”“打造数字经济时代强县，破解区县转型升级难题”“软硬兼施，着力打造‘三高四新’战略人才高地”等主题作参政议政发言。

（李　炀）

【委员微建议】 2022年，长沙县政协委员提交微建议295条，助力解决路面破损、信号灯设置不合理、停车难等一系列群众身边的“微问题”；开展微协商6次，纾解优化交通拥堵、县妇幼出行和就医环境等问题，围绕“优化改善县妇幼出行和就医环境”的微建议开展微协商成效显著，被省政协作为全省十佳微建议在湖南经视进行专题报道。（李　炀）

2022年长沙县政协重点督办提案一览表

表1

案号	案　由	提案者
16	关于积极推广农业社会化服务新模式的提案	安沙镇委员小组
17	关于在机场尾流区建设智慧物流园的提案	黄花镇委员小组　陈湘平
20	关于进一步加强校地校企合作，加快科技成果转化的提案	三组集体
33	关于多部门联动落实“双减”意见，减轻教育额外负担，构建教育良好生态的提案	黄　勉　龚　旭
46	关于成立异地长沙县商会服务县域经济发展的提案	陈　艳　王行楚　罗欢玲
57	关于发挥业委会积极作用，破解城市治理难题的提案	柳　青　李志明　罗　永
71	关于加强人才“引”“留”“培”工作的提案	一组集体　罗　柱 文　胜　柳碧波 陈魁宇　李林峻

（资料来源：长沙县政协办）

2022 年长沙县政协优秀提案一览表

表 2

案号	案 由	提案者
15	关于助推企业上市，打造我县金融超市的提案	张小凡　彭少波　罗欢玲
16	关于积极推广农业社会化服务新模式的提案	安沙镇委员小组
17	关于在机场尾流区建设智慧物流园的提案	黄花镇委员小组　陈湘平
18	关于打造数字经济时代强县、破解区县转型升级难题的提案	王锦霞　杜　雅　王　卫
19	关于强化乡建美学，助力美丽乡村建设的提案	吴　顾　王行楚　常　航 陈　艳
20	关于进一步加强校地校企合作，加快科技成果转化的提案	三组集体
29	关于打造职业教育高地 助推我县共同富裕的提案	周永亮
33	关于多部门联动落实“双减”意见，减轻教育额外负担，构建教育良好生态的提案	黄　勉　龚　旭
34	关于组建北部红色文旅产业联盟的提案	路口镇委员小组集体 青山铺委员小组
36	关于稳定县级公立医院专业技术人才队伍的提案	夏　宇
46	关于成立异地长沙县商会服务县域经济发展的提案	陈　艳　王行楚　罗欢玲
57	关于发挥业委会积极作用，破解城市治理难题的提案	柳　青　李志明　罗　永
60	关于加强基层卫生室能力建设，打通农村医疗改革“最后一公里”的提案	彭　杰　彭少波　罗欢玲
67	关于总结推广智慧医养“果园模式”，打造全省智慧医养新高地的提案	果园镇委员小组
71	关于加强人才“引”“留”“培”工作的提案	一组集体　罗　柱 文　胜　柳碧波 陈魁宇　李林峻
72	关于加快推进管道直饮水、实施分质供水的提案	姚　超　六组集体

（资料来源：长沙县政协办）

2022 年全国政协采用的社情民意信息一览表

表 3

标　题	报送人
关于运用大数据精准帮扶城市困难群体，探索共同富裕新路径的建议	罗欢玲
政府机构滥用第三方机构现象亟待关注	熊　健　黎文革　李红军
利用华人华侨优势开展民间外交路径探索	连时彦

（资料来源：长沙县政协办）

中共长沙县纪律检查委员会
长沙县监察委员会

编辑　周进银

重要会议

【中国共产党长沙县第十四届纪律检查委员会第二次全体会议】 2022年2月18日，中国共产党长沙县第十四届纪律检查委员会第二次全体会议召开。县委常委、县人大常委会、县政府、县政协领导同志出席会议。全会以习近平新时代中国特色社会主义思想为指导，深入贯彻中共十九大和十九届历次全会精神，全面落实十九届中央纪委六次全会、十二届省纪委二次全会、十四届市纪委二次全会部署和县委要求，总结长沙县2021年纪检监察工作，部署2022年任务，审议通过刘重代表县纪委常委会所作的《永葆自我革命精神，深化清廉星沙建设，为率先打造“三个高地”、建设现代化示范区提供坚强保障》工作报告。（黄　弢）

【中共长沙县纪委常委会】 2022年，中共长沙县纪委召开常委会会议37次，传送学习习近平总书记重要讲话和指示批示精神以及中央、省、市、县重要会议精神，研究作风建设考评、办案安全、越级访重复访“百日攻坚”、疫情防控和安全生产监督、“一组一专题”专项监督等事项，审议相关违纪违法案件等。（黄　弢）

【长沙县纪委监委庆祝建党101周年暨“七一”表彰大会】 2022年6月30日，长沙县纪委监委召开庆祝建党101周年暨“七一”表彰大会，县委常委、县纪委书记、县监委主任刘重参加并讲授专题党课《学纪检监察史，汲取奋进力量　推动长沙县纪检监察工作高质量发展》，全体班子成员，委机关、派驻机构党员参加。会议为委机关“光荣在党50年”的老党员代表颁发纪念章，宣读2021年优秀共产党员、优秀党务工作者、先进基层党组织表彰决定并进行颁奖。（黄　弢）

党风政风监督

【政治监督】 2022年，中共长沙县纪委监委自觉落实“第一议题”制度，跟进学习习近平总书记重要讲话精神，开展县纪委常委会、理论中心组学习42次。坚持“四边”工作法，委班子成员带队开展镇村调研，促进纪检监察工作规范化。落实习近平总书记重要指示批示精神，开展政治监督。监督自建房安全隐患排查整治，处理73人，查处长龙街道湘峰村自建房安全整治失职失责问题。巩固拓展脱贫攻坚成果同乡村振兴有效衔接专项监督，处理9人。开展“洞庭清波”专项行动，实地督导检查20余次，推动整改涉河湖问题44个，工作经验在全省推介。开展“四个年”行动专项监督，督促职能部门解决项目建设问题15个，《“三套组合拳”推进项目建设监督》经验被省纪委专题推介；建立“亲清家园”企业综合服务中心，打造清廉大厅，设立“办不成事窗口”，优化营商环境，为企业解决“急难愁盼”问题1330个。常态化疫情防控期间开展全天候全覆盖监督检查，编发督查通报147期，督促整改问题3016个。督查29个重点行业领域，对事故频发的星沙街道进行安全生产“点穴式”巡察，对17起道路交通亡人事故及时调查、处理38人。（黄　弢）

【作风建设】 2022年，中共长沙县纪委监委执行市委作风建设“16条禁令”，查处违反中央八项规定精神问题39人。整治“吃喝风”，查办有关单位工作人员违规签单消费、虚列开支报账等典型案件。整治“红包礼金”顽疾，开展集体廉政谈话，组织签订承诺书，发放提醒标牌，查处违规收送红包礼金28人，在全县通报典型案件8起。推进形式主义、官僚主义专项整治，推动解决社区（村）挂牌过多、不规范等问题。开展清廉医保整治，查处医保及医疗机构工作人员11人，督促相关医疗机构主动退缴违规资金150万余元。《守好百姓“救命钱”　织密医保基金“安全网”》被人民网专题推介。开展养老领域专项监督，彻查青松老年公寓涉老案件背后“保护伞”，处置相关问题线索13件，追赃挽损1003万元。开展农村集体“三资”管理专项整治，推动全县146个村率先完成村社分账改革。持续开展惠民惠农资金“一卡通”专项治理，发现问题31个，追回资金5.3万元。（黄　弢）

监督检查和审查调查

【审查调查】 2022年，中共长沙县纪检监察组织立案374件，查处副科级以上干部37人，办理留置案件13件，移送司法机关15人，挽回经济损失9000万余元。（黄　弢）

【案件审理】 2022年，长沙县受理案件269件，审结261件，审结率97.02%；其中，县本级受理108件，审结101件，片区受理161件，审结160件；县本级受理的案件中，审理提前介入5件，退回补充审查调查11件，补充完善证据43件。全年受理职务犯罪案件25件，其中，被采取留置措施14人，移送审查起诉12人。（黄　弢）

【信访举报】 2022年，长沙县在黄花镇、江背镇试点业务内外信访问题“一站式”办理，建立县镇互通的视频接访系统，经验在全市推广。开展重复访越级访专项治理，信访积案全部实现结案息访，全县受理信访举报量同比下降18%。推进检举举报平台基层版业务融合，被省纪委确定为试点单位。（黄　弢）

【党风廉政宣传教育】 2022年，中共长沙县纪委监委深挖本地红色资源，开发3条“清廉文旅”现场教学线路，创作一批《漫画说纪》等清廉文艺作品。连续11年开展领导干部廉洁从政教育活动，举办首届清廉星沙文化周活动，被评为中央纪委国家监委新闻传播中心“报网宣传先进单位”。剖析作风和腐败问题易发多发领域，摄制《沉沦与觉醒之二》警示教育片，编印《长沙县纪委监委查处严重违纪违法领导干部及公职人员警示录选编》，发放至全县各单位党政“一把手”，做到以身边事教育身边人。举办首届清廉星沙文化周主题活动，创编“清正守初心”“清音伴你行”等5大主题活动，3800余名党员干部现场观看接受教育，110万人次线上观看。（黄 弢）

巡察工作

【概况】 2022年，中共长沙县委巡察工作领导小组办公室（以下简称“县委巡察办”）开展2轮常规巡察、1轮安全生产“点穴式”巡察、1轮政治生态专项巡察和1轮村级提级巡察，巡察县直单位6个、国有企业3个、镇（街道）2个、村1个，接受十二届省委第三轮巡视、市委第一批提级巡察。出台《中共长沙县委巡察整改工作规程（试行）》《被巡察党组织整改主体责任清单》《县委巡察整改约谈暂行规定》《巡察整改督查办法（试行）》《2022—2026年县委巡察工作规划》《2022—2026年社区（村）党组织巡察工作规划》等规范性指导文件和制度，出台《关于组织人事部门支持配合巡察工作的若干措施》。编写督导专报6期，提出指导意见49条。在省级以上媒体发表巡察工作文章20余篇。

是年，县委巡察办探索开展“巡前头脑风暴”系列会议（情况通报会、风险点纪巡研判会、巡察组组间交流会、市县巡察组长交流会、领导小组专题点评会）。同步组建审计、债务清查、资产清查3个专项组，安排审计工作组、纪检工作组和巡察组同时进驻开展工作；从市委巡察办专家库借用专家1人，探索采用奖惩机制与第三方会计事务所合作，实现资源共享、信息共享、成果共享。创新成立指导督导组，采取与巡察组同进同出方式，对巡察组工作进行全程指导督导。每轮被巡察单位制定的巡察整改方案采用现场联审；督查考核评估采用联合评估，所有问题整改销号由县纪委书记审核把关。针对巡察整改期内被巡单位党组织主要负责人和纪检组织负责人发生的调整，第一时间下发包含“一条例两清单”的《关于履行巡察整改政治责任提醒函》或《关于履行巡察整改监督责任提醒函》，防止出现巡察整改“移交脱节”。全年向9名党组织主要负责人、5名纪检组织负责人下发巡察整改提醒函。（杨 欢）

【十四届县委第二轮巡察】 2022年3月20日至5月20日，中共长沙县委派出3个巡察组分别对长沙县星城发展集团有限公司、长沙县水业控股集团有限公司、湖南自由贸易试验区临空产业投资集团有限公司党组织开展巡察。巡察期间，各组听取汇报8次，列席党组织会议4次，处置群众来信来电来访9人次，个别谈话210余人，查阅资料5200余份，现场踏勘87次，发现问题216个，问题线索13条，推动解决立行立改问题23个，督促清退收缴违纪资金22468元。（杨 欢）

【十四届县委第三轮巡察】 2022年6月20日—8月20日，中共长沙县委派出3个巡察组，对县财政局、县住房和城乡建设局、县交通运输局、县残疾人联合会、县金融事务中心、县机关事务中心6个县直单位党组织开展常规巡察。巡察期间，各组听取汇报10次，列席党组织会议6次，处置群众来信来电来访15人次，个别谈话308人，查阅资料4754份，现场踏勘66次，发现问题220个，问题线索11条，推动解决立行立改问题37个，督促清退收缴违纪资金100250元。（杨 欢）

【十四届县委安全生产“点穴式”巡察】 2022年7月20—31日，中共长沙县委安全生产“点穴式”巡察组对星沙街道党工委开展安全生产专项巡察。巡察期间，对星沙街道部分干部和社区负责人进行《安全生产知识测试》，听取星沙街道党工委安全生产工作专题汇报，开展谈话交流40余人次，受理群众来信来电1件次，调阅有关资料400余册，下发“立行立改通知单”1份、“任务交办单”3份，走访调研检查社区居委会、个体工商户、住户等80余处。（杨 欢）

【十二届省委第三轮巡视提级巡视】 2022年11月21—30日，中共长沙县委巡察办配合省委提级巡视组对路口镇上杉市村开展提级巡视。提级巡视期间，组织召开见面沟通会1次，开展个别谈话32人次，下发交办单10份、立行立改通知书8份（16个问题）。统筹镇村干部实地走访435户，收集问题94条，推动解决老百姓“急难愁盼”问题。（杨 欢）

群众团体

编辑　周进银

长沙县总工会

【概况】 2022年，长沙县有工会联合会40个、直属基层工会11个；基层工会2355家，涵盖法人单位3823家，会员153785人。是年，长沙县总工会被评为湖南省先进县级工会，在长沙市总工会年度工作考核中被评为工会工作优胜单位；数字工会普惠平台获中华全国总工会、中央网信办“全国互联网＋工会普惠服务县（区级）十佳平台”；货车运输行业工会联合会入选中华全国总工会“八大群体”集中入会工会项目；长龙街道工会户外劳动者站点（长龙站）入选中华全国总工会2022年“最美工会户外劳动者服务站点”；“工会＋税务”实现建会入会与社保缴费服务双推动，入选湖南省新就业形态劳动者建会入会十大创新案例。推进建设县级工人文化宫（职工活动中心）。召开长沙县工会第十七次代表大会，选举产生县总工会第十七届委员会、经费审查委员会，协商产生县总工会第六届女职工委员会。举办长沙县工会系统财务经审、新任基层工会主席和工会干部业务和工资集体协商业务培训班，3名职工被评为“长沙市职工最可信赖娘家人”、27名职工被评为县级“职工最可信赖娘家人”。召开2次经费审查委员会会议，对县总工会本级、全县36家工会联合会、15家涉及2021年专项经费补助基层工会、4家直属基层预决算执行情况、工会经费收支及管理使用情况进行审计。（刘煜钰）

【职工职业技能培训】 2022年9月2日，长沙县总工会在自贸临空区开设快递员培训班。9月23日，黄兴会展经济区初级叉车培训班开班。9月26日，金井镇中级茶艺师培训班开班，培训340人，均获得荣誉证书并就业。是年，开展“女职工送课下基层”培训20场，培训985人。完成“万人师徒结对”512对，推荐市级优秀师徒4对、优秀组织单位2个。为67名农民工、企业职工发放“求学圆梦行动”专项补贴。（刘煜钰）

2022年9月23日，长沙县总工会“一户一产业”叉车司机技能培训班开班（长沙县总工会 供图）

【职业技能竞赛】 2022年9月15—16日，长沙县总工会举办长沙县第三届“十行状元 百优工匠”暨第二届“乡村工匠”技能竞赛。涵盖乡村美食制作、茶艺师、涂装工、汽车直播销售职业技能竞赛，评选4名“行业状元”和40名“行业工匠”。5月25—31日汽车直播销售职业技能竞赛期间，助销汽车63台，金额15479160元。参与省、市重点建设项目劳动竞赛，中建三局长沙县人民医院项目二次结构班组被评为市级年度重点建设劳动竞赛先进班组。参加长沙市“安康杯”竞赛、女职工“芙蓉杯”竞赛，长沙县2人入选“芙蓉标兵”、4个单位入选“芙蓉标兵岗”、1人入选优秀女职工干部、1个单位入选“五一巾帼奖状（长沙市工人先锋号）”。（刘煜钰）

【维护职工权益】 2022年，长沙县总工会组建长沙县工会法律监督委员会和长沙县总工会劳动争议调解工作室，培训并聘用16名劳动争议调解员为志愿者，其中，1人被评为湖南省金牌劳动关系协调员。全年接待各类来电来访1450余次，化解各类劳动争议案件8个，处理各类线下法律援助或维权咨询72次；在微信公众号上开办“‘尊法守法 携手筑梦’法律公益小课堂”专栏30期；组织律师志愿者开展“法治体检”服务5次，普法活动5次，发放劳动法律法规相关资料300余份。（刘煜钰）

【基层工会组织建设】 2022年，长沙县针对新就业形态领域指导建立星沙汽配城汽配行业工会联合会、中南汽车世界汽配五金机电城联合工会、星沙街道网约送餐行业联合工会、湘龙街道城市配送行业工会委员会新就业形态行业工会组织和20家镇（街道）新业态工会。全年新增新就业形态劳动者会员2103人，其中，“四大群体”1127人（含货车司机682人、网约车司机168人、快递员196人、外卖配送员81人）。承办长沙市总工会“强省会 勇担当 百万职工在行动”2022年新就业形态劳动者、户外劳动者服务月活动启动仪式。现

2022年7月26日，“强省会 勇担当 百万职工在行动”长沙市总工会2022年新就业形态劳动者、户外劳动者服务月活动启动仪式举行

（长沙县总工会 供图）

场开展免费理发、健康体检咨询、法律咨询、心理咨询、网上入会咨询、社保缴费咨询、“缘定星沙”相亲交友报名等服务，为快递员、外卖配送员、网约车司机、货车司机、环卫职工、公安交警等发放200份慰问礼包和500份健康体检卡。开展新就业形态劳动者暖心帮扶。设置网上入会绿色通道、联合税务部门落实灵活就业人员社保缴费，举办“缘定星沙”新就业形态劳动者专场相亲活动、点亮新就业形态劳动者“微心愿”活动、新就业形态劳动者子女“六一”关爱活动、技能竞赛等服务活动。

（刘煜钰）

【困难职工帮扶】 2022年，长沙县职工服务帮扶中心被定为省总工会服务职工综合体试点单位。全年参加在职职工（住院）医疗互助47517人，参加女职工特殊疾病保障项目21592人。为3852名困难职工提供救助金或慰问物资297万元。发放留县过年消费券等防疫服务活动，为9277人发放各类防疫物资100万元。举办送岗下乡专场招聘会、每月“逢五”招聘会和“直播带岗”线上招聘会34场。开展小微企业工会经费返还工作，为110家企业返还金额278万元。

（刘煜钰）

【和谐劳动关系建设】 2022年，长沙县总工会发动1217家长沙县企业开展2022年度工资集体协商工作，签订工资集体协商协议196份。其中，签订单个企业工资集体协商协议172份，签订区域性和行业性工资集体协商协议24份，覆盖职工3.6万人。选树培育10家典型示范单位，其中，市级2家、县级8家。（刘煜钰）

【关爱劳模】 2022年4月28日，长沙县总工会举办长沙县、长沙经开区庆“五一”暨第八次劳动模范和先进工作者表彰大会，现场表彰34名长沙县第八次劳动模范和先进工作者、10名长沙县第二届“十行状元百优工匠”暨首届“乡村工匠”技能竞赛状元及81名“百优工匠”等先进典型。举办“大国工匠”论坛。在广汽商贸集团等地开展“中国梦·劳动美”劳模宣讲暨产业工人思想政治教育培训活动3场，200余名产业工人参加培训。在开慧镇成立中国工程院院士、全国劳模印遇龙教授劳模创新工作室，指导湖南湘丰茶叶有限公司成立全国劳模汤宇劳模创新工作室。开展“我与劳模同劳动”主题活动，长沙县总工会被评为长沙市总工会“喜迎二十大 争做中国好网民”活动“金点子”项目。（刘煜钰）

【“数字工会”建设】 2022年，长沙县总工会与乐运魔方、关爱e心、联通沃悦读、和通超市、星沙味道等县域品牌商家合作，在“星工娘家人”App开展定时派发普惠礼包、阅读分享、App上线三周年送祝福集福袋、邀请有礼、打卡赢取普惠金、趣味闯关答题、共享电单车免费骑行等普惠活动。发放2.3万份衣食住行大礼包、健身卡券、餐饮消费券等福利。App注册绑定会员数66342人，占全县工会会员43%，比2021年增长18%。落实“数字工会”平台信息系统安全等级保护测试评估认证服务工作。通过“数字工会”开展气排球等比赛报名投票直播、网上职工之家评选活动等，线上办理业务14546次。

（刘煜钰）

【职工文体活动】 2022年，长沙县总工会组织女职工气排球赛、长沙县第一届机关职工射箭赛、男子气排球赛，参加长沙市“强省会 勇担当 工会会员杯”四球联赛。其中，长沙县总工会获“优秀组织奖”，长沙县气排球项目获区县组第四名，乒乓球项目获区县组第二名，1名职工获乒乓球女子单打第五名，2名职工获羽毛球特邀组第七名。（刘煜钰）

中国共产主义青年团长沙县委员会

【概况】 2022年，中国共产主义青年团长沙县委员会（以下简称“共青团长沙县委”）组建“红领巾巡讲团”“星青年讲师团”等宣讲队伍，开展“红领巾爱学习”“青年大学习”等主题团课近80余场，开展“争做新时代好队员”“党的故事我来讲”等宣讲活动1000余场次，覆盖团员青年34.05万余人次。开展“喜迎二十大 永远跟党走 奋进新征程”“建功强省会·青春勇担当”庆祝建团100周年主题团日活动暨青年座谈会，县委书记、县委副书记与

2022年4月28日，长沙县长沙经开区庆“五一”暨劳动模范表彰大会举行（长沙县总工会 供图）

青年代表面对面交流。通过“线上+线下”“集中学习+社会实践”方式，引导全县908个团组织完成建团100周年大会精神、中共二十大精神等专题学习。依托50个青少年活动中心、研学实践基地，描绘“少先队实践教育地图”，开展“向少先队校外实践教育营地报到”“飘扬在稻田里的红领巾”等活动110余场次，打造“有风景”的思政课，让青少年就近参与校外实践，年均服务2000余人次。开展“两红两优”“青年文明号手”等评选活动，推荐市级青年岗位能手6名、市级青年文明号5家、市级优秀共青团干部/团员9名、五四红旗团委/支部（总支）11个。4人被评为“新时代湖南好少年”、10人被评为市级“向上向善好青年”。深化县域团教协作机制，成立长沙县教育团工委。在全省率先创建共青团、少先队基地学校，建设泉塘中学、中南小学等基地学校6所；建成长沙县名团干工作室和少先队名师工作室，实施少先队辅导员“红色园丁”工程，开展“星沙红辅”“红植课程”线上、线下培训42场次，2000余人参训；少先队辅导员风采大赛获市团体二等奖、情景答辩一等奖、案例讲解一等奖。（饶 锦）

【青年创新创业】 2022年，共青团长沙县委召开“听党话跟党走 星青年新梦想”长沙县青年创新发展论坛暨长沙县青年联合会换届大会，吸纳县区优秀青年科学家、企业家、创新创业人才180余人。成立青年人才团工委，深化“智汇潇湘 才聚星沙”青年人才工作品牌建设，开展高校学子星沙行暑期实习活动，吸引北大、同济等高校120余名优秀学生在政府部门、园区企业、乡镇街道实习实践。围绕招商引资、项目建设、营商环境等重点，策划首届“青年岗位创效大赛”，开展“金牌招商接洽员”大比拼，选树自贸会展区李钦等15名招商青年为星沙代言。实施“青年突击队建功行动”，组建50余支青年突击队，参加征地拆迁、疫情防控、森林防火等。开展“建功强省会·能力大提升”青年读书交流活动10余场次，为青年人才搭建跨界融合、互动互联平台。龙斌、刘洋等优秀青年获“中国青年五四奖章”“全国乡村振兴青年先锋”“湖湘青年英才”等省级以上荣誉30余个。联合县域内19所高校建立省内首个共青团校地联盟，实施“志愿青春·实干筑梦”高校青年参与基层治理项目，建设“一高校一镇街一特色”品牌项目14个，提供电商直播、青春自护等专业服务，获湖南省志愿服务大赛金奖。运用“158”模式打造松雅社区为湖南省社区青春行动实施点，开展助力乡村振兴、服务“双减”课堂等活动100余场次，吸纳青年志愿者1.2万余人。在湘龙党建服务中心和乐运魔方建立校地联盟工作站、团代表联络站。依托农业创业联合会平台，服务79家会员企业、80余名农业创业青年，返乡创业青年徐佶参加团省委青马工程培训班，相关创业事迹被中央电视台《新闻联播》栏目报道；推荐农村创业青年汤程霖、曾金申报湖南省乡村振兴青年先锋，推选县农创联会员企业湖南尚木兰亭茶业有限公司等5家企业申报市青年农业创新创业示范基地，推荐迪为农业黄民凤等5人参评长沙市农村青年人才“领头雁”。（饶 锦）

【青年志愿服务】 2022年，共青团长沙县委整合青年志愿服务组织，成立长沙县青年雷锋志愿服务直属队，集中培训2期，开展疫情防控、文明创建、河小青、垃圾分类、农博会后勤保障等志愿服务400余场次，参加志愿者2万余人次，吸纳志愿服务讲师19人，“小雷锋”宣讲员119人。深耕“希望小屋”品牌项目，社会化筹资119万余元，建成80户“希望小屋”；组织“红色高校筑梦行”等公益活动，吸纳184名高校学生志愿者组建帮扶团队80支，提供心理健康、学业帮扶等长期陪伴式服务。开展“爱心捐赠零花钱”等公益捐助活动，筹集爱心款63.15万元，资助帮扶275名困难青少年。建立全省首个未成年人社会支持体系专家智库和性侵未成年人案件预防、打击、救助一体化工作机制。实施“长青护”心理健康护航计划，开展“模拟法庭进校园”等宣传教育活动400余场，㮾梨街道陶公庙社区创建为青少年“双零社区”，推荐长沙县人民检察院为市级“青少年维权岗”、大同星沙第二小学为市“长青护”青少年心理健康示范点。征集青少年模拟政协提案，收集青少年模拟政协提案57个，推

荐申报优秀单位1个、优秀作品5个。（饶　锦）

【基层团组织改革】 2022年6月，长沙县被评为国家级县域共青团基层组织改革优秀试点县。成立改革工作领导小组，统筹县委改革办、县委组织部、县教育局、县财政局等多家单位开展基层团组织改革。率先全市制定改革试点工作任务清单，4次召开改革试点工作专题推进会，确定10个领域33条改革举措，将基层党建带团建队建工作纳入党建工作部署、绩效考核及县委巡察中。建立县籍大学生兼任团干部工作机制，县本级及下属各级团组织通过专兼挂、服务项目、大学生实习等渠道，补充团力量200余人。建立团干部述职评议制度，近20名优秀团干进入副科级以上岗位，40余名团干获县级以上荣誉。强化党团队全链条育人机制，落实“金种子”团员先进性提升计划，新发展团员2505人，82名团员入党。组织开展“青马工程”等团干部培训4场，策划“清廉星沙 青春向上”“清风沐万家”等文化活动。深化“532”（“5”指兴趣促动、志愿发动、商街联动、产业驱动、园区带动五大模式，“3”指政治认同、思想认同、情感认同三个认同，“2”指“两新”团建纳入“两新”党建工作体系、“两新”优秀团员青年纳入县区青年人才库两项机制）“两新”团建工作。新增远大科技、顺丰速运等“两新”团组织97个，成立先进制造业团工委，“532”案例获长沙共青团改革创新项目大赛一等奖。融合青年工作资源、搭建青年服务平台，打造“小荷青创空间”、长沙县河小青行动中心，新增青年之家4家。（饶　锦）

长沙县妇女联合会

【概况】 2022年，长沙县妇女联合会（以下简称“长沙县妇联”）开展“百千万巾帼大宣讲”317场、“爱心护考”“垃圾分类”“文明劝导”等活动536场次、文明城市创建志愿服务400余人次、暑期儿童关爱服务活动70场、关爱困境儿童活动78场，5000余名儿童受益；实施“出手吧姐姐——温暖2022”关爱困境妇女儿童项目，募集善款21.8万元，资助140余人；开展“两癌”（宫颈癌、乳腺癌）筛查13729人次，争取省、市“两癌”救助金34.7万元；在中央级媒体刊发信息11篇，省、市、县各级网站发表信息334篇；杨开慧纪念馆、缪伯英故居于5月入选全国妇女爱国主义教育基地。年内，建成省“妇字号”阵地（基地、岗位）7个，长沙县被评为湖南省实施妇女儿童发展规划示范县。（汤　准）

【妇联主题活动】 2022年，长沙县妇联开展“星巾帼芳华 启航楫笃行”国际妇女节活动；召开“三八”国际妇女节座谈会，潘平波、陈玲等10位妇女代表作交流发言；召开长沙县妇女联合会第十四届五次执委会议，选举县妇联新一届领导班子；举办“喜迎二十大 拼搏向未来”——长沙县第三届机关女职工气排球比赛，65支代表队、近1000名选手参赛。（汤　准）

【家庭建设】 2022年，长沙县有全国最美家庭1户、省级最美家庭1户；选树各级各类典型家庭100户；举办“清风沐万家”活动，选树“清廉家庭”36户、聘任“好家风”寻访员8名、征集“好风传家·清风沐万家”文艺作品400余件；建立家庭教育指导服务中心，培养志愿者讲师30名；开展“文明家风·科学家教”讲座课43堂，举办家庭教育、亲子互动等活动126场，开展“好家教好家风”宣传活动4场、开展“弘扬美德传家风 移风易俗树新风”活动7场；推出“家人有礼 星沙有爱”系列报道29期。（汤　准）

【妇女儿童维权服务】 2022年，长沙县妇联制定法治宣传教育第八个五年规划、联合会签《关于建立性侵未成年人案件预防、打击、救助一体化工作机制的若干意见》；开展“‘三八’维权周”普法活动8场、“送法到家·把爱带回家”活动15场、普法宣讲13场、接待欲离婚夫妻819对，调解240对，调和率55%、接待来电来访52次；召开长沙县人民政府妇女儿童工作委员会全会、妇女儿童发展规划目标管理重点指标工作部署会。（汤　准）

【基层妇联组织建设】 2022年，长沙县妇联开展“下基层、访妇情、办实事”活动34场次；组织非公企业、社会组织等新建妇女组织50个、县直单位新成立（换届）妇女组织59个、社区（村）新建妇女小组43个；建成市、县“精品妇女儿童之家”8个、妇女微家21个；召开第十四届第五、第六次执委全体会议，补选县妇联执委6人；举办“领头雁”专题培训班，300名妇联干部参训。（汤　准）

长沙县科学技术协会

【概况】 2022年，长沙县在科技工作者队伍中开展“爱国·创新·奉献——星沙科技工作者的初心与使命”等学习讨论活动，联合县委宣传部表彰10名“最美科技工作者”和10名“最美科学传播者”。隆平稻作公园被评为“中国科学家精神教育基地”。9月召开长沙县科学技术协会第六次代表大会进行县科协第六届委员选举换届，推选194名代表，62名委员，选举产生新一届科协领导班子，中国工程院院士、中科院亚热带农业生态研究所首席研究员、长沙县酵素科技小院首席专家印遇龙当选为长沙县科协主席。举办“全国科技工作者日”系列活动，开展创新争先行动，走访慰问院士专家、优秀科技工作者、困难科技工作者。结合第24届中国科协年会，邀请中国科协领导和相关院士开展“院士专家科技志愿服务基层行走进长沙县”活动。中国农村专业技术协会理事长、中国农业大学原校长柯炳生，中国农村专业技术协会调研组，以及印遇龙、刘少军、吴义强等中国工程院院士等一行到长沙县科技小院，实地走访了解科技助力农业产业发展情况。承办“科创中国”2022年长沙企业数字化转型座谈会活动，探索“标准化+数字化”融合。赋能产业高质量发展主题展开探讨，就企业数字化转型的重要性、如何实施、常见问题、实际应用案例分析等进行详细讲解和培训，并就企业在数字化应用中遇到问题进行现场解答。深化科技经济融合，摸排企业需求100余项，邀请20名高校专家与20余家县域企业对接，形成《长沙县全民科学素质行动规划纲要实施方案（2022—2025年）（送审稿）》并按程序报送县政府审议，以县政府名义印发。5月，与县教育局、县科技局等职能部门在湖南师大附中星沙实验学校开展2022年度长沙市“科普大篷车”下基层巡展暨长沙县“点亮科学梦、星沙少年强”青少年科技创新系列活动启动式。加大科普基地建设，湖南柳吉现代农业科技股份有限公司等10家企业创建基层科普示范基地、高桥镇金桥村等4家村民委员会创建科普示范村。开展科普志愿服务活动，每月在指定社区开展科普主题活动2次，全年开展科技志愿服务活动30次，科学家面对面讲座活动3场、科普观察团1次、科学表演秀2场、探究实验20场、科普e站宣传15次、科普信息员注册1500人、科技志愿者注册人数860人。与各基层项目单位组织开展长沙县2022年全国科普日系列活动。（熊艾迪）

【《长沙县全民科学素质行动规划纲要实施方案（2021—2025年）》编制】 2022年，长沙县科学技术协会启动《长沙县全民科学素质行动规划纲要实施方案（2022—2025年）》编制工作，征求相关职能部门意见建议，在征求相关部门意见基础上，修改完善形成《长沙县全民科学素质行动规划纲要实施方案（2022—2025年）（送审稿）》并按程序报送县政府审议，以政府办名义印发。（熊艾迪）

【2022年度长沙市“科普大篷车”下基层巡展活动】 2022年5月19日，2022年度长沙市“科普大篷车”下基层巡展暨长沙县“点亮科学梦·星沙少年强”青少年科技创新系列活动启动仪式在湖南师大附中星沙实验学校（以下简称“师大附中星沙学校”）举行。该活动由长沙市科学技术协会、长沙市文明办、长沙市教育局、长沙市科学技术局、共青团长沙市委、长沙市妇女联合会、长沙市关心下一代工作委员会等单位联合主办，长沙市科技活动中心、长沙县科协、长沙县文明办、长沙县教育局、长沙县科学技术局、共青团长沙县委、长沙县妇女联合会、长沙县关心下一代工作委员会、湘龙街道办事处等单位联合承办，师大附中星沙学校协办。长沙市教育局、长沙县教育局及长沙县各中学科技负责人、师大附中星沙学校学生代表100余人参加启动仪式。“点亮科学梦·星沙少年强”青少年科技创新系列活动启动式由人工智能区、3D打印技术区、无人机驾驶区、展品体验区、科学家讲座区、科普密室区、互动实验区七大块组成，并开展10余项科普互动体验，调动学生参与性。活动启动后，学校分年级、时间段有序参观体验。长沙市科普志愿服务大队志愿者现场详细讲解科技原理，涵盖数学、物理、生物、化学等方面科学原理的10余件科教展品，让孩子们感受科技魅力；科学家面对面让参与的青少年树立学习的榜样，学习科学家精神。长沙县“点亮科学梦·星沙少年强”青少年科技创新系列活动旨在激励广大青少年热爱科学、奋发成才，弘扬社会主义核心价值观，为创新型城市建设储备优秀人才。“科普大篷车”为学生们送上集科学性、知识性、趣味性、参与性于一体的“科普大餐”，引导广大青少年更好地参与科学素质提升活动，进一步形成讲科学、爱科学、学科学、用科学的良好氛围。（熊艾迪）

【长沙县科学技术协会第六次代表大会】 2022年9月8日，召开长沙县科学技术协会第六次代表大会进行县科协第六届委员选举换届，推选194名代表，62名委员，选举产生新一届科协领导班子，特别是选举中国工程院院士、中科院亚热带农业生态研究所首席研究员、长沙县酵素科技小院首席专家印遇龙当选为长沙县科协主席。（熊艾迪）

2022年5月19日，2022年度长沙市“科普大篷车”下基层巡展暨长沙县“点亮科学梦·星沙少年强”青少年科技创新系列活动启动

（长沙县科学技术协会 供图）

2022年长沙县科技志愿服务活动统计表

表4

序号	时间	地点	科普主题
1	2022年6月18日	土岭社区	《厨房大作战》科学表演秀
2	2022年7月6日	土岭社区	“科创助力双减”探究实验《重力小车》
3	2022年8月4日	土岭社区	“科创助力双减”探究实验《抢答器》
4	2022年8月4日	望圣桥社区	《冰河世纪》科学表演秀
5	2022年8月4日	湘瑞社区	“科创助力双减”探究实验《投石车》
6	2022年8月5日	望圣桥社区	“科创助力双减”探究实验《小小纸张，大大力气》
7	2022年8月6日	土岭社区	“星沙少年强”科普大讲堂《防溺水大PK》
8	2022年8月6日	湘瑞社区	“科创助力双减”探究实验《纸张承重》
9	2022年8月10日	土岭社区	“科创助力双减”探究实验《重力钟摆》
10	2022年8月10日	望圣桥社区	“科创助力双减”探究实验《时间的工人》
11	2022年8月10日	湘瑞社区	“科创助力双减”探究实验《奇妙的机构》
12	2022年8月11日	望圣桥社区	“星沙少年强”科普大讲堂《应急救援防溺水科普讲堂》
13	2022年8月12日	丁家岭社区	“科创助力双减”探究实验《手膜大制作》
14	2022年8月13日	湘瑞社区	“科创助力双减”探究实验《笼中鸟》
15	2022年8月15日	丁家岭社区	“科创助力双减”探究实验《几何的力量》
16	2022年8月19日	丁家岭社区	“科创助力双减”探究实验《防疫shampoo》
17	2022年8月29日	砖田新村	“喜迎二十大 科普向未来”长沙县全国科普日《安全生产科普讲座》
18	2022年10月25日	丁家岭社区	“科创助力双减”线上探究实验《纸杯飞行器》
19	2022年11月1日	湘瑞社区	“科创助力双减”线上探究实验《神奇的水》
20	2022年11月9日	土岭社区、望圣桥社区、丁家岭社区、湘瑞社区	“星沙少年强”线上科普大讲堂《119消防安全日，你我一起行动》
21	2022年11月23日	丁家岭社区、望圣桥社区	“科创助力双减”线上探究实验《发芽日记》
22	2022年12月8日	线上科普活动	县科协《法制小雷锋，宪法学伴我行》
23	2022年12月22日	线上活动	县科协《厚植家国情怀，践行社会主义核心价值观》

（资料来源：长沙县科学技术协会）

长沙县归侨侨眷联合会

【概况】 2022年，长沙县归侨侨眷联合会增强“大侨务”工作合力，开展侨情调研，深入园区、乡镇（街道）、县直部门单位机关开展干部职工海外关系摸底走访，对掌握的侨情资源，依托统战信息平台建立数据库，及时动态更新。对重点归侨、侨眷和海外归国人士开展走访慰问，了解海外人士的工作生活情况，解难纾困。星沙海创中心围绕“加强对外联络对接”“打造活动交流平台”“场景化的服务体系”等方面加大投入和运营力度，星沙海创中心入驻企业24家；建立2所湖南本地高校的校企合作实践基地；与20家国内外机构签署战略合作协议；举办培训、分享会、交流联谊等各类型活动80余场，服务海归就业创业500人次；建立星沙海联会企业家社群、湘籍海归社群，人数300余人；对接6个海外联络点；对接11家海外高校校友会；邀请金融、科技、IT等专业领域的13位智库专家组建专家库。推进海创分中心（基地）的入驻，打造星沙海创中心作为总部，各区、各街道设立分中心布局，以总部辐射、多点融合的“1+4+N”海创业态（1个星沙海创中心为母平台，松雅湖海创中心、自贸临空区海创中心、自贸会展区海创中心、经开区国际人才港海创中心4个不同权属与模式的子平台，N是遍布在长沙县及经开区楼宇及园区的海创基地）。湖南星怡康健康体检中心、长沙经贸职业中专学校、星沙韦尔斯利酒店、湖南高岭建设集团等涉侨企业，选派志愿者参加疫情防控，捐赠爱心物资，慰问抗疫一线工作者。组织侨界人士参加长沙县文明创建公益活动。全年邀请和接待到长沙县考察、调研、交流、参观的华人华侨200余人次。利用春节等民族传统节日，通过慰问信件、电子邮件、短信微信等形式，向广大华人华侨宣传党的路线方针政策、家乡发展变化。春节期间向长期以来关心支持家乡发展的长沙县籍华侨分别寄去新春慰问信及家乡特产150余份，价值7.5万余元；实地走访在长沙县工作和生活的海外侨胞代表，送去慰问物资。爱侨护侨。俄乌冲突爆发后，与相关部门联系，慰问长沙县籍5名撤侨归国人员，推荐彭柳、李志两位留乌博士在省内高校任教。（杨蕙伊）

【参政议政】 2022年，长沙县侨界人士中担任省、市、县各级“两代表一委员”、工商联执委和侨代会代表、侨商会会员的有关人员30余人，发挥侨海人才优势，协助搭建星沙海创中心、自贸临空海创中心、楚怡职业教育3个政协委员工作室，引导侨界人大代表和政协委员参政议政，围绕归侨侨眷和海外侨胞普遍关心的热点、难点问题，撰写提（议）案和社情民意。（杨蕙伊）

【构建工作载体】 2022年，长沙县开展新侨创新创业基地（企业）创建工作，加强和规范基地（企业）建设做实做细新侨人才工作。乐运魔方、小顽国等5家涉侨企业创建县级新侨创新创业基地（企业）。指导乐运魔方、星沙海创中心创建市级侨胞之家。指导县侨联青年委员会开展会员单位走访、集中观影等各项活动，加强侨界青年人士之间的横向联络联谊，促进侨界人士与长沙县各界进行科技、文化、经济、人才、教育等领域的交流与合作，邓宇、雷宏、王宏、周永亮等一批侨界青年成为“创二代”中坚力量。（杨蕙伊）

长沙县工商业联合会（商会）

【概况】 2022年，长沙县工商业联合会（商会）（以下简称“县工商联”）下辖镇（街道）商会18个，黄兴会展经济区商会1个，行业商（协）会17个，女企业家商会1个，青年企业家联合会1个。全县有会员3680人，企业会员占比90%。县工商联、县司法局共建沟通联系机制入选全国工商联、司法部百佳案例，营商“红色驿站”被评为全国工商联“创新中国”优秀案例，调研报告《发扬红色传统，传承红色基因，坚定红色文化融入新时代民营经济统战工作》被评为长沙市工商联系统优秀调研成果一等奖。出台《长沙县“万企兴万村”行动实施方案暨对口帮扶桑植县工作方案》，组织39家商（协）会联系帮扶全县39个村，20家企业联系帮扶桑植县20个村，开展劳务用工、农产品销售、项目开发等合作机制，召开专场招聘会4场，招聘700余人，销售农产品600余万元，合作开发项目17个。 组织成立企业党员青年先锋队，开展企业安全自查40余次，参与各类志愿服务活动20次。开展扶贫帮困和社会公益慈善活动，引导各商（协）会和民营企业参与防疫志愿服务850人次，捐款捐物69万余元。（曾慧芬）

【基层商会组织建设】 2022年，县委统一战线工作领导长沙县小组印发《关于加强和改进新形势下基层商会建设的实施意见》和《长沙县关于促进基层商会改革和发展的实施方案》，优化基层商会建设，探索商会治理和运行模式。建成安沙商会党建联盟、㮾梨商会产业联盟、湘龙商会商协会联盟、黄兴会展经济区商会“小红象驿站”4家特色商会品牌。安沙商会被评为全国“四好”商会和全省“四好”商会。开展“助力疫情防控，促推企业发展”法律服务沙龙等法治宣传教育和法律服务，长沙县餐饮行业协会、黄兴商会被评为长沙市“诚信行业协会、商会”。参与筹备成立广州市湖南长沙县商会，协助成立长沙县中非经贸商会，探索建立长沙县订单农业产业联盟，接待福州市长乐区工商联、望城区工商联、湘西州花垣县工商联到长沙县交流考察，带领县基层商（协）会及会员企业到湖南省山东商会、嘉兴市福建商会、嘉兴市温州商会学习考察。组织县工商联咨询委员会委员、专兼职副主席（会长）、镇（街道）商会会长等40余人到杭州、嘉兴开展基层商会创新发展调研学习。（曾慧芬）

【营商环境优化】 2022年，县工商联建立工商联主席联兼职副主席（副会长）、党组书记联常委、副主席及党组成员联执委的工作机制，全年走访收集问题111个，办复111个。联合县委统战部、县行政审批服务局在全县推行“营商体验官”工作，聘任“营商体验官”172人开展政务评议工作。县商事调解中心受理民营企业商事纠纷案件174件，调解结案34件，涉案金额近7000万元。利用“检察＋商（协）会＋工商联”联络机制，与县人民检察院协商共建企业合规改革试点工作合作机制。助力招商引资，推动湖南省广东商会、湖北商会、安徽商会落户长沙县，引进总部经济87家，参与举办湖南省2022年“迎老乡、回故乡、创三湘”活动，建立湘籍在外创业企业家数据库。

（曾慧芬）

【长沙县工商联（商会）第十四届二次执委会议召开】 2022年3月16日，长沙县工商联（商会）第十四届二次执委会议召开，选举产生长沙县工商联（商会）第十四届增补执委、常委和主席（会长）。王文凯当选为长沙县工商联（商会）第十四届主席（会长），李新亭、涂建文、黄延林、谭波、黎标5人当选为常委，龙文武、兰慧敏、刘艳峰等24人当选为执委。

（曾慧芬）

【营商“红色驿站”】 2022年，县工商联在镇（街道）商会创建营商“红色驿站”，集中开展政策、法律、金融、培训等服务。全年提供经营管理、税务、法律、政策等各类专题培训33场次，举办企业沙龙、产业链座谈会15场次，促成项目合作17项，帮助中小企业融资5亿余元。开展“企业家接待日”活动，收集企业诉求41条，办复41条。聘请57名志愿调解员，调解企业商事纠纷案件59件，为企业挽回经济损失750余万元。发放政策、法律资料2000余份，提供法律咨询服务168人次。（曾慧芬）

长沙县文学艺术界联合会

【概况】 2022年，长沙县文联带领全县文艺工作者开展一系列文艺采风创作活动，加强队伍建设、文艺创作、文艺交流、文艺培训等，全县广大文艺工作者创作出一批有思想深度和艺术感染力的文艺作品，举办“百年风华·咏颂星沙——长沙县庆祝建党100周年暨学习贯彻全国文代会精神100位文艺工作者志愿活动”“清廉星沙·廉洁文化进万家”文艺惠民创作活动；组织开展“喜迎二十大·礼赞新时代”摄影长卷创作；开展“好风传家”主题征文、书法、绘画、摄影征集活动；举办“书写红色家训·共庆百年华诞”活动、“三湘环保世纪行”长沙县生态环境保护主题书法作品征集活动、“情系浏阳河”绘画长卷研讨会暨新春创作笔会以及“献礼二十大·长沙县大型美术作品展览”。（沈建波）

【“松雅潇湘”书画收藏精品名品联展】 2022年1月，长沙县文联在县文化馆3楼展厅举办长沙县“松雅潇湘”书画收藏精品名品联展开幕式。展览以湖湘近现代、当代书画艺术精品作品为主，集中呈现长沙名家杨昭儁、张贡吾、高希舜，杨世焯以及长沙县本土名家郑业润、汪诒书、曹典初、朱玖莹、袁守谦等人作品近60幅。

（沈建波）

【文艺创作】 2022年4月，长沙县文联发动全县文艺工作者创作以抗击新冠病毒感染疫情防控为主题的文艺作品，创作散文、新诗、诗词楹联、书法、美术、摄影等600余件，用艺术作品凝聚起抗击疫情的精神力量。同时，编撰《喜迎党的二十大召开——湖湘首善红潮涌》一书，全面反映从中共一大到二十大期间与长沙县有关联的重大历史事件、人物、文化现象、社会状况等综合文艺作品集——《三湘首善涌红潮——党的一大至二十大星沙文艺作品精选》，重点反映长沙县治迁址、长沙经济技术开发区（原星沙经济开发区）成立以来30年间星沙的巨大变化。（沈建波）

【文艺下基层】 2022年1月，长沙县文联等单位在青山铺镇天华村举办“清廉星沙·廉洁文化进万家”文艺惠民创作活动。活动邀请省、市书法名家到青山铺镇天华村文书塘乡村客厅举行写春联、送福字、写家训格言等现场书法创作笔会，将清廉文化融入乡村治理和精神文明建设。春节前夕，长沙县文联组织文艺志愿者在长沙县康怡老年公寓举办“佳节尚文明·志愿关爱行——文艺进万家，送福迎新春”长沙县文艺志愿服务活动，现场向老年公寓100余位老人每人赠送1床毛毯和1条围巾等。

（沈建波）

长沙县残疾人联合会

【概况】 2022年，长沙县残联人联合会完成132户困难残疾人家庭无障碍改造项目。投入20万元改造泉塘街道泉东社区无障碍社区；完成残疾儿童康复救助项目。全年纳入民生实事项目的0～14岁残障儿童300人。投入500万余元，对600余名残疾人提供日间照料、寄宿托养服务，为80名残疾人提供居家托养服务。为残疾人提供法律咨询和法律援助，接待残疾人来访150余人次，办理“12345”热线45件，办结率、满意率均为100%。组织19个镇（街道）残联完成换届工作。完成县残联第六次代表大会；选举产生第六届代表大会主席团主席、副主席以及出席市残联第七次代表大会的代表，推举执行理事会理事长，提名并通过副理事长、理事和兼职理事，选举并通过5个专门协会主席、副主席。长沙县困难残疾人家庭无障碍改造工作项目被评为湖南省重点民生实事项目优秀等次。组织运动员参加湖南省第十一届残疾人运动会，获金牌49块。组织承办长沙市第四届“残健融合”乒乓球比赛。（黄丽玲）

【残疾人证办理】 2022年，长沙县各类持证残疾人17542人，制定《长沙县残联“一站式”上门服务评残工作方案》。组织星沙医院和精神病医院每月对全县疑似重度残疾人进行上门评残办证，接待1300余名疑似残疾人及其家属咨询，为210名残疾人提供上门办证服务。（黄丽玲）

【保障残疾人基本民生】 2022年，长沙县全年残疾人享受“两项补贴”176402人次，发放金额2143万元。开展2021年按比例安排残疾人就业核定，322家企业安排797名残疾人就业。残疾人学生本人及贫困残疾人家庭子女高中、大学生申请助学补助674人，资金183万元。符合条件的残疾人家庭危房改造40户，4000元／户，补助16万元。开展全县农村户籍残疾人返贫致贫风险排查，走访14474户残疾人家庭。开展“联村联户、四帮四促”活动，联系并支持枫林市村10万元用于开展残疾人乡村振兴帮扶。支持桑植县残联15万元用于残疾人事业，走访慰问龙山县水田坝镇残疾人家庭5户。

（黄丽玲）

【残疾人就业创业扶持】 2022年，长沙县举办残疾人农村实用技术职业技能培训班。帮助14名残疾人申请创业扶持，发放资金12.7万元。开展残疾人个体工商户养老保险补贴，发放补贴1.4万元。开展残疾人岗位资助，为252名残疾人发放补贴17.1万元。（黄丽玲）

【残疾人康复服务】 2022年，长沙县开展第六次全国残疾预防日主题宣传活动。以科普眼科基本知识为主题，推进爱眼健康进社区宣讲活动，开展6场眼健康义诊、7场科普馆体验、6场眼健康讲座活动，惠及1514人。残疾预防进学校、进工厂、进社区宣讲6场，1000人次。在5所康复机构为779名符合条件的孤独症、言语听力、脑瘫、智力0～14岁残疾儿童申请项目内康复训练，年补助经费1200万元。27名家庭困难康复训练残疾儿童获家长陪护补助经费10.4万元；自费残疾儿童康复救助48人，补助经费27.5万元。投入37万余元，为43名肢体残疾人进行假肢适配。投入78万余元，为1101名残疾人开展辅具适配。投入138万余元，与4家医院合作开展光明关爱行动，为879名患者免费实施白内障手术，为293名患者免费实施胬肉异型手术。建成多功能残疾人社区康复综合服务示范站2个，投入12万元用于社区开展残疾人康复工作。

（黄丽玲）

【扶残助残】 2022年，长沙县残联人联合会春节慰问困难残疾人806人，慰问金额81.2万元。投入30万余元，利用全国助残日、国际残疾人日等重大节日，组织全县镇（街道）、社区（村）、为残服务机构、企业开展扶残助残和志愿助残活动。

（黄丽玲）

长沙县红十字会

【概况】 2022年，长沙县红十字会开展“红十字特色高校”“博爱家园”项目。在松雅湖湿地公园等5个重点公共场所布放自动体外除颤仪，设置红十字应急救护志愿服务站，开展常态化志愿服务活动，联合长沙县应急管理局开展城市安全运行暨防汛综合应急演练，与长沙县人民防空办公室开展“5·12”防灾减灾日应急救援演练，与湖南省红十字会开展供水救援应急演练。为11户困难群众发放救助5.5万元，为3名白血病患儿申报“小天使”基金，获救助金11万元。全年接收定向捐赠款12.3万元、物资折合价值1665万元。（徐 婷）

【救护培训】 2022年，长沙县红十字会培育长沙博雅卫生职业中专为长沙县定点救护培训准入机构、黄花中学为“红十字救护教育示范学校”。推进救护培训进机关、进学校、进企业、进社区、进农村，全年开展普及培训579场次，培训125416人次；培训取证救护员450人，选派10名师资参加省、市红十字会举办的师资培训班。（徐 婷）

【“三献”工作】 2022年，长沙县红十字会在湖南交通广播电台开展“三献”（无偿献血、捐献造血干细胞、捐献人体器官）知识宣传，覆盖听众10万余人次，利用松雅湖湿地公园户外显示屏宣传“三献”知识。年内，3名志愿者捐献造血干细胞，11位志愿者身故后捐献器官，1065位志愿者进行遗体器官捐献登记。

（徐 婷）

【红十字志愿服务】 2022年，长沙县红十字启航志愿服务队和红十字微光志愿服务队成立，参与疫情防控、文明城市创建等志愿服务。开展关心关爱弱势群体志愿服务和红十字青少年志愿服务活动，创新实施“陪你说说话”“爱·向未来”志愿服务项目，开展红十字青少年活动，全年开展关爱弱势群体活动680余人次，参加志愿服务志愿者2367人次，活动工时13356小时，受益人群2万余人。对317名志愿者进行注册管理，年内42名志愿者被评为县级“优秀志愿者”，志愿者黄晓航被评为全省“最美红十字志愿者”。志愿者许冬花被评为2022年长沙县第二季度“星沙好人”。

（徐 婷）

法　　治

编辑　周进银

政法委与综治

【概况】 2022年，长沙县侦办恶势力集团4起，侦破刑事案件1347起，抓获在逃犯罪嫌疑人169名，八类恶性案件（故意杀人、故意伤害致人重伤或者死亡、强奸、抢劫、贩卖毒品、放火、爆炸、投毒罪）32起全部侦破，刑事发案比2021年下降10%，电信诈骗发案率比2021年下降30%。江背镇金洲村被评为全国民主法治示范社区（村）。在湖南省公众安全感和满意度测评中，长沙县平安创建工作位居长沙市第一名。（方　奕）

【维护社会稳定】 2022年，长沙县完成中共二十大等重要时间节点的安保维稳。组织指导15个项目进行风险评估，其中，准予实施14个，暂缓0个，不予实施1个。教育训诫324人。全年保障40场次大型会议、经济等活动。（欧阳滔）

【平安建设】 2022年，长沙县平安建设领导小组及8个专项组落实平安建设相关工作责任，推进平安建设并完成考评。成立县域社会治理现代化试点工作领导小组，县委政法委牵头履行领导小组办公室及相关专班职能，组织落实《长沙县县域社会治理现代化试点工作实施方案》《长沙县迎接全国市域社会治理现代化试点评估验收操作手册》。推进“屋场夜话”“红袖章”等城乡基层治理新路径。开展“利剑护蕾”专项行动及未成年人保护综合治理工作，将未成年人保护综合治理工作纳入平安建设考核体系。县平安建设工作领导小组召开会议研究成立工作专班，下发《长沙县矛盾纠纷风险隐患大排查大化解专项行动实施方案》和《长沙县婚恋家庭纠纷排查化解专项行动方案》。3月，县平安办部署2022年度全县各行业单位平安创建活动，并印发《关于印发〈在全县深入推进“十大平安”创建工作的实施方案〉的通知》。通报表扬和奖励2021年平安创建工作突出的单位，确认2021—2022年度见义勇为行为20个，2022年先进个人8人，程仕霖等3人被评为长沙市见义勇为先进个人，陈文强被湖南省人民政府授予2021年度“湖南省见义勇为先进个人”。走访慰问全县见义勇为困难群众25人，下发市、县级慰问资金20.5万元。推进全省风险防控智能化暨网格化平台建设。5月19日，省委政法委常务副书记田福德一行到县督导长沙县社会风险预警信息化建设工作。县委政法委社会风险预警平台入选2022年全国政法智能化建设智慧治理创新案例。是年，长沙县被评为全市平安建设工作先进单位。长沙县基层治理的“枫桥经验”的星沙探索、“党建+五零”建设、组级治理和小区治理“三五”模式、法院诉调改革、网上群众工作部等典型经验多次被中央、省、市媒体推介。（陈　夏）

【社会治理】 2022年，县委政法委将网格化工作纳入社会综合治理工作，结合原有的综治中心建设，采用三级基层社会治理网格架构，划分19个镇（街道）一级网格、217个社区（村）二级网格、2262个三级网格。各镇（街道）、社区（村）、组等工作力量下沉至网格，专兼职网格员数量4200余人，履行“一员多岗”工作职责，健全网格化管理模式，实现问题收集、反馈、解决、考评等系列工作闭环。县护路办和县铁路安全环境整治办、县发改局、县公安局加强日常工作对接沟通，健全联防工作机制，定期召开护路护线联防联席会议，对多项工作共同研究部署。开展高铁沿线安全隐患及矛盾纠纷排查，排查整改安全隐患115处，调处矛盾纠纷20余起，全年报市护路护线办“一事一奖”70例。（陈　夏）

【执法监督】 2022年，县政法委及政法各单位贯彻落实《信访工作条例》，确保各项任务要求落地落实。制作《县委政法委涉法涉诉信访工作台账》，接待处理涉法涉诉信访案件55件（县人民法院27件，县公安局27件，县政法委1件）。其中，市委政法委转交办37件，本级来信来访18件。所有信访案件均录入省涉法涉诉信访信息处理平台，并及时更新案件进展情况。开展律师参与化解和代理涉法涉诉信访工作，全年有9位律师参与值班，咨询接待信访群众110次。集中开展案件评查工作，评查案件36件（合格35件、基本合格1件），各责任单位均整改落实到位。落实司法救助，救助9案13人，救助金额24.7万元。（李慧芳）

【扫黑除恶专项斗争】 2022年，长沙县调整扫黑除恶专项斗争领导小组及办公室组成人员，设立扫黑除恶指导科，完善优化各成员单位职能职责，明确1名班子成员专职负责，组建4人的工作专班，实现县扫黑办工作常态化运行。县扫黑办组织开展扫黑除恶常态化暨《中华人民共和国反有组织犯罪法》集中宣传活动，有效预防和惩治有组织犯罪，提升全县社会治理现代化能力和水平。9月，开展为期1年的教育、金融放贷、市场流通邻域的专项整治行动。

（宋浩然）

【法学服务】 2022年，长沙县法学会加强组织建设，发挥法律工作者、法学爱好者在法治建设中的作用，6月设立长沙县法学会党组。组织部署第十届长江中游城市群法治论坛、第十五届“中部崛起法治论坛”、第十七届“泛珠三角合作与发展法治论坛”征文，发动法学会会员投稿，上报优质论文6篇。参与市法学会以案释法优秀案例征集活动，征集上报优秀案例12个。开展法制宣传活动、“学法为民解难题，送法下乡当礼物”

大学生寒假“送法下乡活动”。9月23日，长沙县委政法委、长沙县法学会举办“百名法学家百场报告会之习近平法治思想专场”报告会。邀请长沙市法学会办公室主任、秘书长黄俊峰就习近平法治思想进行专题培训，县委政法委副书记郑旭辉主持会议。（欧阳滔）

法治政府建设

【概况】 2022年，长沙县落实《关于进一步加强市县法治建设的意见》，以“湖南省法治政府建设示范县”创建为抓手，推进“法治政府、法治社会、法治园区”建设。“长沙县打造严格规范公正文明的行政执法改革样板”入选由中央依法治国办第二批“全国法治政府建设示范项目”。（蔡永胜）

【行政合法性审查】 2022年3月，长沙县印发《长沙县人民政府重大行政决策程序规定》《长沙县人民政府重大行政决策事项目录》，梳理出11项县政府重大行政决策事项，并在长沙县人民政府网站公布。出台《长沙县政府合同管理有关规定》，规范政府合同管理制度，明确政府合同的管理范围、管理机制、管理程序等。县司法局依法审查县委、县政府领导交办件116件、会议纪要90件、政府合同43件。（宋 玉）

【规范性文件管理】 2022年，长沙县司法局依法审查行政规范性文件29件，统一登记、编号、印发并进行备案，文件内容主要涉及土地征地补偿安置、公共交通管理、电动车销售安全等事项。年度规范性文件报备“及时率、规范率、报备率”均为100%。（宋 玉）

【行政执法指导与监督】 2022年，长沙县司法局印发《关于进一步严格落实行政执法“三项制度”的通知》，加强行政执法事前、事中、事后信息公开，要求各执法单位制定公示行政执法音像记录事项清单、重大执法决定法制审核目录清单。全县依法规范公开行政执法信息，办理行政许可案件110561件，行政处罚案件185945件。县司法局结合案卷评查、法治督察和自建房专项评查等工作，行政执法案卷评查388件。（宋 玉）

【行政复议与应诉】 2022年，长沙县出台《关于进一步加强和改进行政应诉和行政复议答复工作有关事项的通知》，规范行政应诉和行政复议答复工作。年内办理行政复议与应诉案件387件（含上期结转75件），办结298件。其中，办理行政复议案件206件（含上期结转31件），办结168件（含上期结转31件）；办理行政应诉案件148件（含上期结转40件），办结103件（含上期结转40件）；办理复议答复案件33件（含上期结转4件），办结27件（含上期结转4件）。全年通过复议纠错19件，发出行政复议意见书2份，办理复议案件促成调解或和解72件。全年以县政府为被告、被申请人的行政诉讼、复议案件167件，案件数量比2021年增加21.9%；县政府负责人出庭应诉52件，负责人出庭应诉率93.23%，无败诉案件。（陈 谢）

公 安

【概况】 2022年，长沙县公安局以严打整治“冬春攻势”、夏季治安打击整治“百日行动”等专项行动为抓手，打击整治群众反映强烈的突出违法犯罪。年内“110”话务量43万起，有效警情20.84万起。立刑事案件3937起，侦破刑事案件1436起。刑事打击处理2857人，行政处罚2234人，提请逮捕623人，移送起诉2344人，抓获在逃犯罪嫌疑人336人（含命案在逃犯罪嫌疑人2人、潜逃境外“钉子”在逃犯罪嫌疑人3人）。负责中共二十大安保维稳，长沙县公安局获市公安局集体三等功。是年，6个集体、16人次获省部级以上荣誉，30个集体、265人次获市、县级荣誉。集中整治突出问题，加强公共安全管理。加强危爆物品、枪支弹药、易制毒物品管控措施，检查生产经营单位122家，下达整改通知书39份，办理涉危爆案件117起，行政拘留44人。办理涉枪案件8起，刑事拘留1人，行政处罚8人。加强自建房家庭旅馆安全隐患整治，摸排家庭旅馆866家，整治家庭旅馆382家，关停49家，责令改正206家。健全矛盾纠纷多元化解联席会议机制，摸排化解矛盾纠纷2.1万余起，化解率99.8%。开展寄递物流领域安全检查463家（次），发现各类隐患1382起，行政处罚11家。（吴 峰）

【数据警务】 2022年，长沙县公安局推进数据警务建设。推行刑事技术“全勘计划”，设立4个刑事科学技术室分室。开展刑侦基础信息采集，采集指纹4652份、声纹4536条，虹膜4638份、足迹4635份、手机信息4617条，采集率100%。长沙县Y库采集完整率98.13%。开展流动人口与出租屋清查行动，采集实有人口41.4万人，新增从业人员32.7万人，就学人员5.3万人。推进二代居民身份证指纹采集，采集2.15万条。（吴 峰）

【“社区、学区、园区”警务建设】 2022年，长沙县公安局加强“社区、学区、园区”警务建设，建立联防联控机制，集中排查园区企业801家，背景审查98367人。推进学区警务建设，设置26所市县及重点护学岗，8所文明护学岗。完成536所学校校园虚拟电子围栏搭建。开展校园安全“三色预警”检查评估，发现问题1115条，下达整改通知书326份。开通自贸区人才引进落户服务专窗，办结人才落户1604人次。建成智慧安防小区

204个，智慧安防村庄覆盖全县3700个村组。（吴 峰）

【治安防控】 2022年，长沙县公安局推进“环长安保防护圈”建设，改建8个公安实体检查站，与全市统一防控组网。推进“1、3、5”快反机制建设，整合巡警铁骑、星城快警、三级快警平台和101个四级快反支援平台，全年组织设卡盘查15次，启动卡点64个，盘查车辆2万余台，盘查人员2.5万余人，查处违法行为300余起。（吴 峰）

【执法规范化】 2022年，《长沙县公安局执法安全规范》等文件出台，将执法规范化项目纳入各单位绩效考评，受立案管理中心严把案件“入口关”“出口关”，依托执法监管平台开展网上巡查，实时预警，预防执法风险。移送起诉率87.11%，未出现绝对不诉情况，执法风险预警处置率99.83%。加强检警沟通协作，召开案审会26次，集体研究审议案件50余起。规范涉案财物管理，依法处置长期未处置涉案车辆31辆。开展集中执法培训10余次，参训民辅警600余人。（吴 峰）

【交通管理】 2022年，长沙县公安局开展整治交通顽瘴痼疾和事故预防“减量控大”工作，整治酒醉驾、“一盔一带”、超员超速等交通违法，查处各类交通违法行为45.5万起，比2021年增长3.1%。亡人交通事故起数和人数比2021年分别下降27.52%和27.68%，无较大以上亡人交通事故。抽调400余名警力参与文明城市创建，查处各类交通违法27.1万起。（吴 峰）

【严打整治专项行动】 2022年，长沙县现行命案3起全部破案，带破1起19年前命案积案，“八类恶性”案件55起全部破案。打掉恶势力集团4个，恶势力团伙1个，破案20起，采取刑事强制措施68人。开展“利剑护蕾”专项行动，性侵未成年人现行案件39起全部破案。打击整治养老诈骗犯罪，刑事打处30人，追赃挽损2.81亿元。打击治理电信网络新型违法犯罪，电诈发案比2021年下降25.8%，侦破电信诈骗案件398起，打处犯罪嫌疑人（含黑灰产）761人，比2021年上升15.1%，刑事拘留265人，反诈预警止付止损避免群众损失2900余万元。落实部推线索“快打查”机制，核查“两卡”（手机卡、银行卡）线索744条，刑事打处719人，打掉黑灰产（指电信诈骗、钓鱼网站、黑客勒索等利用网络开展违法犯罪活动的行为）犯罪团伙38个。侦破涉毒刑事案件25起，刑事拘留84人，查处涉毒治安案件47起，抓获涉毒违法人员200人，抓获境外“钉子”涉毒在逃犯罪嫌疑人1人，训诫非列管滥用人员113人。现有吸毒人数、污水毒品检测平均值比2021年分别下降33.62%、19.6%。刑事打处传统侵财犯罪597人，比2021年上升23.6%。办理涉黄赌刑事案件63起，行政案件253起，刑事拘留262人，行政拘留1013人。侦获经济犯罪案件60起，刑事拘留111人，扣押、追缴、冻结资产估值4亿余元。侦办食药烟类刑事案件38起，采取强制措施58人，移送起诉59人。侦破获生态环境类案件17起，移送起诉54人。（吴 峰）

【“7·11”强迫、组织未成年人卖淫专案】 2022年7月11日，长沙县公安局新安派出所在辖区一酒店查获一对卖淫嫖娼人员。通过侦查，发现王某某系被组织卖淫犯罪团伙操控的15岁未成年人。案情上报后，长沙市公安局抽调警力成立“7·11”专案组，由长沙县公安局负责主侦。专案组从犯罪团伙资金链和通联记录入手，研判海量信息挖掘出另外6个相互关联的组织卖淫团伙。7个团伙以微信群为载体，形成相对固定的资源共享犯罪链条，组织卖淫行为涉及全国多个省、市。在公安部和省公安厅的统一指挥协调下，专案组开展4次集中收网，抓获涉案人员96人，解救17名未成年女孩，摧毁以唐某、胡某为首的7个以多种手段控制、组织、强迫未成年女孩卖淫的涉恶、涉黄犯罪团伙。（吴 峰）

【“2022-71”毒品目标案件】 2022年8月，长沙县公安局在省、市公安公安机关的统筹指导下，与益阳警方协作，历经半年经营和专案侦查，破获1起省级“集群打零”吸贩毒目标案件，打掉1个盘踞在长沙、益阳的吸贩毒犯罪团伙。2月，长沙县公安局禁毒大队对黄花派出所办理的1起吸毒行政案件进行研判，通过追查吸毒人员毒品来源，发现1个多层级的吸贩毒犯罪网络。案件逐级上报，确立该案为省督“2022-71”毒品目标案件，县公安局成立专案组开展专案侦办。2—3月，为掌握查清团伙活动规律，收集固定证据，根据嫌疑人唐某活动情况，专案组在长沙抓获李某、唐某、徐某栋等人。6月，根据抓获人员交待及信息研判，在长沙抓获朱某。在益阳警方支持下，在益阳市先后抓获刘某平、邱某，缴获毒品39.28克。至8月，抓获涉毒犯罪嫌疑人30名。（吴 峰）

【“7·15”诈骗案件】 2022年6月，长沙县公安局刑侦大队在工作中发现湖南某科技有限公司涉嫌诈骗。经调查，该有限公司法人在明知销售的产品没有减肥效果的前提下，雇佣他人采用电话销售的方式，通过固定话术向不特定人群售卖产品，采取虚构专业减肥人士身份、虚构售卖产品效果、向客户灌输虚假信息，导致大量受害人被骗，涉案金额1200万余元。7月15日，在侦查并掌握该团伙主要犯罪事实及窝点位置后，长沙县公安局出动200余名警力，统一开展收网行动，抓获涉案人员126人。

（吴 峰）

检　察

【概况】 2022年，长沙县人民检察院受理审查逮捕刑事犯罪案件717案1266人，受理审查起诉1548案2468人。常态化推进扫黑除恶专项斗争，查办恶势力犯罪团伙3个，起诉3案7人。推进网络依法治理，严惩电信网络诈骗、网络传销、网络“黄赌毒”等网络犯罪643人，依法严办“虚拟币投资”“网络女主播恋爱交友”等诈骗案，团伙主犯金某、胡某均获10年以上有期徒刑。起诉安全生产领域犯罪12人，针对易燃易爆品和危化品储、运、销等安全隐患，制作发放检察建议19份。对接自贸区法治需求，承建人民检察院驻自贸区知识产权服务站，走访自贸区部门、企业，办理涉自贸区普通刑事案件10余件、公益诉讼案件2件。查办全省首例侵犯国家级专精特新“小巨人”企业商业秘密犯罪案。起诉破坏社会主义市场经济秩序犯罪124人，对20余名涉企情节轻微犯罪嫌疑人作出不捕不诉决定，运用企业合规改革程序办案7件，帮助7家企业重新经营。依法查办司法工作人员相关职务犯罪2案3人。加强检监协作，受理审查起诉监察委移送职务犯罪10案12人，通过释法说理实现认罪认罚率90%以上，精准量刑建议采纳率100%。贯彻“少捕慎诉慎押”刑事司法政策，认罪认罚适用率89.09%，不捕率上升至50.73%，诉前羁押率下降至26.59%。坚持刑事追诉与风险防范、权益保护并重，帮助群众挽回经济损失3757万余元。起诉涉养老诈骗7案16人，办理青松养老公寓养老诈骗案，协助公安机关追回赃挽损409万余元，查扣涉案企业及法人房产4栋、车辆6台。向33名家庭困难的被害人发放救助金15.1万元，残疾人就业保障金征缴率比2021年增长65%。办理民事检察案件878件。建立虚假诉讼案件线索移送、联合查办、结果反馈等机制，整治虚假诉讼。办理行政检察监督案件484件，其中，实质性化解行政争议86件，发出督促履职、行政违法行为监督检察建议139份。办理的强制隔离戒毒领域监督系列案和土地执法领域行政非诉执行案件入选全省典型案例。全年公益诉讼立案149件，发出检察建议68份，支持人民政府磋商或社会组织起诉28件，提起行政公益诉讼1件，提起刑事附带民事公益诉讼7件。完善并落实“河（湖）长＋检察长”“林长＋检察长”机制，成立三叉河公益诉讼增殖放流基地；建立民间借贷案件执行利息征缴个税协作机制，追征税款5笔244万余元。

（郑　杰）

【刑事检察】 2022年，长沙县人民检察院受理审查逮捕刑事犯罪案件717案1266人，受理审查起诉1548案2468人。其中，批准逮捕431件、637人，批捕率50.32%，不批准逮捕307件、656人。受理管辖罪名下侦查机关移送审查起诉的各类刑事犯罪案件1548件、2468人，审结案件1657件、2574人，其中，提起公诉1110件、1672人，不起诉519件、860人，其中，存疑不起诉14件、24人、相对不起诉476件、793人。纠正漏捕12人，追诉漏犯46人，追诉漏罪3人，监督立案11件，监督撤案32件。全年认罪从宽制度适用率95.02%。该院所有适用认罪认罚从宽制度的案件中，上诉186件、212人。

（郑　杰）

【职务犯罪经济犯罪检察】 2022年，长沙县人民检察院受理审查起诉职务犯罪案件11件、14人，审结11件、15人，其中，提起公诉10件、14人，不起诉1件、1人。依法起诉破坏社会主义市场经济秩序案件55件、124人。参与互联网金融风险专项整治，起诉非法吸收公众存款、金融诈骗、组织、领导传销活动类涉众型犯罪案件13件、28人。（郑　杰）

【刑事执行检察】 2022年，长沙县有监外执行罪犯602人，办理自侦案件2件3人，监管场所违法（违规）案件100件。财产刑检察案件162件，收监执行审查案件2件，发出检察建议书5份，监外执行违法（违规）案件102件，减刑、假释、暂予监外执行审查案件8件，指定居所监视居住审查案件3件。2—3月，长沙县人民检察院第三检察部到长沙县看守所开展安全防范检察专项活动等。

（郑　杰）

【民事行政检察】 2022年，长沙县民事行政检察受理各类案件1362件。其中，民事检察案件受理878件，行政检察案件受理484件。民事诉讼结果监督受理11件；民事审判活动违法监督受理313件；民事执行活动监督受理247件；支持起诉受理307件。行政违法行为监督受理128件；督促履职受理11件；行政非诉执行监督受理203件；行政审判活动违法监督受理56件；行政争议实质性化解86件。发挥行政检察监督职能，监督行政机关违法问题，审查行政行为合法性、合理性，促进行政机关依法行政。就强戒隔离领域系列案制作发放检察建议书，被评为2022年全省检察机关第一批“行政检察监督护航民生民利”专项活动典型案例。办理的土地执法领域行政非诉执行监督系列案分别入选2021年度全国行政检察优秀案例和2022年全省检察机关第二批“行政检察监督护航民生民利”专项活动典型案例。通过支持起诉组织争议双方代表、街道社区调解员、人民监督员共同化解矛盾，通过支持起诉帮助讨薪、被侵权农民工、被侵权业主挽回损失919万余元。（郑　杰）

【公益诉讼检察】 2022年，长沙县人民检察院公益诉讼立案149件。其中，行政公益诉讼97件，民事公益诉讼52件，发出检察建议68件，支持社会组织起诉21件，提起刑事附带民事公益诉讼7件，法院判决8件，诉讼请求全部得到法院判决支持。针对突出环境和资源问题，立案74件，发出诉前检察建议23件，提起附带民事公益诉讼5件。开展垃圾整治专项行动，针对多处地方存在垃圾随意倾倒现象，严重影响居民生活和市容市貌，破坏土壤与地下水，影响生态环境问题，立案8件，向相关行政机关发出检察建议5件，开展磋商1件，10天解决自贸区附近垃圾污染环境问题。强化“河（湖）长+检察长”协作，有15位县领导、4位正副检察长参与联合巡河16次，调度推进水生态环境资源保护案件办理35件。向妇女儿童、生物安全、安全生产、网络侵害等领域拓展办案职能，立案59件，发出诉前检察建议35件，提起刑事附带民事公益诉讼3件。关注安全生产问题，对辖区内瓶装燃气供应站全面摸排走访，排查瓶装燃气经营者在燃气储存、运输环节中的安全隐患，发出诉前检察建议19件，督促行政机关消除安全隐患，全县投入320万元配备208台液化气专用配送车。　　（郑　杰）

【控告申诉及案件管理】 2022年，长沙县人民检察院案件管理科受理、流转各类案件2268件3770人。接待律师2400人次，刻录电子卷宗光盘3000盘。接收外来文书20100份。公开案件程序性信息6200条、法律文书公开450份，网上律师预约办理300件。组织人民监督员监督办案活动130件次。长沙县人民检察院“12309”检察服务中心接待来访群众1700余人次，接听“12309”服务热线3200余次，接收各类来信来访50件，其中，受理控告类信访5件，受理公益诉讼类信访1件，受理民事诉讼监督案件4件，受理司法救助类信访40件40人，发放救助金17.5万元。　　（郑　杰）

【未成年人检察】 2022年，长沙县人民检察院加强打击侵害未成年人犯罪，在“利剑护蕾”专项行动中批捕76人、起诉50人，联合县教育局等9个部门出台性侵未成年人案件预防、打击、救助一体化工作机制，提前介入、监督立案的1起强制猥亵未成年人案件获评全省典型案例。对轻微犯罪的未成年人从轻处罚，不捕、不诉、附条件不起诉147人，49名涉案未成年人经帮教回归社会。参与法治校园建设，选派12名检察人员担任13所学校法治副校长。办理的“四力齐发守牢妇女儿童合法权益”入选妇女儿童发展规划省级示范县目标管理考核优秀案例，并被《检察日报》专版推介。　　（郑　杰）

法 院

【概况】 2022年，长沙县人民法院审判执行结案34490件，法官人均结案639件。组织“送法进校园”“送法进企业”“送法进社区”“我是小法官”等普法活动37次，组织“审判业务讲评班”“法官助理技能培训班”等各类培训80次。组织文书写作、庭审速录等职业技能竞赛，开展“审判之星”“执行之星”评比。参与联合摄制电视剧《底线》，展现“法治星沙”新形象。是年，长沙县人民法院被评为全国法院媒体融合先进集体、省文明单位、全省法院诉讼服务示范窗口单位，30余人受到省、市、县表彰奖励，“三化改革”（案件审理类型化、审判团队专业化和法官队伍职业化建设改革）经验获最高人民法院肯定与推介，“一站式”多元解纷经验在全国法院介绍与交流，“守善崇法·唯实求新”文化引领工程入选全国法院文化建设特色项目，环境资源刑事判决书被评为全国法院优秀裁判文书。　　（肖　敏）

【刑事审判】 2022年，长沙县人民法院审结刑事案件1142件1857人，打击暴力犯罪，审结抢劫、故意伤害等案件87件96人，对多次实施抢劫、非法拘禁的田某贵等22名恶势力成员处以3～11年不等的有期徒刑。惩治“黄赌毒”犯罪，审结126件220人，对利用白金岛软件组织网络赌博的131人均处以实刑，追缴犯罪所得3000万余元。打击电信网络诈骗，审结侵犯公民信息、帮助信息网络犯罪等案件271件382人，对大量非法获取微信用户信息牟利的彭某等35人以侵犯公民信息罪定罪处刑。依法惩处妨害疫情防控犯罪，审结钟某拥等9人生产、销售伪劣产品一案，涉及口罩776万只、案涉金额6647万元。推进“利剑护蕾”专项行动，依法严惩性侵未成年人犯罪41件42人，重刑率41%。　　（肖　敏）

【民事审判】 2022年，长沙县人民法院审结民商事案件17566件，服务“稳岗位、保就业”工作，办结劳动争议、追索劳动报酬等案件726件。维护购房者正当权益，采取强制措施保全一问题楼盘6亿余元资产，解决逾期交房、延期办证和虚假宣传等商品房买卖纠纷案件726件。注重以司法裁判弘扬社会主义核心价值观，审结离婚纠纷734件。将尊老爱幼等传统家庭美德融入司法活动，审结抚养、继承纠纷84件。　　（肖　敏）

【执行工作】 2022年，长沙县人民法院兑现胜诉权益，执结案件13584件，执行到位金额19.73亿元。开展民生案件专项执行，执结劳动报酬、交通事故等案件793件，执行到位2948万元，向困难群众发放司法救助款63万元。惩治拒不执行裁判行为，打击“老赖”推动执行，全年司法拘留37人，罚款48人，移送涉嫌拒执犯罪19人，已判刑3人。其中，通过法院与铁路公安协查联动机制查获1人躲藏11年的被执行人。创新司法拍卖网络直播等举措，处置财产1320件，成交3.32亿元，溢价

率 10.81%。（肖　敏）

【服务经济发展】 2022 年，长沙县人民法院挂牌成立自贸片区人民法庭，审结跨境物流、知识产权和域外司法协助等各类案件 1426 件。加强破产案件审判管理，推动果福车业、棕榈浔龙河等 16 家企业破产重整、清算。公正高效审查非诉行政执行案件，依法准予拆迁、拆违申请 29 件。指导 10 余个指挥部司法腾地，推动松雅湖生态新城、长沙机场改扩建、长赣铁路和江杉高速等项目建设。（肖　敏）

【诉讼服务】 2022 年，长沙县人民法院将 223 名特邀调解员、35 个调解组织纳入人民法院网络调解平台，6629 件纠纷尚未进入诉讼程序即得到化解。在民事审判部门开展案件审理类型化、审判团队专业化和法官队伍职业化建设，改革经验被最高人民法院《司法改革动态》刊发与推介，湖南高级人民法院建议在全市法院系统推广。深化审判辅助事务外包改革，出台诉讼文书送达与排期开庭规定，推广电子送达方式，推出“邮一案”比和首次开庭及时率考核指标。新增云上法庭设备 4 台，远程立案 9541 件，网上开庭 1300 场，庭审直播 8293 场，全面运行智慧执行办案系统。引进智能语音识别转换系统，推进智慧法院建设。（肖　敏）

【法治营商环境优化】 2022 年，长沙县人民法院出台服务保障优化营商环境 20 条举措。组织湖南航空等 10 余家企业座谈交流，指导企业妥善应对法律风险。28 天审结某工程机械融资租赁企业标的额 2 亿元的系列案件。办理全省首例侵犯国家级专精特新“小巨人”企业商业秘密案，3 人被判有期徒刑并处罚金。在国微集成电路创投基金某芯片投资对赌条款被触发一案中，依法支持其股权回购诉求，保护企业投资权益。审结侵占蓝思科技等企业财物的刑事案件 23 件，保障企业财产安全。针对企业“回款难”问题，发挥诉讼保全、强制执行功能，执行到位金额 7.41 亿元。到新疆、西藏、云南等地为三一重工、山河智能等装备制造企业扣押涉案设备 62 台（套），帮助工程机械企业实现债权 2.94 亿元。（肖　敏）

【司法监督】 2022 年，长沙县人民法院邀请人大代表、政协委员和特约监督员列席会议、见证执行、旁听庭审 80 余人次。向县人大常委会报告强制执行等专项工作。支持、配合监察机关对法院工作人员常态化监督。办理检察建议，每件均予答复。（肖　敏）

司法行政

【概况】 2022 年，长沙县司法局推进全面依法治县，通过集中述法、法治督察、约谈通报等方式，落实党政主要负责人履行推进法治建设第一责任人职责。落实“八五”普法规划，培育“法律明白人”“法治带头人”，实现村级法治文化阵地全覆盖，形成“县—镇—村”立体化全覆盖的法治阵地体系。推进基层依法治理，开展“法治小区”“民主法治示范村”试点创建，江背镇金洲村被评为“全国民主法治示范社区（村）”“全省民主法治示范社区（村）”。安沙司法所所长张亚欧被评为“湖南省司法行政工作先进个人”。长沙县司法局《“三证”组合维稳法律服务案》入选长沙市“以案释法”典型案例，被评为“十大典型法律服务案例”。长沙县入选全国“八五”普法依法治理工作 16 个联系点之一。（蔡永胜）

【依法治县】 2022 年 5 月 6 日，长沙县召开县委全面依法治县委员会第五次会议，审议通过《长沙县法治政府建设实施方案（2022—2025 年）》《中共长沙县委全面依法治县委员会 2022 年工作要点》等文件。9 月，对全县各单位书面督察并选取 8 个单位实地督察。10 月 17 日，召开县委全面依法治县委员会第六次会议暨长沙县创建湖南省法治政府建设示范县推进会议，审议通过《长沙县贯彻落实〈关于进一步加强市县法治建设的意见〉措施》，提出以创建“湖南省法治政府建设示范县”为抓手，推动全面依法治县工作再上新台阶。开展中央依法治国办督察反馈意见的整改及“回头看”工作，对照问题清单进行专项排查和整改提高。（廖思捷）

【社区矫正】 2022 年，长沙县司法局接收社区矫正对象 615 人，对 541 名社区矫正对象依法解除社区矫正，年底在管社区矫正对象 586 人。年内组织社区矫正工作者业务培训 5 次。全年组织社区矫正对象法治分类教育 1 场，进行心理筛查评估 1200 余人次；对违反监管规定的社区矫正对象记训诫处罚 200 人次、记警告处罚 56 人次，对 1 名严重违反监管规定的对象提请撤销缓刑，对 1 名暂予监外执行情形消失的社区矫正对象提请收监。（杨　恺）

【普法宣传】 2022 年，长沙县出台县域“八五”普法规划，发布《长沙县关于落实“谁执法谁普法”责任制的实施意见》。长沙县司法局开展“送法下乡”、农村法治宣传教育月、自建房法律法规宣传、文明创建普法宣传等一系列专项普法活动，组织集中法治宣传活动 85 场次、法治讲座 66 场次，发放宣传资料 18 万余份。联合团县委发布大学普法志愿者招募令，同济大学、中南财经政法大学等高校 406 名在校大学生利用寒暑假回乡契机，走村入户开展送法下乡活动。推进第二批 9 个镇（街道）105 个社区（村）的“一村一法治阵地”建设，实现村级法治阵地全覆盖。组织全县国家工作人员学法考法 14832 人

次，承办“湖南省省会各界人士礼敬宪法暨2022年全省宪法宣传周主场活动”。（胡抗抗）

【矛盾纠纷调解】 2022年，长沙县各级人民调解委员会开展“调解促稳定　喜迎二十大”专项活动，全年排查调处各类纠纷3266起，调解成功3151起。全年人民调解矛盾纠纷案件补贴2326件案件，补贴金额57.6万元。5月，长沙县社会矛盾调处中心在蓝思科技增设黄花片区调解工作室。8月，县司法局、湘龙街道、县工商联联合成立湘龙商事人民调解委员会。（蒋艳娇）

【律师队伍管理】 2022年，长沙县司法局发挥对法律服务机构的日常监管职能，“线上+线下”开展律所规范化建设，实地督察辖区内6家法律服务所、14家律师事务所。推行“一社区（村）一法律顾问”制度，由85名律师（基层法律服务工作者）对接141个驻点和95个辐射点，以“驻点+辐射点”的形式实现全县社区（村）法律顾问全覆盖。指导党政机关公职律师发挥作用，全体党政机关公职律师为所在单位讨论决定重大事项提供法律意见3692次，参与单位规章草案、规范性文件起草论证41次，参与行政处罚审核、行政裁决、行政复议、行政诉讼等工作3796次。（邓郁清）

【公共法律服务】 2022年，长沙县公共法律服务中心加强法律援助志愿者库建设，县内18家律师事务所、6家法律服务所、103名志愿律师和法律服务工作者参与法律援助志愿者库。法律援助中心安排律师轮流值班，畅通电话咨询和实体法律援助平台建设，解答法律咨询800余起，办理援助案件497件（其中，民事案件44件、刑事案件453件）。加强刑事案件认罪认罚从宽试点工作和律师辩护全覆盖，在县看守所（县检察院）、县法院和县公共法律服务中心安排值班律师为在刑事案件中适用认罪认罚从宽制度的犯罪嫌疑人、被告人提供法律咨询、程序选择、申请变更强制措施等法律帮助，为犯罪嫌疑人、被告人提供法律帮助1000余次、制作谈话笔录700余份。（邓郁清）

【公证服务】 2022年，长沙县公证处办理各类公证案件4331件，其中，国内民事公证案件3340件、国内经济公证案件100件、涉港澳台案件30件、涉外公证案件861件。公证收费总额406万元。（罗　丽）

劳动仲裁

【概况】 2022年，长沙县接待劳动争议咨询、投诉7500余起，其中，进入立案程序的案件2462件，比2021年增长47%，综合结案率90%以上，调解结案率85%以上，立案受理案件数量居长沙市各区（县）第一位。（吴　琼）

【“一站式”维权服务平台】 2022年，长沙县开展劳动争议“一站式”维权服务平台建设，加强与劳动保障行政执法、劳动保障监察、法律援助等相关职能部门合作，建立劳动争议“一站式”维权服务平台，接待劳动争议纠纷投诉、咨询3000余次，将处理劳动争议维权的相关职能部门进行“一站式”整合，实现“让群众少跑腿”“让维权更畅通”。（吴　琼）

【创新调处新模式】 2022年，长沙县在仲裁调处领域开展多种探索，挑选典型案例，将巡回仲裁庭开进企业、园区。开展“联合执法调处”“劳动争议网上调处”“重点企业案件办理跟踪回访”等举措，打通服务群众的“最后一公里”，提升仲裁效能，实现高效、公正、依法、廉洁办案，长沙县在仲裁领域的创新服务惠及县内1000余家企业、3000余名劳动者，为区域和谐劳动关系创造良好法治和社会环境。10月27日，长沙县人社局以就近就地和现场直播方式在长沙经开区组织劳动人事争议巡回仲裁庭审，20家园区企业人力资源主管现场观摩，500余家企业人力资源主管实时收看。（吴　琼）

2022年10月27日，长沙经开区新长海大厦劳动人事争议巡回仲裁庭审现场（胡　亮　摄）

军 事

编辑 李珊珊

长沙县人民武装部

【概况】 2022年，中国人民解放军湖南省长沙县人民武装部（以下简称“长沙县人民武装部”）到基干民兵、专武干部集训队作辅导报告13场次。开展思想教育，聚焦“忠诚拥护核心、矢志奋斗强军”，深化“传承红色基因，担当强军重任”主题教育，组织政治辅导员、国防教育讲师和红色女子民兵宣讲员深入基层宣讲中国共产党创新理论60余人次，组织专职武警干部、民兵党员骨干200余人到杨开慧纪念馆、陈树湘故里纪念地开展主题党日活动。开展“学习近平强军思想、争当新时代合格民兵”主题活动，融入民兵听党指挥、战备形势、争先创优等内容教育，编印学习资料、配发《红色长沙》《长沙县英雄谱》书籍。组织“讲政治、明大义、守底线”“向组织交心、与战友谈心、心心相印永向党”“思想政治教育创新讨论会”3次支部专题组织生活会。组织县民兵应急连、工程抢修连等重点分队预建党组织学习培训和专题党课辅导8次16课时。推进派驻纪检组反馈问题整改工作，开展深化基层风气整肃治理、深化政治整训等活动，落实双重组织生活、党费个人生活费用缴纳、个人事项报告等制度规定，开展经费开支、物资采购、廉洁征兵、军地交往等领域环节监督检查。

是年，长沙县人民武装部联合地方应急、防汛等7个部门开展军地综合应急演练，组织基干民兵无人机侦排查和辖区重点动员企业参加省军区“6·17”民兵“三落实”活动演习演练和预征预储装备静态展示。组织基干民兵装甲分队、桥梁抢修分队到郴州、怀化等地参加省军区“小专业、大集中”集训。军地联合召开会议5次、联合发文推进部署3次，将民兵调整改革工作纳入党管武装绩效考评和军地联合督导范围。开展民兵整组潜力调查，组织县直机关、镇（街道）、园区和编兵单位围绕民兵建设“编训用管保评”开展现场调度；对照上级检查考评标准，完善硬件设施和软件资料，新购置民兵装备器材价值40万余元。3月，召开全县基干民兵整组点验大会，受检分队进行装备实操、预建党组织演示。拓展兵役登记试点成果，指导兵役登记站推行“一站式服务”，组织“征兵宣传进高校”。组织2次征兵，开展义务兵和直招军士征召，大学生、大学毕业生征集比例分别为90%、70%。

年内，长沙县人民武装部推进战备秩序、训练秩序、工作秩序、生活秩序规范建设，公寓楼、办公楼主体建成，推进征兵楼、饭堂和军职教育中心建设，开展营区“一部一特”（一部队一特色）红色文化、星沙动员文化和文体活动场所建设。提质改造作战室、值班室、战备图库等场所，加大投入补充急需战备物资器材。向县委、县政府主要领导传达上级重要会议和文件精神，定期报告武装工作。落实县委常委议军会、全县武装工作会议、镇（街道）第一书记述职、现场办公等制度。巩固全国双拥模范县创建成果，会同长沙县退役军人事务局开展省双拥模范城创建工作届中考评；协调教育部门开展驻长部队军人子女入学优待，与长沙县退役军人事务局开展走访慰问、退伍老兵返乡仪式、悬挂军属光荣牌、送立功喜报等活动。召开部党委会对所属基层武装部开展星级达标建设评定。是年，辖区有18个镇（街道）武装部，其中，五星级5个、四星级6个、三星级7个。（李　遂）

【兵役征集后续工作】 2022年，长沙县人民武装部实施跟踪管理工作，与接兵干部、新兵家长互通新兵思想动态和现实表现，构建“部队、兵役机关、家庭”共管共育体系。协调教育部门、学校办理保留学籍、学费补偿等手续，协调县财政局、县退役军人事务局发放入伍奖励金、家庭优待金，悬挂军属光荣牌。组织乡镇专武干部走访乡镇事业编制人员、优秀村干部、大学生村干部，建立落选应征青年工作台账。（李　遂）

【2022年度兵役登记】 2022年，长沙县人民武装部结合新修订《中华人民共和国兵役法》宣传，利用社区讲堂、屋场会以及上门入户等方式，多渠道开展兵役登记，采取每日通报进展、每周约谈落后镇（街道）主要领导的方式，明确任务、压实责任。是年，全县兵役登记率100%。（李　遂）

【“学弟学妹送学长、战斗英雄送新兵”主题仪式】 2022年3月16日，长沙县人民武装部举行以“学弟学妹送学长、战斗英雄送新兵”为主题的新兵欢送仪式。活动邀请许辅志、朱豫刚等7位参战老兵为新兵送祝福、送寄语，激励新兵矢志军营。该仪式被人民日报社、中国国防报社、中国民兵杂志社等媒体报道。（李　遂）

【新兵欢送仪式】 2022年9月15日，长沙县人民武装部在春华山国防教育基地举行2022年欢送新兵入伍暨国防教育宣传周启动仪式，下半年入伍新兵参加活动。长沙县委常委、长沙县人民武装部政委主持仪式。接兵干部代表和新兵代表发言，现场为新兵赠送《兵之初》丛书。（李　遂）

武警长沙中队

【概况】 2022年，武警长沙中队坚持抓班子带队伍、抓思想铸军魂、抓能力强中心、抓经常打基础、抓秩序建安全、抓作风正风气，按照“筑牢忠诚聚队魂，依法抓建树导向，厚实底蕴蓄内涵，乘势而上谋发展，坚持奋斗创先进”的总体思路，着力夯实部队发展基础。深入学习贯彻中共二十大精神，设计“五红”配教活动（用红色资源、讲红色故事、打红色烙印、铸红色灵魂、做红色传人）。建立“我是小教员”“我是广播员”“我是解说员”理论骨干体系，开展“党史军史知识竞赛”等系列配合活动，推动文化熏陶。组织“文化战‘役’，网上云端”“强军杯”篮球赛。严肃和规范党内政治生活，落实组织生活制度，按照集体领导、民主集中、个别酝酿、会议决定等程序决策实施重大问题。（罗天一）

【实战训练】 2022年，武警长沙中队开展“表彰奖励送喜报”“荣誉表彰家人连线”“成长进步亲属分享”等活动。每周评选“训练尖子”和“训练先进班”，开展训练表彰和典型树立工作。开展冬季大练兵和基础性训练科目的复训、补训，完善保障措施，正规训练场秩序，利用板报、广播、宣传栏等开展宣传。年内，邀请地方大学体育专业学生到中队授课，培养义务兵执勤训练能力，义务兵军事合格率 95%，全体官兵合格率 92%。是年，武警长沙中队在武警长沙支队四批勤训轮换中均排名前列，在武警长沙支队执勤五大队一、三季度按纲建队考核中均获第一名。（罗天一）

【执勤战备】 2022年，武警长沙中队落实组勤管勤、专勤专训、“三共”（思想共建、队伍共管、安全共保）制度，每天组织勤务交接班，总结勤务情况，完善执勤方案；推进战备力量体系建设，明确各组各类人员携装配装标准；完善抗洪抢险方案预案，加强抗洪抢险演练，补充调配物资。落实编携配装要求，规范中队战备秩序，加强战备演练，确保第一时间到达现场先期处置突发情况。落实执勤战备制度，多次完成上级拉动演练。推进“智慧磐石”工程建设，确保执勤绝对安全。开展以“严规定、正秩序、强能力、保安全”为主题的经常性执勤工作等级评定，常态组织执勤隐患排查治理。强化执勤班专勤专训、专哨专训和执勤方案演练，突出反逃脱、反暴狱、反袭击等课题训练。全年节假日期间联勤武装巡逻勤40余批（次），跨市武装押解临时勤务10余起。（罗天一）

【后装保障】 2022年，武警长沙中队把备战打仗作为后装保障第一要务，全面提升保障打赢能力。在后勤管理上，强化官兵“以队为家”意识，加强对各类库室的建设与管理。强化应急保障能力，修订完善后勤保障方案（计划）、后装战备方案等，明确人员抽组、岗位定人、设施定位、人装定训，做到随需组建、随队出动、随时展开。抓实“后勤变前勤”，提高保障人员战斗力。（罗天一）

【依法治军】 2022年，武警长沙中队学习贯彻新修订的《军队安全管理条例》和武警部队《正规化管理规定》。开展“弘扬优良传统、整顿作风纪律”活动，以讲好创新理论、讲述光荣传统、讲清纪律为重点上1堂专题教育课；以增强官兵纪律观念、法规意识为要求观看1次警示教育片；组织1次讨论辨析；组织1次自查自纠并写出个人剖析材料。抓实风气建设和党风廉政建设。抓好条令法规落实和日常养成。（罗天一）

人民防空

【概况】 2022年，长沙县人民防空办公室压缩行政审批时限，办理人防审批项目；加强人防工程建设与管理，督促整改各类安全隐患303个。开展人民防空宣传教育进机关、进学校、进企业、进社区、进媒体，承办长沙市“5·12”防灾减灾8人防宣传活动，开展“第22个全民国防教育日”主题宣传教育活动。开展防空警报试鸣，推出微信头条、专版专栏宣传人防知识，在全县广场、大型商场电子显示屏播出人防知识视频；向全县物业小区、学校、企业发放人防宣传资料6万余份。年内新增望圣桥社区和昌济中学等人民防空宣传教育基地。是年，长沙县人民防空办公室被评为“长沙市人防工作先进单位”。（刘　娟）

【人民防空行政审批】 2022年，长沙县落实应建尽建、应收尽收，推进“最多跑一次”政务服务举措，落实提前告知、集中受理、限时办结等制度，进一步压缩行政审批时限，各项行政许可事项提速增效。办理人防审批项目，其中，审批结建人防工程，人防易地建设费到账，人民防空易地建设费全部缴纳到位。（刘　娟）

【人民防空工程建设与管理】 2022年，长沙县按照“依法质监、优质服务”标准，对在建人防工程的质量实施监督管理，在关键节点实行随时报验、随时派质监人员到现场指导、督促，并加强对各责任主体的质量行为的监督。坚持开展每月领导带队检查、专项检查，委托第三方安全生产机构对全县已建人民防空工程进行安全生产、维护管理巡查，通过集中约谈、督促整改，实现闭环管理。全年签发整改通知单112份，发现并整改各类安全隐患303个。（刘　娟）

【人民防空组织指挥】 2022年，长沙县建成人民防空通信视频会议系统，实现人民防空通信战备值班常态化，定期组织开展短波、超短波、3G海事卫星、视频会议系统训练和机关“准军事化”训练。湖南省国防动员“三级”指挥光缆网第二路由及人民防空指挥专网项目建成。加强预警报知系

统建设，开展“11•1”防空警报试鸣，警报统控率和覆盖率均为100%，组织中小学校、社区开展防空袭疏散演练。（刘 娟）

【长沙市“5·12”防灾减灾日人防宣传活动在长沙县举行】 2022年5月12日，以“减轻灾害风险 守护美好家园”为主题的长沙市“5•12”防灾减灾日人防宣传活动在长沙县举行。活动由长沙市人民防空办公室、长沙县人民政府主办，长沙县住房和城乡建设局（长沙县人民防空办公室）承办，长沙县昌济小学、长沙县消防救援大队、长沙县红十字会协办。在长沙县昌济小学，与会领导共同为长沙县人防宣传教育基地授牌。9时20分，防空警报响起，长沙县昌济小学组织300余名师生开展防空袭疏散演练，并模拟因空袭造成次生灾害的应急救援（包括对房屋坍塌自救、防毒面具佩戴、人员伤口包扎等应急救援技能的讲解与演示）。在5月7—13日防灾减灾宣传周内，长沙县通过线上、线下开展形式多样的人防宣传活动，线上有7万余人次参与防空防灾知识有奖答题、“掌上星沙”图文直播发布活动实况、人防多媒体宣教终端播放防空防灾知识；长沙县昌济小学等人防宣传教育基地线下开展“人防小剪手”剪纸、“安全与我同行”黑板报、人防知识讲座等一系列活动。（刘 娟）

2022年5月12日，长沙市“5·12”防灾减灾日人防宣传活动在长沙县昌济小学举行（长沙县人防办 供图）

【“第22个全民国防教育日”主题宣传教育活动】 2022年9月15—17日，长沙县住建局（长沙县人民防空办公室）联合县域人防宣传教育基地开展“第22个全民国防教育日”主题宣传教育活动。9月15日，灰埠社区联合大同社工党支部、宣安应急救援中心开展主题为“社区是我家，人防靠大家”的人防宣传教育主题活动，现场举行灭火器材应急灭火实战练习、人防知识宣讲等一系列活动。是日，长沙县昌济小学开展“新时代爱国强军谱新篇”为主题的宣传活动，组织高年级学生观看《长津湖》《八佰》等爱国主义电影，组织学生撰写观后感，以此加强爱国主义教育。9月16日，长沙县昌济小学师生同上“爱我中华，强我国防”主题国防教育课；长沙县松雅湖第二小学开展手抄报、主题班会等全民国防教育日系列主题活动，让学生了解基本国防知识，初步学习军事技能。（刘 娟）

经济管理

编辑　李珊珊

宏观经济管理

【概况】 2022年，长沙县地区生产总值2114.42亿元，比2021年增长4.5%；规模以上工业增加值比2021年增长6.9%；固定资产投资比2021年增长9.1%；社会消费品零售总额比2021年增长3.1%；实际利用外资21930.87万美元，比2021年增长11%；全县外贸进出口额1295.35亿元，比2021年增长31.38%；地方一般公共预算收入比2021年增长8.18%；居民人均可支配收入比2021年增长5.9%。铺排市级以上重大项目268个（长沙县174个，长沙经开区94个），固定资产投资1202.3亿元（含跨区项目），比2021年增长9.1%。获上级投资10.09亿元，争取县区国家专项债资金80.56亿元。推进全县经济社会体制改革，16项改革取得实效。出台《长沙县营商环境4.0版实施方案》《长沙县“营商环境提升年”行动方案》等文件，探索推进政务服务、要素保障、智慧监管、法治保障、创新宜居、亲清政商6个领域、50个重点任务、132项改革举措。“一网通办”平台实现三级覆盖，依申请6类事项网办率100%，5类投资项目审批提速20%。新增6条“免申即享”惠企政策，兑现奖补资金1.9亿元，惠及市场主体4.2万家。办理增值税留抵退税、减税降费和缓缴税费60亿余元。全年监督管理招投标项目151个，预算金额51.3亿元，通过招标节减建设资金2.58亿元，平均中标优惠率5.03%；办结政府采购项目136项，预算金额1.69亿元，通过政府采购节减财政资金1364万元，平均节减率8%。长沙县在2022年赛迪投资竞争力百强县排名全国第八位，位居中西部第一位；被评为湖南省打造内陆地区改革开放高地先进单位、国家知识产权强县建设示范县；入选中国最具幸福感城市（县级）。开展易地扶贫搬迁后续扶持，统筹安排专项资金30万元用于易地搬迁后续产业项目，易地搬迁对象就业75户108人，实现有劳动能力和就业意愿的搬迁贫困家庭至少1人就业。推进“两型社会”建设，评定“两型”社区（村）4个、“两型”机关1个。对禁燃区内各镇（街道）开展燃煤污染整治暗访40余次。对县域内7家长输油气管道企业和管道保护第三方施工项目开展安全检查41次，出动检查人员123人次，督促整改隐患58处。收购粮食4.31万吨，落实粮食安全责任制。 （刘建辉）

【政府投资管理】 2022年，长沙县政府投资项目列入县级财政投资及PPP项目（指政府和社会资本合作模式）188个（不含竣工项目，下同），年度投资37亿元。其中，预算内项目179个，年度投资34.2亿元；PPP子项目9个，年度投资2.8亿元。全年县级财政投资及PPP项目投资38亿元，其中，预算内项目投资34.8亿元，PPP项目投资3.2亿元。

（刘建辉）

2022年长沙县固定投资分类别增长统计表

表5

序号	资产类别	比2021年增长（%）
1	房地产	8.8
2	产业投资	7.9
3	工业投资增长	6.6
4	全县固定资产投资总额	9.1

（资料来源：长沙县发改局）

【粮食和物资储备管理】 2022年，长沙县按计划收购政策性粮食。县级战略物资储备仓库储备有3大类应急物资，其中，防汛抗旱类救灾物资42项，生活类救灾物资13项，防冻类救灾物资4项。采购森林防火、交通应急等物资前置到需求单位；防汛编织袋、彩条布、砂石等应急物资进行产能储备；优化政府肉食储备，县域内省、市两级冻肉储备1410吨；实施仓储精细化管理，县级战略物资储备系统正常运行。 （刘建辉）

【能源电力管理】 2022年，长沙县发展和改革局开展能源安全检查97

次，排查各类隐患254处；开展能源行业2022年“安全生产月”、节能宣传周、沼气业务知识培训等宣传培训工作；开展沼气有限空间应急救援演习。公共机构节能目标人均综合能耗比2021年下降9.4%以上，单位建筑面积能耗比2021年下降11.3%以上。出台《长沙县推进碳达峰、碳中和工作方案》《长沙县推进碳达峰、碳中和工作实施意见》《长沙县碳达峰示范县建设方案》。竣工投产荆门—长沙1000千伏特高压线路工程，实现1000千伏潇湘特高压变电站东西南北双向畅通，建成湖南至华中地区的能源枢纽中心；科大220千伏、毛塘110千伏输变电、农大220千伏变电站110千伏送出、科大220千伏变电站110千伏送出等主干网络工程竣工投产。推进老旧小区供电设施“专改公”工作，改造星沙街道原粮食局宿舍及湘龙街道红树湾小区2个老旧小区供电设施。（刘建辉）

【招标采购管理】 2022年，长沙县出台政府采购工程实施细则；实行项目监管终身责任制，从项目入窗、招标文件审查、开评标等环节实施全流程监管；制定招标代理机构“一标一考核”“一季一公示”“一年一考评”细化量化考核等6项监管制度；实现公开招标项目“网投网开”，全程“网办网管”，全环节留痕可查，利用“5G+”区块链技术，推行远程异地评标；制定出台评定分离实施细则。全年监督办理招投标项目151个，预算金额51.3亿元，中标金额48.7亿元，通过招标节减建设资金2.58亿元，平均中标优惠率5.03%。监督办理县属国有投资项目139个，预算金额35.7亿元，中标金额33.9亿元，通过招标节减建设资金1.85亿元，平均中标优惠率5.18%。全年办结政府采购项目136个，预算金额1.69亿元，合同金额1.56亿元，节减财政资金1364万元。（刘建辉）

国有资产管理

【概况】 2022年6月，长沙县成立星城控股集团。通过重组，星城控股集团旗下子公司原有数量由44家整合成29家，其中，实际控制全资及控股子公司17家，纯财务投资参股子公司12家。构建以管资本为主的国有资产监管体制，制定《长沙县国有资产事务中心权责清单（2022版）》，将原12大类146小项权责事项压缩至9大类35小项，小项压缩比例76%。实行国有企业清单制管理模式。考核县管国企净利润、经营性收入、风险防控、日常管理、中国共产党的领导等指标。经长沙县政府审批同意，明确《县管国企负责人2022年经营业绩考核清单》《县管国企负责人任期（2022—2024年）经营业绩考核清单》。是年，开展县管国企负责人2021年度及任期（2019—2021年）经营业绩考核评价；2021年度上级退休人员社会化管理补贴资金的绩效自评工作并上报市财政局、市国资委；2022年人社专项资金联合检查，印发《关于2022年人社专项资金检查的情况通报》。举办县属国企管理人员能力提升班，国资国企50余人参加培训。出台国有企业高端人才引进措施。（姚依辰）

【项目投资管理】 2022年，长沙县国有资产事务中心对县管国企下达《长沙县2022年国企投资项目计划》，项目123个。其中，固定投资项目109个，股权投资项目11个，金融投资项目2个，其他投资项目1个，计划投资73.56亿元。调整计划涉及项目55个，其中，固定投资类项目29个，股权类项目20个，金融类项目3个，其他类项目3个，年度投资计划总体增加4.64亿元。全年开展14个投资项目评估论证，其中，固定投资项目11个，金额94.06亿元；股权投资项目3个，金额4800万元。全年审查招标、采购项目52个，金额13.3亿元。其中，上水堂国际公寓相关采购2.6亿元，长沙县城镇污水处理项目（一期）工程总承包3.2亿元。推进8家镇（街道）出资企业清理整合，湘龙街道、泉塘街道、星沙街道、北山镇、果园镇、金井镇出资企业工商注销完成。（姚依辰）

【国企改革】 2022年，长沙县国有资产事务中心开展国企经理层任期制和契约化管理，签订年度经营业绩责任书和任期经营业绩责任书、岗位聘任协议，中层干部全员竞争上岗。建立外部董事人才库，实现外部董事全覆盖。全县国企改革涉及49项指标完成率100%，改革成果汇编成册29本，长沙县国企改革成果被《湖南日报》推介，长沙县国企改革样本编入长沙市国企改革三年行动典型经验优秀案例，《长沙县“推、促、兴”三步法打造国企改革发展强引擎》作为重要改革做法信息上报国务院。（姚依辰）

【国有资产监督管理】 2022年，长沙县国有资产事务中心整合全县经营类、金融类、文资类7家国企资产清查数据，13项国有闲置资产处置完成12项，账面净值21296.61万元，处置回收21406.77万元，剩余1项土地整体账面净值8944.14万元。完善国企闲置资产处理监管平台，协助县三资办开展星城发展集团，接转行政事业单位14亿元经营性资产清理注入工作。开展湖南瑞邦管业（春华电瓷厂）原待处置土地和房屋资产勘测、确权登记、评估等工作。出台《长沙县国有资产事务中心关于长沙县县属国有企业2022年度房租减免指南》，受惠企业141家，房租减免金额433.08万元。（姚依辰）

【国有企业安全生产监管】 2022年，长沙县国有资产事务中心开展各类专项安全监督检查205家次，发现事故隐患458处；开展领导带队检查12次，检查单位76家，发现隐患155处，均整改到位，形成闭环。对存在重大隐患的危房予以拆除。制订重点工作计划，印发安全生产权责清单、重点任务清单。开展2021年度县管国企安全生产和消防工作详细考评，将年度县管国企安全生产和消防工作详细考评结果纳入班子成员经营业绩考核。安全生产、监管工作均被评为“优秀”。（姚依辰）

土地资源管理

【概况】 2022年，长沙县被评为全省农村房地一体确权登记工作表扬激励市县，获省政府真抓实干督查激励奖励（耕地保护）、市政府2022年真抓实干督查激励奖励（自然资源管理）；打造“耕作层银行”探索耕作层再利用新模式被评为全省耕地保护十大典型案例；长沙县自然资源局被评为“卫片执法工作先进单位”、省砂石土矿专项整治工作成绩突出单位；春华镇被评为严格耕地用途管制研究班现场教学点。（王知敏）

【耕地保护】 2022年，长沙县在春华镇、路口镇、果园镇开展“田长制”试点，全县建立县级“田长制”工作委员会为主导，镇级田长38个，村级田长154个，网格田长458个为支撑的“3+1”［县、镇（街道）、社区（村）、组（网格）］级“田长制”体系。建立耕地优质表层收储落地、储备回报、台账管理、资源再造体系，长沙县“耕作层银行”被评为湖南省耕地保护十大典型案例。开展耕地保护宣传，拓展耕地保护宣传渠道，利用各类媒体、网站、“村村通”、屋场会等宣传阵地，创作“种好初心田，践行为民情”“为耕地保护代言”等诗歌、微电影、视频、动画等类型耕地保护宣传作品10余个，在“学习强国”、红网等平台宣传，长沙县自然资源局原创微电影《命脉》被自然资源部宣传推介。（王知敏）

【民生服务】 2022年，长沙县自然源局推进数字化窗口政务服务改革，推行数字化、无纸化审批，提高依申请类政务服务事项及标准化业务办理项“引用率”和“实施清单发布率”，提升政务服务事项网办率，拟定相关改革方案和集中授权方案。开展“走流程、解难题、优服务”行动，组织全体领导班子和重点事项科室负责人以办事群众和工作人员身份，在政务大厅登录办事平台，体验办事流程。制定《长沙县自然资源局“项目建设提速年”行动方案》，落实领导调度、专项推进、督察督办等工作制度，推行容缺办理、并联审批、告知承诺制、重点合规项目绿色通道审批等新举措。优化流程，取消预实测、规划竣工测量通知单，规划条件核实和建设用地检查核验“二合一”，工规证资料精简至9项。压缩时限，推进“三个前置”，总图审批压缩时限60天、建设工程规划许可证核发压缩15个工作日、用地预审与选址意见书审批压缩3个工作日。全年核发建设用地规划许可证（房建类）74件，总用地面积231.61公顷；核发建设用地规划条件通知单（房建类）80件，总用地面积185.50公顷；总图批复建设项目73个，核发建设工程规划许可证72本，总建筑面积353万平方米；办理20个市政道路规划设计要点。（王知敏）

【用地保障】 2022年，长沙县自然资源局获批建设用地435宗，涉及76个项目，总面积398.38公顷。其中，国有用地403宗，面积368.68公顷；集体用地32宗，面积29.70公顷；保障毛塘铺工业园污水处理厂、比亚迪汽车零部件、湘府东路等重点项目入驻建设。对接长沙经开区、自贸会展区、自贸临空区等片区，编制《长沙县2022年度两批土地征收成片开发方案》。参与工程机械二手设备出口基地等项目选址论证。起草《长沙县集体建设用地管理办法》。会同长沙县发展和改革局建立重大项目用地要素保障协调会商机制，成立重点项目用地保障服务专班，对水利、松雅生态新城重大项目建设进行会商。全年交办问题82个，办结77个，办结率93.9%。开展“我想有个家，最好在星沙”品牌推介活动，供地816.8公顷，其中，挂牌成交207.608公顷，盘活批而未供用地377.22公顷。

（王知敏）

【不动产登记】 2022年，长沙县自然资源局加快“互联网+不动产登记”改革，启用“一窗办事”平台，实现水电气联动过户。联合星沙农商行开展不动产智慧抵押试点，抵押、注销登记全程“不见面、无纸化”，最快“3分钟”办结。开展“交房即交证”试点，对219栋房屋进行交房、交证期限管控，21个商品房项目7837户群众享受“交房即交证”改革红利。

（王知敏）

【批后监管】 2022年，长沙县自然资源局推进违法用地“双零”行动，实现新增违法零增长。构建“全链条”监管体系，细化“全周期”监管举措，优化“全流程”政务服务，探索“全方位”联动惩戒，全年闲置土地开竣工违约率9%。督促供地项目动工开建93个，盘活闲置土地11.64公顷，盘活中国邮政闲置土地项目经验获省自然资源厅推介。（王知敏）

【宜居城市建设】 2022年，长沙县自然资源局推进“百街千巷”环境综合整治，主次干道增加绿化面积18万平方米，提质改造街巷61条，建成人行天桥3座。地铁6号线运营。启动梨江大道西延线等基础设施建设。加快松雅湖生态新城建设，金安大道西延线竣工验收，推进金安大道东延线、捞刀河北路建设，开展产城融合项目拆迁。出台《长沙县规划建筑方案分级审查管理制度》，制定《长沙县户外广告和招牌设置管理工作方案》《长沙县夜景亮化管理工作

2022 年 6 月 29 日，“智慧星沙 云惠万家”——长沙县智慧抵押合作协议签约仪式暨“星云·房抵快贷”发布会　　（长沙县自然资源局 供图）

方案》。对空港城片区、松雅湖片区、㮾梨—陶公庙片区、榨山港片区及星沙核心区等重点片区及重大项目，实施建筑方案分级审查管理报市审；对建设项目规划建筑方案实行局规划联席会（专家评审会）、副县长专题会及县规委会三级审查后按程序进行审批。聘请专家参与方案审查，通过专家咨询、会议审查等形式发挥专家技术引领、参谋作用。对重大项目制作三维视频，作为论证必备材料。

（王知敏）

【信息化建设】 2022 年，长沙县自然资源局依托国土空间基础信息平台，以第三次全国国土调查数据为底图，叠合各级各类国土空间规划，常态化年度更新推进 1 ∶ 500 数字化地形图数据成果，实现“一张图”管自然资源。其中，乡镇版“一张图 App”，可共享基础地理、规划类、现状类、审批类、卫片等 9 大类 111 项自然资源信息。　（王知敏）

财　政

【概况】 2022 年，长沙县地方一般公共预算收入 138.82 亿元，比 2021 年增长 8.18%；全县一般公共预算支出 195.57 亿元，比 2021 年增加 17.74 亿元，比 2021 年增长 9.97%。是年，长沙县被评为长沙市 2022 年真抓实干加强财政管理先进地区；长沙县财政局被评为 2022 年度市县清查处置盘活国有资产工作先进单位、2021 年度市县财政部门预算绩效管理工作先进单位，获 2021 年度市县财政日常工作整体水平高质量评价 A 级奖励、2021 年度全省农财绩效考核一等奖，获长沙市财政局 2021 年度长沙市行政事业性国有资产管理工作表扬、长沙市 2022 年上半年财源建设高质量发展考核二等奖。

（姚依辰）

【财源建设】 2022 年，长沙县成立联席会议，出台实施方案，推进财源建设。落实新型组合式税费支持政策，办理增值税留抵退税、减税降费和缓缴税费 60 亿余元。建立健全税费精诚共治机制，对建筑业等重点税源行业实施综合治理。支持实体经济发展，为 7187 家企业返还稳岗补助 0.57 亿元，为企业减、免征各项保险费 1.4 亿元。实行电子化采购为中小企业减负，通过取消项目保证金等措施，减免供应商和代理机构直接成本 0.67 亿元，企业资金占用 2.77 亿元；缓解企业融资难问题，支持 33 家中小企业融资，通过 43 个政府采购合同线上融资 1.09 亿元。盘活处置资金、资产、资源 57.02 亿元，处置上缴国库收益 25 亿元。　（周诗芃）

【财政管理】 2022 年，长沙县保基本民生、保工资、保运转支出 43.23 亿元，控制一般性支出、压缩因公出国（境）经费、公务车购置及运行费、公务接待费。对县直 42 个部门、6 个镇（街道）及 110 项专项资金开展重点评价，涉及资金 64.35 亿元。开展财经秩序专项整治，推进预决算公开，重点开展 45 项检查，发挥“互联网 + 监督”平台作用。是年，核准项目 478 个，节约预算资金 0.48 亿元；出台县级政府采购工程实施细则，实现政府采购工程规范化、标准化、专业化监管；对 1580 个财政性基本建设项目开展预（结）算评审，送审金额 155.57 亿元，核减金额 18.81 亿元，综合核减率 12.09%。（周诗芃）

【债务化解】 2022 年，长沙县推进存量隐性债务化解，管控债务规模，隐性债务只减不增，压减关注类债务。聚焦土地储备、产业园区、水务建设、社会事业和医疗卫生等重点领域，申报专项债券项目，全年发行专项债券额度 80.56 亿元。加强日常管理和风险监测，坚持债务工作月报机制，增强风险识别、提示和预警能力。执行项目负面清单管理及偿债资金保障规定，查处违法违规融资举债行为。

（周诗芃）

【民生保障】 2022 年，长沙县安排防疫资金 9.6 亿元；投入 34.4 亿元支持教育事业发展，义务教育阶段和学前教育公办学位分别新增 8880 个、4590 个；投入各类培训资金 0.18 亿元，输送劳动力 1.45 万人；投入粮食生产相关专项资金 2.52 亿元，新增粮食生产奖补资金 1 亿余元，粮食总产量 50.45 万吨；推进田园综合体建设试点，争取到试点资金 1.5 亿元；开展惠农补贴发放，通过惠农补贴“一卡通”系统发放耕地地力保护补贴、农村低保等补贴 100 项，为 125 万户次农户发放 4.5 亿元。

（周诗芃）

税务

【概况】 2022 年，长沙县税务局组织各项收入 369.38 亿元，其中，税收收入 135.46 亿元，社保费收入 85.58 亿元，非税收入 148.34 亿元，市、县两级税收 100.48 亿元。辅导全县行政事业单位和主要政府部门、一般纳税人进行印花税专项自查 7000 万元，城市基础设施配套费核查征收契税 6000 万余元，推动政府财政奖补所涉个税、物流园房土两税、发票代开专项核查。下发风险数据 13 万条，查补税款 2.18 亿元。落实税收执法“三项制度”，开展现金税费征缴相关风险防控及疑点问题“回头看”。推动“工会 + 税务”社保缴费新模式。全年灵活就业养老保险缴费 32.87 万人次，比 2021 年增长 22%；灵活就业医疗保险缴费 38.36 万人次，比 2021 年增长 18%。

依法依规消除疫情对企业纳税信用评价结果的影响，A 级、B 级纳税人比 2021 年上升 4.45%。加强涉税中介机构监管，对涉税中介服务机构摸底走访，组织座谈会，督促纳入涉税监管的 274 户中介机构开展自查整改。组织线下实体纳税人学堂、线上税收政策培训 9 场及“惠企利民筑梦青创”等政策分享直播 2 场，惠及 9 万余人次。一对一电话和微信辅导留抵退税企业 221 户次，电子专票辅导企业 1.7 万户。全年新增减税降费 12.32 亿元，缓税缓费 10.08 亿元，增值税留抵退税 41.13 亿元。

（张少助）

2022 年 4 月，长沙县税务局干部在自贸临空区办税厅辅导湖南机场股份有限公司长沙黄花国际机场分公司办理增值税留抵退税业务　（张少助 摄）

【纳税服务】 2022 年，长沙县税务局推进基层“最多跑一次”“一件事一次办”，网上办税率 95% 以上。成立线上业务集中处理中心，设置专车实现线下资料当日流转。成立“小呼中心”，扩大“云辅导”规模，实现“一对一”“端对端”远程办税，全年线上指导 4 万户次，接听电话咨询 7 万余个。开展“便民办税春风行动”，精简纸质材料申报，实现“一次事一次办”和“免申即享”改革升级。

（张少助）

【税源专业化改革】 2022 年，长沙县税务局推进税源专业化改革，征管模式从“个人管户”向“团队管事”转变，再造“简易处罚”、咨询工单处理等业务流程，办理时长由 1 个工作日缩至 10 ～ 15 分钟。推进税源分级分类精细化管理，成立房地产开发、建筑安装行业 2 个专业税务分局，将土增清算、股权转让、房地产项目注销等高风险事项集中统一管理。

（张少助）

审计

【概况】 2022 年，长沙县审计局审计项目 147 个，其中，预算执行审计项目 8 个，两方面的统筹审计项目 1 个，领导干部经济责任审计项目 5 个，自然资源资产审计项目 1 个，交办审计项目 5 个，社区（村）、学校、医院财政财务收支审计项目 87 个，政府投资审计项目 7 个，指导镇（街道）和相关主管部门开展单位内部审计项目 33 个。上级交办任务 24 个，其中，审计署长沙特派办 1 个、省委巡视 2 个、省审计厅 2 个、市纪委 1 个、市审计局 1 个、县委专班 1 个、县政府 2 个、县人大 2 个、县政协 1 个、县委组织部 1 个、县纪委 6 个、县委巡察办 4 个。全年挽回和避免财政资金损失 2.17 亿元，其中，长沙县空港城建设及综合开发项目政府付费情况专项审计调查（PPP）避免财政资金损失 1.16 亿元。移送问题线索 43 条，其中，向县纪委监委移送问题线索 4 起，向主管部门移送问题线索 39 起。督促、指导被审计单位制定或完善行业规章制度 6 项。向县委、县政府报送《关于我县招商引资项目履约质效亟待提升的专题报告》《关于我县当前机关院落权属管理存在政策风险的专题报告》《关于湖南迈太医疗科技有限公司招商项目现状堪忧的专题报告》《关于空港城建设及综合开发项目审计发现重大问题及风险提示的专题报告》《关于我县部分专项资金管理制度亟待健全的专题报告》《关于2022年度同级审发现问题整改督查情况的专题报告》6篇专报。

（陈　娟）

【预算执行审计】　2022年，长沙县审计局预算执行审计重点关注县级预算执行及决算草案编制、一级预算单位2021年度预算执行及其他财政收支情况。开展县级预算执行及决算草案编制审计、专项审计调查、一级预算单位预算执行及其他财政收支情况审计，通过大数据审计方式对60个一级预算单位开展审计全覆盖。其中，对长沙县商务局、长沙县水利局等4个单位开展现场审计，对其他有疑点线索部门实行送达核查，向主管部门移送江背镇中心卫生院违规出租国有资产等问题。（陈　娟）

【领导干部经济责任审计】　2022年，长沙县审计局对5个单位、8名领导干部开展经济责任审计。重点关注主要领导干部贯彻执行中央及省、市、县重大经济方针政策和决策部署、预算执行和财政财务管理等情况。依托经济责任审计对江背镇开展自然资源资产离任审计。重点关注自然资源管理和保护状况、自然资源资产剩余价值和是否存在违反相关法律法规、政策等情况。（陈　娟）

【政府投资审计】　2022年，长沙县政府投资审计7次专项调查，其中，政府投资项目评审质量专项审计调查4次，长沙空港城建设及综合开发项目政府付费情况专项审计调查1次，长沙县板仓路跨线桥拓宽工程等4个PPP子项目政府付费情况专项审计调查1次，万家丽路快速化改造北延线工程（EPC）建设情况阶段性跟踪审计调查1次。根据长沙县人民政府《关于印发长沙县政府投资项目工程变更增补管理办法的通知》，开展安沙工业园北一支路及北七支路建设工程项目等7个工程变更审计项目。对长沙县投评中心开展结算评审质量专项审计调查4次，抽审项目185个，涉审金额61.02亿元。在长沙县投评核减基础上审减4742万元，审计发现的相关问题均由长沙县投评中心整改。

（陈　娟）

【社区（村）、学校、医院财政财务收支审计】　2022年，长沙县创新社区（村）、学校、医院财政财务收支审计。根据3月10日长沙县委审计委员会精神，社区（村）、学校、医院等87个财政财务收支审计项目改由审计局负责实施。重点关注村级资金、国有土地、学校食堂等方面情况，发现个别社区（村）收入账外循环、重复列支、组账管理不规范，部分学校虚假询价、培训费及餐费管理不规范，个别医院多发绩效奖金、固定资产及现金管理不规范等问题。向长沙县纪委监委移送黄兴会展干杉社区卫生费账外循环、湘龙街道中心学校湘润幼儿园虚列支出套取专项资金、高桥中心学校直荀学校私设小金库及奖励资金未纳入学校财务收入等线索。

（陈　娟）

统　计

【概况】　2022年，长沙县新增“四上”（规模以上工业、资质等级建筑业、限额以上批零住餐、规模以上服务业）企业212家。开展第七次全国人口普查总结表彰工作，全县12个单位、34人分别被评为市级先进集体和先进个人。成立全国第五次经济普查筹备工作领导小组，推进全国第五次经济普查筹备工作。督促指导各镇（街道）开展机构设置、人员配备、经费预算、物资保障、重点问题研究等准备工作。第五次经济普查经费预算编制完成，开展专项试点。

（周　静）

【统计服务】　2022年，长沙县统计局组织全县1268家企业开展统计报表数据上报，抓实市场主体培育、高新技术研发等统计数据分析监测。开展高质量发展综合绩效评价指标收集和报送工作，撰写统计指标监测预警建议和经济运行情况分析报告，全年撰写统计分析材料28篇，报送各类信息61篇，制作月度经济运行快报和季度国家、省、市、长望浏宁等主要经济指标对标情况卡。定期发布全县经济社会发展情况，编印《经济运行快报》《统计专报》《统计年鉴》《国民经济发展公报》等10余种统计服务产品。（周　静）

【统计调查】　2022年，长沙县统计局开展住户调查大样本轮换、劳动力样本轮换工作，开展农村养老情况、油料成本收益、高校毕业生就业情况、新型农业经营主体联农带农联系机制等专项调查，开展住户、畜禽、粮食产量、月度劳动力等统计调查。对70万余个母库样本进行更新维护，形成机关干部、企业负责人等7个特色子库，总样本量100万余个。全年开展公众安全感、社会公认评估、“强省会　勇担当”作风建设年专项行动满意度调查等12个民意调查项目，收集样本35433个，整理建议意见7000余条，开展“金点子”意见建议评选，跟踪上报民生实事项目进度，配合开展督促检查。（周　静）

【统计基层基础建设】　2022年，长沙县统计局动态更新维护统计名录库信息1万条，建立健全统计数据质量管理制度，对统计数据生产进行全流程管理。组织对1491家企业（项目）开展“一套表”单位数据质量核查，督促指导企业建立健全统计台账。将统计基层规范化建设纳入统计经费预算，规范化建设金井镇、黄花镇等6个镇（街道）省级统计，长龙街道、高桥镇等6个镇（街道）市级星级站点创建通过验收，在市、乡、镇（街道）统计站点目标管理综合考评中金井镇、泉塘街道被评为一类单位，青山铺镇、榔梨街道等4个镇（街道）被评为二类单位。动态掌握全县统计人员情况，执行镇（街道）统计人员调整备案制度，发放基层统计人员岗位补助，开展统计基层基础专项督查，全年组织开展基层统计人员业务培训27场。（周　静）

【统计监督】2022年，长沙县统计局开展统计法律法规宣讲20余场，培训企业1300余家，组织镇（街道）、园区、相关行业部门开展30余场次统计违法违纪典型案件警示教育。印发《统计违纪违法问题线索及案件移送工作办法》《关于加强县委巡察机构与县统计局工作协作的办法》《关于加强统计监督与审计监督工作协作的办法》等文件。开展统计造假、弄虚作假、不收手、不收敛专项纠治行动和统计造假、屡禁难绝问题专题调研，整改国家统计督察和上级统计执法检查反馈问题。建立健全统计违纪违法举报、“双随机”抽查、重点检查和专项核查“四位一体”的执法检查机制，落实“谁执法谁普法”责任制，对县内60家企业开展“双随机 一公开”统计执法检查，对统计数据失实的2家企业作出行政处罚。

（周　静）

价格收费管理

【概况】2022年，长沙县发展和改革局对22个单位开展成本监审工作，制定价格文件3个，公开发布价格政策文件10余次。开展多行业领域、多部门联合督查督导工作，督导17次。重点办好停车收费、物业收费、教育收费等一批民生实事，收费备案41件。开展涉嫌刑事行政案件价格认定、涉政府事项价格认定、涉嫌违纪案件价格认定、价格争议纠纷调解等各项工作，全年办理各类价格认定案件353宗，金额3220万元（其中，涉刑事及行政332宗，金额821万元；涉拆迁补偿认定19宗，金额1913万元；涉纪案件2宗，金额486万元）。对27户农户的早晚稻、生猪、蔬菜、其他专项等开展全过程成本调查。（魏志华　周燕飞）

【价格改革】2022年，长沙县全面梳理、公开发布县级收费项目清单56项，回复政府交办、部门会商等涉及价费事项47项。落实清理规范城镇水电气行业收费等工作，推动政策稳定执行和落地落实。对弘坤东昇、松雅院等26个住宅小区开展前期物业收费备案。出台春、秋季开学收费政策文件。对松雅湖公园滨湖路停车场等15个公共停车场进行价格备案。实施12个灌区、10个民办学校等成本调查监审工作。开展价格调节资金申报工作，铺排长沙县价格调节（调控）资金项目14个，补助资金174万元。（魏志华　周燕飞）

【价格服务】2022年，长沙县出台《关于进一步规范长沙县殡葬服务价格的通知》《关于加强我县前期物业服务收费管理的通知》。对全县殡葬价格收费、教育收费情况开展检查督导，其中，殡葬收费督导单位12家，教育收费督导单位5家。办理教育“双减”、殡葬行业收费等提案及建议3件，受理投诉咨询630件。

（魏志华　周燕飞）

【价格监测】2022年，长沙县发展和改革局对全县重要消费品、生产资料、粮食、农资、药品5大类158个品种日常价格进行监测工作。开展主要民生商品应急价格监测工作，对全县2个大型批发市场蔬菜、肉类、水产交易量和批发价格开展应急价格监测。1月，开发使用价格监测预警系统，实现数据全流程网上收集。全年上报重要民生商品数据1.33万余条。

（魏志华　周燕飞）

市场监督管理

【概况】2022年，长沙县有市场主体173476户，其中，企业49418户，个体124058户。12月，30位县级包保领导签订《食品安全责任与任务承诺书》并对包保主体开展督导。各镇（街道）食安办召开食品安全“两个责任”机制业务培训推进会，19个镇（街道）食安办、16个基层市监所和217个社区食品安全协管员、网格员形成县、镇（街道）、社区（村）三级网络监管机制。全县有7家企业被评为“市级小作坊规范提质示范单位”。开展宣传教育，组织药品零售从业人员培训830人次，组织医院门诊部、诊所等药品使用单位、医疗器械生产经营从业人员、化妆品专营和美容会所负责人培训1830人次。开展“安全用药月”宣传活动，制作380块广告牌，租用城市中心宣传电子显示屏，组织社区巡展活动进行“全国安全用药月”科普宣传。是年，长沙县市场监督管理局被评为“2021年度长江禁渔执法监管先进集体”“全省市场监管（知识产权）系统先进集体”“全省特种设备安全监察工作优秀单位”“2022湖南网民留言办理工作先进单位”。长沙县综合检测中心在全省农产品质量安全检测技术能力验证工作评比中，获3项考核优秀。市场主体高质量发展、质量强市工作获长沙市人民政府2022年度真抓实干督查激励。（张贺明）

【服务发展】2022年，长沙县市场监督管理局对114个行政审批事项办理流程进行清理规范，引进智能自助终端和营业执照智能打印设备。在自贸试验区长沙县片区试行注册登记承诺制和确认制。发布《长沙县抗疫纾困促发展若干措施》等政策50个，推出2批“免申即享”惠企政策14条，兑现奖补资金1.9亿元，覆盖各类市场主体4.2万余家。长沙县财政支持300万余元，向申请人提供免费公章刻制、税务发票申领、社保参保登记、银行开户等服务。是年，召开长沙县质量强县工作推进会，为长沙县县长质量奖获奖企业颁奖授牌；建立长沙县质量基础设施"一站式"服务平台；指导91家企业上报681项标准，涵盖857种产品，其中，国家标准30个、行业标准14个、企业标准621个、团体标准6个；指导相关单位入选国家级标准化试点项目2个、省级标准化试点项目22个。（张贺明）

【综合监管】 2022年，长沙县市场监督管理局统筹全县"双随机"抽查工作，实施抽查109项，抽取检查对象3266户，检查人员812人次，录入检查结果对象数3246个。开展打击传销、侵权假冒、虚假违法广告、扫黑除恶等专项整治执法行动，办结案件861件，罚没款入库1342万元；入选国家级、省级、市级典型案例8起。举办"3·15"食品安全宣传周等系列宣传活动。接收回答业务咨询2105人次，接收投诉举报28988件（投诉25195件、举报3793件），办结28115件，办结率96.99%。其中，接收"12345"热线求助诉求18495件，办结18303件，办结率98.96%。"12345"市民热线工单满意率99.5%以上。（张贺明）

【安全保障】 2022年，长沙县市场监督管理局开展放心肉智能监管工程建设，平台注册入驻主体4325家，19个食品安全民生快检室建成并投入使用。开展餐饮单位明厨亮灶等民生实事工程。检查食品生产经营主体20313户，发现问题1894个，食品生产经营单位检查覆盖率、问题整改率均为100%。投入30万余元为全县所有餐饮单位购买食品安全责任险。全县"明厨亮灶+互联网"1087户、对小餐饮提质改造23家、标准化后厨建设16家。推进特种设备专项整治三年行动，检查特种设备使用单位5987家次，下达监察指令书127份，责令停止使用特种设备93台，立案120起，罚没款134万元。创新设立"长沙县特种设备分类分级监管平台"，为全县2万余台（套）特种设备建立"健康档案"。探索长沙县电梯维护保养单位考核评价机制，建立电梯维保单位激励和退出机制。成立打击危害药品、医疗美容行业县级工作小组。开展药品零售企业检查1143家次，药品使用单位检查663家次，医疗器械经营企业检查176家次，医疗器械使用单位检查726家次，化妆品专营企业检查51家次，上报药品不良反应监测报告1404份，医疗器械不良事件监测报告227份，化妆品不良反应监测报告92份。探索实施疫苗管理模式，5项创新举措向全市推广。开展电线电缆、电动自行车、儿童玩具等专项整治行动。（张贺明）

知识产权管理

【概况】 2022年，长沙县将知识产权工作纳入政府年度考核体系，印发《长沙县建设国家知识产权强县示范县工作方案（2022—2025年）》，推进国家知识产权强县建设示范县工作。全年新增专利授权7420件，比2021年增长4.95%，其中，发明专利授权1011件，比2021年增长21.66%。全县有效发明专利拥有量4965件，比2021年增长21.39%。每万人有效发明专利拥有量34余件。获第23届中国专利奖4件、2022年度湖南省专利奖3件，其中，中国铁建重工集团股份有限公司研发的"凿岩台车"发明专利获中国专利银奖，三一汽车制造有限公司研发的"搅拌车"外观设计专利获中国外观设计专利银奖。全年申请商标注册4971件，注册商标4200件；有效注册商标24976件，比2021年增长19.5%。开展非正常专利申请行为自查整改3次，联系1076件非正常专利申请权利人进行主动撤回或申诉。制定《2022年长沙县打击侵犯知识产权和制售假冒伪劣商品工作要点》。参加全国打击侵权假冒工作电视电话会议和全省打击侵权假冒工作电视电话会议。举办"4·26"知识产权宣传周活动。8月30日，长沙县被国家知识产权局评为"国家知识产权强县建设示范县"，长沙经济技术开发区被评为"国家级知识产权强国建设示范园区"。是年，长沙县知识产权工作获长沙市人民政府2022年度真抓实干督查激励。（盛国勋）

【知识产权运用】 2022年，长沙县引导和帮助19家企业开展知识产权质押融资，质押金额5.66亿元。执行知识产权质押融资贴息补助政策，对企业补助最高标准为所支持利息的40%，对金融机构补助最高标准2万元/家。指导辖区5家企业获贴息补助39.69万元。（盛国勋）

【知识产权服务】 2022年，长沙县聘请专业机构为中小企业进行知识产权服务，走访调研企业33家，出具体检报告30份。湖南国科微电子股份有限公司等11家公司通过企业知识产权管理规范（GB/T29490—2013）体系认证，3家企业完成知识产权预警分析，推动全县知识产权保护能力的提高和产业化的转型升级。（盛国勋）

【知识产权资助】 2022年，长沙县指导企事业单位和个人争取省级知识产权战略推进专项资金补助33项、244万元，市级知识产权项目补助9项、154.7万元；推荐40家企业申报湖南省创新主体专利申请精准管理。长沙县知识产权局印发《2022年度长沙县知识产权项目申报指南》。（盛国勋）

【商标行政保护】 2022年，长沙县市场监督管理局开展奥林匹克知识产权保护、铁拳行动、地理标志产品市场整治等专项行动7次。全年查处商标违法案件37件（其中，地理标志商标侵权案件1起、恶意商标注册申请案件1件），侵犯奥林匹克标志专用权案件2件，侵犯商业秘密案件1件。办理的“长沙某房地产开发有限公司侵犯奥林匹克标志专有权案”，被评为2022年度全省打击侵犯知识产权和制售假冒伪劣商品典型案例。

（盛国勋）

【专利行政保护】 2022年，长沙县市场监督管理局入驻长沙国际会展中心，开展2022年第14届中部（长沙）建材新产品招商暨全屋定制博览会、第23届中国中部（湖南）农业博览会、2022（第七届）中国国际食品餐饮博览会等大型展会知识产权监管，受理展会专利侵权纠纷案件4起。开展知识产权代理蓝天行动，全年办理专利行政案件60件，查处专利违法案件2件。 （盛国勋）

【版权保护】 2022年，中共长沙县委宣传部（长沙县版权局）成立“剑网行动”专项领导小组，开展打击网络侵权盗版专项治理行动。长沙县执法部门立案处理各类侵权盗版行为5次，调解关停网站1家，约谈1家，删除侵权链接19条，收缴侵权盗版制品443件，罚款金额2.778万元。长沙县法院调解侵权案件165件，移送司法机关案件324件，涉案金额3500万元。开展校园周边文化市场检查，清缴各类侵权盗版出版物。检查印刷企业25家、书报刊店55家、书店20家，查办擅自从事出版物发行业务案19起，未能提供近2年出版物发行进销货清单等有关非财务票据案10起，未经著作权人许可复制其作品案1起，发行非法出版物案2起，发行进口出版物未成规定的出版物进口经营单位进货案件1起。

（盛国勋）

【知识产权协同保护】 2022年，长沙县市场监督管理局向长沙县公安部门移送商标侵权涉刑案4件，均立案侦办。长沙县公安局破获知识产权案件18件，抓获犯罪嫌疑人45人，涉案金额2090万元。长沙县人民检察院受理知识产权审查逮捕案件9件、22人，审结9件、28人，批准逮捕5件、13人，追赃挽损580万余元。长沙县人民法院审结23件，判决50人。7月，审结被告人王某等3人侵犯商业秘密案。该案例在湖南省高级人民法院《湖南法院简报》刊发。

（盛国勋）

【知识产权宣传】 2022年，长沙县开展以“尊重保护创新，全面开启知识产权强县建设新征程”为主题的“4·6”知识产权宣传周系列活动。4月21日，由长沙县人民政府主办的2022年长沙县知识产权宣传周启动仪式在长沙县职业中专学校举行。启动仪式上，高校、银行与本地企业签订合作（意向）协议，县内知识产权代理机构举行诚信承诺宣誓，颁发第22届中国专利奖及2020年度湖南省专利奖获奖企业配套奖。开展知识产权现场宣讲，在全县18个镇（街道）开展知识产权现场宣讲咨询活动，制作展板10块、横幅38条，印发知识产权政策文件汇编2000本，接受群众答疑咨询300余人次。开展知识产权专题培训1期，通过短信平台向全县群众宣传活动周主题，在微信公众号上开展世界知识产权日线上有奖答题活动，在电子显示屏播放知识产权保护宣传内容等。 （盛国勋）

海 关

【概况】 2022年，星沙海关审结报关单10.88万票，比2021年增长6.7%；监管货运量196.96万吨，比2021年增长21.3%；货值676.51亿元，比2021年增长0.5%；税收入库37.79亿元。货物检验检疫8.57万批，货值282.8亿元。出口货物包装检验4.25万批；签发电子底账1.48万单，各类检验检疫证书7.76万份。签发各类原产地证书1.9万份，比2021年增长1.3%；签证金额17.88亿美元，比2021年增长29.8%；为出口产品减免目标国进口关税7055万美元。审批办理减免税452批次，货值7374.13万美元，减免税款6944.61万元。办理加工贸易货物电子化手册设立65本，核销手册78本，办理加工贸易货物销毁56批次。办理非贸业务431批次。4月27日、6月21日、9月29日，星沙海关分别保障“长沙—雷泽克内”“长沙—乌兰巴托”“杜伊斯堡—长沙”3条中欧班列（长沙）新线路开行。11月17日，星沙海关向湖南中南国际陆港有限公司送达长沙海关颁发的保税仓库、出口监管仓库“注册登记证书”，指导该公司完成2仓注册登记及建立电子账册的各项手续，开通运营。11月25日，星沙海关辖区内浏阳市清泉畜禽养殖专业合作社因栏舍改造、市场原因等因素，中断出口业务23个月后恢复出口，105头生猪出口至澳门。年底，辖区有进出口收发货人企业、报关企业11374家，出口食品生产企业139家，进口食品进口商505家。全年监管进口冷链食品117批，进口高风险非冷链货物（奶粉）177批。

（彭铃涵）

【助力装备制造业发展】 2022年，星沙海关落实重装减免税优惠政策，为企事业单位办理减免税452批，减免税款6944.61万元，涉及货值7374.13万美元。指导重点企业择优适用自贸协定，为辖区装备制造企业签发出口原产地证书2052份，签证金额5.9亿美元，分别比2021年增长23.9%、90.4%，获关税减让2950万美元。推动长沙经开区二手工程机械出口，为企业出口的二手机械签发优惠原产地证书83.6万美元。实施现场运抵管理及施封作业模式，破解笼式列车无集装箱号难题，指导吉利汽车、长城汽车采用笼式列车通过中欧班列出口，节约运输成本30%以上，出口汽车整车5561辆，货值9.28亿元。（彭铃涵）

【支持开放平台建设】 2022年，星沙海关畅通国际物流通道。开展出口直装和铁路快速通关模式试点；整合金霞铁运现场和霞凝港现场代码，简化环节，整合资源；建设H986集中审像中心，长沙港海关H986机检设备投入运行，实现日均机检集装箱32个，提升监管效能，降低企业物流成本；支持开行3条中欧班列新线路，开通山河智能专列、三一专列，全年监管班列1012列，货值5.39亿美元，全国排名第三位；开展中欧班列转关业务，开行进口奶粉班列72列，货值16.6亿元，比2021年增长6.1%；开展中欧班列集拼中心保税仓库、出口监管仓库验收，并投入运营。（彭铃涵）

【促进特色产业和贸易发展】 2022年，星沙海关支持出口烟花爆竹产业发展，实施规范监管、智慧监管、精准监管、协同监管，监管出口烟花爆竹6.44亿美元，比2021年增长25.36%。促进市场采购业务发展，推动出口预包装食品试点，一体化通关口岸增至9个，市场采购贸易出口107.5亿元，比2021年增长20.1%。支持实现邮路运输跨境电商出口商品，中欧班列（长沙）运输国际邮件、快件和跨境电商商品，支持设立跨境电商零售进口退货中心仓，跨境电商9610出口455.58万单，货值4.3亿元。扩大优质农产品进出口，出口杂交稻种1.3亿元；出口植物提取物7.9亿元；出口茶叶7.3亿元；进口肉类771.8万美元；指导2家供港澳活猪注册饲养场恢复出口，出口生猪3批、315头。（彭铃涵）

【促进湖南自贸试验区长沙片区建设】 2022年，星沙海关牵头长沙片区自贸改革事项16项。其中，出口烟花爆竹辅助监管信息化系统，实现烟花爆竹检验监管全流程无纸化，每年可为浏阳烟花爆竹生产企业节省纸张18万张，节约费用120万元；扩大推广企业集团加工贸易保税监管模式，新增2家企业集团，年末，有3家企业集团、8家成员企业适用该模式，实现集团企业间保税货物自由流转130票，货值9395.53万元；实施智能审核、自助打印等原产地签证便捷措施，推动原产地证书自助打印进入地方政务服务中心。（彭铃涵）

【营商环境优化】 2022年，星沙海关开展"送政策、解难题、优服务"活动，收集企业建议意见36条，解决问题困难62个，其中，为蓝思科技重要生产原材料实施快速放行便利措施，为企业压缩时间成本超90%；向海关总署申请，解决惠科光电、三安半导体、铁建重工真空包装进口货物布控查验问题等。举办在线访谈，为企业送政策解难题。实施"7×24"全天候通关，节假日预约加班，全年企业"好差评"系统好评率保持100%。推广"多证合一""多报合一"等便利措施，辖区内海关注册企业增至1.19万家，比2021年增长16.97%；AEO高级认证企业增至35家，比2021年增长12.9%。开展优化口岸营商环境"百日攻坚"行动，制定实施25条措施，实施提前申报、两步申报等通关便利措施。指导培育4家企业成为经核准出口商；受理保证保险等海关税款新型担保4283万元，降低企业综合经营成本。（彭铃涵）

【保障国门安全】 2022年，星沙海关推进"国门利剑2022""蓝天2022"等打私专项行动，查发问题隐形眼镜34万片，查获侵权游戏卡片19.8万张，查获9类危险货物储能电源557个。办理"简快"案件47起，移交线索64条，办结涉检案件7起；移交和查办一般行政案件12起；查获通过快件渠道进行稀土走私等刑事案件2起。（彭铃涵）

【受理湖南省首票进口RCEP协议享惠报关单通关业务】 2022年1月20日，星沙海关受理首票进口RCEP协议享惠报关单通关业务。该批货物为山河智能装备股份有限公司以担保方式从日本进口的液压泵、脚踏阀等商品，货值556.88万日元。凭借RCEP协议项下关税优惠政策，各项商品进口关税税率下降0.3%～0.5%，为企业节省税款878.7元。（彭铃涵）

【签发二手工程机械设备出口优惠原产地证书】 2022年9月27日，星沙海关为山河智能出口的二手旋挖钻机签发中国—东盟自贸区原产地证书，签证金额57.7万美元，帮助获得进口国关税减让2.9万美元。（彭铃涵）

行政执法

【概况】 2022年，长沙县行政执法局围绕安全生产、生态环境、公共卫生等23个领域，办理案件1.1万余起，违停抄牌39369起，罚没款5396.9万元。查办新《中华人民共和国噪声污染防治法》实施以来，全市首例工业噪声罚款案。"打造严格规范公正文明的行政执法改革样板"被评为全国第二批法治政府建设示范项目。是年，推进综合执法改革，调整直属队内设机构，成立城市管理、交通运输等6个专业执法队和内勤保障队。召开2022年行政执法联席会议，各部门移送长沙县行政执法局案件407起，长沙县行政执法局移送公安机关案件38起，办理长沙县人民检察院检察建议书和意见书115份。综合执法改革“4321”特色经验做法在住建部《城乡建设》刊物和《大城管》公众号刊发。落实行政执法三项制度，梳理综合行政执法事项3004项，编制《综合行政执法事项清单》，修订裁量权实施办法，更新裁量权基准、法律法规汇编，整理《涉经营性自建房相关行政强制及法律依据梳理汇总》《燃气整治相关法规汇总》。编制建筑工地、医疗机构与医废处理等10大类“综合查一次”场景目录、事项清单、检查操作指南，合理压降执法检查次数，全年专项执法行动27次，比2021年减少50%。创新推出“首违免罚”“分期缴纳罚款”等惠企措施，开通“支付宝缴纳罚款”、网上受理信用修复以及出具修复决定书等便民通道。全年开展普法帮扶活动75次，涉及汽修企业134家、其他企业400余家；落实免罚清单要求，办理不予处罚案件190余起。在松雅湖、比亚迪汽车有限公司、中茂城等地设置便民疏导点，帮助200余名困难群众实现就业。推行双责制网格化管理，实行“P点+路段”管理模式，共享单车停放秩序实现由乱向治的转变。紧盯农民工等重点群体，联合长沙县人社局完善劳动领域投诉举报受理合署办公机制，为劳动者追回工资1140.08万元。建设8套不停车检测系统，启用“牛皮癣治理辅助告知系统”，接处群众投诉76316件，按时处置率100%，平均满意率98.96%。年内聘请28名行政执法监督员。

（周幸彩）

【执法办案】 2022年，长沙县行政执法局查处涉及安全生产相关案件立案2498起，罚款1343.69万元。开展公共场所执法检查，组织100人队伍上街巡查，抽调200余名执法队员参与流调工作。推进“蓝天、碧水、净土”保卫战，办理环境污染入刑案2起，被评为全市防范化解重大生态环境风险隐患“利剑”行动典型案例。推动生态赔偿示范基地建设，启动赔偿案件15起，磋商14起。整理《涉经营性自建房相关行政强制及法律依据梳理汇总》，开展经营性自建房“百日攻坚”整治行动，配合镇（街道）实施断水、断电、清原料、清设备、清场地2处，督促完善手续2处，拆除违法建设1386处，面积60.7万平方米。开展集中治脏治差治乱，规范流动摊贩1万余人次，拖车锁车1795台，暂扣共享单车230余台。围绕停车难等问题实地调研，撰写调研文章3篇。开展民办教育专项整治，办理违规办学案件36起。打击食用食品安全违法，办理食品安全相关案件187起，查处违法使用兽药案。

（周幸彩）

【道路交通领域“首违免罚”案件】 2022年12月22日，湖南某设备吊装有限公司未取得道路危险货物运输经营许可，擅自从事道路危险货物运输经营，长沙县行政执法局根据《中华人民共和国行政处罚法》规定作出不予以处罚。该案是长沙县行政执法局落实“首违不罚、轻微不罚”、倡导柔性执法，完善不予以处罚、从轻处罚、减轻处罚和免予行政强制事项清单后涉及未取得道路危险货物运输经营许可，擅自从事道路危险货物运输首例不予以处罚的案件，旨在促进法律“权威力度”和执法“人性温度”有效融合。

（周幸彩）

【星沙某书店违反出版物进出口管理制度案】 2022年9月26日，长沙县星沙某书店（袁某）发行进口出版物未从规定出版物进口经营单位进货，长沙县行政执法局根据《出版管理条例》规定，结合本案事实、性质、情节和社会危害程度，责令当事人停止违法经营行为，并作出如下行政处罚：没收《法律事件大全（上）》8本、《法律事件大全（下）》26本，没收违法所得3750元，罚款2万元。作为长沙县行政执法局该领域首案，该案件入选湖南省文化和旅游厅2021—2022年度全省文化综合执法优秀案卷。

（周幸彩）

农　　业

编辑　周进银

综 述

【概况】 2022 年，长沙县农林牧渔业总产值 159.7 亿元，农村居民人均可支配收入 43432 元，农业综合机械化率 85.1%。全县村级集体经济总收入 1.4 亿元，经营性收入 4417.64 万元。年收入 50 万元以上的社区（村）101 个。完成“村社分账”工作，承办全省“村社分账”试点工作启动会，村社分账工作启动 16 个镇（街道）146 个社区（村），有 12 个镇（街道）110 个社区（村）完成分账备案工作；开展农村集体资金、资产、资源专项整治。是年，全县有市级以上农业产业化龙头企业 57 家，其中，国家级龙头 7 家（国直 3 家）、省级龙头 19 家（省直 1 家）、市重龙头 31 家。新认定省级龙头企业 4 家、市级五星休闲农业庄园 2 家。全县休闲农业和乡村旅游接待游客 765.25 万人次，营业收入 19.53 亿元。 （徐 赛）

【脱贫攻坚成果巩固】 2022 年，长沙县选派驻村帮扶工作队 42 支 67 人，出台《关于做好 2022 年防返贫监测帮扶集中排查与动态管理工作通知》等，健全常态化防止返贫监测预警机制，处理预警信息 3506 条；实现全县脱贫户 4536 户 12524 人、监测对象 514 户 1274 人（年内新增 97 户 273 人）的动态监管；针对录入系统的监测户安排帮扶措施 1264 条。实施产业帮扶项目 125 个，落实 1.92 万人的基本医疗保险购买工作，总金额 608.75 万元；县级开发公益性岗位 512 个，认定就业帮扶车间 22 家，吸纳 153 名脱贫人口就业。巩固脱贫成果，防止规模性返贫，与桑植县共建飞地经济产业园。 （徐 赛）

【乡村振兴】 2022 年，长沙县被评为全省粮食生产先进县，获两项省政府真抓实干督查激励。发展院士农业，引进 10 大院士团队建成 16 个科研基地（平台）。加快农业基础设施建设，新增高标准农田 2326.7 公顷。举办第四届中国农民丰收节湖南主场活动，被评为“2021 年农产品产地冷藏保鲜设施建设项目优秀县市区”、2022 年全国县域农业农村信息化发展先进县。 （徐 赛）

福临镇影珠山村福清美丽宜居村庄

（2022 年 11 月 29 日摄，长沙县农业农村局 供图）

【生态移民】 2022 年，长沙县开展生态移民。北山镇荣合桥集中安置发放补助款 128 户 183.75 万元，2 户 10 人因老房屋未验收，未发放补助款 12.5 万元，1 户 1 人因未验收 4 万元未发放。明月山集中安置区二期工程移民户房屋施工验收，移民 66 户发放补助款 747.25 万元，2 户因老房屋未验收，8.75 万元未发放。放弃宅基地安置明月山村 68 户 169 人，牌楼村 24 户 62 人，蒿塘社区移民 12 户 28 人发放补助款 1036 万元。高桥镇范林村桐仁桥片区完成一、二、三期安置（含易地搬迁），安置 271 户 930 人。 （徐 赛）

【农村人居环境整治】 2022 年，长沙县农村生活垃圾无害化处理率 100%，减量率 63%。全年新改建户厕 1000 户。农村自来水普及率 87%、供水保证率 90%，集镇生活污水处理全覆盖。新改建农村公路 214.4 千米，提质改造农村旅游路、资源路、产业路 65.08 千米。农村自来水新增 2.69 万入户人口，供水保证率 95%。新改建 10 千伏线路 122 千米、低压线路 168 千米。城市防洪圈堤防达标建设 10.9 千米，除险加固病险水库 9 座，机场改扩建工程周边水系恢复治理工程开工。创建省级美丽乡村示范村 1 个，建成县级清廉村居示范点 30 个，福临镇影珠山村等美丽宜居村庄 160 个。 （徐 赛）

种植业

【概况】 2022 年，长沙县种粮面积 75906.67 公顷，总产量 50.45 万吨。蔬菜播种面积 30106.67 公顷，产量 114.97 万吨。稻田综合种养面积 493.33 公顷，总产值 3250 万元。茶产业加工干茶 8.01 万吨（包括县外订单茶园），加工产值 25.2 亿元，茶及相关产业综合产量 45.1 亿元，茶园面积 6953.33 公顷。水果（含西甜瓜）种植面积 6021.33 公顷，产量

7.15 万吨，产值 2.9 亿元。

（徐　赛）

【茶产业发展】 2022 年，长沙县茶园面积 7120 公顷，县外订单茶园面积 26666.67 公顷。长沙县被评为“2022 年度全国茶业百强县”及“2022 年度茶业最具投资价值县域”。“长沙绿茶”入选国家地理标志集体证明商标。中央候补委员、中国工程院院士刘仲华作序的《中国茶全书·湖南长沙卷》出版。长沙县金井镇茶叶基地被评为第二批全国种植业“三品一标”基地。“中国旅游日”长沙县分会场暨 2022 年第八届长沙（国际）茶文化旅游节在“绿茶小镇”金井镇湘丰茶业庄园开幕。组织长沙绿茶企业统一参展“第十四届湖南茶业博览会”和“第二十三届中国中部（湖南）农业博览会”，并在农博会上召开主题为“只此青绿，一茗惊人”的长沙绿茶特色品牌专场推介会。湘丰茶业集团有限公司和湖南鸿大茶叶有限公司被评为 2022 年湖南省第六批“湖南老字号”。

（徐　赛）

【蔬菜产业】 2022 年，长沙县蔬菜播种面积 30200 公顷，总产量 115 万吨，总产值 23 亿元。全县重点建设 3 个县级产业示范园区，专业蔬菜基地种植面积 4000 公顷以上，绿色、有机蔬菜产量占总产量的 30% 以上，支持种业种苗基地创新发展，为产业提供原动力。注重保护东山光皮辣椒等本地特色品种。依托“院士”农业、“院校”农业平台，鼓励县内基地加强与院士团队、科研院校的技术合作，建成新品种、新技术成果转化、示范推广基地。建设蔬菜“双高双新”示范基地 1 个。

（徐　赛）

【水果产业】 2022 年，长沙县水果（含西甜瓜）种植面积 6021.3 公顷，产量 7.9 万吨，产值 3.1 亿元。加强果园培育管理，提高商品率和果品质量，增加经济效益和社会效益。繁育果树种苗，全年育苗 340 万株，产值 3000 万元。建成沿东八线时鲜水果产业带 1 个，以线串点，布局 N 个特色种植园区。

（徐　赛）

【中药材产业】 2022 年，长沙县中药材种植面积 84 公顷，产量 738 吨，产值 1.1 亿元。主栽迷迭香、吴茱萸、铁皮石斛、湘莲、罗汉果、百合、黄精、贝母等品种，重点分布在果园镇、北山镇、安沙镇、江背镇、春华镇等。在春华镇引进湖南双水双绿农业科技有限公司与岳麓种业创新中心合作，成为百合新品种试验种植及推广基地。

（徐　赛）

【植保工作】 2022 年，长沙县推进农作物疫病防控工作，病虫害专业化统防统治服务面积 3766.67 公顷，绿色防控技术应用面积 63906.67 公顷，绿色防控覆盖率 61.02%，农户接受绿色防控培训比例 60.1%。通过实施专业化统防统治与绿色防控融合技术，实现化学农药减量 5.16%。推进化肥减量增效，全年推广测土配方施肥面积 111403.33 公顷次，推广绿肥种植面积 5380 公顷，完成田间肥效试验 6 个，创建绿肥千亩示范片 1 个。

（徐　赛）

养殖业

【概况】 2022 年，长沙县生猪存栏 43.02 万头，生猪出栏 67.98 万头；能繁母猪存栏 3.53 万头，牛存栏 0.85 万头，牛出栏 0.65 万头；羊存栏 1.85 万只，羊出栏 2.65 万只；家禽存笼 250 万羽，家禽出笼 281.3 万羽。全县有 34 家畜禽规模养殖场，鑫广安、天府公司 2 家核心种猪场。全县水产放养面积 2986.7 公顷，总放养量 1750 吨，养殖产量 1.49 万吨，产值 3.5 亿元。养殖品种主要以四大家鱼、鲫鱼、鳊鱼为主，特色养殖品种有大闸蟹、泥鳅、嫩仔鱼、甲鱼、翘嘴白、鳜鱼、黄颡鱼及观赏鱼养殖等；稻田综合种养面积 493.33 公顷，总产值 1799 万元。

（徐　赛）

【动物卫生监督与防疫】 2022 年，长沙县产地检疫受理 1.1 万批次，检疫生猪 41.72 万头，禽类 60.1 万羽，牛 273 头，犬、猫 53 只；官方兽医出证 132.7 万份；按照属地管理原则对辖区内广联和富饶 2 家生猪定点屠宰场和家禽屠宰场派驻 18 名官方兽医和协检员驻场监督，全年屠宰检疫生猪 520467 头。全县畜禽无害化体系收集病死猪 5009 头、禽类 6978 羽，羊 10 只，牛 4 头，犬 2 只，其他 150 千克。非洲猪瘟血样检测 825 份，其中，猪拭子 193 份、环境拭子 176 份、猪血 363 份，组织样品 93 份。其中，有阳性 17 份（无害化处理场 16 份，屠宰场环境样品 1 份）。全县摸排及产地、屠宰检疫同步“瘦肉精”检测 5 万头次，牛羊交易市场布病、“瘦肉精”检测 613 车次，其中，“瘦肉精”检测 3520 头次、布病检测 1500 头次，全县官方兽医出具动物检疫证明 132.7 万份。综合全县生猪产地检疫率 81.32%。禽流感专项监测收集 19 个镇（街道）的养殖场、农贸市场和 2 个家禽交易市场样品 5514 份，血样 1097 份和拭子样品 4417 份，其中，H5 亚型病毒核酸阳性样品 14 份，H7 亚型病毒核酸阳性样品 0 份。禽流感抗体检测 365 份，免疫合格率 99.5%，新城疫抗体检测 335 份，免疫合格率 90%，免疫抗体不合格的养殖场 2 个。市疫控病原学检测 2 个家禽交易市场拭子样品 3407 份，有 7 份鸭拭子 AIVH5 样品阳性、5 份 AIV-N6 样品阳性，5 份环境样品 H5N6 阳性；县疫控中心检测 481 份拭子和 185 份血清，有 2 份禽拭子 AIVH5 样品阳性，所有检测样品未检出 H7 亚型流感。小反刍兽疫专项监测采集血样 334 份、眼鼻拭子样 344 份。对 19 个镇（街道）养羊户 213 个存栏 4159 只羊进行流调，对 41 个养殖户进行采样，检测样品未发现异常。布病专项监测采集血样3565份，其中，牛血清2212份、羊血清1353份，养殖场（户）牛738头、羊1353只（奶牛检测23头、种公牛36头），交易市场干杉755份、江背719份和水渡河羊64份。对全县所有存栏牛和羊的养殖场（户）以及新增牛和羊养殖场（户）开展布病采样筛查，对重点养殖场自成肉牛养殖合作社、长沙县瑞隆肉牛专业合作社、长沙航伟农业科技有限公司、黄兴会展牛和羊交易市场、江背牛交易市场和水渡河市场开展栏舍布病监测。全县养牛场户539户存栏牛3526头、养羊场户213户存栏羊4159只，监测19个镇（街道）244个场点；干杉牛羊交易市场和江背牛交易市场布病按照5%比例抽检。种公牛监测布病，抽检血清样品36份，全部阴性，牛结核病检测种公牛29头、奶牛45头，未发现阳性。所有检测牛羊血清样品中水渡河有阳性1份，其他未发现布病阳性。阳性病例按要求处置。口蹄疫专项监测血清学200份，采集血样936份，其中，牛血239份、猪血363份和羊血334份。检测335份，抗体合格率82%。检测养殖场63个，其中，猪场23个、牛场14个和羊场26个，秋季免疫效果评估全部达标。血吸虫病的监测为果园镇两个村牛养殖户2户、存栏牛4头，羊养殖户4户、存栏羊84只。6月，对疫区所有存栏牛羊进行检测，检测牛4头、羊84只和野粪4份，检测结果全部为阴性。9月，对疫区所有存栏牛和羊进行药物化疗。（徐　赛）

【畜禽退养和粪污资源化利用工作】 2022年，长沙县完成农业农村部直联直报系统2021年度长沙县资源化利用情况数据上报工作，其中，粪污综合利用方面（规模养殖场39家、专业机构29家、大型规模场3家）。全县规模养殖场畜禽粪污综合利用率100%，全县畜禽粪污资源化综合利用率95.75%。维护和新建一批农村沼气池等资源化设施设备。全年投入331.48万元用于农村沼气池的新建、维修维护、沼渣沼液综合利用以及沼气服务队伍的建设和安全管理等，全县完成沼气池填埋2池，毁损盖板更换1775块，沼气池维修2312次，沼气池缺料补料260户，沼渣沼液清运3.01万立方米，新建沼气池527立方米、储肥池1200立方米。开展环保督察“回头看”，排查长沙县禁养区内应退未退养殖户26户。5月18日，对春华镇、黄花镇、黄兴镇禁养区内26户养殖户进行实地排查。排查浏阳河、捞刀河流域退养18户，复养8户无粪污外排现象。对长江经济带春华镇九木村曾海明环境污染问题整治情况进行督查指导，完成省、市、县销号程序。（徐　赛）

农业机械化

【概况】 2022年，长沙县有现代农机合作社50家，省级现代农机合作社示范社4家，长沙县同展农机专业合作社创建湖南省全程机械化综合农事服务中心。实施市级水稻工厂化育秧项目8个，新增水稻工厂化单季供秧能力800公顷。年内新增水稻有序抛秧机21台套，高速插秧机37台，旋耕机180台（套），收割机88台，粮食烘干机64台（套），无人植保机40台（套），水稻机插率比2021年提升7.45%。全县819台变型拖拉机，注销711台，注销率87.8%。配合公安交警部门执法23次，查处违法拖拉机518台次。下乡组织拖拉机安全宣传教育和年检19场次，培训农机驾驶员1000余人次，发放各类宣传资料3000余份，悬挂宣传横幅70余条。各类农机年检968台次，全部合格。新车注册登记256台，组织农机驾驶员培训班3期。发放农机驾驶证227本。拖拉机交强险购买率100%。（徐　赛）

【农机培训】 2022年，长沙县开办农机培训班10期，培训学员1000人。其中，农机操作人员培训班3期，培训人数356人。对县内农机驾驶学员实行免费培训考证，免收学员费用。围绕水稻生产全程机械化和“农机三减量”的先进适用农机具推广，开展机具演示3期，参加演示观摩人员1500人次。推进“工厂化育秧、商品化供秧、合同化插秧、产业化经营”的市场运行模式，组织各镇（街道）举办农机新机具现场演示会。农机合作社、种粮大户、各镇（街道）农机专干、基层农机技术指导员及当地群众近300人参加观摩和培训。推广新机具、新技术3类，全县新增购置高速插秧机37台，水稻有序抛秧机21台，旋耕机180台套，收割机88台，粮食烘干机64台套，无人植保机40台套，新增水稻工厂化育供秧面积1444.44公顷，水稻耕种收综合机械化水平85.1%。（徐　赛）

【农机事业项目实施】 2022年，长沙县争取到湖南省水稻有序机抛秧和机插秧作业补贴项目县，省级项目资金138万元，县级配套105万元，重点对水稻机抛机插作业补贴每公顷600元，单机全年26.6公顷以上，水稻机插作业补贴600元/公顷，单机全年26.6公顷以上，县级拨款90万元扶持农机事业，重点在全县开展农作物全程机械化示范基地建设补助、支持农机专业合作社开展农机能力提升项目、开展与市级配套的工厂化育秧项目补贴和全县农机维修网点完善建设等补助。是年，长沙县申报湖南省全程机械化综合农事中心1家，争取省级财政资金100万元。组织7家农机社会化服务组织申报市级高质量项目资金150万元。

（徐　赛）

农产品加工

【概况】 2022年，长沙县有加工企业235家，市级以上龙头企业57家。

其中，国家级农业产业化龙头企业7家，省级农业产业化龙头企业19家（新增4家），市级重点龙头企业31家，全县农产品加工营业收入243.7亿元。完成2个市级、8个县级项目申报，省级重点龙头企业监测合格率97%。（徐　赛）

【农产品质量安全监管】 2022年，长沙县农产品质量安全网格化管理覆盖率100%，全县建立农产品质量安全监管站16个，有县级监管人员72人，镇（街道）监管人员47人，有村级农产品质量安全和食品安全协管员195人。创建市级农产品质量安全监管示范基地10个、市级有机农产品基地创建基地1个、县级农产品质量安全示范基地12个。对全县各规模种养殖基地、农药经营单位、兽药生产经营单位、饲料生产经营单位建立监管名录。加强农产品安全宣传，悬挂宣传横幅20余条，电子横幅17条，张贴宣传标语100余张，发放新《中华人民共和国农产品质量安全法》资料340本。11月21—23日，在黄花镇开展农产品质量安全行培训班3期，培训镇（街道）监管员和农资经营单位从业人员320人次。执行兽药GMP（《药品生产质量管理规范》）和GSP（《药品经营质量管理规范》），生产经营信息全部录入国家兽药追溯系统，实现适时查询监管。建立农资追溯体系。全县323家农资经营单位纳入追溯体系，实现农业投入品有效追溯。加强限用农药监督管理。10月，对全县8家高毒农药定点单位进行监管巡查，发现问题4起，整改4起。开展各类农产品质量安全定量监测2232批次，不合格2批次，合格率99.9%。其中，开展国检、省检、市检1434批次，不合格2批次，合格率99.9%；县本级完成种养殖环节农产品日常定量抽检798批次，合格率100%。全县建有基地农兽残自检室58个。开展蔬菜、畜禽快速检测14265批次，合格率100%。年末，全县绿色食品、有机农产品和农产品地理标志认证企业47家、产品数120个，其中，有机农产品8个、绿色食品109个、地理标志保护产品1个（罗代黑猪），农产品地理标志产品2个（北山梅、长沙绿茶）。（徐　赛）

林业

【概况】 2022年4月7日，长沙县林业事务中心揭牌。全县林地总面积76860公顷，森林覆盖率37.18%，活立木蓄积量496万立方米，生态系统生产总值（GEP）1643.67亿元，森林防火连续8年实现“四零”目标，松材线虫病防治经验做法获国家林业和草原局推介，被评为“全省野生动植物资源保护先进单位”。协办“竞美新长沙·喜迎二十大”长沙市首届花境大赛，被评为“长沙市花境大赛最佳组织奖”。（谭云鹤）

【野生动植物资源保护】 2022年，长沙县建立松雅湖国家湿地公园、乌川水库、红旗水库等9个鸟类湿地保护小区，占地面积1200公顷。县内野生动物主要有兽类10种、鸟类45种、蛇类10余种，其中，国家一级保护野生动物有东北虎、穿山甲，国家二级保护野生动物小灵猫、猴面鹰、白鹇等。是年，长沙县林业事务中心被评为湖南省野生动植物资源保护工作先进单位。（陈　迪）

【林长制】 2022年，长沙县林业事务中心确定将21个县级部门作为林长制成员单位，划分管护网格140个，设立三级林长700名，配备监管员110名、科技员36名、执法员119名、护林员140名，建设市级标准化镇（街道）林长办10个。（王　浩）

【国土绿化示范试点项目建设】 2022年，长沙县林业事务中心推进国土绿化试点示范项目建设，投资3504万元，提质改造全县林分较差的退化林、油茶低产林，完成国土绿化试点示范项目建设1560公顷，初步建成“结构优、健康好、景观美、功能强、效益高”的森林生态系统。（黄　峰）

【林业有害生物防治】 2022年，长沙县林业事务中心完成疫木除治56233株、干旱枯死松木除治32395株，上传国家松材线虫病精细化管理平台39926株，枯死松木发生数和发生区域均呈缓慢下降、基本可控态势。开展2022年松材线虫病秋季专项普查发现枯死松树3.43万株，其中，病死树2.41万株，其他原因致死树1.02万株。全县枯死松树发生面积8780公顷，涉及小班2848个，比2021年疫情发生面积下降753.33公顷。开展新型药剂防治试验，防治越冬代松毛虫10020公顷。承担国家林业和草原局松材线虫病新型绿色药剂实验（青山铺镇）。松材线虫病防治社会化组织绩效化承包经验做法获国家林业和草原局全国推介。（万星辉）

【优化生态公益林、天然商品林】 2022年，长沙县林业事务中心优化全县27666公顷生态公益林和5773公顷天然商品林，通过“一卡通”系统发放管护补偿金1504万元。（周吉扬）

【造林绿化】 2022年，长沙县林业事务中心投入1000万余元，组织195个单位、80.1万人次开展义务植树，植树240.5万株，建立市、县、镇三级义务植树基地17处。投入700万余元，推进乡村公园、绿色廊道建设和裸露地绿化、五边植树、迹地更新。落实《长沙县浏阳河、捞刀河（2021—2023年）生态修复治理方案》，完成黄花镇、果园镇、安沙镇退耕还湿项目核查，推荐松雅湖湿地公园进入2023年中央财政林业草原项目储备库。（黄　峰）

【古树名木保护】 2022年，长沙县林业事务中心对全县765棵古树名木开展检查，抢救复壮190余株病虫害危害古树名木。建立“一对一”古树名木管护责任人，为900余株古树名木及后备资源库树木购买保险。（万星辉）

【野生动植物保护】 2022年，长沙县林业事务中心开展“2022清风”行动，查办案件36起，打击处理违法犯罪嫌疑人员47人，收缴野生动物432只（头、尾）。推进第二轮中央生态环境保护督察生物多样性问题整改，成立生物多样性资源本底调查工作专班和生态系统外来入侵物种普查工作专班，建立生物资源数据库档案，编制生物多样性保护规划，开展外来入侵物种普查。（陈 迪）

【自然保护地管理】 2022年，长沙县林业事务中心自然保护地44个疑似违法图斑线索核查工作，上报2处违法图斑，制定复绿整改措施，完成大山冲和影珠山风景名胜区总体规划编制。（王 磊）

长沙县捞刀河回龙垸（一期）堤防达标项目
（2022年12月26日摄，长沙县水利局 供图）

水 利

【概况】 2022年，长沙县水利建设投资11.24亿元。其中，中央资金5896万元，省级资金3041万元，涉及项目29个。主要涉及长沙机场改扩建工程周边水系恢复治理项目、小型病险水库除险加固、堤防达标加固、城乡供水一体化（二期）、农村河道治理工程等项目。开展“五水共治”（治污水、防洪水、排涝水、保供水、抓节水）、河湖清“五乱”（乱占、乱采、乱堆、乱建、乱排）工作，推进河湖综合治理。召开总河长会议3次，开展各级河长巡河8300余人次，督办问题2个，摸排整改“五乱”问题40个，整治妨碍行洪问题8个，立案查处涉水违法行为204起。完成市级“一江六河”（湘江、浏阳河、捞刀河、沩水、沙河、龙王港、靳江河）年度治理项目58个、县级“五水共治”项目27个，实施捞刀河春华段、黄花段、金井河台田段、白沙河红旗垸段等河道治理项目30个。创建市级美丽幸福河2条、市级小微水体管护示范片区4个，争取上级河长制示范创建及管护资金1043万元。建设美丽幸福河湖43条、小微水体管护示范片区28个。12月，金井河高桥段被评为省级“美丽河湖”。水塘垸堤防达标加固工程（一期）、金井水厂新建工程被评为省优工程、市优工程和市文明工地，万年桥水闸除险加固工程、果园镇杨六嘴撇洪渠（杨泗庙—田汉）整治工程被评为市优工程和市文明工地，回龙垸大堤防渗加固工程（一期）被评为市级文明工地。（廖国君）

【河（湖）长制】 2022年，长沙县交办各类河（湖）问题156个，全部整改完成。全县河流78个水质监测断面，监测699次，Ⅲ类以上占比94.56%，比2021年同期上升3.58%。县内国省控断面水质、饮用水水源水质达标率100%，浏阳河创建国家级示范河流，松雅湖被评为长江经济带美丽湖泊，创建省级美丽河湖3处，建设美丽幸福河湖43条、小微水体管护示范片区28个。（廖国君）

【水利项目建设】 2022年，长沙县完成回龙垸（一期）、敢胜垸（湘府路大桥—东八线段）、先锋垸堤防达标建设24.21千米，保护星沙主城区及高铁新城、黄兴片区及3条地铁、高速防洪安全。完成水塘垸（二期）、回龙垸（二期）、三合垸堤防达标工程前期工作，完成谭坊垸、双江垸、果园垸、梅塘垸、高沙垸、红旗垸可研批复并启动设计。制定《长沙县城乡堤防达标建设五年行动实施方案》。所有堤防建设项目用地申报纳入“三区三线”规划，用地指标解决。（廖国君）

【移民开发】 2022年，长沙县白石洞水库新建工程移民安置工作通过市级初验和省级终验。省、市下达各类移民资金1429.06万元，计划实施项目 49 个。县级安排移民扶助金 90 万元，计划项目 7 个（口粮补贴除外）。年内投入移民资金实施基本口粮田及配套水利设施建设项目 21 个 271.59 万元，交通、供电、通信和社会事业等基础设施建设项目 20 个 389.9 万元，移民劳动力就业技能培训和职业教育项目 4 个 34 万元，生产开发项目 6 个 406 万元，避险解困等其他项目 5 个 18.51 万元。直补移民动态核减 107 人，通过“一卡通”形式发放移民直补资金 398.4 万元，市级移民口粮补贴 390 户 1437 人 9.41 万元，县级移民口粮补贴 443 户 1631 人 49.47 万元，白石洞水库长效实物补偿移民 1401 人 125.53 万元。培训移民 100 人，拨付培训资金 4 万元；中长期职业教育培训移民 27 人，补助资金 13.2 万元；送训参加就业技能自主培训移民 1 人，补助资金 3000 元。落实计生家庭优惠政策，年内对符合条件的 21 名高中生及 11 名考取全日制本科院校的计生家庭移民给予扶助，发放助学金 5.58 万元；医疗补助移民 3 人，发放补助金 9200 元。元旦、春节期间慰问特困移民 86 人，慰问金 6.88 万元；慰问特困计生家庭 2 人，慰问金 2000 元。（邓金玲）

【湖南信息学院、湖南水利水电职业技术学院被评为全国首批节水型高校典型案例】 2022 年 11 月，湖南信息学院、湖南水利水电职业技术学院被评为全国首批节水型高校典型案例。长沙县水利局围绕节水型社会建设，推动节水载体创建工作，成立技术指导专班，指导推荐并创建市级及以上先进节水载体 12 个，包括国家级节水型高校典型案例 2 个、省级节水型高校 2 所、市级先进示范性节水载体 3 个、市级水利行业节水型单位 5 家。（王　敏）

2022 年长沙县农林牧渔产值情况统计表

表 6

指标名称	计量单位	2022 年	2021 年	为 2021 年的百分比（%）
农林牧渔业总产值（现价）	万元	1597466	1495595	106.8
农业产值（现价）	万元	1187785	1066142	111.4
林业产值（现价）	万元	45897	45793	100.2
牧业产值（现价）	万元	240671	272155	88.4
渔业产值（现价）	万元	36282	33753	107.5
农林牧渔服务业产值（现价）	万元	86830	77752	111.7
农林牧渔业总产值（可比价）	万元	1557265	1618821	96.2
农业产值（可比价）	万元	1109854	1046885	106.0
林业产值（可比价）	万元	48586	49604	97.9
牧业产值（可比价）	万元	278687	415921	67.0
渔业产值（可比价）	万元	34766	29581	117.5
农林牧渔服务业产值（可比价）	万元	85372	76830	111.1
农林牧渔业总产值增速	%	4.1	11.0	—

（资料来源：长沙县统计局）

工业·建筑业

编辑　周进银

综 述

【概况】 2022 年，长沙县规模工业增加值比 2021 年增长 6.9%；规模工业产值 2067.5 亿元，比 2021 年增长 10.9%；工业投资 435.7 亿元，比 2021 年增长 1.1%；工业技改投资 197.8 亿元，比 2021 年增长 8.1%；汽车及零部件产业规模以上企业产值 861.9 亿元，比 2021 年增长 36.7%，占比 41.7%；工程机械规模工业产值 538.2 亿元，比 2021 年下降 6.2%，占比 26.0%；电子信息产业规模工业产值 169.7 亿元，比 2021 年下降 11.9%，占比 8.2%。全县工业税收（还原留抵退税）64.9 亿元，比 2021 年下降 18.73%；工业累计税收（留抵退税后）64.6 亿元，比 2021 年下降 22.12%。全县规模工业企业利润总额 89.69 亿元，比 2021 年下降 5.0%。全年新增规模工业企业 90 家。10 月，长沙县、长沙经开区打造国家重要先进制造业高地推进大会召开。是年，长沙县在建设信息基础设施和推进产业数字化方面被评为 2022 年全省工业和信息化领域真抓实干督查激励对象；被湖南省工业和信息化厅评为“2022 年度全省工业经济运行监测协调工作先进单位”。（付　曦）

【产业发展】 2022 年 8 月，长沙县编制《瞄准新赛道培育引擎，打造长沙县特色新能源产业高地研究报告》，从背景基础、发展环境、产业基础及布局、目标定位、相关措施等方面对新能源产业发展进行整体分析及阐述，该报告被纳入省级研究课题。是年，长沙县培育市级以上“专精特新”企业 215 家，其中，国家级 24 家、省级 96 家；新增市级以上“专精特新”企业 54 家，其中，国家级“小巨人”企业 15 家、省级“小巨人”企业 39 家。累计培育智能制造和工业互联网示范企业 282 家，其中，国家级智能制造、工业互联网示范企业（专项）23 家，省级智能制造示范企业（车间）14 个。三一集团、山河智能、蓝思科技等被评为智能制造示范工厂；博世长沙工厂、三一集团 18 号工厂均入选世界经济论坛全球“灯塔工厂”。全年有 32 家企业被认定为湖南省省级企业技术中心，5 家企业工程技术研究中心获得湖南省工程技术研究中心立项。（付　曦）

【信息化建设】 2022 年，长沙县建成 5G 站点 1011 个，累计建成 5G 通信站点 8465 个，实现城区及重点区域 5G 网络覆盖。通过湖南省两化融合管理体系贯标评定获证企业 31 家，被评为省级“上云上平台”标杆企业 7 家。依托“5G+ 工业互联网”、人工智能、物联网、大数据等新兴技术，结合县内企业智能化改造，推进“数字新基建”项目建设，建成湖南省“数字新基建”标志性项目 45 个。出台《长沙县数字政府建设实施方案（2022—2025）》。组织在全国两化融合服务平台开展两化融合评估诊断企业 49 个，新增培育省级制造业“三化”（数字化、网络化、智能化）重点项目 16 个、打造省级 5G 典型应用场景 3 个。长城信息、博世汽车等 8 家企业入选全省工业互联网企业网络安全分级分类试点企业。（付　曦）

【企业服务】 2022 年，长沙县向省、市争取到 8 次政策补贴资金，涉及新能源、制造强省、工业技改等方面，共计 5800 万元，惠及企业 98 家。长沙县工业和信息化局制定《关于申报 2021 年度长沙县“纾困增效”暖企十二条措施补助资金的通知》，通过多渠道组织符合条件企业申报该项补贴。2021 年度长沙县“纾困增效”暖企十二条措施补助资金 505 万元，于 2022 年 3 月拨付到位，惠及企业 106 家。全年联合企业干部走访企业 1704 家，收集问题 1392 个，办结问题 1332 个，问题办结率 95.7%。5 月，参与长沙县《抗疫纾困促发展若干措施》工作落实暨企业家座谈会议，组织企业申报项目，兑现 210.21 万元，惠及企业 26 家次。收集、整理各级惠企政策，编撰《长沙县工业和信息化局工业和信息化政策汇编》学习手册，内容分为 4 部分：习近平总书记关于工信的重要论述 4 条；省级关于工业行业政策文件 9 条，包含《湖南省先进制造业促进条例》；市级关于工业行业政策文件 5 条；县级关于工业行业政策文件 2 条。（付　曦）

【《长沙县“十四五”数字经济发展规划》出台】 2022 年 8 月 3 日，长沙县工业和信息化局印发《长沙县“十四五”数字经济发展规划》，内容分为 8 个部分：发展基础和形势、总体要求、夯实数字新型基础设施建设、发展数字经济核心产业、加快推进产业数字化转型、打造协同善治数字政府、构建便捷普惠数字社会、保障措施；明确发展目标：到 2025 年，高新技术产业总产值 1850 亿余元，数字经济核心产业增加值占 GDP 比重 12% 以上；电子信息产业产值 500 亿余元，形成人工智能、大数据等发展新兴产业集群；主导特色产业实现数字化转型，省级智能制造系统解决方案供应商和工业互联网平台 50 余家，市级以上智能制造企业 400 余家，工程机械产业产值 2300 亿元，汽车及零部件产业产值 1000 亿元。建成 5G+ 工业互联网融合应用先导区，形成 5000 亿国家级产业集聚区、国家智能制造示范区；推进城乡一体化千兆光纤网络建设，宽带接入用户普及率 100%，建成 5G 基站 9700 个，实现主城区 5G 网络全覆盖。建立省级以上各类科创平台 150 余家，全社会研究与实验发展经费（R&D）投入年均增长 12% 以上。一体化协同办公平台覆盖率 90%，县级智慧校园、人口健康信息平台覆盖率均 95% 以上。

（付　曦）

【中小企业发展专项资金及振兴长沙县工业实体经济政策奖励】 2022 年，根据《长沙县中小企业发展专项资金管理办法》文件精神以及财政预算安排，开展 2022 年中小企业专项资金项目申报审核，支持项目 168 个，安排资金 1679.76 万元。根据《关于振兴长沙县工业实体经济的实施意见》文件精神，对相关企业进行资金奖励，惠及企业 142 家，安排资金 1885.06 万元。全年对涉企奖励项目申报兑现进行改革，对电费补贴、税收台阶奖、创新奖、倍增奖等奖励项目均实行免申即享，通过部门联审、数据跑路，减轻企业负担。（付　曦）

【工业绿色低碳发展】 2022 年，长沙县工业和信息化局组织各镇（街道）开展重点行业企业涉挥发性有机物（VOCs）排查，进一步摸清底数、建立台账（生产企业 3 家、推广使用企业 58 家）。申报长沙市工业发展专项绿色发展类低挥发性有机物含量原辅材料替代应用（奖励类）项目 24 个、长沙市绿色制造体系建设项目（奖励类）2 个。长沙县梅花车架覆盖件厂（普通合伙）等 6 家企业申报纳入省、市 2022 年度工业自愿性清洁生产审核计划，通过专家评审和实地验收。督促本辖区国家级绿色制造名单、省级绿色制造名单的 8 家企业开展绿色制造名单复核推荐，推荐康乐包装申报 2022 年度国家绿色制造名单（国家级绿色设计产品），推荐四建环保、天能电机 2 家企业获批湖南省第四批绿色设计产品；推荐山河智能被评为 2022 年度湖南省节水型企业，推荐为明节能等 2 家企业产品获省工信厅发布湖南省 2022 年度节能节水“新技术、新装备、新产品”推广目录。全年深入重点行业企业开展巡查帮扶 39 家，交办整改问题企业 12 家。召开“节能降碳、绿色发展”主题线上培训，200 余家县内规模以上工业企业相关负责人及长沙县工业和信息化局、各镇（街道）经发办干部职工共计 370 余人参加培训。

（付　曦）

【招商引资】 2022 年，长沙县引进复合材料液化石油气瓶产业园项目，长沙成新实业新型环境保护专用设备生产建设项目，长沙亿利达新型节能厨房设备生产基地建设项目，和田白石新型特种砂浆生产线及成品智能包装、码垛和装车线建设项目，太空金路桥年产 50 万吨路面新材料建设项目，湖南同心干杉汽车零部件产业园扩建项目，湖南干杉平头汽车车身有限公司改扩建项目，长沙波英汽车车身制造有限公司园区配套工程项目以及长沙思胜智能设备有限公司改扩建项目 9 个项目，分别落户北山产业基地、黄兴会展经济区、江背镇等镇（街道）。对石墨烯智能供暖暨环保包装项目、上海底特紧密紧固件生产基地项目、湖南驰凡汽车零部件项目等10个项目招商引资合同进行审议，推动项目签约、入驻和开工。对县内国有工业用地及无国有工业用地规模上工业企业进行“亩均效益”调研，全面清查镇（街道）域范围内国有工业用地（包含土地、房地）现状，对用地取得方式、是否闲置、亩均税收、年产值、主营业务等方面进行登记，并收集各镇（街道）无国有工业用地规模上工业企业情况。（付　曦）

【长沙经开区入选“2022 生物医药产业园区百强榜”】 2022 年 11 月，工业和信息化部中国电子信息产业发展研究院直属机构赛迪顾问发布“2022 生物医药产业园区百强榜”，长沙经开区入选并排名第 50 位。生物医药（基因技术）产业链是长沙市重点发展的 22 个产业链之一，上市公司总数量、总市值、最大市值、市值 100 亿元以上的上市企业数量、拟上市企业数量等，均列 22 个产业链首位。（付　曦）

【博世汽车部件（长沙）有限公司、三一重工长沙 18 号工厂入选“灯塔工厂”】 2022 年 3 月 30 日，世界经济论坛公布 2022 年度第一批 13 家“灯塔工厂”名单，博世汽车部件（长沙）有限公司入选。该厂主要申报人工智能驱动生产能源管理、机器人实时管理系统、数据智能决策、全透明生产现场管理和端对端智慧物流中台 5 个应用案例，通过 100% 可视化、数字化车间管理，在内部实现涵盖流程、原料、设备、人事、文件系统等业务环节日常管理。10 月 11 日，世界经济论坛发布新一期 11 家全球制造业领域“灯塔工厂”名单，三一重工长沙 18 号工厂入选。该工厂是智能制造试点示范工厂，位于长沙经开区，占地 10 万平方米。2018 年，三一集团有限公司推动数字化转型，18 号工厂启动“灯塔工厂”项目，投资 5 亿元，突破 55 项关键技术，攻克 1000 余项难题；2020 年，18 号“灯塔工厂”达产。该工厂利用柔性自动化生产、人工智能和规模化工业物联网，建立数字化柔性重型设备制造系统，产能扩大 123%，生产率提高 98%，单位制造成本降低 29%。

（付　曦）

【长沙立诚机械智能制造生产基地投产】 2022 年 12 月 18 日，长沙立诚机械智能制造生产基地建成投产。该项目于 1 月开工建设，一期联合厂房于 11 月竣工。项目投资 1.5 亿元，占地 3.67 公顷，投入数字化专业生产线 1 条，使用智能化焊接机器人等设备进行生产。（易爱玲）

工程机械产业

【概况】 2022年，长沙县工程机械产业产值比2021年下降6.2%。全县工程机械产业主要以三一集团有限公司、中联重科工程起重机械分公司、山河智能装备股份有限公司、中国铁建重工集团股份有限公司、恒天九五重工有限公司等为代表。长沙经开区以龙头产业为引领，建设世界级工程机械产业集群，湖南省制造业创新中心（工程机械）落户园区，助力长沙市工程机械集群进入工信部世界级先进制造业集群培育池，获工业和信息化部国家新型工业化产业示范基地五星级评价。三一重工股份有限公司、中国铁建重工集团股份有限公司、山河智能装备股份有限公司排名2022年度全球工程机械50强。是年，三一重工股份有限公司海外销售收入365.71亿元，比2021年增长47.19%；山河智能装备股份有限公司海外营业收入比2021年增长68%。 （付　曦）

【三一重工股份有限公司等3家企业入选“2022全球工程机械50强”】 2022年11月21日，2022全球工程机械50强峰会发布“2022全球工程机械制造商50强”等榜单，长沙经济技术开发区企业三一重工股份有限公司、中国铁建重工集团股份有限公司、山河智能装备股份有限公司分别位列第4位、第30位、第34位，在长沙经济技术开发区设有子公司（中联重科工程起重机械分公司）的中联重科股份有限公司排名第六位。1—9月，三一重工股份有限公司国际销售收入258.8亿元，比2021年同期增长43.7%，挖掘机械、起重机械、桩工机械等主要产品在海外畅销；山河智能装备股份有限公司2022年上半年出口比2021年上半年增长60%，其中，矿用设备类比2021年增长200%；中国铁建重工集团股份有限公司新签合同（中标）117.06亿元，比2021年增长26.92%，其中，境外12.25亿元，比2021年增长116.04%。 （周进银）

汽车及零部件产业

【概况】 2022年，长沙县汽车及零部件产业产值比2021年增长36.7%。全县汽车及零部件产业以上汽大众汽车有限公司、广汽菲亚特克莱斯勒汽车有限公司、广汽三菱汽车有限公司、北汽福田汽车股份有限公司、博世汽车部件（长沙）有限公司、住友橡胶（湖南）有限公司等企业为代表。是年，上汽大众汽车有限公司新能源车项目开建，广汽三菱汽车有限公司“阿图柯”纯电动汽车下线。2022年3月1日，长沙星朝汽车有限公司成立，实现当年投产、当年入规、当年产值200亿余元。长沙梅花汽车制造有限公司是集研发、制造、销售、服务于一体的汽车及工程机械零部件综合生产企业，全年生产汽车593辆，比2021年下降61.6%；产值10.9亿元，比2021年增长34.5%。湖南同心模具制造有限公司营业收入2.83亿元，利润1255万元，上缴税收772万元。 （周进银）

【上汽大众奥迪新车型项目落户长沙经开区】 2022年2月6日，湖南省2022年“迎老乡、回故乡、创三湘”活动启动仪式暨新春恳谈会举行，8个项目现场签约，总投资额200亿元，涵盖新材料研发与制造、高端商务、新能源、医药研发等业态，其中，上汽大众奥迪新车型项目等落户长沙经开区。总投资50亿元的上汽大众奥迪新车型项目在中部地区建设上汽大众中高端车型生产基地。 （付　曦）

【博世长沙工厂7.5秒产1台ABS电机】 2022年，博世长沙工厂工业4.0生产线生产效率提高30%，7.5秒生产1台ABS电机，实现操作人员减少80%，36道工序、39个工位只需2人操作，1人负责上料，1人负责成品质检，做到质量损失减少30%、换型时间减少30%。是年，博世长沙工厂实现机器人互联率逾80%、60余条生产线互联，公司互联率80%以上。 （付　曦）

【广汽三菱新研发中心启用】 2022年9月13日，广汽三菱新研发中心揭牌启用，标志着广汽三菱在长沙实现汽车开发、发动机生产和整车制造全过程布局。新研发中心于2018年10月启动项目，2019年12月开工建设，占地面积13公顷，项目总投资10亿元，新建有科研楼、综合试验室、新能源试验室、EMC试验室、造型试验室、试制车间等。 （周进银）

【湖南汽车制造配套产业园（长沙）入驻长沙自贸临空区】 2022年12月，湖南汽车制造配套产业园（长沙）项目获批并入驻长沙县。以长沙自贸临空区管委会及其管理区为依托，总规划面积15.93平方千米，其中，近期发展区8.77平方千米。该产业园在传统乘用车零部件领域。开展数字化、网络化、智能化升级，提升关键零部件配套水平。在专用工程车零部件领域，形成大型工程机械车辆产业配套集聚带；在零部件回收再制造领域，推进传统汽车五大总成（发动机、方向盘、变速器、前后桥、车架）、新能源汽车“三电”系统（电池、电机、电控）核心零部件回收，建设中部地区重要汽车零部件硅谷、湖南省汽车零部件产业核心区。 （付　曦）

电子信息产业

【概况】 2022年，长沙县电子信息产业产值比2021年下降11.9%。全县电子信息产业以蓝思科技股份有限公司、湖南国科微电子股份有限公司、湖南纽曼数码科技有限公司、湖南维胜科技有限公司等企业为代表。年内，蓝思科技股份有限公司被评为国家智能制造试点示范工厂，蓝思科技股份有限公司技术中心入选“国家企业技术中心”，湖南国科微电子股份有限公司入选“国家企业技术中心”。

（周进银）

【蓝思科技股份有限公司入选“国家企业技术中心”】 2022年3月，蓝思科技股份有限公司技术中心入选国家发展改革委等5个部门联合发文公布的2021年（第28批）新认定国家企业技术中心名单。是年，蓝思科技股份有限公司营业收入466.99亿元，比2021年增长3.16%；扣非归母净利润19.35亿元，比2021年增长56.60%。（周进银）

【湖南国科微电子股份有限公司入选2022“中国品牌500强”】 2022年8月7日，湖南国科微电子股份有限公司在2022第16届中国品牌节年会上入选2022“中国品牌500强”。公司于2008年成立，将自主创新作为企业发展和品牌培育的内核和驱动力，在视频、数据存储、物联网等领域攻克关键核心技术，形成较为完整的自主技术体系和产业化体系。2022年1月28日，湖南国科微电子股份有限公司技术中心入选“国家企业技术中心”；8月，“一种支持WORM存储的固态硬盘主控固态硬盘及WORM存储方法”专利项目被评为湖南专利一等奖。是年，湖南国科微电子股份有限公司营业收入36.04亿余元，比2021年增长55.26%。

（李　妮）

电力工业

【概况】 2022年，国网长沙县供电公司供电范围内有1000千伏变电站1座、500千伏变电站3座、220千伏变电站4座、110千伏变电站33座（其中，用户变电站10座）、35千伏变电站10座；110千伏线路39条、35千伏线路19条（含3条用户线路）、10千伏线路513条（不含用户专线），供电台区6180个，服务客户56.7万户。全年售电量77.08亿千瓦时，比2021年增长2.13%，其中，大工业电量37.69亿千瓦时，比2021年下降2.17%；一般工商业电量17.37亿千瓦时，比2021年增长3.13%；居民生活电量21.6亿千瓦时，比2021年增长9.58%。长沙县电网最高负荷155.8万千瓦，比2021年增长7.08%；最大日供电量3224.8万千瓦时，比2021年增长4.78%。是年，国网长沙县供电公司被评为2022—2024年度国网公司社会责任示范基地、省公司安全生产优秀集体、35千伏变电专项奖、市公司安全工作优秀单位等。

（瞿龙轩）

【电力保供】 2022年，国网长沙县供电公司提质改造水渡河等4座城区高负载110千伏变电站以及松雅河全停23天项目建设。开展有序用电4天，限制44家高耗能企业生产，日控制负荷7.3万千瓦。针对一级重要用户航空港变进线电源检修造成3次长时间单电源运行，接入10千伏黄龙Ⅰ回应急电源，化解五级电网风险。排查整改跨鱼塘、小区电力竖井等10类隐患5586处，协助586家重要专变客户开展内部隐患排查。开展带电作业911次，停电时户数下降43.8%。完成中共二十大、大国工匠论坛等重大保电107项。（瞿龙轩）

【电网建设】 2022年，国网长沙县供电公司将110千伏蝴蝶谷3号主变扩建工程列入2023年开工计划、220千伏江背变电站纳入“十四五”规划。畅通荆门—长沙1000千伏线路外电“新动脉”，盾构电力隧道——万家丽电力隧道按期投运，建设佛蝴线等6个输电项目。110千伏毛塘变电站投产。新建改造10千伏线路122千米、供电台区81个、低压线路168千米，新增配变容量1.45万千伏安，解决湘龙、安沙、五美片区重过载问题，提升枫塘线等20回线路和黄兴集镇1号台区等24个供电台区供电能力，解决广福村广福小学等35个供电台区严重低电压问题，10千伏线路“N-1”通过率提升至72%。

（瞿龙轩）

【电力营商环境优化】 2022年，国网长沙县供电公司提升低压接入容量标准至160千伏安，降低9655户客户成本1550万元。提升自贸区标准至200千伏安，惠及中小微企业21户。投资长沙市比亚迪汽车有限公司、铁建重工等业扩配套项目35个，代替用户投资2934万元。接入1615户抗旱保灌负荷2.13万千瓦，995户“当日接电”，节约客户成本357万元。利用市政工改系统为7个项目开展前期服务，1项转为报装，由“发展等电”转变为“电等发展”，山河智能“电等项目”典型经验被新华社海外版等国家级、省级主流媒体报道。联络帮扶468家企业及电量排名前80工商业企业客户，解决涉电问题406条。

（瞿龙轩）

建筑业

【概况】 2022年，长沙县住建局监督项目339个（其中，房建项目299个、市政项目40个），总面积1709.21万平方米，总造价483.31亿元。受监的在建项目211个（其中，房建项目192个、市政项目19个），总建筑面积1195.86万平方米，总造价324.83亿元。（余向阳）

【质量与安全监督】 2022年，长沙县住建局开展质量安全专项整治（检查）16次，出动检查人员8653人次，检查项目2832个次，对发现存在重大安全隐患的13个在建工程项目纳入“一单四制”管理，完成隐患整改并销号。全年签发质量安全隐患整改单928份，设备限制使用单47份，停工单96份，严重不良行为告知书126份，严重不良行为认定书31份；责令停工整顿项目162个，认定质量管理标准化不合格项目2个、安全生产管理标准化不合格项目15个，向社会媒体曝光8个，因严重违法违规行为被限制市场准入4家；向县行政执法局移送违法违规案源线索131起。每季度联合经开区建设发展局、长沙县行政执法局开展质安大检查，全年检查128个项目。开展建筑施工安全生产专项整治三年行动“百日攻坚”及集中攻坚年行动、“百日大会战”、安全生产风险隐患大排查等各类专项整治以及节后复工质量安全核查等各项专项检查。对监理公司、检测公司及混凝土搅拌站开展专项检查342次（个）。（余向阳）

【绿色建筑与建筑节能】 2022年，长沙县住建局新报审项目中有62个项目列入绿色建筑实施计划，总建筑面积363.57万平方米；受理节能、绿建核查项目67个，总建筑面积386.15万平方米；获得一星级以上设计标识的项目1个，应用可再生能源的建筑项目30个，实施海绵城市技术措施较好的项目9个，安装公共建筑能耗监测系统项目14个。

（余向阳）

【建筑工程设计管理】 2022年，长沙县住建局出具初步设计批复35份，其中，房建项目26个，总建筑面积62.92万平方米，市政项目9个。受理施工图审查132个项目（遴选合同额795.53万元），受理特殊建设工程消防设计审查40项。办结施工图设计文件审查备案165个（房建138个项目465.88万平方米，市政27个项目造价16.88亿元）；办结消防设计审查备案49项。（余向阳）

【造价咨询技术服务】 2022年7月，长沙县住建局牵头开展房地产价格监制，完成第一批6个项目价格监制、房地产项目建设成本核算1项。发布长沙县地方材料价格信息12期，完成工程造价计价纠纷调解7件，为项目提供造价咨询100余次，配合相关部门调阅备案合同5次。（余向阳）

2022年长沙县总承包和专业承包建筑业企业生产情况统计表（三级以上）

表7

指标名称	计量单位	2022年	2021年	为2021年的%
建筑业企业个数	个	185	181	102.2
其中：总承包企业和专业承包企业个数	个	185	181	102.2
建筑业总产值	万元	5776313	5633716	102.5
其中：装饰装修产值	万元	302177	355740	84.9
其中：在外省完成的产值	万元	1584303	1651243	95.9
其中：建筑工程产值	万元	4781678	4652595	102.8
安装工程产值	万元	404417	298828	135.3
其他产值	万元	590217	682293	86.5
竣工产值	万元	2431051	2811899	86.5
房屋建筑施工面积	万平方米	1833	2021	90.7
房屋建筑竣工面积	万平方米	645	887	72.7
年平均从业人数	人	121039	114648	105.6
从业人员劳动报酬	万元	415992	403512	103.1
年末自有施工机械设备	台	8862	9816	90.3

（资料来源：长沙县统计局）

经济园区建设

编辑　周进银

长沙经济技术开发区

【概况】 2022年，长沙经济技术开发区（以下简称“长沙经开区”）企业总收入3454.6亿元，比2021年增长8%；规模工业总产值1828.3亿元，比2021年增长11%；规模工业增加值398.2亿元，比2021年增长7.1%；财税收入172.5亿元；规模工业研发经费65.9亿元，比2021年增长15.8%；固定资产投资413.1亿元，比2021年增长18.1%；外贸进出口总额587.55亿元，比2021年增长27.6%，实际利用外资1.4358亿美元。

转型升级，产业升级。长沙经开区以龙头产业为引领，建设世界级工程机械产业集群，湖南省制造业创新中心（工程机械）落户园区，助力长沙市工程机械集群进入工信部世界级先进制造业集群培育池，获得工信部国家新型工业化产业示范基地五星级评价，三一重工、铁建重工、山河智能均被评为2022年度全球工程机械50强。新能源汽车产值规模工业占比30%，上汽大众新能源车项目开建，广汽三菱“阿图柯”纯电动汽车下线，星朝汽车实现当年投产、当年入规、当年产值200亿余元。在赛迪顾问发布2022生物医药产业园区百强榜中，长沙经开区凭借电子信息、数字经济、生物技术及生命健康等特色产业排名第50位，蓝思科技被评为国家智能制造试点示范工厂，国科微电子被评为国家级企业技术中心。全年新增规模以上工业企业65家、净增规模以上工业企业55家。其中，5亿元以上规模以上工业企业7家。新增国家级制造业单项冠军企业产品4项（五新隧装、山河智能、中大创远、铁建重工）。博世汽车部件（长沙）有限公司、三一重工长沙18号工厂入选“灯塔工厂”。三一重工大吨位履带起重机、中联重科臂架泵车、铁建重工竖井掘进机、山河智能全液压履带桩架均创新世界纪录。1月10日，湖南道依茨新一代D09发动机下线。全年净增商事主体3896家，新增省级专精特新“小巨人”27家、国家级专精特新“小巨人”17家。净增高新技术企业132家，总数624家，比2021年增长27%。新入库科技型中小企业531家，比2021年增长41%。年内被评为国家智能制造示范工厂3家、省级智能制造标杆企业4家、省级标杆车间3家、“5G+工业互联网”示范工厂6家，省级智能制造系统解决方案供应商12家。

项目引建，招商引资。全年新引进工业项目23个，总投资239亿元。其中，投资100亿元项目1个，10亿元以上项目5个，三类500强项目6个（世界500强2个），谋划储备重点项目21个，总投资546亿元。上汽大众新车型、索恩格汽车部件（中国）有限公司新能源产品研发及制造、恒立液压研发中心及试制车间等重大项目落户。开展“项目建设提速年”行动。94个项目列入长沙市重大项目建设，年度投资434.67亿元。三一智联重卡和工程机械扩产等7个市“五个十大”项目、市领导联点项目实际投资142.44亿元。推进上汽大众新能源车、铁建重工长沙第三产业园区等项目，湖南防灾科技产业园、大陆集团中央电子工厂、山河工业城（三期）等竣工投产，纳入全市观摩项目；星朝汽车华湘工业园生产基地，实现签约当月整车下线、次月量产。全年收回10家企业（12宗）土地25.74公顷，收回土地200.92公顷。29家企业提出小微园区建设意向，准入中电光谷、明和光电、湘联科技、湖南名凯捷、湖南源品5个小微园区项目，其中，3个项目开建。建立企业亩均效益综合评价体系和正反双向激励机制。

科技赋能，创新平台。全年新增省级工程技术研究中心5家、省级工程研究中心2家、省级企业技术中心26家，省级及以上研发创新平台131家、“双创”载体9个。建设三一科学城、长沙特种工程装备工业技术研究院、长沙干细胞与再生医学工业技术研究院等创新平台，星通义达专用汽车众创平台被评为国家级众创空间，国重智联被评为省级众创空间。长沙经开区被工信部评为工业互联网平台赋能数字化转型示范基地，“三化”联动推动制造业智能化案例纳入省政府2022年综合大督查典型经验做法通报表彰，智能制造“星沙模式”为区域智能化转型提供经验。工业互联网产业联盟湖南分联盟落户园区，大陆集团5G数字化超级工厂启用，树根格致科技（湖南）有限公司列入制造业数字化转型服务商，被评为2022年省级工业互联网平台。智慧园区“一档两库一平台”项目获省工信厅2022年数字湖南十大应用场景建设典型案例、“2022年地理信息产业优秀工程”奖。全年研发费用65.9亿元，比2021年增长15.8%；技术合同登记600项，技术登记交易额70亿元；企业专利授权量3392件，其中，发明专利560件，质押融资5.1亿元，高校成果转化645万元。园区企业承担6个省十大技术攻关项目；湖南天河国云科技有限公司被评为区块链领域省级技术创新中心和2022年湖南省省级企业技术中心；科技部批准源品生物细胞资源保藏项目；铁建重工、远大空调等4家企业在省先进制造业科技创新大赛中获奖。

改革开放，制度创新。发布制度创新激励办法，形成7项制度创新成果，其中，“探索制造业数字化智能化转型新模式”制度创新成果入选全国第七批复制推广改革试点经验，被国务院自贸区联席会议简报专题推介。“知识产权”前置保护新模式、工程机械二手设备出口新模式、“一码集成”规范涉企检查等8项制度创新案例入选湖南自贸区制度创新经验案例和创新成果。三一科学城实施新兴产业用地试点；国际金融港在全国开展“融资租赁+工程机械设备出口”实践，申报“中国（湖南）自由贸易试验区长沙片区融资（金融）租赁集聚区”；被评为国家级知识产权强国建设示范园区、国家人力资源服务出口基地。全年收集企业问题255个，办结率98%；支持企业申报各类奖补资金，全年获批4.47亿元、兑现激励资金1.3亿元；入选长沙市ABCD类高层次人才613人。开展金融集市活动22场，帮助中小企业解决融资19亿余元。（李钒激）

【重大项目集中开工活动】 2022年2月7日，聚焦“三高四新”战略定位和使命任务实施“强省会”战略推动长沙高质量发展重大项目集中开工活动举行，长沙经开区11个项目开工，总投资72.2亿元，包括汇克建筑节能科技产品生产基地、隧道装备智能制造升级改造项目、长沙中电数智园等8个产业项目、2个基础设施项目和1个房地产项目。（李钒激）

【中国（湖南）自由贸易试验区国际人才港政策兑现】 2022年5月10日，中国（湖南）自由贸易试验区国际人才港政策兑现暨区县人才政策发布活动举行。长沙经开区派发奖补资金1.017亿元，集中兑现国际人才港政策。发布《关于实施“百千万”人才工程加快国际人才港建设的若干措施》。（李钒激）

【星沙水厂9万吨/天改扩建项目供水开机】 2022年6月15日，星沙水厂9万吨/天改扩建项目供水开机。该水厂最高供水量由原16万吨/日提升至25万吨/日，实现星沙水厂制水工艺深度处理，提升供水水质，供水由合格水转变为优质水。该项目位于星沙大道与滨湖路交叉口西北角，由星沙水务投资建设。用地面积6.58公顷，总建筑面积2.3万平方米。（李钒激）

【湖南省工程机械二手设备出口行业联盟成立】 2022年8月3日，湖南省工程机械二手设备出口行业联盟成立大会在长沙经开区举行，150余家联盟会员单位参加。会议审议通过联盟章程和联盟选举办法，选举产生联盟理事会成员、轮值理事长、副理事长、监事和秘书长。行业联盟发布湖南省工程机械二手设备出口行业检测认证标准（简版）和全球售后服务中心名单。（李钒激）

【长沙经开区新政务服务大厅揭牌】 2022年9月28日，长沙经开区新政务服务大厅揭牌。新大厅面积2300平方米，包括“一站式”政务服务中心、自贸服务专区、相对集中行政审批办公区、园区对外接待展示区4个功能区。（李钒激）

【长沙经开区建区30周年大会】 2022年10月10日，奋力强省会 喜迎二十大——纪念长沙经开区建区30周年暨重点项目推进大会召开。发布园区“三个一批”（签约一批、开工一批、竣工一批）重点项目推进情况。全年引进优质项目247个，总投资1327亿元，涉及工程机械、汽车及零部件、电子信息等行业。重点项目22个，总投资552亿元。发布建区30周年主题宣传片《澎湃当歌》及建区30周年纪念册。（李钒激）

中国（湖南）自由贸易试验区长沙片区临空区

【概况】 2022年，中国（湖南）自由贸易试验区长沙片区临空区（以下简称“长沙自贸临空区”）外贸进出口额621.5亿元，比2021年增长34.3%；实际利用外资3214万美元；外贸实际企业263家，比2021年增长89.2%；新增市场主体1185家，新引进“三类500强”项目5个；对非贸易增长30%以上，重大项目投资额58.84亿元。是年，长沙自贸临空区被评为湖南省打造内陆地区改革开放高地先进园区、省商务工作先进园区、市打造内陆地区改革开放高地先进单位，获市“创新实干 担当有为”领导班子及市真抓实干表扬激励奖。（罗茂里 欧阳梦圆）

【产业发展】 2022年，推动出台强省会战略，支持临空经济示范区发展专项配套政策。按照“南工北城中贸易”产业布局，聚焦航空物流、临空制造、航空服务等核心产业和外资外贸等开放型经济招商引资。全年外出招商30余批次，主办或承办跨交会、通航博览会、“沪洽周”湖南生物医药专题推介会等重大招商推介活动10余场，储备重点项目140余个；新引进重点产业项目53个，总投资382亿元。是年，长沙自贸临空区入选湖南汽车制造配套产业园；入驻大型141部航校及全动飞行模拟机训练中心；中电港、健坤、湘免国际等一批优质产业项目投产。（罗茂里 欧阳梦圆）

【改革创新】 2022年，长沙自贸临空区形成1个国家级创新案例、1项省级创新典型案例和7项省级创新成果，推出鲜活海鲜产品混合规格进口监管创新模式、临空“奖补朝享贷”等成果。是年，获得海关特殊监管区域保税研发业态账册；获得民营企业文物商店资质，上线文化艺术品服务平台并开展进口交易；获得中药材进口注册批件并完成进口；开展长沙片区工程机械二手设备出口全流程试单；跨境电商新零售综合体——友阿跨境荟入驻；入选新兴产业用地（M0）试点。（罗茂里 欧阳梦圆）

【平台建设】 2022年，长沙黄花综合保税区进出口在全国排名第25位，比2021年上升4位，被授牌为湖南省对接RCEP及非洲国家货邮集散分拨中心，获省、市打造内陆地区改革开放高地“先进园区”。强化口岸功能，启用区港联动，药品口岸新增进口中药材功能，进境冰鲜水产品口岸改造通过验收并开展业务。外贸产业集聚成势，英捷迅、嘉稷、九立等企业带动效应增强；跨境电商年进出口额30亿余美元；形成保税维修和保税研发新业态监管模式。与海南江东新区达成战略合作协议，落地湘琼合作项目湘免国际。参与组建国贸集团并启动业务，推动组建本土货运航空公司。新开、复飞航线8条，黄花机场货邮吞吐量15.58万吨，其中，国际货邮5.88万吨。

（罗茂里　欧阳梦圆）

【营商环境】 2022年，长沙自贸临空区办理企业各类诉求221件，解决实际困难问题56个，2个优化营商环境创新案例获市级表彰。推进“园区事园区办”，梳理形成省、市75项放权事项办事指南，推动18项县级委托赋权高频事项试运行审批。推行“项目管家”机制，“点对点”专人服务32个在建项目。落实稳外贸专项措施，兑付各类奖补资金，加强政银企对接，助企低息融资2840万元。建设临空孵化平台。出台临空区骨干人才认定目录，搭建人才集聚平台。设立自贸临空区基层立法联系点、政协委员工作室。

（罗茂里　欧阳梦圆）

【规划建设】 2022年，长沙自贸临空区按照“三年成形、五年成城”目标，谋划建设临空产业新城。开展“三区三线”（“三区”是指生态空间、农业空间、城镇空间，“三线”是指永久基本农田控制线、生态保护红线、城镇开发边界）划定，城镇开发边界33.75平方千米，新增13.89平方千米；推动临空经济示范区核心区控规形成法定成果；编制《临空地区发展战略规划》，推进临空产业开发区“四至”范围重新认定。全年争取专项债资金48.51亿元，固定资产投资65亿余元；开展13个项目拆迁“清零”，腾地90.67公顷。完善基础配套设施，生活配套服务中心等项目通过验收，盛祥北路、小康北路等7条道路竣工，湖南省自贸试验区突发公共卫生事件应急服务中心、自贸招商服务中心、区港联动等项目基本建成或部分投用。（罗茂里　欧阳梦圆）

【“强省会”战略重大项目集中开工活动】 2022年4月19日，“强省会”战略重大项目集中开工活动在长沙自贸临空区举行。该活动有293个项目，总投资1209亿元，年度投资436亿元。其中，投资50亿元以上项目3个、10亿元以上项目28个；产业发展类项目177个，总投资893亿元，占比74%；基础设施类项目59个，总投资176.2亿元，占比14.6%；社会民生和生态环保类项目57个，总投资137.43亿元，占比11.4%。

（罗茂里　欧阳梦圆）

【“‘强省会’湖南自贸区长沙县区块在行动”主题活动】 2022年4月20日，“‘强省会’湖南自贸区长沙县区块在行动”主题活动在长沙自贸临空区举行，现场活动签约重点产业项目38个，涉及对非及RCEP战略合作、跨境贸易、信息技术、生物技术等多个领域，总投资266.7亿元。湖南省政府口岸办向长沙自贸临空区管委会授予区港联动口岸作业区“湖南省对接RCEP及非洲国家货邮集散分拨中心”牌匾，现场发布长沙县RCEP（区域全面经济伙伴关系协定）三年行动计划。（罗茂里　欧阳梦圆）

【中国民用无人机产业第一城】 2022年9月2日，建设中国民用无人机第一城——中国（湖南）自由贸易试验区长沙片区临空区专题招商推介活动举行。是年，《中国民用无人机产业第一城——长沙自贸临空区无人机产业发展白皮书》发布，2个战略合作项目和16个招商引资项目集中签约，总投资额265亿元。

（罗茂里　欧阳梦圆）

【中国（湖南）自由贸易试验区主题空间站揭牌】 2022年6月30日，中国（湖南）自由贸易试验区主题空间站揭牌仪式暨“自贸临空号”主题列车发车仪式。在长沙地铁6号线迎宾路口站举行。地铁6号线全长48.11千米，均为地下线；设置车站34座，均为地下站，其中，换乘站12座；采用6节编组A型列车。起于谢家桥站，途经长沙市望城区、岳麓区、开福区、芙蓉区、雨花区、长沙县，横向贯通长沙城区、湖南湘江新区，止于黄花机场T1、T2站。将湘江右岸的自贸长沙片区与左岸的湘江新区两大国家级平台对接，串联雨花区、会展经济区、芙蓉区、长沙经开区、长沙自贸临空区五大区块。站

2022年4月19日，“强省会”战略重大项目集中开工活动在长沙自贸临空区举行

（长沙自贸临空区 供图）

2022年9月2日，建设中国民用无人机第一城——中国（湖南）自由贸易试验区长沙片区临空区专题招商推介活动举行　　（长沙自贸临空区 供图）

厅内以“自贸新高地 腾飞新湖南”为主题，张贴湖南机场集团四小时航空圈规划图、打造开放强省建设桥头堡、服务三湘人民的画卷；文化墙上以“空铁对接 展翅高飞——中国（湖南）自由贸易试验区欢迎您”为主题，主要介绍湖南自贸大事记、湖南自贸试验区各片区重点产业，在中心包柱区域呈现“自贸湖南”主题摄影展。通过列车展示湖南自贸试验区长沙、岳阳、郴州3个片区的发展概况、重点产业，以及长沙自贸临空区的七大政策体系、重点企业、科研基地、国际贸易公司等特色亮点。

（丁　佳　欧阳梦圆）

松雅湖生态新城发展中心

【概况】 2022年8月19日，松雅湖生态新城总体规划获批。产业规划、水渡河片区控制性详细规划、交通规划、城市风貌设计等成果年内出台。松雅新城总规划范围约127.14平方千米，其中，城镇开发边界内总用地面积为72.89平方千米，包括规划集中建设区域55.8平方千米，弹性发展区17.09平方千米。成立长沙县松雅湖生态新城建设指挥部，指挥部办公室设在松雅湖生态新城发展中心。　　（王　坚）

【项目建设】 2022年，金安大道二期西段项目全面完工；金安大道东延（含捞刀河桥）完成产值6482万元；金安大道西延（含白沙河桥）启动桩基施工，累计完成29根；安沙大道二期在建；滨湖路三期项目正在开展施工图修改及预算编制，同步完善用地报批及林地指标审批；东十线（长永高速—滨湖路）项目完工待验收移交；毛塘铺污水处理厂主体工程完工；茶塘南支路网（支一至支五、洋湖路）完成84%；二标（支三路、支二路南）完成91%，人行道铺装完成约85%，绿化乔木种植完成40%；三标（支一路、支四路）完成54%，土石方完成23.5万立方米。　　（王　坚）

【招商引资】 2022年，松雅湖生态新城过会项目10个。其中，望新总部、永旺梦乐城、琨基总部、星大总部、松雅总部、圣保罗、松雅新城科技生态园、志鹏总部项目摘牌；中交四公局二公司总部、湘俄松雅湖文化产业园、度涵集团直播电商总部基地项目完成公司注册。在谈项目20个，其中，王府井和中科长沙工业互联网产业基地项目合作框架协议签订。　　（王　坚）

【景区建设】 2022年，松雅湖生态新城发展中心持续监测公园水质、动植物资源，全年水质较稳定，未爆发水华蓝藻问题，湿地鸟类品种渐增。5月，松雅湖国家湿地公园被评为2021年度“美丽河湖建设优秀案例”。东三路停车场365个车位开放使用；年内公园新增8台直饮水机。全年组织“全民大扫除”5次，开展学雷锋示范岗服务400余次，引进县红十字协会入驻公园礼乐广场，免费传授公众紧急救援知识。

（王　坚）

【科普宣教】 2022年，松雅湖湿地自然学校开设自然课堂26期、夏令营2期，近600名中小学生参与；联合县教育局举办首届“松雅湖杯”植物认知大赛，开展世界湿地日活动、爱鸟周摄影大赛、“5·22”国际生物多样性湖南省主会场宣传活动；义务招募大学生团队，围绕松雅湖生物多样性保护现状开展暑期调研，收集问卷300余份，完成调研报告1篇。以松雅湖明星鸟类“凤头鹏鹛”为原型，设计出“松小凤”文创徽章。　　（王　坚）

商贸服务业

编辑　周进银

商贸流通

【概况】 2022年，长沙县外贸进出口额1295.35亿元，比2021年增长31.38%。全县有外贸资质企业2660余家，其中，外贸实绩企业1066家。制定并兑付《长沙县关于促进外经贸加快发展若干政策》，涉及企业125家、180个项目，拨付资金1677万余元。争取上级专项资金扶持，全年向上争资1660万余元，涉及企业170家次。加强与中国信保湖南分公司合作，服务全县（含经开区、黄花综保区）外贸企业166家，其中，142家小微企业领取政策性统保保单；政策性保险支持出口金额12.34亿美元，支持融资金额3347.56万美元。指导长沙南方钽铌有限公司、长沙佰思诚食品有限公司办理RCEP原产地证明。对接中国进出口200强企业，实施“同飞工程”，全年引进企业52家，外贸进出口额30亿余元。8月29日，长沙县被湖南省人民政府评为“打造内陆地区改革开放高地先进单位”。 （周　瑶）

【与桑植县合作共建“飞地经济”产业园】 2022年，长沙县对口帮扶桑植县，探索异地共建“飞地经济”产业园。7月15日，桑植县“飞地经济”产业园开园仪式在长沙县有色地勘大厦举行。产业园总部位于长沙经开区内，产业园有2万平方米楼宇及13.33公顷规划工业用地供企业入驻。 （周　瑶）

【《长沙县落实区域全面经济伙伴关系协定三年行动计划（2022—2024年）》发布】 2022年4月20日，《长沙县落实区域全面经济伙伴关系协定三年行动计划（2022—2024年）》发布，明确三年目标任务，提出货物贸易优进优出行动、服务贸易挖潜增容行动等八大行动，建设RCEP（区域全面经济伙伴关系协定）经贸合作示范区。 （周　瑶）

【县级RCEP企业服务中心成立】 2022年5月27日，长沙县外贸新经济综合体暨RCEP企业服务中心揭牌，成立县级RCEP企业服务中心。全年引进19家企业，外贸进出口额1.5亿美元。与全球200个国家（地区）建立贸易关系，对RCEP国家贸易额占全县贸易总额的18.7%。 （周　瑶）

【自贸区长沙县区块建设推进大会】 2022年9月27日，长沙县商务局组织召开自贸区长沙县区块建设暨打造内陆地区改革开放高地推进大会。三一集团、山河智能装备股份有限公司、湖南环海渔业贸易有限公司、湖南唐朝信息科技有限公司、湘丰茶叶集团有限公司等22家优秀企业获得表彰。 （周　瑶）

会议会展

【概况】 2022年2月，长沙县商务局承接原长沙县现代服务业发展中心的会议会展职能职责。制定《2022年重大展会长沙县公共服务保障工作实施方案》，成立重大展会公共服务保障长沙县工作委员会，成立9个工作小组，明确组长单位及29家成员单位工作职责。为中国国际食品餐饮博览会、中部（湖南）农业博览会、湖南团省委第十六次代表大会、大国工匠论坛、湖南（国际）通用航空产业博览会、中国（长沙）国际装配式建筑与工程技术博览会、民革中央助力现代化新湖南建设招商大会等重大会议会展活动提供公共服务保障。全年服务保障各类会议32场，服务保障湖南（国际）通用航空产业博览会、第二十三届中国中部（湖南）农业博览会等展会31场，展出面积82.9万平方米。出台《长沙县会议产业专项引导资金管理办法》《2021年度长沙县会议产业专项引导资金申报指南》，有8家企业13个项目符合申报条件，核实兑现奖补资金86.68万元。 （周　瑶）

【大国工匠论坛】 2022年9月1—2日，由全国总工会联合湖南省委、省政府举办的“大国工匠论坛”在长沙国际会议中心举行，论坛以“匠心逐梦、强国有我”为主题，通过讲述全国87名“大国工匠”奋斗故事，解读“工匠精神”内涵。该论坛分为主旨演讲、现场访谈与理论研讨2个环节。 （周　瑶）

【2022湖南（国际）通用航空产业博览会】 2022年9月1—4日，2022湖南（国际）通用航空产业博览会（静态展）在长沙国际会展中心举行。博览会以“通航引领美好生活”为主题，以“线上+线下”的形式，策划产业发展、投资合作、观众互动3类28项专题活动。展馆面积8万平方米，汇聚14个国家和地区的326家通航领域相关企业，通过展览展示、交流洽谈、参观考察，签约产业项目42个，合同金额417.6亿元，现场订单成交3.06亿元，意向签约金额40亿元。组委会授予长沙县商务局“最佳服务奖”。 （周　瑶）

【第二十三届中国中部（湖南）农业博览会】 2022年10月28日—11月1日，第二十三届中国中部（湖南）农业博览会在长沙国际会展中心举行。农博会以“品牌引领现代农业 科技赋能乡村振兴”为主题，展览总面积9.5万平方米，规划农业科技·种业馆、乡村振兴馆、长株潭馆等7个展览馆，其间举办系列专业论坛和品牌推介、产品订货会、数字农业创新发展论坛等活动20余场。4078家企业、1.6万余种产品参展，现场零售额5.16亿余元，签订购销合同3.2亿元，意向协议4.6亿元。组委会授予长沙县人民政府“优秀组织奖”。 （周　瑶）

【第七届中国国际食品餐饮博览会】 2022年11月24—25日，第七届中国国际食品餐饮博览会在长沙国际会展中心举办。博览会以“促进消费，创新发展”为主题，展览面积8万平方米，1500余家企业参展，同期举办中国国际食品餐饮创新发展论坛、第三届中国餐饮数字化发展大会、中国咖啡师团体锦标赛、“湖南好韵味，一碗天下香”湖南米粉专场推介会等20余项专题活动。展会期间，接待专业采购商及观众3万人次，现场交易及意向订单全额8.2亿元。（周　瑶）

商贸消费

【概况】 2022年，长沙县社会零售品总额663.6亿元，比2021年增长3.1%。实施《关于加快商贸流通创新发展促进消费升级的若干政策措施》兑现，有62家企业申报71个项目，拟奖补金额1407.94万元，兑现第一批资金214.36万元。20家企业被评为市级夜经济示范单位，获奖励补贴60万元。1月14日，长沙县商务局发布《长沙县物流产业“十四五”发展规划（2021—2025）》，从发展基础与形势、空间布局等6个部分指导长沙县打造经济高效的现代化物流体系。是年，新增中茂城西街夜市、新长海广场夜市2家夜市；召开二手车流通模式改革创新座谈会，探索二手车市场升级发展；万象汇、长沙路口物资供销有限公司均被评为“国家级绿色商场”，松雅湖吾悦广场被评为“省级绿色商场”。（周　瑶）

【“松雅湖商圈”消费节】 2022年4月28日—6月8日，举行以“热力松雅湖，快乐消费GO”为主题的“松雅湖商圈”消费节，推出汽车、餐饮、商超、文旅4个板块系列活动。策划开展汽车销售直播技能竞赛、中南好车直播月、中南汽车特卖会、汽车行业创新发展高峰论坛、万道菜品免费吃、松雅湖商圈网红点消费打卡等主题活动，发放500万元购车现金补贴和110万元电子消费券，商户总交易金额2.2亿余元。（周　瑶）

【长沙市最美夜购示范系列评选】 2022年，长沙县未来漫城被评为“2022年长沙市夜间消费示范街区”，长沙新城吾悦广场、尚木兰亭、长沙保利广场、乐运魔方被评为“2022年长沙市夜间消费示范名片”，鸿先阁酒楼、秦皇食府星沙店、卜蜂莲花星沙店、华润万家星沙店、星沙文和里、通程商业广场星沙店、串盟烧烤星沙店、红记美食村、徐记海鲜万象汇店、星沙天虹购物中心、中茂城购物中心等门店被评为“2022年长沙市夜间消费示范门店”。（周　瑶）

现代服务业

【概况】 2022年，长沙县服务业增加值880.01亿元，比2021年增长3.3%。兑现市级新增入规奖励资金154万元，引导和支持小微企业升规上限，全县新增纳入统计范围内的服务业79家。兑现灵活用工平台招商引资项目奖励补贴资金1500万余元。长沙智慧央厨产业集聚区创建市级服务业示范集聚区，全县3个集聚区项目入选省、市服务业示范集聚区。全县11个服务业在建项目、4栋商务楼宇入选长沙市服务业“三百工程”，全县服务业重点项目实际投资17.74亿元。举办跨境电商楼宇推介会、世景广场企业服务中心揭牌仪式暨招商促进会、方略·金融中心写字楼新品定位发布会等特色活动。（王　璋）

【现代服务业发展政策】 2022年，长沙县编制《促进长沙县现代服务业高质量发展政策体系研究》，出台《长沙县加快现代服务业高质量发展若干政策》《长沙县鼓励金融业创新支持产业发展奖励办法》《长沙县促进外经贸加快发展若干政策》等服务业政策。其中，《长沙县加快现代服务业高质量发展若干政策》经长沙县人民政府办公室2022年9月26日印发，主要由“扩规提质，支持品牌规模打造”“突出重点，支持核心产业培育”“强化载体，支持‘双创’平台建设”“优化升级，支持重点产业发展”四大板块组成，突出鼓励各类市场主体落户、入规、上阶、升级、创优，引导“双创”平台、商务楼宇、集聚区等产业载体提升含新量和含金量，精准培育数字经济、智慧物流、电子商务、生物技术及生命健康等产业新业态、新模式。对年度地方经济贡献总额在50万元以上的新入驻服务业企业，连续3年按其当年地方经济贡献总额50%的比例给予奖励，单个企业每年奖励总额不超过200万元。年度地方经济贡献总额500万元（含）以上的，按“一事一议”政策给予奖励。对新增的规模以上服务业企业、限额以上批零企业和限额以上住餐企业，月度新增分别给予5万元、4万元和3万元的一次性奖励，年度新增分别给予2万元的一次性奖励。属于规模以上其他营利性服务业企业的，在上述奖补基础上，月度新增和年度新增奖励额度再分别增加5万元和3万元。奖金50%的比例可用于奖励企业副总（含）以上高级管理人员及企业统计人员。规模以上其他营利性服务业企业年营业收入达到5000万元、1亿元、2亿元，且不低于全县规模以上其他营利性服务业营业收入平均增速的，分别给予5万元、8万元、10万元的奖励。奖金50%的比例可用于奖励企业副总（含）以上高级管理人员及企业统计人员。（王　璋）

【商务楼宇认定】 2022年，长沙县编制《2022年度长沙县商务楼宇认定申报指南》，开展商务楼宇认定工作，经公开申请、部门联审等程序，评定23栋楼宇为商务楼宇，培育特色楼宇，加强楼宇品牌打造。湘商世纪鑫城等4栋楼宇入选全市服务业“三百工程”重点楼宇，拥有“亿元楼宇”2栋、“5000万元楼宇”4栋、“千万元楼宇”6栋。（王　璋）

供销合作

【概况】 2022年，长沙县供销系统销售总收入20.3亿元，利润总额1.45

亿元，比2021年分别增长5%、2%；全县农村电商销售额45亿元，其中，本地农产品销售额10.3亿元，消费帮扶金额1900万余元，对口帮扶金额65万元，新提供就业岗位400余个，下行快递38万件。长沙县供销社被列为全国供销172个主流培育县之一，路口供销社被评为商业系统“湖南老字号”，长沙路口物资供销有限公司被评为全国绿色商场。是年，接待全国、省、市社到县调研、考察学习21批、192人次。建设完善长沙县电子商务公共服务平台，电商中心入驻企业10家，展示农产品42类、781项，业务洽谈320场，举办线上、线下大型活动29次。整合商务、农业农村、邮政等基层网点，提质改造农村电商服务站点，建成176个电商站点，实现120个行政村快递免费进村，行政村快递覆盖率80%。通过下乡入村及多部门业务融合方式开展电商培训154场，其中，线下培训84场，线上培训70场，培训140个村，覆盖2294人，行政村覆盖率90%。制定《2022年度长沙县农村电子商务发展资金申报指南》，支持县内从事电子商务相关企业及其他经济组织发展。加强消费帮扶专馆、专区、专柜运营管理，利用线下实体网络和线上销售渠道，构建运营销售网络，全年帮扶销售农产品1000万余元；构建县、镇、村三级物流体系，实现县级农村电子商务仓储及物流整合，建设6100平方米仓储中心与1100平方米物流配送中心，培育本地城乡一体同城物流企业——亿企到家，通过统仓共配等模式，推动城乡双向货物运输提质降费（上行社会件降费12%）；开展“消费帮扶 供销有爱”长沙县第三届农产品促销会，带动长沙县本地帮扶对象及对口龙山、桑植帮扶对象销售农产品280万元；联合桑植县商务局、长沙县对口帮扶桑植县乡村振兴工作组在桑植县电子商务公共服务中心、合群村村委会举办电子商务技能培训班2期（每期7天），赠送直播设备11台（套）；围绕联点村安沙镇和平村生姜等经济作物栽培及深加工、村级冷链库建设、棠坡红色文旅开发等开展专题调研，免费提供专业技术培训7次，捐赠抗旱设备6台（套），协调美丽乡村建设矛盾纠纷5起。抓实优质再生资源回收利用，制定《长沙县再生资源回收体系“十四五”规划》《长沙县再生资源支撑体系建设发展引导专项资金申报指南》，支持县内信息管理平台建设运营和试点镇再生资源回收利用网络体系建设，全年回收利用优质再生资源5万吨，直接创收2亿元。实施“长沙县供销合作社培育壮大工程”，支持系统企业、新建供销网点发展，使用县级资金160万元，建设项目19个。对标中华全国供销合作总社《供销合作社“十四五”县域流通服务网络强县标准》，实施培育创建工作。组织系统企业申报市“三大体系”资金项目，开展2022年“新型服务体系和新网工程”“重要农资供应、区域性农业社会化服务中心”“双十佳”“乡镇标杆基层社”“村级示范社”“县级为农信息公共服务平台”项目建设，争资110万元。重点培育长沙县供销新三维农业综合服务有限公司，长沙县供销社社有资产公司股份持有增至51%。（廖　洁）

【电商助农直播大赛】 2022年，长沙县供销社举办电商助农直播带货大赛，以“乡村振兴，电商助农”为活动主题，通过学赛结合、以赛代训等方式，联合镇、校、企开展农村电商技能培训及直播带货比赛，利用短视频、直播等新媒体手段宣传大美星沙、推广全县优质农产品、培育本地短视频直播电商人才和团队，活动培育电商带货达人3000余名，带动农产品销售300万元，帮助涉农企业进行电商转型升级，推动“数商兴农”专项行动助力乡村振兴。（廖　洁）

【“党支部＋村供销社”壮大村集体经济】 2022年，长沙县探索“党支部＋村级供销社”壮大村集体经济，强化村党组织领导，以县供销合作社资产公司、村股份经济合作社为主体，吸纳农民合作社、家庭农场、种养大户、致富能手等共同出资，成立由村集体经济组织控股（占股超51%）的新型村级供销合作社，按照《中华人民共和国公司法》建立企业管理、利益分配、风险防控等制度，面向市场自主经营、自负盈亏，村党组织书记通过法定程序担任村供销合作社三任、法定代表人、董事长，开展各类经营性、生产性服务，组建金井镇王梓园村、开慧镇白沙村、春华镇春华山村、北山镇福高村、安沙镇和平村、春华镇九木村、北山镇新云村、路口镇花桥湾村8家村供销合作社，帮助130余户小农户销售农副产品40吨，增收56万余元，各村集体经济收入均增收3万～5万元。（廖　洁）

【大化肥淡储】 2022年，长沙县有县级农资仓储物流配送中心1个，供销系统农资、农业社会化服务合作经营销售网点150个，市场覆盖率55%。9月，长沙县供销社开展2023年大化肥淡季储备工作，计划储备化肥1.2万吨，其中，钾肥800吨，尿素2400吨，高效复合肥8800吨。开展农资打假，不定期抽检存储企业农资商品批次质量，对销售假冒伪劣商品存储企业实行“一票否决”和责任追究制度。创新农资供应服务模式，探索“农资企业＋党支部＋村级供销合作社”直供模式，为金井镇王梓园村、开慧镇白沙村、春华镇春华山村、北山镇新云村、安沙镇和平村80余户村民配送肥料300余吨。

（廖　洁）

烟草专卖

【概况】 2022年，长沙县烟草专卖局（分公司）上缴税收9304万元；查获各类违法案件195起，涉案卷烟3665.11万支；销售卷烟4.39万箱，比2021年增长7.82%。党建业务互融共促，创新“红黄蓝”三色党建工作法，深化“紫荆星锋”品牌建设。打造全省卷烟营销现场会一号路线，推进企业数字化转型。推出智慧大厅2.0版本，试点“清廉窗口”建设，政务服务大厅被评为长沙市“青年文明号”。（朱颖绮）

【专卖监管】 2022年，长沙县烟草专卖局（分公司）在假私烟查获数量、人均假私烟查获数量、假私烟大要案数量、违法卷烟查获总量、中高端品牌查获、打假打私效能6项指标上均列全省县级烟草专卖局第一位。紧盯重点区域、环节、市场、人群，与公安等部门开展8次市场联合整治行动。开展“守护未来”专项宣传和市场清理整治行动，保护未成年人远离烟草侵害。动态监管辖区电子烟商户，探索电子烟涉刑案件查处，实现电子烟监管日常化。查获电子烟广告案及物流快递企业处罚案。在“12•4”国家宪法日、“3•15”国际消费者权益日等重要节点开展普法宣传。（朱颖绮）

【卷烟营销】 2022年，长沙县烟草专卖局（分公司）将数字技术赋能终端提质、品牌培育、客户服务。加快零售终端信息系统推广，全年推广双面屏POS机74台、湘汇通300台、手机店铺管家2578户。打造客户经理、零售户两支职业化队伍。把数据运用到门店经营中，增强零售客户“软实力”，以全省卷烟零售户开口营销大赛冠军星沙喜喜烟酒店为代表，培养出一批具备现代数字能力的网红店。深化工商协同，全年建成“湘汇636”5家、“湘村636”75家。（朱颖绮）

【履行社会责任】 2022年，长沙县烟草专卖局（分公司）升级政务服务智慧大厅，打造政务服务大厅升级版，网上办证率90%以上。创新打造“三色党建工作法”。机关支部社区共建“志愿红”。机关党员到社区开展文明创建、疫情防控、社会公益活动等志愿服务，与牛角冲社区探索共建便民驿站及文明吸烟环境，与市、县团委（青工委）合作建设“希望小屋”。营销支部一线服务“暖心黄”。建成江背艳丽商店等一批优秀农网终端，打造社区集体经济门店，增强非公有制经济凝聚力。专卖内管支部金叶卫士“守护蓝”。着力普法宣传和电子烟监管。聚焦打假打私、打真治异，将违法违规经营户纳入信用体系建设，助推诚信消费环境建设。开展“湘村636”综合体软硬件提质，打造新时代文明实践基地，建成5个“紫荆星锋”便民驿站。（朱颖绮）

邮　政

【概况】 2022年，中国邮政集团有限公司湖南省长沙县分公司拥有城乡邮政服务网点39个，其中，叠加邮政储蓄网点39个，城区设置快递包裹揽投部站10个，实现邮件上门揽收和投递；另有邮政报刊亭29个、邮政渠道站点243个，拥有各类邮政运输车辆175辆、投递人员226人，投递段道182条。全县邮政业务实现收入2.62亿元，2022年，居民存款净增7.77亿元，居民存款规模96.05亿元。普遍服务建制村投递频次打卡率、普服四项业务开办率、党报党刊当日见报率、邮件全程时限指标等重点指标实现达标，同时健全普服管控责任体系，线上、线下送培训16次，落实常规检查168次，采取现场与非现场相结合对多发问题单位重点盯、重点管、重点培训确保问题及时整改落实；组织开展联合大检查18次，抓实突出问题，确保全县普服质量各项指标达成。县公司积极落实市公司旅游项目，多效并举，积极拓展旅游市场，在《山河任你游 为梦想加油》旅游项目销售中，销售额位居全市第一名。（童丽莉）

【邮政业务发展】 2022年，中国邮政集团有限公司湖南省长沙县分公司实现寄递收入9791.92万元；特快收入3464.91万元，比2021年增长60.94%。全县新签特快客户91户，高端电商客户4户，累计收发邮件187万件，实现收入1616.59万元。是年，金融收入1.43亿元，增幅9.7%；其中，储汇收入1.16亿元，增幅9.1%；保险收入2699万元，增幅13.1%。以惠农合作项目为抓手，助推乡村振兴战略，全年发展会员18622户，有效合作社278家，合作社服务“广覆盖”183户。推进“优惠购”活动，通过与本地合作社、寄递协议客户基地直采等方式将新鲜、优质农产品直达网点，助力解决农户销售难。年内开展11期惠农惠民“优惠购”活动，新增客户347户，销售优惠购产品1959份，揽收储蓄314万元，保险费用37万元，理财产品金额271万元。（童丽莉）

【邮政服务乡村振兴】 2022年，中国邮政集团有限公司湖南省长沙县分公司开展快递包裹进村试点，实行“专班+支局+站点”模式，通过易邮自提系统，站点累计投递下乡进村，县各村级站点通过易邮自提系统实现快递代投140.8万件、收寄快递包裹1.3万件，农村市场散件包裹出口实现月均收寄量从0增至1000余件。该公司与邮管局、县供销社、社会快递公司对接，推进邮快合作。开发信用村项目推动普惠金融工作，发展春华镇金鼎山社区、大鱼塘社区、安沙镇唐田村3个信用村，导入信息6237条，获新客户175人；开发军人优待证项目，3家入围银行中，邮储银行占比41.17%，进件6312户。与烟草“636”项目强强联合，邮政银行部门共建烟草“636”服务站点52家，覆盖村组社区48个。（童丽莉）

【农村电商】 2022年，中国邮政集团有限公司湖南省长沙县分公司在长沙县建成有效综平站点177家。提高站点活跃度，开展多品类邮政业务，在站点布放收款码、开设智慧小店、发放农特红包等。县各村级站点通过易邮自提系统实现快递代投140.8万件、收寄快递包裹1.3万件；渠道专业通过邮政“9·19”电商节活动实现批发销售额102万元；金融业务部联合综平站点开展370余场协同活动，邀约客户5200余人，推荐贷款79人，贷款额度879万元。

（童丽莉）

通信

【中国电信股份有限公司长沙县分公司】 2022年，中国电信股份有限公司长沙县分公司（以下简称“县电信分公司”）在职员工299人，下辖综合部、财务部、网络部、销售服务部、渠道部及城北、城南、城西等9个营业部和安沙、北山、春华等13个支局。运用大数据、人工智能、云计算等先进技术，上线3355路平台，实现物联视频资源的统建、共享、共用。推进“乡村振兴”战略，县电信分公司领导牵头与四级单位一起参与村部党建翼联、智慧社区2.0、数字乡村、数字千校等活动。落实云改数转战略，优化云网运营体系。是年，长沙县10GPON网络（无源光网络）覆盖率从42.12%提升至53.43%，5G覆盖新增宏站107个、小区室分132个，农村村部（社区）聚集区域基本实现5G覆盖，解决无线投诉TOP区18个。配合长沙县美丽乡村建设进行杆线整治，投资957万元，整治杆线长度445千米，出动1200余人次、车辆300台，拆除飞线7000余条、布放入户线4000余条、搬迁电杆548根、更换光缆27余千米，主动维护整治隐患1385处。

（杨 艳）

【中国移动通信集团湖南有限公司长沙市长沙县分公司】 2022年，中国移动通信集团湖南有限公司长沙市长沙县分公司客户规模90万余户，宽带用户规模20万余户。投资5亿余元，在乡镇开展5G建设，实现村村通5G。年底，长沙县移动基站规模7284个，5G基站3575个、电普站点90个，实现全县区域内千兆能力覆盖率96.43%，有线覆盖率96.7%，无线覆盖率98.9%。年内大型保障次数33起，保障总人数220万人次，为“第二十三届中国中部（湖南）农业博览会”、“非遗”添活力、北山镇青春“大型非遗文化展演”、“长赣铁路开工仪式”、“田汉文化园灯光秀活动”等大型活动提供通信保障。该公司与77个行政村、22个乡镇居委会签约，搭建23个数字乡村平台。开展应急云广播、山洪灾害防治项目，其中，应急云广播点位3144个，覆盖全县所有行政村和社区，对全县智慧景区建设、防灾减灾、消防、禁毒、文明创建等工作具有重要作用；建设山洪灾害监控点位150个，覆盖全县所有水库、河道，提高应对突发事件能力。通过243条医保专线连通全县区域内村级卫生服务站，为居民诊疗支付提供便利。运用AI反诈服务，助力乡镇、街道开展反电信诈骗宣传。8月，湘龙街道利用“AI反诈语音机器人”对辖区内居民宣传12.88万人次。全年受理市、县数字化城管隐患案件981起，处理结案981起，结案率100%，在数字化城管结案评级中获得优秀，飞线整治工作获县政府奖励。

（刘智华）

【中国联合网络通信有限公司长沙县分公司】 2022年，中国联合网络通信有限公司长沙县分公司（以下简称“长沙县联通”）移动用户规模31万户，固定电话宽带用户同步增长，全年运营收入2.8亿余元。全年重点新增补强网站点300余站，推进乡村移动网络通信基础建设向偏远农村地区覆盖延伸，确保“5G+数字农业”农村发展，建成后长沙县站点总数提升20%；覆盖千兆宽带网络小区建设90%；全年“固定电话+宽带网络”建设投资3000万余元，完成青山铺、路口、春华、安沙等乡镇建设，推进乡镇村村通数字工程。对国内国际重要会议及场景进行专项保障20次，包括湖南国际通用航空产业博览会、共青团湖南省第十六次代表大会、第二十三届农博会、首届大国工匠论坛、长沙县应急防汛演练、各类重要节假日活动等。参与反电信诈骗宣传，到街道、机关单位组织开展网络安全知识宣传。

（彭 晶）

金融业

编辑　周进银

综 述

【概况】 2022年，长沙县驻县银行存款余额1857.8亿元，比2021年增长11.85%；贷款余额2116.66亿元，比2021年增长12.06%，存贷比113.93%。是年，全县金融机构贡献税收13.12亿元，比2021年增加1.27亿元，增长10.72%，占全县纳税总额的7.43%。全县纳税1000万元以上金融机构20家，纳税1亿元以上金融机构5家。（胡亚婷）

【金融服务】 2022年，长沙县金融事务中心实施金融顾问制度，驻县金融机构选派优秀从业人员组成金融顾问团队，主动入企走访，按照定期跟踪、适时指导、全程服务要求，为企业提供伴随式金融服务。年末，金融顾问队伍对接企业1057家，摸排企业融资需求53.54亿元，授信33.58亿元。编制和发布《长沙县金融产业高质量发展三年行动方案（2022—2025年）》《长沙县鼓励金融业创新支持产业发展奖励办法》以及《2022年长沙县银行业、保险业支持地方经济发展评价试行办法》，为长沙县金融产业高质量发展提供制度保障。出台《长沙县疫情期间纾困解难融资担保专项补贴申报指南》，4月10日—10月31日，对注册和税务登记均在县内（不含长沙经开区）且受疫情影响出现经营困难的工业、服务业企业（含中小微企业和个体工商户），县财政按政府性融资担保公司年实际提供担保额的实收担保费率给予担保费补贴，最高不超过2%。年内，3家融资担保公司参与长沙县此次疫情期间纾困解难专项行动，担保贷款11215万元，惠及33家企业，产生担保费107.93万元，兑现疫情期间纾困解难融资担保专项补贴84.5万元。（胡亚婷）

【金融超市平台】 2022年，长沙县金融事务中心打造湖南省首个县级综合性金融服务平台——长沙县金融超市，为企业提供“一站式”金融服务。截至2022年年底，线上平台入驻金融机构40家，实现注册用户8万个，授信142笔、金额196亿元；线下平台组织开展银企对接活动，如开展助力实体经济发展暨政银企签约活动、“惠农担”授信签约活动、干部联企业政金企专场等银企对接会78场，对接企业452家，初步授信意向411.02亿元。（胡亚婷）

【企业上市服务】 2022年，长沙县、长沙经开区设立县区推进企业上市工作领导小组；建立绿色通道和联席会议制度，交办解决9家企业17项需政府支持事项。出台《长沙县鼓励和扶持企业上市（挂牌）实施办法》，制定县区2022年度重点扶持企业白名单，印发《长沙县企业上市“金芙蓉”跃升行动方案（2022—2025年）》，拟定《长沙县长沙经开区重点上市后备企业领导联点帮扶工作方案（送审稿）》，为企业上市提供成体系全方位支持，通过“免申即享”为2家企业落实补助资金60万元。发挥长沙县企业上市服务工作站职能，为上市后备企业提供融资对接、业务和政策咨询等全链条服务，为10家企业建立“一企一策一档”，并在黄兴镇授牌全省第一家镇级上市服务点。制订2022年度企业上市业务知识专题培训计划，开展企业上市业务知识专题培训5场，提升企业对资本市场的认知水平和实操能力。（胡亚婷）

【产业发展基金设立】 2022年，长沙县金融事务中心推进长沙县产业发展基金入驻，组织召开基金设立专题会议3次，起草修订《长沙县产业发展基金管理办法》，对接湖南省股权投资协会及国内优质基金管理公司为县内两支政府产业基金设立出谋划策，加快设立进程。走访县内3家私募基金公司，排查风险隐患，督促规范运营。（胡亚婷）

银 行

【中国银行长沙市星沙支行】 2022年，中国银行长沙市星沙支行下辖营业网点（含支行营业部）8个，配备智能柜台柜机24台、ATM机49台、离行式自助银行10家。年末，本外币存款时点规模107.02亿元，本外币贷款时点规模140.76亿元。是年，该行从额度保障、信贷政策、信贷流程、融资利率、绿色通道5个方面实施差别化信贷支持，为县域内企业批复信用总量170亿余元。依托“县域、经开区、临空经济示范区”三大业务板块，围绕县域内三大政府平台给予授信支持，为长沙县域内3家平台公司核定信用总量40亿余元。发展普惠金融业务，银保监普惠“两增两控”贷款新增3.36亿元。发展房地产按揭贷款、车位分期贷款、汽车分期贷款、中银e贷、优客分期、个人投资经营贷款、出国留学贷款等信贷产品与10余家汽车经销商开展业务合作，汽车分期放款金额1.67亿元。为客户提供贸易融资、国际结算、外汇买卖、跨境现金管理、境内外汇款、本外币现金等金融产品和金融服务，业务币种涵盖美元、英镑、日元、加元、港币、欧元等。（姚尧平）

【中国工商银行股份有限公司长沙星沙支行】 2022年，中国工商银行股份有限公司长沙星沙支行下辖6个营业网点，分布在长沙市芙蓉区马坡岭街道以及长沙县星沙街道、泉塘街道、㮾梨街道等区域。年末，各项存款时点余额92.66亿元（含结构性存款），比年初增长17.21亿元；各项贷款余额203.3亿元（含票据融资），比年初增长32.97亿元；普惠银监口径贷款余额9.69亿元，比年初增长3.06亿元，贷款户数948户，比年初增加231户。推进金融服务乡村，开通“兴农通”金融服务点7个，服务面涉及江背镇、黄兴镇、黄花镇、春华镇。落实数字人民币业务推广，全年开立数字人民币4178户，交易额4.82亿元；落地长沙县财政局的首笔数字人民币代发工资业务。通过加大信贷投放力度，优惠贷款利率，对制造业、科创、基础设施等重点领域给予信贷支持。创新金融服务，推动普惠业务线上、线下“双轮驱动”，帮助企业汇率避险等措施，助力县域经济发展。对县区政府平台贷款累计发放40.92亿元，对长沙经开区PPP项目发放贷款12.2亿元。对三一集团上、下游全链条产品渗透，向三一集团发放流动资金贷款63亿元，为三一汽车开立银票1.44亿元，新增三一重能募集资金4亿元，三一集团娄底项目贷款3.5亿元落地；参与三一集团债务融资工具发行5期，承销金额31亿元；向三一重工上游供应商发放融资13.92亿元。为国科微电子股份有限公司提供流动资金贷款1亿元、电广传媒流动资金贷款2亿元、潇湘电影流动资金贷款0.33亿元、松雅新城科技创新示范项目（一期）项目贷款5亿元、经开控股自贸一期项目贷款9亿元。提高普惠贷款抗风险能力，对个人经营快贷白名单客户的电话营销全覆盖，园区推广科创e贷全覆盖，加强与专业担保公司的合作，全年新增e抵快贷客户41户，授信4905万元；累计新增法人经营快贷客户77户，新增授信1.38亿元。在供应链融资业务发展上，以“稳存量”+“找增量”为工作思路，优化供应链合作方案，新增准入21家核心企业子公司，全年发放供应链融资5179笔，发放贷款余额18.23亿元。

（张　毅）

【中国农业银行股份有限公司长沙县支行】 2022年，中国农业银行股份有限公司长沙县支行（以下简称“长沙县农行”）下辖14个营业网点，分布在县域城区11个、乡镇3个。年末，支行各项贷款总额243亿元，各项存款总额171亿元。为园区主要制造企业授信200亿余元，用信100亿余元，其中，为三一集团授信164亿元，用信75亿元；准入三一设备按揭额度40亿元；为山河智能授信6亿元；为广汽三菱授信6.8亿元；为湖南国科微电子授信4.2亿元；为蓝思科技授信60亿元；为航天凯天环保授信3亿元。为3家平台公司（经济技术开发集团、星城发展集团、临空产业投资集团）授信32亿元。对接湖南农行出台的科技创新企业、专精特新“小巨人”及制造业重点支持名单、降低准入门槛、提高用信额度、扩大信用贷款范围、推广产权质押等20条举措支持科创企业发展。将科技创新企业金融服务作为战略性业务，创新推出科创贷、惠园贷、链捷贷、新才e贷等系列服务抗美援朝创新企业信贷产品，帮助科技创新企业解决融资难题。创新“三农”服务模式，完成黄花镇、路口镇、高桥镇、金井镇、开慧镇、果园镇、福临镇、安沙镇8个乡镇“乡村振兴带头人”贷款的整村推进，向村支“两委”、家庭农场主、专业大户等“带头人”发放信用贷款3亿元。利用惠农通机具和“农行湖南分行微银行”公众号，实现社保、医保代缴辖内行政村全覆盖，缴费27万余笔。推出农户信息建档项目贷款，以村为单位、以户为主体，建立“一村一表”“一户一档”的电子信息档案，把个性化农户数据转化为标准化的授信信息，实现农户信息批量建档、入库、贷款申请自动授信、自动审批、线上放款。全年新增移动端农户信息建档1503户，新增发放免抵押、免担保、利率低的农户建档贷款1.9亿元。长沙县农行营业部打造全省金融教育示范基地，被评为湖南省金融消费者权益保护标准化网点；作为主办银行，与县政府共同打造全县首个数字人民币特色园区、全县首家烟草636商户数字人民币旗舰店；联合长沙县卫健局对长沙县第一人民医院、长沙县第二人民医院、长沙县中医院的就医环境、银医、医卫互联等自助系统、设备进行全面电子化改造，更便捷地服务30万余老百姓的就医需求。是年，长沙县农行营业部通过“百佳”网点复评自检。

（贺灿东）

【中国建设银行星沙支行】 2022年，中国建设银行星沙支行一般性存款时点余额131亿元，比年初新增16.7亿元。一般性存款日均余额128.46亿元，比年初新增15.4亿元。各项贷款余额137.39亿元，比年初新增15.98亿元。实现账面利润3.8亿元，比2021年增长0.24亿元。中间业务净收入1.09亿元。资产质量持续优良，不良率1.47%。对接重点项目、产业和企业。重点项目对接率100%，审批通过45个，累计授信77.16亿元；走访企业360余家，对接融资需求65亿元。全年累计投放贷款28.34亿元，比2021年增长8.82亿元，各项贷款新增16.5亿元。累计向30个省、市级重点建设项目投放贷款25.87亿元，在新型基础设施建设、新型城镇化建设和交通、水利等重大工程建设领域投放9.21亿元。为小微企业纾困解难，依托“建行惠懂你”App为944户普惠客户提供秒申秒贷和“一站式”融资服务，普惠贷款余额19.14亿元。全年为企业减费让利40.2万元。在长沙县开设“裕农通”服务点1266个，实现203个行政社区（村）全覆盖，为村民提供便利服务，足不出村就可享受95%以上的银行柜面服务，全年服务乡村客户30.8万人次。协助县农业农村局承办全省村社分账启动会，率先实现村集体经济组织共享贷授信全覆盖、合同面签全覆盖，累计授信35.6亿元。支持乡镇产业发展，全年对接乡镇商会32次，为乡镇产业提供信贷支持14.4亿元。承办长沙县数字人民币消费节活动，投入资金400万元，拉动消费1000万余元，促进数字人民币推广和消费增长。

（张校银）

【长沙银行股份有限公司星城支行】 2022年，长沙银行股份有限公司星城支行辖9家一级支行，3家二级支行，3家社区支行、75家农村金融标准化服务站，内设8个部门，有员工272人（其中，中共党员91人）。年末，该行整体存贷规模470亿元，其中，对公存款规模150亿元，表内外贷款127亿元，零售存款规模148亿元，零售贷款47亿元。全年纳税金额7834.27万元，纳税信用等级A级。为辖内6000余家中小企业和私营业主、90万余居民提供服务，涉及社保、财政、房产、国土、税务、教育、卫生、公共资源交易中心等领域，实现政务业务主要行业全覆盖。

（王一斌）

【中国邮政储蓄银行股份有限公司长沙县支行】 2022年，中国邮政储蓄银行股份有限公司长沙县支行下辖自营网点3个，代理网点39个。年末，支行各项存款总额121.2亿元，各项贷款总额224.8亿元。全年代发各类资金7.1亿元，投放个人消费贷款8.05亿元；推动金融支持乡村振兴，投放“三农”贷款10.8亿元；加大中小微企业融资支持力度，投放小企业贷款7亿元；向三一重工、山河智能、临空集团等重点企业授信248亿元（12月16日为空港城建设及综合开发PPP项目投放项目贷款19亿元）；落实“双碳”战略，助力绿色金融发展，向华能湖南清洁能源分公司投放绿色信贷2.5亿元。助力乡村振兴，客户经理下乡走访收集村办经济体、种养殖大户等资金需求。建设农村信用村 129个，录入信用户6438户，打造“省级党建共建示范信用村”春华镇金鼎山社区。

（唐　姣）

保　险

【中国人寿保险股份有限公司长沙支公司】 2022年，中国人寿保险股份有限公司长沙支公司保费收入6亿元，新单保费15400.5万元，寿险新单保费11311万元，其中，10年期交保费3329万元；团险渠道短期险保费4089.05万元，银保渠道新单期交业务保费5991.2万元。推进柜面、综合服务创新，全年柜面接待服务11996人次，处理追踪新单9606件；保全业务59745件；理赔11353件，理赔金额3929万元。为全县提供就业岗位1000余个。融合乡村振兴政策，招募两乡保险服务专员，助推大众创业，为有就业、创业意愿的农村劳动者推出就业岗位220余个。推进保险帮扶，为妇女、老年人、留守儿童保驾护航。为全县5万余名高龄老人提供各类保障，在政府组织的各类敬老和智慧养老活动中捐赠额外保障；为全县3000余名特困、残疾、失能和留守儿童提供涵盖医疗、重大疾病和身故保障；为全县1700余名失独家庭人员送上政府关怀；为全县16万余名托幼机构幼儿、中小学学生提供从1～18岁的系列保险保障产品。融入公益服务，为长沙县脑瘫儿童捐款捐物；为星沙街道环卫工人免费提供各类紧急治疗药物和中午休息场所；关心贫困妇女，为县域2358人次的适龄女性建档立卡免费提供保险保障，在长沙县13个网点分支机构设置户外者劳动者驿站送爱心、为户外工作者提供免费的休息区。

（杨　扬）

【中国人民财产保险股份有限公司长沙县支公司】 2022年，中国人民财产保险股份有限公司长沙县支公司保费收入10.11亿元，缴纳税款1.51亿元。是年，继续保持“湖南省文明单位”称号。服务实体经济发展，开办新材料、企财险、工程险、产品质量责任险、雇主责任险等险种，为实体经济支柱企业和园区企业提供风险保障4.5亿余元。落实支农惠农政策，全年为3.3万农户提供6亿元的政策性农业保险风险保障。创新试点开办生猪养殖综合收入、水稻气象指数等特色农业保险，开办扶贫特惠保、防返贫综合保险等20余个扶贫险种，精准帮扶长沙县贫困农户农业生产和生活。织密民生保障网络，为全县5个街道13个乡镇居民提供治安保险风险保障；为全县提供精神病人监护人责任险风险保障；为县内5所乡镇联校、9所公办学校3.6万余名学生提供意外风险保障；承办长沙县补充工伤保险、城镇职工、城乡居民基本医疗非联网非即时结算项目；承保长沙县民生保险，承担全县户籍居民区域内公众火灾、见义勇为、无责溺亡等5项保险责任；开办突发公共卫生事件应急救助保险及疫苗异常反应补偿保险，提供居民感染甲类、乙类传染病救助保险责任和突发公共卫生事件应急费用补偿保险责任、居民接种新冠疫苗及免疫规划疫苗异常反应保险责任；落实银保监会实施车险综合改革指导意见，全年赔付6.34亿元。落实风险减量管理，强化对长沙县重点企业、区域内风险监测，做好汛期、低温冰冻等恶劣天气防灾防损检查，绘制长沙县重点区域风控地图，通过水浸润设备加强内涝实时监控，应对长沙县局部发生的多起自然和意外灾害。践行企业社会责任，公司党员同志带头，对长沙市困难教师组织开展专项捐款，在对点扶贫区域“以购代捐”购买帮扶产品，对长沙县部分乡镇困难群众进行走访慰问。

（易李卓玛）

旅　游

编辑　李珊珊

综述

【概况】 2022年，长沙县接待游客1904万人次，比2021年增长5.48%；旅游综合收入200.5亿元，比2021年增长4.68%。6月，长沙县入选“2022年全国县域旅游综合实力百强县”；7月，长沙县入选“中国最具文旅投资价值县”；11月，长沙县入选“中国县域旅游综合竞争力百强县(市)”。（袁吟文婷）

【长沙县入选“中国县域旅游综合竞争力百强县（市）”】 2022年11月24日，竞争力智库、北京中新城市规划设计研究院等机构在北京联合发布《中国县域旅游竞争力报告2022》，长沙县入选“2022（第五届）中国县域旅游综合竞争力百强县市”（排名第73位）。自2019年以来，长沙县以打造文旅融合样板区为目标，盘活红色旅游资源、工业旅游资源，依托绿水青山，建成国家湿地公园1个，国家AAAA级旅游景区4个，国家AAA级旅游景区9个，全国乡村旅游重点镇（村）3个，省文旅特色小镇2个，省级乡村旅游重点镇（村）11个。（周进银）

【杨开慧纪念馆、缪伯英故居入选全国妇女爱国主义教育基地】 2022年5月，全国妇联发布新增10所全国妇女爱国主义教育基地名单，杨开慧纪念馆、缪伯英故居入选。杨开慧纪念馆位于开慧镇飘峰山村，于1966年成立，占地面积8.4公顷，建筑面积9600平方米，由杨开慧烈士生平业绩陈列馆、杨开慧烈士陵园、杨开慧故居、杨公庙4个部分组成，是国家AAAA级旅游景区。从2009年起对外免费开放，年均接待海内外游客150万余人次。缪伯英故居位于开慧镇飘峰山村，是中国共产党第一位女党员缪伯英出生和成长之地，始建于清道光十年（1830），建筑面积740平方米。2005年7月14日，缪伯英故居被公布为长沙市文物保护单位；2011年1月，被公布为湖南省级文物保护单位；2021年，被公布为长沙市爱国主义教育基地。（周进银）

【三一智联重卡产业园被评为“国家级工业旅游示范基地”】 2022年11月14日，文化和旅游部发布《文化和旅游部关于确定北京市751园区等53家单位为国家工业旅游示范基地的公告》，三一智联重卡产业园“国家工业旅游示范基地”。三一智联重卡产业园于2021年年底投入使用，总投资220亿元。园区主要分为展厅和工厂2个模块。展厅占地面积8000平方米，有45米企业文化长廊画幅，展出价值600万余元重卡展车。工厂总占地面积20万平方米，其中，重卡联合厂房占地面积17万平方米。涵盖冲压、焊装、涂装、总装四大生产工艺，拥有3个超级立体库、463台无人搬运车、222个机器人，是基于数字化、智能化技术的园区。园区年接待能力2万人次，单次/瞬时游客接待能力100人次，并为游客提供体验感、参与感、学习性和趣味性强的场景以及技能道场等实操培训基地参观。参观者通过园区AGV无人搬运车行动轨迹，体验“钢板进、整车出”“一辆卡车的诞生”全过程；园区内配备专业技术讲师团队，为参观者讲解燃油重卡、电动重卡、氢燃料重卡等自主研发商用车型的技术亮点以及园区自研5G无人驾驶电动重卡技术原理，并在安全条件下乘坐5G智能重卡环厂区一周，体验无人驾驶的乐趣；参观者可在技能道场进行重卡相关零部件识别、关键技术要求、关键作业工具、关键作业动作等基础和强化训练。以“数字化制造+工业4.0”为主题，结合重卡工业主题和湖湘文化特色，建成220平方米巡湘记·湖湘文化馆，设有湖南伟人、名人故事到张家界等湖湘景点迷你展区，展示三一重卡虚拟IP“卡圣”诞生记。全年园区接待研学活动及社会各界参观团体1000余人次。（袁吟文婷）

【金井镇、果园镇入选“湖南省乡村旅游重点镇（村）”】 2022年11月30日，湖南省文化和旅游厅、省发展和改革委员会公布第四批湖南省乡村旅游重点村和第二批湖南省乡村旅游重点镇（乡）名单，金井镇、果园镇被评为第二批湖南省乡村旅游重点镇（乡），金井镇金龙村、果园镇花果村被评为第四批湖南省乡村旅游重点村。（袁吟文婷）

【天华山旅游景区入选国家AAAA级旅游景区】 2022年12月26日，湖南省旅游景区质量等级评定委员会发布《关于确定10家旅游景区为国家AAAA级旅游景区的公告》，天华山旅游景区入选国家AAAA级旅游景区。景区坐落于青山铺镇天华村境内，总面积80公顷，山脉呈南北走向，周长12千米，主峰海拔274.1米。景区以花岗岩、板页岩、岩紫色砂页等为主。景区属亚热带常绿阔叶林区，森林覆盖率92%。初步调查结果显示，景区范围内有维管植物（包括蕨类植物和种子植物）121科、345属、507种；有野猪、混毛猪、野兔、野猫等野生动物。（袁吟文婷）

旅游资源

【概况】 2022年，长沙县有国家AAAA级旅游景区4个：杨开慧纪念馆、田汉文化园、影珠山景区、天华山旅游景区；国家AAA级旅游景区9个：黄兴故居纪念馆、锦绣江南生态农庄、湘丰茶博园、浔龙河生态艺术小镇、长沙紫竹山旅游区、花田厝鲜花艺术小镇、长沙三珍虎园、金井绿茶非遗文化旅游景区、珠塘湖旅游景区。有省级森林公园3个：北山森林公园、影珠山森林公园、大山冲森林公园。12月27日，柳吉观赏鱼产业园、大鲸农庄被评为湖南省四星级乡村旅游区（点），全年有星级乡村旅游区（点）37家，其中，五星级乡村旅游区（点）19家。（袁吟文婷）

【北山森林公园】 2022年，北山森林公园接待游客10万余人次。北山森林公园坐落于北山镇。2013年通过湖南省人民政府批准建立，2017年11月3日开园，年均接待游客10万余人次。景区总面积3374.5公顷，其中，林地面积2737.61公顷。景区以花岗岩为主，土壤主要为红壤和黄壤。全景区范围属亚热带常绿阔叶林区，森林覆盖率90%。初步调查结果显示，景区内有种子植物118科、387属、657种；动物种类较多，有记录的野生动物170种，隶属5纲、26目、63科。（骆银辉）

【影珠山森林公园】 2022年，影珠山森林公园接待游客53万余人次。森林公园位于福临镇，2010年通过湖南省人民政府批准建立，2020年以来年均接待游客50万余人次。森林公园总面积1023.36公顷，森林面积753.01公顷，森林覆盖率73.6%，主要为常绿落叶阔叶混交林、常绿阔叶林、落叶阔叶林、针叶林、毛竹林等；脊椎动物、两栖动物、鸟类呈一定垂直分布，有脊椎动物5纲、24目、50科、88属、112种，维管束植物155科、614属、1153种。负离子含量在2000个/立方厘米以上，其中，源冲水库周边1万个/立方厘米，空气中细菌含量197～296个/立方米。（王筑波）

【大山冲森林公园】 2022年，大山冲森林公园接待游客10万人次。森林公园位于路口镇，距长沙45千米。2006年经湖南省人民政府批准成立，总土地面积419.4公顷，南北长3.5千米，东西宽2.8千米。公园内有原始次生林120余公顷，有分属120余科、430余个树种，森林覆盖率80%，绿化覆盖率98%。公园内有池杉情怀、茶园春波、金色大道、枫林秋色、活化石林、石壁天书、鸳鸯湖等景观，有国家一级保护植物水杉、红豆杉、珙桐等，有野猪、麂子、野兔、野鸡、野鸭、白鹭、斑鸠、喜鹊、穿山甲、蛇、螃蟹等野生动物50余种。负氧离子浓度在2800个/立方厘米以上。（丁金虎）

【徐特立故居】 2022年，徐特立故居纪念馆接待游客9万余人次，开展主题教育宣讲活动15场次，听众4000余人次。到长沙县委组织部、五美中学、江背中学、长沙县中南第二小学等宣讲5场次，主要学习《徐特立的“三个”第一》《两袖清风作赤子 勤俭廉洁显忠魂》等故事。传承、发扬徐特立的革命精神，发挥中小学生研学教育基地作用及社会教育职能，开展“小小志愿讲解员培训”暑假实践活动，招募培养一批小小志愿讲解员。11月，徐特立故居被评为“湖南省党史教育基地”“长沙市党史教育示范基地”。（杨莹）

【黄兴故居纪念馆】 2022年，黄兴故居接待游客20万人次。开展“勤勉坚忍 无我笃实——黄兴先生珍贵文献史实展”“黄兴故居涉台教育宣传”主题展12场次，受众3.5万人。10月8日，黄兴故居纪念馆（湖南辛亥革命人物纪念馆）与湖南省当代油画院联合举办“先驱之光——辛亥革命杰出历史人物油画肖像展”。11月13日，“海峡两岸纪念辛亥革命线上、线下交流活动”在湖南长沙县黄兴海峡两岸青年农创基地举办，台湾设分会场。（彭烨）

【李维汉故居】 2022年，李维汉故居接待游客11.4万余人次，接待机关团体开展党史学习教育活动640余批次。开展清明、诞辰日、纪念日缅怀活动等。到维汉小学、直苟学校、范林小学、中南二小开展“红心向党·悦耀星沙”红色故事进校园暨“百年梦想，筑梦儿童”图书捐赠活动；与维汉小学联合开展小小讲解员培训，培养小小讲解员8名。制作李维汉宣传扇子与布袋，免费发放给游客。是年，李维汉故居被评为“湖南省党史教育基地”“长沙市党史教育示范基地”。（简鑫斯）

【杨开慧纪念馆】 2022年，杨开慧纪念馆接待游客100万余人次，提供免费讲解1760批次。开发党性教育课程，开展党课教学50余场次，现场教学12场次。《小木箱的故事》《一封托孤信》在全国党史优秀期刊《湘潮》上刊发；优化原有“魅力骄杨系列”3篇微党课，开发新主题党课“杨开慧革命信仰研究”。参加2022年全国博物馆讲解员线上培训，讲解员郑天晓被中共中央宣传部评为“优秀讲解员”。是年，杨开慧纪念馆入选“全国妇女爱国主义教育基地”“湖南省

2022年6—7月，徐特立故居纪念馆到江背镇五美中学、江背中学开展“特立精神永传承——红色故事进校园”宣讲活动（徐特立故居 供图）

社科普及单位”“省直机关党员干部党性教育现场教学点”等，申报创建湖南省文明单位、长沙县文明示范景区、长沙县文明示范爱国教育基地等。全年争取各级专项资金1600万余元，提质改造杨开慧烈士生平业绩陈列，新增面积1600平方米。（陈卫星）

【田汉文化园入选“2021年湖南省文明风景旅游区”】 2022年3月，田汉文化园入选2021年湖南省文明风景旅游区。推出户外主题露营、沉浸式体验秀、皮影戏体验、儿童剧本游等，全年接待游客60万人次，运营公司直接旅游收入550万元，带动周边居民增收100万余元。5月26日，“博物馆的力量助力乡村振兴”主题学术论坛在田汉文化园举行。该论坛作为2022年“5·18”国际博物馆日湖南省主会场活动之一，有40余家文博机构、文博企业代表参加线下论坛。是年，2022全国青少儿语言艺术盛典湖南省级展演（7月23日）、“田汉文化园·周末剧场”启动仪式（9月21日）、连线上海国歌展示馆红色研学云课程第二期“田汉与国歌”（11月25日）等活动在此举行。（金 欢）

【柳直荀故居】 2022年，柳直荀故居接待游客1.4万余人次，接待机关团体开展主题教育活动70余批次。开展清明、诞辰日、纪念日缅怀活动等。制作柳直荀故居宣传扇子，免费发放给游客。走进维汉小学、直荀学校、范林小学、中南二小开展“红心向党·悦耀星沙”红色故事进校园活动。柳直荀故居位于高桥镇高桥锦绣社区花园坡组，故居始建于清光绪年间（1875—1908），砖木结构，房间20余间。2006年，柳直荀故居被评为湖南省省级文物保护单位。2021年，柳直荀故居被评为“长沙市爱国主义教育基地”“长沙县党员教育现场教学点”。（简鑫斯）

【杨立三故居】 2022年，杨立三故居接待游客10万余人次，接待机关团体开展党史学习教育活动550余批次。开展清明缅怀活动、诞辰日、纪念日缅怀活动等，自主研发杨立三微党课《人民军队后勤奠基人杨立三》等。到维汉小学、直荀学校、范林小学、中南二小开展“红心向党·悦耀星沙”红色故事进校园活动。制作杨立三宣传扇子与布袋，免费发放给游客。邀请专业公司拍摄杨立三宣传视频，发挥宣传教育阵地作用。是年，杨立三故居被评为“长沙市党史教育基地”。（简鑫斯）

【陈树湘故居】 2022年，陈树湘故居接待参观游客20.8万余人次，接待团体1920余批次，开展现场教学、微党课262场次。7月1日，被国防科技大学授予“双拥共建单位”。7月6日，被长沙市关心下一代工作委员会评为“长沙市关心下一代教育基地”。7月15日，陈树湘故居作为湖南省全民国防教育基地受邀参加“红色长沙群星号”地铁专列启动仪式。11月14日，陈树湘故居被评为“长沙市党史教育基地”。是年，以树湘文化广场为起点、以陈树湘故居为终点的忠诚之路启动修建。（杨 娜）

【许光达故居】 2022年，许光达故居接待游客10万人次，征集退役59式坦克1台。作为湖南省爱国主义教育基地，许光达故居按照省级以上爱国主义教育基地标准提质建设，打造光达课堂。11月，许光达故居被评为“长沙市党史教育基地”。年内，湖南开放大学开放教育实验学院、湖南省艺术职业学院、湖南三一工业职业技术学院在许光达故居挂牌“德育教育基地”。（彭 烨）

【刘少奇天华调查旧址】 2022年，刘少奇天华调查旧址接待游客12万人次，党史专题教育1007批次，接待省、市级以上部门党史教育213批次，各级、各地区党校专题现场教学38场次。年内，新增7堂系列党课，编排花鼓戏《少奇主席到我家》，参与创作情景音诗画节目《人生处处是青山》，提质《天华我回来了》《刘少奇在天华》等文创产品；刘少奇天华调查旧址被评为“湖南省青少年教育基地”“长沙市党史教育基地”，加入“全国刘少奇纪念地联盟”。（罗 萍）

【缪伯英故居】 2022年，缪伯英故居接待游客12万人次，提供免费讲解800余场。发挥爱国主义教育基地功能，开设《以身许党敢为人先之——缪伯英红色故事会》微宣讲课堂、《三粒纽扣》现场教学，宣传缪伯英的革

2022年7月23日，2022全国青少儿语言艺术盛典湖南省级展演在田汉文化园举行（田汉文化园 供图）

命精神。开展“缪伯英的精神进校园”活动，发展和培养小小讲解志愿者。5月，缪伯英故居被全国妇联授予“全国妇女爱国主义教育基地”称号。7月，与长沙市人民警察学校共建“思想政治教育教学实践基地”。11月，缪伯英故居评为“长沙市党史教育基地”。（刘 佳）

旅游推介

【2022年长沙市春夏文旅产品发布启动式】 2022年4月27日，“春暖花开·微游长沙”2022长沙市春夏文旅产品发布暨长沙县乡村旅游节启动式在长沙县果园镇浔龙河樱花谷开幕，湖南省文旅厅二级巡视员黄国斌，长沙市副市长肖正波，长沙市委宣传部副部长、长沙市文旅广电局党组书记、局长郭润葵，长沙县副县长邱友梅出席活动。启动式上，长沙县推介“遇见花样星沙”春夏主题嗨玩产品。（袁 吟 文 婷）

【第八届长沙（国际）茶文化旅游节】 2022年5月19日，2022年“中国旅游日”长沙县分会场暨第八届长沙(国际）茶文化旅游节在金井镇湘丰茶业庄园开幕。该旅游节以“感悟中华文化，享受美好旅程”为主题，现场表演鼓舞《和鼓万兴·共襄盛世》、歌伴舞《你来了》、情景剧《智慧未来》、茶艺舞蹈秀《春意茶暖》、华裳走秀《唐韵茗风》等节目。举行“唐宋茗家游园会”，汇集茶文化、当地特色美食、特色文创产品、农副产品等特色元素。湘丰茶业庄园现场推出茶艺

2022年4月27日，“春暖花开·微游长沙”2022长沙市春夏文旅产品发布暨长沙县乡村旅游节启动式在长沙县果园镇浔龙河樱花谷开幕

（长沙县文化旅游广电体育局 供图）

表演、采茶制茶、国学课堂、星空露营等活动。（易爱玲）

【2022长沙文化旅游推介发布会】 2022年11月22日，“湘赣情深‘长’来‘昌’往”2022长沙文化旅游推介暨长沙县特色文旅产品（南昌）发布会在南昌市举行，长沙县相关镇（街道）、企业代表，南昌市旅行社代表100余人参会，现场推介工业蓝、生态绿、文化红和亲子橙4条特色旅游线路，长沙县镇（街道）、企业代表就工业游、镇（街道）游、星沙特产进行重点推介展示。

（袁 吟 文 婷）

▲链接 长沙县旅游线路

线路一：杨开慧纪念馆—汉硕野枫谷—缪伯英故居—陈树湘故居—影珠山景区—天华山景区

线路二：徐特立故居—浏阳河金洲景区—锦绣江南—五福金银坝核心景区

线路三：新江生态园—拾上马术学院—朴愿有机农耕科普园—小顽国亲子乐园—杨裥盈商小镇

线路四：田汉文化园—花果虾接待中心—浔龙河樱花谷—长沙有机谷

线路五：三珍虎园—湘丰茶博园—金井茶业—紫竹山风景区—大山冲森林公园—花田厝鲜花艺术小镇

线路六：龙喜水乡—绿世界—黄兴故居纪念馆—许光达故居—长沙国际会展中心

线路七：源品生物—远大城—三一重卡—航空科技体验中心

（资料来源：长沙县文化旅游广电体育局）

交 通

编辑　李珊珊

综　述

【概况】 2022年，长沙县开展领导带队检查50余次，整改隐患80余处。开展行业检查392次，出动检查人员1125人次，检查企业543家次，整改隐患1280条。对交通运输行业“两客一危”（指从事旅游的包车、三类以上班线客车和运输危险化学品、烟花爆竹、民用爆炸物品的道路专用车辆）、公交、物流园区、重点货运、在建交通工程项目及公路桥梁等领域，开展“四进四查五到位强基保安行动”（“四进”指进农村、进社区、进企业、进单位，“四查”指查责任落实、查重点时段、查重点领域、查重点工作，“五到位”指政策宣贯到位、隐患排查到位、风险管控到位、责任压实到位、依法治安到位）。全年检查企业（项目）4829家次，出动检查人员6295人次，巡查公路82028千米，整改风险隐患3824条。

（刘丽娜）

【安全监管】 2022年，长沙县交通运输局召开安全生产专题会、调度会等各类会议20余次，下发有关安全生产责任体系、制度要求的通知、方案等文件10余个。全年治理一般安全隐患1350处，整改销号重大隐患5处，约谈警示企业254家。整治国道、省道与农村公路平交路口“五小工程”（警示桩、标志牌、减速带、凸面镜、爆闪灯）隐患291处、事故多发点段交通安全隐患11处、道路交通重大隐患5处，整改农村公路标志标牌被遮挡、倾斜、脱落等隐患36处。督促各镇（街道）整改临水、临涯等路段无护栏隐患20处。申报安保项目471个，处理里程126.31千米。开展仓储物流安全专项整治，召开工作部署调度会议10余次。开展物流园区企业消防安全培训1次，下发交办函件13份、各类通知文件6份。开展全县仓储物流安全督导，对黄兴镇、㮾梨街道、黄兴会展经济区、黄花镇、湘龙街道等10个镇（街道）开展督导。全年查处违章建筑194处，关停经营103处，关停面积15万平方米，拆除违章建筑27处，拆除面积4.28万平方米。对营运车辆涉及超限超载、疲劳驾驶、超速等违法行为的道路运输企业及个体经营户，开展警示约谈教育会议45次，约谈经营户500余家次。对1年内违法超限3次以上的1台货运车辆实施注销《道路运输证》，向长沙县行政执法局移送19条涉嫌1年内违法超限3次以上车辆违法线索。在网站、报纸、微信公众号等媒体平台发布安全生产宣传报道200余篇，开展“安全生产月”专题教育培训1次，参训人员800余人次，发放安全生产宣传册、宣传海报等3000余份。

（刘丽娜）

交通建设

【概况】 2022年，长沙县农村公路桥梁新改建、维修加固项目26座，干线公路优良率98.55%，农村公路中等路率97%。开展国道、省道清灌缝181.7千米，铣刨摊铺沥青60972平方米，标线补划26022平方米，更换钢护栏192米，钢护栏刷漆16918.24平方米等。编制发布《长沙县道路货运物流监管服务平台运行管理办法》，推进长沙县道路货运物流监管服务平台建设，对接等级保护测评单位湖南浩基信息技术有限公司，通过货运平台等级保护二级测评。

（谭　迎）

【“四好农村公路”创建示范县】 2022年，长沙县交通运输局申请市一批、市二批乡村振兴农村公路提质改造项目392个，涉及全县16个镇（街道），公路总里程234.573千米，总投资9765.415万元。长沙市农村公路安保工程项目总里程132.657千米，总投资1668.51万元，长沙县开展农村公路安保工程项目里程5千米。湖南省农村公路（乡镇通三级公路、旅游路、资源产业路）建设项目总里程54.568千米，涉及长沙县8个乡镇，总投资7201万元，长沙县开展建设农村公路（旅游路、资源产业路）项目里程40千米。是年，长沙县被评为“四好农村路”省级示范县、“四好农村路”全国示范县。

（宋拾平）

【干线公路建设】 2022年，长沙县人民政府投资项目37个，投资3.5亿元。将省道206线—国道319线—县道011线安全文明示范路工程前期准备从10个月压缩至5个月，国道319线长沙县牛角冲（浏阳界）至享堂（长沙县界）公路，其中，安沙大道—黄兴大道北延线段，长3.249千米，为机场大道PPP包子项目。开展捞刀河大桥施工，万家丽路至安沙大道段2.9千米建成通车，建设国道107线长沙县黄花镇至干杉公路滨湖路至机场高速公路9千米。

（李　鑫）

【干线公路养护】 2022年，长沙县开展路面大修、道路中修换板、预防性养护等项目，排查2018年以来发生翻坠事故的急弯陡坡、临水临崖等路侧险要路段及事故多发的平交路口（县道）11处，均整改到位。对国道、省道干线106千米的平交路口安装标志牌425块、爆闪灯204个、广角镜125个、道口桩100个、标线11906.738平方米，清理路口视距20831.8平方米。整改县道临水临崖路段8处，消除一般安全隐患223余处、重大安全隐患3处［福临联络线与省道209线平交路口、省道206线（251.851～252.251）段和新国道107线与黄兴大道路口］、安全隐患1处（水渡河桥南平交口隐患）。制定中心防汛、抗冰预案，组建抗冰和防汛应急队伍、机械，及时储备物资，保障公路畅通。应对雨雪冰冻灾害天气，采购融雪剂、标志牌、安全锥、抗冰物资23万余元，成立应急队伍4支，队员60人，运输车辆4台，平地机4台。投入抗冰保畅队伍人员1616人次、车辆和设备618台次，抗冰保畅费用125.5万元。成立应急防汛队伍2家，出动260人次，运输车30台次，挖机6台次，清理塌方1600余立方米，投入20万元。开展政府投资有续建项目2个、新建项目1个、子项目3个（长沙县2022年度县管道路中修换板、市管县道中修、县道预防性养护工程）。开展国道、省道养护工程，国道319线（1338.486～1339）、（1341～1342）段预防性工程以及（1339～1340）、（1342～1343）段中修工程。

（欧阳凌斌）

【农村公路养护】 2022年，长沙县交通运输局开展省级农村公路养护工程，投入资金1018万元，实施中修清灌缝处理30万米、大修换板345052平方米。依托路长制信息化综合管理平台和长沙县农村公路信息化管理系统，加强农村公路建设、养护，实现申报项目库的数据采集、编制、下达、过程管理、验收管理、考核等线上管理。开展2366千米线路路况评定，被评为全省第一名。

（宋拾平）

【交通建设质量监督检测】 2022年，长沙县交通运输局对农村公路补助和重点建设项目进行质量安全监督，路基检测率92%，路面检测率89%（路基检测199个、路面检测191个）；市、县农村公路建设补助项目路基检测率41%、路面检测率25%（路基检测141个、路面检测85个）；监督重点农村公路项目17个，总投资1.3亿元。对项目建设原材料、实体工程质量开展跟踪检查，抽检项目222个次，检测指标1579个。开展日常监督检查117次、安全生产专项检查5次，发现安全隐患180个，均整改到位，下发限时整改通知书40份，均整改闭合。

（缪建明）

【交通信息化建设】 2022年，长沙县交通运输局组织调研、座谈10余场次，投入使用长沙县公交监管服务平台。平台有正常运营公交车辆1648辆、公交线路80条、公交线路站点2695个、公交驾驶员855人、公交定位设备信息1720台、POS机设备1673台。配备充电桩站场22个、充电终端642个。是年，长沙县公交车辆充电总数2242万度。（吴再翼）

交通运输

【概况】 2022年，长沙县有公交企业4家、公交线路82条、营运公交车辆1544台，其中，纯电动公交车1516台，纯电动公交车占比98%。全县公交专用道总里程23.9千米，公交首末站22个，公交车充电桩370根。县内公交实行2元1票制，与市、区同步公交IC卡优惠政策，支持全国交通一卡通和移动支付功能。全年新开通公交线路4条，优化调整7条。县内主干道和所有镇村公交通村率100%，基本形成城乡一体、适度换乘的公交运行机制。对辖区内12家货运站（场）源头企业进行每月不少于3次巡查，巡查企业58家。全年有8家货运站场安装超限超载监控设备，3家站场安装地磅计量设备，约谈道路运输企业和个人26家次，处理违法超限超载车辆57台次。（谭　迎）

【公交线路优化】 2022年，长沙县交通运输局针对公共交通环境及公交、地铁接驳等问题，进一步优化公交客运线路，提档公交站台，新增环松雅湖湿地公园环线、X207路、隆平专线等5条公交线路；调整X202路、X205路、X210路、园区C线等23条公交线路。

（郑　梁）

【公交站场建设】 2022年，长沙县完成4家公交公司公交车身广告整改，均张贴文明出行公益广告。漓湘东路、东十路、盼盼路、黄兴大道提质改造公交车站89座，新增设城乡公交站96处，分两批次对全县700余座公交候车亭进行提质改造。县域城区内投入使用公交首末站22个，东升路公交首末站、黄兴大道公交首末站、安沙国际建材城公交首末站、北山镇公交首末站、临空公交首末站、特立路公交首末站（雷公岭）、长桥北路公交充电站、丁家岭公交充电站、蓝思科技公交充电站、华湘安置区公交充电站、映霞路公交充电站、上海大众公交充电站、湖南交通职院技术学院公交充电站、松雅湖公交充电站、明达中学公交充电站、联络线公交首末站、星沙汽车站、浔龙河公交站、白沙公交站占地146522.1平方米，有充电位370个。（郑　梁）

【货运物流】 2022年，长沙县有普通货物道路运输经营业户4859家，其中，普通货运输企业900家，个体经营户3955家，网络货运企业4家；有物流园区33家，占地238万平方米；有各类物流档口、门店1400处，主要货物类型包括汽车零部件、散货、农副产品、食品、轻工业品等。全县有寄递品牌12个、寄递公司8家，网点覆盖所有乡镇。开展物流园整治、仓储物流安全生产督导检查行动，对黄兴镇、黄花镇等10个镇（街道）开展检查督导，发现隐患、问题449条，整改374条；发现违法物流建筑194处、面积280301平方米，关停经营103处、面积15万平方米，拆除27处、面积4.28万平方米，整改率83%。（郑　梁）

交通管理

【概况】 2022年，长沙县有新建停车场38座、新改建停车泊位20859个。全县192个停车场接入市级停车管理平台。长沙县有2653.271千米道路纳入“路长制”实施范围，国道、省道、县道、乡道纳入“路长制”比例均为100%，列养村道纳入比例100%。规范设置“路长”公示牌905块。编制《长沙县公路路长手册》，调整“路长”信息。（谭　迎）

【交通运输行业行政审批】 2022年，长沙县交通运输局受理办结各类行政许可案件1546件；办理道路货物运输证3028本、货运车辆年审12800台，依法注销货运经营许可425件、道路运输证798本，机动车维修经营备案125件，货运驾驶员从业资格证诚信考核677人。全年全县道路运输高频服务事项“跨省通办”办结率100%，电子证照激活率59%。（杨利龙）

【驾培市场管理】 2022年，长沙县交通运输局办理监督卡1120张。对26所驾校主要负责人及安全生产员开展安全考核。全县开展道路货物运输从业资格证培训及考试监督，全年举行考试9期，参考268人，考试合格246人。（陆　岸）

【维修市场服务】 2022年，长沙县交通运输局开展湖南省汽车维修电子健康档案对接，有104家一、二类企业注册，数据对接93家。开展非法拼改装专项行动。全年出动检查407人次，对182家一、二类机动车维修企业进行非法拼改装检查，对大货车维修企业进行专项整治检查。（陆　岸）

【物流园区整治】 2022年，长沙县开展仓储物流安全生产督导、仓储物流与寄递行业安全生产排查整治等专项行动。全县各单位开展整治行动424次，检查仓储物流企业（场所）1250家次，排查隐患1937处，约谈警示企业30家，查处疑似非法存储运输危险化学品、易燃易爆品案件44起，查获危险化学品100余吨，处罚到位金额4万余元。（郑　梁）

【共享单车管理】 2022年，长沙县有共享电动（单）车保有量7000台，其中，长沙县喜宝达信息有限公司3500台、湖南大咖电动车经营有限公司2100台、上海哈啰普惠科技有限公司1400台。开展共享单车常态化规范管理，7月22日，组织开展共享单车与公交行业文明创建工作现场检查，召开调度令，长沙县交通局解读《长沙县共享单车管理常态考核办法》。（郑　梁）

【“大交通”改革】 2022年，长沙县调整交委会组织机构，建设一体化综合交通管理体系。召开交委会专题会议2次、交委办专题会议及联席会议25次，印发各类文件、通知等82个。开展中南汽车世界K区项目、开元路辅道项目、自贸临空区关外停车项目3个重难点区域治理，试点开展中南汽车世界R区治理。编制《长沙县停车工作实施细则》《长沙县停车设施专项规划》，均通过专家评审会议。制定《2022年度长沙县解决停车难治理停车乱两年行动计划工作考核实施细则》。是年，长沙县交通运输局在市对县民生实事绩效考核中排名第二位，其中，中南汽车世界重难点区域治理项目入选湖南省基层智慧治理优秀案例。（龚　宇）

【“路长制”工作】 2022年，长沙县开展巡路50余次，对国道107线、黄兴大道北延线、金阳大道、省道319线、省道323线等主要干线公路平交路口警示标识设置不全、事故多发路段开展巡查调度，限期交办问题52件，均整改到位。对国道、省道、县道干线公路边坡塌方修复投入资金200万元，农村公路水毁投入资金535万元。通过路巡App提交安全隐患整治、涉路违法等问题工单816条，均处理完成。整治县域国道、省道穿集镇路段安全隐患6处，整治省道206线及国道319线春华辖区路段、黄兴大道—瓦屋路口、青山铺镇交叉路口、金阳大道东塘平交路口等安全隐患10处。利用“互联网+路长制”管理模式，实现“路长制”巡查、交办、处置、销号信息化管理。（陈都有）

【公路治超】 2022年，长沙县交通运输局在市对县绩效考核年度治超综合评价中排名第一位；全省普通公路路网超限率在1%以内，高速公路入口超限率在0.5%以内。全县有重点源头企业26家。在唐田（位于安沙镇和平村国道107线K1592处）和黄花（位于国道319线与县道011线交汇处）各设立超限检测站1个、不停车超限超载检测系统8套。（彭薇亦）

航　空

【概况】 2022年，长沙机场旅客吞吐量1250.9万人次、保障运输起降11.3万架次、货邮吞吐量15.6万吨，“三大指标”比行业平均恢复水平分别高出8.4%、6.0%、7.9%，旅客吞吐量居中部第一位、全国第12位。推行全员安全生产责任制清单，明确11个层级134项安全生产责任。全年通航国内外136个航点，其中，国内124个、国际及地区12个。比2021年新增恢复赤峰等14个国内航点；长沙至海口、重庆、哈尔滨、昆明、厦门、西安、济南、乌鲁木齐等城市日均航班10余班。每天计划航班长沙至北京26班、长沙至上海19班、长沙至成都18班。截至2022年年底，国际客运方面开通长沙至内罗毕、长沙至吉隆坡、长沙至曼谷等航线。落实“民航服务规划实施年”主题活动要求，围绕打造“友好机场”目标，推进124项服务提升工作任务落地。强化标准化运行和全过程管控理念，全年航班放行正常率96.06%，高于行业平均水平0.88%，连续5年超过85%。推进服务管理及标准体系建设，制定1330条服务标准，搭建机场服务标准体系。升级推出“友好湘伴”“友好湘首”等服务产品，提升老弱病残孕等特殊旅客及首次乘机旅客出行体验。推出徒手出行、行李门到门服务，打造人文关怀的友好机场。全年收到旅客表扬1.4万起，比2021年增加42%。长沙机场连续4年入选“SKYTRAX全球最佳机场百强榜”，蝉联三届全国千万级“服务质量优秀机场”奖，获省级以上品牌及质量创新荣誉29项。（欧阳婷）

2022年6月29日，长沙机场“行李门到门”服务平台上线（欧阳婷 摄）

【“行李门到门服务”】 2022年6月29日，长沙黄花国际机场“行李门到门”服务平台投产运行，推出行李“门到门”（从长沙黄花国际机场航站楼到旅客指定目的地）服务产品，实现旅客从家门到舱门，“零行李”徒手出行，标志着长沙机场行李保障服务跨入3.0时代。（欧阳婷）

【“中转服务”再升级】 2022年，长沙机场深化“经长飞”服务品牌，升级推出“四免、五享、多优惠”产品，上线民航中转旅客服务平台，与全国197余家机场建立联盟关系。全年中转旅客吞吐总量82万人次，中转旅客占比6.56%。1月6日，上线公益版“民航中转旅客服务平台”，该系统支持在所有国内机场实现跨航司行李直挂、始发站打印2段登机牌的服务功能，为打造空空、空铁、空巴、空轨多式联运全生态系统提供信息支撑。6月，“经长飞”中转服务品牌再升级，在已有的“四免”“五享”产品基础上推出“多优惠”产品。升级主要包括首乘无忧、1折乘车、优惠购物、优惠航站楼头等舱休息等服务。（欧阳婷）

【打造“友好机场”】 2022年7月29日，长沙机场举办“友好星程 湘伴湘首”主题活动，现场发布“友好湘伴”“友好湘首”2大服务产品，通过细分旅客人群，重点对特殊旅客、首次乘机旅客的服务进行再升级，携手驻场单位共同签订“友好服务公约”，建设“友好机场”形象。（欧阳婷）

生态环境

编辑　周进银

环境质量

【概况】 2022年，长沙县全年空气质量优良天气322天，污染天气43天，天气优良率88.2%，比2021年下降2.2%；细颗粒物（$PM_{2.5}$）均值34微克／立方米，比2021年上升3.0%；可吸入颗粒物（PM_{10}）均值49微克／立方米，比2021年下降3.9%；臭氧（O_3）均值151微克／立方米，比2021年上升9.4%；综合指数3.54，重污染天数1天。（黎　璇）

【空气质量】 2022年，长沙县空气质量主要监测指标中，细颗粒物（$PM_{2.5}$）、可吸入颗粒物（PM_{10}）、二氧化氮（NO_2）、二氧化硫（SO_2）4项指标年平均浓度分别为34微克／立方米、49微克／立方米、22微克／立方米、5微克／立方米；臭氧（O_3）、一氧化碳（CO）特定百分位数浓度分别为151微克／立方米、1.2毫克／立方米。（黎　璇）

【水环境质量】 2022年，浏阳河、捞刀河长沙县段水环境质量总体保持在《地表水环境质量》III类水质范围内，星沙、黄兴、黄花3个县级以上集中式饮用水水源地水质达标率均为100%。（黎　璇）

【声环境质量】 2022年，长沙县生态环境质量声环境质量监测按《湖南省2022年生态环境监测方参照案》执行。其中，长沙县有区域环境监测点20个、交通噪声监测点3个、国控声功能区监测点1个，经湖南省长沙生态环境监测中心检测均达到相应标准。是年，长龙街道长界社区、路口镇路口社区均创建为噪声控制示范区。（黎　璇）

2022年长沙县环境质量状况统计表

表8

主要指标	年均值	比2021增长（%）
细颗粒物（微克／立方米）	34	3
可吸入颗粒物（微克／立方米）	49	-3.9
臭氧（微克／立方米）	151	9.4
二氧化氮（微克／立方米）	22	-4.3
二氧化硫（微克／立方米）	5	-16.7
一氧化碳（毫克／立方米）	1.2	持平
空气质量优良率（%）	88.2	-2.2

（资料来源：长沙市生态环境局长沙县分局）

【土壤环境质量】 2022年，长沙县针对重点区域、行业和污染物，开展地块管理及再利用、涉镉企业排查整治、重点行业企业土壤环境隐患排查和监测等专项工作，有效管控农用地和城市建设用地土壤环境风险。（黎　璇）

生态建设

【概况】 2022年，长沙县“县域夏季攻势推动机制体制探索与创新”入选污染防治攻坚战“夏季攻势”十大典型案例评选。长沙市生态环境局长沙县分局指导的果园镇花果村农村生活污水“厌氧池＋人工湿地＋生态塘处理＋农业利用”治理技术入选全国农村生活污水和黑臭水体治理示范案例，作为华南丘陵区环境敏感村庄技术案例进行推广示范应用。是年，长沙市生态环境局长沙县分局实现全年窗口服务“零投诉”。利用“一网通办”和“多规合一”系统，依托“政务服务＋一体化平台”实现全程跟踪网办。按时限督促指导企业开展省、市排污许可抽查发现问题整改，采取“线上＋线下”的方式，对重点行业开展业务培训5次，指导企业开展排污许可证后管理等工作。“12345”系统办理35件，退回非职能范围内案件122件。政府网站发布、上报上级政务微信工作动态信息41条（次）。（黎　璇）

【生态文明创建】 2022年，长沙县环委办《核算县域GEP、为建设美丽长沙县盘清“绿色家底”》和星沙街道《杨梅冲社区共建生态文明、畅享绿色生活》均入选2022年全省绿色低碳典型案例，被推荐至生态环境部遴选。组织全县各镇、村创建市级生态文明建设示范镇（村），2022年度（全市第二批）申报示范镇2个（春华镇、江背镇）、示范村4个（沿江山村、武塘村、王梓园村、龙华山村）完成创建并通过验收。12月6日，长沙市生态环境保护委员会办公室发文命名。（黎　璇）

【农村环境整治】 2022年，长沙县开展农村环境整治村7个，均整治到位。按照《湖南省财政厅、湖南省生态环境厅关于下达2022年省级农村环境综合整治资金的通知》精神要求，开展2021年农环整治专项资金申报工作，下拨长沙县2022年农环整治资金70万元。结合乡村振兴美丽宜居村庄建设，果园镇杨泗庙社区、果园镇古井社区、春华镇九木村、开慧镇飘峰山村申报生活污水处理项目，均通过专家评审，并具体实施小型人工湿地建设项目。（黎　璇）

【环保宣教】 2022年，长沙县环委办承办“5·22”国际生物多样性日湖南省主会场活动和六五环境日暨“三湘环保世纪行”活动启动式。编撰《美丽中国之星沙实践——长沙县生态文明建设探索与研究》学术专著。推出“两山”基地创建专题宣传片、每月1期《生态文明“星”作为》电视专栏。河长制经验性材料《长沙县：深化“洞庭清波”专项监督共护一江碧水》在省河长制工作简报上刊发。（黎　璇）

【长沙县入选国家“绿水青山就是金山银山”实践创新基地】 2022年11月19日，在中国生态文明论坛南昌年会上，长沙县入选国家“绿水青山就是金山银山”实践创新基地。长沙县地处长株潭“两型”社会综合配套改革试验区核心地带，建立生态环境保护议事协调机制县生态环境保护委员会，对全县生态环境保护工作牵头抓总、督查考核。强化县、镇、村三级河长制、林长制监管基础，加大生态环境基础设施建设，融资100亿元，铺设污水管网800千米，建成城区污水处理厂10座、乡镇污水处理厂17座，长沙县被评为“全国生活污水治理示范县”，松雅湖被评为“长江经济带美丽湖泊”。建设垃圾分类样板，生活垃圾无害化处理率100%。长沙县用5%的土地集中发展工业园区，产出县域80%GDP，保护县域其他95%国土空间的绿水青山。金井镇以绿茶产业为主导发展生态农业和生态旅游，农民人均可支配收入4.1万余元，企业茶叶销售收入8亿余元。按照绿色发展GDP与GEP“双核算、双运行、双提升”考评要求，启动生态系统生产总值（GEP）项目核算工作。（黎　璇）

2022年5月22日，共建地球生命共同体“5·22”国际生物多样性日湖南省主会场启动式举行（长沙市生态环境局长沙县分局 供图）

污染防治

【概况】 2022年，长沙县开展两河综合治理58项，建设城乡污水管网长度803千米，城乡污水处理厂总处理能力82万吨/日，全县畜禽粪污综合利用率96.4%。建成市级美丽幸福河2条、市级小微水体管护示范片区4个。建成消纳场1个、513万立方米，推进老旧社区居民家庭餐厨油烟净化治理2000户。划定生态保护红线面积46.35平方千米。开展长沙县原长沙湘欧化工厂场地风险评估。立案查处大环保案件4822起（含环立字案件298起），全市“利剑行动”典型案例2起，查处新《噪声污染防治法》实施以来全市首例工业噪声罚款案等。（黎　璇）

【蓝天保卫战】 2022年，长沙县修订2022年度重污染天气应急减排清单，涉及企业1070家，其中，受管控企业362家。组织6家重点企业开展挥发性有机物“一企一策”综合整治。推动长沙河田白石建材有限公司窑尾烟气脱硝深度治理，实现氮氧化物排放浓度降至100毫克/立方米。指导10个省“夏季攻势”项目开展项目销号。开展全县工业炉窑和锅炉整治情况摸底排查，确定在用炉窑86个（含备用）、在用锅炉138个（含备用）。开展涉大宗物料运输重点企业（物流园、大型市场、工业企业、园区）摸排3次，排查出符合相关要求的物流园区23家、大型市场2家、工业企业1家。开展工业涂装企业污染防治水平调查评估200家。是年，长沙县中央大气污染治理专项资金拨付验收项目1个，拨付资金206万元；申报项目1个，申报资金100万元。开展泡沫塑料行业调查、消耗臭氧层物质（ODS）信息报送，经各镇（街道）摸排，无符合要求企业。对照前期开展挥发性有机物排查情况，统计28家企业挥发性有机物治理设施情况。开展大气污染物总量减排系统填报，核算挥发性有机物（VOCs）减排量122.84吨、臭氧化物（NO_X）减排量563.2吨。（黎　璇）

【碧水攻坚战】 2022年4月，长沙县启动金井镇白石洞集中式饮用水水源保护区划分。开展8处集中式饮用水水源保护区年度环境状况评估，评估报告通过上级评审，评估中发现的问题进行交办。完成饮用水水源保护专项资金40万元调整变更，聘请第三方技术单位开展全县集中式饮用水水源保护区国土空间规划矢量核定暨勘界定标。6月，制定水污染整治专项行动“一园一策”整治方案，梳理问题清单，将相关情况及时填报全国工业园区污水收集处理信息管理系统。8月，浏阳河、捞刀河发现蓝藻水华现象，现场调度、调研10余次，聘请第三方专业技术团队指导防控工作。截至10月，两河长沙县段水华控制在Ⅰ级以下，投入工作经费245.63万元，并配合长沙县抗旱指挥部研究城区供水应急方案。（黎　璇）

【净土保卫战】 2022年，长沙县对2021年核发工规证的25个地块开展土壤污染状况调查及调查报告市级专家评审，并督促上传全国污染地块土壤环境信息系统。本年度变更为“一住两公”的18个地块落实土壤污染状况调查，对长沙县18处“十二五”涉重金属历史遗留工业固体废物堆存点进行现场核查。（黎　璇）

环境监管

【环保督察】 2022年，两轮5次中央、省生态环境保护督察及“回头看”交办、反馈长沙县543.45件（个）案件（交办486.45件，反馈问题57个），基本整改到位，交办问题除11个阶段性办结（均为黄花机场噪声扰民问题）外，其余均申报办结，反馈问题有8个共性问题按照上级序时进度要求推进整改，其余均销号或阶段性销号。青山铺镇《蒙尘乱石今不在，绿水青山再为邻》成为全市突出环境问题整改典型案例。开展2022年生态环境“利剑行动”风险隐患排查，排查上报35个问题（红色风险等级4个，黄色风险等级31个），其中，整改31个，处于风险管控问题4个。（黎　璇）

【环保行政审批与政务服务】 2022年，长沙市生态环境局长沙县分局接待办事群众600余人次，受理资料357件，一般办结353件，退窗办结4件，办结率100%，审批承诺办结时限缩减80%；审批环评报告表项目83个，否决因选址问题或环评专家评审未通过项目4个。新核发排污许可证10本，变更许可证信息34本，延续发证10本，重新申请发证49本，办理辐射安全许可证44本。指导224家企业编制或修编突发环境事件应急预案，对可能发生突发环境事件污染物排放企业、污水集中处理企业、涉危险化学品或危险废物企业，在踏勘、编制、评审、复核等过程中共提出修改意见770条，均整改并通过专家复核。对10家企业开展突发环境事件应急预案备案情况检查，发现问题7个，均整改到位。指导企业填报固废系统，对1100家企业危险废物管理进行审核备案。办理夜间施工审批225次，涵盖建筑工地27个，对首次办理或群众投诉较为集中的二地进行现场检查11次。对提交App平台非道路移动机械相关信息进行审查，全年发放非道路移动机械号牌1087块。指导湖南印山实业集团印山台水泥有限公司开展产能退出废气减排，认定印山台水泥有限公司减排数据，实现二氧化硫减排185.05吨、氮氧化物减排1725吨。对因破产、关闭等原因未按时缴纳排污权有偿使用费和主动放弃排污权指标的95家企业，收集监察文书、情况说明、缴费票据等相关减排资料报送到长沙市环境资源交易所，实现化学需氧量（COD）减排519.5414吨、氨氮减排37.5576吨、二氧化硫减排324.131吨、氮氧化物减排68.8948吨。（黎　璇）

【环境监测】 2022年，长沙县河长办开展断面水质监测78个、水库等饮用水源地水质监测5个、环境质量监测等常规监测工作，全年提供有效数据3500余个。对长沙县域内6个污水处理厂进出口开展每月1次监测性监测，全年提供有效数据650余个。每半年开展乡镇污水处理厂监督性监测20家，主要监测项目5项，全年提供有效数据200余个。每季度开展农村环境质量水、气、土监测，全年提供有效数据520余个。加强对长沙县域内12家隔离酒店外排污水加密检测。7—10月，浏阳河、捞刀河蓝藻爆发期间，组织人员每日按要求进行采样和分析。（黎　璇）

【危险废物规范化管理】 2022年，长沙市生态环境局长沙县分局对全县重点危险废物监管单位开展现场规范化环境管理评估27家次，指导、收集全县各镇(街道)、黄兴会展经济区、临空自贸区917家非重点单位开展危险废物规范化环境管理评估情况，其中，搬迁49家，停产30家，不产废18家，发现问题1034个，整改982个，其他问题于11月完成整改，未发现重大隐患。（黎　璇）

2022 年长沙县环境污染治理情况统计表

表 9

指标名称	计算单位	2022 年	2021 年	为 2021 年的百分比（%）
环境污染治理本年完成投资总额	万元	125430	116589	107.5
环保设施情况				
地表水在线监测设施数	套	9	9	100
空气自动监测站数	座	3	3	100
污水处理厂数	座	28	28	100
工业“三废”排放情况				
工业废水排放总量	万吨	943.9	1476.5	63.9
工业废水排放达标量	万吨	930.7	1458.8	63.8
工业废水排放达标率	%	98.6	98.8	99.8
工业废气排放总量	万立方米	4340802	4459471	97.3
工业烟尘排放量达标率	%	96.8	95	101.9
工业固体废物产生量	吨	224837	357164	63.0
工业固体废物综合利用量	吨	214837	344384	62.4
城市环境质量状况				
地表水质达标率	%	100	100	100
地表水水质满足Ⅲ类标准的断面比例	%	100	100	100
地表水水质满足Ⅳ类标准的断面比例	%	100	100	100
城镇污水处理率	%	99.1	99	100.1
城镇污水处理量	万吨	17071	15442	110.5
空气质量达标率	%	88.2	90.4	97.6
城市全年空气质量良好以上天数	天	322	330	97.6

（资料来源：长沙市生态环境局长沙县分局、长沙县住房和城乡建设局）

城乡建设与管理

编辑　周进银

城乡规划

【概况】 2022年，长沙县自然资源局科学划定“三区三线”（根据城镇空间、农业空间、生态空间三种类型的国土空间，分别对应划定的城镇开发边界、永久基本农田保护、生态保护红线三条控制线），规划成果于2022年9月30日获得自然资源部批准使用。规划划定耕地保护面积336.24平方千米；划定永久基本农田保护面积280.20平方千米，占耕地比例83.34%；划定生态保护红线面积46.35平方千米，比2017年版生态保护红线面积新增30.64平方千米。与长沙市总规成果融合，逐步完善主体成果文本、图集，数据库搭建同步更新。倒排规划审查报批时间计划，规划成果于2022年12月征求同级部门意见，形成规划成果公示稿，进行公示。（王知敏）

【村庄规划编制】 2022年，长沙县自然资源局启动《长沙县村庄分类与布局规划（2019—2025年）》修订工作，对村庄功能分类、规划编制期限、规划指标体系等内容进行修改完善。加快镇村规划编制进度，全县开展村庄规划编制的社区（村）129个。20个专项规划均形成初步成果，与在编国土空间规划进行衔接，为实现“多规合一”奠定基础。

（王知敏）

【重点片区规划】 2022年，长沙县自然资源局开展多个片区控规编制及提升工作，其中，《临空经济核心区控规》通过市政府批复；《黄花综合保税区控规修编》《黄花机场片控规》通过市政府批复实施；开展《开元中片、长沙经开区片控规评估及修编》《黄兴市场群片区控规》《㮾梨街道机场高速以南片控规评估及修编》《松雅湖环湖片控规》工作；配合开展长沙经开区东四路以东片、星沙产业基地西片、干杉北片等多个片区的控规编制工作，为县区重要项目建设提供法定实施依据。（王知敏）

【规划审查】 2022年，长沙县自然资源局加强规划审查，全年组织专家评审会17次，审查项目34个；提请并组织召开副县长专题审查会14次，审查项目74个；提请召开规委会全体委员会议7次，审议通过《松雅湖生态新城总体规划》《自贸临空区风貌规划控制导则》及73个项目规划建筑方案。（王知敏）

城乡建设

【污水处理】 2022年，长沙县县城生活污水处理能力76万吨/日，污水处理率99.1%，黑臭水体处理2处。启动污水处理能力3万吨/日的毛塘铺工业园、污水处理能力800吨/日的金井脱甲污水厂建设，乡镇污水处理总设计规模7.92万吨/日。在乡镇污水处理厂无法覆盖的人口聚居区，建成50余处一体化分散式处理设施，处理规模1.3万吨/日。实现中心集镇、次集镇和主要功能区污水处理全覆盖。（余向阳）

【国有土地上房屋征收】 2022年，长沙县国有土地上房屋征收项目16个，涉及被征收人112户，签约85户，签约率75.89%。征收房屋面积5.87万平方米，征收土地面积4.01万平方米。（余向阳）

【危房改造】 2022年，长沙县改造农村危房20户，开工20户，开工率100%，竣工20户，竣工率100%。其中，监测户4户、突发严重困难户2户、低保户6户、农村分散供养特困人员5户、农村低保边缘家庭1户、农村低收入家庭2户。（余向阳）

【特色小城镇和特色小村庄建设】 2022年，长沙县申报《2022年长沙市村镇建设专项资金项目》20个。其中，市级特色小村庄项目9个，争取市级资金补助495万元；特色小城镇项目2个，争取补助资金160万元；乡镇基础设施建设项目2个，争取补助资金40万元；村庄基础设施建设项目7个，争取补助资金70万元。（余向阳）

【自建房整治】 2022年，长沙县排查自建房15.6万栋（其中，经营性自建房1.65万栋），初判存在安全隐患自建房7.9万栋（结构安全性隐患5683栋、经营安全性隐患16162栋、建设合法合规性和地质灾害隐患69019栋、消防安全性隐患14096栋），摸清全县自建房屋安全现状。开展隐患核实鉴定，结构安全性及经营安全性隐患全部实现整改销号，消防安全性隐患基本完成整改销号。直接拆除隐患自建房248栋，拆除违法建设1006处、40.31万平方米。（余向阳）

【人居环境】 2022年，长沙县实施城镇老旧小区改造项目37个，涉及改造房屋66栋，惠及居民1708户，总建筑面积15.42万平方米，项目总投资12445万元。推进老旧小区加装电梯工作，全县15个老旧小区业主自筹1550万元加装电梯31台。

（余向阳）

房地产管理

【概况】 2022年，长沙县房屋建筑施工面积3005.8万平方米，房屋建筑竣工面积934.5万平方米。全年房地产开发投资317亿元，比2021年增长8.8%；商品房销售面积187.78万平方米，比2021年减少39.81%；商品房销售额160亿元，比2021年减少23.99%。8月，举行“我想有个家 最好在星沙”——长沙县“宜居星沙”品牌推介活动暨第二届房产交易会。房交会为期4个月，有45个楼盘参与，新建商品房销售总金额76.8亿元，销售总面积79.2万平方米。（余向阳）

【房地产业与房地产开发】 2022年，长沙县新建商品房供应面积187.78万平方米，比2021年减少39.81%；网签成交面积188.55万平方米，比2021年减少27.49%；成交均价面积8580元平方米，比2021年增长6.61%。全县新建商品住宅供应面积147.70万平方米，比2021年减少40.24%；网签成交面积154.50万平方米，比2021年减少27.28%；成交均价面积8806元/平方米，比2021年增长8.78%。（余向阳）

【住房公积金管理】 2022年，长沙住房公积金管理中心长沙县管理部下设长沙县政务中心网点、自贸区会展片区网点、自贸区临空网点、经开区网点。全年全县新增缴存单位682家，新增开户职工35254人。年末，住房公积金开户单位3865家，开户职工277251人；归集住房公积金23.95亿元，比2021年增长12.12%，归集余额71.1亿元；提取支取公积金13.56亿元，比2021年增长9.98%；发放住房公积金贷款3177户15.16亿元。是年，长沙县政务中心网点、自贸区会展片区网点窗口被评为年度先进窗口。利用报纸、中心网站、微信公众号等新闻网络平台，向社会公开各项政策规定、业务流程和要件；开展公积金政策宣讲进社区、园区、企业及业务培训5场，开通公积金宣传进地铁。加强执法扩面，全年受理职工投诉77起，对未建立公积金制度单位，下达13份责令改正通知书，促建促缴单位4家，52家未足额缴存单位为职工补缴住房公积金224262元。帮助38家资金困难企业解决缓缴金额478.56万元。发挥住房公积金保障作用，促进房地产市场健康发展，提高贷款额度至70万元，三孩家庭贷款额度提高至80万元；降低二套房首付比例至40%；支持首套房购房需求，实施阶段性“可提可贷”政策；满足改善性住房需求，租房提取金额提高至1年实际汇缴额；推进优化组合贷款流程，经验做法被人民网推介宣传。推进“跨省通办”业务，全年办理合作城市公积金贷款业务97笔。（王晓东）

【物业管理】 2022年，长沙县根据《2022年度长沙县物业管理工作考核实施方案》，评选物业管理和服务标准化建设示范项目60个、党建引领物业管理示范项目20个、标杆企业5个、文明小区20个、文明楼道25个。安排资金900万元，专项用于物业专职社工人员经费、物业企业考核奖励及小区安全隐患整治和老旧小区提质改造工作。其中，安排财政资金162万元对各镇（街道）小区安全生产及提质改造项目实施“以奖代投”，提质改造老旧小区27个。

（余向阳）

重点工程建设

【概况】 2022年，长沙县重点建设项目事务中心建设项目47个，参与协调省、市重大建设项目9个，助推17个民生项目竣工投产。长沙县精神病医院、长沙县中医院二甲创建配套建设项目竣工投用；开元互通和特立路大众传媒2座人行天桥开放通行；望新路、盼盼路东延线、县道024线青山铺至开慧联络线公路工程竣工通车；物流大道二期、滨湖西路、洋湖路、东十线、龙塘路及潇湘西路等市政道路完工；县老旧小区改造（一期）项目星沙街道开元路社区23个小区改造工程、长沙海关二期、县道024线公路配套供水工程（葛家山村—青山铺社区）等项目完工投产；地铁6号线载客运营；南阳—荆门—长沙1000千伏特高压交流工程、鼎功—科大双回220千伏线路投产通电；江杉高速公路全线通车；长赣铁路开工建设。9月1日，阳高小学投入使用。阳高小学位于星沙街道凉塘路与东九线交汇处东南角，学校总用地面积25334平方米，主要建筑包括教学楼、综合楼、食堂兼风雨活动室、运动场及地下车库等，总投资1.1275亿元。办学规模36个班，提供学位1620个。是年，盼盼路东延线（龙峰大道—黄金大道段）工程被评为省建筑施工安全生产标准化“年度项目考评优良工地”和省建筑施工质量管理标准化“年度项目考评优良工地”；香堤北路捞刀河大桥被评为“长沙市结构优良工程”。（黄楚云）

【开元互通人行天桥】 2022年1月1日，开元互通人行天桥开放通行。开元互通人行天桥位于锦绣路与三一大道交叉口，桥梁总长度170米。该项目分三一大道（西）、三一大道（东）、锦绣路、汽配城路4个部分。总体布置采用路口独立式，南北向经过三一大道跨线桥下步行，东西向通过锦绣路、汽配城路上设置的人行天桥实现连通。（黄楚云）

【盼盼路东延线通车】 2022年1月26日，盼盼路东延线（龙峰大道—黄金大道段）工程通车运行。盼盼路东延线（龙峰大道至黄金大道）位于长沙县黄花镇境内，道路全长1.91千米，设计为双向8车道、时速60千米/小时、城市主干道为标准段宽度52米，自西向东与龙峰大道、盛祥北路、小康北路、鹏盛北路、黄金大道等城市重要道路相交。

（黄楚云）

【长沙县第三医院建成】 2022年10月20日，长沙县第三医院项目完工。医院原址位于天心区暮云街道，项目新址位于安沙镇，毗邻长沙县中医院。医院按照二级精神专科医院标准建设，配置床位400张，占地面积

长沙县第三医院　　（2022年10月20日，盛　磊　摄）

59.04公顷，总建筑面积4.2万平方米，包括门诊综合楼、医技综合楼及开放式住院楼、职工公租房、生活附属楼等附属配套用房，以及院内道路、连廊、排水、绿化、亮化设施等，投资2.76亿元。设立长沙县心理健康与精神卫生防治中心，为市民提供心理门诊、心理咨询、援助热线等。

（黄楚云）

【物流大道二期】 2022年6月30日，物流大道二期西段项目完工。物流大道位于安沙镇，属城市主干道，呈东西走向。物流大道分一期和二期，一期于2014年建成通车；二期西起国道107线，东接香堤北路，全长1.55千米，路幅宽46米，双向6车道，设计时速50千米/小时，包括车行道、人行道、非机动车道、绿道，绿化带等。物流大道二期项目为长沙县松雅湖生态新城“三纵三横”骨架路网之一，建成后将与万家丽北路、香堤北路、绕城高速构成区域路网骨架。

（黄楚云）

【长沙海关驻黄花机场海关机构基础设施（二期）】 2022年12月20日，长沙海关驻长沙机场海关机构基础设施（二期）项目投入使用。项目位于长沙机场西南片区百祥东路以南与机场大道以东交会处，项目总投资1.18亿元，建筑面积28903平方米，包括业务技术用房、后勤服务用房、关警体能训练中心、海关仓库等，项目分两期建设：一期于2021年10月竣工验收。二期主要建设为部分室内外装饰、管网、室外道路、围墙、挡墙、岗亭、旗（杆）台、广场、室外停车场、仓库地面、弱电、门卫等配套工程。

（黄楚云）

【江杉高速公路】 2022年11月28日，江杉高速公路通车运营。江杉高速是湖南省高速公路网“七纵七横”中第四横长永段的扩容线，是长沙市往东的第二条高速公路通道。该项目呈东西走向，起于浏阳市镇头镇，止于长沙县黄兴会展经济区，全长20.86千米，设计时速100千米/小时，线路途经浏阳市镇头镇（跃龙村、双桥村）、长沙县江背镇（印山村、五美社区、特立村、金洲村、梅花社区）、黄兴镇（车马村、万龙村）。

（黄楚云）

【南阳—荆门—长沙1000千伏特高压交流输变电工程】 2022年10月14日，南阳—荆门—长沙特高压线路工程竣工投产。该项目是华中地区“日”字形环网的重要组成部分，工程全长625.8千米，途经河南、湖北、湖南三省。湖南境内长度169.6千米。其中，12标段起于岳阳市平江县浯口镇晏家村，止于1000千伏长沙站，线路途经岳阳市平江县、长沙市长沙县，新建同塔双回钢管塔105基，线路长度50.662千米。该项目是湖南第三条跨省特高压大通道，为湖南增加供电能力200万～300万千瓦。

（黄楚云）

城市管理

【概况】 2022年，长沙县城管局开展城区主次干道新增绿化面积18万平方米，建成特立路天华路口等3座人行天桥。推进城市驿站建设、公厕提质改造。年度信息报用60余条，长沙县被评为2022年全县政务信息工作优秀单位。全年审批600余件，无错件或投诉。开展城区防汛排涝，制定极端天气应急预案，备足工业盐等物资及机械设备，做好低温雨雪冰冻天气应对工作。开展各类重要线路、活动保障工作。在各级媒体宣传报道200余条次，结合“城乡品质提档年”行动、“百街千巷”提质改造等城管特色亮点开展专题报道5次。是年，长沙县在全市推进会上作垃圾分类工作经验发言，被评为国家卫生乡镇（县城）、国家园林县城。

（黄　玉）

【园林绿化管理】 2022年，长沙县城管局办理150处占绿行政审批项目，绿化移交项目32个，覆绿应急项目20个，绿化提质和修复4万平方米。梳理城区绿化节点，提质改造三一路、星沙大道东北角等地块，建成5处街心转角“微景观”。开元路沿线绿化带安装“喷淋系统”，改善空气质量。实施星沙联络线、机场联络线等重要窗口通道提质，机场联络线栽植三角梅3万余盆。建设星沙大道、开元路月季主题大道，在出入城口等53个重要节点布置花卉300万盆。创建人民满意公园，提质改造东八线电力走廊、星沙文化公园。

（黄　玉）

【市政设施管理】 2022年，长沙县城管局修复路面和人行道10.2万平方米，修复平侧石、路缘石19737米，维修或更换车行道隔离护栏20093米。实行城区道路、桥隧周期性隐患排查和预防性日常维护，组织专业机构对城区56座桥梁进行维护。建设长龙站、金茂公园站2个城市驿站。推进“百街千巷”环境综合整治提升项目，提质星东巷等61条支路街巷。整治城区易涝点15个，创建“城市智慧管网综治系统”，在全省城市窨井盖安全管理专项行动现场推进会上作典型经验发言。（黄　玉）

【市容环卫管理】 2022年，长沙县城管局采买11台多功能抑尘车，日均喷雾降尘作业1000余千米。统筹创建文明城市工作和巩固国家卫生城市成果等，实施“一月一主题”乱扔垃圾等系列整治活动。新（改）建城区公厕19座，建成厨余垃圾、可回收物、有害垃圾、其他垃圾、大件垃圾分类收集、分类运输、分类处理体系。开展“分类国潮、美丽长沙”主题宣传，建设星沙生态公园等5个垃圾分类主题公园。10月26日，长沙县在省城市生活垃圾分类评估中被评为县级城市示范片区。（黄　玉）

【渣土运输管理】 2022年，长沙县城管局建设渣土消纳场513万平方米。开展建筑渣土违法问题集中整治行动17次，抓获非专用渣土运输车辆30余台。全年开展渣土运输施工84个工地，办理渣土运输证83802万台次，办理渣土运输施工日290天。巡查渣土工地和卸土区1639余次，出动1215人次，整改各类问题175处，停运整改车身不洁等各类问题车辆150余台。（黄　玉）

【数字化城管】 2022年，长沙县城管局采集“蓝天保卫战”相关案卷51738件，处置50697件，问题解决率97.99%；受理文明办“百日攻坚”类案卷1736件。全年城管数字化采集问题40万条，结案率97%以上。

（黄　玉）

【广告亮化管理】 2022年，长沙县城管局对全县道路照明与景观亮化设施开展常态化巡查与定期考核，城区路灯亮灯率99%。开展松雅湖畔小区照明提质，东一路、东六路道路区域光源更换，政府周边道路路灯及交安杆件设施除锈喷漆、照度缺失路段光源更换等。执行《长沙县户外广告和招牌设置管理工作方案》，全年办理大型户外广告设置审批7项，临时性户外广告设置审批154项。开展长沙县户外广告和招牌设施安全隐患“大排查大整治”工作，问题整改267处，整改面积1.4万平方米。悬挂1.2万面国旗，城区27块大型电子显示屏循环播放中共二十大、疫情防控、安全生产、森林防火等相关宣传标语，全年播放公益广告49批次。

（黄　玉）

【城镇管理考评】 2022年，长沙县城管局制定《2022—2024年度城市维护物业外包监管考核办法》《关于调整城市维护物业外包考核相关内容的通知》等文件。全年督促责任部门、城市管理物业公司整改问题6.1万余件，对物业外包公司扣款700万余元。市数字化交办问题10万条，市城管委书面交办市容环境典型问题20C余条，均整改到位。（黄　玉）

供　气

【概况】 2022年，长沙县城镇燃气经营企业分为管道燃气、压缩天然气和瓶装液化气3类，有燃气经营企业10家，分别是：管道燃气经营企业3家，压缩天然气经营企业3家（长沙市仅有的3家压缩天然气母站全部集中在长沙县），瓶装燃气经营企业4家，县内设立三级供应站156家。其中，有9家燃气企业同时承担长沙市内五区的燃气供应。长沙县敷设燃气管道1418.61千米，其中，次高压管道70.61千米，中压管道529.1千米，庭院管道818.9千米。（黄　玉）

【城镇燃气管理】 2022年，长沙县城管局成立县城镇燃气安全生产专业委员会，建立“长沙县智慧燃气安全监管平台”，实行瓶装液化气实名制购气。升级供应站燃气泄漏报警装置

2022年，星沙大道月季主题大道　（长沙县城管局 供图）

和视频监控系统，县内156家供应站燃气泄漏报警器完成平台对接。规范配送人员持证上岗，365名送气工全部完成从业人员实名注册及工作证核发。统一配送车辆标准，组织燃气企业选定购买300台瓶装燃气配送专用“小黄车”并投入使用。推行燃气安全隐患举报奖励举措。出台《城镇燃气行业安全生产“八个一律”惩戒措施》，责令关停违规供应站5家。推进城镇燃气安全排查整治、“百日行动”等，排查灶具无熄火保护装置、未安装燃气报警器、灶具使用胶管等安全隐患11391处，整改率100%。

（黄　玉）

【燃气安全生产教育培训】 2022年，长沙县城管局组织镇（街道）燃气专干、燃气企业从业人员、餐饮用户等开展燃气安全技能培训、餐饮等场所燃气安全防范等专题培训，受训2000余人次。通过大型户外广告屏、公交站台循环播放燃气使用安全用气标语，印发燃气安全常识、餐饮单位用气安全告知单等宣传资料16万余份，利用短信平台发送冬季用气安全提醒短信20万余条，制作“如何辨别正规燃气”“安全使用燃气‘七不要’”等宣传小视频，在星沙时报视频号发布，累计转发1000余次。组织编制《长沙县燃气发展规划（2021—2035）》。

（黄　玉）

【燃气安全整治】 2022年，长沙县城管局开展城镇燃气安全排查专项整治行动，推进“百日行动”，排查燃气领域潜在风险隐患，交办整改各类安全隐患33562处。排查餐饮单位7711家，排查整改灶具不带熄保装置、未安装可燃气体报警装置、未使用铠装金属软管等各类隐患11391处，整改率100%。累计排查餐饮等经营性单位5823户，燃气泄漏报警器安装率100%。打击查处非法充装、非法经营等违法行为，办理燃气领域案件108起，累计处罚金额37.75万元。

（黄　玉）

【长沙星沙新奥燃气有限公司】 2022年，长沙星沙新奥燃气有限公司完成民用户开发21162户，工商户开发115234立方米/日；在用民用户31.8万户，在用工商户5040家，敷设燃气管网1271.1千米（中压管网492.8千米，庭院管网778.3千米）。供应天然气18211万立方米，日最大供气量96万立方米。全年举行3月学雷锋、6月安全活动月、9月服务活动月等专题活动，在24个小区开展安全宣传活动，发放安全宣传资料3000余份，现场整改户内隐患416处；通过电视、电台、报纸、微信群、短信平台等媒体加强安全用气宣传。年内处理用户意见3204条，用户投诉2起，问题处理及时率100%，解决满意率99%。是年，星沙新奥工匠创新工作室入选长沙市示范性劳模和工匠人才创新工作室。

（陈荔媛）

供水

【概况】 2022年，长沙县城区星沙、榔梨、黄花及廖家祠堂4座水厂设计能力60万平方米/日，安全供水1.7亿吨，出水合格率100%。5月，以“建设节水型城市，推动绿色低碳发展”为主题开展第31届“全国城市节约用水宣传周”活动，增强全民节水意识。年内新增农村自来水入户2.5万人。长沙县水业集团常态化开展水源地巡查、常规13项水质检测，自来水出厂水质常年达到97项检测标准，水质100%合格，开展金井水厂、乌川水厂安全生产三级标准化创建，新成立金井、江背、青山铺3个供水服务中心。全年生产自来水1906万平方米，外购自来水250万平方米，农村自来水普及率87%以上，供水保证率95%以上，保障农村地区27万人饮水安全。通过公开招标获得长沙县农村供水特许经营权和乡镇污水处理特许经营权，在杨开慧纪念馆试点管道直饮水项目。全年项目总投资23.71亿元，实际投资4.86亿元。开展白鹭湖水厂改建四期工程、北山镇农村自来水工程、县道024线青山铺—开慧联络线配套供水工程等项目建设。开展2022年各镇自来水入户安装工程等重点民生项目，解决2.68万人饮水问题。推进万亩粮食生产示范片青山铺、路口镇及路口镇上杉市村自来水入户项目建设，提质改造乌川水厂、高差较大地区供水提升工程（二期）等项目。

（余向阳　单　婵）

【重点项目建设】 2022年，星沙水厂9万平方米/日改扩建项目建设投产。项目采用“预臭氧＋絮凝＋气浮＋平流沉淀＋‘V’形滤池＋主臭氧＋生物活性炭滤池＋清水池”工艺，是国内县级较大规模的深度处理工艺饮用水项目。（余向阳）

【农村自来水】 2022年，长沙县完成农村供水保障普查工作，建立“一户一表”饮水安全台账。对农村饮水安全问题采取新建或改造水井、接入自来水、组织镇村送水等措施。完成青山铺、福临、安沙、金井、北山等镇农村自来水入户建设，实施果园、福临镇管网项目二期续建入户工程，新增农村自来水入户2.68万人。推进春华、黄花（回龙片区）、路口社区供水工程。对省道206线（黄花—路口社区段）自来水管道进行提质改管，购买星沙水厂和黄花水厂转供水，保障安沙、春华、黄花镇等城乡结合区域供水能力。（廖国君）

【“全国城市节约用水宣传周”活动】 2022年5月15—21日，第31届“全国城市节约用水宣传周”活动举行，活动主题为“建设节水型城市，推动绿色低碳发展”。长沙县组织开展节水宣传进社区、探漏服务进小区等系列活动，发放各类宣传材料2000册，张贴宣传横幅（海报）1052条（幅），推送各类节水信息53085条，各类线上活动及线上宣传材料点击量1.7万次，覆盖47万人口。（余向阳）

科学技术

编辑　李珊珊

科技企业创新

【概况】 2022年，长沙县有科技型中小企业939家，比2021年增长52.19%；有效高新技术企业1037家，比2021年增长31.27%；长城信息深圳证券交易所科创板过会。是年，长沙县全社会研究与试验发展经费投入50.57亿元，占GDP的2.52%；规模以上企业研发投入81.1亿元，比2021年增长9.41%；新增科技创新平台（基地）12个，其中，国家级1个、省级11个。年末，全县有科技创新平台（基地）120家，其中，国家级7个、省级55个、市级58家。

（杨誉婷 杨 奕）

【创新平台建设】 2022年，长沙县新增国家级备案众创空间1家（星通义达专用汽车众创平台）、省级工程技术研究中心5家（湖南中车时代通信信号有限公司、湖南湘江关西涂料有限公司、湖南柯盛新材料有限公司、湖南源品细胞生物科技有限公司、湖南碧臣环境能源有限公司）、省级众创空间2家（星通义达专用汽车众创平台、国重智联众创空间）、省级工程研究中心1家（远大空调有限公司）、省级科普基地3家（“城市矿产”湖南省科普基地、新材料热工装备湖南省科普基地、先进涂层技术湖南省科普基地）。（杨誉婷）

【科技创新奖励补助】2022年，长沙县兑现县级科技创新奖补政策，对99个符合条件的高新企业企业项目奖补资金990万元；落实省级企业研发奖补政策，全年333家企业获奖补资金1.04亿元，占全市的16.67%。指导企业争取上级科技资金1.6亿余元。落实研发费用税前加计扣除等税收优惠政策，开展政策宣讲、高企申报、科技项目申报等各类培训会10余场次。（杨誉婷）

【科技金融服务】 2022年，长沙县举办4场银企对接活动，推动各大金融机构为县区科技型企业授信放款，长沙市知识价值信用贷款为158家县内企业授信10.27亿元，放款金额7.63亿元，其中，纳入备案金额4.4亿元。年内长沙县与中国建设银行长沙星沙支行签订战略合作协议。

（杨誉婷）

科技管理

【概况】 2022年，长沙县推动县区科技人才、科技平台等相关政策实施，出台《长沙县科技特派员工作专项支持实施办法（试行）》《长沙县创新创业专项支持实施办法（试行）》等文件，修订《长沙县科技计划项目管理办法》《长沙县科技发展专项资金管理办法》《长沙县科技特派员专项资金管理办法》等文件。5月25日，举行以“走进科技 你我同行”为主题的2022年长沙县、长沙经开区科技活动周启动式暨科技特派员工作推进会议，现场发出“走进科技 你我同行”科技活动周倡议书，表彰2022年度优秀科技特派员、示范派驻单位等。全年申报全国高新技术企业488家，通过认定407家。是年，长沙县科技创新综合实力排名全国百强县第六位，新型县建设被推荐至科技部；科创平台项目中科颐高入驻松雅湖国际科学城科技招商；长沙县科技专家服务团被评为2021年度湖南省优秀科技专家服务团。（刘晋芳 王飞跃）

【创新高地工作推进会议】 2022年10月19日，长沙县、长沙经济技术开发区召开科技创新高地工作推进会议。会议通报表扬长沙县、长沙经开区优秀科技型企业；播放县区科技创新成果展示片；铁建重工、源品生物、星通汽车等优秀科技型企业作交流发言。（刘晋芳）

【长沙县科技计划项目】 2022年，长沙县科技计划项目立项73个。其中，前资助科技计划项目14个、事前立项事后补助项目59个。项目涉及工程机械、汽车及零部件、电子信息、新材料等工业领域的研究开发、技术创新、科技成果转化等科技创新项目，涉及乡村振兴建设中“一县一特”（指1个县1个特色）产业及水稻、畜牧、蔬菜等农业领域开展的生物育种资源保护开发利用、绿色高效生产、农产品精深加工、现代农业农村支撑等科技创新项目。验收到期县科技计划项目115个，114个项目验收合格。

（王飞跃 夏姝姝）

【长沙县第十五批农业科技特派员派驻】2022年，长沙县开展第十五批农业科技特派员派驻工作，选派农业科技特派员101名，分别派驻65个农业企业，组建茶叶、水稻、蔬菜、畜牧4个产业科技特派员专家服务团，设立高桥镇、金井镇2个科技特派员示范工作站。（王飞跃）

【6个省级技术攻关项目建设】2022年，湖南省开展10个“十大技术攻关项目”。其中，6个项目建设在长沙县范围内，分别为顶立科技第三代半导体、三一汽车高端液压元器件、天河国云区块链底层技术、铁建重工大型掘进机主轴承、铁建重工地下工程装备数字孪生技术、山河智能工程机械数字样机及孪生技术。全年投资1.56亿元，解决在液压元器件、数字孪生、大型掘进机主轴承等方面技术问题。（杨 奕）

【农村专业技术协会院士专家乡村行活动在长沙县】 2022年6月24日，中国农村专业技术协会院士专家乡村行活动到长沙县“科技小院”，中国农技协理事长、中国农业大学原校长柯炳生，中国农技协调研组，以及印遇龙、刘少军、吴义强等中国工程院院士等一行到长沙县鱼产业、水稻、酵素等科技小院，开展技术指导服务，查看科技小院建设发展，参加中国科协“科学家精神教育基地”揭牌仪式和岳麓山畜禽种业创新中心印遇龙院士科研示范基地奠基仪式。

（王飞跃）

科技成果转化及应用

【概况】 2022年，长沙县推动科技成果本地转化，对接中国军事科学院、中国科学院、北京理工大学、中国人民解放军国防科技大学等20余所院校，筹备引进军事科学院星沙人工智能创新中心项目和中科曙光松雅湖工业先进计算中心项目。长沙特种工程装备工业技术研究院、长沙干细胞与再生医学工业技术研究院相关工作推进。激活科技成果交易市场，全县技术合同成交额87.46亿元，比2021年增长36%；技术合同登记项数1490件，比2021年增长317%。

（夏姝姝）

【山河智能地下工程装备全球发布会】 2022年1月7日，以“创新引领，世界之巅”为主题的山河智能地下工程装备全球发布会举行，现场发布8款地下工程“超级装备”，包括山河智能自主研发的2款产品（大吨位旋挖钻机、全液压履带桩架，引孔式静力压桩机、大直径植桩钻机）、绿色智慧矿山成套装备产品——SWDE165I5G+智能钻机及“大孔径爆破孔钻凿之星”SWDRT250全液压牙轮钻机、双轮铣槽机、液压打桩机、地下连续墙液压抓斗、全回转全套管钻机等产品。SWDM1280旋挖钻机输出扭矩1280千牛·米，全装备行走重量470吨，整机立桅高40米，钻孔直径7米，钻孔深度170余米，能实现大直径深孔嵌岩成孔要求，可应用于跨海大桥等工程桩基施工。SWCH980-260M全液压履带桩架立桅高62米，超出业内同类产品7米。SWPD280大直径植桩钻机可植入预制桩1.2米，钻孔深度35米，单节桩植入长度18米。ZYJ1260BK引孔式静力压桩机结合静压和旋挖引孔优势，最大可施工1米大直径管桩，最大引孔深度40米，最大压桩吨位1260吨，适用于大型桥梁、港口码头、重大水利工程、超高建筑等桩基础施工。

（夏姝姝）

【竖井掘进机“梦想号”下线】 2022年11月29日，由中国铁建重工集团股份有限公司和中铁十五局集团有限公司研发的竖井掘进机“梦想号”下线。“梦想号”整机高10米，开挖直径23.02米，集开挖、出渣、支护、导向等功能于一体，适用于软土和软岩地层的竖井工程建设。设备采用全密封、高承压设计，主机潜入水下挖土开挖深度80米，具备可变径开挖能力。

（夏姝姝）

气　象

【气象服务】 2022年，长沙县完善气象防灾减灾机制，联合制定《长沙县灾害性天气应对机制》《长沙县防汛气象预警应急响应机制（试行）》。在县防汛成员单位推广应用“天气盒”以及“拇指天气”和“长沙天气”小程序，按照“6小时预报、3小时预警、1小时叫应”服务模式及时开展递进式气象服务和气象预警信息靶向发布工作。年内，长沙县出现超历史极值的特旱和连续高温天气，从8月下旬开始，在全县开展3个月的大范围人工增雨作业，有效缓解旱情、降低森林火险气象等级。与县农业农村局签订合作协议，为422个水稻、茶叶等种植大户提供直通式农业气象服务，为长沙县院士农业项目和粮食生产“四高”（高标准、高技术、高产量、高品质）综合示范区建设提供气象服务保障，金井茶叶被评为“湖南气候好产品”；助力蓝天保卫战，开展空气污染气象条件监测预报预警和人工影响天气作业；为公安、交警、交通、电力等部门以及县内重大活动提供针对性气象服务保障。在全省率先完成气象灾害风险普查试点，该项目作为样板工程向全省气象部门推广。

（毛　宇）

【气象现代化建设】 2022年，长沙县完成北山新桥社区、春华红旗水库国家骨干站升级、补齐短板建设，完成春华万亩粮食生产示范区农田小气候水稻视频监控站建设。新建长龙街道行政区内建设六要素自动气象站1套，为城区防涝排渍提供保障。开发长沙县降水查询小程序，根据观测设备备件情况拟项新气象相关配件设备。北山人工影响基地改造完成。

（毛　宇）

【防雷安全监管】 2022年，长沙县气象局发放防雷装置设计核准书4张、防雷装置竣工验收意见书5张；审核批准施放气球活动2次，批准施放气球20个。开展防雷安全大检查，编制《长沙县2021防雷安全监督检查计划》，对本行业领域开展防雷安全隐患排查。开展防雷安全执法检查135次，发现隐患30处，整改完成30处，约谈企业4家。以“3·23”世界气象日、“5·12”全国防灾减灾日、安全生产月、“科普宣传周”等活动为契机，设立咨询台、摆放气象科普展板、发放宣传资料，开展气象科普活动。

（毛　宇）

教　育

编辑　李珊珊

综 述

【概况】 2022年，长沙县有各级各类学校543所。其中，幼儿园350所（含公办幼儿园144所、普惠民办幼儿园156所、非普惠民办幼儿园50所），小学129所（含民办小学4所），初中40所（含民办初中9所、九年一贯制学校），特殊教育学校1所，普通高中15所（含民办6所），职业中专1所，市县共管民办中职学校7所。有校外培训机构106家。有幼儿5.8万人，小学生11万人，初中生3.7万余人，特殊教育学生136人，普通高中学生1.8万人，职业中专学生1.6万人。是年，长沙县教育局获省政府两项督导评估优秀等次、省教育厅“师德师风建设年”工作成效明显单位、全市推进教育改革发展真抓实干督查激励单位、市文明单位、市2022年“基础教育精品课”优秀组织单位、市生物和物理实验技能大赛“优秀组织奖”等市级以上荣誉30余项，长沙县第一中学被团中央授予“小平科技创新实验室”称号，长沙县职业中专学校在“湖南省卓越中等职业学校”建设项目获“优秀”等级。“五好”教育成果在中央电视台一套《新闻联播》以及《中国教育报》《湖南日报》《湖南教育》等媒体报道1396条。

（彭　湘）

【学校建设】 2022年，长沙县教育局完成县政府投资计划4.4396亿元，完成县财政安排进度资金投资4.2896亿元，铺排项目29个。其中，竣工项目1个，续建项目8个，新建项目13个，预备项目7个，新增义务教育学位8880个。8月，开慧中学建成，办学规模为24个班，总投资13965.12万元。是年，建成乡镇标准化寄宿制学校2所、乡村小规模学校7所、中小学扩容建设4所、义务教育“薄改与能力提升”1所、楼盘配套市计划公办园4所等；签订

2022年8月，开慧中学建成　　　　（长沙县教育局 供图）

13个配套幼儿园移交协议，办理18所幼儿园不动产证。　　（龚宏鹄）

【教育评价及课堂教学改革】 2022年，长沙县教育局印发《长沙县深化新时代教育评价改革实施方案》，出台“三评价、三考核”（“三评价”指对高中、初中、小学教育教学质量综合评价，“三考核”指中小学艺体科技、德育、教师发展的考核办法）教育评价体系。其中，奥赛35名学生获国家级奖项，长沙县实验中学杨毅博获信息学奥赛全国一等奖；长沙县第一中学在2022年省中学生田径比赛中获团体总分第二名；在第26届“中国少儿戏曲小梅花荟萃”活动中2名学生获“小梅花”奖。印发《2022年度长沙县校园减负专项整治行动方案》《关于严格落实教育评价改革“十不得一严禁”规定的通知》等文件。在局官网和“星沙教育”微信公众号开设“深化新时代教育评价改革”专栏。评价改革工作经验被《湖南日报》、省广播电台、《长沙晚报》等10余家媒体宣传报道。是年，长沙县教育局编制《长沙县“三现”教学模式的构建与运用》，出台《长沙县“三现”教学模式实施方案》。

（余伟亮　缪自能）

【校外培训治理和课后服务开展】 2022年，长沙县教育局成立校外培训机构监管科，全年开展上门联合执法检查行动30余次，出动检查及执法人员1500余人次，查处无证办学机构25起，违规办学行为10起，拆除违规广告牌200余处，罚款9.8万余元。制定非学科审批流程清单，初步堪现机构26家，窗口登记机构62家。聘请第三方公司对2家风险较大的机构开展财务审计，约谈10位办学机构负责人。是年，下发《中小学课后服务专项经费管理使用暂行办法》，开展课后服务机构遴选，87家机构进入课后服务机构白名单。全县参与课后服务学生102690人，参与教师8283人。年内获市委改革办《长沙改革交流》2022年第17期《长沙县：以“小切口”创“大突破”深化教育领域综合改革》推介长沙县“双减”改革经验。（陈小飞　蒋景文）

【教育督导】 2022年8月，长沙县教育局对18个镇（街道）和黄兴会展区开展履职评价专项督导。11月16日，湖南省人民政府教育督导委员会认定长沙县教育局为2021年度县、市、区人民政府履行教育职责评价优秀等次，认定县委书记付旭明、

县长陈永高为县级党政主要领导干部履行教育职责评价优秀等次。是月，在市政府教育督导办高中阶段学校督导评估中，长沙县第一中学获综合优秀等次，长沙县实验中学、唯上商务科技学校获单项优秀等次。是年，“拓宽农村劳动教育课堂”入选“湖南省‘双减’一周年督导显成效责任督学案例”，《长沙县：督导先行，‘五好’教育绽芬芳》被《湖南教育》杂志报道。（汤腾飞）

【招生考试】 2022年，长沙县教育考试中心组织高考、学考、中考、美术联考、PETS考试、自考、成考、研考、教师资格证9类考试，考试人数98632人，考场数4717个，考务人员5732人，考试次数11次。全年获湖南省2021年高考优秀考区、长沙市2021年度高等教育自学考试工作先进单位、长沙市2021年度国家教育考试社会类考试工作先进单位、长沙市2021年度初高中学业水平考试工作先进单位、长沙市2021年度国家教育考试服务管理工作先进单位等。（缪小兰）

【智慧教育】 2022年，长沙县教育局智慧教育促城乡优质均衡，全年现代教育装备投入8400万元。以县域名校作示范、名师强引领、城区专业教师作支撑，建强网络联校主校33所、分校66所；与教研联合体、城乡学校“手拉手”创新实施、协同互补，农村200人以下小规模学校均有城区学校提供帮扶。是年，长沙县百熙实验学校、湖南师大附中星沙实验学校均被评为长沙市未来学校创建校，全县市级未来学校创建校7所；长沙县一中肖正根、长沙县实验中学周维、罗鹏程被评为省级名师网络工作室；在2022年“基础教育精品课”遴选活动中，有47堂课获省级优秀等次、31堂课获教育部参评；长沙县教育局被评为市“优秀组织单位”。（李巧玲）

【校园安全】 2022年，长沙县教育局树立“生命至上、安全第一”的思想，全面完成公办民办学校“一键式报警”系统优化升级，县级及以上平安校园占比41.3%。是年，长沙县泉星小学、长沙县百熙实验学校初中部等10所学校被评为市级“平安校园”；长沙县百熙小学、长沙县第三中学、长沙县湘龙幼儿园等11所学校接受市级“平安校园”评估验收；长沙县教育局被评为“长沙市2021年国家安全人民防线建设先进单位”（2022年7月）、市学校消防安全教育教学竞赛活动“优秀组织奖”。承办全省反邪教集中宣传教育“反邪教工作进校园”和市防灾减灾日人防宣传活动。年内长沙县松雅湖第二小学被评为市防震减灾科普教育示范学校，长沙县蓓蕾小学被评为市禁毒示范学校。（左　聪）

【教育基金使用】 2022年，长沙县教育基金会实施“奖教、奖学、助教、助学”爱心工程项目，在全县中小学校开展“牵手同行　助学圆梦”2022年腾讯99公益日活动，15万余人参与，募集善款242万余元，全年县教育基金会基金总收入14006846.27元。全年设立冠名奖教奖学、助教助学项目23个，资助大、中、小学贫困学生7021人次、1000万元；扶助困难教职工678人次、200万元；奖励品学兼优学生9040人次、150万元；奖励德技双馨优秀教师8340人次、963万元；市教育基金会支持全县6所薄弱学校办学条件100万元，配套40万元支持学校改造。7月17—22日，组织76名优秀教师、先进教育工作者参加“园丁之家”湘南之旅、湘西之旅活动。10月26日，长沙县教育基金会被评为湖南省民政厅AAAAA级基金会。（杨孟兰）

【民办教育】 2022年，长沙县有民办义务教育学校13所，学生12520人，教职工1116人；民办高中6所，学生8689人，教师757人；校外培训机构106所，其中，学科类培训机构40所，非学科类机构66所。制定《长沙县规范民办义务教育发展方案》《北师大空港城校区“民转公”工作方案》《长沙县购买民办义务教育学校学位实施方案》等工作方案。转设公办1所。按照“公办参民办”学校治理要求，将北师大长沙附属空港城学校设为公办学校（长沙县自贸临空实验学校）。财政投入2000万元购买学位1920个。开展3所学校公参民治理工作，签订终止办学协议，规范校名、公办编制教师均回归公办学校，实现民办学校

2022年6月30日，长沙县教育基金会组织2022年度上学期“与爱同行”奖学、助学金发放仪式（长沙县教育局　供图）

教师、财务、招生、办学、教学、行政独立要求。制定《民转公学校教师配置方案》，引进原民转公学校教师114人，招聘教师120人。（陈小飞）

【教育科研课题建设】 2022年，长沙县教育局有2个湖南省教育科学规划课题、15个湖南省教育学会课题、7个湖南省教育科学研究工作者协会课题、16个长沙市教育科学规划课题，均立项开展课题研究。其中，6项成果获湖南省基础教育教学成果奖（一等奖1个、二等奖3个、三等奖2个）；9个长沙市教育科学规划课题结题（一等奖5个、二等奖4个）；4个课题参加市优秀成果展示；获长沙市友谊教育科研奖二级二等1个、二级三等2个。（黄伊利）

【研训一体模式建设】 2022年7月，长沙县教育局原教育研究中心与教师发展中心合并为教育研训中心。该中心制定2022—2023学年“研训赛联促”一体化工作系列方案。组建“五好教育”美育特色团25个，涵盖音乐、美术、体育、科技4个类别；开展国家级培训项目、网络研修、工作坊研讨、“菜单式”送培等活动，构建县级做示范精品培训、片区（名师工作室、基地校）做全员培训、学校做校本培训的三级教师培训模式；遴选一批名师名校长、学科带头人、教研骨干等作为教师培训储备力量，建设县级教师培训专家库；出台校本研修管理办法，推进教师培训“放管服”改革，实施项目招标，建立健全师训工作评价机制。（缪自能）

【教育民生服务】 2022年，长沙县教育局开展教育阳光服务和信访工作，全年受理阳光服务网络工单5382件次；省教育阳光服务监察系统328件次；问政互动（县长信箱）183件次；县委网信办863件次；阳光服务中心接待群众来访来电13000余次；群众留言办理量4206条，超期数0；办理建议提案13件。是年，长沙县教育局被评为长沙县提案办理先进单位。县人大常委会组织对义务教育“双减”工作进行专项评议，长沙县教育局收到意见建议4497条，人大代表满意率94.9%。（陈思吉）

【学校食品安全】 2022年，《长沙县教育局贯彻落实食品安全“两个责任”机制实施方案》出台，全县举办17场校园食品安全培训，组织4672人次参加市级线上食安从业人员培训，获市“论文组织奖”。开展209所公办校（园）和32所民办学校食堂巡查，实现随机陪餐76人次。启动“营养与健康管理工作室”和“食安管理员培训工作室”建设，长沙县天华中学被评为2022年度省级“营养健康学校”。投入252万元对23所食堂提质改造，助推5所校园食堂创建长沙市标准化食堂；指导3所实践基地通过市级评审；燃气报警装置安装率100%；对全县509所校园燃气、燃油使用情况进行摸底督查，建立台账。（熊 猛）

学前教育

【概况】 2022年，长沙县有幼儿园总数350所。其中，公办幼儿园62所，委托公办幼儿82所，普惠性民办幼儿园156所，非普惠民办幼儿园50所。在普惠性民办幼儿园中，有一级普惠幼儿园31所，二级普惠幼儿园23所，三级普惠幼儿园48所，四级普惠幼儿园54所。全县有公办、民办幼儿园教职工7604人，在编教职工190人。（肖 可）

【公办幼儿园学位增长】 2022年，长沙县教育局新建小区配套幼儿园回收22所，均转成公办幼儿园，新增公办幼儿园学位4590个，公办幼儿园在园幼儿占比54.94%以上。（肖 可）

【学前教育普及优质均衡发展】 2022年，长沙县教育局普惠性民办幼儿园新认定14所，新升级1所；通过省级办园行为督导评估；全县长沙县级财政对学前教育投入5000万元（不含建设经费和贫困补助经费）；建设本土学前教育品牌：六艺天骄学前教育集团、湘龙学前教育集团；通过学前教育教研工作坊、对口帮扶、名园长（名师）工作室，以课题研究、跟岗研修、竞赛活动等为载体，推进学前教育发展。（肖 可）

【长沙县六艺天骄幼儿园被评为全国生态文明教育特色学校】 2022年12月，长沙县六艺天骄幼儿园被环境教育杂志社、中国环境文化教育专家委员会评为2022年全国生态文明教育特色学校，园长沈娉婷被评为2022年全国生态文明教育先进个人。该园生态文明教育融入园所环境、融入园所活动。2019年以来，出版垃圾分类教材《3～6岁儿童垃圾分类家园共育指导手册》，配套制作49个微视频。以名师工作室、名园长工作室、劳模创新工作室为依托，带动县内外园所开展环境教育，促进环境教育经验分享交流。是年，到长沙县各地及邵阳洞口、湘西永顺、龙山、怀化等偏远农村幼儿园开展环境教育教学培训、专题讲座、现场教学、游戏互动、物资捐赠等活动。沈娉婷多次代表长沙县教育系统分享环境教育经验，将“垃圾分类课程体系”成果在长沙地区、湘西、怀化等幼儿园分享，在甘肃兰州、青海西宁等地推广，在教育部园长培训中心全国园长高端培训班中做垃圾分类课程经验交流，被评为“全国生态文明教育创新人物”“全国环境宣传大使”、湖南省“绿色卫士”“一江六河”守望湘江志愿者、长沙县“最美基层环保人”等。（彭 湘）

基础教育

【概况】 2022年，长沙县小学、初中学生巩固率100%，高中阶段毛入学率 98.6%，小学、初中适龄人口入学率均 100%。年内出台《关于切实规范义务教育阶段招生入学工作的通知》《长沙县城区义务教育阶段 2022 年秋季招生入学办法》。义务教育阶段小一、初一新生入学，实行网上报名、免试入学。全县公办小学按照相对就近、适当调剂原则，实行公示学区、划片招生、登记入学；初中按照单校划片（对口升学）、多校划片、适当调剂相结合的方式进行入学。是年，《长沙县中小学生研学实践课程方案（试行）》出台。

（蒋景文）

【特殊教育】 2022 年，长沙县通过特校就读、随班就读、送教上门等教育安置形式，保障残疾儿童受教育权利，全县 6～16 周岁适龄残疾儿童少年入学率 97%。11 月 4 日，召开长沙县"五好"教育特殊教育工作大会，成立长沙县特殊教育研究培训中心和特殊教育专家委员会。长沙县特殊教育学校新申报 2 个省级规划课题，被评为省教育学会特殊教育系统先进单位，在市特殊教育教师教学基本功比赛和融合教育优秀教育教学案例遴选活动中获"优秀组织单位"。

（王铁武）

【合作办学、集团化办学】 2022 年，长沙县教育局与长沙市长郡中学、长沙市砂子塘小学教育集团、长沙市南雅中学签订合作办学协议，合作共建长郡自贸临空高级中学、砂子塘黄花实验小学、南雅远航实验学校；与百熙集团签订合作办学协议，将百熙黄花实验学校纳入集团管理。是年，南雅星沙实验学校、长沙市雅礼田汉实验学校开学投入使用。（蒋景文）

【劳动教育】 2022 年，《长沙县教育局关于全面加强新时代中小学劳动教育的实施方案》及责任清单出台。全年创建劳动与实践基地（营地）41 个。是年，长沙县湘龙小学被评为 2022 年全国生态文明教育特色学校；长沙县福临镇陈树湘红军小学被评为中小学劳动教育实验校；长沙县隆平稻作公园劳动教育实践基地、湘丰茶业劳动教育实践基地均被评为湖南省中小学劳动教育实践基地。

（潘　璠）

【心理健康教育】 2022 年，长沙县教育局开展"阳光成长"心理健康教育活动，对全县 69 所公办学校 5 万余名中小学生进行心理健康普查工作。举办全县中小学校园心理剧的创作表演、治愈系心理漫画创作评比、"5·20"心理健康活动周、心理健康教育辅导活动。是年，长沙县被评为长沙市第四届中小学校园心理剧优秀组织单位。（潘　璠）

【团队工作】 2022 年，《长沙县红领巾章争细则（试行）》出台。是年，长沙县教育团工委获"长沙市十佳五四红旗团委"，长沙市少先队辅导员风采大赛团体二等奖；长沙县中南小学 1908 中队获全国优秀少先队集体；《长沙县让学生沉浸式学习红色文化——本土红色资源成了"活教材"》被《中国教育报》推介。组建中共二十大精神县教育团工委宣讲团，宣讲场次 60 场。举办全县教育系统"百年正青春"主题团日活动，拍摄庆祝建团 100 周年《团聚青春》MV，被团中央杂志和湖南省教育电视台、"学习强国"等平台推介。举办长沙县教育系统"拥抱'五好'教育 畅享幸福童年"庆"六一"主题活动。长沙县教育团工委申报长沙市教育科学"十四五"规划团队工作专项课题《"行走的红领巾"红色研学课程研究》少先队课题、《思政教育与共青团实践活动一体化探索与研究》共青团课题立项。（潘　璠）

2022 年 8 月 25 日，长郡自贸临空高级中学和长沙县自贸临空实验学校揭牌

（长沙县教育局 供图）

职业教育

【概况】 2022 年，长沙县有 1 所公办、6 所市县共管民办中职学校，是国家第二批职成教育示范县。在校学生 15950 人，教职工 1223 人。各职校深化产教融合，强化校企合作，职业教育与社会经济同步发展、职业教育结构与产业结构同步调整。是年，长沙县中职学校获市级及以上荣誉 255 项。其中，国家级荣誉 5 项、省级荣誉 70 项。长沙县职业中专学校申报"楚怡优质中职学校建设单位（A 档）"（全省 30 所），被教育部评为大中小学思政课一体化共同体建设单位。（向　芳）

【长沙县职业中专学校】 2022年，长沙县职业中专学校设有路口、星沙2个校区，在校学生4176人，教职工302人。开设机械制造技术、园林技术、旅游服务与管理3个专业群，14个专业。通过长沙地区需求调研结果分析，增设幼儿保育专业，同时优化机械制造技术（电子方向）、汽车制造与检测、幼儿保育、会计事务4个专业。全年招收初中应届毕业生1558人，比2021年增长5.91%。是年，该校教师在教师职业能力竞赛中获国家三等奖1项、省一等奖1项、省二等奖6项、市赛奖14项；指导学生参加国家、省、市各项技能竞赛；机械制造技术、园林技术2个专业群被评为湖南省“楚怡”优质专业群。全年教师在期刊发表获奖论文有53篇；新立项省级课题3项（1项为湖南省教育科学“十四五”规划课题），省级教育教学改革项目3项，被评为长沙市教育科研优秀案例1项；完成《机械基础》《数控车工编程与加工》等专业群共享课程6门，省级在线精品课程9门，校级精品在线课程12门。（向 芳）

【长沙经贸职业中专学校】 2022年，长沙经贸职业中专学校有教学班级45个，注册学生1886人，在职教职员工130人。设有学校新校区，占地面积8.63公顷，总建筑面积214216平方米，总投资15.12亿元，规划高中阶段学位6000个。学校构建新湖南“经贸大德育”理论体系，推行素质教育，注重学生通用能力培养，实施大晨练、大晨读、大五才、大素质、大整理、大安全、大舞台、大社团、星光大评比与文明大校园活动。年内获湖南省“威胜杯”黄炎培职业教育创业规划大赛中三等奖。（向 芳）

社区家庭教育

【概况】 2022年，长沙县社区教育依托1所县社区学院、18所镇社区学校、212个社区学习中心组成社区教育网络，引进国家数字化学习资源，开设“乡村振兴大课堂”，推动覆盖至全镇、村，组织村民开展常态化学习，年内长沙县被评为教育部《全国农村职业教育与继续教育数字化学习资源共建共享研究与应用》实验基地。推出“悦学星沙”公众号，开设在线课程19门、课时资源803节，关注学习1000余人次，助推学习型乡村建设。征集家庭教育指导师6人，开展家庭教育指导。在各大高校职专征集专业授课教师，在全县18个镇（街道）开展订单式送课活动50余次，课程类别涉及红色教育、家庭教育、传统文化、智慧助老等。（向 芳）

【社区教育】 2022年，长沙县教育局组织各镇（街道）参加各类推荐评选工作。其中，获市级百姓学习之星3人；获“终身学习品牌项目”二等奖1个；“市级优秀学习型家庭”2个；“市级优秀学习团队”2个；入选国家开放大学终身教育平台微课6个；获“喜迎二十大·奋进新征程”文艺节目优秀奖1个；获清廉文化活动优秀组织奖3个。长沙县社区学院联合长沙市益立中等职业技术学校合作共建乡村振兴电商人才培育基地。（向 芳）

【家庭教育】 2022年，长沙县教育系统有家长学校196所，市级示范家长学校26所，县级示范家长学校112所，在校家长学员123870人。全年各家长学校举行家长学员培训287场次，举办亲子活动和家长开放日活动1705场次，参加活动家长学员19.65万人次。6月7—8日，18个“十四五”湖南省家庭教育规划课题均通过省级专家的开题论证；全县558篇教师和家长学员撰写的家庭教育论文分别获湖南省教育学会一、二、三等奖；长沙县干杉中心小学、长沙县百熙实验小学、长沙县大同星沙小学、长沙师范附属春建小学、长沙县毛塘小学、长沙县湘龙幼儿园6所家长学校获长沙市示范家长学校。是年，长沙县教育局关心下一代工作委员会获“全省教育系统关心下一代工作先进集体突出贡献奖”，涂启伦获“全省教育系统关心下一代工作先进个人突出贡献奖”；长沙县松雅湖第二小学、长沙县中南小学、长沙县实验中学3所学校关工委被评为“全省教育系统关心下一代工作先进集体”，王庚仕、熊年、冯晓被评为“全省教育系统关心下一代工作先进个人”；在“新时代好少年·强国有我”主题教育活动中，长沙县教育局关工委、长沙县星沙街道中心学校等10个单位分别获省教育厅、市教育局“主题活动优秀组织奖”；长沙县教育局等22个单位获长沙市教育局第九届国际四联漫画大赛“优秀组织奖”；长沙县金井镇双江中心小学获长沙市教育局“育邦关爱留守儿童工作先进集体”；长沙县江背镇梅花学校王文被评为长沙市教育局“育邦关爱留守儿童工作先进个人”。（涂启伦）

师资建设

【人才引进】 2022年，长沙县教育局出台政策《长沙县教育人才引进培育实施办法（试行）》。全年引进名优校长、教师6人；引进研究生及部属师范生128人。周群意、马明2位教师入选省新时代基础教育“名师名校长计划”。（黄思远）

【师德师风】 2022年，长沙县教育局召开全县中小学教师师德师风建设专题工作会议，下发《2022年长沙县师德师风建设工作方案》，全年查处师德师风违规问题8起。1月，《以打击学术不端为抓手推进师德师风建设》在湖南教育快讯上推介。4月，被省教育厅评为“师德师风建设年”工作成效明显单位。（常 利）

【教师招聘】 2022年，长沙县公开

招聘教师 472 人，公开选调教师 142 人；民办转公办择优招聘教师 117 人，择优引进教师 106 人；提前批自主招聘 24 人；接收公费师范生 30 人。其中，纳入编制备案管理 619 人，纳入全额事业编制管理 272 人。最终招聘（选调）教师 891 人，安排城区任教 407 人，农村任教 484 人。（刘 平）

【名师工作室】 2022 年，长沙县有省级网络名师工作室 3 个、市级名师工作室 1 个、县级名师工作室 26 个、市级名师农村工作站 7 个。9 月，公布第三届第二批县级名师工作室遴选通知，经个人申报及单位推荐，有 50 位名优教师申报，经名师工作室领导小组组织有关专家评审后，有鲁飞等 13 位教师入围并报局党委审议通过。（黄思远）

【干部人事交流】 2022 年，长沙县教育局系统内异动 477 人，其中，干部任免、跨镇（街道）异动 233 人，镇内校长园长任免 19 人，镇（街道）内异动教师 225 人。全年干部调整 143 人次，其中，提拔 69 人次，重用 12 人次，交流 36 人次，合作办学学校委派 8 人次，到龄退位 11 人次，其他情况 7 人次。（汤 浩）

【支教工作】 2022 年，长沙县教育局选派 24 名优秀中小学教师到邵阳洞口县支教 1 年。从县内城区学校选派 63 名中小学教师到县内农村中小学支教 1 年。（黄思远）

【职称评审】 2022 年，长沙县申报中小学中高级教师 587 人，其中，申报普通高级教师 124 人、基础教育高级教师 13 人（含雨花区 2 人）、资深乡村教师 41 人、中级教师 409 人，最后高级教师通过 111 人，中级教师通过 368 人。（汤 浩）

【教师培训】 2022 年，长沙县教育局开展培训 25044 人次。其中，国家（省）级培训项目 131 个，培训 515 人次；市级培训项目 45 个，培训 543 人次；县级培训项目 24 个，培训 23986 人次左右。是年，教师培训工作获湖南省在线集体备课“最佳优秀组织奖”，长沙县被评为 2021 年国培工作“优秀项目县”，9 个工作坊均被评为“优秀工作坊”，并获得优秀成果 13 项。（李冬梅）

高等教育

【概况】 2022 年，长沙县辖区内有高职院校 17 所，其中，本科院校 3 所，分别为长沙师范学院、湖南信息学院、湖南警察学院；专科院校 14 所，分别为湖南大众传媒职业技术学院、湖南交通职业技术学院（干杉校区）、湖南现代物流职业技术学院、湖南安全技术职业学院、长沙电力职业技术学院、湖南水利水电职业技术学院、湖南都市职业技术学院、湖南司法警官职业学院、湖南生物机电职业技术学院、湖南工程职业技术学院、湖南劳动人事职业学院、湖南艺术职业技术学院、湖南三一工业职业技术学院、湖南工艺美术职业学院（长沙基地）。有在校学生 17.7 万余人。是年，湖南警察学院、湖南信息学院、长沙师范学院分别获 2021 年度在长高校毕业生留长工作先进单位一等奖、二等奖、三等奖（本科院校组），湖南大众传媒职业技术学院获 2021 年度在长高校毕业生留长工作先进单位（高职院校组），湖南都市职业学院获毕业生留长就业工作进步奖（高职院校组）；湖南大众传媒职业技术学院挂牌民盟湖南省委会统战理论研究基地；长沙师范学院入选“2022 年度全国品牌影响力本科高校”；湖南司法警官职业学院被评为 2022 届湖南省文明校园；湖南现代物流职业技术学院入选湖南省“楚怡”高水平高职学校建设单位 A 档；湖南安全技术职业学院入选省级“双高校”建设单位；湖南水利水电职业技术学院被评为“全省教育系统网上政务公开和政务服务优秀单位”。（周进银）

【湖南警察学院获 2021 年度在长高校毕业生留长工作先进单位一等奖】 2022 年 7 月 4 日，湖南警察学院获 2021 年度在长高校毕业生留长工作先进单位一等奖。是年，该学院有全日制在校本科学生 6912 人、专任教师 344 人，其中，副高级以上职称教师 173 人，博士和硕士学位教师 263 人；设有教学系（部）10 个、实验中心 1 个；有公安类本科专业 8 个和普通类本科专业 6 个；有校内实验实训场所 90 个、校外教学实习基地 81 个；有省级社科研究基地、教科研究基地 3 个，省级重点实验室 3 个，大数据智慧警务湖南省工程研究中心 1 个，省级科普基地 2 个，湖南政法系统智能化协同创新研究院 1 个。建有省级大学生创新创业教育中心 8 个、省级大学生创新创业教育基地 6 个、省级大学生创新创业孵化基地 7 个、国家级一流专业建设点 4 个、省级“双一流”应用特色学科 3 门、省级一流专业建设点 4 个、国家级一流课程 2 门、省部级一流课程 54 门。学校法学、公安学、公安技术 3 个学科被定为省级应用特色学科，法学、网络安全与执法 2 个专业被定为省级一流专业建设点。举办智慧侦查技能大赛，建设“智慧侦查”品牌。成立习近平新时代中国特色社会主义思想概论教研室，举办第三届“课程思政”教学比赛和课程教学设计比赛，立项 5 个省级“课程思政”项目。开展 2022 年版专业人才培养修订编制，获省级教学成果奖三等奖 2 项。在湖南省普通高校教师教学创新大赛和课程思政教学竞赛中，获一等奖 1 项、二等奖 4 项、三等奖 2 项；在全国高校教师教学创新大赛中，获三等奖 1 项。学校 2 个研究基地入选湖南省“十四五”

教育科学研究重点培育基地，新增院级科研平台7个、院级创新团队5个，遴选6个院级学科带头人，立项资助20个高层次人才基金项目，并获省级自然科学三等奖1项。全年立项省部级课题25项，在中文核心以上期刊发表论文71篇，出版专著4部，获专利授予权43项。编制印发学院科研服务实战手册，协助市州公安机关制定各类方案、报告20余篇，优化“1+6+N”县域警务科技支撑平台，研发多维信息采集分析、涉案财务管理等系统。开展禁毒、预防艾滋病、反电信诈骗等宣讲、支教志愿服务，服务群众1万余人。聘请12名省内知名专家为智库特约研究员。全年在《公安研究》《湖南日报》《人民公安报》上刊发智库理论文章14篇。修订管理制度12项，聘任高级教官26人，评选民警培训精品课程8门，获湖南省干部教育培训“三百工程”精品课程1项。举办在职民警培训班29期，培训学员3000余人。开展职业教育培训35期，培训学员1750余人。开展访企拓岗专项行动、家庭困难等重点群体毕业生帮扶，走访企业108家，提供就业岗位1200余个。学院获大学生创新性研究项目国家级29项、省级60项；获2021年度在长高校毕业生留长工作先进单位一等奖，以及“挑战杯”“互联网+”“北斗杯”等各类学科竞赛和体育赛事省级以上奖项60余项。

（华　婷　吴　岚）

【湖南大众传媒职业技术学院挂牌民盟湖南省委会统战理论研究基地】 2022年，湖南大众传媒职业技术学院挂牌民盟湖南省委会统战理论研究基地。是年，该学院有在校学生1.1万余名，设有二级学院7个、教学部1个、专业34个。学校有4项省高校思政工作精品项目结项，2项精品项目获优秀等次。立项省级高校思政工作精品项目2项、院级课程思政示范项目20项，培育院级思政精品项目25项。建设省级高校思政“金课”，获省级大学生思政课研究性学习成果展示竞赛特等奖。开展心理督导和技能培训，入选省级高校大学生心理健康教育研究与实践先进集体，被评为省级心理育人优秀案例2个、成长辅导案例三等奖2个。立项省级“楚怡”高水平高职学校建设单位A档，申报本科职教专业8个，编制2022级专业人才培养方案35个。全年精品在线开放课程立项国家级1门、省级6门、校级9门，认定省级2门、校级19门。立项省级专业教学资源库1个，2个国家级、3个省级、1个校级专业教学资源库及10门课程入选国家职业教育智慧教育平台，5门课程入选国家高等教育智慧教育平台。申报“1+X”证书试点项目12个，被评为电子商务数据分析证书“优秀试点院校”“优秀考核站点”。举办“生涯嘉年华”大学生职业生涯体验周，获湖南省黄炎培职业教育奖创业规划大赛一、二等奖各1项，并入围国赛；获湖南省“互联网+”大学生创新创业大赛二等奖1项；融媒体中心大学生记者团被评为中国青年报2021—2022年全国优秀职院可视化融媒团队。加强2个省级现代学徒制试点专业管理和验收，新增省级试点专业1个，全校试点班级4个，涵盖在校生247名。立项厅级以上课题37项，承担横向项目130项，入选知识产权47件，实现成果转化25项，出版学术著作35部，主编教材35部，公开发表论文319篇，其中，核心期刊36篇，核心期刊发表作品11件。全年获各类科研成果奖23项。推动落实与湖南日报报业集团、马栏山视频文创产业园的战略合作协议，与湖南广播电视台、芒果TV等企业共建产教融合实训基地，与25家文化传媒企业签订合作协议；推动湖南文化产业职教集团实体化运行，入选省级“楚怡”示范性职业教育集团（联盟）计划建设单位。开展全国传媒职业技术教育联盟、中国职业技术教育学会智能融媒体专委会工作，承办智能融媒体专委会“四说”比赛。马尔代夫维拉学院汉语中心揭牌，承办中外语言交流合作中心“汉语桥”线上团组交流项目。招收和线上培养马来西亚现代流行音乐专业进修生25名。开展专任教师职业能力提升行动计划（2019—2022年），组织教师培训1026人次。新增中西部高等学校青年骨干教师国内访问学者1人、省级中青年骨干教师访问学者3人、省级普通高校青年骨干教师3人。推进1个国家级、3个省级教师教学创新团队建设，申报省“楚怡”高水平教学团队。学院获全国职业院校技能大赛一等奖1项，金砖国家职业技能大赛2等奖2项、三等奖1项，省级职业技能大赛一等奖9项、二等奖6项、三等奖24项；获职业院校教师职业能力竞赛教学能力比赛国赛一等奖1项，省赛一等奖5项、二等奖5项、三等奖1项。

（李云峰）

【湖南艺术职业学院被评为“湖南省高校大学生创新创业孵化示范基地”】 2022年11月，湖南艺术职业学院被湖南省教育厅评为“湖南省高校大学生创新创业孵化示范基地”。湖南艺术职业学院自2020年5月成立创新创业学院以来，秉承“创新助力文化传承、创业点亮艺术人生”理念，建有校级众创空间（2000平方米）、影视传媒、音乐制作、服装设计、茶艺创客5个专业群创客空间，有在孵项目22个，建成“创意—创新—创业”全过程研创服务平台，构建分层分类创新创业孵化实践平台。孵化基地坚持推进“课堂上面萌想法”“实训室里出产品”“创客空间初尝试”“众创空间（工坊）见成效”四步走战略，推动在校大学生“真创业、创真业”，形成“专业技术+创业”“民族文化+创业”“非遗传承+创业”“科

学研究 + 创业”四大基地运营模式。是年，该学院有全日制在校生 7000 余人、专任教师 389 人，建有专业 31 个，设有戏剧、音乐、舞蹈、数字产业、设计艺术、文化旅游 6 个专业学院和马克思主义学院、公共教学部（体育部）、湖南省艺术学校（中专部）等教学机构。开展培训项目 2 期，参训学员 93 人。开展 2022 年湖南省职业技能竞赛文化艺术类赛项赛点，承办全国职业院校技能竞赛集训。开展 2022 年湖南省“莲花杯”青少年戏剧教育教学成果展示活动及汇报展演表彰典礼，获 2022“米兰设计周中国高校设计学科师生优秀作品展”全国决赛一等奖 2 项、二等奖 1 项、三等奖 1 项。立项国家艺术基金项目 1 项、中国非遗传承人群研培计划 1 项、省级课题（项目）40 余个，获湖南省文学艺术奖 2 项、湖南省职业教育省级教学成果奖 3 项。《微电影创作》立项国家级精品在线开放课程，《编谱钢琴伴奏课程》获国家级教师教学能力大赛一等奖。2 个专业群立项省级高水平专业群 A 档。花鼓戏《徐特立》获第七届湖南艺术节“田汉大奖”。2 个节目入围第十三届中国舞蹈“荷花奖”古典舞展演。

（赵国辉）

【长沙师范学院入选“2022 年度全国品牌影响力本科高校”】 2022 年 9 月，中国教育在线“榜样力量 • 2022 年度教育盛典”评选获奖名单发布，长沙师范学院入选“2022 年度全国品牌影响力本科高校”。是年，该学院制定《红色长师建设与实施方案》，健全以徐特立研究中心、田汉文学艺术教育研究中心、许光达研究中心、刘英研究中心为支撑的红色研究平台体系。创排并首演大型民族歌剧《先生》，出版《人民教育家徐特立》《徐特立画传》等著作，举办以“纪念徐特立诞辰 145 周年暨创办长沙师范 110 周年研讨会”为主体内容的系列纪念活动。学校音乐舞蹈学通过省级应用特色学科验收，新增教育学、中国语言文学、艺术学 3 个省级应用特色学科以及汉语言文学、舞蹈学、电子信息工程 3 个省级一流专业建设点；有国家级一流本科专科建设点 2 个、省级一流专业建设点 10 个。新增思想政治教育、航空艺术与管理专业 2 个专业，学校专业总数 28 个。新增省级教学改革研究项目 27 项、省级教学成果奖 4 项，教育教学创新成果入选第六届教博会高校教育创新成果展。在校生参加各类学科竞赛获国家级奖励 44 项、省级奖励 126 项。新增湖南省妇女儿童教育研究中心、湖南省学前教育教师培养教育科学研究基地等 9 个省级科研平台；举办全国学前融合教育现状和质量提升研讨会、数智化低碳化与湖南高质量发展研讨会等 10 余个学术活动。全年教职工主持教育部人文社会科学研究项目等科研项目 234 项，特聘 26 名知名专家，引进人才 125 人。学院被评为全国党建工作“样板支部”2 个、全省标杆学院 3 个、全省样板支部 4 个，及“湖南省高校心理健康教育先进单位”；获湖南省内部审计师协会 2022 年度全省优秀内部审计项目一等奖；入选“十四五”基建项目 9 项，北校区综合训练馆及田径场项目主体建成，入选教育强国推进工程中西部高校项目储备学校；入选湖南省传承红色基因研究基地、湖南省田汉文艺与红色文化传承社科普及基地；被教育部遴选为“教育部—联合国儿童基金会合作项目”实施单位、“师范教育协同提质计划”参与帮扶高校。

（王维新）

【湖南司法警官职业学院被评为“2022 年度湖南省最受高中生关注高职院校”】 2022 年，湖南司法警官职业学院被评为“2022 年度湖南省最受高中生关注高职院校”。是年，该学院有在校学生 6000 人，设有刑事执行、行政执行、法律事务、刑事侦查技术、社区矫正、司法鉴定、社会工作等 15 个专业，建有犯罪预防与罪犯改造研究所、戒毒矫治技术研究所、司法鉴定科学技术研究所、司法行政基层工作研究所 4 个行业研究所。立项省级思政精品项目 1 个、省级优秀思政工作者项目 1 个。全年开展在职教育培训 8000 人次，开展年度“双师型”教师评定，新增 6 名“双师型”骨干教师和 8 名“双师型”素质教师。立项湖南省 2022 年“芙蓉计划”，遴选 11 支队伍参加省赛，获省级比赛一等奖 1 个、二等奖 3 个、三等奖 5 个。全年立项省级、厅级课题 20 项和横向课题 8 项，12 项省级、厅级课题结项；公开发表论文 76 篇、核心期刊 7 篇，出版著作 2 本；申报国家发明专利 2 项、实用新型专利 2 项。举办警衔晋升、法院法警授衔、司法所长培训、社区矫正和安置帮教等培训 35 期，培训 5850 人。组建“法润三湘”大学生普法志愿者联盟法治平台，常态化开展送法下乡、进园区、进军营等公益活动，在册大学生普法志愿者 5000 余人。学院被评为 2022 届湖南省文明校园，被授予湖南省“最美公益普法集体（送法下乡）”特别贡献奖；《思想道德与法治》立项湖南省普通高校思政课“金课”项目；《文件检验技术》被教育部遴选为国家级在线精品课程；新增人力资源共享服务、社会心理服务 2 个省级“1+X”证书试点项目；完成新设专业——信息安全技术应用的论证；刑事侦查技术专业人才培养方案被评为省级优秀，2 项专业建设成果获省级教学成果奖，1 个专业教学资源库立项为省级教学资源库。

（孙瑜琳）

【湖南现代物流职业技术学院入选湖南省“楚怡”高水平高职学校建设单位 A 档】 2022 年 7 月，湖南现代物流职业技术学院入选湖南省“楚怡”

高水平高职学校建设单位A档，3个专业群位列全省高水平专业群之中。是年，该学院有在校生8246人、教职工344人，设有二级教学单位7个、专业28个，有省级精品在线开放课程数量10门，其中，3门课程立项2022年职业教育国家在线精品课程。立项校级新形态教材41本，出版10本。推进学校“博士工作室”“大师工作室”“名师工作室”建设。冯梅入围湖南省委人才工作领导小组办公室发布的“湖湘青年英才”支持计划。在2022年“楚怡杯”湖南省职业院校教师职业能力竞赛教学能力比赛中，获2金3银3铜。加强11个重点建设项目动态管理，现代物流管理、智能物流技术、物流商务3个专业群入选湖南省“楚怡”高水平高职专业群。智能物流技术国家级专业教学资源库通过教育部验收。物流工程技术、电子信息工程技术2个专业获2022年人培方案和专业技能考核标准与题库优秀等级。主持和参与湖南省物流发展规划和标准编制5项，承担株洲、怀化等地市和园区规划23项，承接省部级委托项目16项，与企业联合开展技术攻关项目126项。全年教职工国内外公开发表论文91篇，其中，SCI期刊论文检索3篇，EI会议论文检索3篇，中文核心刊物收录2篇；立项课题项目57项（其中，国家级项目课题4项）、省级课题28项、市厅级项目2项、横向项目2项；登记发明专利1项、实用新型专利3项、外观设计专利1项、软件著作权57项，公开出版著作、教材11本；获湖南省职业教育成果奖一等奖4个、二等奖2个。（傅向东）

【湖南安全技术职业学院入选省级“双高校”建设单位】 2022年9月，湖南安全技术职业学院入选省级“双高校”建设单位，并入选“2022年度湖南省最受高中生关注高职院校”。是年，该学院有在校生9800余人、在岗教职工439人、教师350人、省级专业教学团队2个、省级专业带头人2人、省级青年骨干教师及各级访问学者31人、全国高职高专教学指导委员会委员3人、全国和省级应急管理专家39人，设有二级学院4个、教学部3个、教辅机构1个，新增馆藏纸质图书31098册。开展3门国家级教学资源库课程建设，建成软件与网络安全产业学院。全年立项省级以上科研项目27项。学院在第十届“挑战杯”湖南省大学生创业计划竞赛、湖南黄炎培职业教育奖创业规划大赛省赛决赛等竞赛中获奖7项；应急救援无人机技术产教融合实训基地入选湖南省“楚怡”产教融合实训基地建设，大学生创新创业孵化基地被评选为湖南省高校大学生创新创业孵化示范基地；学生在2022年全省职业院校技能竞赛中获得一等奖5项、二等奖8项、三等奖16项，在全国职业院校技能大赛中获二等奖、三等奖各1项，在湖南省第一届职业技能大赛等其他大赛中获奖18项；安全技术与管理专业、应急救援技术专业立项为湖南省“楚怡”高水平专业群建设单位A档。（陈　瑁）

【湖南水利水电职业技术学院被评为“2022年度全国品牌影响力高职院校”】 2022年，湖南水利水电职业技术学院被评为“2022年度全国品牌影响力高职院校”。该学院设有马克思主义学院、水利工程学院、建筑工程学院、电力工程学院、经济管理学院、基础课部、继续教育学院7个二级学院（部），开设专业29个。建校40余年来，累计培养学生3万余人，每年向水利战线输送1000人以上。是年，该学院有全日制在校学生10119人、在职教师383人，设有二级教学单位7个、专业（含方向）34个。建成智慧型图书馆，建设2.8万平方米图书馆综合实训楼，增加教学实训场所48个（3768平方米）、学生活动场所10个（650平方米）。开展湖南省高水平高职学校和专业群申报。《“文化素质+技能测试”职教高考改革研究》立项2022年湖南省职业教育创新发展重大（重点）攻关项目。承担企业科技创新重大项目“复杂地质环境输水工程安全运行管理关键技术研究”。立项2022年度湖南高校思想政治工作青年骨干建设项目、思政精品项目各1个，“水宝说党史”入选全国高校思政网《百年珍贵记忆——全国高校庆祝中国共产党成立100周年原创精品档案》。特种作业实操考点启用，立项17项实训室建设项目。在“2022中国—东盟教育交流周”水利电力技能国际大赛中获一、二、三等奖11项。12门课程被定为“课堂革命典型案例”项目。获2022年全国职业院校技能大赛教学能力一等奖。入选2022年职业教育国家在线精品课程2门。立项纵向课题35项、横向课题4项，获湖南省水利水电科技进步奖三等奖1项，湖南省水利水电科技进步奖三等奖1项，湖南省教育教学成果奖特等奖1项、一等奖2项（其中，1项是协作单位）。学院水利工程专业群和电力系统自动化技术专业群均立项湖南省“楚怡”高水平高职专业群建设单位A档；学院案例入选节水型高校典型案例，被评为“湖南省绿色学校创建示范单位”、第一批职业院校数字校园建设试点校；立项湖南基层水利技能人才培养基地，被评为湖南省水利厅绩效考核先进单位、湖南省文明学校、“全省教育系统网上政务公开和政务服务优秀单位”。

（罗恩华）

2022 年驻长沙县高职院校一览表

表 10

序号	编码	学校名称	地 址	学校标识码	办学层次	学校性质
1	1779	长沙师范学院	长沙县万花园路 9 号	4143013806	本科	公办
2	1781	湖南信息学院	长沙县毛塘工业园	4143013836	本科	民办
3	1758	湖南警察学院	长沙县远大三路 9 号	4143011534	本科	公办
4	1791	湖南大众传媒职业技术学院	长沙县天华路 322 号	4143012300	专科	公办
5	1796	湖南交通职业技术学院干杉校区	长沙县黄兴会展经济区黄江路	4143012397	专科	公办
6	1836	湖南现代物流职业技术学院	长沙市远大二路 1251 号	4143013940	专科	公办
7	1839	湖南安全技术职业学院	长沙市万家丽北路 66 号	4143014025	专科	公办
8	1834	长沙电力职业技术学院	长沙县星沙街道盼盼路 252 号	4143013938	专科	公办
9	1835	湖南水利水电职业技术学院	长沙县东四路 20 号	4143013939	专科	公办
10	1843	湖南都市职业学院	长沙市远大三路黄花国际空港	4143014121	专科	民办
11	1804	湖南司法警官职业学院	长沙市远大二路 1069 号	4143012601	专科	公办
12	1795	湖南生物机电职业技术学院	长沙市开福区万家丽北路一段 359 号	4143012343	专科	公办
13	1799	湖南工程职业技术学院	长沙市万家丽北路水渡河 100 号	4143012425	专科	公办
14	1855	湖南劳动人事职业学院	长沙县开元东路 1319 号	4143014508	专科	公办
15	1813	湖南艺术职业学院	长沙县特立东路 719 号	4143013032	专科	公办
16	1848	湖南三一工业职业技术学院	长沙县㮾梨街道㮾梨工业园	4143014322	专科	民办
17	13921	湖南工艺美术职业学院（长沙基地）	长沙县湘龙街道腾辉路 76 号（湖南湘绣产业科技教育园）	4143013921	专科	公办

（资料来源：长沙县教育局）

文　化

编辑　周进银

公共文化

【概况】 2022年，长沙县推进公共文化服务设施建设，优化公共文化服务供给，提质改造标准化社区（村）综合文化服务中心15个、文旅融合示范点3个（青山铺镇综合文化服务中心、江背镇金洲村综合文化服务中心、果园镇浔龙河村综合文化服务中心），向群众免费开放，定期开展活动。是年，长沙县文化旅游广电体育局被中宣部评为全国文化科技卫生“三下乡”活动优秀团队，长沙县福临镇被评为全国服务农民、服务基层文化建设先进集体，《“云上·五悦”全域智慧数字文化服务网创新实践案例》入选省级优秀案例。在中央宣传部、农业农村部、国家乡村振兴局共同主办的“我爱阅读”100天读书打卡活动中，长沙县图书馆位居全省第一名。

（胡偲文婷）

2022年长沙县标准化社区（村）综合文化服务中心一览表

表11

序号	社区（村）综合文化服务中心名称
1	金井镇王梓园村综合文化服务中心
2	金井镇龙华山村综合文化服务中心
3	开慧镇白沙村综合文化服务中心
4	开慧镇锡福村综合文化服务中心
5	北山镇新云村综合文化服务中心
6	路口镇路口社区综合文化服务中心
7	高桥镇高桥锦绣社区综合文化服务中心
8	春华镇春华山村综合文化服务中心
9	泉塘街道泉睿社区综合文化服务中心
10	泉塘街道梨江社区综合文化服务中心
11	湘龙街道水渡坪社区综合文化服务中心
12	星沙街道望圣桥社区综合文化服务中心
13	星沙街道望仙桥社区综合文化服务中心
14	星沙街道松雅社区综合文化服务中心
15	星沙街道大西冲社区综合文化服务中心

（资料来源：长沙县文旅局）

【公益培训】 2022年，长沙县文化馆总馆及星沙、泉塘、湘龙等分馆开展“悦艺益课堂”“悦生活 文旅云”线上、线下公益培训6期，开设声乐、舞蹈、器乐、美术、书法等艺术培训1048个课时，免费培训群众4万余人次。围绕端午、中秋传统文化主题，举办“田汉大舞台”名师公益讲座2期，线上同步观看7000人次。

（胡 偲 文 婷）

【公益电影】 2022年，长沙县各镇（街道）、社区（村）、公园、中小学校、各地敬老院等地免费放映公益电影3438场次，其中，创新性开展红色主题、垃圾分类主题以及“扫黄打非”主题电影巡映。

（胡 偲 文 婷）

【应急广播管理】 2022年，长沙县文旅局开展“村村响”升级改造、全覆盖工作。实施《长沙县“村村响”应急广播系统管理办法》，规范“村村响”广播运行机制，利用“村村响”广播进行防疫、防汛、禁毒、道路安全、森林防火等各类宣传，制作各类公共节目10万分钟，星沙新闻209条，全县播出52930条。

（王 莉 文 婷）

【文化志愿服务活动】 2022年1月18—19日，由中共长沙县委宣传部、长沙县文化旅游广电体育局、长沙县融媒体中心联合主办“我们的中国梦 文化进万家”文化惠民活动在福临镇文化站、春华镇百熙村、长龙街道云箭集团开展。活动中，志愿者们向群众送春联、送中国结、新年贴画、“福”字、送图书，现场免费办理借阅证、进行公共文化资源推广、公共文化服务保障法宣传、送健身器材等。

（胡 偲 文 婷）

【“雅韵星沙 周末有戏”暨公共文化服务进景区活动】 2022年，长沙县“雅韵星沙 周末有戏”文化惠民活动，周末在田汉实验剧场免费演出，每场演出通过“星沙文旅云”小程序同步直播，演出5场，线上、线下观众26万人次。推动文艺精品进景区，“五一”、中秋、国庆小长假期间在田汉文化园开展公共文化服务进景区活动，提升基本公共文化服务均等化水平，丰富游客节日期间在文博场馆的体验感。 （胡 偲 文 婷）

【主题展览】 2022年，长沙县文化馆搭建展示交流平台，针对不同群体开展主题展览。开展“红色情怀 笔墨初心”毛体书法展、“迎五一”美术作品展、“庆六一”少儿画展、第二届青少年书画大赛暨获奖作品展、“喜迎二十大”系列展览等8场，展出作品1100幅。（余 果 文 婷）

群众文化

【概况】 2022年，长沙县多举措开展群众文化活动，打造“田汉大舞台”“雅韵星沙 周末有戏”群众文化品牌。开展“清音伴你行”优秀节目评选、少儿才艺展演、群众文艺团队节目展演、公益培训成果展演、“雅韵星沙 周末有戏”文化惠民演出、喜迎二十大系列群众书画作品展、送戏下乡等活动，活动通过“星沙文旅云”平台在线直播，线上、线下服务40万余人次；放映公益电影3438场次。建成“书香星沙”和“松雅书院”阅读品牌，县、镇、村联动开展中华经典诵读等各类阅读活动1125场次。

（胡 偲 文 婷）

【优秀文艺节目评选活动】 2022年2月28日，长沙县第十一次“3·23”党员领导干部廉洁从政教育暨清廉星沙文化周活动之“清音伴你行”优秀文艺节目评选决赛在田汉实验剧场举行。该活动由长沙县推进清廉星沙建设工作领导小组主办，长沙县推进清廉星沙建设工作领导小组办公室、长沙县文化旅游广电体育局承办，各镇（街道）、县直各单位结合自身“清廉星沙”创建，重点挖掘本地、本单位的清廉文化，参与干部职工、村民、群众等2000余人。活动征集节目37个，经过前期2场初赛，遴选出15个节目参加决赛，涵盖情景剧、小品、舞台剧、舞蹈等。《青春缪伯英》《两顶军帽》《托举的力量》《信念》《全家福》5个节目获得金奖，《村务监督员》《困难户》《中国护士之歌》等10个节目获得银奖。

（胡 偲 文 婷）

【“4·23”世界读书日全民阅读系列活动】 2022年4月，长沙县图书馆启动“奋进新征程 阅读再出发”2022年“4·23”世界读书日全民阅读系列活动，活动包括“书籍，春风，还有你——给读者的一封邀请信”、“作家和你聊童年——草原上的我”松雅云讲坛、历届“文津图书奖”获奖图书展、“书香集市”图书交换、“斯是陋室——中国书斋文化艺术展”、“丹青吟咏——赏析名画，品读唐诗”展览、“小小阅读达人”阅读挑战、“悦读马拉松”挑战赛、“听经典 共读茅盾文学奖”茅盾文学奖知识竞答、悦童·动手阅读、品书荐书、“听，我来讲故事”绘本征集、“对号入座，名篇名家猜猜猜”听书猜作者、馆校共建、送书下乡15个活动。现场参与活动的学生等1万余人。

（胡 偲 文 婷）

【“松雅书院”系列读书活动】2022年，长沙县图书馆通过“线上直播+线下参与”的模式，邀请郃勇夫、王跃文、郑焱、牛志芳、杨岳平、骆晓弋等专家、学者现场讲课，围绕湖湘文化、名人名家、文学艺术、文史民俗等开展专题讲座31期，30万余名读者参加活动。 （胡 偲 文 婷）

【书香校园建设】 2022年，长沙县开展“阅读，一个都不能少”馆校共建活动，将图书馆的阅读服务辐射至全县中小学校。是年，长沙县图书馆联合大同星沙小学、金井镇观佳小学开展3场“阅读，一个都不能少”馆校共建活动，服务学生4129人次，新办理读者证894张。

（胡　偲　文　婷）

艺术创作与展示

【概况】　2022年，长沙县结合红色文化、文旅资源、“非遗”等传统文化创作歌曲《好日子就在身边》《你又来到我们村》《战场之约》《红船宣言》、大型声乐套曲《星沙山水谣》、合唱《和光同春》《奔赴你的星辰大海》《一生守护》等优秀文艺作品10余个。4月，长沙县文化馆组织五彩星沙艺术团、泉塘产业工人艺术团、开慧镇福鑫艺术团等5支群众文艺团队参加长沙市第七届“百姓大舞台　有艺你就来”群众文艺团队大赛，小莱坞童星学院朗诵《同心向党奔赴远方》、五彩星沙艺术团民乐合奏《乡村新貌》、泉塘产业工人艺术团广场舞《社会主义核心价值观民主之歌》3个节目获金奖，福鑫艺术团小品《一瓶酱油》、小龙舞蹈艺术团舞蹈《雪域欢歌》2个节目获银奖，长沙县文化馆获优秀组织奖。（余　果　文　婷）

【文艺创作】　2022年，长沙县结合红色文化、文旅资源、“非遗”等传统文化推出原创作品10余个。其中，原创歌曲《外卖哥》在湖南省文学艺术界联合会、湖南省音乐家协会举办的“喜迎二十大　讴歌新时代”第八届潇湘好歌征集活动中入选优秀作品，《好日子就在身边》获得湖南省“建党百年　全面小康”主题音乐创作采风活动优秀作品奖、长沙市第十四届精神文明建设“五个一工程”奖。

（刘普群　文　婷）

文化遗产保护

【概况】　2022年，长沙县有不可移动文物点255处。其中，古遗址41处，古墓葬74处，古建筑42处，近现代重要史迹及代表性建筑87处，石窟寺及石刻11处。有众多名人故居。其中，全国重点文物保护单位2处（黄兴故居、徐特立故居），省级文物保护单位14处（杨开慧故居、杨公庙、缪伯英故居、武塘纪念亭、春华渡槽、张百熙墓、柳直荀故居、李维汉故居、田汉故居、陶公庙、许光达故居、长沙会战——影珠山抗战旧址群、刘少奇天华调查旧址、杨立三故居），市级文物保护单位27处，县级文物保护单位14处。有省级非物质文化遗产项目5个（长沙陶公庙庙会、长沙绿茶制作技艺、长沙县山歌、腊八豆制作技艺、玉和醋传统酿醋技艺），市级非物质文化遗产项目9个，县级非物质文化遗产项目11个，市级传承人11位，县级传承人9位，非物质文化遗产传习所5个。7月，江背镇、金井镇被评为长沙市市级非遗村镇示范点。8月，长沙绿茶制作技艺县级代表性传承人汤伯玲在2022年湖南省农业行业职业技能竞赛暨第五届全国农业行业职业技能大赛茶叶加工赛中获得一等奖、湖南省五一劳动奖章。12月，金井镇被评为湖南省省级非遗村镇示范点。12月30日，长沙市人民政府公布望麓台石刻和杨昌济墓为第七批市级文物保护单位。是年，长沙县江背镇、金井镇被评为长沙市市级非物质文化遗产村镇示范点；2022年“文化和自然遗产日”长沙县大型非物质文化遗产文化展演活动在北山镇举办；拍摄短视频、利用小程序、公众号等新媒体宣传推介腊八豆制作技艺、江背竹雕等非物质文化遗产项目；修缮郑家大屋、熊瑾玎故居、李维汉故居等；开展徐特立故居现状整修及黄兴故居本体修缮工程。年内，起草《加强文物保护利用改革的实施意见（送审稿）》，出台《长沙县非国有博物馆资金管理办法》《长沙县镇街代管文博场馆专项资金申报指南》《文博专项资金绩效评价项目委托协议》，健全全县文物保护工作制度体系。（薛　冰　文　婷）

【文物保护规划】　2022年，长沙县文旅局拟定《关于加强文物保护利用改革的实施方案》，通过县政府第15次常务会议审议和县委深改委第2次会议议定，以县委深改委办公室名义发文。为确保长沙县地上地下文物安全，守住珍贵文化遗产，年内与市考古所协作，利用RTK（Real-time kinematic，实时动态）载波相位差分技术、无人机等仪器设备对县域内所有的不可移动文物点进行实地勘察、测绘。采集地理信息数据，将不可移动文物“保护范围”线和“建设控制地带”线纳入国土空间规划“一张图”，加速文物保护利用数字化。

（薛　冰　文　婷）

【可移动文物保护】　2022年8月，长沙县文旅局邀请文物修复工作者驻点对库房一批破损文物进行系统性修复保养。同时拍摄文物修复短视频，通过网络新媒体等方式，普及群众文物修复维养知识，让文物保护成果更多惠及人民群众。年内修复汉代至宋代的陶器18件，器型有魂瓶、陶罐、陶碗等。（薛　冰　文　婷）

【革命文物保护利用】　2022年，长沙县文旅局启动《革命文物保护利用规划纲要》《不可移动革命文物保护利用三年行动计划书》编制工作，制定对革命文物保护利用的近期、中期、远期目标，建立革命文物保护利用体系。1月，省政府发布通知核定并公布第11批省级文物保护单位名单，杨立三故居、刘少奇天华调查旧址2处文物入选。是年，长沙县省级文物保护单位从12处增至14处。

（薛　冰　文　婷）

【文物安全隐患巡查】　2022年，长沙县文旅局制定《文物安全监督检查工作方案》《文物看护志愿者管理制度》，实施“县级文物部门巡查+督查、镇（街道）文化站每月巡查、看护志愿者每日巡护”的三级巡查模式，实现全县不可移动文物点巡查全覆盖。全年开展文物点巡查 878 次，发现文物安全隐患 153 处，整改文物安全隐患 107 处，下发整改通知 113 份。

（薛　冰　文　婷）

【非物质文化遗产保护】 2022 年，长沙县文旅局加强非物质文化遗产保护工作，展示民间传统文化，开展非物质文化遗产项目调研与资金拨付工作。12 月，开展第四批县级非物质文化遗产项目名录与第三批非物质文化遗产项目代表性传承人的申报工作，金井腐乳制作技艺、火焙鱼传统烘焙技艺、纯粮白酒传统酿造技艺（蒸馏酒传统酿造技艺）、太乙游龙拳棍、地方戏服装制作技艺、长沙全真道教音乐、（刘氏健身武术）游龙十八式、（九嶷派）古琴艺术 8 个非物质文化遗产项目申报长沙县第四批非物质文化遗产代表性项目；罗晴、黄栋、杨定衡、李强 4 人被认定为长沙县第三批非物质文化遗产项目代表性传承人。

（薛　冰　文　婷）

长沙县非物质文化遗产项目代表性传承人一览表

表 12

序号	姓名	传承项目	项目级别	传承人级别	通过时间
01	周长树	长沙绿茶制作技艺	省级	市级	2015 年 3 月
02	陈江柱	腊八豆制作技艺	市级	市级	2015 年 3 月
03	吴乐华	长沙县双江滚灯车	市级	市级	2015 年 3 月
04	熊梦鹤	长沙快板	市级	市级	2015 年 3 月
05	陈克辉	长沙山歌	省级	市级	2015 年 3 月
06	余小平	长沙山歌	省级	市级	2017 年 11 月
07	吴金刚	北山布龙	县级	市级	2017 年 11 月
08	胡立东	长沙玉和醋传统酿醋技艺	省级	市级	2017 年 11 月
09	周　宇	长沙绿茶制作技艺	省级	市级	2020 年 12 月
10	杨六纯	青山竹编	市级	市级	2020 年 12 月
11	胡利忠	春华皮影	市级	市级	2020 年 12 月
12	胡松泉	长沙山歌	省级	县级	2015 年 3 月
13	裴　宏	长沙陶公庙会（行香活动传承人）	省级	县级	2015 年 3 月
14	蔡　霞	大筒演奏技艺	市级	县级	2015 年 3 月
15	彭焕新	小花片制作技艺	县级	县级	2015 年 3 月
16	汤柏林	长沙绿茶制作技艺	省级	县级	2017 年 3 月
17	周　平	麻姑井糯米黄酒酿造技艺	市级	县级	2019 年 5 月
18	黄正兴	龙舟制作技艺	县级	县级	2019 年 5 月
19	夏　荣	长沙玉和醋传统酿醋技艺	省级	县级	2019 年

续表 12

序号	姓名	传承项目	项目级别	传承人级别	通过时间
20	罗　晴	民间传统剪纸	县级	县级	2022 年 12 月
21	黄　栋	腊八豆制作技艺	省级	县级	2022 年 12 月
22	杨定衡	江背竹雕	县级	县级	2022 年 12 月
23	李　强	李氏腊味制作技艺	县级	县级	2022 年 12 月

（资料来源：长沙县文旅局）

文旅市场管理

【概况】 2022 年，长沙县有文旅企业 444 家。其中，星级饭店 2 家，旅行社 16 家，景区景点 47 家，娱乐场所 63 家，剧本娱乐 25 家，互联上网服务经营 187 家，高危体育 49 家，文艺表演团体 6 家，艺术品经营单位备案 18 家，演出经营场所备案 1 家，广播电视节目制作 30 家。开展星级旅行社和绿色旅游饭店创建相关工作，开展暂退旅行社旅游服务质量保证金等企业纾困工作，全年处置旅游投诉 19 起。（王莉文婷）

【文旅市场安全监管】 2022 年，长沙县文旅局检查文旅企事业单位 6000 余家次，发现问题隐患 3584 处、整改 3584 处，完成消防安全标准化企业 364 家，发现重大问题隐患 5 处、整改 5 处。开展自建房安全整治，排查文旅企事业单位 896 家次，发现一般问题隐患 253 处、整改 253 处，排查房屋安全隐患 18 处、整改 18 处。开展防溺水专项整治，并对涉水景区景点和游泳馆开展防溺水督查，整改问题隐患 71 条，查处 4 家无证经营高危险性体育场所。开展“打非治违”专项整治，对微酷、大唐盛世、龙庭歌厅等影响较大的无证娱乐场所予以关停处理，将无证娱乐场所从 123 家减至 99 家。开展文娱场所安全整治，对文旅行业燃气、醇基燃料、特种设备、有限空间及游乐设施进行摸排，排查燃气使用单位 35 家、存在问题隐患 14 处，醇基燃料使用单位 27 家、存在问题隐患 4 处，特种设备 111 台、存在问题隐患 2 处，有限空间单位 49 家、存在问题隐患 6 处，重点游乐设施单位 7 家、存在问题隐患 1 处，均整改到位。开展排查重点行业领域潜在风险隐患坚决防范遏制重特大事故行动，出动检查人员 1320 人次，检查企业 1885 家次，发现问题隐患 808 处，整改 808 处。开展领导带队检查 26 次，召开工作调度会 15 次，关停违法违规企业 12 家。其中，网吧 3 家，娱乐场所 3 家，剧本娱乐场所 6 家。10 月 9—10 日，对探密者、七号基地、十一仓等 6 家未取得消防许可的密室逃脱场所予以关停。开展安全宣教。年内分 7 个批次组织网吧、娱乐场所、游泳场馆、文保单位、景区景点等文旅市场主体和镇（街道）文旅服务中心主任等开展安全生产法规培训，开展应急演练 4 场次，发放第一责任人安全倡议书、签订企业安全承诺书 900 余份，发放安全生产宣传手册 300 余份，组织参训人员开展“第一责任人”学考活动。“村村响”应急广播系统共发布应急信息、播放安全生产常识等节目时长 5 万余分钟。（王莉文婷）

【文旅市场综合治理】 2022 年，长沙县制定《文旅局综合治理考评办法》，明确对二级机构和镇（街道）的考评标准。配合相关部门开展扫黑除恶、安保维稳、防范和打击非法集资、反恐怖、反电信诈骗和打击养老诈骗等工作。组织召开行业单位禁毒培训。年内将九爱九 KTV、芒果 KTV、乐库 KTV 建设为禁毒示范场所创建场所，利用文旅企事业单位电子显示屏、娱乐场所开机界面植入开展宣传。6 月 23 日，在长沙县市民会议中心组织县域内娱乐场所 300 余人开展禁毒培训教育，将《致全县文旅行业的一封禁毒公开信》编入会议资料发放。（王莉文婷）

【文旅市场政务服务】 2022 年，长沙县文旅局开展行政审批 54 家。其中，互联网上网服务经营场所 13 家，高危险性体育经营场所 12 家，娱乐场所（包含歌舞娱乐、电子游艺）8 家，营业性演出 5 家，文艺表演团体 1 家，艺术品备案 1 家，广播电视节目制作经营许可 14 家。推进工程建设项目审批制度改革，涉及工程建设项目审批事项“建设工程文物保护和考古许可”进驻县政务服务中心工程建设集中审批区，明确驻政务中心工作人员为首席代表最终审批，实现窗口全流程服务。全面实施“双随机、一公开”综合监管，制订“双随机、一公开”部门内部和联合抽查计划等，推进“进一次门，查多项事”，及时录入检查结果并公示。（王莉文婷）

新闻出版

【概况】 2022年，星沙时报社有内容产品4万余件，全网综合点击量28亿余次，21件作品获省市级新闻奖。全年创作视频点击量10万余次产品700余件。其中，针对行政执法工作推出《人性执法》短视频，点击量200万余次；与县纪委合作推出《漫画说纪》系列产品，被中纪委网、三湘风纪、清廉长沙等平台转发；系列短视频《我的青春在乡村》全网点击量300万余次。年内推出深度类品牌“松雅湖观潮”、视频类品牌“走读长沙县”、政论类品牌“星声”，总阅读量300万余次。（任 凭）

【媒体融合】 2022年，星沙时报社推进媒体深度融合发展，构建全媒体传播体系。全年新增9个融媒服务站，由镇（街道）、科局向自贸临空区、自贸会展区、星城集团、星沙农商行等园区企业扩展，40余名特派记者进镇（街道）、进科局、进学校、进园区、进企业；“掌上星沙”客户端总下载用户120万余人次、官方微信总粉丝量50万余人次，官方抖音号总粉丝量200万余人次、总点赞量1亿余次。（任 凭）

【新闻宣传】 2022年11月，星沙时报社推出“跟着经典去旅行”系列报道，以长沙县图书馆为起点，选取《习近平谈治国理政》《习近平用典》《习近平关于注重家庭家教家风建设论述摘编》等5本代表性著作。是年，推出专题报道《亲民厚商 崇实尚新——星沙精神我来讲》。聚焦“在星沙，都挺好”“在星沙，我看好”“在星沙，会更好”3个主题，深挖区位、环境、就业、医疗、城市建设等8个亮点，创作系列报道《我想有个家 最好在星沙》。以黄兴镇村干部在1万余件快递中翻找救命药事件为主题，推出通讯报道《从万件“快递山”中翻出救命药》。聚焦乡村振兴主题，以长沙县春华镇、黄兴镇、黄花镇、江背镇、开慧镇5个乡镇为切口，以104位社区（村）干部为主角，创意策划《我的青春在乡村》系列短视频，全网综合点击量300万余次。3月22日，《新疆夫妻再披“红马甲”》被中央电视台新闻客户端、中央电视台新闻频道采用报道，全网综合点击量100万余次。11月25日，以每日1篇推出《星声》系列评论，“掌上星沙”阅读量100万余次。年内以客户端专栏、松雅湖观潮公众号、评论文章、系列VCR短视频形式，宣传推介黄龙新村村支书王再德、长沙县开慧村党总支第一书记朱有志等长沙县社会贤达的事迹。（任 凭）

广播电视电影

【新闻宣传】 2022年，长沙县融媒体采编中心依托广播、电视、报纸、新媒体等平台，推出报道50909条（期）。向中央电视台、“学习强国”、湖南卫视、新湖南、红网、长沙电视台、“掌上长沙”等媒体推稿14624条，点击量10万+的作品190余条。获年度新闻奖、广播电视奖、播音主持等奖项48件。其中，《乡村振兴第一线》获2021年度湖南新闻奖电视专题三等奖。《穿梭百年看星沙》获2021年度湖南新闻奖创新融合三等奖、2021年度长沙广播电视奖新媒体融合创新与创意互动一等奖。激活内部管理机制，优化平台建设和人员管理，配套总编室监督等运行机制。新设重点报道部、星主播工作室等，建立重大、突发事件应急报道机制。创新人才队伍管理，出台《采编中心人员培训方案》等制度，以“一专多能”为目标，引导采编人员向全媒体记者编辑转型。（余 珺）

【《一线调查》专栏】 2022年4月18日，长沙县融媒体采编中心推出《一线调查》专栏，以媒体百姓呼声、聚焦民生热点、回应群众诉求，对存在的问题和现象进行直击曝光，以问题为导向动真碰硬，推动工作责任落实、行政效能提升，助推思想大解放、作风大整顿、能力大提升“三大行动”走深落实。栏目开播以后，以舆论监督“倒逼”问题整改，守护星沙大地，围绕文明创建、蓝天保卫战、民生诉求、生态环保等主题，全年推出稿件近120篇，督促整改问题50余个。（蒋越扬）

【“松雅湖观潮”微信公众号】 2022年4月，星沙时报社推进媒体融合，拓宽融媒传播渠道，使新闻选题更加切合群众需要，《星沙时报》推出“松雅湖观潮”微信公众号，以独特的新闻策划、鲜明的地方特色、精心的内容布局和丰富的表达形式，全方位解读时政新闻背后的信息，全年发布深度报道25篇，总阅读量超15.5万人次。（余 珺）

【“在星沙”App上线】 2022年12月15日，长沙县、长沙经开区举行超级C端“在星沙”App发布活动，“在星沙”App上线。“在星沙”App是一款全新的由长沙县人民政府推出、长沙县融媒体中心投资运营的“新闻+政务商务服务”移动综合平台，以“惠企便民”为宗旨，打造“我要看、我要办、我要逛”三大核心板块，新闻资讯、政府办事、社会保障、医疗教育、生活缴费、金融超市、人才招聘等多个模块接入该平台，致力于当好主流舆论阵地、公共服务平台、社区信息枢纽，实现一网通办、一屏尽享。（余 珺）

【广电网络发展】 2022年，星天网络公司经营创收（含税收入）2820万元，办理有线电视入网报装项目34个，进场施工项目42个，竣工验收并开通广电信号新建项目17个，新增覆盖数19026户。全年有线网络改造及业务小工程55个，抢修工程

179个。2022年，星天公司完成融媒体中心播控机房的整体搬迁及值班值守整合工作，强化安全播出管理，实施长沙县2022年两会会议直播系统、长沙经开医院智慧视讯系统、机关事务中心智慧后勤、戒毒所智慧视讯系统等多个智慧项目；全面启动中国广电5G业务及公司异业产品业务的宣传推广及营销工作，中国广电5 G网络“192”号段长沙县投入使用；星天公司取得自贸区会展片区广播电视运营权，为自贸区会展片区广播电视健康发展奠定基础。

（刘金华）

【媒体经营】 2022年，湖南步天传媒有限公司经营创收1100万余元，比2021年增长近90%。全年视频类合作项目50项，发布视频380余条。“五一”劳动节当天策划制作推出短视频《我要的选择》获湖南省第七届网络原创视听节目三等奖。与20家单位建立年度合作关系，开展宣传报道1000余次；通联中央、省、市、县级媒体2000余条次；运营“数据星沙”“平安长沙县”“星沙应急管理”3个单位微信公众号，发布微信文章1700余条。策划执行长沙县第二届房交会项目，长沙县清廉星沙文化周主题活动“清风沐万家”以及“理响星沙”；全市抓党建促乡村振兴暨美丽宜居村庄建设观摩推进会、“长赣高铁”动工建设大会等活动。

（章　耘）

党史工作

【概况】 2022年，长沙县党史部门坚持“党史姓党”，履行存史资政育人功能，切实抓好政治建设、业务建设、阵地建设和队伍建设，年底，长沙县委党史研究室被评为湖南省党史工作先进单位。延伸服务触角，参与清廉星沙建设，为中国（湖南）自由贸易试验区长沙片区临空管理委员会《自贸临空区公共绿地清廉文化建设（概念策划）》及《两顶军帽》等6个情景剧脚本提供史料并参与评审，对“岁月留印——印山村历史陈列”方案等进行指导。服务全县文化书籍数据库建设，整理并提供《红色记忆》《长沙县历史文化丛书》等史志书籍电子文档100余个。以庆祝中共二十大胜利召开和长沙经开区（星沙开发区）成立三十周年为契机，参与编纂《湖湘首善红潮涌》等书籍。是年，中共长沙县委党史研究室被评为2022年度全省党史工作先进单位。

（朱　熙）

【党史编研】 2022年，长沙县党史部门启动编撰《徐特立和他的学生们》，初稿60篇，已报出版社审核。参与举办陈树湘革命精神研讨会，与各界代表共同探寻以陈树湘为代表的红军革命精神的深刻内涵；为省委党史研究院《跟着总书记学党史》一书撰写《“为苏维埃流尽最后一滴血”的红三十四师师长陈树湘》一文，完成《长沙县脱贫攻坚口述史》征编工作，采写“中国好人”朱有志等20名脱贫攻坚典型人物事迹。开展大革命时期长沙县农民运动、长沙县经济园区建设等课题研究，收集并汇编整理资料10万余字、图片300余幅；收集整理毛泽东在湖南特别是在长沙县板仓等地考察农民运动的有关史料100余份。

（朱　熙）

【党史宣传教育】 2022年，长沙县党史部门制作微党课《以党的二十大精神为指引，书写史志档案高质量发展新篇章》等课件。发挥县档案馆爱国主义教育基地作用，依托“璀璨星沙”“中国共产党星沙百年”两个展览宣讲党史，将档案馆作为县内中小学、高职院校思政课现场教学点宣讲党史和长沙县历史，让“亲民厚商崇实尚新”的星沙精神深入人心。向全县各农家书屋等赠送《中国共产党长沙县历史》《湘潮》《湖湘首善耀忠魂》《铁血师长陈树湘》等党史书籍7000余册，征订2023年度《湘潮》690份。开展首届湖南省党史学习教育创新案例征集评选活动，推荐县委党校党课《绝对忠诚的铁血后卫——陈树湘和红三十四师》等。在《长沙党史》等媒体发表《刘英故居正式对外免费开放》《矢志革命的“女秀才”杨锡纯》《徐特立引领毛达悔走上教育和革命之路》《朱端绶终生敬爱老师徐特立》《学习贯彻党的二十大精神　推动党史事业高质量发展》等文章，在刘少奇同志故居纪念馆馆刊上发表《刘少奇与基层人民法庭的建立》。

（朱　熙）

【党史阵地建设】 2022年，长沙县党史部门参与刘英故居、熊瑾玎故居、徐特立故居修缮，对陈列布展方案进行指导和评审，开展革命遗址树标立识工作，对全县重要党史事件和重要机构旧址及党史人物活动纪念地、革命领导人故居、革命纪念设施、党史专题纪念场馆等进行调查摸底，申报长沙和平解放历史陈列室（春华恒丰楼）、武塘纪念亭、抛砖屋场、杨锡纯烈士墓、熊瑾玎生平事迹陈列等树标立识的场所5处。杨开慧纪念馆、缪伯英故居入选全国妇女爱国主义教育基地，徐特立故居、李维汉故居、田汉故居、杨开慧纪念馆被定为湖南省党史教育基地（长沙市党史教育示范基地），许光达故居、缪伯英故居、刘少奇天华调查旧址、杨立三故居、陈树湘故居被评为长沙市党史教育基地。

（朱　熙）

地方志工作

【概况】 2022年，长沙县地方志编纂室以申报创建精品年鉴为契机推进年鉴编纂。启动编纂《长沙县年鉴（2022）》，优化《长沙县年鉴（2022）》框架，2月由县委办印发《关于编纂〈长沙县年鉴（2022）〉的通知》，初稿75万字，10月底报送方志出版社初审，年内通过审核并申请到书号。推进《长沙县年鉴（2021）》编纂，根据专家意见统筹修改和完善，定稿通过方志出版社终审。《长沙县年鉴（2021）》于6月30日入选中国精品年鉴工程“精品年鉴”，年底公开出版。开展“精品年鉴品读季”活动，品读《连云港年鉴（2019）》《北京朝阳年鉴（2020）》《长沙年鉴（2020）》等精品年鉴，所撰品读文章《地方综合年鉴中图片选用浅议》被市地方志编纂室推荐参加全省地方志系统“精品年鉴品读季”论文评选。加强指导服务，助力乡村振兴，参与评审江背镇印山村《岁月留印——印山村历史陈列》、开慧镇李家山村委会抗日名将彭励墓地改造技术交底方案等。向各单位免费发放省、市、县级年鉴以及《湖南乡镇简志·长沙卷》等1000余册。（周进银）

【地方志宣传】 2022年，长沙县地方志编纂室发挥存史资政教化育人功能，撰写10余篇史志文章宣传推介长沙县年鉴编纂工作和地方志文化。在省地方志编纂院主办期刊《韩公亭》刊发《舒新城与〈辞海〉的半生缘》，在长沙方志网、《长沙史志》刊发《长沙县委常委会专题听取史志工作汇报》《长沙县“精品年鉴品读季”吹响了集结号》《地方综合年鉴中图片选用浅议》等文。7月29日，《打造精品年鉴 擦亮文化名片——中国精品年鉴〈长沙县年鉴（2021）推介〉》在“方志中国”微信公众号上推介。为大事件存史，替小人物立传。参与《长沙年鉴》2021年度人物及事件评选，长沙县推荐的黄波、黄文入选《长沙年鉴》2021年度人物，“中国（湖南）自由贸易试验区长沙片区13项制度创新成果为全国首创”入选《长沙年鉴》2021年度事件。（周进银）

【长沙县年鉴（2021）入选“精品年鉴”】 2022年6月30日，中国地方志指导小组办公室印发《关于公布第六批入选中国年鉴精品工程“中国精品年鉴”的通知》，《长沙县年鉴（2021）》入选第六批中国年鉴精品工程“精品年鉴”。《长沙县年鉴（2021）》于2021年3月启动编纂，9月申报创建中国年鉴精品工程“精品年鉴”。《长沙县年鉴（2021）》系1999年《长沙县年鉴》创办以来的第13卷，计75.7万字，采用分类编辑法，分类目、分目、条目3个结构层次，设特载、专文、长沙县概览、大事记等32个类目，收录表格46个，卷首刊载长沙县行政区划图、长沙县数说2020、脱贫攻坚、美丽乡村建设等专题图片，以图、文、表等形式记载2020年度长沙县自然、政治、经济、文化、社会、生态等方面的基本情况和主要成就。（周进银）

档案工作

【概况】 2022年，长沙县档案馆接待查档利用10024人次，查阅档案25060卷（件），查档咨询1235人次，电话查档1408次。全年选送9人申报助理馆员职称评定。接收全县到期档案，接收文书档案7500件、专业档案7997件，其中，婚姻档案7803件、计生档案194件。接收安沙镇、县水利局等10个单位15894 件两类档案，已进馆两类档案2.68万件。征集常氏、黄氏、熊氏等族谱64卷；图书资料301册、字画 84 张等实物档案。借助“6·9”国际档案日主题活动推动档案法治知识进企业、进机关、进校园、进小区，组织活动20场，惠及3500人次。与县融媒体中心签订协议，将全县重要影像资料素材移交进馆。全年鉴定开放档案目录27.16万条。续编《长沙县档案馆指南》，编纂长沙县档案典型利用事例汇编（2018—2020年）。年内长沙县档案馆重要档案转存缩微胶片项目启动，9月通过验收，项目经费30万元。（陈 宇）

【国家级数字档案馆前期建设项目启动】 2022年，长沙县档案馆国家级数字档案馆前期建设项目启动，总投资273.68万元，内容包括涉密档案筛查、数字档案安全存储系统、制作双层PDF档案图像识别、数字档案查询管控等内容，涉密筛查、双层PDF档案文件完成。（陈 宇）

【档案工作指导】 2022年1月，长沙县印发《“十四五”长沙县档案事业发展规划》，对全县档案资源体系、利用体系等进行部署，提出档案精准惠民工程等六大具体举措，提升档案治理效能。11月，对全县84个单位全年档案进行收集、整理、信息化、宣传、法治、编研等检查；编印《长沙县档案局关于全面推行机关档案分类方案、文件材料归档范围和档案保管期限表三合一制度的通知》；草拟《长沙县重特大事件档案工作意见》；对水库移民档案、两类档案、定级复查、民生档案等工作进行业务指导；拨付专项经费40万元到安沙、黄花等镇（街道）用于民生档案的收集、整理、信息化、编研开发、添置设施设备等；组织开展镇、村和县直机关档案员培训，参加市档案局举办的业务培训班。开展档案专项检查，将库房安全、消防安全、档案实体与信息化安全等列为检查重点。（陈 宇）

【服务农村基层社会治理】 2022年5月，长沙县档案局完成国家档案局对湖南省档案工作服务农村基层社会治理线上抽查。9月，该项目通过国家档案局验收，试点经验在《中国档案报》和《中国档案》等报刊推介，并纳入国家档案局典型案例。全年投入300万元，在11个镇的27个社区（村）开展治理，建成安沙镇宋家桥村、高桥镇金桥村、开慧镇锡福村、福临镇影珠山村村史馆和金井镇双江社区非物质文化遗产实物馆。（陈 宇）

卫生健康·体育

编辑　李珊珊

医疗机构

【概况】 2022年，长沙县卫生健康局辖区内二级机构有长沙县疾病预防控制中心、长沙县卫生健康综合事务中心、长沙县妇幼保健计划生育服务中心、长沙县健康促进中心（长沙县卫生健康信息中心），非长沙县卫生健康局发证的医院有：省级医院1所（湖南省妇幼保健院），市级医院1所（长沙市第八医院），县级医院6所（长沙县第一人民医院、长沙县第二人民医院、长沙县中医院、长沙县星沙医院、长沙县妇幼保健院、长沙县精神病医院），民营医院8所（湘雅博爱康复医院、长沙星沙年轮骨科医院、长沙手外科医院、长沙楚元中西医结合医院、长沙吉祥精神病医院、长沙经开医院、长沙星沙爱尔眼科医院、长沙星沙雅贝康口腔医院）；长沙县卫生健康局发证的各级各类医疗机构610个，其中，综合医院9所（含互联网医院1所），计划生育技术服务站1所，街道社区卫生服务中心6所，街道社区卫生服务站8所，镇（中心）卫生院18所，村卫生室207所，医务室32个，门诊部108个，个体诊所164所，卫生室（所）19所，中医备案诊所38所。是年，全县医疗机构医护人员数量10122人，全县公立医院（含长龙）在职人员4634人。编制床位数6634张，实际床位数7448张。全年财政总投入卫生健康系统经费8.65亿元，其中，上级投入1.51亿元，县级投入6.25亿元，债券投入0.88亿元。全年注册全科医生399名，农村订单定向医学生规培方向均选择全科方向。辖区内有14家病原微生物实验室，组织专家对病原微生物实验室进行管理及运行，对实验室活动、技术规范和操作规程进行督查和指导2次。全民核酸检测期间对第三方机构病原微生物实验室依法开展业务督导5次。8月，长沙县启动县医学重点专科建设，在确保省级、市级重点专科建设项目均纳入的基础上，确定临床重点专科19个（包含中医类3个）、临床重点培育科室9个（包含中医类1个）、基层中医特色科室3个，涵盖内科、外科、妇科、儿科、骨伤科、五官科、中医科等学科，其中，省级重点专科6个，市级重点专科2个。贯彻落实《长沙市继续医学教育管理办法(试行)》。入选省级继续医学教育项目6个，其中，长沙县中医院获批省级科研项目1个，长沙县中医院和星沙医院分别获批县科技计划项目各1个。加强科教信息平台建设，规范医务人员继续医学教育学分授予。是年，开展管理干部培训及业务人员各项专业知识与技能培训等，科技活动周组织各医疗机构开展科普宣传活动40场次，发放卫生健康宣传资料33764余份，公众参与87536人次，义诊16628人次，科技咨询3300人次，提供技术服务248人次。（罗　兰）

2022年长沙县主要公立医疗卫生单位一览表

表13

序号	名　称	地　址	邮　编
1	长沙县疾病预防控制中心	长沙县星沙街道特立路96号	410100
2	长沙县卫生健康综合事务中心	长沙县星沙街道特立路96号	410100
3	长沙县妇幼保健院	长沙县星沙街道开元东路298号	410100
4	长沙县第一人民医院	长沙县路口镇三惠路157号	410142
5	长沙县第二人民医院	长沙县㮾梨街道新建路4号	410129
6	长沙县中医院	长沙县安沙镇安沙中路42号	410148
7	长沙县第三医院	长沙县安沙镇安沙社区安沙组123号	410148
8	长沙县星沙医院／星沙街道社区卫生服务中心／湘龙街道社区卫生服务中心	长沙县星沙街道开元路53号／星沙街道板仓路399号／湘龙街道腾辉路196号	410100
9	长沙县福临镇中心卫生院	长沙县福临镇福临社区张大屋组	410146
10	长沙县江背镇中心卫生院	长沙县江背镇正街11号	410135
11	长沙县北山镇中心卫生院	长沙县北山镇北山路216号	410152
12	长沙县金井镇中心卫生院	长沙县金井镇金福路278号	410144
13	长沙县金井镇双江卫生院	长沙县金井镇双江社区金山路15号	410144
14	长沙县高桥镇卫生院	长沙县高桥镇茶香南路32号	410145

续表 13

序号	名　称	地　址	邮　编
15	长沙县路口镇卫生院	长沙县路口镇振兴路 268 号	410142
16	长沙县果园镇卫生院	长沙县果园镇杨泗庙社区 313 号	410157
17	长沙县春华镇卫生院	长沙县春华镇金鼎山社区 206 线旁	410139
18	长沙县黄花镇卫生院	长沙县黄花镇中心广场 67 号	410137
19	长沙县黄兴镇干杉卫生院	长沙县黄兴镇干杉社区杉岭北路 22 号	410134
20	长沙县黄兴镇卫生院	长沙县黄兴镇接驾岭社区 208 号	410133
21	长沙县安沙镇卫生院	长沙县安沙镇毛塘铺 / 安沙镇唐田新村	410148
22	长沙县青山铺镇卫生院	长沙县青山铺镇天华村深远路 62 号	410147
23	长沙县开慧镇卫生院	长沙县开慧镇板仓社区骄杨东路 65 号	410146
24	长沙县开慧镇白沙卫生院	长沙县开慧镇李家山社区白沙路 87 号	410146
25	长沙县黄兴镇仙人卫生院	长沙县黄兴镇仙人市村 410 号	410133
26	长沙县江背镇五美卫生院	长沙县江背镇五美社区 130 号	410136
27	长沙县㮾梨街道社区卫生服务中心	长沙县㮾梨街道保家村保家路 200 号	410129
28	长沙县泉塘街道社区卫生服务中心	长沙县泉塘街道东九路 179 号	410100
29	长沙县长龙街道社区卫生服务中心	长沙县长龙街道茶塘路以西	410137

（资料来源：长沙县卫生健康局）

【县级公立医院综合改革】 2022 年，长沙县根据《湖南省推动公立医院高质量发展实施方案》等文件精神，制定《长沙县推动公立医院高质量发展实施方案》，依托公共卫生、医疗救治、传染病防治和健康管理 4 个体系建设，以人民为中心，推动公立医院高质量发展。4 月，长沙县推动深化综合医改真抓实干成效获湖南省卫生健康委通报表扬。（刘湘平）

【国家基本药物制度执行】 2022 年，长沙县公立医疗机构实施国家基本药物制度。基本药物配备使用金额占比三级、二级、基层医疗机构分别为 41.23%、53.17%、88.41%。推进县级医院、村卫生室代购制度。制定《长沙县卫生健康局关于进一步加强高血压、糖尿病药品保供工作的通知》，进一步规范优化“两病”药品目录。12 月 7 日，通过网络会议的形式，召开长沙市药事管理和基本药物培训班。（刘湘平）

【基本药物制度实施】 2022 年 2 月，长沙县开展 2021 年度国家基本药物绩效评价，通过实地调研和查阅资料，了解安沙镇卫生院、金井镇双江卫生院等基层医疗卫生机构基本药物配备使用比例、日常管理制度、药师服务能力建设等情况。是年，长沙县被评为全市第二名。（刘湘平）

【清廉医院建设】 2022 年，长沙县开展“医疗采购领域医疗设备”“财政财务收支审计共性问题”“医疗救助补助资金使用情况”“四风问题变异回潮”等专项整治，收到湖南省委巡视第二巡视组信访件 2 件、长沙县监委监察建议书 1 份。开发长沙县清廉医院阳光监管平台，开展长沙县卫生健康局“五比五赛”科室强作风季度评比，出台《长沙县医疗卫生机构清廉指数考评实施方案》。全年处置问题线索 69 条、立案 6 起、提醒谈话 54 人、批评教育 5 人、责令检查 1 人、诫勉谈话 2 人、“直接了结”1 人。全年召开清廉医院建设会议 4 次。（刘　莉）

【长沙县肿瘤防治中心癌症防治行动】 2022 年，长沙县肿瘤防治中心通过开展名医课堂、健康宣教、安宁疗护病房建设等举措扩大宣传，降低县域内居民癌症发病率和死亡率。对接国家城市癌症早诊早治项目，开展高危人群筛查22665人次、肺癌筛查710例、肝癌筛查376例、乳腺癌筛查312例、结直肠癌筛查181例，确诊肺癌2人、肝癌1人、结直肠癌1人。诊治阳性患者，建立档案追踪管理。

（罗　兰）

【《长沙县推动公立医院高质量发展实施方案》出台】 2022年12月26日，《长沙县推动公立医院高质量发展实施方案》由长沙县人民政府办公室发布，分总体要求、重点任务、组织实施3个部分，提出加强医疗服务体系建设、提高医疗服务水平、加强信息化建设、加强公立医院运营管理、加强医院文化建设、坚持和加强党对公立医院的全面领导等8项任务，自2023年1月6日起实施。（周进银）

公共卫生

【基本公共卫生服务】 2022年，长沙县常住人口137.45万人，为辖区老年人、儿童妇女、慢性病患者、肺结核患者、严重精神障碍患者等居民提供基本公共卫生服务。全年居民电子健康档案率95.04%，老年人规范管理105105人，高血压、糖尿病患者规范管理率分别为79.44%、79.30%，产妇产后访视率98.6%，0～6岁儿童健康管理率96.46%。

（周杜娟）

【家庭医生签约】 2022年，长沙县成立家庭医生团队225个，签约30.63万人，签约覆盖率22.35%，续约率76%。其中，高血压签约9.17万人，签约率82.69%；糖尿病签约2.69万人，签约率74.04%。全年免费签约乡村振兴对象33910人，落实应签尽签。（周杜娟）

【高血压医防融合管理】 2022年，长沙县深化医药卫生体制改革领导小组办公室印发《长沙县深入推进高血压糖尿病医防融合高质量发展实施方案（2022—2024）》。采用省、市、县、乡四级联动，远程诊疗。在23家基层医疗机构开展继发性高血压筛查351例。长沙县慢病中心慢病患者健康教育俱乐部开展活动79期，服务5000余人次。创建以中南大学湘雅医学院为指导的高血压健康教育学校分校，开展健教课堂22期，服务2000余人次，成立慢病自我管理小组65个。全年长沙县双向转诊信息化平台总上转病例数5603例、到位人数4137例、转诊到位率73.84%。9月，《中国卫生》刊发《湖南省长沙县：医防融合四步走　打造慢病管理新模式》典型经验文章；11月，在第四届全国基层创新案例展分享多措举促进医防融合典型经验；12月，《湖南省改革调研专报》刊发《长沙县创新慢病管理机制探索　构建县域医防融合健康管理新模式》典型经验文章。（周杜娟）

【爱国卫生运动】 2022年，长沙县健全爱国卫生工作常态化机制，225个村（居）民委员会均成立公共卫生委员会。全年创建省级卫生镇1个、省级卫生村6个、长沙市第一批健康镇2个、长沙市第一批健康村5个、市级卫生村7个、市级文明卫生单位2个。开展迎新春爱国卫生大扫除和爱国卫生月活动，宣传文明健康绿色环保生活方式，常态化开展疫情防控。加强病媒生物防制，建设病媒生物防制设施示范小区5个，通过市级鼠蟑密度控制水平C级达标复查及蚊蝇密度控制水平B级达标技术评估。全面推进无烟环境建设，新建无烟党政机关53个、无烟学校108个、无烟医疗机构529个、市级无烟家庭27个。10月24日，全县巩固国家卫生城市成果动员大会召开，印发《长沙县巩固国家卫生城市成果工作实施方案》。

（姜清林）

妇幼保健

【概况】 2022年，长沙县辖区内常住产妇9216人，活产9346人，县机构内活产9316人，定期开展新生儿复苏、预防艾滋病梅毒乙肝母婴传播、宫颈癌和乳腺癌等实用技术培训。县级保健人员定期下乡开展妇幼健康督导。落实孕产妇健康管理和0～6岁儿童健康管理，加强高危孕产妇专案管理、红色和危重橙色高危实行行政和业务条线双重管理制度。完善孕产妇和新生儿危急重症转诊和救治网络，每季度组织危重孕产妇及新生儿死亡评审和孕产妇、新生儿急救演练。全年开展免费孕中期产前筛查9133例、无创DNA检测9417例、新生儿疾病筛查9220例、新生儿遗传性耳聋基因检测9225人、地中海贫血基因诊断8086例、新生儿听力初筛9135例、新生儿先天性心脏病筛查8153例。2月26日，开展遗传性罕见病筛查；截至12月31日，家系调查7182人。发放爱心助孕卡305张，“两癌”免费筛查20110人。全县0～6岁儿童总人数85070人，眼保健及视力检查人数82056人，6岁儿童视力检查9898人。落实疫情防控各项措施，设门诊、急诊、住院部3处预检分诊，发热门诊24小时值班值守。开通线上服务，组织医疗专家为老百姓提供在线诊疗服务。统筹管理泉塘社区卫生服务中心，改造为长沙县封控区孕产妇、新生儿临时救治医院。是年，长沙县妇幼保健院被评为“2022年度全省妇幼保健机构标准化建设工作先进单位”“2022年度全省三级妇幼保健机构绩效考核工作先进单位”“2021年全市母婴安全保障工作成绩突出单位”“2021年省重点民生实事项目工作成绩突出单位”“2021年妇幼保健机构建设优秀单位”“湖南省母婴安全急救技能比武优秀单位”“红旗等次行业平安创建单位”。

（罗　兰）

【院区建设】 2022年，长沙县妇幼保健院编制床位499张，在职职工935人，其中，中高级职称481人。全年门诊诊疗122.1万人次（不含核酸检测人次），比2021年增加6.45万人次、增长5.58%，出院（含婴儿数）36833人次，分娩量8904人次；国际、国内妇幼同行学习交流620批次、6500余人次，召开国家级妇幼保健机构建设培训班10次。3月，长沙县妇幼保健院被定为“总药师制度试点单位”。年内多次召开项目推进会，推进长沙县妇幼保健院二期项目建设，基本完成《市场战略与学科规划报告》《医院总体功能规划》《设计任务书》。

（罗　兰）

【医疗合作】 2022年，长沙县妇幼保健院与湖南省儿童医院、湖南省脑科医院（湖南省第二人民医院）、中南大学湘雅二医院、中南大学湘雅三医院、长沙市中心医院、长沙市第一医院、长沙市妇幼保健院合作；与基层卫生院开展“以大带小”医联体帮扶合作，落实“基层首诊、双向转诊、急慢分治、上下联动”分级诊疗模式，通过三级远程会诊系统为患者提供同质化医疗服务，通过转诊软件系统实现患者向上或向下无障碍转入。

（罗　兰）

【妇幼保健科普宣传】 2022年，长沙县妇幼保健院科普视频作品《一个地贫宝宝的自白》，获国家卫生健康委地中海贫血防治科普短视频优秀作品和最具人气作品。长沙县妇幼保健院融合新媒体和传统媒体，建设立体化宣传阵地，通过直播、科普宣传、答疑等形式，采用“边宣传、边推广”方法，宣传医院人文、医疗技术、健康科普等内容。8月，长沙县妇幼保健院在全国三级妇幼保健机构排名第一位。全年开展孕妇学校课程144期，其中，线上基础理论课程115节，线下精品沙龙课程29节，参与总人次3.3万人；父母学校开课36期，参与总人次7288人；妇女学校开课29期，参与总人次4331人。开展微信公众号、视频号、抖音号等新媒体运营，微信公众号推送原创科普文章140篇，发布抖音视频98期，其中，微信公众号发布点击量1万余次文章32篇；视频号、抖音号点击量1万余次视频15个。结合母乳喂养日、出生缺陷防治日、更年期日、艾滋病日等主题开展宣传活动22次，参与1万余人次。是年，长沙县妇幼保健院微信公众号科普作品影响力在全国三级妇幼保健机构中综合排名第十位。

（罗　兰）

【学科建设】 2022年5月18日，湖南省卫生健康委下发《关于确认2021年度省临床重点专科及建设项目的通知》，长沙县妇幼保健院产科、妇科被定为县级省临床重点专科，儿科、新生儿科、老年病科、临床护理被定为县级省临床重点专科建设项目。长沙县妇幼保健院有市级重点专科1个、县级重点专科3个、“十四五”县域临床重点建设和培育科室6个。是年，《基于阶梯式医疗模型的基层产后抑郁干预方案开发与效果评价》获国家自然科学基金资助项目；《青少年注意力缺陷多动障碍预警评估模型的构建及实证研究》申报省级科研课题。

（罗　兰）

【新技术新项目】 2022年，长沙县妇幼保健院开展腔镜下甲状腺切除术、腹腔镜下子宫内膜癌全面分期术、阴道剖宫产瘢痕妊娠物清除术等新技术、新项目。2017—2022年共开展56项，实现压力性尿失禁经耻骨后尿道膀胱悬吊术“零突破”，阴式手术占比提升。开展新生儿经外周静脉植入中心静脉导管术，使早产新生儿收治孕周降至29周。开展外科新技术新项目10余项。全年镇痛分娩技术服务2万余人次。

（罗　兰）

医政医管

【分级诊疗、医联体】 2022年，长沙县健全5个医疗联合体建设，推进长沙县星沙医院与湘龙街道社区卫生服务中心紧密型医共体建设，在专家坐诊、药品使用、系统融合、医疗质量等方面实现融合。各基层、县级医院使用双向转诊信息化平台进行信息上报。全年全县上转县级医院病例数4354例（包括住院和门诊）、基层就诊率66.58%，下转597例、下转率13.71%。依托医联体县级医院，开展远程心电、远程超声、远程病理、远程影像（CT/DR）、远程疑难会诊。全年远程放射（DR）诊断31608例、远程放射（CT）诊断5342例、远程超声诊断3467例、远程心电诊断8768例、远程疑难病例会诊诊断218例、远程病理诊断354例，远程诊断共49757例。

（余　群）

【服务基层】 2022年，长沙县利用县域内医联体建设平台和5家县级医院片区网格化管理，定期指导基层医疗卫生机构。全年全县23家基层医疗卫生机构，6家达到推荐标准，符合国家级、省级、市级要求，优质服务基层行活动开展情况获省、市相关部门肯定。

（余　群）

【医疗质量控制中心】 2022年12月23—24日，长沙县放射诊断质量控制中心举办2022年度放射影像诊断新技术、新进展培训班，注册参会、在线参会学习人员2439人次。院感质控中心组织委员于4—11月参与医疗机构交叉督查、医疗机构校验、半年度考核、口腔专项督查、疫情防控专项督查、核酸采样点督查、隔离酒店风险评估及巡查，30家隔离酒店、660家医疗机构督查6次。组织专家对PCR实验室督导7次，对医共体成员单位每季度进行质量督查和业务指导1次。5月26日，组织各县级医院参加国家病案管理质控中心病案管理新百年学术活动；7月11—13日，开展2022年度病原微生物实验室生物安全专项检查；8月12日，长沙市医保事务中心召开DRG支付方式改革培训；8月26—28日，长沙市病历质控中心医疗质量控制与医院等级评审培训；11月，开展归档病历质量及病案首页质量评审，6个县级医疗机构抽选33份归档病历，其中，优秀病历3份。21家基层医疗机构抽选病历63份，其中，优秀病历6份（含1份中医病历）。（余　群）

【医疗纠纷】 2022年，长沙县医政医管科接到各类“12345”工单（含防疫指挥部账号）、信访、舆情、电话投诉、现场投诉1500余起，均处理完成。全年全县医疗机构所涉及医疗纠纷案件（包括人民调解、行政调解及法院诉讼案件）19起，涉及金额122.3万余元。（余　群）

中医药管理

【概况】 2022年，长沙县政府成立长沙县中医药工作领导小组，出台《长沙县促进中医药传承创新发展实施方案》，明确全县近5年中医药工作发展目标和主要任务。以创建“全国基层中医药工作示范县”为目标，加强中医药人才队伍建设，推动中医药服务提质。（陈　惠）

【中医药服务网络】 2022年，长沙县提供中医药服务的医疗机构有375家，其中，中医门诊部3家、中医综合诊所24家、中西结合诊所18家、中医备案诊所38家。实现基层医疗卫生机构中医药服务全覆盖，建成以二级甲等中医医院——长沙县中医院为龙头，县级医院中医科为骨干，基层医疗机构（含服务站、村卫生室）为网底，民办中医医疗机构为补充的中医药服务网络。5家县级医院和23家基层医疗卫生机构均规范设置中医馆，配备中医药人员，提供6类15项以上中医适宜技术。（罗　兰）

【中医药人才队伍培养】 2022年，长沙县注册中医类别医师1086人，占全县医师总数24.86%，其中，主任医师36人、副主任医师105人、主治医师206人、执业（助理）医师739人、注册中医类别全科医师70人。拥有省级、市级基层名中医各1人，引进中医类高层次人才3人、中医中药专技人员17人，送培中医类别骨干医师5人、西学中人员60人，中医类别全科医师25人。对县、镇（街道）、村三级医疗机构医务人员开展中医药知识与技能培训考核，培训1000余人次。（罗　兰）

【中医药传承创新】 2022年，长沙县拥有省级中医重点专科2个、中医特色诊疗中心1个、市级中医经典病房1个、市级中西医协同科室2个、县级中医名医工作室2个。开展县级基层特色（中医）专科建设3个、中医馆提质改造17家[含示范性（旗舰）中医馆3家]。建设中医药特色村卫生室7家，2个省级科研课题结题。是年，全县公立（县级、基层）医疗卫生机构中医门诊诊疗人次比2021年增长39.1%，占全县公立医疗机构门诊总诊疗人次的23.1%。（罗　兰）

【中医药治未病】 2022年，长沙县在疫情期间投入经费1156.96万元，向隔离酒店、便民服务点、重点管控人群及一线人员等人群免费提供中药汤剂450699剂，对密接和次密接人员干预率100%。在家庭医生签约服务中，制定中医理疗服务包提供家医签约“点单式”服务。65岁以上老年人接受中医药健康管理率71.08%，0～36月龄儿童接受中医药健康管理率86.36%，25236名孕产妇纳入中医药健康管理。（罗　兰）

【中医药文化传播】 2022年，长沙县开展中医药文化知识巡讲和义诊，普及中医药知识、养生保健理念和方法。开展中医药义诊和宣讲156场次，发放中医药宣传资料41088余份，义诊13839人次，农村建档立卡贫困人口1628人次。建成中医药文化知识角14个。开展中医药文化知识进校园活动。（罗　兰）

【长沙县被评为“全国基层中医药工作先进单位”】 2022年1月6日，长沙县被国家中医药管理局评为“全国基层中医药工作先进单位”。长沙县中医院、长沙县妇幼保健院等5家县级医院设立中医综合服务区，全县社区卫生服务中心、镇卫生院均设立中医馆，基本实现县、镇、村三级中医药服务全覆盖。果园镇卫生院将中医药服务纳入“5G智慧健康养老”模式，结合家庭医生个性化服务，在智慧医养服务平台上线6组“互联网+中医康复个性化服务”，开展中风康复治疗、孕产妇中医药保健、产后中医康复治疗服务等11个服务包。长沙县基层医疗卫生机构中医药人员占比20%以上，配备300种以上中药饮片，可开展6类15种以上中医药适宜技术，长沙县中医院成立基层指导科，通过定期坐诊、远程会诊、现场带教等方式强化基层业务水平，全年双向转诊600余人次。（罗　兰）

【长沙县中医药事质控中心成立】 2022年4月29日，“长沙县中医药事质控中心”成立大会暨工作会议在长沙县中医院召开。长沙县中医药事质控中心配备委员11人，于1月17日发文成立，4月29日举行授牌仪式。长沙县中医药事质控中心负责全县中医药事管理质量控制工作，推进中医药事管理的标准化、规范化、制度化、信息化，保障临床用药安全，确保群众用药安全。（罗　兰）

综合监督

【概况】 2022年，长沙县卫生健康领域监管单位6027家，其中公共场所3700家、饮用水卫生193家、学校203家、职业卫生单位1300家、集中式餐饮具消毒单位5家、医疗机构626家。对186家单位进行监督抽查。全年组织用人单位主要负责人和职业卫生管理人员参加职业卫生专题培训613人次。是年，长沙县位列全市卫生健康监督综合稽查第一位；长沙县卫生健康综合事务中心被评为全省2022年度优秀执法机构；长沙县卫生健康综合事务中心党支部红色故事微视频《永远的革命战士——徐特立》被评为全省卫生监督机构“蓝盾新闻奖”三等奖。（罗　兰）

【民生监管】 2022年，长沙县监督检查各级各类单位5791家次，集中约谈2次，约谈35家医疗机构主要负责人；信用等级评定医疗机构566家、公共场所3233家；处理投诉62起，立案328起，办结308起，到位罚没款73.16万元，罚没款5万元以上案件4起。（罗　兰）

【行政许可】 2022年1月1日至6月12日，长沙县卫生监督机构办结行政许可454件；6月12日后，因长沙县卫生健康局职能调整，卫生监督机构负责现场核查工作，全年核查单位712家。（曹淑元）

【双随机监督抽查】 2022年，长沙县双随机监督抽查186家，发现违法行为立案查处20家，立案率10.75%，罚款到位金额1.72万元、没收款0.018万元。（罗　兰）

【新冠肺炎疫情防控】 2022年，长沙县加强疫情防控，组织县院感专家、镇（街道）卫健办卫生健康监督员及基层医疗卫生机构防控专干等人员，进行院感、常态化疫情防控、新冠疫苗接种、核酸采集等专项检查13次，对域内6家县级医疗机构、24家基层医疗机构、16家民营机构和600余家个体诊所、村卫生室、门诊部等机构开展督导。5—6月，对全县开展口腔科诊疗科目的医疗机构院感管理专项督查，督查口腔类别医疗机构105家。对全县各级医疗机构实施院感同质化管理，开展全县各级医疗机构全覆盖培训、考试。全年组织县域内医疗机构开展5类培训（医疗救治后备人员培训、新冠疫情肺炎防控知识技能紧急视频、新冠疫情肺炎防控知识技能视频培训、科学抗疫医院感染规范化管理线上培训、新冠病毒抗原检测培训），培训10199人，测试合格9201人。组织开展线下疫情防控知识、穿脱防护服及核酸采集操作培训5次，以及核酸采样储备志愿服务队伍培训考核7场。制定健康服务检测点抗原检测阳性病例处置流程图及新冠抗原检测操作流程图。全年开展核酸检测6800余万人次，接种新冠疫苗79.7万剂次，累计接种366.8万剂次。（罗　兰）

疾病预防控制

【概况】 2022年6月2日，长沙县防病工作暨国家慢性病综合防控示范区复评审推进会议召开，对慢性病示范区复评审进行部署安排。是年，长沙县报告死亡人口信息7466例，报告粗死亡率5.43%，监测结果显示，排名前5位死因为：心脏病、恶性肿瘤、脑血管病、伤害和呼吸系统疾病；肿瘤监测报告发病数2553例，报告发病率306.61/10万，报告死亡数1565例，报告死亡率187.95/10万；心脑血管事件报告发病人数4633人，报告发病率337.07/10万。开展疫区范围内春、秋两季查螺，开展流动人口监测查病215人，本地居民查病血检数400人，粪检2人；推进市、县、乡一体化报告模式，镇（街道）报告覆盖率100%；报告辖区食源性疾病658例，暴露食物报告率100%。（罗　兰）

【传染病疫情防控】 2022年，长沙县无甲类传染病发生，报告乙类传染病13种、2233例，发病率162.46/10万；报告丙类传染病6种、36761例，发病率2674.52/10万；报告突发公共卫生事件3起；报告学校、托幼机构聚集性疫情106起，排名前3位聚集性疫情是流行性感冒、其他感染性腹泻、手足口病。中、小学聚集性疫情以流行性感冒为主，托幼机构以手足口病、其他感染性腹泻为主，流行性感冒人群普遍易感。（罗　兰）

【性病艾滋病、结核病防治】2022年，长沙县设置HIV初筛实验室8家和艾滋病快检点23个，开展HIV筛查168666人次，发现并诊断艾滋病106例。1月，在长沙县星沙医院开设艾滋病门诊，方便病例就诊。长沙县疾控中心定期对存活患者进行随访，随访管理率97.8%，治疗率95.48%。对病例心理、治疗等方面提供帮助和服务，补助治疗费用29万元。并对居民开展艾防宣传教育和干预，重点人群艾滋病知晓率95%。全年长沙县发现登记结核病患者551例，发现耐药肺结核患者8例，其中，纳入管理7例。（罗　兰）

【免疫规划】 2022年，长沙县有儿童预防接种门诊24家、产科接种单位7家、成人预防接种门诊4家，均实现信息化网络化管理，其中，数字化预防接种门诊23家，另开放新冠疫苗临时接种点（含以上门诊）32家。全年接种免疫规划类疫苗24万剂次、非免疫规划类疫苗（不含新冠疫苗）50万剂次、新冠疫苗79.7万剂次。开展医务人员免费接种流感疫苗工作，全年接种4507剂次。疑似预防接种异常反应（AEFI）监测系统报告接种异常反应274例，包括常规疫苗接种异常反应93例和新冠疫苗接种异常反应181例。将水痘、流行性腮腺炎、新冠疫苗接种纳入幼儿园、小学预防接种证查验，24家儿童预防接种门诊及138家小学、341家幼儿园均使用“长沙县儿童入园入学预防接种证查验系统”，并广泛宣传。1月8日，召开预防接种人员资质培训，对全县32家预防接种单位职工同步开展线上、线下培训，对考核合格的471人发放预防接种从业人员上岗证书。是年，“长沙县儿童入园入学预防接种证查验系统”被评为湖南省预防医学会“优秀案例”、中华预防医学会“优秀案例”以及“工作效率提升—确保免规任务完成板块”网络投票第一名、最佳免规提质增效奖；长沙县疾病预防控制中心被评为“2022年全省免疫规划工作先进单位”。

（罗　兰）

【慢性病防治】 2022年，长沙县基本公共卫生服务1374491人，建立居民电子健康档案1306252份，建档率95.04%；融达系统录入老年人年度健康体检信息105105人，体检率63.04%；在管高血压患者117469例，规范管理93317人，规范管理率79.44%；在管2型糖尿病患者36003例，规范管理28550人，规范管理率79.30%。自2017年承担“国家心血管病高危人群早期筛查与综合干预项目”以来，全县累计初筛调查14701人、高危干预3644人、短随调查3573人和短随干预3569人、长随调查13434人和长随干预13346人。启动慢性阻塞性肺疾病高危人群早期筛查与综合干预项目，开展初筛7796人，对1521名高危对象进行免费肺功能检查和分级综合干预。是年，长沙县被评为2022年度国家心血管病高危人群早期筛查与综合干预项目先进项目点。（罗　兰）

【地方病防治】 2022年，长沙县加强碘缺乏病监测，抽取200名8～10岁儿童进行尿碘监测，尿碘中位数324.9微克/升，处于“碘过量”水平；监测孕妇尿样100份，尿碘中位数191.6微克/升，处于“碘含量适宜”水平。采集300份盐样，含碘盐289份，其中，合格碘盐288份，碘盐合格率99.65%；非碘盐11份，碘盐覆盖率96.33%；合格碘盐食用率96.00%。调查显示，全县居民大部分都在食用合格碘盐，合格碘盐食用率95%以上，极少部分家庭食用非碘盐。

（罗　兰）

【学校卫生】 2022年11月，长沙县对5所中小学及3所幼儿园2171人次开展近视、超重肥胖、营养不良、血压、龋齿、脊柱弯曲等学生常见病筛查；对小学四年级及以上学生1457人进行学生视力不良影响因素调查；对5所中小学校随机抽查30间教室进行教学生活环境卫生监测。根据学生常见病筛查结果显示：学生总体近视率48.41%，其中，幼儿园6岁儿童近视率20.8%，小学生近视率31.02%，初中生近视率71.9%，高中生近视率82.42%；超重率、肥胖率分别为13.47%、11.06%；营养不良率5.5%；血压偏高率5.41%；乳牙龋患率、恒牙龋患率分别为62.45%、29.67%；脊柱弯曲率3.35%、侧弯率1.5%。（罗　兰）

【职业卫生】 2022年，长沙县通过国家职业健康监测信息系统平台报送、审核职业病常规监测信息71926条。将县辖区内14家中小微企业接触粉尘、噪声、苯作业的509名劳动者作为重点职业病主动监测对象，开展免费职业健康检查。全年对存活的33例职业性尘肺患者开展随访。监测131家用人单位，开展职业病危害项目申报。开展职业性放射性疾病监测和医用辐射监测项目，全年收集医疗机构信息数据44家、非医疗机构信息数据6家。抽取放射工作人员373人，开展个人辐射剂量监测373人，全年放射工作人员职业健康检查362人。抽取辖区内2家存在职业病危害的用人单位102名劳动者开展重点人群职业健康素养监测调查。

（罗　兰）

健康促进

【概况】 2022年，长沙县开展健康促进，通过开展健康科普宣传，开展系统性培训；开展“万步有约”健走激励大赛、团体预约无偿献血、健康星沙大讲堂等活动；开展无烟党政机关、学校和医疗机构建设；开展团体预约无偿献血，献血4457人次，年内长沙县被评为长沙市无偿献血工作先进单位。启动示范性健康细胞工程建设，建成5家市级健康促进示范医院。（李　涛）

【健康科普宣传】 2022年，长沙县开展健康知识讲座1000余次、公众健康咨询500余次，受益12万人次；更新宣传栏12期、1800次，通过电视、报纸、微信、LED显示屏、“村村响”等开展健康科普宣传，开展2022年长沙县健康科普大赛。（李　涛）

【健康教育培训】 2022年，长沙县开展健康指导员培训，150名机关企事业单位人员参与；开展2022年健康教育师资培训，100名医疗、教育、企业单位师资参与，开展健康管理师、心理咨询师、营养师线上培训，100名符合条件的职业人员参与；开展“万步有约”健走激励大赛，将活动和无烟环境、公益助残等结合，长沙县被评为国家银牌健走示范区、示范区优秀组织奖；启动健康星沙大讲堂，开展活动40场次，内容涉及心理、中医养生、职业健康、青春期等方面；世界防治结核病日、全国爱眼日等重点卫生健康宣传日开展健康活动。

（李　涛）

体 育

【概况】 2022年，长沙县有各类体育场地4150个，人均公共体育场地面积2.41平方米，全县有老年人体育协会、冬泳协会、篮球协会、棋类运动协会、羽毛球协会、太极拳协会、气排球协会、足球协会、信鸽协会、乒乓球协会、游龙拳协会、长跑协会等体育行业协会和自行车、羽毛球、足球、击剑、篮球等体育俱乐部。实施全民健身国家战略，推进体育强县建设，出台《长沙县全民健身实施计划（2022—2025）》。出台《关于做好2022年度长沙县抗疫纾困复工复产补贴申报的通知》，为全民健身中心、乐运魔方、东方运动汇等体育综合体提供资金扶持。

（陈　卓　文　婷）

【体育阵地建设】 2022年，长沙县建成新改建室外运动场17处、投放悦动空间健身驿站4套，向全县各镇（街道）投放健身路径101套、篮球架89只、乒乓球台121张，采购总金额219万元。县、镇（街道）、社区（村）三级健身阵地网络基本形成。

（陈　卓　文　婷）

【群众体育】 2022年，长沙县开展县级体育赛事活动10余次，其中，包括组织第二届“健康湖南”全民运动会；参加2022年长沙市、区、县（市）“公仆杯”篮球赛；举办2022年长沙县男子气排球比赛；举办2023年长沙县文化旅游广电体育系统飞盘教学赛；免费开放3家游泳场馆供长沙县中小学生免费游泳，游泳人数1万余人次；举办2022年第七届长沙县机关足球赛等，长沙县商务局代表队获县直组冠军，金井镇代表队获镇（街道）组冠军。　（陈　卓　文　婷）

【体育培训】 2022年，长沙县通过云视讯开设线上教学活动，开设太极拳线上培训。开展线下培训，开办“悦动星沙”2022年体育舞蹈免费培训、“悦动星沙”2022年长沙县太极拳进机关、进社区免费培训等培训班。开展中小学生暑期体育技能免费培训，包含篮球、足球、排球、体育舞蹈、羽毛球、乒乓球、象棋围棋、射箭8个项目，培训学员1000余人。开展社会体育指导员培训，全年开办4个项目社会体育指导员培训班，包括排舞、曳步舞、瑜伽、运动伤害预防及处理。　（陈　卓　文　婷）

【第二届“健康湖南”全民运动会】 2022年，由湖南省人民政府主办，省体育局承办，省直有关单位和14个市州人民政府协办的第二届“健康湖南”全民运动会于2022年3—7月举行，长沙县组队参加18个项目选拔赛。按照市体育局统一部署举办篮球、气排球、跳绳、羽毛球、象棋围棋、排舞、太极拳、健康跑、柔力球、乒乓球10个项目的海选赛。承办排舞、太极拳项目市级选拔赛，组队参加18个项目海选赛。

（陈　卓　文　婷）

【“悦动星沙”2022年长沙县羽毛球团体赛】 2022年5月30日，在乐运魔方举行第二届“健康湖南”全民运动会长沙县羽毛球海选舞暨“悦动星沙”2022年长沙县羽毛球团体赛，长沙县65支队伍参赛。该比赛由湖南省人民政府主办，湖南省体育局承办，长沙县人民政府、长沙县文化旅游广播体育局协办。比赛为期2天，项目类型为羽毛球混合团体赛，设有机关组、镇（街道）组、公开组3个组别。县教育局、县公安局、县卫健局、县人社局、长沙经开区、县行政执法局、县水利局、县自然资源局8支代表队分获机关组第一名至第八名，福临镇、安沙镇、金井镇、椥梨街道、高桥镇5支代表队分获镇（街道）组第一名至第五名。

（陈　卓　文　婷）

【2022年长沙县男子气排球比赛】 2022年11月17日，由长沙县文化旅游广电体育局、长沙县总工会共同主办、长沙县气排球协会协办的2022年长沙县男子气排球比赛在长沙县文化体育服务中心开幕。长沙县42支代表队伍、200余名选手参赛，实行淘汰赛制，为期2天。椥梨街道、金井镇、泉塘街道、开慧镇4支代表队分别获得镇（街道）组第一、二、三、四名，长龙街道、高桥镇、湘龙街道、青山铺镇4支代表队获镇（街道）组并列第五名。县教育局、县文旅局、星城控股集团、县城关局4支代表队分别获得县直单位组第一、二、三、四名，县住建局代表队、县环爱办联队、县卫健局代表队、县机关事务中心代表队、县司法局代表队获县直单位组并列第五名。

（陈　卓　文　婷）

应急管理

编辑　周进银

防灾减灾

【防汛抗旱】 2022年，长沙县遭遇9轮强降雨过程，其中，暴雨蓝色10期，黄色16期，橙色4期，红色2期。发布85078人次。长沙县防汛抗旱指挥部办公室职责从县水利局调整到县应急管理局。健全县级领导、县直单位包片联点责任制，明确全县水库、堤防、堤垸、山洪灾害易发区、穿堤建筑物（排口）的行政责任人、技术责任人及巡查责任人。明确24个城区内涝点、57处地质灾害隐患点防汛责任人。启动防汛Ⅳ级应急响应2次、抗旱Ⅳ级应急响应1次，组织召开防汛或抗旱会商调度会10次，发布各类预警短信50万余条次。通过"村村响"广播进行防汛提醒及节约用水宣传。完成汛前对全县防汛备汛工作的检查，对检查问题明确整改措施、责任单位及整改期限。县城管局对城区易涝点，实行一点一策，将责任分解到人。开展全县防汛工作督查。县防汛抗旱指挥部办公室与气象、水文、水利、城管、自然资源、交警等部门信息平台互联互通。县本级储备麻袋3万条、编织袋63万条、编织布23万平方米、桩木184立方米、块石2万立方米、砂石料10万立方米、橡皮舟14艘、冲锋舟8艘、机动船2艘、大型排水设备26台、小型排水设备75台、发电机13台。县本级应急抢险救援队伍34支1667人。制定《长沙县突发事件总体应急预案》，修订《长沙县防汛应急预案》《长沙县抗旱应急预案》。水利、城管、自然资源、通信、电力等县防汛抗旱指挥部办公室成员单位编制完善部门防汛抗旱专项预案。4月12日，县防汛抗旱指挥部办公室组织相关单位，复盘"长沙县2017年历史最高洪水位下的洪涝灾害"防御工作。

（肖姣艳）

【森林防火】 2022年，长沙县发挥"林长制"牵头抓总作用，汇聚自资、应急、公安、执法等部门合力，先后印发5道命令，抓实森林防灭火各项工作，连续8年实现"四零"目标。防范上，出台森林防灭火宣传系列文件，发动各镇（街道）采取"拉一条防火宣传横幅、发一张防火宣传单、粘贴一份防火标语、播一条防火广告、劝导一批违规用火行为"等举措，印发宣传手册折页30万余份，张贴禁火令、防火令、封山禁火令20万余套。加大生物防火林带建设力度，2008年以来投入1240万余元，在与周边县市区交界处建设生物防火林带127.7千米，2022年投入350万余元对其进行抚育。发挥一线护林员作用，特护期140名护林员全部取消休假，实施24小时值班，紧盯重点时段、重点部位、重点人员，开展全天候巡查管护行动，9月，省巡护系统运行后，全县巡护率始终保持在90%以上。全县以水灭火作为森林火灾扑救主要手段，配备远程高压水车3台、远程高压水泵56台，县本级组建民兵森林消防大队、武警森林灭火救援队、护林森林灭火排"两队一排"3支专业队伍，19个镇（街道）均建有森林消防队，在路口镇、北山镇等6个镇组建专职消防队。全年扑灭森林初期火灾40起，支援雨花区跳马镇山火扑灭等。

（谭小霍）

【地质灾害防治】 2022年，长沙县自然资源局开展汛前排查，制定《长沙县2022年地质灾害防治方案》，安排部署全年地质灾害防治工作。对58处在册隐患点编制防灾预案表，设立警示标牌，明确防灾责任主体和监测责任人，与监测员签订目标责任书。完善县、镇（街道）、社区（村）和监测员四级群测群防网格体系，将4100余处重点切坡临坡建房户纳入隐患库，开展动态管理、入户告知风险隐患、发放地质灾害防范宣传手册，实行"房监测、村组织、镇管理、县统筹"风险管控机制。强化"人防+技防"能力建设，对县内8处在册隐患点布设普适化监测设备，对9个镇（街道）加密安装10台雨量计。通过短信平台对群测群防人员、隐患点受威胁对象和切坡临坡建房户等发布预警信息40余万条，转发各类预警防范信息800余条；与气象部门配合，在强降雨期间通过"12379"平台联合发送短临预警信息，对部分特殊人群安排村组干部上门入户提醒。组织地质灾害隐患点受威胁群众和重点农村切坡建房户进行避险转移，全年转移群众175人次、238天。推进地质灾害治理，投入400余万元开展江背镇江背社区五七组地质灾害勘查和治理设计、春华镇春华山村双狮组重大滑坡地质灾害治理、果园镇田汉社区蔡家山组重大滑坡地质灾害治理和12处突发地质灾害应急处置等，对达到地质灾害隐患销号标准的115处在册隐患点进行核销处理。

（王知敏）

【长沙县2022年城市安全运行暨防汛综合应急演练】 2022年5月14日，长沙县2022年城市安全运行暨防汛综合应急演练举行，旨在进一步提高极端环境下全县应对突发事件处置和应急联动能力，确保突发事件发生时最大程度减小人员伤亡和财产损失。演练模拟5月长沙县遭遇历史罕见极端灾害天气，发生河水暴涨、城市内涝、山体滑坡、大面积停电、地铁站积水等险情。长沙县应急委启动Ⅱ级应急响应，并紧急会商和调度各方力量开展救援。演练过程中，指挥部统筹、7个行业部门分别牵头演练，场地跨4个镇（街道），10支社会应急队伍、32个部门单位、500余人参演，指挥体系健全：主会场与分会场，统一灾情背景、实时指挥互联、共享应急资源、同步屏幕展现；演练复盘"郑州特大暴雨"主要灾害事件，强化城市安全和洪涝灾害的防范应对，演练环节关键：新型"挡水板"快速阻洪、大型工程机械高效筑堤、超便携大功率移动水泵排涝、高效水上抛投器救援，应急通信车保障等全部亮相，应急保障到位。演练现场设立综合协调组、技术保障组等10个工作组，设置地铁站应急救援、城市内涝应急处置、大面积停电应急处置、通讯中断应急处置、堤垸处险应急处置、群众转移救助和水上人员搜救、地质灾害应急处置7个科目，按照监测预警、应急响应、应急处置、后期处置4个程序，全要素、全链条式进行完整闭环推演，展示长沙县应急抢险队伍实战能力、快速处置能力。

（周进银）

安全生产

【概况】 2022年，长沙县发生生产安全事故34起、死亡40人，其中，工商贸其他行业3起、死亡4人；道路运输业23起、死亡24人；建筑施工1起、死亡2人；商贸2起，未造成人员伤亡；其他5起，死亡10人。全县安全生产形势平稳。拟制《长沙县安全生产和消防工作“创新实干”十项制度》，从统筹协调、巡查督促、奖惩排名3个方面，制定会商研判、交（督）办和核查、巡查、警示预警、挂牌、黄牌警告和一票否决、通报、约谈、示范创建、月排名等10项具体制度。各镇（街道）、各部门制定安全生产权力清单、职责清单和年度重点任务清单；厘清化学储能电站、电竞酒店等12类新兴行业领域监管责任。推动“百日攻坚”、潜在风险隐患排查整治，受理群众举报114起（核查属实65起），安全生产和消防领域立案5314起（不含交警），罚款2091.85万元；发动群众举报、打击非法经营储存危险化学品窝点11个，立案6起，移送县公安局2起，安全转运危险化学品60余吨，销毁汽油2.8吨，销毁其他危险化学品18.6吨，刑事拘留3人，罚款58.43万元，发放举报奖励2.75万元。升级长沙县安全发展智慧工作平台，推出智慧检查系统功能等，全县各部门单位在用账户5523个，自主注册生产经营单位14121家。提质“一会三卡”智慧管理平台推广工作，覆盖全县所有工贸企业、使用个体6万余个。开展安全生产培训专项整治，压实企业安全宣教主体责任。承办全省节后复工复产“开工第一课讲安全”专题讲座，邀请省应急管理厅主要领导主讲，通过“星沙时报”全程在线直播，观看（含回放）量30万余人次。开展“安全生产月”活动，长沙县2022年“安全生产月”启动暨第二轮政校应急安全战略合作签约仪式在湖南安全技术职业学院举行。以“星安课堂”、应急履职能力提升班等多种形式，开展新修订《湖南省安全生产条例》宣传教育，提升应急管理系统干部业务水平和履职能力。推动安全生产领域行政执法和刑事司法衔接工作，成立“行刑衔接”工作专班，实行集中办公，移送县公安局办理10起案件。在全省率先建立乡镇专职消防队新模式，全县11个镇（街道）建立专职消防队，其中，5个达到小型消防站标准，建立联勤联训机制。湘龙街道应急办被评为全国消防先进集体。安全生产工作十条措施、“一会三卡”、安全发展平台等相关工作被省、市推广。长沙县应急管理局被评为全省县市区防震减灾工作综合考核先进单位。（肖姣艳）

【消防安全】 2022年，长沙县以可燃材料、易燃易爆物品、废旧回收仓库、废旧回收店和可燃材料的储备仓库为重点，开展专项检查清理行动。设置场地堆放区域，禁止可燃材料和易燃易爆废旧物品等随意堆放。可燃材料、易燃易爆物品、废旧回收仓库安装烟雾探测器报警装置，配置消防灭火器材等消防设施设备。物品堆放区域增建、配置物理隔离设施，确保防火间距充分。落实属地责任、行业监管责任和企业主体责任，加强日常检查力度。组织专项督办。各镇（街道）联合城市管理和执法等部门，加强督查检查。（肖姣艳）

【安全生产10条措施】 2022年10月15日，长沙县出台安全生产10条措施，包括压实领导责任、夯实基层基础、做实监管责任、抓实隐患“清零”、据实监管执法、管实重点领域、落实“三不”（力度不减、应急力量不少、工作部署不变）原则、务实浓厚氛围、充实备勤力量、严实督查措施。重点聚焦道路交通、消防、燃气、仓储物流、建筑施工、特种设备、工贸企业等重点行业领域。畅通举报投诉平台，动员社会力量发现、举报、曝光安全隐患，对群众举报、曝光的问题一经核实予以重奖。（肖姣艳）

卫生应急

【概况】 2022年6月，长沙县在全省（区）县中率先成立长沙县疾病预防控制局，任命局长以及长沙县疾控中心主任各1人。在该局体系下成立疾控科（应急办），增加20人充实疾控体系人才队伍。加强应急物资储备保障和提升应对突发事件能力，市、县两级拨付突发事件专项处置经费10万元，用于应急处理突发事件、个人防护用品、消杀药械、检测试剂的采购和宣教资料印制。全年开展4期常规风险评估和1期新冠肺炎专题风险评估。依托《传染自动预警系统》排查预警事件，发现符合聚集性疫情判定标准立即将相关信息转发至属地基层医疗机构，由基层医疗机构开展现场核实和处置工作。

（罗　兰）

【应急预案完善】 2022年，长沙县根据突发公共卫生事件类型制定传染病、急性职业中毒、群体不明原因疾病、食物中毒、异常接种反应5种应急预案，预案规定适用范围、部门职责、事件上报、事件处置、应急反应和终止等内容。调整应急队伍，扩充队伍专业人员配比，有5支突发公共卫生事件队伍和7支紧急医学救援队伍，队员169人，实行24小时应急待命制度。开展应急队伍培训及演练，全年开展突发公共卫生事件应对培训3次，培训1000人次；开展紧急医学救援培训36次，培训1568人；开展新冠核酸检测应急演练，参与演练1500余人。（罗 兰）

【突发公共卫生事件】 2022年，长沙县报告突发公共卫生事件相关信息4起，无较大及以上级别事件报告，高校诺如病毒感染性腹泻暴发疫情1起、一犬伤多人事件1起、乙型V型流感暴发疫情1起，均予有效控制。（罗 兰）

【现场救护培训】 2022年，长沙县贯彻落实《湖南省现场救护条例》，普及和推广现场救护知识和技能，全县有5家县级医疗机构开展现场救护第一目击者行动的工作培训，有导师36人，培训36次，培训1568人。（罗 兰）

消 防

【概况】 2022年，长沙县消防救援大队辖区发生火灾646起，接警出动1771次，出动消防车4108台次，出动指战员24139人次。开展大国工匠论坛、建材博览会、智能制造装备博览会、航空产业博览会等执勤安保任务，完成乡镇委托执法试点任务，参与望城“4·29”经营性自建房倒塌事故救援。全年检查单位3660家，发现火灾隐患4360处，督促整改4190处，下发责令改正通知书2257份、行政处罚决定书226份，临时查封决定书164份，责令停产停业48家，罚款235.22万元，重大火灾隐患立案112家，整改销案99家，净化辖区消防安全环境。（黄睿智）

【重点领域整治】 2022年，长沙县消防救援大队开展经营性自建房、高层公共建筑、厂房仓储等重点领域专项整治。完成全县11737栋经营性自建房的消防安全隐患摸排和复核，消防安全隐患整改4052处。摸清158栋高层公共建筑、1298栋高层住宅底数，统筹调度整治隐患。开展厂房仓储场所大排查行动，摸清全县1482家厂房仓储场所消防安全情况，推进隐患整改。通过长沙县消防安全委员会调度、指导各镇（街道）对存在隐患的“多合一”场所（生产、住宿、经营、办公室和厨房均在一起的小场所）开展消防安全整治，全年整治1307处“多合一”场所。（黄睿智）

【鹏盛消防救援站驻队执勤】 2022年12月19日，长沙县消防救援大队鹏盛消防救援站驻队执勤，鹏盛站位于长沙县大元东路与盛祥路东北面，辖区执勤范围包括：北面以远大三路、省道103线为界；南面以机场高速公路、黄金大道、乡道236线为界；西面以蓝田路经人民快速路、尾巴塘、庙冲子、小塘至机场高速公路为界；东面以长沙县行政区域东边边界与浏阳市行政区域西边为边界、黄花镇乡镇行政区域东边为界，辖区面积58.6平方千米。（黄睿智）

【委托执法试点】 2022年，长沙县消防救援大队在黄花镇组织开展委托执法试点。制定《长沙县镇街消防委托执法试点工作实施方案》，与黄花镇人民政府共同签署《消防行政执法委托协议书》，确定委托执法范围、权限、职责以及开展时间，赋予黄花镇人民政府部分行政处罚权。委托执法试点期间黄花镇消防监督检查213次，发现消防隐患809处，督促整改688处，检查问题清单复查89家，督促11家重大火灾隐患整改责任单位进行整改，上报重大火灾隐患单位6家，行政处罚4起，联合执法5起，罚款2.04万元。（黄睿智）

【消防宣传】 2022年，长沙县消防救援大队开展宣传425次，培训267次，在中央、省、市媒体发布新闻1087条，消防站开放36次，开展消防车进社区宣传活动112次（每周1次）。组织承办全省“11·9”宣传月启动仪式，湖南省应急管理厅厅长李大剑、长沙市常务副市长彭华松、长沙市消防救援支队领导等出席仪式。（黄睿智）

2022年12月19日，长沙县消防救援大队鹏盛消防救援站驻队执勤仪式举行
（长沙县消防救援大队 供图）

社会生活

编辑　李珊珊

居民生活

【概况】 2022年，长沙县城乡居民人均可支配收入53232元，比2021年增长5.9%，其中，工资性收入36295元，经营净收入6807元，财产净收入7126元，转移净收入3004元。城乡居民人均生活消费支出33774元，比2021增长4.8%，食品烟酒支出占比26.7%。 （刘　鹏）

【城镇居民生活】 2022年，长沙县城镇居民人均可支配收入60047元，比2021年增长5.1%。城镇居民人均生活消费支出37238元，比2021年增长4.0%，食品烟酒支出占比27.7%。 （刘　鹏）

【农村居民生活】 2022年，长沙县农村居民人均可支配收入43432元，比2021年增长6.5%。农村居民人均生活消费支出28792元，比2021年增长5.6%，食品烟酒支出占比24.9%。城乡居民文教娱占比21.8%，比2021增长0.4%。

（刘　鹏）

2022年长沙县城乡居民住户调查情况统计表

表14

指标名称	单位	2022年	2021年	为2021年的百分比（%）
可支配收入	元	53232	50267	105.9
工资性收入	元	36295	34361	105.6
经营净收入	元	6807	6450	105.5
财产净收入	元	7126	6641	107.3
转移净收入	元	3004	2815	106.7
消费支出	元	33774	32219	104.8
其中：食品烟酒	元	9014	8675	103.9
衣着	元	2114	2077	101.8
居住	元	5906	5740	102.9
生活用品及服务	元	2282	2207	103.4
交通通信	元	4872	4518	107.8
教育文化娱乐	元	7367	6881	107.1
医疗保健	元	1903	1818	104.7
其他用品和服务	元	316	304	103.9
居民文教娱乐服务消费支出占消费总支出比重	%	21.8	21.4	—

（资料来源：长沙县统计局）

2022年长沙县城镇居民住户调查情况统计表

表15

指标名称	单位	2022年	2021年	为2021年的百分比（%）
可支配收入	元	60047	57134	105.1
工资性收入	元	38995	37162	104.9
经营净收入	元	6282	5988	104.9
财产净收入	元	11558	10955	105.5
转移净收入	元	3213	3028	106.1
消费支出	元	37238	35806	104.0
其中：食品烟酒	元	10306	10002	103.0
衣着	元	2407	2383	101.0
居住	元	6051	5932	102.0
生活用品及服务	元	2018	1944	103.8
交通通信	元	5376	5024	107.0
教育文化娱乐	元	8207	7743	106.0
医疗保健	元	2502	2417	103.5
其他用品和服务	元	372	361	103.1

（资料来源：长沙县统计局）

2022年长沙县农村居民住户调查情况统计表

表16

指标名称	单位	2022年	2021年	为2021年的百分比（%）
可支配收入	元	43432	40781	106.5
工资性收入	元	32413	30492	106.3
经营净收入	元	7563	7088	106.7
财产净收入	元	753	681	110.6
转移净收入	元	2703	2519	107.3
消费支出	元	28792	27265	105.6
其中：食品烟酒	元	7157	6842	104.6
衣着	元	1692	1654	102.2
居住	元	5699	5474	104.1
生活用品及服务	元	2662	2569	103.6
交通通信	元	4147	3819	108.6
教育文化娱乐	元	6158	5691	108.2
医疗保健	元	1041	991	105.1
其他用品和服务	元	236	224	105.3

（资料来源：长沙县统计局）

生育健康服务

【概况】 2022年，长沙县全员人口781737人，已婚育龄妇女133318人，出生人口4660人，人口出生率5.96‰，死亡人口5711人，人口自然增长率0.6‰，人口出生性别比109.25；流动人口239644人，其中，流入人口189425人（跨省流入16673人，省内流入172752人），流入半年以上流入人口188470人，流出人口50219人。 （罗　兰）

【老龄健康智慧医养服务】 2022年，全县医养结合机构6家。35家医疗卫生机构相继被评为长沙市2021年度、2022年度老年友善医疗机构，长沙县第一人民医院、长沙县果园镇卫生院、长沙县妇幼保健院、长沙县星沙医院被评为2021年度、2022年度湖南省老年友善医疗机构。2月15日，工业和信息化部、民政部、国家卫生健康健康委员会确认长沙县为2021年全国智慧健康养老试点示范基地，长沙县果园镇被评为全国智慧健康养老试点示范乡镇。2022年8月10日，长沙县被评为2022年度湖南省医养结合示范县；果园镇智慧医养项目被评为2022年湖南省医养结合示范项目。12月30日，长沙县老龄委办公室被评为全国老龄系统先进集体。 （罗　兰）

【计划生育家庭服务】 2022年，长沙县发放农村奖扶16896人，发放资金1622.016万元；手术并发症18人，发放资金9.222万元；计生特殊家庭伤残431人，死亡695人，发放资金1441.216万元；老年护理补贴520人，发放资金124.8万元；计划生育特别扶助专项356人，发放资金618万元；城市低保52人，发放资金2.885万元。共计发放资金3987.175万元。春节期间，走访慰问计生困难家庭对相关人员377人，发放春节慰问金84.9万元。 （罗　兰）

【计划生育技术服务】 2022年，长沙县开展爱心助孕特别行动，形成“政府主导、政策推动、社会参与、专家支撑、项目运作”工作机制，惠及全县计划生育失独家庭和广大不孕不育家庭。开展爱心助孕义诊1场次，276个家庭享受爱心助孕服务，2个失独家庭得到免费援助，274个家庭得到优惠援助。免费避孕药具通过关注微信公众号，网点发放，向社会公示224个村级、28家医疗机构发放点、29台药具自助发放机点位，发放避孕药具55204人次。 （罗　兰）

劳动关系

【概况】 2022年，长沙县实施网格化监管，县、镇两级劳动监察力量镇（街道）分片包干，联合督促项目落实分账管理、实名制管理、按月打卡足额支付工资等制度，建立社区（村）级网格50余个，覆盖率100%。实施联合巡查，县、镇两级联合组建巡查小组开展检查，督促落实农民工工资专用账户、总包代发、保证金、工程款支付担保等制度，全年巡查在建项目130个。开展专项整治行动3次，发展问题25个，办理劳资纠纷案件108起。对重大复杂疑难案件实行领导包案、挂牌督办、部门联合办案等机制，化解重大复杂疑难案件20余起。落实欠薪失信联合惩戒，将欠薪行为严重不良者纳入社会信用和市场主体信用信息系统，在政府采购、市场准入、融资审核等方面予以限制，将5家企业纳入不良信用“黑名单”。落实开工联合审查机制，将“工程款支付担保”“农民工工资专用账户开设”“农民工实名制通道”等7大保障制度纳入开工审查，定期通报并约谈落实不达标单位，全年通报约谈单位20余个。是年，长沙县根治欠薪工作代表全省通过国家检查。 （吴　琼）

【劳动纠纷“一站式”调处中心】 2022年8月，长沙县劳动纠纷“一站式”调处中心试运行。中心整合长沙县人社局劳动监察服务中心、劳动人事争议仲裁院、法规科、长沙县行政执法局、长沙县住建局、长沙县司法局、长沙县人民法院、律师事务所等机构及部门处理劳资纠纷方面相关职能职责。中心窗口设有：劳动监察咨询、投诉，劳动纠纷行政执法，农民工工资结算纠纷调处，工伤认定与相关争议调处，劳动人事争议仲裁，劳动争议法律咨询、援助，劳动争议人民调解，劳动争议司法确认等10余项服务窗口提供劳动维权法律服务。日均接待各类咨询、投诉200余人次，全年处理咨询投诉1.8万余人次，调处劳资纠纷1100余起，办理欠薪投诉线索7000条，帮助6980名农民工追回工资1.4亿余元。 （吴　琼）

【电子劳动合同网签推广工作】 2022年8月11日，长沙县发布《关于做好全县电子劳动合同推广应用工作的通知》，推广电子劳动合同网签工作，全县各镇（街道）电子合同签署率70%，有效降低劳资关系隐患，保障劳动者合法权益。 （吴　琼）

【农民工工资保障工作】 2022年，长沙县新开设农民工工资保障金项目93个，其中，现金缴存金额2945.56万元，使用保证金保险及担保保函项目33个，担保金额1501.84万元。服务在建项目286个，涉及农民工4.29万余人次。接受省、市对长沙县2021年度保障农民工工资支付检查，其中，在市检中获得A类评级。元旦、春节期间、8月、10月、11月，检查286个在建项目落实农民工实名制情况，涉及劳动者10240人。

（吴　琼）

就业创业

【概况】2022年，长沙县出台《长沙县稳岗位拓岗位保就业促就业十六条举措》，成立稳就业工作专班，推行“免申即享”经办模式。是年，与大中专高职院校开展“政校企”座谈会2场、“送岗位进校园”专场招聘会4场、线上、线下离校未就业高校毕业生专场招聘活动12场，印发高校毕业生就业创业政策口袋书2.5万份，离校未就业高校毕业生就业服务率100%，就业率98.11%。为返乡自主创业农民工、高校毕业生等人员提供创业担保贷款4320万元，提供“双创”资金274万元，扶持各类创业项目74个。全县新增创业主体1.2万余个，带动就业1.5万余人，新增审批民办培训机构3家，培训机构变更审批7家，大学生见习基地认定15家，遴选补贴性职业技能培训机构28家，审批及变更职业介绍服务许可26家，备案登记人力资源服务机构6家。开展职业技能培训19004人次（包括失业保险技能补贴人次及创业培训下证人次），发放补贴1600万余元。开展省级充分就业社区（村）创建，对27个重点社区（村）升级软硬件设施。全年为2.16万名登记失业人员进行“311”（3次岗位信息推送、1次职业培训推荐、1次职业指导）服务104890人次，为就业困难的灵活就业人群发放社保补贴1135.79万元，有就业意愿未就业退捕渔民、“零就业”家庭实现动态“清零”。长沙县城镇新增就业18915人，失业人员再就业15333人，就业困难人员再就业2647人，城镇登记失业率1.25%，城镇调查失业率控制在5.5%以内。

（吴　琼）

【巩固拓展就业脱贫攻坚成果】2022年，长沙县出台《长沙县2022年巩固拓展脱贫攻坚成果同乡村振兴有效衔接就业帮扶工作方案》，为556名参与培训的脱贫人口发放补贴91.22万元，组织创业培训415人，发放创业培训补贴60.39万元，为吸纳脱贫人口就业帮扶车间发放稳就业促增收补贴1.8万元。与省内13个劳务输出县（市、区）签订长期劳务协作协议，定期为县内企业输送劳动力。年初，联合长沙经开区组建2支援企招工小分队，提供县区1万余个岗位，到张家界桑植、湘西、怀化地区等10个县（市、区）驻点开展劳务协作，与桑植县、慈利县、花垣县等原贫困县建立劳动协作机制。通过“现场＋网络直播＋广播宣传”方式，就业政策覆盖人群10万余人，点对点为蓝思科技、维胜科技、北汽福田等县区重点企业招工9600余人。

（吴　琼）

【线上、线下招聘】2022年，长沙县开展逢“五”现场、重点群体专场招聘会、线上直播带岗招聘活动70场，挖掘就业岗位12万余个，达成求职意向4万余人次。举办“春风行动”“名企招聘月”“高校毕业生服务季”“金秋招聘月”“点亮万家灯火”“退役军人招聘会”等专项招聘会。利用“智慧星就业”、星沙人才网、星沙就业微信公众号等平台，发布政策、岗位、活动及就业服务等信息，针对就业困难人员、脱贫劳动力等重点群体提供“一人一策”精细化就业服务，构建就业网络“全覆盖”，实现就业政策清单“全普及”。

（吴　琼）

【政校企对接座谈会】2022年6月10日，长沙市政校企对接交流座谈会暨高校毕业生专场招聘会活动在长沙县举行。该活动由长沙市人社局主办，长沙县人社局承办。湖南云箭集团有限公司、长沙开元仪器有限公司等企业代表，湖南农业大学、中南林业科技大学等高校代表参与座谈。是年，2022年长沙县高校毕业生招聘活动在湖南劳动人事

2022年5月25日，第五届“中国创翼”创业创新大赛长沙市选拔赛颁奖典礼举行。图为长沙县“阳光购助残平台”项目获服务业项目组一等奖

（张英姿　摄）

职业学院举行，参会单位80家，提供招聘岗位1.1万个，吸引毕业生3000余人，现场达成意向人数1100余人。开展“五进五促”（人社政策进校园，广泛宣传促落实；招聘服务进校园，供需对接促匹配；职业指导进校园、专业辅导促启航；创业服务进校园、五创联动促创业；困难帮扶进校园、优先服务促稳定）专项行动与高校毕业生就业服务季系列活动，通过“湘就业”“智慧星就业”等平台为高校毕业生举办线上招聘会、网络直播带岗等活动，服务高校毕业生1.8万余人。

（吴　琼）

【“中国创翼”创业创新大赛】 2022年3月19日，第五届“中国创翼”创业创新大赛长沙县选拔赛启动。报名参赛创新创业项目120个，22个企业或团队进入决赛，湖南经视、新湖南、智慧长沙、星沙时报社等媒体报道。推荐11个优秀项目参加长沙市创业创新大赛，其中，长沙县“阳光购助残平台”项目获长沙市选拔赛一等奖。

（吴　琼）

【智慧“星就业”公共就业服务平台上线】 2022年6月，长沙县全面上线智慧“星就业”公共就业创业服务信息化平台，定期向镇（街道）、社区（村）、高校精准推送企业用工需求。年末，平台入驻企业1700余家，发布岗位2.8万余个，注册简历数1.6万余份。依托星沙人才网、微信公众号以及湖南省公共就业服务平台，在19个镇（街道）、第一批创建充分就业社区（村）和4所县内高职院校进行公共就业服务信息化平台建设试点，分别在镇（街道）、社区（村）公共服务中心（便民服务中心）、高职院校各放置60台落地式触摸屏显及信息归集和发布器，联通长沙县人力资源市场信息后台进行数据分析、信息采集和精准帮扶。

（吴　琼）

【长沙县社区就业服务超市挂牌】 2022年9月6日，长沙县社区就业服务超市在星沙街道仙塘岭社区挂牌，常驻企业500余家，为社区居民提供有效岗位8000余个。建设县级零工市场运营中心，打造“零工市场+”服务模式，开展新业态新就业群体专场“云聘会”，发布外卖配送员、网约配送员、网约车驾驶员、直播带货员等新业态岗位1000余个，为湘爱电商、唐朝科技等新业态平台企业解决用工难。

（吴　琼）

【稳就业补贴扩面发放】 2022年，长沙县扩大重点群体稳就业补贴覆盖面，对5556名就业困难人员发放社会保险补贴1136.71万元，发放乡村振兴就业帮扶相关补贴21.9万元，发放小微企业招用高校毕业生社保补贴125.08万元，审核求职创业补贴533.7万元。为42家小微企业和个体工商户提供创业担保贷款4320万元，比2021年增长35.93%。为164家创业实体发放创业担保贷款财政贴息221.96万元。为镇（街道）、社区（村）拨付就业创业服务补助资金233万元，新增见习基地15家，募集见习岗位400余个，发放见习补贴97万余元，涉及高校毕业生和失业青年275人次。

（吴　琼）

【省级充分就业社区（村）创建】 2022年，长沙县开展省级充分就业社区（村）建设，优选21个重点社区、6个重点村升级软硬件设施，27个社区（村）创建省级充分就业社区（村），其中，17个社区（村）被评为省级充分就业星级社区（村）。开展公共就业服务信息化平台建设，在社区（村）放置落地式触摸屏显及信息归集和发布器，联通长沙县人力资源市场信息后台，帮助居民在家实现就业。

（吴　琼）

【人力资源服务行业监管】 2022年5月18日，长沙县召开人力资源服务行业专题培训，县内120家经营性人力资源服务机构参加。会议对2021年度工作进行讲评，集中学习人力资源市场行为规范，开展人力资源行业工伤预防专题培训，下发《关于加强人力资源服务行业安全生产工作的通知》。督促各人

2022年9月6日，长沙县社区就业服务超市挂牌　（黄　畅　摄）

力资源服务机构规范人力资源市场活动，开展安全隐患排查和治理，各机构会议现场递交《安全生产责任书》。（吴　琼）

【基层人社公共服务平台建设】 2022 年 8 月 3—5 日，长沙县召开全县人社基层平台业务培训，邀请湖南省人社厅就业服务中心，长沙市人社局就业促进处、就业服务中心业务负责人及长沙县人社局工作人员，在各片区讲授基层平台建设、公共就业服务、劳动争议调解仲裁、劳务品牌建设、社保政策等内容，为 300 余名镇（街道）、社区（村）人社专干讲课 30 堂。（吴　琼）

社会保障

【概况】 2022 年，长沙县实施全民参保计划，全县参保单位 28711 家（企业养老 + 机关养老），参保人数 147.52 万人次，享受待遇人数 20.63 万人，全年社保卡制卡 89.5 万人。实施机关事业单位养老保险制度改革，机关事业单位原试点退费单位 200 家，涉及退费人员 15207 人，金额 1.98 亿元。开展区域内调动、退休、停保等人员机关事业单位职业年金记实 1468 人次，职业年金虚账记实应记实人员 2431 人。办理城镇职工养老保险跨省转移 2.3 万笔、省内转移 3.24 万笔，重复缴费退费业务 1683 笔，涉及金额 341 万元。落实养老金待遇调整政策，城乡居民基本养老保险基础养老金上调至每人每月 248 元，惠及全县 12.05 万人。为 6000 余人次发放失业保险金及失业补助金 5800 万余元。保障被征地农民补贴按时发放，为 4.3 万余人次支付 6859 万元。落实“一会三卡”（安全生产班前会、企业体检卡、危险作业卡、应急外置明白卡）工作制度，重点行业工伤事故发生率降低 20%。抓实基金管理风险防控，成立社会保险基金监管科；新设立稽核内控部，安排专人负责管理，组建 216 人社区（村）社保协理员队伍。聘请第三方会计师事务对失业保险基金收支情况开展专项检查，引进专业审计队伍对社保经办查漏补缺。全年接收疑点数据 5487 条，其中，属实数据 355 条，追回基金 35.5 万元。（吴　琼）

【养老保险】 2022 年，长沙县参保人数 111.28 万人，其中，城镇职工养老保险、机关事业养老保险、城乡居民养老保险参保人数分别为 69.27 万人、2.30 万人、39.71 万人（包含退休人员）；3 项养老保险费收入 33.67 亿元（城镇职工养老保险 30 亿元、城乡居民养老保险 0.77 亿元、机关事业养老保险 2.9 亿元）；养老保险待遇支出 17.19 亿元（城镇职工养老保险 8.32 亿元、城乡居民养老保险 3.97 亿元、机关事业养老保险 4.90 亿元）；结余 43.2 亿元（城镇职工养老保险 32.80 亿元、城乡居民养老保险 9.3 亿元、机关事业养老保险 1.10 亿元）。其中，灵活就业参保人数 8.96 万人，发放社保待遇 17038 人。开展困难群体参保和困难群体参保和代缴，参保率和代缴率均 100%。（吴　琼）

【城乡居民养老保险待遇】 2022 年 1 月和 7 月，长沙县城乡居民基本养老保险基础养老金分别上调 10 元 / 月和 5 元 / 月，调至每人每月 248 元。惠及全县城乡居民 12.05 万人。针对 65 周岁及以上参保老年城乡居民，加发老年基础养老金，其中，65 ～ 75 周岁参保人基础养老金每月增加 5 元，76 ～ 85 周岁参保人基础养老金每月增加 10 元，86 周岁及以上参保人每月增加 20 元，全年有 10.38 万名城乡居民受益。（吴　琼）

【养老保险待遇领取资格认证】 2022 年 9 月 1 日，长沙县启动机关事业单位退休人员养老保险待遇领取资格认证，认证对象为参加长沙县机关事业单位养老保险且按月领取基本养老保险待遇的退休人员。机关事保、城职养老、城乡居保待遇领取人员均需在认证周期内进行认证，认证周期 12 个月。未在时段内完成认证、认证未通过或拒不参加资格认证，系统在首次认证期满的次月自动暂停发放基本养老保险待遇。重新通过资格认证后，从次月恢复并补发暂停发放月份的基本养老保险待遇。资格认证主要采取线上自助认证，待遇领取人员可利用“智慧人社”手机 App 或“智慧人社”微信公众号等方式进行人

2022 年，长沙县人社局推进社会保险全民参保　（唐湘宏 摄）

脸识别自助认证，对于行动不便等特殊原因暂不能完成自助认证的待遇领取人员，可向参保单位或者所在社区（村）提出上门认证服务申请。全年上门认证30余次，为困难群体认证600余人。（吴　琼）

【被征地农民社保】 2022年，长沙县被征地农民社保资金收入47846.34万元，为44219人次支付基本生活费等待遇7001.12万元，结余13.42亿元。建立被征地农民纳入社保和发放待遇稽核机制，通过云平台查询机关社保情况，避免在职在编人员纳入被征地农民社保和重复发放，与丧抚补贴人员信息比对，防范已逝人员冒领基本生活费。通过稽核，追回基本生活费8.57万元，追回社保资金112.25万元。（吴　琼）

【工伤保险】 2022年，长沙县工伤保险参保人数18.76万人，新参保建设项目206个。一至八类行业费率按0.4%～2%等8个档次执行，工伤建设项目按照项目工程总造价1.08%执行，全年降费2412万元，惠及1.6家参保单位。与23家工伤保险协议医疗（辅助器具配置）机构续签服务协议，全年救治工伤病人3937人次，支出2069万元。核准125名工伤职工在异地就近医治，报销医疗费用207万元，对210起治疗费总额在2000元以下工伤事故实行“小工伤”快速处理，开展康复治疗133人次，支付289万元。受理建筑项目工伤事故备案510起，劳动能力鉴定申请1435件，支付各项工伤待遇16878万元，其中，工伤伤残待遇11235万元，工伤医疗待遇1951万元，工亡待遇3692万元。核查追回违规领取待遇6.6万元，伤残津贴和供养亲属抚恤金标准分别提高116元／月、46元／月。（吴　琼）

【工伤预防】 2022年，长沙县出台《长沙县工伤事故联防联控工作办法》，明确数据共建、警示约谈、专项检查、费率浮动、挂牌督办、扩面宣传6方面工伤预防举措。警示约谈2021年工伤事故发生率或发生率排名前19家参保企业和20个工程建设项目相关负责人。组织冶金、建材、涂料等行业230余家用人单位开展职业病防治专题培训。根据参保单位工伤事故发生率、工伤保险费支缴率、职业健康检查、工伤预防开展情况等因素，对参保单位缴费费率实施周期浮动和惩罚性即时浮动。打造工伤预防主题公园和4家重点企业建设工伤预防宣传阵地，在10余家工伤事故发生较多企业设立工伤预防文化墙。委托专业机构以工伤预防等人社政策为主题制作短视频8期，在县内25个小区设立185处工伤预防宣传广告，利用4条途经工业园区公交线路宣传“一会三卡”等内容，选取人流量较大的商圈周边20个公交站台开展工伤预防宣传。开展“送政策、送清凉、创平安”主题活动，为36家企业、9个建筑项目赠送1500个防暑降温医药箱，惠及3500余名职工。全年收到工伤事故报告1748起，比2021年下降30.77%。（吴　琼）

【失业保险】 2022年，长沙县失业保险参保单位19175家，参保人数210049人，收入10954.91万元，其中，失业保险费收入10893.99万元；支出13996.97万元，其中，失业保险金支出5287.32万元，基本医疗保险费支出1111.53万元，技能提升补贴支出819.41万元，稳岗返还支出6128.65万元，丧葬和抚恤金支出9.94万元，失业补助金支出510.78万元，转移支出19.71万元，一次性扩岗补助442.35万元，上解上级支出562万元，基金总结余8912.70万元。技能补贴申请条件由在职参加失业保险3年以上放宽至1年以上，发放技能提升补贴1400万元。（吴　琼）

【失业保险稳岗返还】 2022年，长沙县实施失业保险稳岗返还政策。提高返还比例标准，大型企业从按本企业及其职工上年度实际缴纳失业保险费30%返还提高至50%，中小微企业从按本企业及其职工上年度实际缴纳失业保险费60%返还提高至90%。推行“免审即享”经办模式，简化审核发放流程，通过系统后台数据比对，主动筛选符合条件的参保单位，无须企业提供任何材料，只需公示后，直接向符合条件的参保单位精准发放稳岗返还，实现稳岗返还资金“精准直达”。全年发放稳岗返还资金5698万元，惠及7000家企业。（吴　琼）

医疗保障

【概况】 2022年，长沙县城乡居民医保（含大学生）参保69.39万人，职工参保34.9万人，总参保人数133.54万人，参保覆盖率95.32%。支付新冠疫苗及接种费用1.43亿元，将医保基金垫付的核酸检测费用6007.38万元追偿到位。2.9万名特殊人员（包括脱贫户、监测户、低保等）全部参保，其中，1.9万人享受参保资助，特殊困难人员参保覆盖率100%。特殊人员享受大病保险待遇1535人次、基金支付508.56万元，医疗救助直接结算9866人次、基金支付1208.49万元。（黄媛圆）

【医疗保障水平】 2022年，长沙县居民医保普通门诊报销86.2万人次、基金支付5210万元，住院报销13万人次、基金支付5.04亿元，住院政策范围内费用平均报销比例63.32%；职工医保门诊报销9.5万人次、基金支付928万元，职工住院报销7.6万人次、基金支付3.95亿元，住院政策范围内费用平均报销比例89.5%；居民重大疾病补充医疗保险报销2400人次、基金支付900万元；医疗救助“一站式”住院结算9866人次、基金支付1208.49万元。在村卫生室开通门诊统筹和“两病”（高血压、糖尿病）报销，医保结算12万人次、基金支付650万元。 （黄媛圆）

【DRG支付方式改革】 2022年，长沙县有住院业务医疗机构全面启动模拟付费，付费医疗机构病种覆盖率88%以上、DRG/DIP付费（DRG付费指按疾病诊断相关分组付费，DIP付费指按病种分值付费）医保基金占住院医保基金支出80%以上。推进多元复合支付方式改革，日间手术、中医单病种、精神疾病、恶性肿瘤门诊放化疗等支付改革在县域内医疗机构实施。 （黄媛圆）

【基金监管】 2022年，长沙县建立医保基金综合监管协同工作机制，对县内定点医药机构（41家医院、73家特门药店、272家POS机机构）全覆盖监管，查处违法违规医药机构36家次，向行政执法机关移送案例32件，向公安机关移送欺诈骗保案件1例，3人被刑拘，涉及违规问题金额123.2万元，追回基金45.4万元，依法依程序处罚74.93万元，通过医保平台智能审核和经办稽核追回基金12.78万元。9月，代表长沙市接受省打击欺诈骗保套保挪用贪占医保基金集中整治“回头看”总结评估，多项创新亮点工作获省评估组表扬。《湖南日报》以《长沙县五重机制筑牢医保基金监管防线》为题报道长沙县典型经验。 （黄媛圆）

【经办服务】 2022年，长沙县健全医保经办体系，在全县19个镇（街道）、217个社区（村）便民服务中心均设置医保经办窗口，设有医保服务帮办点76个、医保服务驿站114个。推进信息化建设，实现生育津贴、参保登记、异地就医备案等事项全程网办，全程网办事项覆盖率80%以上。向镇、村一级下放17项医保公共服务事项。执行《湖南省政务服务事项清单》，将政务服务事项办理时限整体压缩80%，被征地农民、无职工养老保险缴费参保人员、灵活就业人员3类参保人员医保退休实现零证明办理、当天办结。优化异地就医服务，实现基本医保关系转移接续等6项医疗保障政务服务事项“跨省通办”，县域内41家定点医疗机构均开通跨省直接结算，10家定点医疗机构开通跨省普通门诊费用直接结算，3家定点医疗机构开通跨省特门费用直接结算。 （黄媛圆）

退役军人事务

【概况】 2022年，长沙县接收退役军人若干人，其中，有自主就业退役士兵，由政府安排工作的退役士兵，军队转业干部等。长沙县退役军人事务局全面贯彻落实县委、县政府及上级退役军人事务部门的各项决策部署，推进全县退役军人服务保障体系建设，提升双拥工作高质量高水平发展，推进退役军人事务现代化高质量发展。 （高晓恬）

【优抚褒扬】 2022年，长沙县组织开展春节“送温暖访民情”活动，对全县优抚对象下拨资金进行慰问。为全县各类优抚对象发放定期抚恤、补助。办理残疾退役军人新增、新评、调级业务，办理“三属”定期抚恤新增业务，新增享受年满60周岁农村籍退役士兵老年生活补助待遇多人；办理优抚对象减员业务，发放因公牺牲军人（刘锦帆）遗属一次性抚恤金，为全县多名重点优抚对象购买城乡居民医疗保险；全年度分3批次发放义务兵家庭优待金和大学生入伍一次性奖励金及艰苦地区奖励金。长沙县烈士陵园全年接待祭扫人数8000余人，其中，政府部门和企业党建活动的团队50个。在烈士纪念日期间开展系列纪念活动。对全县多名烈士遗属进行上门走访慰问并发放慰问金。完成英雄烈士纪念设施整修、保护工作。将原分布在全县13个镇（街道）的67座零散烈士墓进行整修保护，其中，10座迁入烈士陵园集中保护，57座就地整修保护；对烈士陵园基础设施进行局部整修和维护、验收工作，投入资金61.27万元。完成《褒扬纪念信息管理系统》内烈士纪念设施及293座烈士墓的信息核对、资料补充。全县重点优抚对象分7批短期疗养（每批周期10天）。全县受理退役军人和其他优抚对象建档立卡登记，发放优待证。完成为福建东山县烈士陵园2名湖南籍烈士寻亲、为长沙县改制企业残疾退役军人购买医保、社保等日常性工作。对全县7户危房改造的退役军人进行专项资金补助。 （彭阿玲）

【移交安置】 2022年，长沙县组织退役军人参加“请党放心，建功有我”返乡欢迎仪式，同步完成自主就业退役士兵适应性培训开班仪式暨就业专场招聘活动；开设退役军人“返乡第一课”适应性培训班；打造军转安置“阳光房”，联合县委编办、县委组织部、县人社局为军转干部办理上岗、入编、起薪、落户等工作；组织自主择业军转干部“追寻红色记忆 传承红色精神”主题教育活动，提升退役军人的组织归属感；完成下岗（失业）转业志愿兵和士官再就业帮扶工作；办理军休干部（士官）、逐月领取退役金军官的接收、起薪、落户、党组织及医保转接等工作，落实军休干部（士官）的“两个待遇”；利用“八一”、春节重要节点对企业军转干部、军休干部（含士官）、自主择业干部、逐月领取退役金军官、无军籍职工开展走访慰问等；开展新时代退役军人服务保障管理工作，推进移交安置工作。（黄建武）

【服务保障体系建设】 2022年，长沙县建成1个省级“标杆型服务站”，2个镇（街道）级、15个社区（村）级长沙市“五优”退役军人服务站，逐步实现长沙县退役军人服务保障体系从“有”到“优”的转变。完成19个镇（街道）217个村社区退役军人服务站在百度地图和高德地图位置定位录入工作。指导镇村退役军人服务站开展工作，引导各自辖区退役军人组建“退役军人志愿服务队”开展志愿服务，全县190支志愿服务队伍1711名志愿者参与2022年多次核酸检测扩面筛查，县本级全年援助困难退役军人和其他优抚对象3批次。向重点优抚对象发放住院医疗补助金，发放企业军转干部医疗救助金以及企业军转干部遗属一次性抚恤费。全年为立功受奖军人家庭送喜报、奖励通知书以及奖励金，包括二等功、三等功、“四有”优秀士兵、“四有”优秀军官等荣誉。（贺炜伟）

民政事务

【概况】 2022年，长沙县新增享受居民最低生活保障对象359户、特困供养对象174户，发放最低生活保障金、特困保障金11332.82万元。出台《长沙县临时救助资金管理办法》，全年临时救助2944人、657.6万元。开展2023年春节慰问，发放慰问金3600万余元。10月，开展社会救助制度改革，将低保、特困、小额临时救助等社会救助事项审核确认权限下放至镇（街道）。开展“寒冬送温暖”“夏季送清凉”行动。建成2家综合性养老服务中心、16家城乡居家养老服务中心，发放建设运营补贴435.09万元。（曹　斌）

【社会救助】 2022年，长沙县享受居民最低生活保障对象5383户9568人，发放保障金6347.51万元；享受特困供养对象3696户3830人，发放生活保障金4985.31万元、照料护理补助556.96万元。开展城市特殊困难群体急难、医疗、住房、就业和基本生活“五帮扶”活动，帮扶572户、159.04万元。全年补助精简退职对象973人、61万元，认定低收入家庭769户1674人。全年发放困难残疾人生活补贴1326.2万元、重度残疾人护理补贴817.27万元，发放孤儿基本生活费48.9万元、福彩圆梦助学金24.25万元，发放重大疾病、重度残疾儿童生活补贴100.06万元，发放事实无人抚养儿童生活补贴131.39万元，投入27万元为全县留守和困境儿童续买综合保险。开展“送温暖、访民情”春节系列活动，走访慰问困难对象3万余人，发放慰问金3700万余元。（何　鑫）

【养老服务】 2022年，长沙县拨付县级敬老院专项经费914万元，拨付县级民办养老机构建设运营补贴244.8万元。新建居家养老服务中心16个、提质升级9个，拨付建设运营补贴463.09万元。新建长龙街道、榔梨街道综合养老服务中心，实现城区街道综合养老服务中心全覆盖。安排县级福彩公益金941.42万元用于养老服务发展。10月，实行养老护理人员岗位补贴补助制度，发放岗位津贴6.13万元。开展高龄津贴和基本养老服务补贴发放，发放高龄津贴资金18515人、2451.25万元，看望百岁老人16名，为136名基本养老服务对象购买护理服务，拨付养老服务机构疫情防控补贴82.25万元。（袁志国）

【基层政权建设】 2022年，长沙县星沙街道新成立龙角社区、屯塘社区，湘龙街道新成立利槟社区、万景社区，泉塘街道新成立银河社区、楠竹园社区，榔梨街道新成立康狮岭社区、红树坡社区，全县村、社区数分别为114个、111个。5个街道、75个城市社区实行员额制管理，分别为一类社区32个、二类社区37个、三类社区6个，核定社区员额877人。市、县两级社区建设项目61个，资金444万元。是年，福临镇影珠山村被评为市级“十佳”五型示范村，湘龙街道湘贸社区“一团五连”管家式社区工作法被评为湖南省第五批优秀社区工作法，春华镇探索以村民小组为单元的微治理实验主题被评为“全省基层治理创新实验单位”，福临镇影珠山村创建市级“做靓社区”创新民政民生实验点项目。开展基层治理真抓实干激励奖项创建，湘龙街道、江背镇、路口镇被评为示范镇（街道），青山铺镇、金井镇、福临镇、高桥镇、春华镇被评为优秀镇，金井镇湘丰村、湘龙街道湘贸社区入选省级优秀村规民约名单。（傅　进）

【婚姻家庭】 2022年，长沙县办理结婚登记5030对、离婚登记1717对，补领结（离）婚登记1070对。6月1日，《湖南省内地居民婚姻登记“全省通办”实施方案》出台，内地居民婚姻登记“全省通办”范围为男女一方或双方常住户口所在地在湖南省内的居民，在常住户口所在地或省内经常居住地婚姻登记机关申请办理结（离）

婚登记；一方为军人，非军人方为湖南省内常住户口，在非军人方常住户口所在地或省内经常居住地婚姻登记机关申请办理结（离）婚登记；补领婚姻登记证、补办结婚登记及涉外、港澳台居民和华侨婚姻登记等业务仍按原方式办理，不列入此次“全省通办”范围。

（张卫荣）

【慈善事业和社会工作】 2022 年，长沙县开展困难家庭高等教育慈善助学，全年资助困难大学生 656 人，发放助学金 175.2 万元。开展“城乡低保家庭尿毒症患者救助”项目，全年救助 1733 人 / 次，发放救助金 69.32 万元。开展定向捐赠 9 例，金额 57.5 万元。全年办理收养登记 3 例，儿童之家提质改造项目 18 个。全县 217 个社区（村）参加儿童主任培训，发放儿童主任岗位补贴 52.1 万元。开展“关爱困境儿童·开心过大年”活动，新年慰问 700 名困境儿童、留守儿童。成立长沙县未成年人保护工作领导小组。

（刘晓平）

【福彩销售】 2022 年，长沙县新增福彩投注站点 21 家，其中，福潮店 18 家、商圈店 3 家。开发福彩销售“第二赛道”，17 家投注站参与线上引流活动。全年福利彩票销量 3.03 亿元，比 2021 年增长 16.9%，筹集社会公益金 9060 万元。销售总量、销售增量及投注站数在全省县级市场中排名第一位。

（刘海龙）

【区划地名管理】 2022 年，长沙县开展 109 个新建商品住宅区和企事业单位建筑物标准化命名及门牌编制。审核修改国家地名信息库数据质量建设行动 2 个阶段中长沙县地名数据库 3 万条。开展“长沙 / 芙蓉线”界线联检，签署《长开线平安边界建设协议书》。

（方 芳）

【社会组织服务】 2022 年，长沙县有备案社区社会组织 454 个；登记在册社会组织 689 个，其中，社会团体 168 个、民办非企业单位 521 个。组织社工证考前培训，新增持社工证人员 109 人，发放社工人才补贴 25.62 万元。全年建设“五社联动，幸福邻里”重点社区（村）40 个，成立社区基金 41 个，建成枢纽型社区社会组织 5 个。安排专项资金 290 万元支持 18 个公益创投项目，助力乡村振兴和社区治理。全县 19 个镇（街道）社工站、29 个社区社工室协助开展扶老、助残、济困等工作。是年，长沙县开慧镇社工站、星沙街道社工站被评为“五星级”社工站。

（陈 鸽）

【殡葬管理】 2022 年，长沙县有农村公益性墓地 15 家，墓穴 3.1 万冢，安葬 1.92 万余冢。全年火化遗体 6257 例，发放惠民殡葬补助 5456 例、627.4 万元，入葬公墓补助 552 例、32.94 万元，奖励不留骨灰 63 例、19.8 万元。发放农村公益性墓地管理经费 102 万元、墓地建设改造资金 100 万元。开展“殡葬宣传月”活动，组织清明节祭扫工作，接待祭扫群众 30 万余人次。开展殡葬领域突出问题专项整治行动，整顿殡葬领域违规乱象，规范殡葬服务单位收费行为。

（陈炭如）

【生活无着人员救助】 2022 年，长沙县开展城市生活无着人员救助工作，全年开展街面巡查 686 人次，救助 611 人次。开展寻亲救助，摸排建立易走失人员花名册 490 人。

（黄澄伟）

民族宗教事务

【概况】 2022 年，长沙县有少数民族族别 39 个，少数民族户籍人口 12642 人，占户籍人口 1.52%，超过 1000 人的有土家族、苗族、侗族和瑶族。少数民族流动人口 45017 人。全县 17 所高职院校有少数民族师生 16193 人，其中，学生 15710 人，教师 483 人。县内多宗教并存，包括佛教、道教、基督教，成立长沙县佛教协会、道教协会、基督教三自爱国运动委员会 3 个宗教团体。有宗教（民间信仰）场所 123 处，其中，合法登记开放的宗教活动场所（国家宗教事务局赋码）41 处（佛教 16 处、道教 8 处、基督教 17 处），民间信仰场所 82 处，

2022 年 10 月 27 日，长沙市社工站（室）建设“五社联动 幸福邻里”工作交流会

（李建超 摄）

有认定备案的教职人员149人，信教群众9000余人。（吕嘉轩）

【创建全国民族团结进步示范县】2022年11月15日，长沙县召开创建全国民族团结进步示范县动员大会。成立由长沙县委副书记任组长，长沙县政府副县长任常务副组长，50个单位主要负责人为成员的创建全国民族团结进步示范县工作领导小组专项组，负责示范县创建的领导和统筹工作。下发《长沙县创建全国民族团结进步示范县实施方案（2022—2024年）》，明确创建目标和任务、成立创建领导机构、明晰责任和要求，在全县全面铺开全国民族团结进步示范县创建工作。（吕嘉轩）

【宗教活动场所星级建设】2022年，长沙县引导宗教界挖掘优秀宗教文化，对标江浙地区宗教管理工作先进经验，在全省创新实施星级场所建设工作，制定《长沙县星级宗教活动场所建设实施办法》，创建星级宗教场所4处，提升场所规范化管理水平。（吕嘉轩）

2022年长沙县民政工作和社会救助情况统计表

表17

指标名称	计算单位	2022年	2021年	为2021年的百分比（%）
登记结婚数	对	5003	4671	107.1
登记离婚数	对	1707	1557	109.6
各类收养性社会福利单位床位数	张	5648	5647	100
各类收养性社会福利单位收养人员数	人	1731	1933	89.5
财政预算安排“低保”资金	万元	6774.7	6883.8	98.4
社会救济总人数	人	2944	2098	140.3
居民最低生活保障人数	人	9568	10132	94.4
其中：城镇居民最低生活保障人数	人	403	439	91.7
农村居民最低生活保障人数	人	9165	9693	94.5
特困供养人员人数	人	3830	3894	98.3
接受社会捐赠资金	万元	57.5	72.4	79.4
销售社会福利彩票	万元	30304	25929	116.8
基本养老服务补贴覆盖率	%	100	100	100
已发放基本养老服务补贴人数	人	116	95	122.1

（资料来源：长沙县民政局）

人　物

编辑　刘晓柏

先进个人

【蔡君球】男，汉族，1991年7月出生，湖南岳阳人，中共党员。2013年8月参加消防工作。现任湖南省长沙市消防救援支队长沙县安沙消防救援站站长、长沙县青年联合会副主席。参与火灾扑救、抢险救援及其他灾害处置1800余次，营救疏散被困群众500余人。2022年，在“4·29”长沙居民自建房倒塌事故救援行动中，参加救援8天7夜，营救4名被埋压人员，创造救出埋压132小时生还者的救援奇迹，被新华网、中央电视台、《人民日报》等媒体报道。2022年5月，蔡君球被共青团市委推选为“长沙市优秀青年代表”；8月，被评为“长沙市最美应急人”；9月，被应急管理部授予“全国应急管理系统二级英雄模范”。（黄睿智）

【黄利霞】女，1962年10月生，长沙县黄兴镇人，现任黄兴镇老年新寓党支部书记、长沙县黄兴镇敬老院院长。曾被评为全国优秀敬老志愿者、湖南省孝亲敬老之星、长沙市优秀共产党员、长沙市十佳养老护理员等。2006年11月，黄利霞入职黄兴镇敬老院。作为党支部书记，黄利霞发挥党员先锋模范作用，开展综合养老服务，为院外更多残疾困难老人提供帮助。新冠疫情期间，坚守岗位，放弃休假，黄兴镇敬老院实现3年“零感染”。在其带领下，黄兴镇敬老院被评为市、县示范性敬老院，获全国模范敬老院、全国民政系统行风建设示范单位、长沙市敬老文明号、长沙市特护服务示范院、市三星级敬老院等荣誉。2022年4月，黄利霞家庭被授予2022年度湖南省“最美家庭”；5月，被推选为2022年“全国最美家庭”。（李　璐）

【龙斌】男，汉族，1987年5月出生，重庆市人，中共党员，硕士研究生学历，铁建重工掘进机研究院技术员、掘进机研发运营中心研发组长，是地下工程装备制造领域的青年工程师、岩石隧道掘进机（TBM）研发设计的领军者。龙斌参加工作以来，获得发明专利10余项以及中国专利优秀奖、湖南省科技进步一等奖等，发表论文7篇。承担国家重点研发计划、湖南省重大专项等课题，研制中国首台拥有自主知识产权的大直径全断面岩石隧道掘进机。2014年，龙斌设计的岩石隧道掘进机双驱动系统，解决困扰世界50余年的“卡机”难题。2020年，龙斌所在团队研发出大直径盾构机“京华号”，在国家“十三五”科技创新成就展上接受检阅。2022年5月，龙斌获第26届“中国青年五四奖章”。（李钒溦）

【龙耀瑾】男，汉族，1999年10月出生，湖南衡阳人，中共党员。2016年9月参加消防工作，生前任湖南省长沙市长沙县星沙消防救援站班长，三级消防士消防救援衔。参加灭火救援行动800余次，营救被困群众70余人，获嘉奖5次。2022年6月1日，在扑救长沙县东三路幸福里润城小区一门面火灾中壮烈牺牲；6月2日，龙耀瑾被应急管理部批准为烈士，被国家消防救援局追记一等功。

（黄睿智）

【唐强】男，1981年出生，湖南长沙人，生前任长沙县公安局长龙派出所所长，一级警长。2022年9月2日0时19分，唐强在核查1起案件线索时，因连日劳累突发疾病，抢救无效不幸逝世。生前先后在星沙派出所、刑侦大队、黄兴派出所、安沙派出所、长龙派出所工作。参与办理各类刑事案件3000余起，抓获各类犯罪嫌疑人2000余名；参与办理行政案件5000余起，查处行政违法人员3000余名，调处各类矛盾纠纷1万余起。曾立三等功1次，获市级嘉奖4次、县级嘉奖5次、各级先进个人10次，被湖南省公安厅评为“湖南省公安机关破案办案能手”“湖南省假冒卷烟打假先进个人”。2022年9月25日，唐强被公安部授予“全国公安系统二级英雄模范”。

（吴　峰）

【彭克让】男，1964年11月出生，长沙县江背镇人，中共党员，长沙县总工会二级调研员。2020年，彭克让为957户城市困难职工建档立卡，实现全员解困脱困。形成“双联”帮扶工作长效机制，构建“党政主导、部门参与、工会运作、社会支持”的常态化帮扶格局，为困难职工开展10项帮扶项目。带领工会干部深入全县18个镇（街道），走访200余户职工。开展职工技能竞赛和培训、企业社会责任竞赛和“一帮一”活动。全方位帮扶新就业形态困难群体，推动建立10个户外劳动者驿站。通过网上工会推动工会高质量发展，实现“四送四助”等43个业务流程、189项业务全电子化在线办理。2019年，长沙县被评为湖南省“双联”和困难职工帮扶工作先进单位，长沙县总工会在长沙市总工会主要工作考核中获得一等奖。2022年4月，彭克让被湖南省总工会授予湖南省“五一劳动奖章”称号。（陈乐兮）

2022 年“湖南好人”长沙县入选人物一览表

表 18

姓 名	事 迹	入选时间	所属类别
黄海明	长沙残疾修补大叔，坚持“三不要原则”诚信经营	2022 年 1 月	诚实守信
陈文强	68 岁老党员危急时刻挺身而出，赤手夺刀救下重伤群众	2022 年 6 月	见义勇为
罗长生	长沙叔爷爷 25 年守护脑瘫侄孙，用爱诠释好人担当	2022 年 4 月	孝老爱亲
李星其 周建文	长沙两位六旬老农先后拯救落水邻居，爱心接力燃起生的希望	2022 年 7 月	见义勇为
黄林军	长沙母子两代 48 年爱心接力，照顾患智力残疾邻居一家	2022 年 9 月	助人为乐
许冬花	长沙热心大姐爱心义剪 25 年，服务上万人次	2022 年 10 月	助人为乐

（资料来源：长沙县文明办）

2022 年“长沙好人”长沙县入选人物一览表

表 19

姓 名	事 迹	入选时间	所属类别
李星其 周建文	六旬老农地里劳作时，不顾一切拯救落水邻居	2022 年第一季度	见义勇为
黄 波	长沙快递小哥化身“消防员”送件途中顺手灭火	2022 年第二季度	见义勇为
黄林军	母子两人接力照顾患有精神疾病的邻居一家三口 47 年	2022 年第二季度	助人为乐
许冬花	长沙县“最美理发师”爱心义剪十五年，免费为上万市民理发	2022 年第二季度	助人为乐
石利强	古稀夫妇精心照顾脑瘫儿子四十九年	2022 年第三季度	孝老爱亲
李铁刚	乡村保洁员勇救跌落粪池幼儿，在平凡中铸就伟大	2022 年第三季度	见义勇为
缪曼聪	退休行长致力于挖掘板仓红色文化故事、支持烈士家乡建设，主动捐赠杨开慧遗物，始终坚持爱心公益事业不停步	2022 年第三季度	助人为乐
陈辉英	长沙县金井好妻子不离不弃照顾重病丈夫 10 年	2022 年第四季度	孝老爱亲
周交文	六旬老人勇救落水儿童，传递新时代正能量	2022 年第四季度	见义勇为
彭凯云	残疾大叔用 22 载光阴回馈社会温暖他人前行“路”	2022 年第四季度	助人为乐

（资料来源：长沙县文明办）

2022 年长沙县“星沙好人”一览表

表 20

姓 名	事 迹	入选时间	所属类别
张思源、卢梓杰、刘智宸、肖景浩	消防车村口迷路，四少年化身“骑行侠”奋力蹬单车导航	2022 年第一季度	助人为乐
许冬花	最美理发师，爱心义剪 15 年	2022 年第一季度	助人为乐
王燕辉	星沙 44 岁爱心民营企业家 8 年坚持关爱抗战老兵	2022 年第一季度	助人为乐

续表 20

姓 名	事 迹	入选时间	所属类别
王楚建	七旬大爷当起义务图书管理员，11 年让书香沁润社区	2022 年第一季度	助人为乐
吴 炯	助人为乐“老黄牛”，耕耘福临幸福田	2022 年第一季度	助人为乐
向标英	中年丧夫的孝媳妇 独自赡养公婆 20 载	2022 年第一季度	孝老爱亲
邓爱莲	她是“妹妹”又是“妈”，26 年不离不弃照顾精神残疾哥哥一家	2022 年第一季度	孝老爱亲
刘锦瑞	小女孩游泳馆溺水，11 岁少年“淡定”救人	2022 年第一季度	见义勇为
程仕霖	路见不平“一声吼”，供销英雄救人于危难	2022 年第一季度	见义勇为
张 富	深耕工程机械制造业 17 载，推动公司实现数字化和自动化升级；践行管理新模式，提升公司竞争力	2022 年第一季度	敬业奉献
吴乐华	40 年守望传承地方文化，让传统技艺插上新时代的翅膀	2022 年第一季度	敬业奉献
余慧敏	孝顺儿媳照顾瘫痪婆婆 19 年，用行动践行中华美德	2022 年第二季度	孝老爱亲
石利强、毛艳球夫妇	舐犊情深！古稀夫妇精心照顾脑瘫儿子 49 年	2022 年第二季度	孝老爱亲
朱静波	热心企业家扎根农村 11 年，带动农民共同致富	2022 年第二季度	助人为乐
刘爱明	环卫工人趟水背人过马路，网友爱称“暖心摆渡人”	2022 年第二季度	助人为乐
蔡克新	年逾半百老农只身跳水，勇救八旬落水老人	2022 年第二季度	见义勇为
李铁刚	“钢铁父亲”勇救跌落粪池幼儿，在平凡中铸就伟大	2022 年第二季度	见义勇为
熊树林	农村保洁员两度拾金不昧，用诚信展现巾帼风采	2022 年第二季度	诚实守信
姜胜英	保洁员拾金不昧，传递诚信正能量	2022 年第二季度	诚实守信
陈晓清	良心企业家扎根水泵行业 20 年，筑牢生产生活“安全墙”	2022 年第二季度	敬业奉献
谭洪均	“最美逆行者”扎根水利基层 31 载，平凡岗位显初心	2022 年第二季度	敬业奉献
陈辉英	金井好妻子不离不弃照顾重病丈夫 10 年	2022 年第三季度	孝老爱亲
杨长生	孝顺女婿带着岳母打工 8 年，用孝心撑起“一片天”	2022 年第三季度	孝老爱亲
彭凯云	残疾大叔“残而不废”，22 载光阴回馈社会	2022 年第三季度	助人为乐
高德福、龚顺奇夫妇	八旬老夫妻退休不褪色，志愿服务 20 载	2022 年第三季度	助人为乐
傅 浩	执法队员下班途中勇救落水男子，危急时刻显担当	2022 年第三季度	见义勇为
周交文	六旬老人勇救落水儿童，传递新时代正能量	2022 年第三季度	见义勇为
陈 广	老校长坚守乡村教育 35 载，托起农村孩子的未来	2022 年第三季度	敬业奉献
赵健华	拉床工人 28 年 24 项专利，多年坚守只为拉床梦	2022 年第三季度	敬业奉献

（资料来源：长沙县文明办）

乡镇街道

编辑　周进银

星沙街道

【概况】 2022年，星沙街道总面积24.53平方千米，户籍人口75258人。全年规模工业总产值3.64亿元，规模以下工业总产值202.9万元，社会消费品零售总额25.15亿元，比2021年分别增长13.32%、34.82%、28.28%。地方一般预算收入4.59亿元，固定资产投资90.8亿元，进出口额30.8亿元。落实“一件事一次办”改革工作，为群众提供“就近办”“帮代办”各类服务64148件，其中，“就近办”8433件，“帮办”44202件，“代办”11513件。全街道网格员采集基础数据78540条，处置城管数字化案件178863条，走访27710户，二级网格通过网格化平台办理户外广告审批324件。是年，星沙街道被评为湖南省生活垃圾分类示范片区，杨梅冲社区入选省绿色低碳典型案例，金甲坪社区、马达岭社区、灰埠社区被评为省级充分就业星级社区，大西冲社区、望圣桥社区、望仙桥社区、松雅社区被评为2022年度100个标准化社区（村）综合文化服务中心，星沙街道社工站被评为第一批湖南省乡镇（街道）“五星级”社工站，金牛湾社工室被评为省基层社工站项目优秀案例。（黄　宪）

【项目建设】 2022年，星沙街道申报市重大项目15个，总投资300亿余元，全年实际投资90.34亿元。提质改造12个老旧小区，解决一批住宅小区重大安全隐患问题。投入257万元实施4个精准惠民微建设项目，完成1337平方米人行道整修、8200平方米绿化修整，改善小区周边配套设施。（黄　宪）

【营商环境】 2022年，星沙街道优化营商环境，新增高新技术企业71家，科技型中小企业74家。道道全总部、星大总部、新长海总部等项目招商引资入驻；世景国际广场企业服务中心、君尚购物中心签约。开展助企纾困，提供项目代办、政策解答等服务170余次，帮助企业复工复产和市场复苏；推进各级各类惠企政策集成实施，指导191家企业申领惠企政策资金2200余万元；召开银企对接会2次，帮助企业争取贷款17.83亿元。（黄　宪）

星沙街道特色精品街巷“彩虹”星东巷

（2022年10月19日摄，星沙街道 供图）

【民生事业】 2022年，星沙街道新增阳高小学、星沙学校2所学校。全街道提供学位33769个，新增3600个。统一慰问各类对象582户，帮扶城市特殊困难对象206户，临时救助困难群众55人，解决52起农民工工资问题。开展全民读书活动，组织送戏下乡4次，举办各类文体活动159场，公共文化服务23.1万余人次。（黄　宪）

【城市管理】 2022年，星沙街道拆除各类违规广告570处，摸底排查拆除存在安全隐患广告招牌75处。拆除违法建设86处，面积62438平方米。新增车位369个，域内有车位77374个，新画停车位标线、黄色网格线计16166米。新建隔离设施麻石墩60处，隔离柱193处，隔离杆207处，中央隔离护栏591米，规范城区停车区域标识标线，改善车辆乱停乱放现象。成立渣土专项整治小组，巡查渣土工地和渣土乱倒区690余次，督促相关施工企业整改100余起，对情节较轻违法行为批评教育140余起。举办各类垃圾分类培训158场，开展主题活动91场，组织党员志愿者参与垃圾分类活动3931人次，入户走访8万户，居民知晓率98%以上。建设厨余垃圾暂存点180个，厨余垃圾压缩中转站2座，大件垃圾收集点61余处，建设“小蓝屋”56座。（黄　宪）

【安全生产】 2022年，星沙街道开展安全宣传“五进”（进企业、进农村、进社区、进学校、进家庭）活动120余场，入户宣传10万余户。依托星沙街道消防安全科普教育馆，开展体验式安全教育，接待团体参观47批次1656人。针对人员密集场所、居民自建房、小区消防、城镇燃气、道路交通等26个领域（重点领域）开展专项行动，全年检查生产经营单位5068家，排查发现安全隐患7056处，督促整改5334处，警示约谈生产经营单位136家，督促企业主体落实整改措施。（黄　宪）

【综合治理】 2022年，星沙街道启动公益性家庭法律顾问项目，100余户居民签约，化解各类社会矛盾纠纷

710余起。摸排疑似非法传销窝点43个，打击传销人员340余人次，解决综合治理问题2000余宗。创新开展“你为我守一夜，我为你护一年”夜巡工作，成立10支社区夜巡队伍，每天开展夜间巡查。8户家庭被评为长沙市“五好家庭”或“最美家庭”。（黄 宪）

【“彩虹”星东巷】 2022年，星沙街道根据市、县“百街千巷”环境综合整治提质工作要求，整治提升星东巷。以“七彩星东”为主题，设置彩虹步道、绿植造型、主题景观、文化墙等，打造城区打卡景点。星东巷位于星沙街道金甲坪社区，西起星沙大道，东至东一路，路段全长约400米，紧邻华润万象汇商场、华润凤凰城小区和松雅湖小学，系商住型城市支路。新增1处生活垃圾分类“小蓝屋”并对垃圾站进行改造，对人行道及机动车道路面重新铺设沥青并对沿线下水道进行改造，增设休闲座椅等便民设施；优化交通设施，规范巷子南侧停车位和非机动车停车区域等，加装车行道护栏；深挖历史文化，新建星沙老地名文化墙、长沙印象彩虹步道等。（黄 宪）

湘龙街道

【概况】 2022年，湘龙街道面积22.63平方千米，户籍人口42845人。规模以上工业生产总值11.6亿元，比2021年增长13.2%；固定资产投资54.51亿元，重大项目投资49.86亿元；限额以上商贸零售总额149亿元；规模以上服务业营业额3.49亿元；认定高新企业30家，发明专利拥有量83件；外贸进出口额9300万美元。启动中南汽车世界新能源专区建设，招商签约项目3个，特斯拉、华为问界、国网电动湖南汽车服务有限公司等新能源品牌落户运营。推进水渡河农副产品配送有限公司创建省级标准化市场和国家级农业龙头企业；引入刘先生等7家食品加工配送型企业，湖南乾景文化公司、元合教育、天合盛视、度涵集团、中科颐高等文创企业；引入湖北商会，推动万家丽路商会经济带发展。开展121批次用地思童路、潇湘西路、蟠龙路、时中路4个项目拆迁“清零”，腾地1.84公顷。推进机电职院机械楼、万众校车、广东商会和万家丽路快速化改造北延线（含电力隧道）等17个重大项目。开展各类消防安全培训55场，消防应急演练36场，抢险救援任务40余次，消除重大消防隐患10余处，火灾发生率比2021年下降30%。是年，湘龙街道被评为第六届全国“119”消防先进集体、“万步有约”健走全国赛奖项（集体）行业奖、市级民族团结进步示范街道、市基层治理真抓实干示范街道、市网络舆情信息工作先进单位、市公共机构生活垃圾分类示范单位；“湘哥和龙妹”被评为2022年长沙县终身学习品牌；中南社区、土桥社区、锦元社区、水渡坪社区4个社区均被评为湖南省充分就业示范社区；湘贸社区被评为第十批全省民族团结进步示范区示范单位。（李 莎）

【社会保障】 2022年，湘龙街道城乡居民养老保险参保人数610人，缴费82.44万元；城乡居民医疗保险参保人数34893人；与大同社工组织合作开展“HELLO，老友”退休人员社会化管理服务项目；创建4个省级充分就业示范社区，对办理失业登记8241人开展“311”就业服务，就业服务比例100%；离校未就业高校毕业生就业率100%；脱贫劳动力转移就业19人（比2021年增加1人）；推荐2名乡村创业带头人参加长沙县“乡村领雁”创业培训。建设4个社会公益组织，引进12家社会公益组织，3个“三社联动”社区服务项目入选市示范项目。申报县级和谐社区1个、社区自治示范项目2个、市级“五型示范社区”建设项目2个。新建专业养老机构运营AAAA级社区居家养老服务站1个、综合养老服务中心1个。（李 莎）

【综合治理】 2022年，湘龙街道走访居民57131户，消除重大事故隐患6个，整改安全隐患237处，开展计划执法检查37家，下达责令整改文书28份，督促整改到位隐患526处，立案29起，罚款22.82万元。整改交通隐患15处，处罚酒驾、醉驾147起，超员、超限、超载551起，其他违法行为29277起。排查自建房安全隐患353处，房屋安全鉴定166栋，行政立案27处，封闭停止经营248处，劝离1665人次，拆除63处、19440平方米。处置群体性事件12起、防范化解非访事件1起；调处各类矛盾纠纷96余起，涉及金额709.15万元。推送平安宣传短信30万条，通过AI智能语音电话回访居民16万余人。开展“校地联盟 防诈反诈”宣传活动，治安事故（接警数）比2021年下降26%，电信诈骗刑事案件比2021年下降45.66%，治安案件比2021年下降24.59%。制定《中南汽车世界交通微循环建设日常管理办法》发放“微循环”综合治理管理体系意见征集表5300余份，摸排走访商住户1826户，征求民意4210余条；召开居民议事会9次，收集意见建议81条。安装自动识别道闸86台，划定公共停车位710个、规范背街小巷停车位615个。开展常态化综合整治，每日开展全覆盖巡查3次，规范店外经营710余处，处罚二手车门店21起，拖移“僵尸车”104台。是年，通过实施“微循环”创收9万余元，提质改造停车场所11处，新增电动车停车棚4处，安装智能充电桩106个。中南汽车世界停车治理经验入选全市2022年度“停车难治理”十大经典案例，“微循环”综合治理现代化建设案例入选全省基层智慧治理“社区治理服务类”优秀案例。（李 莎）

【环境整治】 2022年，湘龙街道建成5个五星级新时代文明实践站，成立37支“文明劝导队”开展文明劝导活动；建设湘龙路、腾辉路等10条文明停车示范路；建成中南、湘郡等4个口袋公园；推动星沙汽配城及万家丽路沿线第五立面整体提质。是年，解决闲置用地黄土裸露、废弃渠道排污等环保问题45处；拆除新增违法建设37处（1330平方米）、历史违法建设85处（36252平方米）；处置环境卫生与城管违章问题15948例。（李　莎）

泉塘街道

【概况】 2022年，泉塘街道辖区面积20.84平方千米，辖区总人口200033人，其中，户籍人口36385人、产业工人和流动人口163648人；街道下辖20个社区，规模以下企业953家，安置小区6个，建成楼盘小区58个，有中小学14所，幼儿园51所，建有社区卫生服务中心1所，社区卫生服务站3个。全年一般公共预算收入2.22亿元，比2021年增长37%；固定资产投资49.5亿元，比2021年增长8.79%，社会消费品零售总额6.29亿元，比2021年增长24.1%；工业产值2424万元，比2021年增长15.4%；内资15亿元，比2021年增长66.61%，外资2344万美元，比2021年增长41.97%，其他营利性服务业4.6亿元。是年，泉塘街道被评为市级文明标兵单位、第七次全国人口普查市级先进集体，党政办被评为市级“芙蓉标兵岗”，街道工会联合会被评为市小三级示范点，街道统计站被评为市级优秀统计站，星悦社区被评为省级充分就业社区。（沈子瞻）

【经济发展】 2022年，泉塘街道培育市场主体2426家，推荐2家外省知名企业高管申报“湘商回归”，引进湖南冰勋制冷设备等一批经开区先进制造业配套产业项目，在新长海写字楼引进“三顿半”等23家“总部经济”项目，街道商务楼宇税收2.1亿元。在街道政务大厅引入市场监管办事专窗，办理业务1795件；提质3家企业服务站，为447家楼宇企业办理各类政务服务事项4000余件；组织7家银行金融顾问走访企业68家，发放贷款4602.6万元。

（沈子瞻）

【项目建设】 2022年，泉塘街道开展辖区公园基础设施翻新、泉源路人行道等20个民生项目改造建设，改造司法警官宿舍等5个老旧小区。保障电力“630”、泉塘第四小学等县区重大项目顺利施工。拆除3614小区18号栋危房。全年铺排项目12个，签约居民22户。（沈子瞻）

【民生事业】 2022年，泉塘街道走访慰问各类贫困家庭191户，发放慰问金51.52万元，开展农民工工资支付情况专项督查，追回农民工工资818.6万余元，建成AAA级星辉社区居家养老服务中心，街道居家养老覆盖率72.2%。提质改造街道政务大厅，为居民群众提供各类优质服务19800余次，上门办件60件，“12345”热线、“市长信箱”等网络工单好评率99%以上。通过开设创业培训班、“一对一”职业指导等服务，100余人获得SYB创业资格证书，2000余名失业人员、就业困难人员实现再就业；组织城乡劳动力参加“春风送岗”等招聘活动，600余人现场达成就业意向。

（沈子瞻）

【城市管理】 2022年，泉塘街道建成5个五星级，提质13个三星级新时代文明实践站以及金科美邻域商业街等3个小区外围环境，新规划停车位300余个；开展城市“顽疾”综合整治，增划停车位2600余个，在19个物业小区外围增设停车道闸60个，拆除各类违法建设144处、17168平方米。梳理42处园区及长沙经开区闲置用地环保问题，绿网覆盖3万平方米，处理“时光走廊”KTV噪声扰民等群众关切环保问题30余起；升级改造远大路厨余垃圾站，建成16个垃圾分类厢房。（沈子瞻）

【综合治理】 2022年，泉塘街道帮扶和管控82名社区矫正人员、49名刑满释放人员以及在册、隐性吸毒人员，全年开展法治讲座8次，参与学习群众1000余人。（沈子瞻）

【安全生产】 2022年，泉塘街道检查生产经营单位4189家次，查改安全隐患4208处，立案处罚企业26家，销号安全生产重大隐患14处；推进燃气安全“百日攻坚”，查改各类燃气隐患2657处；开展道路交通顽瘴痼疾专项整治，查处各类交通违法行为2.3万起，交通亡人事故率比2021年下降57%；摸排居民自建房697栋，整改安全隐患1021处。

（沈子瞻）

榔梨街道

【概况】 2022年，榔梨街道面积34.71平方千米，户籍人口34699人，一般预算收入3.04亿元，规模工业产值55亿元，固定资产投资91亿元，社会消费品零售总额4亿元，省外境内投资8.22亿元，引进外资2500万美元，外贸进出口总额11亿元。推进花园新城及水乡古镇片区建设，项目一期（投资19.4亿元）完成社会资本合作方招标；落实产业园南拓1.6平方千米建设用地国土空间规划；新增“四上”企业13家（工业4家）、高新技术企业31家、科技型中小企业51家、有效发明专利8个。2家企业获得首届长沙县县长质量奖。（杨　伶）

【项目建设】 2022年，㮾梨街道21个政府项目投资3104万元，8个重大项目投资25.93亿元，引进赛瓦特、驰凡、底特等8个项目，供地面积18.13公顷，招商引资到位资金10.35亿元。开展10个项目拆迁“清零”，8个项目开工，房屋拆迁签约84户，腾地56.18公顷。（杨　伶）

【产业转型】 2022年，㮾梨街道26家企业申报技改项目，8家企业列入湖南省上市后备资源库名单。引进培育优质企业，有年产值过1亿元租赁厂房企业4家。建设中国（湖南）自由贸易试验区长沙片区临空区块㮾梨产业孵化示范基地，引进企业200余家。开展“走进双一流”系列活动，帮助30余家企业与高等院校、科研院所研发合作，全年研发投入1.96亿元。（杨　伶）

【营商环境】 2022年，㮾梨街道制定优化营商环境十项措施，采取“1+1”模式对辖区222家重点企业进行走访帮扶。成立“企业大学堂”，开展企业管理、政策宣讲、技能培训等活动10余次。召开抗疫纾困相关政策申报暨高新技术企业培训会，指导180余家次企业申报惠企政策50余项，争取资金2000余万元。推进银企对接缓解资金难题，组织8名金融顾问开展常态化企业走访，2300余家企业入驻长沙市金融综合服务平台，帮助90余家企业发放贷款10亿余元。全年净增市场主体1650余家，其中，企业460余家。（杨　伶）

【城市建设】 2022年，㮾梨街道开展东六线南段磁悬浮桥下、黄兴大道南段磁悬浮桥下2处内涝点整治。新增安置区、老旧居民区停车位380余个，投资567万元提质背街小巷基础设施、陶公庙社区酒厂巷便民基础设施等项目7个，投资1105万元提质改造陶公庙房产公司老旧小区、金托村出入道路等民生项目5个，新城休闲文化广场建成投入使用。（杨　伶）

【城市管理】 2022年，㮾梨街道处理县级数字化平台案件17319条，市级数字化平台案件1189余条。拆除各类违法建设119处，总面积6.9万余平方米。抓实卫片对标整改，拆除60余户，面积2万余平方米。制定《㮾梨街道2022年“五气共治”暨“六控十严禁”蓝天保卫大会战工作实施方案》，绿网覆盖裸土20万余平方米，处理大气污染问题475个，到位罚款42.91万元，查扣渣土车、运沙车等各类车辆150台次。推行“环保管家”环境监管模式，为252家企业建立健全“健康”档案。（杨　伶）

【安全生产】 2022年，㮾梨街道推进“三年行动”“四进四查五到位强基保安行动”，开展联合执法行动100余次，立案调查91起，罚款金额19.85万元。建立物流行业开箱验视、举报奖励等十项机制，查处疑似危险化学品案件50余起，查获危险化学品100余吨，处罚金额50余万元。对辖区30家涉气企业和119家危险废物产生企业进行常态化检查，现场勘察发现问题540处，督促企业整改各类问题500个。推进道路交通安全隐患大排查、大整治“雷霆行动”。（杨　伶）

【社会治理】 2022年，㮾梨街道推进省级基层社会治理创新试点。全年网格上报事件19486条，办结事件18868条，办结率96.8%；劳动维权172起，处置“12345”热线工单2280条，满意度98.5%。（杨　伶）

【社会事业】 2022年，㮾梨街道推进2个新社区析置工作。举办“春风送岗”专场招聘会，指导土岭社区、高峰社区创建就业村社区，推荐14家企业申报2022年度创新创业带动就业项目补贴。是年，㮾梨街道被评为无偿献血先进单位。（杨　伶）

长龙街道

【概况】 2022年，长龙街道面积25.72平方千米，户籍人口11451人，财政总收入3543万元。辖茶塘村、长龙村、湘峰村和龙井社区、龙湘社区、长界社区。全年一般预算收入1511万元；固定资产投资17.95亿元；企业350余家，规模以上工业总产值4.53亿元；省外境内资金22299.36万元；间接外资598万美元；净增市场主体247家，其中，净增企业109家。3个村集体经济总收入237.81万元。是年，建成5条精品街巷，建设湘峰村虎塘片和茶塘村烟竹塘片美丽宜居村庄，虎塘片铺排项目7个，烟竹塘片铺排项目9个；建成昌济中学、长龙第二幼儿园、南雅星沙实验学校，农贸市场投入使用；召开网格屋场会议176场次，收集意见建议102条；开展矛盾纠纷排查44次，排查各类矛盾纠纷24起，预防矛盾纠纷6起，调处民事纠纷28件。是年，长龙街道被评为省文明单位、长沙市平安建设优秀街道等。工会户外劳动者服务站点长龙站被评为全国“最美工会户外劳动者服务站点”。（唐　圆）

【项目建设】 2022年，长龙街道开展第38批次、第52批次、滨湖路三期项目“清零”腾地，全年腾地46.13公顷，签约9户重难点户，为污水处理厂项目涉及24户房屋对证签约等。拆除茶塘新型建材厂、凉塘路项目房屋。全年拆除违法建设1.5万平方米。推进中植同汇长龙田园综合体项目建设，提质改造长沙绕城高速公路长龙收费站出入口道路。（唐　圆）

【服务园区】 2022年6月29日，长龙街道举行金牌“店小二”授旗仪式暨校企（银企）合作签约活动，召开专题部署推进会议31次，解决问题500余个，对接校企合作项目2个、银企合作项目13个，助力企业融资3400万余元。开通从星沙产业基地园区至广生地铁站定制穿梭巴士E路线。（唐　圆）

【安全监管】 2022年，长龙街道开展重点行业领域专项整治，检查生产经营单位957家次，排查一般隐患安全隐患2685处，办理安全生产违法案件51件，罚款到位44.4万元，警示约谈170余家，组织安全知识专题培训45场，培训人员1.4万余人，组织学法考3场，参加业200余家次企。开展自建房安全整治行动，排查经营性自建房166户。（唐　圆）

【星沙驿站长龙站对外开放试运营】 2022年6月，星沙驿站长龙站对外开放试运营，建筑面积844平方米。该驿站为环卫工人以及外卖骑手、快递员等新业态、新就业群体，解决喝水难、热饭难、歇脚难、如厕难等问题。驿站设党建服务区、关爱惠民区、休闲活动区、便民服务区4个区域；内设智慧党建、红色影院、阅读区、心理咨询、社工站、健康加油站、司乘休息、无人超市、无烟厨房、母婴室、卫生间、淋浴室等区域；配备饮水机、微波炉、洗碗池、烘干机等便民设施；提供应急医疗箱、Wi-Fi、共享雨伞、充电宝等便民服务。（唐　圆）

2022年6月，星沙驿站长龙站对外开放试运营（章　帝　摄）

黄兴镇

【概况】 2022年，黄兴镇辖9个村、3个社区，总面积83.5平方千米，常住人口8.99万人，全年财政总收入10.9亿元，比2021年增长11%；地方一般公共预算收入1.32亿元，比2021年增长17.86%；规模工业总产值14.05亿元，比2021年增长15.17%；固定资产投资120亿元，产业投资24.86亿元；社会消费品零售总额0.74亿元，比2021年增长18%；引进内资8.78亿元，引进外资7163万美元。10月8日，长沙国际会展中心被评为国家级标准化试点单位。（李　璐）

【项目建设】 2022年，黄兴镇围绕现代高端服务业发展，推进延链、补链，长沙国际展示研发中心、公交综合体、海吉星二期、龙喜水乡二期等重大产业项目建设；引进国际交流区三期、长沙中车科技园2个10亿元以上项目。会议中心、会展中心承办活动56场，面积0.62平方千米；会展企业亚展国际投资项目巳湖南省会展产业孵化平台建成投运。开展“三带三抓两促进”“千人帮千企”等暖企行动。7月5日，举办“营商蓝海、魅力黄兴”政银企交流活动，开展银企合作协议签约，5家银行与镇域47家企业授信5.1亿元，达成融资意向2.4亿元；为南方钽铌等12家工业企业兑现纾困增效、中小企业发展专项、振兴实体经济等工信类奖励100万余元，对千府高科等6家新认定高新技术企业兑现县级奖励60万元。扶持自贸总部产业园、蚂蚁森林筑梦空间等中小企业孵化平台，新增市场主体2964家；支持自贸会展区“113+X”项改革试点，以运用“好差评”系统、扩大行政效能电子监察事项覆盖率等方式促进乡镇赋能改革；全年铺排在拆项目49个，“清零”项目21个、腾地9600公顷。（吴　昊）

【城乡发展】 2022年，黄兴镇推进湘府路大桥、金桂路大桥、敢胜垸防洪堤、黄江大道等重大基础设施项目建设；健全城区、社区（村）物业外包考核机制，强化数字化管理平台运用，处理数字化案件21184条；拆除违法建设414处，面积0.15平方千米。出台蓝天保卫战、生态环境工作专项实施方案，开展专项巡查，整改问题200余处。实行“河湖长制”“田长制”“林长制”。（吴　昊）

【民生保障】 2022年，黄兴镇推动黄兴敬老院转型升级综合养老服务中心，新增松树中（小）学等4所学校，加快蓝田临时污水管网、海吉星停车场等民生项目建设，推进拆迁群众团购房源工作，649户2547名拆迁群众完成认购，控房580套。组织“春风送岗”专场招聘会，提供岗位1.2万个；开展兜底性保障，困难人员参保率100%。开展全镇农村户籍人口风险排查，实现监测户动态管理、精

2022年11月1日，黄兴镇蓝田新村等4个村入围2022年度“淘宝村”名单，图为蓝田新村内的企业员工在打包（陈晨 摄）

准帮扶。全年整治耕地抛荒38.67公顷；蓝田新村等4个村入围2022年度“淘宝村”名单，建成5个宜居宜业和美乡村，沿江山村被评为长沙市生态文明建设示范村；各村集体经济收入32万元以上，村集体经济收入及经营性收入双达标。（吴 昊）

【安全稳定】 2022年，黄兴镇开展重点行业、领域大排查、大整治，整改企业安全隐患6018处、消防安全隐患1477处、食品安全隐患420处、交通安全隐患146处、自建房安全隐患1107条。全年“12345”热线工单按时办结率100%，满意率99.3%。受理系统信访件322件，调处纠纷80起，重点活动保障60余场。完善依法行政制度，完善《黄兴镇政府采购管理办法》等制度，依法接受各界监督。（吴 昊）

黄兴会展经济区

【概况】 2022年，黄兴会展经济区一般性地方预算收入7585万元，比2021年增长20.4%；规模以上工业总产值19亿元，比2021年增长15%；固定资产投资19亿元，比2021年增长10%；限额以上社会消费品零售额比2021年增长21.51%；净增市场主体580家。（单生清）

【产业发展】 2022年，黄兴会展经济区续拆和新启动拆迁项目19个，龙峰大道续拆项目、北京丹大、海之创、航煤管道项目等6个新项目“清零”。推动明月路提质改造、机场改扩建水系迁改项目竣工，大众村党群服务中心挂牌，江杉高速公路11月底建成通车，干杉墓地、干杉敬老院、长沙监狱、空港城安置区、龙峰小学等项目有序推进。18个政府投资项目竣工12个。成立干杉商会，创办“8号”办公日，开展项目实地考察、现场踏勘选址、招商对接洽谈等60余次，洽谈项目25个。创优“千人帮千企”暖企行动，辖区43家企业均配备1名专职帮代办员，精准服务，指导申报惠企政策补贴42项，资金900万余元。（单生清）

【乡村振兴】 2022年，黄兴会展经济区种植水稻353.03公顷、旱杂粮223.26公顷。建成5个美丽宜居村庄建设示范点，车马村“校企地”合作激活“研学游”，5个村集体经济收入均超50万元。巩固脱贫攻坚成果与乡村振兴有效衔接，开发公益性岗位16个。帮助辖区企业申报农业项目18个，湘理农场被评为2022年度省级示范家庭农场，珠塘湖旅游景区被评为国家AAA级旅游景区。完成对车马村、斗塘新村生活污水治理，推进改厕验收，排查5948户的农村户厕。秋江线道路生态改造，补植时令花卉1250平方米。查处倾倒违法运输等行为40余起，制止焚烧50余起。整治卫片图斑207宗，拆除违法建筑45处。（单生清）

【民生保障】 2022年，黄兴会展经济区以村为单位订立民生实事清单，解决基础设施建设、生活出行、种粮抗旱等300余项问题。全年发放低保金188.4万元、特困金89.7万元、助学资金23.3万元。常态化开展“点亮微心愿”主题活动，党工委带头认领，实现群众心愿40余个。（单生清）

【社会治理】 2022年，黄兴会展经济区排查5685栋自建房、297家餐饮单位，道路联合执法24次，纠察消防、危化品、燃气、道路交通等方面安全问题，发现并整改问题近1000个。开展10余场“安全生产月宣传活动”，1万余名群众参加。推出社会治理安全云宣传平台，拍摄制作“干杉一哥”讲安全视频，推出“知识课堂”“安全提醒”“安全动漫”等优质视频资源30余个，群众、企业、社会团体注册1万余人。（单生清）

【物流行业高质量发展主题沙龙活动】 2022年12月13日，黄兴会展经济区组织20家物流企业在环通物流园，举行“党建领航 通达四海——走进新业态 宣讲二十大精神”暨物流行业高质量发展主题沙龙活动，全面学习宣传贯彻中共二十大报告精

2022年12月13日，“走进新业态 宣讲二十大精神”暨物流行业高质量发展主题沙龙举办（黄兴会展经济区 供图）

神，推进“党建聚合力书记领航行动”，启动环通物流园“货车司机红色之家”建设。（刘 慧）

江背镇

【概 况】 2022年，江背镇面积17.45平方千米，户籍人口6.37万人。全年地方一般预算收入1.23亿元，社会固定资产投资额53.8亿元；工业总产值58.4亿元，其中，规模工业总产值50.49亿元，比2021年增长14.83%。是年，江背镇被评为湖南省乡村振兴示范乡镇、长沙市市级非遗村镇示范点。（李悠然）

【经济建设】 2022年，江背镇有规模企业50家，汽车配件、工程机械和水泥建材为三大支柱产业。全年走访企业877家次，收集解决企业诉求54个，宣传落实各类惠企政策60余条，协助企业发改备案120个；申报科技项目6个，发改项目16个，工信项目29个，共计51个，指导帮助企业申报省级、市级、县级各类惠企政策、专项资金1900万余元。建立政银企对接交流平台，组织政银企三方对接会，解决企业资金4.74亿元。强化税收征管，推进巨迪橱柜等7家企业个改企。协调促成书亦餐饮选择亦宏包装作为供应商，日产书亦火炬杯3.5万个，年纳税300万余元。（李悠然）

【城乡建设】 2022年，江背镇9个市重大项目开工，总投资12.8亿元。推进机械制造小镇项目建设，完善基础设施配套；推进梅花工贸新区项目入驻，新能源汽车零部件配套产业园等项目进入实质性建设阶段，架设由江背变电站到梅花工贸新区2条10千伏线路，推进规二路、强盛路及梅花安置区等项目建设。11月，江杉高速通车。4月，长沙市奋力实施“强省会”战略重大项目开工仪式在梅花工贸新区举办。建成10个美丽宜居村庄，通过村落景区一体化运营模式，建设“花海经济”“稻田艺术”“露营研学”等新业态，举办2023长沙市“春之声 游长沙”文旅季暨“说走就走趣星沙”春季系列活动，带动旅游综合收入8000万余元。年内，江背镇被评为“长沙市市级非遗示范村镇”“全市乡村文化与产业融合发展先进单位”。（李悠然）

【民生事业】 2022年，江背镇城乡居民医疗保险参保4.5万余人，参保率96.05%；城乡居民基本养老保险缴费人数1.8万余人，参保率94%；享受低保居民478户895人，特困供养享受居民366户。定期探访全镇范围内留守困境儿童、留守老人，开展“长沙慈善日”和“六一”系列活动，筹备成立镇未成年人保护工作站。重铺省道103线江背集镇、朱家桥集镇

2022年4月，江背镇境内三叉河被评为湖南省“美丽河湖”（江背镇政府 供图）

路段沥青，推进朱家桥与梅花集镇污水管网新建及改造。是年，三叉河被评为“湖南省美丽河湖”，乌川湖获中央电视台《新闻联播》专题推介；江背镇被评为长沙市“生态文明示范镇”，五福村被评为“省级卫生村”。（李悠然）

【社会建设】 2022年，江背镇接待来访群众238批次，处理群众来信来访1231件，办结率100%，满意率99.85%，解决率89.62%。开展自建房安全整治“百日攻坚”行动，摸排自建房屋15838栋，拆除严重安全隐患房屋1栋、较大安全隐患房屋20栋。检查企业2347家次，整改安全隐患2450条，召开屋场会宣教327次、安全讲座112场次，举行消防培训演练72场次，道路安全领域事故亡人数比2021年下降38%，工贸企业安全生产领域亡人事故“零发生”。是年，辖区内居民李星其、周建文被评为“湖南好人”，彭凯云被评为“长沙好人”。江背镇被评为2022年度“全市平安建设优秀乡镇”、2022年长沙市基层治理真抓实干“示范镇”，金洲村被评为“全国民主法治示范社区（村）”。（李悠然）

黄花镇

【概况】 2022年，黄花镇面积14.42平方千米，常住人口102886人，户籍人口78601人，全域（含长沙经开区黄花产业园、长沙自贸临空区）财政总收入43.56亿元，地方一般公共预算收入17.42亿元；社会固定资产投资258.6亿元，比2021年增长27%；工业总产值1001.5亿元，比2021年增长60.09%；社会消费品零售总额45.39亿元，比2021年增长59.82%。9月，在竞争力智库、中国发展改革报社、北京中新城市规划设计研究院等机构联合发布《2021乡镇综合竞争力报告》中，黄花镇分别位居2021年中国乡镇综合竞争力百强榜单第80位、2021年中国中部地区乡镇综合竞争力百强第二位。（代灵珠）

【产业发展】 2022年，黄花镇引进招商项目12个，“同飞工程”项目6个，武汉高端超硬陶瓷及金属陶瓷新材料产业项目投产，太空金路桥年产50万吨路面新材料建设项目签订合同。全年入驻项目4个，开工项目2个，生产项目3个。（代灵珠）

【征地拆迁】 2022年，黄花镇推动征地拆迁“百日攻坚”和拆迁“清零”，推进疑难问题化解，全年签约219户，“清零”项目20个，腾地218.83公顷。开工建设市重大项目8个，全年项目投资15.04亿元。其中，盛地领航城二期、百顺机械、机场路网改迁和瓦楞纸箱4个项目竣工。（代灵珠）

【环境治理】 2022年，黄花镇严格管理工地裸露黄土和渣土运输消纳，覆网复绿50万余平方米。推动“净土行动”，加强垃圾分类治理，回收餐厨垃圾4707吨，农村卫生厕所改造50座。开展“净水行动”，落实捞刀河星沙、黄花2个水源保护区的日常巡查保洁，加大蓝藻水华治理力度。落实“林长制”，加强松材线虫病防治、森林防火宣传和巡查工作。启动“田长制”，落实耕地保护责任和各项措施，恢复耕地35处16公顷。（代灵珠）

【乡村振兴】 2022年，黄花镇组织编制银龙村共同富裕示范村建设行动方案，对银龙村进行为期1个月的入户调研，覆盖全村850户2859人，形成银龙村共同富裕基础数据库，引导银龙村成立集体企业“湖南汇佳隆商贸有限公司”，与村域内18家企业签订合作协议，村集体经济收益240万余元。建立农村建房联审会议制度，审批110户农村建房，发证50本。推进脱贫攻坚成果同乡村振兴衔接，开发各类公益性岗位55个，就业脱贫人员390人。（代灵珠）

【社会治理】 2022年，黄花镇检查生产经营单位836家次，发现问题289处。开展自建房安全整治“百日攻坚”专项行动，排查居民自建房13314栋，对确定为C级、D级隐患的房屋严格落实管控措施。组织专职消防救援队员进行体能技能训练，在全市消防技能比武大赛中获得2个单项奖牌。织密全覆盖、无死角的安全网，全镇事故发生率环比下降。结合“扫楼行动”和“综治大走访”活动，开展反电信诈骗、禁毒、国家安全、道路交通安全、防范非法集资等宣传，召开屋场会200余场，举办讲座140余次，发放各类宣传资料10万余份、短信20万余条，出动宣传车625台次。加强对违法占地行为的巡查监管力度，全年消除历史违法建筑230处21.32万平方米，拆除新增违法建筑105处45920平方米，整改卫片图斑374宗。（代灵珠）

春华镇

【概况】 2022年，春华镇辖8个村、1个社区，镇域面积125.36平方千米，总人口4.9万人。全年财政总收入4689万元，比2021年增长28%；财税一般公共预算收入1999万元，比2021年增长19%。规模工业企业总产值4.91亿元，比2021年增长14.7%；固定资产投资17.5亿元；限额以上社会消费品零售总额3797万元，比2021年增长17%；外贸进出口额770.9万美元；市场主体净增467户。落实就业支持政策，加强困难人员就业援助，全年进行失业登记274人次、就业登记314人次，提供岗位推荐、就业指导、技能培训等服务1100余次。多措并举推进城乡居民医保参保，全年医保参保3.6万余人次，重点人群参保率100%。1月，春华镇被评为2021年湖南省卫生镇。

1月14日，被评为2021年“四好农村路”（把农村公路建好、管好、护好、运营好）市级示范乡镇。4月12日，长沙市首批院士农业项目暨粮食生产“四高”（高标准、高技术、高产量、高品质）综合示范区启动仪式在春华镇举行。10月20日，长沙市粮食生产“四高”综合试验示范区双季晚稻测产工作在春华镇龙王庙村开幕，该镇示范点双季稻平均亩产1275.8千克（其中，早稻亩产623.7千克、晚稻亩产652.1千克）。11月，春华镇被评为全国“一村一品”示范镇（水稻、蔬菜种子）。12月，春华镇被评为长沙市生态文明建设示范镇。

（袁熙军）

【科技兴农】 2022年，春华镇粮食播种面积6760公顷，通过建设高标准农田和集成应用高新科技，市级粮食生产“四高”示范区双季稻平均亩产1275.8千克，居全省前列。引进新行业、新业态种业企业落户，与隆平高科技园签订协议，共建长沙·中国隆平种业硅谷春华基地，建设“园镇”飞地经济模式。百合种业产业园、杂交水稻种子科研加工基地提质改造等8个种业项目、全球主要粮油作物种质资源引进中转和穿梭育种（长沙）示范基地一期建成。挂牌运行邹学校院士辣椒育种试验基地、柏连阳院士水稻镉治理技术研发平台，逐步构建种业科技创新人才体系，聚集中高级种业专业人才83人，培育发展各类涉农经营主体173个，其中，种业企业和科研机构17家，培育认定职业农民、乡村工匠等乡土人才56人。推动省道206线蔬菜生产“三新三高”（以“新品种、新技术、新设施”实现蔬菜生产“高产量、高品质、高效益”）示范带建设，全年种植蔬菜1866.67公顷，产量10.5万吨，比2021年增产8%。建设“春华辣椒”“百熙状元鸡”等春华特色品牌，拥有品种保护权证4个，新品种审定和登记112个，著作权登记15个，“湘研”“袁氏”入选全国驰名商标。（袁熙军）

【项目建设】 2022年，春华镇推进40个政府投资项目，主要出入口节点打造等11个项目完成，提质改造农村公路26.9千米。铺排24个美丽宜居村庄建设点，总投资4712万元，子项目165个，涉及农户1217户。开展“星农智谷”国家级田园综合体建设试点，铺排18个项目，长沙和平解放协议签署历史陈列、战壕文化展示中心建成开放，党建文化广场以及周边环境提质等5个子项目基本建成，“种业＋农旅”数字田园、游道畅通等项目推进。推进民生实事项目3个，开展春华集镇污水管网及附属设施建设、便民服务中心提质改造和垃圾分类绿色科普基地建设。开展春华康养农旅小镇、长沙特高压站—浏阳500千伏Ⅱ回特高压线路等项目拆迁，推动省道206线改扩建、长沙机场气象雷达站建设征地。（袁熙军）

【社会事业】 2022年，春华镇社区（村）集体经济收入765万元，各社区（村）集体经济收入50万余元，其中，2个村各有100万余元。优化政务服务，受理办结就近办和帮代办业务2.7万余件、“互联网＋政务”业务1100余件，群众满意度100%。办理“12345”政务热线工单747条，年均满意度99.56%。启动“智慧春华”一期项目、“区块链＋智慧村庄”一体化服务平台项目入选省级试点。开展安全生产整治行动546次、道路交通顽瘴痼疾整治行动300次；开展自建房安全大排查、大整治，排查房屋11559栋，拆除危房22栋。提档升级城乡品质，推进“厕所革命”，完成改厕211座，新建公厕8座，查究督办环保问题30余处，督促整改燃气安全隐患问题300余处。

（袁熙军）

【综合治理】 2022年，春华镇采取“线上＋线下”方式，开展“防电信诈骗”宣传，加大电信诈骗打击力度，全年报立电信诈骗案件14起，破获7起，抓获涉案人员13名，发案率比2021年下降45.45%。开展党员干部涉“黄赌毒”、金融领域专项摸排工作，抓实初信初访接待办理，深化法律顾问、调解员等多元化解矛盾纠纷调解机制，全年接待来访群众95人次，受理纠纷18起。加强基层治理，为21个治理组制定组规民约，

2022年4月12日，长沙市首批院士农业项目暨粮食生产“四高”综合示范区启动仪式举行（刘鑫宇 摄）

全镇9个社区（村）配有标准化“一站式”大厅。召开“春华夜话”屋场会326场，建成法治文化阵地10处。（袁熙军）

【文旅融合】 2022年，春华镇探索“1+9+N”［“1”即1家主导企业，“9”即9个社区（村），“N”即N个文旅单体］运营服务管理模式，融合运营旅游、农业、文化产业。制定捞刀河红色农业文化走廊项目策划方案，建设湖南省红色研学基地、捞刀河慢生活乡村旅居地。6月28日，春华镇第五届荷花节举行。直播赋能乡村振兴春华镇专场宣传推广，在抛砖屋场直播带货。组建社会贤达红色先锋队（37人），开展“红色先锋提升绿色效能”活动，带动“星锋”志愿者、文化爱好者100余人，宣讲300余场次、策划主题视频10期，讲好春华故事、传播春华美名，“我是春华的”等视频点击量10万余次，接待游客25万人次，旅游收入4100万元。（袁熙军）

果园镇

【概况】 2022年，果园镇规模工业总产值3.0亿元，比2021年增长17%；全年固定资产投资27.73亿元；全年重大项目建设9.4亿元；全年工业投资2.84亿元；全年工业技改投资2.39亿元；全年一般公共预算收入1351万元，比2021年增长38.7%。（王利娟）

【项目建设】 2022年，果园镇竣工项目36个，投资4272万元。续建项目2个，投资14972万元，其中，开展宋水线A段道路提质改造项目验收工程；完成浔龙河生态示范点农民集中居住区安置房（二期）项目土方工程总体工程量98%；总平面图和项目单体设计通过专家评审。新建项目5个，其中，果园镇美丽宜居村庄创建配套附属工程5个项目竣工，年度投资440万元。预备项目13个，启动相关建设项目4个，其中，果园镇集镇提质项目完成立项及施工图设计；完成浔龙河生态示范点经一路项目土方工程总体工程量80%；完成纬一路土方工程总体工程量90%。完成经二路项目土方工程总体工程量60%。开展果园镇田汉安置房污水管网维修工程、果园镇金井河周边砂石清理、环境整治等小额投资项目85个。年内开展果园文旅小镇文化旅游基础设施配套项目、长沙院子（二期）、华实康养文旅综合体项目、雅礼田汉实验学校项目4个重大项目建设，项目建设固定资产投资9.4亿元，全年实际投资10.4亿元。（王利娟）

【社会事业】 2022年，果园镇开展法律法治宣传活动30次，受教育群众8000人次；发放防范电信网络诈骗、打击养老诈骗、信访、反邪教、国家安全、预防青少年犯罪、老年人权益保障、禁毒、扫黑除恶等宣传材料5万份。组织调解员培训2次，调解各类矛盾纠纷128起，调解成功125起，调解成功率98%。全年对敬老院、卫生院、学校、墓地等单位日常安全生产检查40次，发现并督促整改重点隐患8处。（王利娟）

【文化事业】 2022年，果园镇被评为湖南省乡村旅游重点镇、花果村被评为湖南省乡村旅游重点村；举办2022长沙市春夏文旅产品发布暨长沙县乡村旅游节；举办“田汉小戏骨”公益培训班，培养“小戏骨”120名，2名“小戏骨”获得全国“小梅花”金奖。举办“盛夏光年•撒欢果园”2022年果园镇夏季旅游消费季，组织镇域内“花果虾”特色餐饮业、民宿、景点、采摘园全员参与，依托新媒体渠道，擦亮文旅小镇品牌；组织开展多场“文艺轻骑兵”巡演活动；免费对外开放农家书屋，将农家书屋活动与远程教育、精神文明建设等结合，发挥农家书屋作用。（王利娟）

【民生保障】 2022年，果园镇3次对散居特困、低保、重残等困难对象的房屋开展排查及生活保障，临时疏散安置重点人员20人，为10户散居特困人员进行房屋维修。春节慰问对象778人，发放慰问金191.26万元；临时救助256人，发放救助金24.99

2022年11月，第26届“中国少儿戏曲小梅花荟萃”“小梅花”称号获得者、果园镇小戏骨社学员周淳玥表演花鼓戏《媒婆调》（张文君 摄）

万元；大病救助3人，发放救助金4.7万元。全年新增低保13户29人、特困5户5人，退出低保29户62人、特困9户9人。是年，在册低保对象244户464人，发放低保金243万元；在册特困供养人员183户189人，发放特困供养保障金195万元；分散供养护理人员23人，发放护理费9.8万元，集中供养护理人员36人，发放护理费11万元。全年新增残疾人“两项补贴”34人、办理残疾人证22人，发放“两项补贴”3167人次68.296万元；新增高龄补贴48人、异动45人，发放高龄补贴595人次13.07万元。新增失业登记人员51人，提供“311”服务300人次；开展扶贫车间建设，年内有扶贫车间2家，吸纳就业困难人员20人；申报县级创业带动就业项目4个。全年城乡居民养老保险参保17560人，城乡居民医疗保险参保19100人。（王利娟）

路口镇

【概况】 2022年，路口镇面积88.28平方千米，户籍人口29244人，固定资产投资74787万元，地方一般公共预算收入1135万元，比2021年增长13.95%。；规模工业总产值10799万元，比2021年增长13.1%；规模以上工业研发费用382.7万元，比2021年增长13.6%；社会消费品零售总额884.5万元，比2021年增长18.1%。新增限额以上商贸企业2家。7个社区（村）集体经济总收入510万余元。年内，路口镇被评为长沙市粮食生产先进乡镇、湖南省林长制工作先进单位。（丁全虎）

【重点项目建设】 2022年，路口镇铺排政府投资和社会投资重大项目11个，总投资额17.18亿元。开展百江、冰宇、华聚农产品市场、龙泉社区集镇综合整治等项目建设，推动宏顺金仓、明月好望谷、县公共卫生救治中心等项目开工，推进凯思力冷链物流、粮食仓库二期、北部农产品精深加工园、青普“艺术路口”大山冲森林公园等项目。项目工程动迁65户，腾地总面积19.39公顷。开展干部联企业“送政策、解难题、优服务”行动，对镇域内31家企业开展暖企帮扶工作，协助20家市场主体申报技改、节能、“两型”等项目30余个，申报资金400万余元。

（丁全虎）

【社会民生事业】 2022年，路口镇为4户新建户农村低收入家庭改造危房。年内硬化公路6.82千米，“白改黑”10.574千米，改造万年桥危桥，安装护栏5300米，公路换板10400平方米。开展贫困户入户道路建设、荆华村组级公路硬化、上杉市村沙坡组至景然园林道路提质改造、杨上线至敬老院提质改造等公路建设。开展麻林村道路、国道107线青山铺—南粉墙终点与黄兴大道平交口、龙泉社区船形屋至东八线等道路安全隐患整治。开展陈康白科教实践基地、朱端绶生平事迹陈列室修缮及周边环境整治。全年城乡居民低保户数329户，保障人口632人，发放保障金3872018元，特困供养户数178户，其中，集中供养30户，分散供养148户，发放特困保障金1927575元；发放临时救助264人次，救助金额25.23万元。推进慈善助学工作，发放助学金19.8万元。全年城乡居民医疗保险缴费率97.1%；居民医保日常兑付32人次，其中，非直接结算城乡居民医保报销28人次，非直接结算城乡居民生育报销4人次，兑付金额23.4万元；重大疾病补充保险报销8人次，兑付金额5.61万元。基层政务服务工作综合窗口服务办件2000余件，群众满意度100%；基层网办工作平台受理1259件，办结率100%。明月村、麻林村档案服务基层社会治理工作通过县级验收。

（丁全虎）

【乡村振兴】 2022年，路口镇监测人口排查7230户27446人，投入产业扶贫资金210万元，惠及脱贫户监测户252户739人。9个美丽宜居村庄建设点通过市级验收。年内，第五届插秧文化艺术节（6月6日）、长沙县优质杂交早稻订单种植签约仪式（6月10日）、第五届中国农民丰收节隆平稻作公园庆丰收活动（9月

2022年6月6日，第五届插秧文化艺术节在路口镇隆平稻作公园举行

（路口镇政府 供图）

23日）均在该镇隆平稻作公园举行。是年，路口镇农村生活垃圾分类减量化处理覆盖率100%，回收利用率35%以上；龙泉社区被评为市级卫生村，路口社区被评为市级健康村和县级噪声控制示范区。（丁金虎）

【基层治理】 2022年，路口镇调解矛盾纠纷84起，受理信件9件，办结8件。路口镇禁毒分会被评为长沙县禁毒协会先进集体。开展消防安全百日攻坚行动，检查排查单位166家，发现隐患205处，整改205处。开展安全生产检查320次，检查单位388家，发现隐患222处，整改210处。开展“一盔一带”“超限超载”等专项执法行动260次，查处各类违法行为1200余起。全年召开屋场会110余场，入户宣传11785户次。开展自建房领域安全排查，排查房屋16803栋，排查隐患81处，整改81处，年内路口镇被评为长沙市基层治理真抓实干激励示范乡镇。（丁金虎）

高桥镇

【概况】 2022年，高桥镇面积112平方千米，户籍人口28246人。地方一般预算收入1097万元，比2021年增长14.03%；规模工业总产值1.94亿元，比2021年增长12.88%；社会零售品销售总额1100万元，比2021年增长17%；固定资产投资额7.80亿元。早稻粮食生产1793.33公顷、晚稻1973.33公顷。2022年公开选拔村级后备干部7名，发展“两新”组织（新经济组织和新社会组织）8个。基层党组织书记、联村党政围绕中共二十大精神等讲党课50余次。推进“党建聚合力书记领航行动”，书记领航项目擂台赛获长沙县三等奖，人才兴镇——小辣椒进发大能量微视频在“长沙县第二届党建微视频大赛”中获二等奖。是年，高桥镇被评为省文明乡镇。（郑 漾）

【民生事业】 2022年，高桥镇成立书香基金，建设百录书屋、紫竹书苑，发动乡贤捐资近50万元资助贫困学子；引进康乃馨集团运营高桥镇新敬老院，在紫竹山风景区内建设居家养老中心，多途径探索农村养老新模式。巩固拓展脱贫攻坚成果同乡村振兴有效衔接，推进新卫生院、生态移民四期等项目建设。全镇最低生活保障339户，每月发放283854元，特困供养275户，每月发放268125元，临时救助95户16.5万元。（郑 漾）

【产业发展】 2022年，高桥镇创建长沙县科技特派员示范工作站，为18家企业派驻科技特派员，建立新农人空间站。制定“千人帮千企”实施方案，对24家重点企业开展“一对一”融入式帮扶。新增市高新技术企业4家，研发经费投入768.2万元，5家企业申报科技计划项目。湖南天能电机制造有限公司YE3高效电机产品被工信部审核评为“绿色设计产品”。联彩生产基地被评为长沙市院士农业蔬菜生产“双高双新”成果示范区。（郑 漾）

【文旅融合】 2022年，高桥镇以紫竹山旅游风景区暨紫竹山美丽乡村示范区创建契机，围绕“农科+”产业发展打造农业科研中心、孵化展示中心、数字推广中心、会议交流中心，配套建设农科成果转化中心、“后备箱”工程、网红直播平台、“新农人”空间站等，农旅融合、院士农业、“四高农业”示范区初步形成。推动乡村旅游、休闲农业、文化体验、居家养老、电商直播等新产业新业态同步发展。十亩之间多肉大院被评为长沙市文旅消费新场景。（郑 漾）

【项目建设】 2022年，高桥镇定位“打造农科小镇、建设农旅融合名镇、争当乡村振兴标兵”，推出以金井河为中心，囊括白鹭湖、紫竹山、高桥老街、省农科院高桥科研基地等在内的“一河两岸三点”发展布局，完成相关规划编制，建成3个标杆型美丽宜居村庄，6个达标型美丽宜居村庄完工（其中，2个已验收），棚改二期、美丽河流等项目竣工。（郑 漾）

【综合治理】 2022年，高桥镇践行“绿水青山就是金山银山”理念，开展环境卫生综合整治行动。严管桐仁桥一级饮用水源保护区，加强重点污染源企业日常监管。履行生态环境保护工作监督责任，全年蓝天保卫战行动出动执法人员450人次，执法30余处（其中，立案处罚19处，规范整改10处），罚款12480元。严守

2022年7月12日，高桥镇农科成果转化中心建成 （高桥镇政府 供图）

耕地红线，打击占用基本农田的非农建设。全年整治卫片整改面积3.5万平方米；拆除台账内历史违发建设5处。组建百人摸排组分6个片区开展隐患排查，形成全域全行业隐患清单，限期整改，验收销号。（郑 漾）

【政务服务】 2022年，高桥镇“一网通办”平台受理业务2106件，综窗办理市监所业务57件；镇及村级代办点累积办理帮代办事项2761件。“12345”市民热线平台办结385件，在全县“12345”政务热线考核综合成绩排名中6次排名全县第一位。增设本级民生服务热线“86152859”，延伸服务触角。（郑 漾）

金井镇

【概况】 2022年，金井镇面积209.43平方千米，户籍人口19887户65824人。财政总收入1.85亿元；规模工业总产值11.97亿元，比2021年增长13.3%；全社会固定资产投资27.9亿元，比2021年下降6.1%；社会消费品零售总额5464万元，比2021年增长16.9%；利用省外境内资金1001.98万元；外贸进出口销售额735万美元。全年新增4家规模以上企业。其中，规模工业企业1家，建筑业企业1家，零售业企业2家。全年开展疫苗接种14.5万剂次，核酸检测124万余人次。是年，金井镇被评为国家农业产业强镇、湖南省乡村旅游重点镇、湖南省乡村旅游重点村（金龙村）等。开设“书记谈交通”“万人在线听安全”特色交通安全宣传栏目，转发观看量20万次。开展“新时代文明实践所”等舆论阵地建设管理，创建农村流动党员管理品牌。创新重大项目青年干部攻坚制度，成立党建、文旅、茶叶、集体经济、农技5个干部专业研习社。（易爱玲）

【乡村建设】 2022年，金井镇发展院士农业，中国工程院印遇龙院士创新团队天府工作室入驻金井，助推大围子猪打造全国知名品牌和优良地方猪种开发利用样板。湖南湘丰茶业旅游开发有限公司、湖南金龙智造科技股份有限公司上市。县委“北斗七星”项目“茶馆天象”天文台前期设计及选址确认完成。推广村企共建模式，成立“优农库”电商平台，集体经济总收入1250万元，经验做法入选省、市典型案例。争取燃气入镇等14个项目及省市级资金3200万余元，建设市级乡村振兴示范镇。金井中心卫生院通过“省级优质服务基层行”创建标准验收。（易爱玲）

【文化事业】 2022年，金井镇创建湖南省乡村旅游重点镇、非遗村镇省级示范点，金井镇综合文化服务中心创建最美潇湘文化阵地；金龙村创建湖南省乡村旅游重点村；长沙县金井绿茶非遗文化旅游景区被评为国家AAA级旅游景区。金井镇三珍虎园虎年系列活动启动式暨“萌虎迎新春”游园会，元宵节“萌虎闹元宵”非遗展演被中央电视台报道6次，举办第八届长沙国际茶文化旅游节与第三届红薯文化节等各类文旅活动。是年，金井镇接待游客110万余人，旅游综合收入7000万余元。（易爱玲）

【政务服务】 2022年，金井镇通过“一网通办”平台，受理总量1965件，办结1965件。接待人数3100余人次，办理事项10536项，全程代办爱心公交卡348张，来电及线上受理事项620余项。全镇（含村、社区）帮代办事项约25025件，就近办事项受理18912件。（易爱玲）

【产业发展】 2022年，金井镇内11家规模以上企业与14个社区（村）开展合作。其中，湘丰集团与农裕村、金井茶厂与蒲塘村、天府农业与石井村等开展村企合作。推动农文旅融合发展，新建美丽宜居村庄43处，新增文旅消费项目6处，创建A级旅游景区4个，重点打造茶园—虎园景区，为村集体增收80万余元。全年全镇乡村旅游人数80万余人，旅游综合收入5600万元，入选湖南省乡村旅游重点镇。开展“三资”清理，清理出闲置物业5.3万平方米。招商引资入驻企业8家，增值物业收入100万余元。依托村集体经济组织成立劳务公司，承接村级项目工程、物业服务等，年内新增集体经营性收入300万余元。全镇集体经济总收入1075万元，村均收入近80万元（其中，经营性收入30万元）。全镇市场主体、企业、农业合作社均比2021年增长16%以上。（易爱玲）

【长沙县第三届红薯文化旅游节】 2022年9月24日，“心有所薯 乡约沃园”长沙县第三届红薯文化旅游节在金井镇沃园农场举办。本次红薯文化旅游节由长沙县金井镇人民政府主办，长沙市发展和改革委员会、长沙市文化旅游广电局、长沙市农业农村局、中共长沙县委宣传部、长沙县文化旅游广电体育局、长沙县农业农村局、长沙县教育局共同指导，长沙沃园文化传播有限公司、长沙沃园生态农业科技有限公司承办。其间，现场推出特色小香薯以及由香薯制作的小丸煎饼、燕麦饼、紫薯鸡蛋酥等系列产品10余种。活动以红薯为主题，围绕乡村振兴，开启为期1个月的文化论坛、童话创作、农事体验系列活动，农场内开展秋收体验、红薯丰收趣味运动会、美味烧烤等室外活动，实现文化与农业产业化的有机融合。（易爱玲）

开慧镇

【概况】 2022年，开慧镇面积114.74平方千米，户籍人口43402人。地方一般公共预算收入697万元，社会固定资产投资17.22亿元；规模工业总产值2.13亿元，比2021年增长12.51%；社会消费品零售总额1670万元，比2021年增长17.05%；其他规模以上营利性服务业营业收入944万元，比2021年增长11.65%；外贸出口总额1045万元。印遇龙院士劳模创新工作室、湖南农大畜禽育种试验基地签约入驻，与袁氏麓峰现代农业、凤阳小岗村明润社创公司达成“开慧乡村创客基地”共建协议，印遇龙院士创新科研示范基地、岳麓山畜禽种业创新中心落户开慧。组建60余人宣讲团，举行“学习贯彻二十大 奋力启航新征程”驻村夜话活动46场，受众1.5万余人次。推进“六慧”（慧农培训、慧学培养、慧育成才、慧企合伙人、慧商共建、慧人建乡）人才计划和“育雁工程”，“开慧镇党建引领六慧人才计划”入选湖南省乡村振兴2021年十大优秀案例，开慧村第一书记朱有志入选湖南“十大”优秀案例典型乡贤。是年，开慧镇被评为“中国楹联文化镇”、湖南省文明镇、湖南省乡村文旅促进会副会长单位、湖南“十大”优秀案例典型乡镇等。锡福村被评为湖南省文明村、长沙市新时代文明实践典范站；开慧村被评为湖南省乡村治理示范村、长沙市生态文明建设示范村；“开慧”品牌湘绣被评为第六批“湖南老字号”。（谭　铮）

【文旅融合】 2022年，开慧镇打造“红+3”（红色旅游+绿色农业、红色旅游+橙色教育、红色旅游+蓝色航空）四色文旅组团，启动开慧咖啡露营项目、村落景区一体化项目、开慧故里游客接待服务中心建设、大鲸农场“悦动空间”建设项目等，组织开展“五一”黄金周“草莓户外音乐会、夜市帐篷节”星空帐篷音乐节”“飘峰丰收节”等，承办“传承红色文化 畅享开慧美景”长沙县2022年红色文化旅游节，携手湖南广电举办“久久爱晚节”系列活动。立足民宿群，创设“休闲度假”品牌，在“旅游+”中融入健康养老、休闲养生等多种业态，全镇民宿床位1606个。联合草莓V视、湖南大学设计学院打造IP形象、特色手提袋、开慧伴手礼盒等，拓展线下市场。参与创作花鼓戏《板仓外婆》和专题纪念缪伯英烈士电影《追光》，建设板仓红楹联文化一条街和楹联文化主题公园，被评为“中国楹联文化镇”，出版《联墨板仓红》2500册。构建网红宣传矩阵，开设开慧抖音号，播放量超100万人次，在中央、省、市级媒体发稿180次，以短视频形式拍摄宣传30余条。（谭　铮）

【乡村振兴】 2022年，开慧镇投资2428.2万元建设美丽宜居村庄18个，包含子项目178个，葛家山茶文旅、锡福院士农业两大美丽宜居村庄示范片基本形成。投资321万元建设涉水项目17个，申报涉农项目99个，申报新型职业农民32人、省级乡村振兴示范村入库项目8个。创新集体经济模式，成立全市首家镇级股份经济合作联合社总社，9家村级合作社共同出资1800万元作为股本。全镇村级集体经济收入523.8万元，村均收入58.2万元。其中，经营性收入447.75万元，村均收入49.8万元。巩固脱贫攻坚成果与乡村振兴有效衔接，小额信贷发放132万元，1-3季度贴息1.7万余元，春季“雨露计划”申报26名学生，补助3.9万元，公益性岗位就业帮扶42人。（谭　铮）

【民生事业】 2022年，开慧镇发放居民低保300.43万元，特困供养431.925万元。春节慰问各类困难家庭467户，发放慰问金119.5万元。全年救助223人次，救助30.4万元，申报慈善助学31人，发放残疾人“两项补贴”113万元。打造“党建领航智慧义仓”品牌项目，新增注册志愿者60位，培训36场，链接资源23.765万元，“党建引领五社联动，助力基层社区治理”项目被评为长沙市2022年度基层社工站优秀项目。社会保障推进，发放城镇居民社会养老保险8915人、241万余元。开展义务献血176人，发放献血补助10.56万元。（谭　铮）

2022年7月25日，葛家山村坝上组宜居宜业和美乡村示范点

（开慧镇政府 供图）

福临镇

【概况】 2022年，福临镇镇域面积82平方千米，户籍人口29277人。全镇一般公共预算收入1520万元，比2021年增长12.1%；固定资产投资6.2亿元，比2021年下降2.2%；重点项目投资1.1亿元；社会消费品零售额7343万元，比2021年增长17.5%。擦亮“树湘故里”和“影珠福地”两块金字招牌，影珠山景区

福临镇主要进出口地标——“树湘故里 影珠福地”

（2022 年 5 月 16 日摄，福临镇政府 供图）

国家专项债申报并发债，连片新建宜居宜业和美村庄示范点 8 个，总投资 1088 万元，配套推进乡村驿站以及自驾、骑行、徒步三级游道，惠及农户 332 户；发展“小微产业、小型民宿、小本生意”三小经济，全镇精品民宿、庭院餐馆发展至 70 家；文旅融合新样板“福临驿站”持续发展，整合全镇旅游景点预约接待、餐饮住宿中介分流和农副产品集中展销等服务，年接待游客 50 万人次。

（王筑波）

【项目建设】 2022 年，福临镇县道 024 公路福临段配套工程、道路安全隐患整治工程、精准惠民项目、机关维护维修项目、同心村双丰桥和金牛村梅家嘴桥重建工程完工。农村公路硬化 11 条，清除道路安全隐患 60 处，公路养护 320 千米。影珠山河创建为市级美丽幸福河，双龙水库内坡修复工程竣工，关爷坝流域综合整治项目开建，西冲水库处险加固工程、麻林河石牯牛段及主要支流综合治理工程基础建设完工。推进影珠山景区专项债项目一期建设，影珠山东向公路除险加固工程完工，“忠诚之路”项目开建。（王筑波）

【社会事业】 2022 年，福临镇开展强基保安行动，入户 2.14 万户，检查企业及各生产经营单位 2366 家次，摸排整改各类安全隐患 2605 处，全镇未发生安全生产责任事故和交通亡人事故；排查自建房、自管公房 8489 栋，房屋隐患销号 71 栋，对全镇 410 户经营性自建房进行“回头看”；危房改造 14 户；历史违法建设销号 13 处、面积 2196 平方米，拆除新增违法建设 3 处、面积 750 平方米；依托应急救援、技术支援、志愿服务“三支队伍”，缓解 233.33 公顷水田旱情，挽救受灾庄稼 46.67 公顷；办理信访案件 52 件；排查化解各类矛盾纠纷 156 起，查处并办结各类违法案件 82 起；投入 180 万元建设应急安全综合指挥调度中心；投入 30 万余元，放置 3400 套防溺水安全警示标志、救生杆，实现山塘水体全覆盖。（王筑波）

【文化事业】 2022 年，福临镇举办写福送春联、送戏下乡、读书沙龙等文化活动 20 场次，镇综合文化站被评为全国“第九届服务农民、服务基层文化建设先进集体”；开展崇礼向善文明新风活动 56 场，打磨孵化“树湘公益课堂”“温暖餐桌”“织女计划”等志愿服务品牌，树湘公益服务中心被评为 AAAA 级社会组织；推出“福临故事”12 期；开设树湘党课 262 堂，年接待参观学习团队 1920 批次，树湘故里纪念地成为长沙地区红培、党建、团建等活动热选地。（王筑波）

【民生保障】 2022 年，福临镇城乡居民养老保险续保缴费 6811 人，征缴金额 300.69 万元；城乡居民医疗保险参保缴费 22055 人；走访慰问困难家庭和优抚军人等 554 户，为全镇 255 户最低生活保障户、282 名特困供养对象发放保障金，临时救助 145 人，链接公益资金、物资 80 万余元资助困难家庭 200 余户，医疗“一站式”救助困难家庭 454 人次；家庭医生签约服务 8332 人；完成 65 岁以上老年人和重点人群健康体检 4540 人；适龄妇女“两癌”筛查 600 人；开展防返贫动态监测和帮扶工作，新纳入监测户 4 户 13 人。是年，影珠山村被定为长沙市“做靓社区”创新民政民生实验点。（王筑波）

青山铺镇

【概况】 2022 年，青山铺镇面积 46.19 平方千米，户籍人口 20281 人，地方一般公共预算收入 1936 万元，比 2021 年增长 14%，固定资产投资 6.2 亿元，社会消费品零售商品总额 1087 万元，规模以上工业产值 5435 万元，规模以上服务业总额 2978 万元。新增规模以上企业 2 家，引入企业近 60 家，引入嘉实物流、英杰（长沙）生物科技有限公司项目，产业投资增长 130%。2 月 8 日，举办招商答谢会暨商会年会活动。表彰税收贡献优秀单位、招商引资优秀推介官、优秀服务单位、商会优秀会员单位等先进典型 33 家。中共二十大代表陈艳结合“天华调研”精神，以“中华民族伟大复兴号巨轮乘风破浪扬帆远航——学习领悟党的二十大精神”为题进行宣讲，覆盖辖区各基层党组织近 1200 人。是年，青山铺镇被评为“全国乡村治理示范乡镇”。（童佳玉）

【社会事业】 2022年，青山铺镇发放低保金204.68万元，特困供养补助金172.48万元，残疾人生活补贴及护理补贴65.07万元，城乡居民医疗保险参保率99.91%。开展宫颈癌、乳腺癌筛查653人次，60岁以上老年人免费体检4658人次，送苗上门接种覆盖787人。道路硬化9.224千米、“白改黑”10.263千米、农村公路安保3.6千米。开展“医、养、康、护”四位一体医养融合工作，创新敬老院“三个一”管理模式（即每天一次安全生产早会、每周一次业务培训、每季度一次理论和实操考核）；六艺天骄学前教育集团与青山铺中心学校共建签约。（童佳玉）

【安全监管】 2022年，青山铺镇组织开展安全检查1000余次，排查安全隐患2000余处。对28家生产经营单位开展多轮次执法检查，排查发现隐患253个，下达检查执法文书178份，整改率100%。开展各类应急演练20余次，安全宣传教育培训20余次。调处各类矛盾纠纷50余起。完成4轮次自建房排查，制定交办单24份，拆除存在安全隐患的房屋28栋；规范5个三级燃气供应站经营活动，排查整治企业和门店燃气安全隐患80余家；宣罚并举开展“一盔一带”，摩托车“戴帽率”县级抽查率95%以上。（童佳玉）

【环境整治】 2022年，青山铺镇开展农村户厕摸排5623户，新建无害化卫生厕所17个、公共厕所1座；垃圾收集、处理率95%以上；完成坑塘水面复耕21个，卫片图斑整改67个；建立“一周一暗访，一周一考评”生态环境竞赛机制。（童佳玉）

【基层治理】 2022年，青山铺镇探索“连心”工作机制，开发“青山连心云”数字平台，搭建4类网格体系，443名党员干部、152个微网格精准联户。走访全镇居民6次全覆盖，完善电子连心档案4700余份，组织召开民情恳谈会42次，解决群众诉求510余个。开设8期青山“求是学堂”，开展中共二十大精神主题宣讲9场。（童佳玉）

【文旅建设】 2022年，青山铺镇青山weland营地、天华小院、非遗文化竹篾馆、飞盘基地、天华山景区提质等配套项目建成，举办青山文旅首场宣传推介会，开展“五一”乡村游、“十一”露营节等节会经济活动，以“广福女王当家”“天华漫坡草坪”为代表的新业态旅游体验项目成为游客打卡热点，12月，天华山被定为国家AAAA级旅游景区。（童佳玉）

【乡村振兴】 2022年，青山铺镇推进双季稻生产，早稻种植1140公顷、晚稻种植1253公顷，粮食总产量1.9万吨，培育种粮主体，发展2公顷以上的种粮大户19户，流转面积600公顷，流转率62%。建成7个美丽宜居村庄，5个社区（村）集体经济收入230万元。（童佳玉）

【青山铺镇举办“红韵青山 求是天华 庆七一”活动】 2022年6月29日，青山铺镇举办“庆祝中国共产党成立101周年暨‘红韵青山 求是天华 庆七一’”主题活动，活动以“文艺会演+视频展播+微宣讲”的形式，用“童心跟党走、红歌颂党恩、起航新征程”3个篇章为党献礼。现场设置“微心愿墙”，将征集到的群众微心愿现场发布，以爱心人士签名接单的服务模式，发动各基层党组织、党员认领微心愿22个。（童佳玉）

2022年6月29日，“红韵青山 求是天华”青山铺镇庆祝中国共产党成立101周年主题活动举行（青山铺镇政府 供图）

安沙镇

【概况】 2022年，安沙镇面积159.42平方千米，户籍人口56498人。全年税收总收入3.7亿元；地方一般公共预算收入1.4亿元，比2021年增长20%；规模工业总产值27.67亿元，比2021年增长23.9%；全社会固定资产投入66.9亿元，比2021年增长16.8%；社会零售品销售总额4.25亿元，比2021年增长16.7%。长株潭广联生猪交易市场产值10亿余元，比2021年增长70%；众兴新材料科技公司产值7亿余元，比2021年增长91%。72家企事业单位申报科技计划、高新技术企业奖补等资金400万余元。是年，启动拆迁项目21个，8个项目“清零”，产城融合66块地、69块地、安沙大道二期等项目提前“清零”，在全县6—8月征地拆迁“百日会战”中排名第一位。全年实际投资13.69亿元。大排机车总部基地、琨基绿色智慧建筑产业园、湖南松雅建设集团总部基地等8个重大项目在建。（王博禹）

【营商环境】 2022年，安沙镇开展“千人帮千企”等行动，搭建政银企对接桥梁，为32家企业解决融资需求2.34亿元。组织企业专场春季招聘会及“党建领航促就业”琨基产业园夏季招聘会，70家辖区企业参与，达成求职意向500余份。12月，安沙镇商会被评为2021—2022年度全国“四好”商会、《“红色驿站”为民营经济发展注入新动能》被评为2022年度“创新中国”工商联（商会）工作最佳案例，安沙镇工会联合会被评为2022年湖南省“百佳乡镇（街道）产业园区工会”。（王博禹）

【城乡建设】 2022年，安沙镇开展集镇专项整治行动270余次，在集镇新增车位205个，拆除违规挂牌、乱设多设广告牌400余处，整治清理店外经营、堆物2100余家。开展渣土整治行动98次，依法查处车辆68台。整改卫片图斑140余处，拆除违法建筑面积1.74万平方米，高铁沿线覆绿10万平方米。（王博禹）

【人居环境】 2022年，安沙镇建成美丽庭院182户，评选示范组32个、示范户75户；推进9个美丽宜居村庄点规划建设，实施项目37个，总投资约1400万元；完善农村基础设施，修建室内外公共场所21个，完成公路建设养护项目48个，推进污染防治攻坚战、蓝天保卫战、厕所革命等基础工作。和平村被评为省级卫生村、宋家桥村被评为市级卫生村。（王博禹）

【文明建设】 2022年，安沙镇组建覆盖16个社区（村）的整治攻坚队伍，开展城市综合治理、文明素质提升“一月一主题”行动、“文明家庭”、移风易俗等主题宣传活动。指导建成“四星级”新时代文明实践站1个，提质“三星级”新时代文明实践站14个。和平村被评为2021年市级文明村、2022年长沙市移风易俗典范村；安沙社区杨长生被评为“星沙好人”。（宋思思）

【乡村振兴】 2022年，安沙镇出台“三补三包四保障”政策（“三补”即对种植双季稻给予额外200元/亩补助、购置农机给予10%补助、购买种子给予50%补助；“三包”即服务大包干、集体包干、干部包田；“四保障”即物资保障、设施保障、耕地保障、专技保障），建成育秧示范点16个、百亩集中育秧示范片2个、千亩双季稻示范带2个，培育适度规模经营主体54家；抓实防汛抗旱引水疏浚，出动机械120余台，投入122万余元；发放种子补助52.4万元，双季稻种植补助262.4万元，农机补贴40万元；天健“服务大包干”模式播种面积333.33公顷次，耕地恢复112.33公顷，申报市级家庭农场1个。16个社区（村）村均集体经济收入在32万元以上，水塘垅社区102.04万元，梅塘社区78.64万元。设立乡村名匠工作室1家，认定新型职业农民18人、高级乡村工匠1人。谭坊村、新华村、油铺村、和平村、万家铺村、宋家桥村被评为省级乡村振兴示范创建村。（宋思思）

【安全生产】 2022年，安沙镇对29个重点领域开展安全生产隐患大排查、大整治，入户排查5.6万余户次，检查企业及经营场所1536家，整改隐患2152处，立案82起，罚款12.84万元。推进农村房屋安全隐患整治，拆除隐患房屋20栋，对全镇1142栋经营性自建房进行结构安全鉴定，整改125家“格子房”宾馆。（宋思思）

【社会治理】 2022年，安沙镇组织开展反电信诈骗、法治建设、平安建设等主题宣讲、屋场会600余场，入户发放扫黑除恶、禁毒等宣传资料4万余份；统筹开展访源治理、包案化解、依法处置等，调处纠纷60余起。（王博禹）

【社会保障】 2022年，安沙镇配置防疫健康包2.67万份，60岁以上老年人新冠疫苗接种率95%以上。脱贫户、监测对象年度人均纯收入2.08万元。实施脱贫攻坚同乡村振兴有效衔接产业发展项目16个，拨付衔接资金160万元。开发县级公益岗位29个，村级灵活性公益性岗位32个。拨付各类教育补助资金12.05万元。便民服务大厅标准化建设完成，全年帮代办业务量1.4万件，启动公路建设、公路养护、污水治理、敬老院改造等项目42个。（宋思思）

【特色产业】 2022年，安沙镇推进花卉产业示范园建设，形成以“公司+合作社+农户”为链条的生产模式，以民营企业为主导的产业格局，花卉园年产值2亿元。该镇与湖南省农科院园艺研究所达成合作，成立安沙花卉产业创新研究院、湖南省农科院园艺研究所博士工作点、园林花卉种质创新与综合利用湖南省重点实验室试验基地。与湖南省插花协会、湖南生物机电职业技术学院合作，建设经营安沙花艺展览馆，弘扬传播湖湘插花艺术文化，中国插花花艺协会讲师班（长沙讲堂）落户安沙。承办2022年长沙市花境大赛，长沙市第二届城市园林“星城杯”职工技能比武大赛。新华村被评为2021年湖南省“一村一品”花卉重点推介村。（宋思思）

北山镇

【概况】 2022年，北山镇总面积144.79平方千米，户籍人口53195人，财政总收入31867.65万元，其中，一般公共预算收入10823.16万元。规模工业总产值8.39亿元，固定资产投资20.71亿元，外贸出口2335.1万元，规模工业研发经费投入3606万元，社会消费品零售增长率16.9%；新增规模以上企业1家，高新技术企业5家。开展政策上门服务，将党建理论、助农惠农、法律法规、金融惠农、便民服务各类惠民惠企政策送到百姓家门口，制作并发布政策宣传产品30个，开展“政策微宣讲”“一问一答”案例解析19个，举办“企业服务沙龙”5期，召开政策宣讲连心屋场会400余场。是年，北山镇被湖南省卫生健康委员会评为省级卫生镇。（罗慧涓）

【招商引资】 2022年，长沙经开区北山产业基地一期招商引资完成，引进石墨烯智能供暖暨环保包装生产基地等4个项目，总投资6.09亿元；中森职教城项目入驻，项目规划用地8.06公顷，投资5.02亿元。帮助企业解决融资需求，组织各大银行为北山镇各类市场主体发放贷款4718万元，授信额度1.235亿元。（罗慧涓）

【项目建设】 2022年，北山镇7个民生立县项目、12个政府投资新建项目全部竣工。完成北山产业基地一期拆迁腾地、危（医）废搬迁项目剩余户头搬迁和中森职教城项目入户调查资料收集与整理核实工作，初步完成中森职教城项目红线内林地、墓地等地面物权属人确认，房屋补偿协议签订率90%。（罗慧涓）

【基础设施建设】 2022年，北山镇蒿洪线（县道324线）蒿塘中学至新云段5千米路面改善工程完成，农村公路提质改造21.829千米、公路养护换板2.217万平方米、公路安保设施7950米，危桥拆除重建2座，畅通农村路网。推进自建房整治，摸排镇域内自建房12573栋，排查结构性安全隐患70处、经营安全性隐患9处、消防安全性隐患181处，均整改到位。投入107万元，完成河道保洁及1300余处小微水体整治工程，投入124.2万元，完成白沙河河道整治清理工程。投入470万元，平田渡槽除险加固、北山水库除险加固、抗旱机台、8个农村小水源供水能力恢复项目完成。（罗慧涓）

【乡村振兴】 2022年，北山镇发布“北山山歌节”文旅IP，推广布龙、湘绣等非物质文化遗产，举办非遗文化展演、非遗文化集市、花谷登山比赛、田野音乐会四大主题活动。挖掘北山梅、宝山茶、高仓蛙、腊鲢鱼等品牌效应，打造“北山田园礼”地方品牌，接待县级以上观摩2次。推进宜居宜业美丽乡村建设，新创5个达标型美丽宜居村庄、2个示范型美丽宜居村庄。开展最美“乡村美容师”评选，表彰11名优秀保洁员。全年粮食作物面积7240公顷，冬种绿肥800公顷，冬种油菜666.67公顷，推广粮食生产抛荒治理组级合作模式，非粮化治理106.6公顷，耕地复垦333.33公顷。保障粮食防灾减灾抗灾能力，水稻农业保险投保面积3800公顷。（罗慧涓）

【民生保障】 2022年，北山镇开展核酸检测40余次，各类人群疫苗接种2万余人，2.4万剂次。宫颈癌、乳腺癌筛查1431人，65岁以上老年人体检8578人，北山镇中心卫生院上榜全国“优质服务基层行”通报表扬名单。全镇享受最低保障人员555户946人，在保特困供养人员402户427人。教育投入30万元，开展慈善助学，惠及66人，发放助学金23.8万元，开展推荐、就业指导、技能培训等服务2511人次。生态移民集中安置 66户222人，放弃宅基地安置104户259人，投入移民补助资金2191万元。（罗慧涓）

【社会治理】 2022年，北山镇开展企业和各类经营场所安全生产检查

2022年6月15日至7月4日，非遗添活力“北山镇”青春2022年湖南（长沙）·北山大型非遗文化展演活动在北山森林公园举办 （北山镇 供图）

2000次，排查各类安全隐患3000余处，督促安全隐患整改率97%以上，立案处罚主体责任未落实企业和门店34家，处罚金额3.97万元，停业整改5家，关停取缔经营主体3家，查封经营主体3家。排查矛盾纠纷320余起，化解304起，调处成功率95%。打造北山镇禁毒文化广场，发放宣传资料2万余份，提升群众拒毒防毒意识。开展交通联合执法行动150余次，出动执法人员1600人次，出动车辆300余台次，全年道路交通安全出警744次，消防安全出警153次，处罚违法驾驶500余人，处理违法车辆6600余台。（罗慧涓）

【第二届湖南（长沙）北山山歌旅游文化月系列活动】 2022年6—7月，北山镇举办以“非遗添活力 北山‘镇’青春”为主题的第二届湖南（长沙）北山山歌旅游文化月活动，推出山歌晚会、“与冠军共奔跑”登山比赛、浪漫打卡云展会等系列活动。晚会表演歌舞《长沙有北山》、情景歌舞《挑担茶叶上北京》、女子群舞《锦“绣”北山》、脱口秀《严爹严娭逛北山》等10余个节目。（罗慧涓）

2022年长沙县乡镇资料统计表

表21

单位名称	居民委员会个数（个）	村民委员会个数（个）	行政区域面积（公顷）	户籍户数（户）
星沙街道	23	0	2773	31391
泉塘街道	18	0	2092	15862
湘龙街道	18	0	2013	17795
榔梨街道	5	4	3466	12422
长龙街道	3	3	2572	4167
黄兴镇	5	14	15714	28175
江背镇	4	9	17451	20706
黄花镇	6	13	14417	27321
春华镇	1	8	12529	14918
果园镇	3	4	6858	7848
路口镇	2	5	8807	9901
高桥镇	1	5	11160	9165
金井镇	2	12	20943	19840
福临镇	1	6	8219	9835
青山铺镇	1	4	4639	7371
安沙镇	5	11	15944	21384
北山镇	3	8	14479	17945
开慧镇	2	8	11480	13306

续表 21

单位名称	户籍人口数（人）	地方一般公共预算收入（万元）	地方一般公共预算支出（万元）
星沙街道	77977	26080	26080
泉塘街道	39238	15687	15687
湘龙街道	42772	35033	35033
㮾梨街道	34593	19519	19519
长龙街道	11580	7194	7194
黄兴镇	89895	25711	25711
江背镇	62021	14260	14260
黄花镇	78536	22985	22985
春华镇	47952	11270	11270
果园镇	25951	9576	9576
路口镇	29245	9401	9401
高桥镇	29349	7797	7797
金井镇	65477	16567	16567
福临镇	29275	9023	9023
青山铺镇	19987	7775	7775
安沙镇	56452	17694	17694
北山镇	53200	10823	10823
开慧镇	43286	10714	10714

续表 21

单位名称	小学校总数（个）	小学在校学生总数（人）	小学专任教师数（人）	幼儿园、托儿所（个）
星沙街道	10	28163	1597	76
泉塘街道	9	25504	1413	56
湘龙街道	6	17178	929	53
榔梨街道	6	6988	408	25
长龙街道	1	1242	84	3
黄兴镇	11	9456	528	33
江背镇	10	2593	169	13
黄花镇	16	6494	405	26
春华镇	11	1983	137	11
果园镇	4	1872	134	6
路口镇	7	835	73	8
高桥镇	6	759	58	6
金井镇	11	1993	139	10
福临镇	5	594	69	4
青山铺镇	4	542	49	4
安沙镇	8	2761	165	18
北山镇	8	1534	130	11
开慧镇	6	1253	86	7

续表 21

单位名称	医疗卫生机构个数（个）	医疗卫生机构床位数（床）	提供住宿的民政服务机构（个）
星沙街道	128	3008	2
泉塘街道	71	58	0
湘龙街道	58	959	0
榔梨街道	46	646	0
长龙街道	5	50	1
黄兴镇	43	742	3
江背镇	26	76	1
黄花镇	40	75	1
春华镇	17	63	1
果园镇	10	55	1
路口镇	15	558	3
高桥镇	13	32	1
金井镇	35	126	2
福临镇	13	30	1
青山铺镇	10	28	1
安沙镇	35	794	3
北山镇	25	87	5
开慧镇	20	61	2

续表 21

单位名称	提供住宿的民政服务机构（床）	城乡居民基本医疗保险参保人数（人）	城乡居民最低生活保障人数（人）
星沙街道	190	50867	79
泉塘街道	0	38956	58
湘龙街道	0	35072	67
㮾梨街道	0	17747	226
长龙街道	20	8130	132
黄兴镇	1700	58692	968
江背镇	150	45715	895
黄花镇	150	46810	751
春华镇	150	36712	567
果园镇	150	19114	469
路口镇	150	22201	633
高桥镇	150	22820	546
金井镇	300	50886	965
福临镇	150	22188	394
青山铺镇	150	15544	394
安沙镇	1460	41573	924
北山镇	415	39957	935
开慧镇	260	33402	565

（资料来源：长沙县统计局）

附　录

编辑　周进银

统计资料

2022 年长沙县综合统计表

表 22

指标名称	计算单位	2022 年	2021 年	为 2021 年的百分比（%）
行政区域	—	—	—	—
乡镇（街道）	个	18	18	100
街道	个	5	5	100
镇人民政府	个	13	13	100
村民委员会	个	114	114	100
居民委员会	个	103	103	100
土地面积	平方千米	1756	1756	100
粮食作物播种面积	千公顷	74.0	75.7	97.8
人口情况	—	—	—	—
年末总人口（户籍人口）	万人	83.7	83.4	100.4
其中：城镇人口	万人	50.4	50.1	100.6
乡村人口	万人	33.3	33.3	100
年末总人口（常住人口）	万人	142.8	140.0	102
其中：城镇人口	万人	106.6	104.5	102
地区生产总值（当年价）	万元	21144199	20032973	105.5
第一产业	万元	946422	885680	106.9
第二产业	万元	11397676	10681142	106.7
其中：工业	万元	9526210	8893749	107.1
第三产业	万元	8800101	8466150	103.9
地区生产总值（可比价）	万元	20325929	19457939	104.5
第一产业	万元	990837	957032	103.5
第二产业	万元	10610997	10056785	105.5
其中：工业	万元	8890635	8390140	106.0
第三产业	万元	8724094	8444122	103.3
交通运输、仓储及邮电通信业	万元	819874	781713	104.9

续表 22

指标名称	计算单位	2022 年	2021 年	为 2021 年的百分比（%）
批发和零售业	万元	1341260	1334350	100.5
住宿和餐饮业	万元	455015	439285	103.6
金融业	万元	632243	590938	107.0
房地产业	万元	852878	972050	87.7
其他行业	万元	4554513	4271704	106.6
地区生产总值构成	%	100	100	—
第一产业	%	4.5	4.4	—
第二产业	%	53.9	53.3	—
其中：工业	%	45.1	44.4	—
第三产业	%	41.6	42.3	—
人均生产总值	元 / 人	149556	144309	103.6
农林牧渔业总产值	万元	1597466	1495595	106.8
其中：农业	万元	1187785	1066142	111.4
林业	万元	45897	45793	100.2
牧业	万元	240671	272155	88.4
渔业	万元	36282	33753	107.5
农林牧渔服务业产值	万元	86830	77752	111.7
规模工业总产值	万元	20675057	17318061	119.4
粮食总产量	吨	490000	506075	96.8
全社会固定资产投资	万元	—	—	109.1
社会消费品零售总额	万元	6635884	6434423	103.1
进出口总额	亿元	1295.4	985.9	131.4
其中：出口总额	亿元	954.4	712.6	133.9
实际使用外资	万美元	18315	19984	91.7
地方一般公共预算收入（省市县收入）	万元	1388236	1418702	97.9
一般公共预算支出	万元	1955654	1778278	110.0
全体居民人均可支配收入	元	53232	50267	105.9

（资料来源：长沙县统计局）

2022年长沙县人口及变动情况统计表

表23

地区	年末总户数（户）	合计（人）	城镇人口（人）	乡村人口（人）
长沙县	289352	836786	504429	332357
星沙街道办事处	31391	77977	77977	0
榔梨街道办事处	12422	34593	29709	4884
湘龙街道办事处	17795	42772	42772	0
泉塘街道办事处	15862	39238	39238	0
长龙街道办事处	4167	11580	11580	0
黄兴镇	28175	89895	39010	50885
江背镇	20706	62021	37216	24805
黄花镇	27321	78536	31440	47096
春华镇	14918	47952	25421	22531
果园镇	7848	25951	21221	4730
路口镇	9901	29245	16921	12324
高桥镇	9165	29349	10435	18914
金井镇	19840	65477	20168	45309
安沙镇	21384	56452	31900	24552
北山镇	17945	53200	22411	30789
青山铺镇	7371	19987	9428	10559
福临镇	9835	29275	19681	9594
开慧镇	13306	43286	17901	25385

续表 23

地区	性别（人）		年龄（人）			
	男	女	0～17岁	18～34岁	35～59岁	60岁及以上
长沙县	411572	425214	177173	154218	346670	158725
星沙街道办事处	37580	40397	20124	16642	33446	7765
㮾梨街道办事处	16413	18180	7603	6148	14099	6743
湘龙街道办事处	20704	22068	11806	8562	18467	3937
泉塘街道办事处	19247	19991	10332	9207	16695	3004
长龙街道办事处	5558	6022	2779	2346	4613	1842
黄兴镇	43376	46519	21472	16074	35615	16734
江背镇	31180	30841	11910	10866	26129	13116
黄花镇	37913	40623	17748	14459	31490	14839
春华镇	23849	24103	9812	8494	19805	9841
果园镇	12880	13071	5119	4488	10904	5440
路口镇	14596	14649	5333	5036	12276	6600
高桥镇	14848	14501	5089	5043	12708	6509
金井镇	33086	32391	11857	11307	27640	14673
安沙镇	27725	28727	11048	10127	22695	12582
北山镇	26613	26587	8902	8677	22104	13517
青山铺镇	9892	10095	3634	3465	8195	4693
福临镇	14779	14496	4747	5305	11977	7246
开慧镇	21333	21953	7858	7972	17812	9644

续表 23

地区	出生（人）			死亡（人）		
	合计	男	女	合计	男	女
长沙县	6546	3456	3090	6032	3519	2513
星沙街道办事处	940	510	430	203	127	76
㮾梨街道办事处	238	125	113	241	153	88
湘龙街道办事处	535	278	257	91	53	38
泉塘街道办事处	498	263	235	100	62	38
长龙街道办事处	107	55	52	78	40	38
黄兴镇	658	349	309	555	324	231
江背镇	440	232	208	484	274	210
黄花镇	584	296	288	562	331	231
春华镇	318	167	151	385	224	161
果园镇	182	82	100	212	131	81
路口镇	182	95	87	225	126	99
高桥镇	153	81	72	308	169	139
金井镇	372	203	169	666	364	302
安沙镇	437	238	199	544	324	220
北山镇	322	163	159	498	309	189
青山铺镇	124	71	53	171	104	67
福临镇	180	101	79	301	173	128
开慧镇	276	147	129	408	231	177

续表23

地区	迁入（人）		迁出（人）	
	省内迁入	省外迁入	迁往省内	迁往省外
长沙县	7655	1697	4817	978
星沙街道办事处	2232	422	1821	266
㮾梨街道办事处	358	69	123	27
湘龙街道办事处	1544	232	997	104
泉塘街道办事处	1737	512	1027	153
长龙街道办事处	72	20	15	3
黄兴镇	243	72	138	57
江背镇	343	88	71	34
黄花镇	392	105	176	56
春华镇	103	19	35	26
果园镇	53	15	25	17
路口镇	43	4	35	22
高桥镇	47	16	30	21
金井镇	78	23	65	61
安沙镇	140	28	65	29
北山镇	84	12	87	38
青山铺镇	60	12	23	9
福临镇	47	19	41	22
开慧镇	79	29	43	33

（资料来源：长沙县公安局）

2022年长沙县人口和计划生育情况统计表

表24

指标名称	计算单位	2022年	2021年	为2021年的百分比（%）
人口自然变动情况	——	——	——	——
年内出生人数	人	4660	5461	85.3
出生率	‰	5.96	6.98	85.4
年内死亡人数	人	4913	4624	106.3
死亡率	‰	6.28	5.91	106.3
年内自然增长人数	人	-253	837	-30.2
自然增长率	‰	-0.32	1.07	-29.9
计划生育情况	—	—	—	—
已婚育龄妇女	人	133318	137525	96.9
已落实节育措施人数	人	85624	90229	94.9
节育率	%	64.23	65.61	97.9
有一子女育龄妇女人数	人	65072	69015	94.3

（资料来源：长沙县卫生健康局）

2022年长沙县银行保险证券情况统计表

表25

指标名称	计算单位	2022年	2021年	为2021年的百分比（%）
银行机构各项存款余额	万元	18578046	16391951	113.3
城乡居民储蓄存款余额	万元	9670675	8095638	119.5
银行机构各项贷款余额	万元	21166641	18792622	112.6
银行机构营业收入	万元	367968	347368	105.9
银行机构网点数	万元	187	185	101.1
银行机构职工人数	人	2411	2321	103.9
人均储蓄存款	元	67746	57822	117.2

续表 25

指标名称	计算单位	2022 年	2021 年	为 2021 年的百分比（%）
驻县银行	家	26	24	108.3
各类保险机构网点数	个	84	84	100
国有控股保险公司保费收入	亿元	24.1	23.1	104.3
证券公司营业部	家	10	8	125

（资料来源：长沙县金融事务中心）

2022 年长沙县外贸和旅游情况统计表

表 26

指标名称	计算单位	2022 年	2021 年	为 2021 年的百分比（%）
贸易情况		—	—	—
进出口总额	亿元	1295.4	985.9	131.4
其中：出口总额	亿元	954.4	712.6	133.9
进口总额	亿元	341	273.3	124.8
外资情况	—	—	—	—
实际使用外资	万美元	18315	19984	91.7
旅游情况	—	—	—	—
接待游客人数	万人次	1904.5	2101	90.7
旅游总收入	亿元	200.6	198	101.3
旅行社总数	个	16	16	100
星级乡村旅游点	个	37	46	80.4
星级饭店个数	个	2	3	66.7
其中：五星级	个	1	1	100
四星级	个	1	2	50
星级饭店客房总数	间	685	821	83.4
等级景区个数	个	13	11	118.2

（资料来源：长沙县商务局、长沙县文旅局）

2022年长沙县教育事业情况统计表

表27

指标名称	计算单位	2022年	2021年	为2021年的百分比（%）
中等专业学校数	所	1	1	100
中等专业招生数	人	1558	1471	105.9
中等专业毕业生数	人	1243	1228	101.2
中等专业学校在校学生数	人	4185	3944	106.1
中等专业学校教职工数	人	252	246	102.4
普通中学学校数	所	52	52	100
普通中学招生数	人	19450	20547	94.7
普通中学毕业生数	人	16209	16033	101.1
普通中学在校学生数	人	54718	55669	98.3
普通中学教职工数	人	3653	5773	63.3
小学学校数	所	144	142	101.4
小学在校学生数	人	111145	105783	105.1
小学教职工数	人	6051	5797	104.4
特殊学校数	所	1	1	100
特殊学校在校学生数	人	140	130	107.7
特殊学校教职工数	人	39	38	102.6
幼儿园数	所	350	362	96.7
幼儿园在园幼儿数	人	58000	62563	92.7
幼儿园教职工数	人	6546	7277	90.0
学龄儿童入学率	%	100	100	100
其中：女童入学率	%	100	100	100
农村学龄儿童入学率	%	100	100	100

续表 27

指标名称	计算单位	2022 年	2021 年	为 2021 年的百分比（%）
初中入学率	%	100	100	100
初中巩固率	%	99.9	99.9	100
初中升学率	%	98.6	99.2	99.4
高中阶段毛入学率	%	98.66	98.66	100
高中阶段辍学率	%	1.3	1.4	93
高中升学率	%	98.4	97.2	99.7
高考参考人数	人	4186	3988	105
农村中小学危房改造面积	万平方米	8260	5250	157
其中：C 级危房改造面积	万平方米	0	0	0
B 级危房改造面积	万平方米	8260	5250	157
农村现代远程教育普及率	%	100	100	100

（资料来源：长沙县教育局）

2022 年长沙县科技发展情况统计表

表 28

指标名称	计算单位	2022 年	2021 年	为 2021 年的百分比（%）
高新技术产业企业数	个	1037	790	131.3
高新技术企业总产值	亿元	1994.61	1543	129.3
高新技术产业增加值	亿元	494.84	439.4	112.6
省级工程技术研究中心	个	48	41	117.1
市级工程技术研究中心	个	67	48	139.6
全社会研究与发展活动经费	亿元	50.57	88.77	57.0
实施本级科技计划项目	项	71	116	61.2
当年获专利授权数	件	7420	7070	105.0
其中：发明专利数	件	1011	831	121.7

（资料来源：长沙县科技局、长沙县市监局）

2022 年长沙县文化体育事业情况统计表

表 29

指标名称	计算单位	2022 年	2021 年	为 2021 年的百分比（%）
文化事业	—	—	—	—
图书馆（室）情况	—	—	—	—
图书馆个数	个	1	1	100
图书室（农家书屋）个数	个	280	280	100
藏书	万册	166.1	170.1	97.6
发放借书证	万个	1.29	1.87	69.0
图书流通人次	万人次	110.6	134.3	82.4
本年新购图书	册	20213	25280	80.0
阅览室坐席数	个	1300	1300	100
图书馆（室）场地面积	平方米	15930	16030	99.4
其中：公共图书馆（室）面积	平方米	13000	13000	100
其他图书管（室）面积	平方米	2930	3030	96.7
文化馆情况	—	—	—	—
文化馆个数	个	237	223	106.3
其中：群众艺术馆个数	个	1	1	100
镇街文化站个数	个	19	19	100
社区文化活动室个数	个	217	203	106.9
文化公园情况	—	—	—	—
文化公园个数	个	4	4	100
文化公园面积	平方米	50000	50000	100

续表 29

指标名称	计算单位	2022 年	2021 年	为 2021 年的百分比（%）
百家文艺团队	支	68	63	107.9
年内电影放映场次	场	3438	3494	98.4
体育事业	—	—	—	—
体育场馆个数	个	126	120	105.0
体育场馆面积	平方米	684500	673800	101.6
游泳跳水场馆个数	个	20	14	142.9
游泳跳水场馆面积	平方米	10500	9840	106.7
综合房（馆）及专业训练房管个数	个	255	240	106.3
综合房（馆）及专业训练房管面积	平方米	55200	53800	102.6
室外专项体育场个数	个	580	538	107.8
室外专项体育场面积	平方米	695000	680300	102.2
年内举办运动会	次	31	25	124.0
参加运动会运动员	人	700000	610000	114.8

（资料来源：长沙县文化旅游广电体育局）

2022 年长沙县卫生事业情况统计表

表 30

指标名称	计算单位	2022 年	2021 年	为 2021 年的百分比（%）
卫生机构	个	610	596	102.3
其中：医院、卫生院	个	48	42	114.3
妇幼保健院（所、站）	个	1	1	100
专科疾病防治院（所、站）	个	1	1	100
卫生计生综合监督局	个	1	1	100

续表 30

指标名称	计算单位	2022 年	2021 年	为 2021 年的百分比（%）
社区卫生服务中心	个	6	5	120
诊所、医务室	个	215	226	95.1
村卫生室	个	208	208	100
门诊部	个	100	102	98.0
床位数	张	7448	7424	100.3
卫生人员	人	10315	9578	107.7
卫生技术员	人	8765	8202	106.9
执业（助理）医师	人	571	593	96.3
执业医师	人	3840	3436	111.8
注册护士	人	5711	5137	111.2
药师	人	358	328	109.1
技师	人	684	663	103.2
其他	人	176	152	115.8
其他技术人员	人	334	328	101.8
管理人员	人	792	674	117.5
工勤人员	人	453	414	109.4
疾病预防控制中心（防疫站）	个	1	1	100
疾病预防控制中心（防疫站）卫生防预人员	人	99	93	106.5
村级医生和卫生人员	人	267	270	98.9
5 岁以下儿童死亡率	‰	2.78	2.22	125.2
婴儿死亡率	‰	1.18	0.97	121.6
产妇住院分娩比例	%	100	100	100

（资料来源：长沙县卫生健康局）

2022 年长沙县劳动就业和社会保障情况统计表

表 31

指标名称	计算单位	2022 年	2021 年	为 2021 年的百分比（%）
城镇新增就业人员	人	18915	18236	103.7
城镇登记失业率	%	1.25	1.95	64.1
安排下岗失业人员再就业	人	15333	17247	88.9
其中：大龄就业困难对象再就业	人	2647	4987	53.1
下岗失业人员再就业培训	人	181	315	57.5
农村富余劳动力转移就业增加人数	人	3800	3050	124.6
农村劳动力转移培训	人	2009	4180	48.1
企业基本养老保险参保人数	人	692723	829768	83.5
机关养老保险参保人数	人	22946	22449	102.0
城乡居民养老保险参保人数	人	397134	406996	97.6
基本医疗保险参保人数	人	1044755	921656	113.4
其中：城镇职工基本医疗保险参保人数	人	347446	302824	114.7
城乡居民基本医疗保险参保人数	人	697309	618832	112.7
失业保险参保人数	人	210600	197917	106
工伤保险参保人数	人	271938	179986	151.1
社会保险基金总收入	亿元	85.6	72.5	118.1

（资料来源：长沙县人社局、长沙县税务局、长沙县医保局）

2022年长沙县交通运输情况统计表

表32

指标名称	计算单位	2022年	2021年	为2021年的百分比（%）
辖区内通车公路里程	千米	6343	6130	103.5
货运量	万吨	2700	2680	100.7
货物周转量	万吨千米	152500	149832	101.8
客运量	万人次	2966	3065	96.8
旅客周转量	万人千米	38339	61929	61.9
公路年末到达数	千米	2756	2756	100
县道	千米	422	422	100
乡道	千米	706	706	100
桥梁年末到达数	座	361	359	100.6
县道	座	82	82	100
乡道	座	104	104	100
桥梁年末到达数	米	9180	9127	100.6
县道	米	2852	2852	100
乡道	米	1994	1994	100

（资料来源：长沙县交通局）

2022 年长沙县房地产管理情况统计表

表 33

指标名称	计算单位	2022 年	2021 年	为 2021 年的百分比（%）
发放产权证本数	本	113854	110428	103.1
发放产权证面积	万平方米	2603	2522	103.2
房地产交易宗数	宗	22999	31164	73.8
房地产交易面积	万平方米	259	348	74.4
房地产抵押宗数	宗	31144	32524	95.8
房地产抵押面积	万平方米	1001	805	124.3
物业服务企业个数	家	189	180	105
其中：县内注册	家	117	110	106.4
物业管理总面积	万平方米	4557	4520	100.8
物业管理从业人员数	人	23270	21400	108.7
当年归集公积金	万元	239461	213586	112.1
累计归集公积金	万元	1477400	1237938	119.3
累计归集公积金余额	万元	711248	606898	117.2

（资料来源：长沙县自然资源局、长沙县住房和城乡建设局、长沙县公积金管理中心）

2022 年长沙县邮政通信事业情况统计表

表 34

指标名称	计算单位	2022 年	2021 年	为 2021 年的百分比（%）
邮政业务收入	万元	26159.5	26566.1	98.5
函件收入	万元	199.3	143	139.4
包裹收入	万元	9791.9	11231.6	87.2

续表 34

指标名称	计算单位	2022 年	2021 年	为 2021 年的百分比（%）
汇票收入	万元	1.06	1.03	102.9
报刊收入	万元	621.9	627.1	99.2
邮路总条数	条	121	121	100
邮路总长度（单程）	千米	4566	4566	100
邮政储蓄期末余额	万元	960436	882739	108.8
电信业务收入	亿元	18.5	17.4	106.3
移动电话用户	万户	181.9	172.5	105.4
计算机互联网用户	万户	61.2	55.1	111.1

（资料来源：长沙县邮政公司、长沙县电信公司、长沙县移动公司、长沙县联通公司）

2022 年长沙县资源情况统计表

表 35

指标名称	计算单位	2022 年	2021 年	为 2021 年的百分比（%）
行政区域土地面积	平方千米	1756	1756	100
森林总蓄积量	万立方米	386	369	104.6
森林面积	公顷	69893.6	69893.6	100
森林覆盖率	%	37.18	37.07	100.3
林地总面积	公顷	76860.3	76860.3	100

（资料来源：长沙县自然资源局、长沙县林业事务中心）

2022 年长沙县规模以上工业基本情况统计表

表 36

指标名称	计量单位	2022 年	2021 年	为 2021 年的百分比（%）
企业单位个数	个	523	466	112.2
工业总产值（现价）	—	—	—	—
其中：规模以上工业	万元	15897551	14383056	110.5
规模以下工业	—	—	—	—
规模以上工业企业产值（现价）	万元	15897551	14383056	110.5
其中：轻工业	万元	996402	—	—
重工业	万元	14942402	—	—
一区七园工业企业产值（现价）	万元	14083598	12998197	108.4
开发区	万元	—	—	—
七园小计	万元	—	—	—
规模工业销售产值（现价）	万元	523	466	112.2
规模以上工业增加值（现价）	万元	—	—	—

（资料来源：长沙县统计局）

2022 年长沙县全社会消费品零售总额统计表

表 37

指标名称	计量单位	2022 年	2021 年	为 2021 年的百分比（%）
社会消费品零售总额	万元	6635884	6434423	103.1
按销售单位所在地分	—	—	—	—
城镇	万元	5428351	4947285	109.7
乡村	万元	1207533	1487138	81.2
按行业分组	—	—	—	—
批发业	万元	522553	508423	102.8
零售业	万元	5878046	5679169	103.5
住宿业	万元	67894	73844	91.9
餐饮业	万元	167391	172988	96.8

（资料来源：长沙县统计局）

2022年长沙县重点民生实事项目完成情况统计表

表38

类别	序号	考核项目	计量单位	工作目标	累计完成工作量	完成工作进度(%)	提供单位
省考项目	1	增加公办义务教育学位（提高公办义务教育学位占比至95%以上）	个	5491	5491	100	县教育局
	2	启动楚怡公办中职学校改扩建工作	所	—	—	—	
	3	完成孕产妇免费产前筛查	人	6900	9133	132.4	县卫健局
	4	完成新生儿先天性心脏病免费筛查	人	7000	8153	116.5	
	5	完成农村适龄妇女及城镇低保适龄妇女“两癌”免费检查	人	13500	13729	101.7	县妇联
	6	每个县市区至少1家定点医疗机构实现普通门诊医疗费用跨省直接结算	个	1	1	100	县医保局
	7	每个统筹区实现门诊慢特病治疗费用跨省直接结算	个	—	—	—	
	8	康复救助残疾儿童	人	280	参加项目的人数300人	107	县残联
	9	完成困难残疾人家庭无障碍改造	户	100	完成132户	132	县残联
	10	城市低保标准	元/月	750	已完成	100	县民政局
	11	农村低保标准	元/年	9000	已完成	100	—
	12	困难残疾人生活补贴标准	元/月	140	已完成	100	—
	13	重度残疾人护理补贴标准	元/月	100	已完成	100	—
	14	完成困难老年人居家适老化改造	户	—	—	—	—
	15	养老机构新增护理型床位	张	—	—	—	—
	16	开工改造城镇老旧小区	个	14	已完成项目前期手续办理，已进场施工	100	县住建局
	17	建设联网中小学幼儿园周边等重点部位安防设备	个	2110	完成推送2187只摄像头图像	100	县公安局
	18	完成农村千人以上集中饮用水水源地突出环境问题整治	个	—	—	—	—
	19	完成农村旅游路、资源路、产业路提质改造	千米	40	65.08	162.7	县交通局
	20	建设农村公路安防设施	千米	5	8.14	162.8	
	21	新增蓄水能力	万方	64.1	64.1	100	县水利局
	22	恢复和改善灌溉面积	公顷	—	—	—	

续表 38

类别	序号	考核项目	计量单位	工作目标	累计完成工作量	完成工作进度（%）	提供单位
市考项目	23	减轻作业负担，加强作业监管，作业公示制度学校占比	%	100	已完成	100	县教育局
	24	优化课后服务，开展课后服务学校占比	%	100	已完成	100	
	25	学科类校外培训机构预收费纳入监管占比	%	100	已完成	100	
	26	家长、学生满意率	%	90	已完成	100	
	27	建设城区学校人行天桥	座	—	—	—	—
	28	建设社区养老服务设施	家	8	8 家均已完成建设	100	县民政局
	29	既有多层住宅加装电梯	台	—	—	—	—
	30	新改建农村公路	千米	110	134.483	122.3	县交通局
	31	完成放心肉智能监管平台推广与应用	户	2199	3457	100	县市监局
	32	建立街镇食品安全快检室	个	18	19	100	
	33	新改建室外运动场	个	15	15 处新改建室外运动场已完成全部建设工作	100	县文旅局
	34	新建公厕	座	9	新建公厕项目已完成	100	县城管局
	35	提质改造公厕	座	28	改建公厕项目已完成	100	
	36	新改建停车场	座	30	38	126.7	县交通委
	37	新增停车位（含路侧停车位）	个	20000	20859	104.3	
	38	完成 2022 年全市农村电网乡村振兴工程 ※	万元	—	—	—	—

（资料来源：长沙县统计局）

2022年长沙分区、县（市）主要经济指标统计表

表39

地区	地区生产总值（亿元）	比2021年增长（%）	第一产业增加值（亿元）	比2021年增长（%）	第二产业增加值（亿元）	比2021年增长（%）	规模以上工业增加值（%）	第三产业增加值（亿元）	比2021年增长（%）	地方一般公共预算收入（亿元）	固定资产投资增长（%）	社会消费品零售总额（亿元）	比2021年增长（%）	新增“四上”及房地产开发企业数（个）
芙蓉区	1327.16	4.1	0.003	-50.2	170.12	5.8	6.7	1157.04	3.8	60.51	9.3	669.87	1.7	181
天心区	1302.16	4.9	1.35	-8.9	407.91	5.8	6.6	892.90	4.5	102.11	9.1	465.96	0.6	118
岳麓区	1562.12	4.7	10.91	-3.1	452.11	6.6	4.7	1099.09	4.0	113.29	9.5	625.05	1.6	277
开福区	1180.23	4.1	1.13	1.2	159.39	4.9	3.8	1019.70	4.0	94.89	-14.9	605.86	3.7	149
雨花区	2478.25	4.5	5.96	2.8	1375.55	5.7	14.3	1096.74	3.1	130.81	9.0	768.16	1.7	122
望城区	1053.12	4.6	62.09	3.1	458.89	5.9	7.0	532.15	3.7	93.78	8.5	484.13	5.0	166
长沙县	2114.42	4.5	94.64	3.5	1139.77	5.5	6.9	880.01	3.3	139.00	9.1	663.59	3.1	212
浏阳市	1722.45	5.0	136.48	3.5	902.96	6.1	6.6	683.01	4.0	101.15	9.0	455.75	3.1	182
宁乡县	1227.06	4.7	138.74	3.5	523.73	6.4	7.1	564.60	3.7	78.86	1.0	497.19	1.6	131

（资料来源：长沙县统计局）

文件目录

2022 年长沙县委规范性文件（长县发）一览表

表 40

文号	文件标题	发文日期
长县发〔2022〕1 号	中共长沙县委　长沙县人民政府　关于做好 2022 年乡村振兴标杆区建设重点工作的实施意见	2 月 22 日
长县发〔2022〕5 号	中共长沙县委　长沙县人民政府　关于印发《长沙县生态环境保护工作责任规定》《长沙县一般生态环境问题（事件）责任追究办法》的通知	3 月 16 日
长县发〔2022〕6 号	中共长沙县委　长沙县人民政府　关于印发《长沙县建设共同富裕示范区行动方案》的通知	3 月 20 日
长县发〔2022〕8 号	中共长沙县委　长沙经济技术开发区管理委员会　长沙县人民政府　关于印发《长沙县长沙经开区奋力实施强省会战略加快推进人才高质量发展的实施意见》的通知	5 月 9 日
长县发〔2022〕9 号	中共长沙县委　长沙县人民政府　转发《县委宣传部、县司法局关于开展法治宣传教育的第八个五年规划（2021—2025 年）》的通知	5 月 9 日
长县发〔2022〕10 号	中共长沙县委　长沙经济技术开发区管理委员会　长沙县人民政府　印发《关于贯彻落实强省会战略的实施方案（2022—2026 年）》的通知	5 月 23 日
长县发〔2022〕16 号	中共长沙县委　关于深入学习宣传贯彻党的二十大精神为率先打造三个高地全面建设中国式现代化先行区而团结奋斗的决定	12 月 30 日

（资料来源：县委办）

2022 年长沙县委规范性文件（长县办发）一览表

表 41

文号	文件标题	发文日期
长县办发〔2022〕1 号	中共长沙县委办公室　长沙县人民政府办公室　关于印发《长沙县打造文旅融合样板区三年行动方案（2021—2023 年）》的通知	1 月 4 日
长县办发〔2022〕2 号	中共长沙县委办公室　长沙县人民政府办公室　关于印发《长沙县打造融城发展创新区三年行动方案（2021—2023 年）》的通知	1 月 5 日
长县办发〔2022〕3 号	中共长沙县委办公室　关于印发《2022 年全县党办系统工作要点》的通知	2 月 27 日
长县办发〔2022〕4 号	中共长沙县委办公室　长沙县人民政府办公室　关于 2021 年度县科级领导班子和领导干部绩效考核结果的通报	4 月 6 日
长县办发〔2022〕5 号	中共长沙县委办公室　长沙县人民政府办公室　关于表彰长沙县第八次劳动模范和先进工作者的决定	4 月 8 日

续表 41

文号	文件标题	发文日期
长县办发〔2022〕6 号	中共长沙县委办公室　长沙经济技术开发区管理委员会办公室　长沙县人民政府办公室　关于印发《贯彻落实省委书记张庆伟调研湖南自贸区长沙片区时讲话指示精神责任分工方案》的通知	4 月 8 日
长县办发〔2022〕7 号	中共长沙县委办公室　关于印发《长沙县“强省会 勇担当”作风建设年“三大行动”实施方案》的通知	4 月 12 日
长县办发〔2022〕8 号	中共长沙县委办公室　长沙县人民政府办公室　关于印发《长沙县安全生产和消防工作考核办法》的通知	4 月 21 日
长县办发〔2022〕10 号	中共长沙县委办公室　长沙县人民政府办公室　关于调整县领导和县直单位联系镇（街道）安排的通知	4 月 30 日
长县办发〔2022〕11 号	中共长沙县委办公室　长沙县人民政府办公室　关于印发《县委县政府领导安全生产工作责任清单》的通知	6 月 2 日
长县办发〔2022〕12 号	中共长沙县委办公室　关于印发《长沙县 2022 年度镇(街道)绩效考核办法》《长沙县 2022 年度县直单位绩效考核办法》《长沙县 2022 年度绩效考核实施细则》的通知	7 月 19 日
长县办发〔2022〕14 号	中共长沙县委办公室　长沙县人民政府办公室　印发《关于 2022 年市对县安全生产专项巡查反馈问题“抓整改　促提升”的工作方案》的通知	9 月 22 日
长县办发〔2022〕16 号	中共长沙县委办公室　长沙县人民政府办公室　关于印发《长沙县改革完善社会救助制度的实施办法》的通知	10 月 8 日
长县办发〔2022〕17 号	中共长沙县委办公室　长沙县人民政府办公室　关于调整县领导和县直单位联系镇（街道）安排的通知	10 月 28 日
长县办发〔2022〕19 号	中共长沙县委办公室　关于印发《中共长沙县委书记、副书记、常委分工》的通知	11 月 24 日
长县办发〔2022〕20 号	中共长沙县委办公室　长沙县人民政府办公室　关于印发《长沙县建设共同富裕先行区先进集体和先进个人评选表彰方案》的通知	12 月 8 日

（资料来源：县委办）

2022 年长沙县委规范性文件（长县办）一览表

表 42

文号	文件标题	发文日期
长县办〔2022〕1 号	中共长沙县委办公室　长沙县人民政府办公室　关于印发《长沙县松雅湖生态新城发展中心职能配置、内设机构和人员编制规定》的通知	1 月 27 日
长县办〔2022〕2 号	中共长沙县委办公室　长沙县人民政府办公室　关于印发《长沙县“四进四查五到位强基保安行动”实施方案》的通知	1 月 30 日
长县办〔2022〕3 号	中共长沙县委办公室　长沙县人民政府办公室　关于印发《长沙县“招商引资提效年”行动方案》的通知	2 月 10 日
长县办〔2022〕4 号	中共长沙县委办公室　长沙县人民政府办公室　关于印发《长沙县“项目建设提速年”行动方案》的通知	2 月 10 日

续表 42

文号	文件标题	发文日期
长县办〔2022〕5 号	中共长沙县委办公室　长沙县人民政府办公室　关于印发《长沙县“营商环境提升年”行动方案》的通知	2 月 10 日
长县办〔2022〕6 号	中共长沙县委办公室　长沙县人民政府办公室　关于印发《长沙县“城乡品质提档年”行动方案》的通知	2 月 10 日
长县办〔2022〕7 号	中共长沙县委办公室　长沙县人民政府办公室　关于印发《长沙县金融事务中心职能配置、内设机构和人员编制规定》的通知	2 月 16 日
长县办〔2022〕8 号	中共长沙县委办公室　长沙经济技术开发区管理委员会办公室　长沙县人民政府办公室　关于印发《长沙县长沙经开区“挖潜、补缺、培优、倍增”三年行动方案（2021—2023 年）》的通知	2 月 18 日
长县办〔2022〕9 号	中共长沙县委办公室　长沙经济技术开发区管理委员会办公室　长沙县人民政府办公室　关于成立县区自由贸易试验区工作领导小组的通知	3 月 7 日
长县办〔2022〕10 号	中共长沙县委办公室　长沙县人民政府办公室　关于印发《长沙县全面推行耕地保护田长制实施方案》的通知	3 月 25 日
长县办〔2022〕11 号	中共长沙县委办公室　长沙县人民政府办公室　关于下达《长沙县 2022 年重大项目投计划》的通知	3 月 26 日
长县办〔2022〕12 号	中共长沙县委办公室　长沙县人民政府办公室　关于印发《长沙县 2022 年县领导联点重大项目建设实施方案》的通知	3 月 26 日
长县办〔2022〕15 号	中共长沙县委办公室　中共长沙经济技术开发区工作委员会办公室　关于成立长沙县委长沙经开区党工委人才工作领导小组的通知	5 月 9 日
长县办〔2022〕16 号	中共长沙县委办公室　长沙县人民政府办公室　关于印发《长沙县长沙经开区领导联系工业新兴及优势产业链分工方案》的通知	5 月 18 日
长县办〔2022〕17 号	中共长沙县委办公室　长沙经济技术开发区管理委员会办公室　长沙县人民政府办公室　关于成立长沙县长沙经开区推进企业上市工作领导小组的通知	5 月 31 日
长县办〔2022〕19 号	中共长沙县委办公室　长沙县人民政府办公室　关于印发《长沙县林业事务中心职能配置、内设机构和人员编制规定》的通知	6 月 11 日
长县办〔2022〕20 号	中共长沙县委办公室　关于县委、县人大常委会、县政府、县政协领导班子成员与统战代表人士联谊交友工作安排的通知	6 月 20 日
长县办〔2022〕23 号	中共长沙县委办公室　长沙县人民政府办公室　关于印发《长沙县深化新时代教育督导体制机制改革实施方案》的通知	8 月 18 日
长县办〔2022〕24 号	中共长沙县委办公室　长沙县人民政府办公室　印发《关于切实加强社会保险基金监管工作的实施方案》的通知	9 月 9 日
长县办〔2022〕25 号	中共长沙县委办公室　关于调整县委政法委员会组成人员的通知	9 月 23 日
长县办〔2022〕26 号	中共长沙县委办公室　长沙县人民政府办公室　关于成立县国有文化资产监督管理委员会的通知	11 月 17 日

（资料来源：县委办）

2022 年长沙县政府重要文件（长县政发）一览表

表 43

文号	文件标题	发文日期
长县政发〔2022〕2 号	关于印发《长沙县政府投资项目工程变更增补管理办法》的通知	2 月 16 日
长县政发〔2022〕3 号	关于印发《长沙县人民政府重大行政决策程序规定》的通知	3 月 4 日
长县政发〔2022〕4 号	关于印发《长沙县抗疫纾困促发展若干措施》的通知	4 月 10 日
长县政发〔2022〕7 号	关于明确长沙县农民集体所有土地征地补偿安置有关问题》的通知	10 月 11 日
长县政发〔2022〕10 号	关于印发《长沙县建设国家知识产权强县示范县工作方案（2022—2025 年）》的通知	12 月 2 日
长县政发〔2022〕11 号	关于印发《长沙县电动车销售服务安全管理办法（试行）》的通知	12 月 9 日

（资料来源：县政府办）

2022 年长沙县政府重要文件（长县政办发）一览表

表 44

文号	文件标题	发文日期
长县政办发〔2022〕1 号	关于印发《长沙县“十四五”卫生健康规划（2021—2025 年）》的通知	1 月 15 日
长县政办发〔2022〕2 号	关于印发《长沙县红十字会改革方案》的通知	1 月 25 日
长县政办发〔2022〕3 号	关于印发《长沙县“十四五”消防救援事业发展规划（2021—2025 年）》的通知	4 月 2 日
长县政办发〔2022〕4 号	关于印发《长沙县农田基础设施建后管护办法（试行）》的通知	4 月 18 日
长县政办发〔2022〕5 号	关于印发《长沙县镇（街）消防委托执法试点工作实施方案》的通知	4 月 29 日
长县政办发〔2022〕6 号	关于印发《长沙县国有土地上房屋征收奖励和补助办法》的通知	6 月 21 日
长县政办发〔2022〕7 号	关于印发《长沙县深化“证照分离”改革工作实施方案》的通知	7 月 20 日

续表 44

文号	文件标题	发文日期
长县政办发〔2022〕8 号	关于印发《长沙县政府投资信息化建设项目管理办法》的通知	8 月 12 日
长县政办发〔2022〕9 号	关于印发《长沙县长沙经开区财源建设工程实施方案》的通知	9 月 7 日
长县政办发〔2022〕10 号	关于印发《长沙县长沙经开区贯彻落实第二轮中央生态环境保护督察排水问题整改方案》的通知	9 月 7 日
长县政办发〔2022〕11 号	关于印发《优化营商环境促进市场主体高质量发展三年行动计划（2022—2024 年）》的通知	9 月 16 日
长县政办发〔2022〕12 号	关于印发《长沙县促进外经贸加快发展若干政策》的通知	9 月 15 日
长县政办发〔2022〕13 号	关于印发《长沙县促进文化产业和文化事业发展奖励扶持办法》的通知	9 月 16 日
长县政办发〔2022〕14 号	关于印发《长沙县鼓励金融业创新支持产业发展奖励办法》的通知	9 月 16 日
长县政办发〔2022〕15 号	关于印发《长沙县加快现代服务业高质量发展若干政策》的通知	9 月 14 日
长县政办发〔2022〕16 号	关于印发《长沙县鼓励和扶持企业上市（挂牌）实施办法》的通知	9 月 14 日
长县政办发〔2022〕17 号	关于印发《长沙县全民健身实施计划（2022—2025 年）》的通知	9 月 16 日
长县政办发〔2022〕18 号	关于印发《长沙县政府投资建设项目实行专业机构管理办法（试行）》的通知	9 月 30 日
长县政办发〔2022〕19 号	关于印发《长沙县行政许可事项清单》的通知	9 月 30 日
长县政办发〔2022〕20 号	关于印发《长沙县人民政府合同管理有关规定》的通知	11 月 25 日
长县政办发〔2022〕21 号	关于印发《长沙县推动公立医院高质量发展实施方案》的通知	12 月 26 日
长县政办发〔2022〕22 号	关于印发《长沙县推进新建商品房“交房即交证”改革实施细则》的通知	12 月 30 日

（资料来源：县政府办）

2022 年长沙县政府重要文件（长县政办函）一览表

表 45

文号	文件标题	发文日期
长县政办函〔2022〕1 号	关于印发《切实加强小型水库除险加固和运行管护工作的实施意见》的通知	1 月 4 日
长县政办函〔2022〕9 号	关于印发《长沙县人民政府重大行政决策事项目录》的通知	3 月 1 日
长县政办函〔2022〕12 号	关于通报 2021 年政务信息工作目标管理考核结果和下达 2022 年政务信息工作目标管理任务的通知	3 月 18 日
长县政办函〔2022〕13 号	关于成立长沙县长赣铁路（长沙县段）建设协调领导小组的通知	3 月 16 日
长县政办函〔2022〕14 号	关于印发《2022 年度长沙县河湖长制暨“五水共治”工作实施方案》的通知	3 月 18 日
长县政办函〔2022〕15 号	关于印发《长沙县完善重要民生商品价格调控机制实施方案》的通知	3 月 23 日
长县政办函〔2022〕16 号	关于成立水总水电泉塘基地棚改工作指挥部的通知	4 月 2 日
长县政办函〔2022〕17 号	关于对 2022 年度国务院、省政府和市政府真抓实干督查激励措施实行责任管理的通知	4 月 21 日
长县政办函〔2022〕18 号	关于印发《长沙县 2021 年省自然资源例行督察反馈问题整改工作方案》的通知	4 月 26 日
长县政办函〔2022〕19 号	关于印发《开展“走流程、解难题、优服务”行动实施方案》的通知	4 月 29 日
长县政办函〔2022〕20 号	关于印发《长沙县主城区居民住宅小区二次供水设施户表改造和管道直饮水设施建设实施方案》的通知	5 月 3 日
长县政办函〔2022〕36 号	关于进一步加强农作物秸秆禁烧和综合利用工作的通知	9 月 30 日
长县政办函〔2022〕37 号	关于印发《长沙县第二批惠企政策“免申即享”工作方案》的通知	10 月 7 日
长县政办函〔2022〕39 号	关于印发《长沙县水利工程管理办法》的通知	10 月 17 日
长县政办函〔2022〕41 号	关于印发《长沙县金融产业高质量发展三年行动方案（2022—2025 年）》的通知	10 月 26 日
长县政办函〔2022〕42 号	关于印发《长沙县招商引资项目监管实施办法》的通知	10 月 30 日

（资料来源：县政府办）

组织机构及负责人

中共长沙县委员会

书　记　付旭明
副书记　陈永高
　　　　杨应龙（2022年1月止）
　　　　郭　瑞（女，2022年4月始）
常　委　杨应龙（2022年1月止）
　　　　郭　瑞（女）
　　　　彭　韬（2022年9月始）
　　　　杨　溢（女）
　　　　黄　波（2022年9月止）
　　　　陶建军
　　　　刘　重
　　　　王永军
　　　　彭正球
　　　　朱智勇
　　　　王悉润（2022年1月始）
　　　　卢　铨（2022年6月始）

中共长沙经济技术开发区工作委员会

书　记　付旭明
副书记　张庆红
　　　　赵文骄
委　员　周志远
　　　　常利民（2022年12月止）
　　　　张湘鸿
　　　　赖坤明

长沙经济技术开发区管理委员会

主　任　张庆红
副主任　常利民
　　　　张湘鸿
　　　　赖坤明
一级调研员
　　　　刘逢春（2022年5月止）
　　　　周志远（2022年12月始）
　　　　常利民（2022年12月始）
二级调研员
　　　　杜海霞（女）
　　　　张贤长（2022年4月止）
　　　　刘运雄（2022年6月止）
　　　　郑安龙
　　　　唐益民
　　　　戴新煌（2022年11月止）
　　　　蒋君山（2022年2月始）
　　　　黄恩晓（2022年2月始）
　　　　黄庆怀（2022年2月始）
　　　　杨之金（2022年2月始）
　　　　陈建辉（2022年6月始）
　　　　刘　曙（女，2022年6月始）
　　　　王怀庄（2022年6月始）
　　　　李乔岚（2022年6月始）
　　　　宋登红（2022年6月始）
　　　　田洪林（2022年6月始）
三级调研员
　　　　蒋君山（2022年2月止）
　　　　黄恩晓（2022年2月止）
　　　　黄庆怀（2022年2月止）
　　　　陈建辉（2022年6月止）
　　　　杨之金（2022年2月止）
　　　　田洪林（2022年6月止）
　　　　刘　曙（女，2022年6月止）
　　　　王怀庄（2022年6月止）
　　　　李乔岚（2022年6月止）
　　　　宋登红（2022年6月止）
　　　　刘光辉（2022年11月始）
　　　　熊　伟（2022年11月始）
　　　　陈新明（2022年11月始）

中共长沙经济技术开发区纪律检查工作委员会、长沙市监察委员会长沙经济技术开发区监察工作委员会

纪工委书记、监察工委主任
　　　　周志远
纪工委副书记、监察工委副主任
　　　　刘光辉
纪工委委员、监察工委委员
　　　　郑安龙
　　　　陈新明
　　　　李布春
　　　　苏　平（女）
　　　　王萍萍（女，2022年9月止）
　　　　余向阳（2022年9月始）

县人大常委会

主　任　周　虔（女）
副主任　喻名团
　　　　曹伟兴
　　　　黄泽红（女）
　　　　陈卫球
　　　　张　磊

县人民政府

县　长　陈永高
副县长　郭　瑞（女，2022年4月止）
　　　　彭　韬（2022年10月始）
　　　　黄　波（2022年9月止）
　　　　彭正球
　　　　王悉润（2022年3月始）
　　　　刘　广
　　　　卢　铨（2022年9月止）
　　　　邱友梅（女）
　　　　冯页新
　　　　吴　昊
　　　　吴正华
　　　　涂亚鹏（2022年10月始）
　　　　张吉刚（2022年12月始）

政协长沙县第十届委员会

党组书记、主席
　　　　王国良

党组副书记、副主席
毛 葵
副主席 张小春（驻会）
党组成员、副主席
李建军
副主席 王文凯
陈 洁（女）
党组成员、政协秘书长
文清良

中共长沙县纪律检查委员会 长沙县监察委员会

县纪委

书 记 刘 重
常务副书记
刘义红
副书记 肖红波
余 伟（2022 年 4 月始）
常 委 张先坤（2022 年 2 月始）
胡皓珅（女）
熊大坤
黄艳宇
杨全党

县监察委

主 任 刘 重
副主任 刘义红
肖红波
余 伟
委 员 胡皓珅（女）
李 杰
余 伟
杨全党
梁 兵（2022 年 5 月始）

县委工作机构

县委办

主 任 朱智勇（2022 年 6 月止）
卢 铚（2022 年 6 月始）
常务副主任
罗眺辉
副主任 罗德兴
杨 响
彭 涛
罗轶慧（女，2022 年 5 月始）
张婷婷（女，挂职，2022 年 10 月始）
纪检组组长
袁 霞（女，2022 年 8 月止）
何 卉（女，2022 年 8 月始）

县委组织部

部 长 陶建军
常务副部长
周习彬（2022 年 7 月止）
李顺林（2022 年 7 月始）
副部长 祖春峰（兼）
李顺林（2022 年 7 月止）
杨 曲（2022 年 7 月始）
刘 琳（女）
唐 雯（女）
王 丹（女，2022 年 3 月始）
纪检监察组组长
张海伦（女）

县委宣传部

部 长 杨 溢（女）
常务副部长
章铭康（2022 年 10 月止）
罗欢玲（2022 年 10 月始）
副部长 陈合宴
梁 爽（女）
纪检组组长
曾为中

县委统战部

部 长 杨应龙（2022 年 01 月止）
郭 瑞（女，2022 年 4 月始）
常务副部长
黄建国
副部长、侨联主席
范燎亮
副部长、工商联党组书记
王行楚
副部长、民宗局局长
林友祥
纪检组组长
黄 英（女）

县委政法委

书 记 黄 波（2022 年 6 月止）
朱智勇（2022 年 6 月始）
常务副书记
王伟山（2022 年 12 月止）
刘 波（2022 年 12 月始）
副书记 王宏伟（2022 年 7 月止）
郑旭辉（2022 年 7 月始）
罗 佳
派驻纪检组组长
冯典伟
政治工作办公室主任
刘拥军

县委巡察办

巡察办主任
张先坤
巡察组组长
别 若
袁国栋
赵军林
巡察办副主任
杨 立（女）
陈席华
李晗蓉（女）
巡察组副组长
王新华
余 乐（女）
黄扬波（女）

县委网络安全和信息化委员会办公室（县互联网信息办公室）

主 任 陈 卓
副主任 童 创
余 洋

县委编办

主 任 李顺林（2022 年 7 月止）
杨 曲（2022 年 7 月始）
副主任 向 前
陈晓芬（女）

县委党校（长沙县行政学校）

校 长 杨应龙（2022 年 2 月止）
郭 瑞（女，2022 年 6 月始）
常务副校长
饶 晗
教育长 何 浪（女）

副校长　谭剑剑
　　　　汪　浩

杨开慧纪念馆
党组书记
　　　　张电波
馆长、党组副书记
　　　　刘高祥
副馆长、党组成员
　　　　胡一舟
　　　　胡小红（女，2022 年 9 月始）

长沙经济技术开发区党工委和管委会工作机构

·工作机构·
办公室

党工委、管委会办公室
主　任　周　芳（女）
副主任　梁颖昊（女）
　　　　蒋勇文（2022 年 8 月止）
　　　　邱永峰
　　　　袁　鸣（2022 年 8 月止）
综合处（值班室）处长（主任）
　　　　李艳芳（女，2022 年 4 月止）
联络接待处处长
　　　　廖　旋（女，2022 年 4 月止）
文电档案处处长
　　　　张建平（2022 年 4 月止）
秘书处（优化处）处长（经济研究室主任）
　　　　李　淞（2022 年 4 月止）
机关运维保障处处长
　　　　张　鹏（2022 年 4 月止）
综合协调处处长
　　　　李艳芳（女，2022 年 4 月始）
文电机要处处长
　　　　张建平（2022 年 4 月始）
秘书处处长
　　　　廖　旋（女，2022 年 4 月始）
经济研究处处长
　　　　李　淞（2022 年 4 月始）
后勤接待处处长
　　　　张　鹏（2022 年 4 月始）

督查室
主　任　唐益民（兼）

干部人事人才局（2022 年 4 月始，由原人力资源与社会保障局更名而成）
局　长　刘　曙（女）
副局长　陈小英（女）
　　　　曾知山
劳动关系联络处（综合处）处长
　　　　孙泽群（2022 年 4 月止）
干部人事处（机构编制处）处长
　　　　周　彬（2022 年 4 月止）
绩效考核管理处处长
　　　　陈海燕（女，2022 年 4 月止）
人才工作处处长
　　　　左　雄
干部服务处处长
　　　　孙泽群（2022 年 4 月始）
人事处处长
　　　　周　彬（2022 年 4 月始）
绩效考核处处长
　　　　陈海燕（女，2022 年 4 月始）

党群工作局
局　长　熊　伟
副局长　周　刚（2022 年 4 月止）
　　　　黄　姿（女）
企业党委专职副书记
　　　　周　刚（2022 年 4 月始）
综合处（统战处）处长
　　　　黄维弟（2022 年 4 月止）
党建处（群团处）处长
　　　　彭　辉（2022 年 4 月止）
宣传处处长
　　　　胡　鸽（女，2022 年 4 月止）
党建统战处处长
　　　　黄维弟（2022 年 4 月始）
企业党建处处长
　　　　彭　辉（2022 年 4 月始）
宣传文化处处长
　　　　胡　鸽（女，2022 年 4 月始）

纪检监察审计室
主　任　刘光辉
副主任　李布春
　　　　王萍萍（女，2022 年 8 月止）
　　　　余向阳（2022 年 8 月始）
综合审理处处长
　　　　汪赞华（2022 年 4 月止）
监督检查处处长
　　　　邵劲节（2022 年 4 月止）
审计监督处处长
　　　　莫景淇（女，2022 年 4 月止）
监督一处处长
　　　　汪赞华（2022 年 4 月始）
监督二处处长
　　　　邵劲节（2022 年 4 月始）
监督三处处长
　　　　莫景淇（女，2022 年 4 月始）

经济合作局（2022 年 4 月始，由原招商合作局更名而成）
局　长　李乔岚（2022 年 7 月始）
副局长　周枝栋
　　　　王　项
　　　　齐迎美（女）
　　　　王仲湘
招商一处处长
　　　　刘杰灵（女）
招商二处处长
　　　　刘　军
合同管理处处长
　　　　刘晓蕾（女）
外向型经济发展处（自贸区服务管理处）处长
　　　　凌成增（2022 年 4 月止）
开放发展处处长
　　　　赵春丹（女，2022 年 4 月始）
项目管理处处长
　　　　陈　军（2022 年 4 月始）

产业发展局（2022 年 4 月始，由原经济发展和企业服务局更名而成）
局　长　范丁贵
副局长　郭　英（女）
　　　　肖　锐
　　　　朱正海
　　　　卢俊义
综合发展处处长
　　　　段苏媛（女，2022 年 4 月止）
投资管理处处长
　　　　郭小明（2022 年 4 月止）

统计处处长
李坤田
科技与产业促进处处长
杨佳文（2022 年 4 月止）
生态环境处处长
董文佳（女，2022 年 4 月止）
工业处处长
段苏媛（女，2022 年 4 月始）
发改处处长
郭小明（2022 年 4 月始）
科技处处长
杨佳文（2022 年 4 月始）
污防处处长
董文佳（女，2022 年 4 月始）

财政金融局（2022 年 4 月始，由原财政局更名而成）
局 长 胡立忠（兼）
常务副局长
石 浪
副局长易波勇
贺正强（2022 年 8 月止）
郑 波
黄 科（2022 年 4 月始）
王 睿（女，2022 年 8 月始）
综合处处长
秦道永（2022 年 4 月止）
预算处处长
吴 彪
经建处处长
陈 龙
行财处处长
周 旭（女）
国资处处长
谭玉梅（女，2022 年 1 月止）
秦道永（2022 年 4 月始）
金融事务处处长
孙 英（女，2022 年 4 月止）
金融处处长
孙 英（女，2022 年 4 月始）
招标处处长
余 浪（2022 年 4 月始）

营商环境工作局（2022 年 4 月始，由原社会事业局更名而成）
局 长 沈建民（兼）
常务副局长
徐震山
副局长 莫 阳（女）
王学知
综合协调处处长
王 婷（女，2022 年 4 月止）
公共服务处处长
袁 川（2022 年 4 月止）
综治信访处处长
余 岚（2022 年 4 月止）
协调处处长
王 婷（女，2022 年 4 月始）
服务处处长
袁 川（2022 年 4 月始）
监督处处长
余 岚（2022 年 4 月始）

重点项目推进服务局（2022 年 7 月止）
局 长 李乔岚（2022 年 7 月止）
副局长 王 璎（女，2022 年 4 月止）
综合处（全程代办管理处）处长
谢 媛（女，2022 年 4 月止）
项目推进管理处处长
赵春丹（女，2022 年 4 月止）

自然资源规划建设局（2022 年 4 月始，由原自然资源和规划建设局更名而成）
局 长 汤照照
副局长 胡祥伟
熊远求
谭苏明
陈玖颖
李 巍
综合计划处处长
缪 丽（女，2022 年 4 月止）
规划编制处处长
夏成龙
征地管理处处长
黄莲莲（女，2022 年 4 月止）
土地供应处处长
易紫高
总工室主任
袁大伟
拆迁处处长
易向阳（2022 年 4 月止）
工程处处长
周麒麟（2022 年 4 月止）
协调服务处处长
缪 丽（女，2022 年 4 月始）
征地拆迁处处长
易向阳（2022 年 4 月始）
土地监管处处长
黄莲莲（女，2022 年 4 月始）
工程管理处处长
周麒麟（2022 年 4 月始）

市场监管局（知识产权局）[2022 年 4 月始，由原市场监督管理局（知识产权局）更名而成]
局 长 宋登红
副局长 袁忠东
杨学工
知识产权处处长
喻 巍
信用监管处处长
何志刚
质量发展处处长
刘 勇
权益保护处处长
曹 瑾（女）

行政审批服务局
局 长 覃 芳（女）
副局长 谭四新
胡 嵩（女）
张 娴（女）
肖志成（2022 年 4 月始）
市场监督审批处处长
范 军（2022 年 4 月止）
经济审批处处长
黄 妮（女，2022 年 4 月止）
建设审批处处长
何 剑（2022 年 4 月止）
审批四处处长
范 军（2022 年 4 月始）
审批三处处长
黄 妮（女，2022 年 4 月始）
审批一处处长
何 剑（2022 年 4 月始）
政务服务处处长
肖 梁（女，2022 年 4 月始）

自贸区创新发展局
局 长 胡超纲（2022 年 4 月始）

副局长　王　璎（女，2022年4月始）
协调联络处处长
谢　媛（女，2022年4月始）
制度创新处处长
凌成增（2022年4月始）

安委办（应急办）
主　任　田洪林（兼）
应急管理与安全生产协调处处长
许朝晖（2022年4月止）
协调处处长
许朝晖（2022年4月始）

·党群组织·企业工作委员会

长沙经济技术开发区总工会
主　席　赵文骄（2022年7月始）
副主席　陈　晋
罗　菁（女，兼）
赵　轶（2022年7月始）
张爱民（2022年7月始）
服务部部长
刘　瑛（女）
权益部部长
唐朝晖

中共长沙经济技术开发区机关委员会
书　记　赵文骄
专职副书记
王怀庄
副书记　熊　伟
组织委员
刘　曙（女）
宣传委员
周　芳（女）
纪检委员
刘光辉
青年委员
石　浪
群工委员
徐震山
统战委员
李乔岚
机关党建处处长
黄其福

中共长沙经济技术开发区企业委员会
书　记　赵文骄
专职副书记
周　刚（2022年4月始）
副书记　熊　伟
委　员　王怀庄
宋登红
范丁贵
郑　钦
吴文伟
龚　静

共青团长沙经济技术开发区工作委员会
副书记　彭　辉
委　员　袁　鸣
翟　亮
段苏媛（女）
黄　宇（兼）
周舒越（女，兼）
陈　杰（兼）
苏冰阳（兼）
丁文文（女，兼）

长沙经济技术开发区妇女工作委员会
副主任　肖　梁（女）
委　员　贺　年（女）
廖　旋（女）

·派驻机构·

国家税务总局长沙经开区税务局
党委书记、局长
潘平波（女，2022年4月止）
张宇新（2022年4月始）
党委委员、副局长
喻兴无（2022年4月止）
伍少波
金湘明
张又能
李璐璐（女，2022年4月始）
党委委员、纪检组组长
黄　波

新安派出所
所　长　张海宇
教导员　祖小乐（女）
副所长　罗立新
彭汉文
郝荣华

泉塘派出所
所　长　缪　海
教导员　黄　丹（2022年12月止）
副所长　张　甫
陈东辉（2022年12月止）
刘建勇

长沙县公安局交通警察大队泉塘中队
（2022年1月始，由原长沙县公安局交通警察大队新安中队更名而成）
中队长　邹　唯
指导员　杜友良

长沙县人民检察院驻经开区检察联络室
主　任　朱永会

长沙县人民法院长沙经济技术开发区法庭
庭　长　李　娟（女）
副庭长　杨柳青（女，2022年3月止）
李　浩（2022年3月始）

·直属事业单位·

政务服务中心（2022年4月止）
主　任　肖志成（2022年4月止）
副主任　肖　梁（女，2022年4月止）

投资评审中心
主　任　陈宇星
副主任　谢意平（女）

政府采购与招投标中心（2022年4月止）
主　任　黄　科（2022年4月止）
副主任　余　浪（2022年4月止）

创业服务中心
主　任　吴信村
副主任　李　敏（女）

人力资源公共服务中心
主　任　翟　亮
副主任　于志刚

征地拆迁安置事务所（征地服务中心）
所　长　王　伟
副所长　余　洪
　　　　朱松林

建设工程质量安全监督站
站　长　谢成塔
副站长　陈学敏

法律事务中心
主　任　蒋勇文（2022年8月止）
副主任　杨　杰

产业发展事务中心
主　任　夏绿林
副主任　万晓娟（女）

星沙产业基地管理中心
主　任　黄士玮（2022年8月止）
　　　　袁　鸣（2022年8月始）
副主任　余向阳（2022年8月止）
　　　　洪　琼
　　　　鄢入斌
纪检组长
　　　　高　鹏

长沙经济技术开发集团有限公司
党委书记、董事长
　　　　谭超纲（2022年8月始）
党委副书记、总经理、董事
　　　　谭超纲（2022年8月止）
　　　　黄士玮（2022年8月始）
党委副书记、董事
　　　　吕向龙（2022年8月始）
党委委员、监事会主席、纪委书记
　　　　吕向龙（2022年8月止）
　　　　王萍萍（女，2022年8月始）
董　事　李雪春
党委委员、副总经理
　　　　罗卓群（2022年8月止）
　　　　贺正强（2022年8月始）
董事、副总经理
　　　　罗卓群（2022年8月始）
副总经理
　　　　王　睿（女，2022年8月止）
　　　　刘　鑫（女，2022年8月始）

长沙经济技术开发区城建开发有限公司
党委书记、执行董事、总经理
　　　　陈海龙
党委副书记、监事会主席、纪委书记
　　　　肖泽祥
党委委员、副总经理
　　　　熊志新
　　　　周　高
　　　　喻浪平

县人大专门委员会及县人大常委会工作机构

办公室
主　任　彭朝溪
副主任　陈　意（2022年3月止）
　　　　刘　畅（女，2022年7月始）

选举任免联络工作委员会
主　任　陈　诚
副主任　禹　玥（女，2022年3月止）
　　　　陈　灿（女，2022年3月始）

民族华侨外事委员会
主任委员
　　　　张应军

监察和司法委员会
主任委员
　　　　李学文
副主任委员
　　　　唐　炯（女）

财政经济委员会（预算工作委员会）
主任委员
　　　　隆　晓（女）
副主任委员
　　　　肖　勇

教育科学文化卫生委员会
主任委员
　　　　尹小龙
副主任委员
　　　　陈　灿（女，2022年3月止）
　　　　禹　玥（女，2022年3月始）

环境与资源保护委员会
主任委员
　　　　江　涌（2022年7月止）
　　　　叶照君（2022年7月始）
副主任委员
　　　　刘　丹（女）

农业与农村委员会
主任委员
　　　　李　洪
副主任委员
　　　　张力强

社会建设委员会
主任委员
　　　　朱忠良
副主任委员
　　　　邹　媛（女）

县政府工作机构

县人民政府办公室
主　任　胡朝钦（2022年7月止）
　　　　杨志仁（2022年7月始）
副主任　唐自力（2022年7月止）
　　　　陈　勇（2022年9月始）
　　　　高　军
　　　　向林霖（2022年7月始）
　　　　田　博
　　　　龚　毅
　　　　佘青燕（女，2022年7月止）
　　　　龙世华
　　　　邓湘宁
　　　　王中专（2022年9月始）
　　　　田　勇（兼）
纪检组长
　　　　杨　立（女，2022年3月止）
　　　　唐　妙（女，2022年3月始）

县发展和改革局
党组书记、局长
　　　　涂亚鹏（2022年9月止）

谭振华（2022 年 9 月始）
党组副书记、副局长
邓剑侠
党组成员、纪检组组长
廖名跃
党组成员、国动办专职副主任
苏　安（2022 年 12 月始）
党组成员、副局长
邹玉屏（女，2022 年 10 月止）
副局长、投资项目事务中心主任
王贺春（投资项目事务中心主任 2022 年 8 月止）
总经济师
邓　明（2022 年 9 月始）

县工业和信息化局
党组书记、局长
李　勇
副局长　周　伟
晏　明（女）

县教育局
党委书记、局长
李文杰
党委副书记、副局长
杨新赞
党委委员、纪检监察组组长
邓冰星（女）
党委委员、副局长
彭　刚
杨伏梅
党委委员、主任督学
范文丰

县科学技术局
党组书记
骆从辉
局　长　章蕙羽（女）
党组成员、副局长
罗岳峰（2022 年 7 月始）
王凯艳（女）

县应急管理局
党委书记、局长
杨　曲（2022 年 7 月止）
陈　明（2022 年 7 月始）
党委委员、总工程师
彭　坚
党委委员、政工室主任
黄丽娜（女）
党委委员、副局长
杨进昌
王威科（2022 年 7 月始）
吴奇勇（2022 年 7 月止）

县消防救援大队
大队长　刘立宪
政治教导员
余光辉（2022 年 8 月止）
樊哲广（2022 年 8 月始）

县民政局
党组书记、局长
高新良
副局长　符　杰（2022 年 3 月止）
李　军
李祖荫

县退役军人事务局
党组书记、局长
李壮宇
党组成员、副局长
邓曙光
张　莽（2022 年 9 月止）
游　艳（女，2022 年 9 月始）

县财政局
党组书记、局长
陈　波（2022 年 7 月止）
党组书记
张登武（2022 年 7 月始）
局　长　张登武（2022 年 10 月始）
党组副书记、副局长
孙卫国
党组成员、副局长
苏宽良
胡立明
党组成员、纪检组长
李文芮（女）
党组成员
罗　冲（2022 年 3 月止）
朱华磊（2022 年 3 月始）
总会计师
罗　冲（2022 年 5 月止）
朱华磊（2022 年 5 月始）

县人力资源和社会保障局
党组书记、局长
祖春峰
党组副书记、副局长
杨溪阁
党组成员、副局长
聂畅宇（女）
李训民（2022 年 2 月始）
党组成员、总会计师
谢浪波（2022 年 3 月始）

县自然资源局
党组书记、局长
周　创
党组副书记、副局长
戴定安（2022 年 7 月始）
党组成员、副局长
戴定安（2022 年 7 月止）
陶　权（2022 年 8 月止）
石碧娟（女）
张　宇（2022 年 8 月止）
宋　闯（2022 年 8 月始）

县交通运输局
党组书记、局长
王志国
党组成员、副局长
袁　康
李辉浩
党组成员、总工程师
张勇刚（2022 年 8 月始）

县水利局
局长、党组书记
栗　柱
党组成员、副局长
裴治宇
陈宇波
党组成员、总工程师
童亚祁

县农业农村局
党组书记、局长、主任
叶照君（2022 年 7 月止）

石　争（2022年7月始）
党组成员、副局长
饶培元（2022年5月始）
曾建新
饶勋奇（2022年3月止）
符广宇（2022年1月始，2022年12月止）
黄琬茹（女，挂职，2022年10月始）
党组成员、总农艺师
陈　恳（2022年9月止）
周　川（2022年9月始）
党组成员、农办专职副主任
杨　洪
党组成员、纪检组长
范乐赛

县商务局
局　长　陈　洁（女）
党组书记
彭　鹏
党组成员、副局长
蒋建平
赵　波
陈刚旭

县文化旅游广电体育局
党组书记、局长
高　洁（女）
党组成员、副局长
刘雁冰（女）
杨文跃
张劲松
李　瑜（女）
副局长　戴正林

县卫生健康局
党委书记、局长
舒　曲
党委成员、副局长
陈　瑛（女）
王　旭
谈和平（女，2022年5月始）
副局长　范　佳（女）

县医疗保障局
党组书记、局长
唐　锋（女）
党组成员、副局长
龚发军
周　艳（女）

县审计局
党组书记、局长
柳　怡
党组成员、副局长
王　雁（女）
朱新光

县统计局
党组书记
谭振华（2022年9月止）
罗征宇（2022年10月始）
党组成员
粟　光（2022年5月始）
彭　宇（女）
赵飞飞（女）
局　长　谭振华（2022年10月止）
罗征宇（2022年12月始）
副局长　彭　宇（女）
赵飞飞（女，2022年5月始）
总统计师
赵飞飞（女，2022年5月止）
粟　光（2022年5月始）

县行政审批服务局
党组书记、局长
刘桂良
党组成员、副局长
张慧利（女）
肖　宇

县信访局
党组书记、局长
田　勇
党组成员、副局长
陈群芳（女，2022年7月止）
李勇军（2022年3月止）
熊哲峰（2022年9月止）
吴友光（2022年9月始）
王　昊（2022年5月始）

县住房和城乡建设局
党组书记、局长
熊　创（2022年8月止）
章铭康（2022年9月始）
党组成员、副局长
罗新跃
曾尚亮（2022年3月止）
党组成员、总工程师
徐柱杰（2022年3月止）
姜有君（2022年7月始）
派驻纪检监察组组长、党组成员
周　柯（女）
党组成员、人防办专职副主任
苏　安（2022年12月止）
副局长　张新生

县市场监督管理局（县知识产权局）
党组书记、局长
庄　虎
党组成员、副局长
万兴兰
李凤英（女）
刘志伟

县城市管理局
党组书记、局长
沈建民
党组副书记、副局长
陈自力
党组成员、副局长
李　彦

县行政执法局
党组书记、局长
王海燕（女）
党组副书记、副局长
杨德伟（2022年7月始）
盛振宇（2022年7月止）
党组成员、副局长
曹　平
党组成员、派驻纪检组长
肖　钢
党组成员、副局长
傅　震（2022年3月始）
杨胜喜（女，2022年3月止）
彭　慧（女，2022年9月始）
吴　建（2022年9月止）

县大数据中心
党组书记、主任
刘　刚

党组成员、副主任
柳　林（2022年7月止）
陈新明（2022年7月始）
罗　卉（女）

县政协工作机构

办公室
主　任　文清良
副主任　文　越（女）

委员学习联络委
主　任　唐宪伟

提案委
主　任　黎文革（2022年7月止）
余青燕（女，2022年7月始）
副主任　袁书钦（女）

经济科技和外事委
主　任　李红军（女，2022年7月止）
冯梅秀（女，2022年7月始）
副主任　胡小丽（女，2022年9月止）

农业农村和人资环委
主　任　童晓庆（女）

文教卫体和文史委
主　任　熊　健（2022年7月止）
盛振宇（2022年7月始）
副主任　陈　敏（女）

社会法制和民族宗教委
主　任　彭少波

信息中心（办公室二级机构）
主　任　周　思（女，2022年7月止）
李　炀（2022年7月始）

政法机关

县公安局
党委书记、局长
刘　广
党委副书记、政委
王　坚
党委副书记
周刚强
党委委员、副局长
韩　伟（2022年12月止）
副政委　罗俊强（2022年12月止）
党委委员、副局长
吴　鑫
刘　波（2022年12月止）
张　志
党委委员、县纪委驻县公安局纪监组组长
范　屹
党委委员、政工室主任
郑　茁（2022年12月始）

县人民检察院
党组书记、检察长
许琼山
副检察长
文军伟
党组成员、副检察长
何志刚
汪海渊
党组成员、政治部主任
谢　唯
检委会专职委员
胡　力（2022年3月止）
邓　昂（2022年3月始）
欧春燕（女）

县人民法院
党组书记、院长
丁念红
党组副书记、副院长
王利兵
副院长　朱忠义
党组成员
胡志宏(2022年12月止)
党组成员、副院长
肖　强（2022年12月止）
何正良（2022年12月始）
党组成员、政工室主任
邓梦曦（女）
党组成员、执行局局长
王懿林（2022年12月止）
审判委员会专职委员
袁波勇（2022年3月止）
肖红斌
刘萍萍（女，2022年3月始）

县司法局
党组书记、局长
徐　杨（女）
党组成员、副局长
彭　慧（女，2022年9月止）
吴征斌
副局长　陈　恳（2022年9月始）
党组成员、政治工作办公室主任
杨　玲（女）

县委、县政府直属事业单位

长沙县松雅湖生态新城发展中心（长沙县松雅湖湿地公园事务中心）（2022年6月始，原星沙松雅湖商务区管委会2022年6月止）
党工委委员、书记
卢文杰（2022年3月止）
党组书记、主任
罗卫滋（2022年3月始）
党组副书记、副主任
徐柱杰（2022年3月始）
党工委委员、纪工委书记
唐　妙（女，2022年3月止）
党工委委员、副主任
何　伟（2022年3月止）
王倩文（女，2022年3月止）
党组成员、副主任
何　伟（2022年3月始）
周　全（2022年3月始）
县纪委监委驻住建局纪检组组长
周　柯（女，2022年3月始）

县供销合作社
党组书记、理事会主任
曹　青（2022年7月止）
党组书记
王宏伟（2022年7月始）
理事会主任
龙　驻（2022年7月始）
党组成员、监事会主任
周春林
党组成员、理事会副主任
曾　威

县林业事务中心（2022年4月成立）
党组书记、主任
梁　山（2022年5月始）

副主任　张　任（女，2022年5月始）
饶勋奇（2022年5月始）
段小林（2022年8月始）

县重点建设项目事务中心

党组书记、主任
汤志国
党组成员、副主任
冯勇波
张　勇
周　术
黄子谦（2022年7月始）

县征地服务中心

党组书记、主任
蒋卫民
党组成员、副主任
陶玉欣
杨　照（2022年9月止）
皮　特（2022年9月始）

县机关事务中心

党组书记、主任
周向阳
党组成员、副主任
杨胜喜（女，2022年3月始）
马志文
邹　均

县融媒体中心

党组书记、主任、总编辑
何静宜（2022年3月止）
卢文杰（2022年3月始）
党组成员、副主任、副总编辑
张水湘（女）
冷　冰
张　曦

县金融事务中心

党组书记、主任
曹　剑
党组成员、副主任
谭　芸（女，2022年3月止）
朱华磊（2022年3月止）
罗　冲（女，2022年3月始）
王　浩（2022年7月始）

派出机构

中国（湖南）自由贸易试验区长沙片区临空管理委员会

党工委书记
付旭明
党工委副书记、管委会主任
谭浩然（2022年8月止）
孟立祥（2022年9月始）
党工委委员、纪工委书记
魏　检
党工委委员、管委会副主任
宁　铁
黄天际

黄兴会展经济区管理委员会

党工委书记
余　米（女）
党工委委员、管委会主任
黄向阳
党工委委员、管委会副主任
张　为
党工委委员、纪工委书记
曹　蜜（女）
党工委委员、管委会副主任
张　芬（女）
陈湘平
王永兴
李良辉（挂职，2022年7月止）
颜中秋（挂职，2022年7月始）

群团机构

县总工会

主　席　陈卫球
党组书记、副主席
艾　英
党组成员、副主席
傅亿安（女）
胡海艳（女）
副主席　谭映红（挂职）
夏记忠（兼职）
叶辉恒（兼职）
黄　波（兼职）

团县委

团县委书记
侯　韬（2022年2月始）
团县委副书记
侯　韬（2022年2月止）
陈亚萍（女）
唐志宇（2022年2月止）
刘俊琦（2022年7月始）
刘致邦（挂职，2022年3月止）

县妇联

主　席　饶晓刚（女，2022年7月止）
杨春艳（女，2022年7月始）
副主席　袁　惠（女）
罗　晶（女）
挂职副主席
王　佳（女，2022年9月始）

县工商联

主　席　王文凯
党组书记
王行楚
副主席　陈　全
盖梦瑶（女，2022年10月始）
徐立平（女）

县残联

党组书记
罗杨坤
理事长　罗　坚
党组成员、副理事长
刘子仁
副理事长
游　艳（女，2022年9月止）
胡小丽（女，2022年9月始）

县科协

书　记　姚　军
主　席　印遇龙（2022年9月始）
党组成员、副主席
伍　晗（女）
戴　明

县红十字会

专职副会长
余荣荣

镇·街道

·黄兴镇·

中共黄兴镇委员会

书　记　张　韧
副书记　朱　峰
　　　　杨　骏（2022年3月止）
　　　　刘　佩（女，2022年3月始）
委　员　黎　栋
　　　　李少葵
　　　　解　帅
　　　　丁　罗（2022年9月止）
　　　　李振兴（2022年4月止）
　　　　毛　青（2022年9月始）
　　　　易　娟（女）
　　　　王在峰（2022年4月始）

人大主席团

主　席　黎　栋
副主席　赵博为

镇人民政府

镇　长　朱　峰
副镇长　易　娟（女）
　　　　王在峰
　　　　杨　浩
　　　　刘曙山（2022年10月止）
　　　　周雅可（2022年2月始）
　　　　李　可（女，2022年2月始）
　　　　张　杰（2022年7月提名，
　　　　　　2022年12月当选）

政协联络处

主　任　杨　骏（2022年3月止）
　　　　刘　佩（女，2022年3月始）

·江背镇·

中共江背镇委员会

书　记　苏　波
副书记　周勤超
　　　　丁　罗（2022年9月始）
　　　　刘　威（2022年7月止）
委　员　何年平（2022年4月始）
　　　　赵流江
　　　　雷　坚
　　　　董建伟
　　　　杨利洪（2022年9月始）
　　　　吴　军（2022年4月始）
　　　　蒋　明（2022年9月止）
　　　　王中专（2022年3月止）

人大主席团

主　席　何年平（2022年4月始）
副主席　王艺斯

镇人民政府

镇　长　周勤超
副镇长　杨利洪（2022年9月始）
　　　　吴　军（2022年4月始）
　　　　肖　忍（2022年4月始）
　　　　谢丽萍（女）
　　　　王中专（2022年3月止）
　　　　蒋　明（2022年9月止）

政协联络处

主任、负责人
　　　　刘　威（2022年7月止）
　　　　丁　罗（2022年9月始）

·黄花镇·

中共黄花镇委员会

书　记　张　辉
副书记　冯　城（2022年7月止）
　　　　刘　登（2022年7月始）
　　　　刘　鎏（2022年3月止）
　　　　陈中山（2022年3月始）
委　员　马　进
　　　　彭勇金
　　　　龙　也（2022年3月始）
　　　　缪　波
　　　　谭　仲
　　　　宗书尧

人大主席团

主　席　马　进（2022年3月提名，
　　　　　　2022年4月当选）
副主席　朱克娜（女）

镇人民政府

镇　长　冯　城（2022年7月止）
　　　　刘　登（2022年7月提名，
　　　　　　2022年9月当选）
副镇长彭勇金
　　　　缪　波（2022年10月止）
　　　　谭　芸（女，2022年3月提名，
　　　　　　2022年4月当选）
　　　　彭东浩
　　　　韩　玮
　　　　姜　博

政协联络处

主　任　刘　鎏（2022年3月止）
　　　　陈中山（2022年3月始）

·春华镇·

中共春华镇委员会

书　记　何　典
副书记　屈小青（女）
　　　　邓志强（2022年7月止）
　　　　王　浩（2022年8月始）
委　员　王　浩（2022年8月止）
　　　　王彬宇（2022年4月止）
　　　　曾小强（2022年4月始）
　　　　刘　佩（女，2022年3月止）
　　　　骆　敏（女，2022年3月始）
　　　　张伟夫（2022年5月始）
　　　　唐　进（2022年5月始）
　　　　罗　奥（2022年5月始）
　　　　罗焱钦（2022年9月始）

人大主席团

主　席　王彬宇（2022年4月止）
　　　　曾小强（2022年4月始）
副主席　陈柏安（2022年3月止）
　　　　柳　林（2022年7月始）

镇人民政府

镇　长　屈小青（女）
副镇长　张伟夫
　　　　罗　奥
　　　　鲁专娟（女）
　　　　肖葆山（2022年5月始）

政协联络处

主　任　邓志强（2022年7月止）
　　　　王　浩（2022年8月始）

·果园镇·

中共果园镇委员会

书　记　王　玲（女）
副书记　周益巍
　　　　柳碧波
　　　　夏斯翔（2022年12月始）
委　员　李振兴（2022年4月始）
　　　　田　涤
　　　　陈　虎（2022年9月始）
　　　　郭又嘉
　　　　叶　柱
　　　　毛　青（2022年9月止）

欧饶浩杰

人大主席团

主　席　李振兴（2022 年 4 月始）

副主席　张璐莎（女）

镇人民政府

镇　长　周益巍

副镇长　田　涤

欧饶浩杰

胡　燮

姚扬帆（2022 年 12 月始）

政协联络处

主　任　柳碧波

· 路口镇 ·

中共路口镇委员会

书　记　杨志仁（2022 年 7 月止）

冯　城（2022 年 7 月始）

副书记　李晓阳（2022 年 3 月止）

刘　鎏（2022 年 3 月始）

游　滋（女）

党委委员

李光成

周　正

谢浪波（2022 年 3 月止）

李小甜（女，2022 年 3 月始）

严　灿（女）

周　曦（女，2022 年 3 月止）

陈柏安（2022 年 3 月始）

龙　也（2022 年 3 月止）

王　宏（2022 年 3 月始）

人大主席团

主　席　李光成

副主席　李　博

镇人民政府

镇　长　李晓阳（2022 年 4 月止）

刘　鎏（2022 年 4 月始）

副镇长　周　正

严　灿（女）

蒋　华

政协联络处

主　任　游　滋

· 高桥镇 ·

中共高桥镇委员会

书　记　姜海纳

副书记　刘　伟

戴　敏（女）

委　员　胡永俊

杨　华

杨　炯

向累林

秦　勤

邓　涛（2022 年 3 月始）

朱　娟（女，2022 年 3 月止）

人大主席团

主　席　胡永俊

副主席　熊　骋（女）

镇人民政府

镇　长　刘　伟

副镇长　杨　炯

粟　昕（2022 年 9 月止）

邓　涛（男，2022 年 3 月始）

戴曙光（男，2022 年 9 月始）

涂云帆（女，2022 年 9 月始）

政协联络处

主　任　戴　敏（女）

· 金井镇 ·

中共金井镇委员会

书　记　刘智平（2022 年 7 月止）

章　李（2022 年 7 月始）

副书记　章　李（2022 年 7 月止）

刘　威（2022 年 7 月始）

陈魁宇（2022 年 3 月止）

陈　意（2022 年 3 月始）

委　员　黄　超（2022 年 5 月止）

张　振

袁　潇

罗辉琴（女）

李　胜

彭　亚（2022 年 3 月始）

人大主席团

主　席　黄　超（2022 年 5 月止）

孙应德（2022 年 5 月始）

副主席　胡金薇（女）

镇人民政府

镇　长　章　李（2022 年 7 月止）

刘　威（2022 年 7 月始）

副镇长　孙应德（2022 年 5 月止）

罗辉琴（女）

彭　亚（2022 年 3 月始）

陈　鑫（2022 年 9 月止）

张杰士

廖麓山（2022 年 9 月始）

政协联络处

主　任　李　胜（2022 年 4 月止）

陈　意（2022 年 4 月始）

· 开慧镇 ·

中共开慧镇委员会

书　记　陈渊智（2022 年 3 月始）

副书记　李明惠（女）

龙　江（2022 年 3 月止）

吴赐华（2022 年 3 月始）

委　员　柳　建

王万颖（女，2022 年 3 月止）

黄　鹏

李志勇（2022 年 7 月止）

黎　幸

安刚民（2022 年 3 月始）

陈　鑫（2022 年 9 月始）

杨　觃（2022 年 9 月始）

人大主席团

主　席　柳　建

副主席　邓媛媛（女）

镇人民政府

镇　长　李明惠（女）

副镇长　黄　鹏

李志勇（2022 年 7 月止）

杨　觃（2022 年 9 月始）

罗焱钦（2022 年 9 月止）

王万蕾（女，2022 年 9 月始）

政协联络处

主　任　龙　江（2022 年 4 月止）

吴赐华（2022 年 3 月始）

· 福临镇 ·

中共福临镇委员会

书　记　陆　宇

副书记　罗卫滋（2022 年 3 月止）

黄　超（2022 年 4 月始）

邹子龙（2022 年 3 月止）

符　杰（2022 年 4 月始）

委　员　陈　琳

陈　书

杨　程

艾　兵

周　倜

陈　佳

人大主席团

主　席　陈　琳

副主席　范　骥（女，2022 年 3 月止）

　　　　刘致邦（2022 年 4 月始）

镇人民政府

镇　长　罗卫滋（2022 年 3 月止）

　　　　黄　超（2022 年 4 月始）

副镇长　杨　程

　　　　艾　兵

　　　　戴理昱（2022 年 3 月止）

　　　　范　骥（女，2022 年 4 月始）

政协联络处

主　任　邹子龙（2022 年 3 月止）

　　　　符　杰（2022 年 4 月始）

·青山铺镇·

中共青山铺镇委员会

书　记　张　荣（女）

副书记　陈渊智（2022 年 3 月止）

　　　　杨　骏（2022 年 4 月始）

　　　　向林霖（2022 年 7 月止）

　　　　谢　敏（2022 年 9 月始）

委　员　王　容（女）

　　　　陈乐逊

　　　　戴　明（2022 年 7 月止）

　　　　朱　硕

　　　　粟　昕（2022 年 9 月始）

　　　　纪　瑶（女）

　　　　杜　云（2022 年 7 月始）

人大主席团

主　席　王　容（女）

副主席　王仕民

镇人民政府

镇　长　陈渊智（2022 年 3 月止）

　　　　杨　骏（2022 年 4 月始）

副镇长　戴　明（2022 年 7 月止）

　　　　朱　硕

　　　　杜　云（2022 年 7 月始）

　　　　任建龙（2022 年 9 月止）

　　　　肖宇平（2022 年 9 月始）

政协联络处

主　任　向林霖（2022 年 7 月止）

　　　　谢　敏（2022 年 9 月始）

·安沙镇·

中共安沙镇委员会

书　记　涂亚鹏（2022 年 3 月止）

　　　　宋　辉（2022 年 3 月始）

副书记　梁　山（2022 年 3 月止）

　　　　龙　江（2022 年 3 月始）

　　　　童　洁（女）

委　员　陈　祥

　　　　刘　坤

　　　　陈　虎（2022 年 9 月止）

　　　　王能武（2022 年 9 月始）

　　　　缪树强

　　　　黄　栋

　　　　王　丹（女，2022 年 3 月止）

　　　　李开运（2022 年 3 月始）

人大主席团

主　席　陈　祥

副主席　周彦俊雄

镇人民政府

镇　长　梁　山（2022 年 3 月止）

　　　　龙　江（2022 年 3 月提名，

　　　　　　　2022 年 4 月当选）

副镇长　陈　虎（2022 年 9 月止）

　　　　王能武（2022 年 9 月始）

　　　　黄　栋

　　　　唐炼波

　　　　罗冰倩（女，2022 年 2 月始）

　　　　彭兴双（2022 年 2 月始）

政协联络处

主　任　童　洁（女）

·北山镇·

中共北山镇委员会

书　记　黄　轲

副书记　邱赞亮

　　　　彭齐芳（女）

委　员　吴　建（2022 年 9 月始）

　　　　刘小兰（女）

　　　　陈　中

　　　　张　奎

　　　　柳佳龙

　　　　彭　成

人大主席团

主　席　范小林（女，2022 年 9 月止）

　　　　吴　建（2022 年 11 月始）

副主席　欧阳志

镇人民政府

镇　长　邱赞亮

副镇长　陈　中

　　　　张　奎

　　　　易　统（2022 年 11 月始）

政协联络处

主　任　彭齐芳（女）

·星沙街道·

中共星沙街道工作委员会

书　记　石　争（2022 年 7 月止）

　　　　胡朝钦（2022 年 7 月始）

副书记　喻孟华（2022 年 3 月止）

　　　　邹子龙（2022 年 4 月始）

　　　　陈　明（2022 年 7 月止）

　　　　童　浜（2022 年 7 月始）

委　员　曹　光

　　　　柳　勇

　　　　周广积（2022 年 9 月止）

　　　　饶　珏（女）

　　　　张　莽（2022 年 9 月始）

　　　　王楚璐（2022 年 9 月始）

　　　　陈中山（2022 年 3 月止）

　　　　周　曦（女，2022 年 4 月始）

　　　　王能武（2022 年 9 月止）

人大工作委员会

主　任　曹　光

副主任　张　莎（女）

街道办事处

主　任　喻孟华（2022 年 3 月止）

　　　　邹子龙（2022 年 4 月始）

副主任　周广积（2022 年 9 月止）

　　　　饶　珏（女）

　　　　张　莽（2022 年 9 月始）

　　　　王楚璐（2022 年 9 月始）

　　　　王能武（2022 年 9 月止）

　　　　李光裔

政协联络处

主　任　陈　明（2022 年 7 月止）

　　　　童　浜（2022 年 7 月始）

·湘龙街道·

中共湘龙街道工作委员会

书　记　喻孟华（2022 年 3 月始）

副书记　宋　辉（2022 年 3 月止）

　　　　王彬宇（2022 年 4 月始）

　　　　刘　登（2022 年 7 月止）

　　　　邓志强（2022 年 7 月始）

委　员　刘镇西

　　　　李治宏

　　　　唐百宁

　　　　李良辉（2022 年 7 月始）

王万颖（女，2022 年 3 月始）
童　浜（2022 年 7 月止）
毛新宇（2022 年 3 月止）
张　瑜（女）

人大工作委员会

主　任　刘镇西
副主任　李佳龙

街道办事处

主　任　宋　辉（2022 年 3 月止）
　　　　王彬宇（2022 年 4 月始）
副主任　李治宏
　　　　毛新宇（2022 年 3 月止）
　　　　王万颖（女，2022 年 3 月始）
　　　　余　丰

政协联络处

主　任　刘　登（2022 年 7 月止）
　　　　邓志强（2022 年 7 月始）

·泉塘街道·

中共泉塘街道工作委员会

书　记　蒋炳桃
副书记　李志明
　　　　陈　展（女，2022 年 5 月始）
委　员　沈建强
　　　　李　欢（女）
　　　　黄　军
　　　　龙青松
　　　　陈雅婷（女）
　　　　王倩文（2022 年 4 月始）
　　　　陈　展（女，2022 年 5 月止）

人大工作委员会

主　任　沈建强
副主任　张瑞波

街道办事处

主　任　李志明（2022 年 5 月始）
副主任　李　欢（女）
　　　　冯伟桥
　　　　王倩文（女，2022 年 5 月始）
　　　　陈　展（女，2022 年 5 月止）

政协联络处

主　任　陈　展（女）

·榔梨街道·

中共榔梨街道工作委员会

党工委书记
　　　　张登武（2022 年 7 月止）
　　　　刘智平（2022 年 7 月始）
党工委副书记
　　　　吴晓芬（女）
　　　　杨　章（2022 年 9 月止）
　　　　蒋　明（2022 年 9 月始）
党工委委员
　　　　杨　章（2022 年 9 月始）
　　　　罗　芳（女，2022 年 7 月止）
　　　　夏卫书
　　　　付　窈（女）
　　　　龙　平
　　　　周　翔（2022 年 7 月止）
　　　　杨　柱（2022 年 7 月始）
　　　　罗岳峰（2022 年 7 月止）
　　　　熊柯凯（2022 年 7 月始）

人大工作委员会

主　任　罗　芳（女，2022 年 7 月止）
　　　　杨　章（2022 年 9 月始）
副主任　杨　照

街道办事处

主　任　吴晓芬（女）
副主任　付　窈（女）
　　　　龙　平
　　　　李　威

政协联络处

主　任　杨　章（2022 年 8 月止）
　　　　蒋　明（2022 年 9 月始）

·长龙街道·

中共长龙街道工作委员会

书　记　商　瑜
副书记　张栋材
　　　　陈魁宇
委　员　王　军
　　　　向　宽
　　　　朱会雄（2022 年 7 月止）
　　　　李志勇（2022 年 7 月始）
　　　　舒　景
　　　　祖舟馨子（女）
　　　　柳尚峰

人大工作委员会

主　任　王　军
副主任　陈琼瑶

街道办事处

主　任　张栋材
副主任　向　宽
　　　　朱会雄（2022 年 7 月止）
　　　　李志勇（2022 年 7 月始）
　　　　胡　杰

政协工作联络处

主　任　陈魁宇

省、市垂直管理单位

国家税务总局长沙县税务局

党委书记、局长
　　　　潘平波（女，2022 年 4 月止）
　　　　张宇新（2022 年 4 月始）
党委委员、副局长
　　　　伍少波
　　　　金湘明
　　　　张又能
　　　　李璐璐（女，2022 年 4 月始）
　　　　喻兴无（2022 年 4 月止）
党委委员、纪检组组长
　　　　黄　波

国网湖南省电力有限公司长沙县供电分公司

总经理、党委副书记
　　　　杨　俊（女）
党委书记、副总经理
　　　　胡弘莽（2022 年 9 月止）
　　　　许　彬（2022 年 10 月始）
纪委书记、工会主席
　　　　王　剑（2022 年 11 月止）
　　　　黄顺平（2022 年 11 月始）
副总经理
　　　　刘　巍（2022 年 11 月止）
　　　　王　剑
　　　　许成卓
　　　　王　巍
　　　　龚　辉

长沙市生态环境局长沙县分局

党组书记、局长
　　　　杨喜平
党组成员、副局长
　　　　舒易波
　　　　孙欣栋
党组成员、总工程师
　　　　石欣灵（女）

县烟草局

党组书记、局长、经理
　　　　周　勇

党组成员、纪检组长
刘光庆
党组成员、副局长
李越前
党组成员、副经理
李　菁（女）

县气象局
局长、党支部书记
叶　峰
副局长　王健龙
孙潇棵

中国邮政集团有限公司湖南省长沙县分公司
党委书记、总经理
邹　玲（女，2022 年 11 月止）
盛　斌（2022 年 12 月始）
副总经理
丑　军（2022 年 1 月止）
陈　蓁（2022 年 3 月止）
文拥军
胡　领
罗　振

县电信分公司
总经理　李　刚
副总经理
艾曜明
郭天翔
谢玉婷（女）

县移动分公司
经　理　周海春
副经理　冯湘韶
高　阳
陈　瑛（女）

县联通分公司
经　理　张次政
副经理　徐　锋
张　麟

中国人寿保险股份有限公司长沙支公司
经理、党支书记
杨　熠（女）

人保财险长沙县支公司
经　理　许敬传
副经理　王天佳
李妙峰
经理助理
陈　超

驻县金融机构（部分）

中国银行星沙支行
行　长　陈双全
纪委书记
曹　阳
副行长　刘其鸿

中国建设银行星沙支行
行　长　何雪奇
三级风险经理
李　念
纪检组组长
刘亚平
副行长　高　平
龚文湘
蒋云志

中国农业银行股份有限公司长沙县支行
行　长　曾祥林
副行长　杨　勇
纪委书记
周　敏（女）
陈　瑶（女，2022 年 6 月止）
方沐晗（女，2022 年 8 月始）
刘　嘉（2022 年 8 月始）
行长助理
胡　龑（2022 年 8 月止）
杨　漾（女，2022 年 8 月始）

工商银行星沙支行
行长、党委书记
吴资伟
副行长　李海波
杨　磊
彭　拓
李　娜（女）
杨　璠（女）
陈双姣（女，2022 年 8 月始）

纪检委员
彭杰明

长沙银行股份有限公司星城支行
党总支书记、行长
李　枫
副行长　关志民（2022 年 4 月始）
李　佳（2022 年 9 月止）
王　英（女）
杨广夏（2022 年 9 月始）
行长助理
严素群（2022 年 4 月始）

中国邮政储蓄银行股份有限公司长沙县支行
行　长　李育龙（2022 年 8 月止）
阳小玲（女，2022 年 8 月始）
副行长　甘咏刚（2022 年 4 月止）
殷　涛（2022 年 8 月止）
曹　熠（2022 年 8 月始）
曲阳华（女，2022 年 4 月始）

驻县高校（部分）

湖南大众传媒职业技术学院
党委书记
袁维坤（2022 年 6 月止）
李三福（2022 年 6 月始）
党委副书记、院长
贺战兵
党委副书记
刘国清
党委委员、副院长
蒋民权
党委委员、纪委书记
程桂珍（女）
党委委员、副院长
徐景学
副院长　雷珺麟（女）
党委委员、副院长
谢景伟

湖南艺术职业学院
党委书记
王章华

党委副书记、院长
张　勇（2022年12月止）
党委副书记、副院长
余会春
党委委员、纪委书记
彭爱莲（女，2022年6月止）
党委委员、副院长
周文清
党委委员、副院长、工会主席
刘家海
党委委员、副院长
黄新平

湖南司法警官职业学院

党委书记
李梓楠（2022年7月始）
汤开清（2022年7月止）
党委副书记、院长
李梓楠（2022年7月止）
刘最跃（2022年7月始）
党委副书记、副院长
万四平（2022年8月止）
罗　旭（2022年8月始）
党委委员、副院长
肖健平
易汉纯（2022年6月止）
罗　旭（2022年8月止）
唐亚琴（女，2022年8月始）
张家利（2022年8月始）
党委委员、纪委书记
蒋学祥（2022年8月止）
龙志刚（2022年8月始）
党委委员、政治部主任
刘最跃（2022年7月止）
蒋学祥（2022年8月始）

湖南警察学院

党委书记
周学农（2022年8月止）
王　周（2022年11月始）
院　长　王　周
党委副书记
王　周（2022年11月止）
党委副书记
秦立春
党委委员、副院长
史伟奇
高　军
刘绪崇
皮华英
党委委员、政治部主任
蒋有为
党委委员、纪委书记
谭功荣

湖南现代物流职业技术学院

党委书记
龙　吟
党委副书记、院长
邓德艾
党委副书记
周务农
党委委员、纪委书记
胡昌建
党委委员、副院长
彭六生
严若红
陈建华
党委委员、宣传部部长
夏红球
党委委员、组织人事处处长
肖　勇

湖南安全技术职业学院（长沙煤矿安全技术培训中心）

学院、中心党委书记
龚永华
学院党委副书记、院长
郭　超
中心党委副书记、主任
袁运乾
中心党委委员、副主任（副司局级）
李总根
学院、中心党委副书记
王　林
中心党委委员、副主任
梁小利
中心党委委员，学院、中心工会主席
莫文娟（女）
中心党委委员、副主任
曾大恒
学院党委委员、副院长
罗　杨
学院党委委员、副院长
周劲松
中心党委委员、副主任
罗文芳（女）
学院党委委员、副院长
蔡浩波
学院、中心党委委员、纪委书记
李国华
学院、中心党委委员、组织人事处处长
陈黎明
学院党委委员、宣传统战部部长
杨　玲（女）

湖南水利水电职业技术学院

党委书记
钟建宁
党委副书记、校长
周柏林
党委副书记
周时梁
党委委员、副校长
熊建文
李付亮
熊见红
党委委员、纪委书记
王玉成

长沙师范学院

党委书记
罗　婷（女）
党委副书记、校长
曹晓鲜
党委副书记
周明侠
党委委员、纪委书记
俞贵邦
副校长　伍春辉
党委委员、副校长
皮军功
黄快林
徐庆军
邱　德

索　引

编辑　周进银

说 明：

一、本索引分主题索引和表格索引。

二、主题索引中文标目按汉语拼音音序排列（彩页、特载、专文、大事记、概况及综述条目、附录除外），数字和字母开头的标目排在前面；标目后的数字表示内容所在的页码，英文字母 a、b、c 分别表示左、中、右栏。

三、表格索引，以表格题目为标目，仅标注所在页码。索引按照表序依次排列。

主题索引

“12345”政务热线 63c
2021 年度在长高校毕业生留长工作先进单位一等奖 166c
2021 年湖南省文明风景旅游区 139a
《2022—2024 年度城市维护物业外包监管考核办法》 155b
“2022-71”毒品目标案件 87c
2022 长沙文化旅游推介发布会 140b
2022 湖南（国际）通用航空产业博览会 127c
《2022 年长沙县师德师风建设工作方案》 165c
《2022 年长沙县银行业、保险业支持地方经济发展评价试行办法》 133a
2022 年长沙市春夏文旅产品发布启动式 140a
2022 年长沙县男子气排球比赛 188c
《2022 年度长沙县解决停车难治理停车乱两年行动计划工作考核实施细则》 144b
《2022 年度长沙县商务楼宇认定申报指南》 128c
《2022 年度长沙县校园减负专项整治行动方案》 161b
《2022 年度长沙县知识产权项目申报指南》 104c
2022 年度兵役登记 93c
2022 年度工资集体协商工作 76b
2022 年度湖南省最受高中生关注高职院校 168b
2022 年度全国品牌影响力本科高校 168a
2022 年度全国品牌影响力高职院校 169b
2022 年度协商和监督工作计划 67a
2022 年度长沙市“科普大篷车”下基层巡展活动 79b
2022 全球工程机械 50 强 118a
2022 生物医药产业园区百强榜 117b
2022“中国品牌 500 强” 119a
“4·23”世界读书日全民阅读系列活动 173c
“5·22”国际生物多样性日湖南省主会场活动启动式 148a
“7·11”强迫、组织未成年人卖淫专案 87b
“7·15”诈骗案件 87c
DRG 支付方式改革 202a
SWDE165I5G+ 智能钻机 159a
SWDRT250 全液压牙轮钻机 159a

A

爱国卫生运动 183b
安全保障 104a
安全监管 142a，215a，226a
安全生产 191a，211c，213c，214b，227b
安全生产 10 条措施 191c
安全稳定 216a
安沙镇 226c

B

案件审理 72c
版权保护 105a
保险 135b
保障残疾人基本民生 83a
保障国门安全 106c
北山森林公园 138a
北山镇 228a
《北师大空港城校区“民转公”工作方案》 162c
被征地农民社保 201a
比亚迪新能源乘用车及零部件生产基地项目 62c
碧水攻坚战 149a
殡葬管理 204b
兵役征集后续工作 93b

博世长沙工厂 118b
不动产登记 99c
《不可移动革命文物保护利用三年行动计划书》 174c

C

财经监督 52a
财源建设 100b
财政 100a
财政管理 100c
财政和金融业 34a
《采编中心人员培训方案》 177b
“彩虹”星东巷 212a
蔡君球 207a
参政议政 69a，81b
参政议政发言 69b
残疾人就业创业扶持 83a
残疾人康复服务 83b
残疾人证办理 83a
茶产业发展 110a
产业发展 116a，123c，216b，218b，222b，223b
产业发展基金 133b
产业转型 214a
《长开线平安边界建设协议书》 204a
长龙街道 214c
长沙海关驻黄花机场海关机构基础设施（二期） 154a
长沙经济技术开发区 122a
长沙经开区建区30周年大会 123b
长沙经开区新政务服务大厅 123b
长沙经贸职业中专学校 165a
“长沙跨境电商招商推介”系列活动 62c
长沙立诚机械智能制造生产基地 117c
长沙市“5·12”防灾减灾日人防宣传活动 95a
长沙市最美夜购示范系列评选 128a
《长沙县12345政务服务便民热线工作考评通报办法（试行）》 63c
《长沙县2021防雷安全监督检查计划》 160c
《长沙县2022年地质灾害防治方案》 190b
《长沙县2022年度两批土地征收成片开发方案》 99b
《长沙县2022年巩固拓展脱贫攻坚成果同乡村振兴有效衔接就业帮扶工作方案》 198b
《长沙县2022年国企投资项目计划》 98b
《长沙县2022年深化“放管服”改革重点任务分工方案》 63a
长沙县2022年城市安全运行应急演练 190c
《长沙县编制周转池管理办法（试行）》 46a
《长沙县残联“一站式”上门服务评残工作方案》 83a
长沙县残疾人联合会 82c
《长沙县产业发展基金管理办法》 133b
《长沙县长沙经开区奋力实施强省会战略加快推进人才高质量发展的实施意见》 38b
《长沙县城乡堤防达标建设五年行动实施方案》 113c
《长沙县创建全国民族团结进步示范县实施方案（2022—2024）》 205b
《长沙县促进外经贸加快发展若干政策》 128b
《长沙县“村村响”应急广播系统管理办法》 173a
《长沙县村庄分类与布局规划（2019—2025年）》 152a
长沙县第三届红薯文化旅游节 223c
长沙县第三医院 153c
长沙县第十八届人大常委会第八次会议 51c
长沙县第十八届人大常委会第九次会议 51c
长沙县第十八届人大常委会第六次会议 51b
长沙县第十八届人大常委会第七次会议 51b
长沙县第十八届人大常委会第三次会议 51a
长沙县第十八届人大常委会第十次会议 51c
长沙县第十八届人大常委会第十一次会议 51c
长沙县第十八届人大常委会第四次会议 51a
长沙县第十八届人大常委会第五次会议 51b
长沙县第十八届人民代表大会第二次会议 51a
长沙县第十五批农业科技特派员派驻 158c
《长沙县法治政府建设实施方案（2022—2025年）》 90b

《长沙县防汛气象预警应急响应机制（试行）》 159b
《长沙县防汛应急预案》 190a
长沙县妇女联合会 78a
长沙县概览 29
《长沙县工伤事故联防联控工作办法》 201b
《长沙县工业和信息化局工业和信息化政策汇编》 116c
长沙县工商业联合会（商会） 81b
长沙县工商业联合会（商会）第十四届二次执委会议 82a
《长沙县公安局执法安全规范》 87a
《长沙县巩固国家卫生城市成果工作实施方案》 183b
《长沙县购买民办义务教育学校学位实施方案》 162c
《长沙县鼓励和扶持企业上市（挂牌）实施办法》 133b
《长沙县鼓励金融业创新支持产业发展奖励办法》 128b
《长沙县鼓励金融业创新支持产业发展奖励办法》 133a
《长沙县关于促进基层商会改革和发展的实施方案》 81c
《长沙县关于落实“谁执法谁普法”责任制的实施意见》 90c
《长沙县贯彻落实〈关于进一步加强市县法治建设的意见〉措施》 90b
长沙县归侨侨眷联合会 81a
《长沙县规范民办义务教育发展方案》 162c
《长沙县规划建筑方案分级审查管理制度》 99c
《长沙县红领巾章争细则（试行）》 164c
长沙县红十字会 83b
《长沙县户外广告和招牌设置管理工作方案》 99c，155b
长沙县纪委监委庆祝建党101周年暨“七一”表彰大会 72a
《长沙县加快现代服务业高质量发展若干政策》 128b
《长沙县建设共同富裕先行区行动方案》 38a
《长沙县教育局关于全面加强新时代中小学劳动教育的实施方案》 164b
《长沙县教育局贯彻落实食品安全“两个责任”机制实施方案》 163b
《长沙县教育人才引进培育实施办法（试行）》 165c
《长沙县金融产业高质量发展三年行动方案（2022—2025）》 133a
《长沙县抗旱应急预案》 190a
《长沙县抗疫纾困促发展若干措施》 103c
长沙县科技计划项目 158c
长沙县科学技术协会 78c
长沙县科学技术协会第六次代表大会 79c
《长沙县落实区域全面经济伙伴关系协定三年行动计划（2022—2024年）》 127a
《长沙县年鉴（2021）》 179a
长沙县青年创新发展论坛 77b
《长沙县全民科学素质行动规划纲要实施方案（2021—2025年）》 79a
《长沙县燃气发展规划（2021—2035）》 156a
《长沙县人民政府重大行政决策程序规定》 86a
《长沙县人民政府重大行政决策事项目录》 86a
长沙县人民代表大会 49
长沙县人民武装部 93a
长沙县人民政府 53
《长沙县“三现”教学模式的构建与运用》 161b
《长沙县“三现”教学模式实施方案》 161b
长沙县社区就业服务超市 199b
《长沙县深化“放管服”改革提高项目审批效率实施方案》 53a
《长沙县深化新时代教育评价改革实施方案》 161b
《长沙县深入推进高血压糖尿病医防融合高质量发展实施方案（2022—2024）》 183b
《长沙县“十四五”数字经济发展规划》 116c
《长沙县事业单位管理岗位职员等级晋升实施办法（试行）》 47a
《长沙县数字政府建设实施方案（2022—2025年）》 65a，116b
《长沙县停车工作实施细则》 144b
《长沙县停车设施专项规划》 144b
长沙县统一战线代表人士履职能力提升培训班 44c
《长沙县突发事件总体应急预案》 190a

《长沙县推动公立医院高质量发展实施方案》 182a，183a
《长沙县委党校和湖南先进制造业学院资源整合利用模式改革方案》 48c
《长沙县卫生健康局关于进一步加强高血压、糖尿病药品保供工作的通知》 182a
长沙县文学艺术界联合会 82b
《长沙县星级宗教活动场所建设实施办法》 205c
《长沙县夜景亮化管理工作方案》 99c
《长沙县疫情期间纾困解难融资担保专项补贴申报指南》 133a
《长沙县灾害性天气应对机制》 159b
《长沙县镇街消防委托执法试点工作实施方案》 192c
《长沙县政府合同管理有关规定》 86a
《长沙县政府投资信息化项目管理办法》 65a
长沙县职业中专学校 165a
《长沙县制造业厂房验收、不动产登记和政策兑现“一件事一次办”改革实施方案》 64a
《长沙县中小企业发展专项资金管理办法》 117a
长沙县中医药事质控中心 185c
长沙县肿瘤防治中心癌症防治行动 182c
《长沙县重特大事件档案工作意见》 179c
长沙县、自贸临空区、自贸会展区2022年工作务虚会 39a
《长沙县自然资源局“项目建设提速年”行动方案》 99b
长沙县总工会 75a
长沙星沙新奥燃气有限公司 156b
长沙银行股份有限公司星城支行 135a
陈树湘革命精神研讨会 44a
陈树湘故居 139b
城市管理 154c，211b，213b，214b
城市建设 214a
城乡发展 215c
城乡规划 152a
城乡建设 152b，217b，227a
城乡建设与管理 151
城乡居民养老保险待遇 200c
城镇管理考评 155b
城镇居民生活 194b
城镇燃气管理 155a
畜禽退养和粪污资源化利用工作 111a
传染病疫情防控 186c
传统文化 31c
创建全国民族团结进步示范县 205a
创新高地工作推进会议 158b
创新平台建设 158a
创新调处新模式 91c
春华镇 218c
慈善事业和社会工作 204a
《促进长沙县现代服务业高质量发展政策体系研究》 128b
村（社区）、学校、医院财政财务收支审计 102b
村庄规划编制 152a

D

大吨位旋挖钻机、全液压履带桩架 159a
大国工匠论坛 127c
大化肥淡储 129c
“大交通”改革 144b
大山冲森林公园 138a
代表服务管理 52b
档案工作 179b
档案工作指导 179c
党的建设制度改革 41c
党风廉政宣传教育 72c
党风政风监督 72b
党建服务中心大局 45b
党建基层基础 45b
党建政治引领 45a
党史编研 178b
党史工作 178a
党史宣传教育 178b
党史阵地建设 178c
党外代表人士队伍建设 44b
党校建设 48b
党校教育 47c
“党支部＋村供销社” 129b
党组织及党员队伍情况 42a
道路交通领域“首违免罚”案件 107c
灯塔工厂 117c
地方病防治 187b
地方志工作 178c
地方志宣传 179a
地下连续墙液压抓斗 159a
地质地貌 30a
地质灾害防治 190b
“第22个全民国防教育日”主题宣传教育活动 95b
第八届长沙（国际）茶文化旅游节 140a

第二届湖南（长沙）北山山歌旅游文化月系列活动 229b
第二届“健康湖南”全民运动会 188b
第二十三届中国中部（湖南）农业博览会 127c
第六次全国残疾预防日主题宣传活动 83b
第七届中国国际食品餐饮博览会 127c
电力保供 119b
电力工业 119a
电力营商环境优化 119c
电商助农直播带货大赛 129b
电网建设 119b
电子劳动合同网签推广工作 197c
电子信息产业 118c
调研视察 69b
顶立科技第三代半导体 158c
动物卫生监督与防疫 110c
对口协商 68b
对台交流 47b
对台事务 47a
对台宣传 47b
对外贸易和旅游 33c

E

二手工程机械设备出口优惠原产地证书 106c

F

法律监督 52a
法学服务 85c
法院 89b
法治 84
法治营商环境优化 90a
法治政府建设 86a
方言 32c
防雷安全监管 159c
防汛抗旱 190a
防灾减灾 190a
房地产管理 152c
房地产业与房地产开发 153a
“放管服”改革 63a
“飞地经济”产业园 127a
非物质文化遗产保护 175a
分级诊疗、医联体 184c
扶残助残 83b
服务保障体系建设 203a
服务发展 103c
服务基层 184c
服务经济发展 90a
服务农村基层社会治理 179c
服务台企台胞 47a
服务园区 214c
福彩销售 204a
福临镇 224c
妇联主题活动 78b
妇女儿童维权服务 78b
妇幼保健 183c
妇幼保健科普宣传 184a
腹腔镜下子宫内膜癌全面分期术 184b

G

改革创新 123c
干部管理 42b
干部培训 46c
干部人事交流 166a
干线公路建设 142c
干线公路养护 142c
高等教育 166b
高桥镇 222a
高血压医防融合管理 183a
《革命文物保护利用规划纲要》 174c
革命文物保护利用 174c
耕地保护 99a
工程机械产业 118a
工伤保险 201a
工伤预防 201b
工业 115
工业和建筑业 33b
工业绿色低碳发展 117a
公安 86b
公办幼儿园学位增长 163b
公共法律服务 91a
公共卫生 183a
公共文化 172a
公交线路优化 143b
公交站场建设 143c
公路治超 144c
公益电影 173a
公益培训 173a
公益诉讼检察 88c
公证服务 91b
巩固拓展就业脱贫攻坚成果 198b
共同富裕先行区建设 55a
共享单车管理 144b
供气 155c
供水 156b
供销合作 128c

构建工作载体 81b
古树名木保护 113a
固定资产投资 33c
关爱劳模 76b
《关于贯彻落实强省会战略的实施方案（2022—2026年）》 38c
《关于加强和改进新形势下基层商会建设的实施意见》 81c
《关于加强人力资源服务行业安全生产工作的通知》 199c
《关于加强统计监督与审计监督工作协作的办法》 103a
《关于加强文物保护利用改革的实施方案》 174c
《关于加强我县前期物业服务收费管理的通知》 103b
《关于进一步规范长沙县殡葬服务价格的通知》 103b
《关于进一步加强和改进行政应诉和行政复议答复工作有关事项的通知》 86b
《关于进一步严格落实行政执法“三项制度”的通知》 86a
《关于确认2021年度省临床重点专科及建设项目的通知》 184b
《关于申报2021年度长沙县“纾困增效”暖企十二条措施补助资金的通知》 116b
《关于实施“百千万”人才工程加快国际人才港建设的若干措施》 123a
《关于严格落实教育评价改革“十不得一严禁”规定的通知》 161b
《关于振兴长沙县工业实体经济的实施意见》 117a
《关于支持民营企业践行强省会战略加快高质量发展的实施方案（2022—2026年）》 44b
《关于做好2022年乡村振兴标杆区建设重点工作的实施意见》 37c
《关于做好全县电子劳动合同推广应用工作的通知》 197c
广播电视电影 177b
广电网络发展 177c
广告亮化管理 155b
广汽三菱新研发中心 118c
规范性文件管理 86a
规划建设 124a
规划审查 152b
国家AAAA级旅游景区 137c
国家基本药物制度执行 182a
国家级工业旅游示范基地 137b
国家级数字档案馆前期建设项目 179c
国家“绿水青山就是金山银山”实践创新基地 148a
国家企业技术中心 119a
“国门利剑2022”专项行动 106c
国内贸易 33c
国企改革 98c
国土绿化示范试点项目建设 112b
国有企业安全生产监管 98c
国有土地上房屋征收 152b
国有资产管理 98b
国有资产监督管理 98c
果园镇 220a

H

海关 105b
海外统战工作 44c
行政合法性审查 86a
行政许可 186a
航空 144c
合作办学、集团化办学 164b
和谐劳动关系建设 76b
河（湖）长制 113b
红十字志愿服务 83c
“红韵青山 求是天华 庆七一”活动 226c
宏观经济管理 97a
后装保障 94b
湖南汽车制造配套产业园（长沙） 118c
湖南省2022年“迎老乡 回故乡 创三湘”项目签约 62b
湖南省“楚怡”高水平高职学校建设单位A档 168c
湖南省高校大学生创新创业孵化示范基地 167c
湖南省工程机械二手设备出口行业联盟 123a
《湖南省内地居民婚姻登记“全省通办”实施方案》 203c
湖南省首票进口RCEP协议享惠报关单通关业务 106c
《湖南省现场救护条例》 192a
湖南省乡村旅游重点镇（村） 137c
《湖南省政务服务事项清单》 202b
湖南自贸试验区长沙片区建设 106b
环保督察 149b
环保行政审批与政务服务 149b
环保宣教 148a

环境监测 149c
环境监管 149b
环境、节能和安全生产 34c
环境整治 213a，226b
环境质量 147a
环境治理 218b
黄花镇 218a
黄利霞 207a
黄兴故居纪念馆 138b
黄兴会展经济区 216a
黄兴镇 215b
会议会展 127b
婚姻家庭 203c
货运物流 143c

J

机构编制 45c
机构编制法治管理 46a
机构编制资源统筹 46a
基本公共卫生服务 183a
基本药物制度实施 182b
基层党建 42b
基层妇联组织建设 78c
基层工会组织建设 75c
基层民主协商 68b
基层人社公共服务平台建设 200a
基层商会组织建设 81c
基层团组织改革 78a
基层政权建设 203c
基层治理 222a，226b
基础教育 163c
基础设施建设 228b
基金监管 202a
疾病预防控制 186b
计划生育技术服务 197b
计划生育家庭服务 197a
纪律检查体制改革 41c
家庭建设 78b
家庭教育 165b
家庭医生签约 183a
价格服务 103b
价格改革 103b
价格监测 103b
价格收费管理 103a
驾培市场管理 144a
监督检查和审查调查 72c
检察 88a
建置区划 31a
建置沿革 31a
建筑工程设计管理 120b
建筑业 115，119c
健康促进 187c
健康教育培训 187c
健康科普宣传 187c
江背镇 217a
江杉高速公路 154b
交通 141
交通管理 87a，144a
交通和邮电 34a
交通建设 142b
交通建设质量监督检测 143a
交通信息化建设 143b
交通运输 143b
交通运输行业行政审批 144a
教师培训 166a
教师招聘 165c
教学科研 48a
教育 160
教育督导 161c
教育管理 48b
教育基金使用 162b
教育科研课题建设 163a
教育民生服务 163a
教育培训 47c
教育评价及课堂教学改革 161b
教育研训中心 163a
金井镇 223a
金融超市平台 133a
金融服务 133a
金融业 132
经办服务 202b
经济发展 213a
经济管理 96
经济建设 54b，217a
经济社会发展 33a
经济体制改革 40b
经济园区建设 121
精神文明建设 35a
景区建设 125c
净土保卫战 149a
救护培训 83c
就业创业 198a
居民生活 194a
卷烟营销 130a
《军队安全管理条例》 94b
军事 92

K

开放平台建设 106a

开慧镇 223c
开元互通人行天桥 153c
科技成果转化及应用 159a
科技创新奖励补助 158a
科技管理 158b
科技金融服务 158b
科技企业创新 158a
科技兴农 219a
科普宣教 125c
科学技术 157
科学技术和教育 34b
可移动文物保护 174c
空气质量 147b
控告申诉及案件管理 89a
困难职工帮扶 76a

L

“蓝天 2022”专项行动 106c
蓝天保卫战 148c
榔梨街道 213c
劳动关系 197b
劳动教育 164b
劳动纠纷“一站式”调处中心 197c
劳动仲裁 91b
老干部工作 43a
老龄健康智慧医养服务 197a
李维汉故居 138c
历史文化 31c
联组协商 68b
粮食和物资储备管理 97a
林业 112b
林业有害生物防治 112c
林长制 112b
《临空地区发展战略规划》 124a
临空区骨干人才认定目录 124a
领导干部经济责任审计 102a
刘少奇天华调查旧址 139a
柳直荀故居 139a
龙斌 207b
龙耀瑾 207b
路口镇 221a
“路长制”工作 144b
旅游 136
旅游推介 140a
旅游资源 137c
履行社会责任 130a
履职实践活动 67b
律师队伍管理 91a
绿色建筑与建筑节能 120b

M

慢性病防治 187a
矛盾纠纷调解 91a
媒体经营 178a
媒体融合 177a
免疫规划 186c
民办教育 162c
民盟湖南省委会统战理论研究基地 167a
民生保障 100c，215c，216c，220c，225c，228c
民生服务 99b
民生监督 52b，186a
民生事业 55a，211b，213b，217c，222b，224c
民事审判 89c
民事行政检察 88c
民营经济统战工作 44b
民政事务 203a
民主监督 68c
民主与法治改革 41a
《民转公学校教师配置方案》 163a
民族宗教 33a
民族宗教事务 204c
名师工作室 166a
缪伯英故居 139a

N

纳税服务 101b
南阳—荆门—长沙 1000 千伏特高压交流输变电工程 154b
能源电力管理 97c
农产品加工 111c
农产品质量安全监管 112a
农村电商 130c
农村公路养护 143a
农村环境整治 148a
农村居民生活 194c
农村人居环境整治 109b
农村专业技术协会院士专家乡村行活动 158c
农村自来水 156c
农机培训 111b
农机事业项目 111c
农民工工资保障工作 197c
农业 33b，108
农业机械化 111b

农业农村改革 40c

P

盼盼路东延线通车 153c
彭克让 207c
鹏盛消防救援站驻队执勤 192b
批后监管 99c
平安建设 85a
平台建设 123c
普法宣传 90c

Q

企业服务 116b
企业上市服务 133b
气候 30a
气象 159b
气象服务 159b
气象现代化建设 159c
汽车及零部件产业 118b
腔镜下甲状腺切除术 184b
“‘强省会’湖南自贸区长沙县区块在行动”主题活动 124b
“强省会”湖南自贸区长沙县区块在行动活动 62b
“强省会”战略重大项目集中开工活动 124b
青年创新创业 77b
青年志愿服务 77c
青山铺镇 225c
清廉医院建设 182b
区划地名管理 204a
区域位置 30a
“全国城市节约用水宣传周”活动 156c
全国妇女爱国主义教育基地 137a
全国基层中医药工作先进单位 185c
全国生态文明教育特色学校 163c
全国首批节水型高校典型案例 114c
全国（县级）文明城市创建 35a
全回转全套管钻机 159a
泉塘街道 213a
群众工作监管 52c
群众体育 188a
群众团体 74
群众文化 173b
群众性精神文明建设 35c

R

燃气安全生产教育培训 156a
燃气安全整治 156a
人才档案管理服务 46c
人才工作 42c
“人才新政”工作 46b
人才引进 165c
人才招聘考试 46c
人大常委会建设 50c
人居环境 152c，227a
人口 33a
人口和民族宗教 33a
人力资源服务行业监管 199c
人民防空 94b
人民防空工程建设与管理 94c
人民防空行政审批 94c
人民防空通信视频会议系统 94c
人民防空组织指挥 94c
人民生活和社会保障 34c
人事人才 46b
人物 206

S

“三评价、三考核”教育评价体系 161b
“三献”工作 83c
三一汽车高端液压元器件 158c
扫黑除恶专项斗争 85c
森林防火 190a
山河智能地下工程装备全球发布会 159a
山河智能工程机械数字样机及孪生技术 158c
商标行政保护 105a
商贸服务业 126
商贸流通 127a
商贸消费 128a
商务楼宇认定 128c
上汽大众奥迪新车型项目 118b
社会保障 200a，212b，227c
社会建设 218a
社会救助 203b
社会民生事业 221b
社会生活 193
社会事业 214b，219c，220b，225b，226a
社会体制改革 40b
社会治理 85b，214b，216c，218c，227c，228c
社会组织服务 204b
社情民意信息工作 68c
社区家庭教育 165a
社区矫正 90c

社区教育 165b
“社区、学区、园区”警务建设 86c
审查调查 72c
审计 101b
审批效率提速 63a
生活无着人员救助 204c
生态公益林 112c
生态环境 146
生态建设 147a
生态文明创建 147c
生态文明体制改革 41a
生态移民 109b
生育健康服务 197a
声环境质量 147c
省级充分就业社区（村）创建 199c
省级“双高校”建设单位 169a
失业保险 201b
失业保险稳岗返还 201c
师德师风 165c
师资建设 165c
十二届省委第三轮巡视提级巡视 73c
十四届县委安全生产“点穴式”巡察 73c
十四届县委第二轮巡察 73b
十四届县委第三轮巡察 73c
《“十四五”长沙县档案事业发展规划》 179c
实施“强省会”战略暨“四个年”行动动员部署会议 39b
实战训练 94a
市场监督管理 103c
市容环卫管理 155a
市政设施管理 155a
事业单位人员管理 46c
书香校园建设 173c
蔬菜产业 110a
竖井掘进机“梦想号” 159b
数据安全体系构建 65c
数据警务建设 86c
“数字工会”建设 76c
数字化城管 155b
数字化窗口政务服务改革 99b
数字应用 65b
双轮铣槽机 159a
双随机监督抽查 186a
水果产业 110a
水环境质量 147b
水利 113a
水利项目建设 113c
水文 30b
税务 101a
税源专业化改革 101b
司法监督 90b
司法体制改革 41b
司法行政 90b
“四个年”行动 54b
“四好农村公路”创建示范县 142b
“松雅湖观潮”微信公众号 177c
“松雅湖商圈”消费节 128a
松雅湖生态新城发展中心 125a
“松雅书院”系列读书活动 173c
“松雅潇湘”书画收藏精品名品联展 82b
诉讼服务 90a

T

唐强 207b
特色产业 227c
特色产业和贸易发展 106a
特色小城镇和特色小村庄建设 152c
特殊教育 164a
提案办理协商 68b
提案工作 69a
体育 180，188a
体育培训 188b
体育阵地建设 188a
体制改革 39c
天河国云区块链底层技术 158c
天然商品林 112c
铁建重工大型掘进机主轴承 158c
铁建重工地下工程装备数字孪生技术 158c
通信 131a
统计 102b
统计调查 102c
统计服务 102c
统计基层基础建设 102c
统计监督 103a
《统计违纪违法问题线索及案件移送工作办法》 103a
统一战线 44a
突发公共卫生事件 192a
土地资源管理 99a
土壤环境质量 147a
土壤植被 30c
团队工作 164c
退役军人事务 202b
脱贫攻坚成果巩固 109a

W

危房改造 152b
危险废物规范化管理 149c
违反出版物进出口管理制度案 107c
维护社会稳定 85a
维护职工权益 75b

维修市场服务 144a
委托执法试点 192c
委员谈民生 68c
委员微建议 69c
卫生健康 180
卫生应急 191c
未成年人检察 89a
未成人思想道德建设 35c
文化 171
文化事业 220c，223b，225b
文化、体育和卫生 34b
文化体制改革 41a
文化遗产保护 174a
文化志愿服务活动 173a
文旅建设 226b
《文旅局综合治理考评办法》 176b
文旅融合 220a，222b，224a
文旅融合发展 43c
文旅市场安全监督 176a
文旅市场管理 176a
文旅市场政务服务 176c
文旅市场综合治理 176b
文明创建 43c
文明建设 227b
《文物安全监督检查工作方案》 174c
文物安全隐患巡查 174c
文物保护规划 174c
《文物看护志愿者管理制度》 174c
文艺创作 82b，174a
文艺下基层 82c
稳就业补贴扩面发放 199b
“我们的中国梦文化进万家”文化志愿服务活动 173a
污染防治 148b
污水处理 152b
武警长沙中队 93c
物流大道二期 154a
物流行业高质量发展主题沙龙活动 216c
物流园区整治 144a
物业管理 153b

X

先进个人 207a
县级 RCEP 企业服务中心 127b
县级公立医院综合改革 182a
县委常委会会议 39a
县委经济工作会议 39a
《县委政法委涉法涉诉信访工作台账》 85c
县长办公会议 59c
县长专题会议 61a
县政府常务会议 55c
县政府全体会议 55b
县直机关党建 45a
现场救护培训 192a
现代服务业 128b
现代服务业发展政策 128b
线上、线下招聘 198b
乡村建设 223a
乡村振兴 109a，216b，218b，221c，224b，226c，227b，228b
乡镇街道 210
湘龙街道 212a
项目建设 125b，211a，213b，214a，214c，215b，219b，220a，222c，225a，228a
项目投资管理 98b
消防 192a
消防安全 191b
《消防行政执法委托协议书》 192c
消防宣传 192c
校外培训治理和课后服务 161c
校园安全 162b
效能监督 63c
心理健康教育 164b
新兵欢送仪式 93c
新冠肺炎疫情防控 186a
新时代文明实践阵地建设 35b
新闻出版 177a
新闻宣传 177a，177b
新闻舆论宣传 43c
信访工作 64b
《信访工作条例》 85c
信访积案攻坚 64c
信访举报 72c
信访问题整治 64b
信息化建设 100a，16b
信息化项目 65a
星沙街道 211a
星沙精神 44a
星沙水厂 123a
星沙驿站长龙站 215a
刑事检察 88b
刑事审判 89b
刑事执行检察 88c
行李门到门服务 145a
行政复议与应诉 86b
行政区划 31b
行政审批服务 62c
行政体制改革 41b
行政执法 106c
行政执法指导与监督 86a
性病艾滋病、结核病防治 186c
徐特立故居 138b

《徐特立和他的学生们》 178b
许光达故居 139a
宣传工作 43b
“学弟学妹送学长、战斗英雄送新兵”主题仪式 93c
学科建设 184b
学雷锋志愿服务活动常态化 35b
学前教育 163b
学前教育普及 163b
学习贯彻党的二十大精神宣讲报告会 39b
学校建设 161a
学校食品安全 163b
学校卫生 187b
巡察工作 73a

Y

“雅韵星沙 周末有戏”文化惠民活动 173a
烟草专卖 129c
严打整治专项行动 87a
研训一体模式建设 163a
杨开慧纪念馆 138c
杨立三故居 139a
养老保险 200b
养老保险待遇领取资格认证 200c
养老服务 203b
养殖业 110b
野生动植物保护 113a
野生动植物资源保护 112b
液压打桩机 159a
“一件事一次办”改革 63b
《一线调查》专栏 177b
“一站式”“互联网+”城市综合服务平台 65b
“一站式”维权服务平台 91b
医疗保障 201c
医疗保障水平 201c
医疗合作 184a
医疗机构 181a
医疗纠纷 185a
医疗质量控制中心 184c
医政医管 184c
依法监督 52a
依法履职 52b
依法治军 94b
依法治县 90b
宜居城市建设 99c
移交安置 202c
移民开发 113c
遗址遗迹 32b
艺术创作与展示 174a
议案建议督办 52c
意识形态工作 43b
银行 133c
引孔式静力压桩机、大直径植桩钻机 159a
营商“红色驿站” 82a
营商环境 124a，211a，214a，227a
营商环境优化 82a，106b
影珠山森林公园 138a
应急管理 189
应急广播管理 173a
应急预案完善 191c
用地保障 99b
优抚褒扬 202b
优秀文艺节目评选活动 173b
邮政 130b
邮政服务乡村振兴 130c
邮政业务发展 130b
友好机场 145c
预算执行审计 102a
预约服务 63b
园林绿化管理 154c
院区建设 184a
“阅读，一个都不能少”馆校共建活动 173c
“悦动星沙”2022年长沙县羽毛球团体赛 188b

Z

“在星沙”App 177c
造价咨询技术服务 120c
造林绿化 112c
渣土运输管理 155a
债务化解 100c
招标采购管理 98a
招商引资 62a，117b，125c，228a
招生考试 162a
镇（街道）机制体制改革 46a
镇（街道）微改革 41c
征地拆迁 218b
《正规化管理规定》 94b
政法委与综治 85a
政府采购工程实施细则 98a
政府投资管理 97c
政府投资审计 102a
政务服务 223a，223b
政务服务大厅改造 64a
政务公开 63c
政校企对接座谈会 198b
政协常委会会议 67c
政协服务中心工作 67a
政协全体会议 67c
政协委员构成 67a

政协系统学习交流 67b
政协宣传 67c
政治监督 72b
政治协商 68a
支教工作 166a
知识产权服务 104c
知识产权管理 104b
知识产权协同保护 105b
知识产权宣传 105b
知识产权运用 104c
知识产权资助 104c
执法办案 107b
执法规范化 87a
执法监督 85c
执勤战备 94a
执行工作 89c
职称评审 166a
职工文体活动 76c
职工职业技能培训 75a
职务犯罪经济犯罪检察 88b
职业技能竞赛 75b
职业教育 164c
职业卫生 187b
植保工作 110b
制造业企业“一件事一次办” 64a
质量与安全监督 119c
治安防控 87a
智慧城市基础建设 65a
智慧城市建设 64c
智慧教育 162a
智慧“星就业”公共就业服务平台 199a
《中共长沙县委全面依法治县委员会2022年工作要点》 90b
中共长沙县纪律检查委员会长沙县监察委员会 71
中共长沙县纪委常委会 72a
中共长沙县委十四届三次全体会议 39c
“中国创翼”创业创新大赛 199a
中国电信股份有限公司长沙县分公司 131a
中国工商银行股份有限公司长沙星沙支行 133c
中国共产党长沙县第十四届纪律检查委员会第二次全体会议 72a
中国共产党长沙县委员会 36
中国共产主义青年团长沙县委员会 76c
中国（湖南）自由贸易试验区国际人才港政策兑现 123a
中国（湖南）自由贸易试验区长沙片区临空区 123b
中国（湖南）自由贸易试验区主题空间站 124c
中国建设银行星沙支行 134c
中国联合网络通信有限公司长沙县分公司 131c
《中国民用无人机产业第一城——长沙自贸临空区无人机产业发展白皮书》 124c
中国民用无人机产业第一城 124c
中国农业银行股份有限公司长沙县支行 134a
中国人民财产保险股份有限公司长沙县支公司 135b
中国人民政治协商会议长沙县委员会 66
中国人寿保险股份有限公司长沙支公司 135b
中国县域旅游综合竞争力百强县（市） 137a
中国移动通信集团湖南有限公司长沙市长沙县分公司 131b
中国银行长沙市星沙支行 133c
中国邮政储蓄银行股份有限公司长沙县支行 135a
《中小学课后服务专项经费管理使用暂行办法》 161c
中药材产业 110b
中医药传承创新 185b
中医药服务网络 185a
中医药管理 185a
中医药人才队伍培养 185b
中医药文化传播 185c
中医药治未病 185b
中转服务 145b
种植业 109c
重大项目集中开工活动 123a
重点工程建设 153b
重点领域整治 192a
重点片区规划 152a
重点项目建设 156c，221a
重要会议 39a，51a，55b，67c，72a
重装减免税优惠政策 105c
住房公积金管理 153a
专利行政保护 105a
专卖监管 130a
专业技术人才管理 47a
装备制造业发展 105c
自建房整治 152c
自贸区长沙县区块建设 127b
自然保护地管理 113a
自然环境 30a
自然资源 30b
宗教活动场所星级建设 205c
综合窗改革 63c
综合监督 186a，104a
综合治理 211c，212c，213c，219c，222c

组织工作 42a
作风建设 72b

表格索引

表 1 2022 年长沙县政协重点督办提案一览表 69
表 2 2022 年长沙县政协优秀提案一览表 70
表 3 2022 年全国政协采用的社情民意信息一览表 70
表 4 2022 年长沙县科技志愿服务活动统计表 80
表 5 2022 年长沙县固定资产投资分类别增长统计表 97
表 6 2022 年长沙县农林牧渔产值情况统计表 114
表 7 2022 年长沙县总承包和专业承包建筑业企业生产情况统计表（三级以上） 120
表 8 2022 年长沙县环境质量状况统计表 147
表 9 2022 年长沙县环境污染治理情况统计表 150
表 10 2022 年驻长沙县高职院校一览表 170
表 11 2022 年长沙县标准化社区（村）综合文化服务中心一览表 172
表 12 长沙县非物质文化遗产项目代表性传承人一览表 175
表 13 2022 年长沙县主要公立医疗卫生单位一览表 181
表 14 2022 年长沙县城乡居民住户调查情况统计表 194
表 15 2022 年长沙县城镇居民住户调查情况统计表 195
表 16 2022 年长沙县农村居民住户调查情况统计表 196
表 17 2022 年长沙县民政工作和社会救助情况统计表 205
表 18 2022 年“湖南好人”长沙县入选人物一览表 208
表 19 2022 年“长沙好人”长沙县入选人物一览表 208
表 20 2022 年长沙县“星沙好人”一览表 208
表 21 2022 年长沙县乡镇资料统计表 229
表 22 2022 年长沙县综合统计表 235
表 23 2022 年长沙县人口及变动情况统计表 237
表 24 2022 年长沙县人口和计划生育情况统计表 241
表 25 2022 年长沙县银行金融保险证券情况统计表 241
表 26 2022 年长沙县外贸和旅游情况统计表 242
表 27 2022 年长沙县教育事业情况统计表 243
表 28 2022 年长沙县科技发展情况统计表 244
表 29 2022 年长沙县文化体育事业情况统计表 245
表 30 2022 年长沙县卫生事业情况统计表 246
表 31 2022 年长沙县劳动就业和社会保障情况统计表 248
表 32 2022 年长沙县交通运输情况统计表 249
表 33 2022 年长沙县房地产管理情况统计表 250
表 34 2022 年长沙县邮政通信事业情况统计表 250
表 35 2022 年长沙县资源情况统计表 251
表 36 2022 年长沙县规模以上工业企业主要经济指标统计表 252
表 37 2022 年长沙县全社会消费品零售总额汇总统计表 252
表 38 2022 年长沙县重点民生实事项目完成情况统计表 253
表 39 2022 年长沙分区、县（市）主要经济指标统计表 255
表 40 2022 年长沙县委规范性文件（长县发）一览表 256
表 41 2022 年长沙县委规范性文件（长县办发）一览表 256
表 42 2022 年长沙县委规范性文件（长县办）一览表 257
表 43 2022 年长沙县政府重要文件（长县政发）一览表 259
表 44 2022 年长沙县政府重要文件（长县政办发）一览表 259
表 45 2022 年长沙县政府重要文件（长县政办函）一览表 261